TEORIA DA PROIBIÇÃO
DE *BIS IN IDEM*
NO DIREITO TRIBUTÁRIO E
SANCIONADOR TRIBUTÁRIO

Fabio Brun Goldschmidt

Doutor em *Derechos y Garantías del Contribuyente* pela Universidade de Salamanca e Mestre em Direito Tributário pela Universidade de São Paulo. Conselheiro Titular do CARF – Conselho Administrativo de Recursos Fiscais do Ministério da Fazenda. Advogado.

TEORIA DA PROIBIÇÃO DE *BIS IN IDEM* NO DIREITO TRIBUTÁRIO E SANCIONADOR TRIBUTÁRIO

São Paulo

2014

Copyright © 2014 By Editora Noeses
Fundador e Editor-chefe: Paulo de Barros Carvalho
Editora Assistente: Semíramis Oliveira
Gerente de Produção Editorial: Alessandra Arruda
Produção gráfica/arte: Denise Dearo
Capa: Marcos Duarte
Revisão: Semíramis Oliveira

CIP - BRASIL. CATALOGAÇÃO-NA-FONTE
SINDICATO NACIONAL DOS EDITORES DE LIVROS, RJ.

G572   Goldschmidt, Fabio Brun.
       Teoria da proibição de *bis in idem* no Direito Tributário / Fabio Brun Goldschmidt. – São Paulo : Noeses, 2014.

       Inclui bibliografia. 535 p.

       1. Direito. 2. Direito Tributário. I. Título.

       CDU 340

2014

Todos os direitos reservados

Editora Noeses Ltda.
Tel/fax: 55 11 3666 6055
www.editoranoeses.com.br

Dediquei a tese que dá origem ao presente livro ao Martin, cuja mera ideia de vida deu-me o estímulo faltante para dar vida às ideias aqui contidas. Passados alguns anos de trabalho, sinto-me agora compelido a incorrer em uma espécie de *bis* poético, dedicando, com as mesmas palavras, este livro ao Oliver, tomado por idêntico sentimento de expectativa e satisfação com sua vinda.

AGRADECIMENTOS

Pensar que a elaboração de uma tese é uma empreitada solitária constitui o mais tosco e cabotino dos enganos. Sem o apoio dos que nos cercam, jamais haveríamos, sequer, iniciado essa extensa jornada. Agradeço, assim, ao falecido Professor Eusebio González, que tão bem me acolheu em Salamanca, conferindo-me uma oportunidade única. Ao Professor Paulo de Barros Carvalho, querido amigo e cientista ímpar, que me oportunizou tão valioso contato. Ao meu orientador no Curso de Doutorado, Professor José María Lago Montero, que, com seu reconhecido rigor acadêmico, conduziu-me à adequada estruturação do trabalho. Aos meus sócios e colegas do Escritório Andrade Maia que diariamente me fazem ver que o conjunto pode ser muito maior que a soma das partes. Aos integrantes da equipe tributária, que me deram suporte para que essa dedicação fosse possível. Ao amigo Edmundo Cavalcanti Eichenberg, que, com seus sólidos conhecimentos de Direito Tributário, dispôs-se a realizar uma leitura crítica do trabalho, com contribuições precisas e inteligentes. À minha amada esposa Paula, cujas qualidades poderiam facilmente preencher as laudas deste trabalho, por seu estímulo e apoio permanentes. Aos meus pais, por ensinarem, pelo exemplo, o valor do estudo, da cultura e da dedicação.

ÍNDICE

PREFÁCIO DE ROQUE ANTONIO CARRAZZA XVII
PREFÁCIO DO MINISTRO TEORI ALBINO ZAVASCKI XXIII
INTRODUÇÃO XXIX

CAPÍTULO I – DELIMITAÇÃO CONCEITUAL GERAL DA PROIBIÇÃO DE *BIS IN IDEM*

1. Origem e evolução da proibição de *bis in idem* 1
2. Panorama geral do alcance da proibição de *bis in idem* no Supremo Tribunal Federal brasileiro 15
3. A proibição de *bis in idem* como regra ou princípio 35
4. Campos de aplicação e perspectivas de análise da proibição de *bis in idem* 41
   4.1 Proibição de *bis in idem* material tributária 42
      4.1.1 Axiológica 42
      4.1.2 Positiva 43
         4.1.2.1 Hipotético-abstrata 43
            4.1.2.1.1 Internormativa 43

    4.1.2.1.2 Endonormativa 44
   4.1.2.2 Exegético-concreta 44
 4.2 Proibição de *bis in idem* adjetiva/processual 44
  4.2.1 Preclusão 45
  4.2.2 Coisa julgada 45
   4.2.2.1 Própria 45
   4.2.2.2 Imprópria 46
    4.2.2.2.1 Homogênea 46
    4.2.2.2.2 Heterogênea 46
  4.2.3 Litispendência 46
   4.2.3.1 Própria 47
   4.2.3.2 Imprópria 47
    4.2.3.2.1 Homogênea 47
    4.2.3.2.2 Heterogênea 48
 4.3 Proibição de *bis in idem* sancionatória 48
  4.3.1 Cumulação simples 49
  4.3.2 Cumulação complexa 49
5. Funções da proibição de *bis in idem* 49

CAPÍTULO II – A PROIBIÇÃO DE *BIS IN IDEM* E A TRIBUTAÇÃO

Seção I
Proibição de *Bis in Idem* e Direito Tributário Material

1. Existe uma proibição geral de *bis in idem* no Direito Tributário brasileiro? 51
2. Discriminação de rendas tributárias e a federação brasileira 61
 2.1 Um tema das federações 62

2.2 Sistemas rígidos e flexíveis 66

2.3 As tendências centrífugas e centrípetas no constitucionalismo brasileiro 72

    2.3.1 A Constituição de 1988 77

3. Aplicabilidade da proibição de *bis in idem* no âmbito do Direito Tributário material brasileiro: um sistema rígido de discriminação de rendas pela fonte 81

4. Princípios de política fiscal enquanto fundamentos axiológicos gerais da *proibição de bis in idem* no âmbito material tributário 93

5. *Bis in idem* e bitributação 99

6. Os critérios da hipótese de incidência e a *coincidência* proibida 106

7. Fundamentos constitucionais específicos da proibição de *bis in idem* no Direito Tributário material 113

    7.1 Tributos não-cumulativos e a proibição de *bis in idem* 113

        7.1.1 A não-cumulatividade como instrumento específico de manifestação da proibição de *bis in idem* 116

            7.1.1.1 No IPI e ICMS 116

                7.1.1.1.1 Violação à proibição de *bis in idem* pelo estorno de créditos: a problemática das notas fiscais inidôneas e dos benefícios fiscais estaduais 126

            7.1.1.2 No PIS e na COFINS 131

    7.2 A regra de competência do art. 149 para a instituição de contribuições na Constituição de 1988 e as diversas proibições de *bis in idem* nele contidas 139

        7.2.1 Art. 149, §2º, I 140

7.2.2 Art. 149, §2º, II... 144
7.2.3 Art. 149, §2º, III.. 149
    7.2.3.1 A proibição de *bis in idem* atinente às bases de cálculo do art. 149, §2º, III ... 154
    7.2.3.2 A proibição de *bis in idem* atinente ao número de exações passíveis de criação e exigência à luz do art. 149, §2º, III..................................... 158
7.2.4 Art. 149, §4º e a proibição de *bis in idem* atinente à *tributação monofásica*....................... 176
7.3 Substituição tributária para frente (art. 150, §7º da CF) e a proibição de *bis in idem* 182
7.4 A adoção de base de cálculo e hipótese de incidência de impostos e contribuições já discriminados na Constituição e a proibição de *bis in idem* (as regras dos arts. 154, I e 195, §4º da CF)........................ 193
7.5 Vedação à inclusão, na base de cálculo, do próprio valor do tributo.. 197
7.6 Anualidade, impostos sobre o patrimônio e a proibição de *bis in idem*... 212
7.7 O art. 145, § 2º e a proibição de *bis in idem* atinente à fixação de base de cálculo das taxas...................... 218
7.8 A figura dos "adicionais" às exações tributárias e a proibição de *bis in idem* 224

8. Proteção constitucional da família e proibição de *bis in idem*... 231
    8.1 Regimes de tributação da unidade familiar 235
        8.1.1 Separação 236
            8.1.1.1 Separação absoluta............... 236
            8.1.1.2 Separação relativa 237
        8.1.2 Acumulação... 237
            8.1.2.1 Acumulação simples............................ 240

8.1.2.2 Acumulação com deduções específicas 243
8.1.2.3 *Splitting*.. 244

8.2 Proteção constitucional da família, vedação de retrocesso e medidas restritivas à sua proteção constitucional... 245

9. Análise de algumas contribuições em espécie e a proibição de *bis in idem*.. 248

Esclarecimento preliminar... 248

9.1 Contribuição ao SAT.. 248

9.2 Contribuição ao INCRA... 253

9.3 Contribuição interventiva ao SEBRAE 257

9.4 Contribuição à ABDI... 261

9.5 Contribuições ao SEST, SENAT e SESCOOP........ 263

9.6 Contribuições de seguridade social incidentes sobre a receita bruta das entidades futebolísticas, do empregador rural pessoa física, das agroindústrias e do consórcio simplificado de produtores rurais .. 267

9.7 Contribuição previdenciária do servidor público inativo e a ADI 3128/DF 275

Seção II

Breves Considerações sobre a Proibição de *Bis in Idem*
e o Direito Tributário Adjetivo

1. Proibição *bis in idem*, coisa julgada e modificação legislativa... 277

1.1 O art. 471, I do CPC e a possibilidade de revisão da coisa julgada em face de modificação legislativa.... 285

2. Impossibilidade da Administração rediscutir no Judiciário as decisões administrativas que lhe são desfavoráveis e a proibição de *bis in idem* 293

3. Proibição de *bis in idem* e a duplicidade simultânea de demandas fiscais administrativa e judicial 296

CAPÍTULO III – PROIBIÇÃO DE *BIS IN IDEM* E DIREITO TRIBUTÁRIO SANCIONADOR

Seção I
Delimitação Conceitual e Âmbito de Aplicação da Proibição de *Bis in Idem* no Direito Sancionador

Considerações preliminares 297

1. Existe uma proibição de *bis in idem* no Direito Sancionador Tributário brasileiro? 298

2. Fundamentos normativos e axiológicos da proibição de *bis in idem* no âmbito sancionador tributário 301

3. Elementos conformadores e requisitos para a incidência da proibição de *bis in idem* no âmbito sancionador 322

4. Breve noção de sanção 346

5. Identidade ontológica do ilícito penal e do ilícito administrativo: a unicidade do *jus puniendi* e as consequências daí decorrentes 351

6. Princípios e técnicas de Direito Penal e a proibição de *bis in idem* 363

   6.1 Concurso aparente de normas e proibição de *bis in idem* 364

      6.1.1 Especialidade 370

      6.1.2 Subsidiariedade (e sua especial relevância para a punição do descumprimento das obrigações acessórias como expressão da proibição de *bis in idem*) 372

      6.1.3 Consunção 376

6.1.4 Alternatividade 378

6.2 Concurso formal de crimes e proibição de *bis in idem* 380

6.3 Sobre as técnicas de exasperação, absorção, desconto, *cumul plafonné* e *first come, first served* 389

6.4 Notas sobre concurso material de crimes 395

6.5 A teoria do crime continuado e a proibição de *bis in idem* 397

6.6 O art. 74 da Lei n. 4.502/64 e sua adoção como regra geral, no contexto do Direito Sancionador Tributário, para o estabelecimento de critério de exasperação à reiteração punitiva nas multas fixas e para a proibição de dupla ponderação de agravantes e qualificadoras 404

6.7 Breves considerações acerca do disposto no art. 72 do Código Penal 409

Seção II
Aspectos Adjetivos/Processuais da Proibição de *Bis in Idem* no Direito Sancionador Tributário: A Duplicidade (Simultânea ou Sucessiva) de Processos Punitivos

1. O (início do) fim do mito da independência das esferas no ordenamento jurídico brasileiro 411

   1.1 O julgamento do pedido liminar na ADIN n. 1571 . 413

   1.2 O julgamento do *habeas corpus* n. 81.611 416

   1.3 O lançamento e a constituição do crédito tributário na visão do STF – a linguagem como veículo de expressão jurídica 421

   1.3.1 Lançamento como ato e como procedimento 423

   1.3.2 Lançamento provisório e lançamento definitivo 427

1.4 Considerações em torno da independência das esferas e a proibição de *bis in idem* 429

2. A coordenação das esferas punitivas e a interdição ao cúmulo sancionador na práxis jurisprudencial (notadamente, na práxis espanhola) 436

3. Soluções possíveis frente à potencial cumulação simultânea e sucessiva de sanções, pela mesma ou distinta autoridade, dentro de um mesmo ou distinto Poder, e sua operacionalização 447

   3.1 Duplo sancionamento simultâneo 448

      3.1.1 Simples 449

      3.1.2 Complexo 451

   3.2 Duplo sancionamento sucessivo 452

      3.2.1 Endocrático 453

      3.2.2 Heterogêneo (entre Poderes) 454

         3.2.2.1 Simples 457

         3.2.2.2 Complexo 457

SÍNTESE E CONCLUSÕES 461

BIBLIOGRAFIA 483

PREFÁCIO

1. Sinto-me sobremodo honrado em prefaciar esta obra de autoria do Professor Fabio Brun Goldschmidt, jurista que se destaca entre seus pares, pela extraordinária capacidade de tratar, de modo criativo e original, os assuntos sobre os quais volta suas atenções.

Como não ignoro que a principal função dos prefácios é apresentar aos leitores o texto principal, dou-me pressa em escrever que a presente obra tem o caráter da essencialidade, ou seja, a virtude de ser modelar dentro de seu gênero específico.

Deveras, esta *TEORIA DA PROIBIÇÃO DE "BIS IN IDEM" NO DIREITO TRIBUTÁRIO E SANCIONADOR TRIBUTÁRIO* congrega, em alto grau, sabedoria jurídica, habilidade redacional e fôlego inovador. Que eu saiba, inexiste, a respeito, na doutrina pátria, trabalho mais abrangente e completo.

Por isso, rendo, desde já, minhas homenagens ao autor, que sempre mais me surpreende pela maturidade e solidez de seu pensamento, que o levam a solucionar, de modo adequado, os problemas jurídicos que habilmente levanta.

2. Tais predicados derivam, sem dúvida, da biografia do Professor Fabio Brun Goldschmidt, que muito o recomenda.

Nascido em Porto Alegre (RS), em 1975, ali cursou o secundário, no Colégio Anchieta e, a Faculdade de Direito, na Universidade Federal do Rio Grande do Sul (*UFRGS*), onde colou grau, com excelentes notas, em 1998.

Logo em seguida, trabalhou, durante seis anos, com o jurisconsulto e advogado Paulo Brossard, que acabara de se aposentar do cargo de Ministro do Supremo Tribunal Federal. Com este notável jurista solidificou seus conhecimentos em Direito Constitucional e Administrativo.

Ato contínuo, foi convidado a criar e desenvolver a área de Direito Tributário, do *Escritório Andrade Maia Advogados*, atualmente um dos maiores do Rio Grande do Sul, em Direito Empresarial. Tanto é assim, que conta com mais de duzentos integrantes, sendo sua área tributária nacionalmente conhecida e reconhecida, máxime em matéria contenciosa.

Pelos seus méritos, Fabio Goldschmidt hoje é sócio deste conceituado escritório.

2.1. Anoto, ainda, que, apesar de suas absorventes ocupações advocatícias, o autor ainda encontra tempo para exercer o cargo de Conselheiro Titular do *CARF* (Conselho Administrativo de Recursos Fiscais do Ministério da Fazenda), onde se tem destacado pela independência, pela cientificidade de seus votos e pelo senso de justiça.

É, igualmente, membro fundador do *IPT* (*Instituto de Pesquisas Tributárias*) e integra o *IET* (*Instituto de Estudos Tributários do Rio Grande do Sul*).

2.2. Destaco, outrossim, que o autor tem atuado vitoriosamente em relevantes *leading cases*, junto ao Supremo Tribunal Federal e ao Superior Tribunal de Justiça. Sirva-nos de exemplo, o famoso caso do creditamento de *IPI* nos insumos sujeitos à *alíquota zero*, em que teve o mérito de introduzir, pela primeira vez, em matéria tributária, no *STF*, o conceito de modulação de efeitos no controle difuso de constitucionalidade, técnica que criou um verdadeiro *divisor de águas* no Direito Tributário brasileiro e deu ensejo ao surgimento de importantes obras e precedentes, a respeito.

2.3. Em sua carreira acadêmica, Fabio Goldschmidt obteve, sucessivamente, os graus de Especialista em Gestão Empresarial, pela Fundação Getúlio Vargas, de Mestre em Direito Tributário, pela Universidade de São Paulo e de Doutor em Direitos e Garantias do Contribuinte, pela Universidade de Salamanca (Espanha).

O autor foi convidado, entre outras instituições, a lecionar no Programa de Pós-Graduação em Direito Tributário da Universidade Federal do Rio Grande do Sul e no Instituto de Direito Público do Distrito Federal. Além disso, participa regularmente, como palestrante, de simpósios, seminários e congressos jurídicos, sempre difundindo seus vastos conhecimentos.

2.4. Já deu à publicidade o livro *O Princípio do Não-Confisco no Direito Tributário*, além de haver participado, como co-autor, de outros onze. Também tem publicados diversos artigos, nas mais importantes revistas jurídicas do País.

Acerca do mencionado *O Princípio do Não-Confisco no Direito Tributário* – que li, com grande proveito intelectual – peço vênia para registrar que se trata de uma adaptação de sua dissertação de mestrado, que, aprovada com distinção, foi escolhida, pelo eminente Professor Paulo de Barros Carvalho, para representar, como obra de excelência acadêmica, o Programa de Pós-graduação em Direito da Universidade de São Paulo (*USP*), perante o Ministério da Educação e Cultura (*MEC*).

Tal livro, que levou o autor a ser homenageado pela Câmara Municipal de São Paulo, com votos de júbilo e congratulações, é uma obra de referência, tanto que teve vários de seus conceitos (particularmente a perspectiva dinâmica do *princípio do não-confisco*) encampados em recente concurso para provimento do cargo de Auditor da Receita Federal.

3. Pois bem. Prosseguindo em sua trajetória acadêmica, o Professor Fabio Brun Goldschmidt oferece, agora, ao público leitor, estudo de maior fôlego e ambição, acerca do *ne bis in idem* no Direito Tributário e sancionador tributário.

Este trabalho corresponde à sua tese de doutorado, defendida na centenária Universidade de Salamanca (Espanha), onde, para orgulho do mundo jurídico brasileiro, foi aprovada com a nota máxima (*sobressaliente cum laude*) e indicada para o prêmio extraordinário de excelência acadêmica.

3.1. Tenho para mim, que resumir uma tese acadêmica da envergadura da que ora tenho em mãos, é tarefa espinhosa, comparável ao ato de escalar uma alta montanha. Para não fracassar, é preciso, a cada instante, manter a visão do cume a atingir, lutando contra a natural tendência de fazer afirmações gratuitas e de incidir em lugares comuns.

Com esta preocupação, sinto-me no dever de consignar que a obra me impressionou, não só pela profundidade de seus conceitos, como pelo modo pelo qual foi construída. De fato, nela não encontrei nem ociosas repetições, nem verbosidade difusa, mas, pelo contrário, pensamentos inovadores, de alguém familiarizado com a maior das aventuras humanas: a aventura de pensar.

Positivamente, Fabio Goldschmidt conseguiu, neste livro, fugir à compulsão de percorrer sempre os mesmos caminhos e de dar simples informações.

3.2. Por outro lado, segundo me foi dado notar, esta é a primeira monografia brasileira que sistematizou a matéria de seu viés material tributário, sancionador tributário e processual tributário, propondo diversas formas de aplicação do aforismo *non bis in idem*.

Com efeito, no campo sancionador, o livro traça as bases teóricas para impedir a dupla punição em suas mais diversas formas e, com isso, inova a doutrina, ao estabelecer um amplo rol de possibilidades de comunicação entre o Direito Penal e o Direito Tributário Sancionador, apresentando conceitos e ferramental antes restritos ao âmbito criminal.

Já, no campo material tributário, a obra parte da análise crítica da proibição de *bis in idem* na jurisprudência do Supremo Tribunal Federal e do Superior Tribunal de Justiça e tem o mérito de defender o emprego desta vedação como um vetor hermenêutico, conducente ao rechaço da superposição impositiva, tanto em face do silêncio, quanto da dúvida (ou seja, sempre que o *bis* não esteja expressa e inequivocamente previsto na Constituição Federal).

3.3. Sempre a propósito, merece ser ressaltado que, nesta obra, o Professor Fabio Brun Goldschmidt não se esgueirou dos temas mais difíceis, fenômeno tão frequente nos meios acadêmicos. Antes, produziu um livro de leitura enriquecedora e estimulante, impregnado da salutar ousadia própria dos altos estudos.

O estilo leve que permeia o ensaio não se choca com a seriedade de fundo do assunto e convida o leitor a refletir por conta própria, desmascarando chavões e afastando tabus intelectuais que costumam por travas dogmáticas à inteligência. Cada uma de suas páginas revela a experiência do jurista, como profissional preocupado com a resolução dos problemas concretos que suscita.

3.4. É também de meu agrado ressaltar que, embora de sólida concepção teórica, este livro tem inegável conteúdo prático. Noutros falares, preocupa-se em resolver problemas reais, vale dizer, em construir uma teoria que racionalize o processo de aplicação do direito, restabelecendo um diálogo, interrompido por Kelsen e Hart, entre a teoria e a prática jurídica.

O que, diga-se de passagem, é elogiável, pois o pensar não se separa originariamente do agir. Deveras, o pensar não passa de um agir em sentido especialmente elevado, não estando separado da ação por nenhum abismo insuperável.

3.5. Em suma, o leitor tem diante de si uma percuciente análise do direito sancionador tributário, em que o autor nos convoca a *pensar com ele* e, eventualmente, até a *pensar contra ele*. Afinal, nunca se deve perder de vista que, do entrechoque de ideias, costuma faiscar a verdade.

4. Neste ponto de minha exposição, sinto-me obrigado a admitir que meu prefácio, longe de ser exaustivo, cuidou apenas de alguns temas versados pelo autor. De qualquer modo, penso haver salientado que a obra há de deixar marcas importantes na cultura jurídico-tributária nacional.

5. Por todos estes motivos e, sobretudo, pela boa qualidade do texto, recomendo-o a alunos, advogados, juízes de direito, promotores de justiça, procuradores, agentes fiscais e outros profissionais, que fazem do Direito Tributário e do Direito Tributário Sancionador os centros de suas ocupações e preocupações.

6. Enfim, o Professor Fabio Brun Goldschmidt é merecedor de todas as loas, por haver logrado, nesta obra candente e original, a proeza de transformar um assunto dificílimo, numa leitura instigante, agradável e, sobretudo, esclarecedora.

Este é o juízo que, com muita satisfação, desejo partilhar com os leitores.

São Paulo (SP), 25 de julho de 2014.

Roque Antonio Carrazza
Professor Titular da Cadeira de Direito Tributário
da Faculdade de Direito da Pontifícia Universidade
Católica de São Paulo (*PUC-SP*)

PREFÁCIO

Uma das mais fundamentais características do Direito é a de que ele constitui uma ciência prática destinada a promover coesão social e, por isso mesmo, com presença necessária no cotidiano das pessoas. Essa sua faceta propiciou, ao longo da história, o surgimento de certos enunciados, não raro de fácil compreensão popular, mas com aptidão para sintetizar razões jurídicas com elevado poder de expressividade, que conseguem atravessar os tempos, preservando sua carga suasória para muito além dos séculos, dos sistemas de governo e das diferenças culturais. São diretrizes que, a despeito do sintetismo de sua formulação escrita, possuem alcance quase universal, projetando-se sobre os mais variados ordenamentos, como normas, valores ou orientações hermenêuticas. Enquadram-se naquelas referências jurídicas as quais a Lei de Introdução às Normas do Direito Brasileiro identifica como "princípios gerais de direito" (art. 4º do Decreto-lei 4.657/42).

A vedação ao *bis in idem* é certamente uma dessas diretrizes, ocupando posição de destaque na antologia jurídica ocidental. O aforismo é de crucial relevância para os Estados Democráticos de Direito em geral, sobretudo no contexto do desempenho das funções de controle social, como o do *ius puniendi*, pois funciona como um verdadeiro *moderador de cidadania* dessas atividades, impedindo que sejam exercidas de modo excessivo ou aflitivo à paz social. Sua incidência no ordenamento brasileiro é inquestionável. Embora não esteja positivado na Constituição Federal de 1988 numa formulação linguística que se possa dizer genérica, o *ne bis in idem* ou *non bis in idem* traduz um ideário que está subjacente a diversos preceitos do texto constitucional e do ordenamento nacional.

Numa acepção bastante simplista, a vedação ao *bis in idem* repudia a possibilidade de que um mesmo fato, normalmente ilícito, venha a ser tomado, simultânea ou sucessivamente, como objeto de diferentes juízos estatais de censura capazes de culminar na imposição de mais de uma sanção contra o infrator. Sob o influxo dessa noção, o Pacto Internacional sobre Direitos Civis e Políticos da ONU, internalizado no direito nacional pelo Decreto Presidencial 592, de 6 de julho de 1992, enuncia, em seu art. 14, n. 7, que *"ninguém pode ser julgado ou punido novamente por motivo de uma infração da qual já foi absolvido ou pela qual já foi condenado por sentença definitiva, em conformidade com a lei e o processo penal de cada país"*. Eis, portanto, uma concepção jurídica de conteúdo invariavelmente humanista, postada a serviço da proteção da dignidade humana frente ao arbítrio estatal.

Por mais vetusta que seja a sua origem, esse conhecido princípio vem ampliando seu domínio normativo nos diferentes planos do direito, percorrendo uma trajetória de dispersão que, se inicialmente fincou raízes no âmbito do direito penal e sancionatório em geral, hoje expande sua influência para muitas outras raias. A despeito, porém, da transcendentalidade que atualmente experimenta e da larga presença do *ne bis in idem* nas decisões judiciais, o cenário jurídico nacional ressente-se de uma sensível lacuna dogmática a respeito do tema. Ressalvada a literatura produzida nos lindes do direito penal, pouquíssimos são os trabalhos jurídicos brasileiros que lhe prestam a devida reverência científica, o que tem contribuído para que a sua aplicação se mostre muitas vezes desvestida de critérios seguros.

TEORIA DA PROIBIÇÃO DE *BIS IN IDEM* NO DIREITO TRIBUTÁRIO

A presente obra chega, portanto, com o honroso papel de contribuir para a superação desse hiato. Em boa hora, o jovem e talentoso advogado Fabio Brun Goldschmidt, em cuja formação acadêmica tive a honra de poder auxiliar, oferece à comunidade jurídica nacional uma análise extremamente lúcida a respeito da noção jurídica de proibição do *bis*, formulada a partir das experiências sorvidas durante programa de doutorado por ele cursado junto à tradicional Universidade de Salamanca, na Espanha, e do tirocínio acumulado em incursões científicas e profissionais na área do Direito Tributário.

Essas qualificações pessoais repercutiram significativamente no formato do trabalho ora apresentado, composto basicamente por duas grandes linhas de investigação. A primeira delas perscruta o conceito, a estrutura e o alcance desse postulado a partir de perspectivas, quase incomuns no plano doutrinário, do direito tributário material e do direito processual, campos pelos quais o autor transita com percuciência notável. O segundo fio condutor da obra examina o enunciado do *ne bis in idem* no direito sancionador tributário, conduzindo, à luz do direito comparado, a uma proposta de aplicação mais ampla do postulado no direito brasileiro.

Antes, porém, de incursionar por esses caminhos, o autor cuidou de situar a máxima da vedação ao *bis in idem* no plano histórico, registrando suas oscilações segundo os diversos sistemas jurídicos ocidentais. Nessa análise, desenvolveu um competente relato sobre o evolver do conteúdo normativo da proibição, dando a ver que, após surgir como mera vedação ao cúmulo de sanções, foi depois assumindo novas eficácias, passando a repelir também a cumulação de ações referentes aos mesmos fatos (eficácia preclusiva) e a se impor como verdadeiro lastro de coerência interna dos sistemas jurídicos modernos (eficácia informativa), em que funciona ora como regra, ora como princípio e ora como vetor hermenêutico. O capítulo de abertura do livro contém ainda uma meticulosa recapitulação dos principais julgados do Supremo Tribunal Federal sobre a proibição ao *bis in idem*, com um olhar especial para o Direito Tributário, área de concentração dos estudos do autor, em que se demonstra como a jurisprudência brasileira tem lidado com o tema.

Na segunda parte do estudo, sem dúvida alguma a mais original, o autor examina a incidência do *ne bis in idem* no campo dos atos lícitos. Em sua seção inaugural, desponta um ensaio absolutamente rico a respeito da assimilação do fenômeno da coincidência tributária pelo contexto normativo do sistema tributário nacional. Com grande desenvoltura, o autor revisita os fundamentos do federalismo brasileiro para mostrar como o sistema rígido de distribuição de competências impositivas adotado pela Constituição Federal, que não admite a outorga implícita do poder de instituição de tributos, limita as possibilidades de múltiplas incidências apenas às hipóteses de autorização expressa.

Ainda nessa seção, são traçadas considerações gerais a respeito da estrutura do postulado da vedação do *bis in idem* que fomentam a análise individualizada de várias das regras constitucionais expressas. À luz dessas propostas teóricas, o autor apresenta interpretações para diversas questões polêmicas do direito tributário, como, *v.g.*, a da inclusão do valor do tributo na sua própria base de cálculo.

Na seção seguinte, são exploradas situações específicas de direito processual em que o postulado do *ne bis in idem* imbrica-se com conceitos constitucionais de grande magnitude, tais como a coisa julgada, a inafastabilidade da jurisdição e o devido processo legal. Aqui, a vedação ao *bis in idem* é exaltada como argumento valioso para a superação de controvérsias clássicas a respeito da atuação do Poder Judiciário, como a (im)possibilidade de que a Administração busque socorro jurisdicional para reverter decisão proferida em processo administrativo fiscal que lhe tenha sido desfavorável e a (in)viabilidade de tramitação simultânea de processos administrativos e judiciais.

O capítulo derradeiro examina o papel do *ne bis in idem* no direito sancionador tributário. Servindo-se das bases dogmáticas encampadas por diversas decisões da Corte Constitucional espanhola e dos tribunais da União Europeia – cuja jurisprudência, de um modo geral, é refratária à possibilidade de que a mesma pessoa venha a ser duplamente responsabilizada, nas instâncias penal e administrativa, por um mesmo ato ilícito –, o autor desfiou críticas contundentes a compreensões ainda plenamente arraigadas na tradição jurídica brasileira, tais como (e sobretudo) o dogma da independência das esferas de responsabilização, que, por aqui, ainda é rotineiramente invocado para legitimar a superposição de processos e de sanções como resposta aceitável para a censura de uma única infração.

Partindo da indistinção ontológica entre grande parte dos ilícitos penais e administrativos – protetores que são de bens jurídicos muitas vezes coincidentes – e do patrocínio de uma leitura material da vedação do *bis in idem* – que enxerga a ação estatal punitiva como uma só –, o estudo defende que a comunicação entre as esferas de responsabilização penal e administrativa é um problema que deveria merecer a máxima atenção do aplicador da norma. Como a proibição do *bis in idem* retira sua fundamentação de diversos princípios enunciados pela Constituição Federal (a segurança jurídica, a culpabilidade, a proporcionalidade, a legalidade e a tipicidade), figurando como um verdadeiro padrão objetivo de justiça balizador da aplicação das censuras prometidas pela lei brasileira, o autor sustenta que a comunicação entre as instâncias penal e administrativo-tributária poderia ser viabilizada pelo socorro a soluções hermenêuticas como as que disciplinam o concurso de normas no âmbito do nosso direito penal, tais como a especialidade, a subsidiariedade, a consunção e alternatividade, além de outras menos vistas por aqui, mas chanceladas pelo direito comparado, como as técnicas de exasperação, absorção, desconto e *cumul planfonné*.

Embora se possa eventualmente discordar de algumas das formulações ou propostas apresentadas nesta obra, isso de modo algum desmerece o relevante valor científico que lhes conferiu o autor, sobretudo porque enaltece o *ne bis in idem* como instrumento de garantia dos cidadãos, de modo especial na sua condição de contribuintes.

Como os leitores haverão de comprovar, o resultado final das pesquisas de Fabio Brun Goldschmidt foi vertido numa obra que impressiona não apenas pelo seu ineditismo, como também pela abrangência e profundidade com que versou o tema. Ao reunir, num único volume, uma análise do papel do *ne bis in idem* no sistema jurídico brasileiro capaz de integrar tanto a fenomenologia dos atos lícitos (direito tributário material e processual) como os ilícitos (direito sancionador tributário), o autor cumpriu, com grande êxito teórico, uma empreitada acadêmica de alta complexidade, que revelou, sob uma perspectiva singular, como esse preceito é caro à realização da dignidade humana e, consequentemente, à afirmação das garantias do contribuinte. É por isso que se pode atestar, sem risco de erro, que se tem em mãos uma obra que haverá de ocupar um espaço de relevo na literatura jurídica.

Teori Albino Zavascki
Ministro do Supremo Tribunal Federal

INTRODUÇÃO

A presente obra nasceu da constatação de que, na doutrina do Direito Tributário e Sancionador Tributário brasileiros, a máxima *ne bis in idem* vem sendo praticamente ignorada. Até hoje, não encontramos uma única obra monográfica sobre o assunto. Na imensa maioria dos Cursos de Direito Tributário, a proibição de *bis in idem* sequer é referida e, nos poucos artigos que fazem referência à mesma (em qualquer contexto), o tema é tratado sem maior profundidade. Na jurisprudência brasileira, embora a menção ao *non bis in idem* seja recorrente (com referências ao mesmo em julgados do STF no contexto do Direito Civil, Trabalhista, Comercial, Penal, Tributário, Administrativo, entre outros), o aforismo é sempre abordado sem preocupação científica de definição de conceito, estrutura ou alcance e assim quase nenhum auxílio se oferece à demarcação das fronteiras cognitivas da máxima. Mesmo no Direito Penal brasileiro, no qual há inúmeros acórdãos sobre o assunto, o número de obras doutrinárias é baixíssimo, e boa parte dos Cursos de Direito Penal ignora o axioma por completo.

Chegando à Espanha para a realização de nosso Doutorado junto à Universidade de Salamanca, ficamos surpresos ao ver que o tema aflorava de maneira intensa, tendo dado margem a importantes contribuições doutrinárias no âmbito Penal e Sancionador Administrativo, tanto em monografias, quanto em artigos, ao longo da última década. Em grande parte, tal se deve às decisões do Tribunal Constitucional empregando a proibição de *bis in idem* no controle do *jus puniendi* estatal, ponderando ou impedindo a aplicação de uma segunda sanção frente a um mesmo fato. Em especial, chamou-nos atenção o julgado da Corte concluindo – o que no Brasil seria, no cenário jurídico atual, absolutamente impensável – que a imposição de uma determinada punição no âmbito do Direito Administrativo Sancionador pode impedir o juiz penal de aplicar a pena prevista em lei para o mesmo fato, tendo em vista que o acusado já recebeu sanção prévia e não há espaço para a imposição de uma segunda punição.

Independentemente do acerto dessa decisão, ela certamente conduz a proibição de *bis in idem* a um novo e mais elevado patamar, desafiando o estudioso do Direito ao aprofundamento de tão interessante tema. Isso porque, no contexto hodierno do Direito Brasileiro, é senso comum que a aplicação de pena pelo juiz penal não sofre qualquer tipo de restrição em face de prévia aplicação de outra espécie de sanção no âmbito Administrativo. E, certamente, soa incrivelmente estranho aos olhos do operador do Direito no Brasil a possibilidade de que tais esferas, Administrativa e Judicial, possam comunicar-se, em especial quando essa comunicação implica redução ou mesmo completa anulação dos poderes do juiz penal, que há de se conformar com a precedência da punição aplicada no âmbito da Administração.

O trabalho que adiante pretendemos desenvolver, no entanto, não versa sobre Direito Penal, mas sim sobre Direito Tributário e Sancionador Tributário. Interessa-nos, contudo, beber das incríveis conquistas da doutrina e jurisprudência espanholas no desenvolvimento da proibição de *bis in idem* no âmbito Penal e Administrativo Sancionador (em que, como veremos, os princípios penais são aplicáveis, com certos matizes), para aplicá-los à realidade brasileira e, assim, permitir que aqui também possa florescer o debate. Nosso trabalho não é, assim, de Direito Espanhol ou de Direito Internacional, senão que de Direito Brasileiro, pensado a partir da experiência colhida na Espanha – em especial – e na Europa – em geral. A jurisprudência e doutrina espanholas são empregadas como instrumentos para o desenvolvimento do Direito brasileiro, de modo a propiciar uma nova visão que coloque à prova muitos daqueles "fundamentos óbvios" a que sempre se referiu o saudoso Alfredo Augusto Becker; fundamentos "que costumam ser aceitos como demasiado óbvios para merecerem a análise."[1]

O estudo realizado, a rigor, engloba duas diferentes teses: uma de Direito Sancionador Tributário e outra de Direito Tributário (material), com desenvolvimento independente, mas com um ponto de partida comum: a proibição de *bis in idem*. Assim, no primeiro capítulo nos dedicaremos à parte geral, de origem e evolução da proibição de *bis in idem*. No segundo capítulo, trataremos do tema no contexto do Direito Material Tributário brasileiro, perquirindo sobre a existência e o eventual âmbito de aplicação da proibição de *bis in idem* no campo impositivo. E, no terceiro capítulo, nos dedicaremos à proibição de *bis in idem* no âmbito sancionador brasileiro, procurando tomar de empréstimo técnicas e princípios de Direito Penal capazes de outorgar maior eficácia à máxima em nosso ordenamento. Em ambos os capítulos, tributário e sancionador, examinaremos as dificuldades processuais que a aplicação da proibição de *bis in idem* pode envolver na prática.

Alguns nos indagarão a razão pela qual decidimos reunir, em um único trabalho, essas duas (ou mesmo três, considerado o direito processual) teses. E a resposta está no fato de que

---

1. BECKER, Alfredo Augusto. *Teoria Geral do Direito Tributário*. 3ª Ed. São Paulo: Lejus, 1998, p. 11. Como diz o autor, "esclarecer é explicitar as premissas. O conflito entre as teorias jurídicas do Direito Tributário tem sua principal origem naquilo que se presume conhecido, porque se supõe óbvio. De modo que de premissas iguais em sua aparência (a obviedade confere uma identidade falsa às premissas) deduzem-se conclusões diferentes, porque cada contendedor atribui um diferente conceito às premissas "óbvias".

inexiste qualquer obra monográfica sobre a proibição de *bis in idem* no Direito Sancionador Tributário ou mesmo no Direito Tributário brasileiro, o que recomenda a realização de uma primeira abordagem abrangente do tema, apta a fornecer ao leitor uma compreensão geral do mesmo para, com isso, inspirar o desenvolvimento do postulado[2] e o debate, a partir das premissas aqui lançadas e das dúvidas ou controvérsias delas decorrentes.

No capítulo atinente ao Direito Tributário, veremos que – opostamente ao que ocorre no Direito Sancionador – a proibição de *bis in idem* não possui, na Espanha, o mesmo desenvolvimento que alcançou no Brasil, onde diversos julgados do Supremo Tribunal Federal e do Superior Tribunal de Justiça recorrem ao aforismo ora para invalidar, ora para manter determinadas exigências tributárias. Ou seja, se por um lado na Espanha não se costuma cogitar da aplicação da proibição de *bis in idem* no Direito Tributário, na jurisprudência brasileira essa prática é frequente, a justificar a análise da mesma em busca de determinar os contornos da máxima nesta seara.

Não obstante tal prática jurisprudencial, iniciaremos tal capítulo indagando se, de fato, existe uma proibição geral de *bis in idem* no direito material tributário brasileiro e, existindo, em que circunstâncias ela é aplicável. Veremos que – independentemente da existência de uma proibição geral de *bis in idem* em matéria tributária – a máxima funciona como vetor hermenêutico na compreensão da delimitação da distribuição constitucional de competências, orientando o intérprete – forte nos princípios de política fiscal e nos valores a eles inerentes – ao rechaço da hermenêutica que conduza à legitimação da superposição de incidências sempre que esta não for inequivocamente almejada e imposta pelo poder constituinte. Finalmente,

---

2. Empregamos o termo postulado, ao longo do presente trabalho, de forma genérica e abrangente, sem referência à Teoria das Normas e das particulares acepções a ela atinentes.

demonstraremos a existência de *específicas* proibições de *bis in idem* postas – ou pressupostas – na Carta brasileira para determinados tributos, procedendo à análise de cada um dos dispositivos constitucionais pertinentes.

Na segunda parte, por outro lado, o trabalho adotará premissas bastante distintas, já que aqui não se tratará mais de normas primárias prescritivas de conduta, senão que de normas secundárias, prescritivas de sanção. Não dirá com Direito Tributário propriamente dito, mas com Direito Administrativo Sancionador ou ainda com Direito Sancionador Tributário.[3] Conforme preceitua o Código Tributário brasileiro, tributo e sanção são figuras conceitualmente antagônicas. Se tributo é a obrigação pecuniária prevista em lei que não constitua sanção de ato ilícito, sanção é justamente a punição consistente na imposição de obrigação (no caso em exame, via de regra pecuniária) decorrente da prática de ato ilícito. E, assim sendo, as matérias são reguladas por um arcabouço completamente distinto de princípios e normas, o que igualmente afeta o alcance e as perspectivas de aplicação da proibição de *bis in idem*.

A proibição de *bis in idem* no âmbito do Direito Penal – diferentemente do que ocorre no Direito Tributário – não encontra qualquer contestação, sendo matéria amplamente versada e universalmente aceita nessa seara, tanto que objeto de inúmeros Tratados, Declarações de Direito e Convenções internacionais. Em alguns países, como a Espanha, muitas das conquistas do Direito Penal em torno do tema já foram transpostas para o âmbito do Direito Administrativo Sancionador,

---

3. "En consecuencia, el Derecho tributario sigue siendo Derecho administrativo; incluso se puede afirmar que ha llegado a convertirse en aquella parte del Derecho administrativo en la que se ha tratado de desarrollar de la forma más pura el modelo de la Administración propia «del Estado de Derecho». Un tratamiento jurídico del Derecho tributario deberá dar importancia a esta pertenencia, a pesar de su unidad y autonomía." (HENSEL, Albert. *Derecho Tributario*. Madrid: Marcial Pons, 2005, p. 81-82).

a partir da constatação de inexistência de diferença ontológica entre o ilícito penal e o administrativo. Nossa intenção com a presente investigação é tentar suprir – a partir dos avanços doutrinários e jurisprudenciais espanhóis no ponto – a perigosa lacuna doutrinária e jurisprudencial ainda existente sobre o tema no Direito Tributário Sancionador brasileiro, delineando os requisitos para a incidência da proibição de *bis in idem* e detalhando as formas de lhe emprestar eficácia. Nesse contexto, importante será verificarmos, também, os aspectos processuais afetos a essa análise, investigando situações em que a duplicidade de sanções venha acompanhada da duplicidade/multiplicidade simultânea ou sucessiva de processos, bem como da duplicidade/multiplicidade de atores sancionadores, dentro de um mesmo ou distinto Poder.

Infelizmente, o gigantismo da Administração Pública no Brasil, em especial no que concerne aos órgãos de fiscalização e normatização infralegal, vem causando um estado de hiper-repressão do indivíduo, sem que, paralelamente, disponibilizem-se efetivos meios de controle nos excessos muitas vezes incorridos tanto no punir determinados fatos (superposição de sanções), quanto no outorgar competências fiscalizatórias e repressivas (superposição de persecuções punitivas). Multas são agravadas e sobrepostas com bastante frequência, sempre sob o argumento de originarem-se de "distintos fundamentos" (legais) – ainda que decorrentes de um único e exclusivo fato; esferas de poder (federal, estaduais e municipais) sobrepõem-se no controle de determinados atos; e sanções de natureza não-pecuniária são impostas cumulativamente às pecuniárias sem qualquer espécie de regramento, controle de proporção ou verificação de conflito.[4]

---

4. "Un simple aperçu du droit positif permet de constater que le vole répressif du droit administratif est en constan développement. La prolifération des compétences répressives qui sont attribueés aux autorités administratives est due tant aux dépénalisations qui visent à alléger le travail du juge pénal qu'à la création ex nihilo d´infractions administratives dans le cadre d'une

Nosso trabalho, assim, está voltado à outorga de maiores garantias ao contribuinte, tanto no que se refere à limitação da descoordenada imposição de sanções tributárias, conducente à insegurança e à desproporção, quanto no que se refere ao controle da instituição e cobrança dos tributos que não observe as interdições à superposição encontráveis na Constituição. Tudo a partir de uma melhor compreensão da proibição de *bis in idem* e de seus limites cognitivos.

É o que passamos a expor.

---

réglementation étatique. Ainsi, l'Administration peut gravement porter atteinte aux intérêts juridiquement protégés des citoyens. Ce phénomène a une conséquence importante: avec le renforcement des prérogatives de l'Administration, l 'action des autorités publiques ne peut plus être organisée par les règles classiques du droit administratif, qui correspondent à une conception beaucoup plus 'inoffensive' de l 'action administrative." (DELLIS, Georges. *Droit Penal et Droit Administratif*: L'influence des principes du droit répressif sur le droit administratif. Université Pantheon-Assas: Paris II, 1994, inédito, p. 4).

Capítulo I

DELIMITAÇÃO CONCEITUAL GERAL DA PROIBIÇÃO DE *BIS IN IDEM*

1. Origem e evolução da proibição de *bis in idem*

O berço da noção de proibição de *bis in idem* é incerto, havendo autores que remetem sua concepção à própria Lei das XII Tábuas.[5] São identificadas, contudo, origens históricas da proibição de *bis in idem* na Grécia antiga. Nos Discursos Políticos de Demóstenes, este afirma: "pero las leyes no permiten que haya dos veces proceso judicial contra las mismas personas por los mismos hechos, ya se trate de un juicio civil, de un proceso por un asunto en litigio ni cualquier otro pleito por el estilo." Com efeito, o Direito Ático do século IV a.C. possuía uma regra segundo a qual "as leis proíbem conhecer de um mesmo fato em dois processos."[6]

---

5. "On discute sur l´origine exacte du bis de eadem re ni sit actio qui pourrait provenir, selon certains auteurs, de la loi des XII Tables." (ROLAND, Henri; BOYER, Laurent. *Adages du Droit Français*. 4ª Ed. Paris: Litec, 1999, p. 51-52).
6. DEMÓSTENES. *Discursos Políticos*. Tradução: López Eire. Madrid: Editorial Gredos, 1985, v. II, XX, p. 147, do discurso contra Leptines.

Em sua dicção literal, sua origem pode ser identificada no Direito Romano, a partir do aforismo latino *"bis de eadem re ne sit actio"* (não há ação repetida sobre a mesma coisa), igualmente expresso na fórmula *"bis de eadem re agere non licet"* (não é lícito acionar duas vezes pelo mesmo), donde se vê o emprego tanto da forma negativa "non", quanto da forma negativa "ne", o que explica o fato de que as reduções da máxima nas vedações *"non bis in idem"* e *"ne bis in idem"* representam condensações de seus aforismos originários.[7] Vinham tais aforismos determinar a proibição de promover-se um novo juízo, por meio de segundo processo sobre a mesma matéria, mediante idêntica ou distinta *actio*. Ainda, em termos mais restritos, tais enunciados exprimem que a coisa que obtivemos em virtude de uma ação não pode ser reclamada por uma segunda vez por meio de ação nova.[8] Justiniano já tratava do tema no Digesto, dizendo que "se entiende que se demanda sobre la misma cosa aunque no se ejercite la misma acción anterior, sino otra distinta pero sobre lo mismo; por ejemplo, si el que va a demandar por mandato, después de que el adversario

---

7. Segundo BARJA DE QUIROGA, "la cuestión del 'ne'o el 'non' es una circunstancia surgida del cambio al estilo directo. En términos generales cabe decir que 'ne' es una conjunción que da inicio a una oración final negativa, por lo tanto subordinada y que se suele traducir 'para que no' o 'que no'. Ahora bien, si extraemos la oración subordinada del contexto y la convertimos en una oración principal, la conjunción subordinada se debe transformar en una simple negación, esto es, en 'non'y se traduce por 'no'. Esto es lo que ha ocurrido con la enunciación de este principio. En los textos aparece correctamente la conjunción 'ne', pero, al sacarlo del contexto y anunciarlo como principio el mantenimiento del 'ne' debe transformarse, como así se hizo, en 'non'. En otras palavras, si castellanizamos el principio si partimos de 'ne', habremos de decir principio 'para que no (o que 'no') dos veces en (o por) lo mismo', mientras que si partimos de la conjunción 'non', diríamos principio 'no dos veces en (o por) lo mismo". (BARJA DE QUIROGA, Jacobo López. *El Principio Non Bis in Idem*. Madrid: Dickinson, 2004, p. 17).
8. Cf. DE SAVIGNY, M.F.C. *Sistema del Derecho Romano Actual*. Traducción: J. Mesia. y M.Poley. Centro Editorial Góngora, t. III, apud VILLALBA, Francisco Javier de. *Acumulación de Sanciones Penales y Administrativas*. Barcelona: Bosch, 1998, p. 35.

ha prometido asistir a juicio, ejercita negócios o la condición, demanda sobre la misma cosa. Justamente se define que no litiga sobre la misma cosa tan sólo el que no vuelve a reclamar lo mismo, pero cuando cambia la acción y se vuelve a demandar, con una acción distinta, lo mismo, se considera que litiga sobre la misma cosa."[9]

Naquele contexto, a máxima denotava uma eficácia preclusiva de natureza processual civil, a partir da fase denominada *litis contestatio*, normalmente referida no contexto do direito obrigacional.[10] A *litis contestatio* tinha como seu efeito mais importante o de esgotar a ação ao ser esta *deducta in iudicium*. Sempre que se fazia valer uma *actio in personam* (*ex iure civile*), sempre que se entabulava um *iudicium legitimum*, a *actio* quedava consumida automaticamente e não podia ser novamente proposta em face de um mesmo tema (*bis de eadem re ne sit actio*). A proibição de reiterar a ação, contudo, não derivava diretamente da *litis contestatio*, senão que dependia do exercício da *exceptio rei in iudicium deducta*,[11] donde se vê

---

9. Digesto de JUSTINIANO III. D´ORS, HERNÁNDEZ-TEJERO, FUENTESECA; GARCÍA GARRIDO Y BURILLO. [S.I.]: Ed. Aranzadi, 1975, p. 450, apud LEÓN VILLALBA, ob. cit., p. 34.
10. GAYO descreve assim os seus efeitos: "También se extingue la obligación por la *litis contestatio*, siempre que se realice un juicio 'legítimo', pues entonces la obligación principal se extingue y el demandado comienza a estar obligado por la *litis contestatio;* pero si es condenado ya no se atiende a la litis contestatio y empieza a estar obligado en virtud de la sentencia. Y esto es lo que está escrito en la obra de los antiguos: el deudor, antes de la litis contestatio, debe dar; despues de la *litis contestatio* debe cumplir la sentencia. De donde resulta que si reclamo una deuda en un juicio 'legítimo', después no pueda ejercitar la acción por lo mismo, ya que inútilmente pretendo que se me debe dar, porque con la *litis contestatio* el deber de dar desaparece." *Instituciones*. Comentario Tercero (Derecho de las Cosas), n. 180 e 181. Tradução: AVELLÁN VELASCO, M.et.al. [S.I.]: Ed. Civitas, 1990, apud LEÓN de VILLALBA, ob. cit., p. 43-44.
11. "Bis de eadem re ne sit actio: Une seule action pour la même affaire (Quintilien, 7, 6, 4. – C. Pr. Pén., art. 6, C. Civ., art. 1351). L´impossibilité de reprendre le procès après la déduction du droit en justice découle de la litis contestatio (prise à témoins du litige); elle termine la phase in jure du procès,

que a origem romana do axioma *ne bis in idem* encontra-se intimamente ligada à formação do conceito de coisa julgada.

Um dos pontos mais importantes derivados do momento processual da *litis contestatio* era a fixação da causa jurídica do litígio, a partir do momento da contestação. MURGA define como causa o fundamento processual em que o autor apoia sua pretensão e que normalmente deve elencar-se quando da apresentação da fórmula (no contexto dos formulários romanos). E, precisamente, "ese fundamento jurídico de la pretensión es lo que constituye la propia individualidad del litigio hasta tal punto que solamente sería aplicable la regla ne bis in idem y obstaculizado cualquier intento de reiteración por parte del actor, si el segundo litígio presentase en su fórmula la misma causa jurídica que en el primero."[12]

É preciso ter em conta que a aplicação do *ne bis in idem*, então, não alcançava o âmbito do processo penal, o que só veio a ocorrer posteriormente, com a *legis actio sacramento*. No Direito Romano, não havia um órgão especificamente encarregado do exercício da acusação, que era entregue a todas as pessoas capazes e dignas. A capacidade excluía, v.g., menores e mulheres, enquanto o quesito dignidade excluía, v.g., aqueles já previamente condenados, que incorreram em falso testemunho ou alguma vez aceitaram dinheiro para desistir de uma ação anterior. Ainda assim, era possível a reabertura das investigações

---

lie l´instance et en détermine les éléments. Sous les actions de la loi, elle s´accomplissait par la prise à témoins des assistants de la régularité des formes qui venaient de s´accomplir (teste estote); sous la procedure formulaire, elle résulte de l´acceptation par le défendeur de la formule proposée par le demandeur, "contract judiciaire" qui va conduire les parties in judicium. La litis contestatio produit un effet novatoire: le droit du demandeur est éteint (droit de créance ou droit réel) et remplacé par le droit nouveau d´obtenir une condamnation si sa prétention est reconnue justifiée. Ainsi le demandeur ne pourra-t-il plus reprendre le procès sur le droit déduit in jure, soit à l´aide de l´exception rei in judicium deductae." (ROLAND, Henri; BOYER, Laurent. *Adages du Droit Français*. 4ª Ed. Paris: Litec, 1999, p. 51-52).
12. Apud LEÓN VILLALBA, idem, ibidem.

por ordem do Imperador, via *restitutio damnatorum*. Tal instituto servia ao inocentemente condenado como mero ato de graça que tinha motivo na busca da justiça pelo prejudicado.

O princípio veio a ser integrado ao direito canônico, mas foi posteriormente corrompido no curso da Inquisição, no século XIII, pelos Decretos de Inocêncio III. Nesse contexto, entendia-se que nenhum princípio de natureza processual poderia afastar a busca da verdade, o que se traduzia, sob o aspecto formal, pela figura da *absolutio ab instantia*. O mesmo ocorreu durante o período do ancién régime, em que a arbitrariedade foi a marca do processualismo penal. A figura do *plus amplement informé*, no Direito Francês, guarda traços dessa insegurança, tendo permitido a incessante reabertura de processos penais, com o pretexto de se aprofundar as investigações.[13]

No contexto da common law, o equivalente anglo-saxônico da proibição de *bis in idem*, denominado *double jeopardy*, tem suas primeiras referências no reinado de Henrique II, com a discussão sobre a proibição de duplo julgamento dos indivíduos sujeitos à jurisdição canônica pelos Tribunais da Coroa. Porém só nos séculos XVII e XVIII é que se vieram a introduzir as *special pleas*, que seguem válidas, *autrefois acquit* e *autrefois convict*.[14]

Já no fim do século XVIII, com a busca pela afirmação de um direito processual penal, o homem torna-se de objeto a sujeito; e a busca pela verdade material passa a encontrar limites na dignidade humana e na segurança jurídica. Afirma-se a previsibilidade e nega-se a arbitrariedade da ação punitiva

---

13. Vide LELIEUR-FISCHER, Juliette. La règle *ne bis in idem*: du principe de l´autorité de la chose jugée au principe d´unicité d´action répressive; étude à la lumière des droits français, allemand et europeén, tese de doutoramento inédita, Université Panthéon-Sorbonne, Paris, 2005, p. 121, apud RAMOS, Vania Costa. *Ne Bis in Idem e União Europeia*. Coimbra: Coimbra Ed., 2009, p. 57-8.
14. Vide León de VILLALBA, ob. cit., p. 60.

estatal, buscando-se a estabilidade das situações jurídicas individuais, posto se conceber que, apenas gozando de segurança, pode o homem dizer-se livre. Nesse contexto, é inscrito o princípio na Constituição francesa de 1791, segundo a qual "todo o homem absolvido por um júri legalmente constituído, não mais poderá ser julgado ou acusado pelo mesmo fato". Como se pode notar, o foco aí já deixa de ser a "coisa", como no direito romano, e passa a ser o homem. O processo penal passa então, definitivamente, a ser presidido pelo conceito de centralidade do indivíduo.

Na virada dos séculos XIX e XX, a Escola Positivista pugnava a eliminação da regra *ne bis in idem* em proveito da revisão das sentenças penais, em nome da "defesa social". E, após passar por períodos de descrédito, como na Alemanha nazista, em que se entendia que a sua aplicação feria o "espírito do povo" (mesmo ela já preexistindo, consagrada no Código de Processo Penal de 1877), a proibição de *bis in idem* retoma sua força após o fim da segunda guerra, como forma de reação aos abusos incorridos (com sua consagração, v.g., na Constituição alemã de 1949, sob influência americana).[15]

No século XX, a mundial resposta aos abusos do nacional-socialismo leva à maturidade da concepção de direitos fundamentais, o que dá também impulso novo à proibição de *bis in idem*, que agora se preocupa em frisar, a par da proibição de duplo processo, a proibição de dupla punição. A demonstrar a evolução da noção de mera proibição de cumulação de persecuções do mesmo fato, a Lei Fundamental alemã de 1949 (art. 103, alínea 3) dispõe que ninguém poderá ser punido duas vezes pelo mesmo fato sob as leis penais gerais, a consagrar então a aplicação da proibição de *bis in idem* à cumulação de sanções. Embora a dicção da Carta pudesse levar à conclusão

---

15. Vide LELLIEUR-FISCHER, Juliette. *La Régle ne Bis in Idem*: du principe de l´autorité de la chose jugée au principe d´unicité d´action répressive, tese inédita, Université Panthéon-Sorbonne, Paris I, 2005, p. 16-18.

de que a única garantia literalmente outorgada fosse a da interdição à cumulação de sanções (não, portanto, a interdição de dupla persecução, quando o primeiro processo não leve à imposição de sanção), esta hermenêutica literal foi amplamente rechaçada pela Corte Constitucional da Alemanha (como se lê, v.g., da decisão de 18 de dez. de 1953, BVerfGE, vol. 3, p. 248, et s., spec. p. 251), que consagrou o entendimento de que tratava-se de uma dupla garantia.[16]

Atentando-se a essa mesma preocupação de dupla garantia, firmou-se o Pacto Internacional sobre Direitos Civis e Políticos da ONU, adotado em 1966, que dispõe (art. 14, n. 7) que "ninguém pode ser julgado ou punido novamente por motivo de uma infração da qual já foi absolvido ou pela qual já foi condenado por sentença definitiva, em conformidade com a lei e o processo penal de cada país." E, nos acordos internacionais firmados a partir da segunda metade do século XX, essa dupla garantia é sistematicamente assegurada, do que é exemplo também o art. 4º do Protocolo adicional n. 7 à Convenção Europeia de proteção dos Direitos do Homem e de Liberdades Fundamentais (Protocolo n. 7 à CEDH).[17] E, finalmente, o art. 50 da Carta dos Direitos Fundamentais da União Europeia, a evidenciar uma tendência nitidamente crescente.

Com efeito, ambas as garantias atendem a propósitos distintos. A interdição de dupla persecução atende a um objetivo

---

16. Vide RAMOS, Vania Costa. *Ne Bis in Idem e União Europeia*. Coimbra: Coimbra Ed., 2009, p. 64 e segs.

17. A França fez uma reserva ao art. 4º do Protocolo n. 7 adicional à Convenção Europeia de Proteção dos Direitos Humanos e das Liberdades Fundamentais, para dizer que *o non bis in idem* aplica-se somente entre decisões penais, no contexto do direito interno. Mas essa reserva não chegou a ter efeito, pois os juízes europeus afirmaram que o artigo 4 do Protocolo deve ser entendido como interditivo de se processar ou julgar uma pessoa por uma segunda "infração" que tenha por origem os mesmos fatos ou fatos que são substancialmente idênticos (*CEDH*, 10 févr. 2009, n. 14239/03, Sergey Zolotukhine c/ Russie, n. 82).

de paz social, derivada da estabilidade jurídica, mediante a eliminação da incerteza, que impediria que qualquer cidadão se tranquilizasse acerca de sua situação jurídica. Já a interdição à dupla penalização diz respeito ao limite da culpabilidade, como forma de respeito à garantia de proporcionalidade.[18] [19]

---

18. "Quanto à interdição de cumulação de sanções, não podemos deixar de concordar com Lellieur Fischer, quando procede à clara distinção das funções desta norma por relação ao *ne bis in idem* processual. A proibição do cúmulo de acções tem que ver com a vontade de pôr fim aos litígios e de fixar situações jurídicas de modo definitivo, possibilitando o retorno à paz jurídica e, consequentemente, à paz social. Revela também aptidão para proteger o indivíduo, assegurar a segurança jurídica individual contra o aparelho público do poder punitivo. Já a proibição do cúmulo de sanções tem origem na preocupação de não punir o indivíduo com demasiada severidade, por relação à ilicitude do acto cometido, à culpa do seu autor e aos danos por ele causados – ideia de proporcionalidade da punição. A proibição do cúmulo de sanções não exerce qualquer função de estabilização das situações jurídicas, nem de protecção do indivíduo contra a ameaça perpétua de ser alvo de punição pelos mesmos fatos. A cumulação de qualificações na mesma acção, seja qual for a função que lhe é atribuída (ou a ausência dessa função) não será interdita. Será, aliás, permitida e até, por vezes, considerada vantajosa em termos pedagógicos. Este cúmulo de qualificações – se, à partida, não estiver excluído pela aplicação de regras de interpretação jurídica – será apenas sujeito à condicionante de não condução a um cúmulo desproporcionado de sanções, em respeito ao princípio de proporcionalidade. Ora, se nos encontramos numa constelação de cúmulo de acções, o problema do cúmulo de qualificações não tem apenas consequências ao nível da desproporcionalidade das sanções, mas também ao nível da segurança jurídica do cidadão, da sua liberdade e, maxime, da sua dignidade como pessoa humana." (RAMOS, Vania Costa. *Ne Bis in Idem e União Europeia*. Coimbra: Coimbra Ed., 2009, p. 26-7).

19. "Uma limitação da sanção aplicada na segunda ação, em função da aplicação da primeira sanção, resolverá o problema da proporcionalidade da punição relativamente aos factos em causa, mas não permitirá aniquilar a violação (Eingriff) da segurança jurídica consubstanciada pela mera existência desta segunda acção, motivada apenas pela existência de uma outra qualificação jurídica aplicável. Basta imaginar-se, in extremis, o caso em que a segunda acção seja precedida de uma absolvição, para se perceber que a proporcionalidade não é suficiente para compensar a violação constituída pela prossecução renovada. Há, pois, que proceder à distinção entre as duas situações. Uma, o julgamento de um facto sob diversos pontos de vista jurídicos no seio de uma mesma acção – cujo limite será o da proporcionalidade e da culpa. Outra, a apreciação de um facto sob diferentes qualificações jurídicas

Ainda que possa parecer à primeira vista, uma e outra proibição não são coincidentes. Basta imaginar a situação em que um indivíduo tenha sido sujeito a julgamento por determinados fatos, sendo absolvido. Se a um tempo a interdição do cúmulo de *ações* impedirá novo julgamento pelos mesmos fatos, a proibição do cúmulo de sanções não obstaria essa repetição. Ainda que possivelmente expressões da mesma ideia, as várias proibições realizam funções de natureza diversa.[20]

---

em acções diferentes, cujo limite será o da segurança jurídica individual e apenas residualmente – se estivermos perante restrição necessária, adequada e proporcional à prossecução de um interesse diferente e de igual valor ao da segurança jurídica – o da proporcionalidade e da culpa, funcionando como lenitivo. O modo e as consequências de afetação da situação jurídica individual nas duas constelações são completamente diferentes. Devem, por isso, ser reguladas de forma diferenciada. Se o cúmulo de acções for afastado, a proibição de acumulação de sanções vê diminuída a sua pertinência. Caso contrário, assume enorme relevância. É esta circunstância que tem levado à sua autonomização, sobretudo porque permite minimizar as consequências da não aplicação da proibição do cúmulo de acções penais, decorrente da expansão material e geográfica do direito penal, contendo a sanção efectivamente cumprida nos limites da culpa e proporcionalidade. Nesta linha, verifica-se uma tendência para considerar prescindível o *ne bis in idem* processual, salvaguardada a não cumulação de sanções 'como se o único inconveniente do cúmulo de prossecuções residisse no cúmulo de sanções'. Não obstante esta tendência generalizada, existem vozes críticas que acentuam a insuficiência da proibição do cúmulo de sanções. Só a proibição da renovação da acção penal pelos mesmos factos contra um mesmo indivíduo tem vocação ordenadora do direito e protectora da segurança jurídica, não só individual, mas, em última análise, colectiva. A proibição do cúmulo de sanções limita-se a atenuar os efeitos nefastos da repetição de acções ao nível de sanções efetivamente aplicadas. Já o *ne bis in idem* processual obriga à escolha do meio punitivo a utilizar – pois, exercida a punição, não mais haverá lugar àquela mesma acção. Esta escolha pode ser realizada ao acaso, numa lógica de first come, first served, ou de modo orientado. Por este motivo, Lellieur-Fischer vê na interdição de renovação de acções penais a potencialidade de se tornar 'verdadeiro motor de organização da punição, de articulação das diferentes respostas possíveis, para apreender um facto material de forma racional e coerente.'" (RAMOS, Vania Costa. *Ne Bis in Idem e União Europeia*. Coimbra: Coimbra Ed., 2009, p. 29).

20. RAMOS, Vania Costa. *Ne Bis in Idem e União Europeia*. Coimbra: Coimbra Ed., 2009, p. 26.

Em consequência do reconhecimento da interdição ao cúmulo de sanções surgiu a necessidade de se criar mecanismos aptos a tornar eficaz esse propósito. E, para tanto, foram concebidas as teorias do concurso aparente de normas e do concurso formal de crimes, ambos mecanismos a serviço da proibição de *bis in idem*[21] paulatinamente integrados ao Direito Penal interno de diversos países. A primeira voltada a resolver a questão da múltipla tipificação e sancionamento de uma única e mesma ação, mediante o emprego de técnicas hermenêuticas (de especialidade, subsidiariedade, consunção e alternatividade) excludentes da superposição; a segunda voltada à proporcionalização do cúmulo de punições aplicáveis nos casos em que uma única ação resulte em vários resultados delituosos, de forma a evitar o excesso punitivo.

A inegável importância histórica dessas duas concepções está em assentar – positivamente – a noção de que o sistema jurídico é ordenado, coordenado e harmônico. Ordenado, porque disposto de forma organizada; coordenado, porque concatenado e interligado; e harmônico, porque combina seus elementos de forma a produzir a concórdia e a ausência de conflitos.[22] Por isso se entende que o conflito de normas é *sempre*

---

21. NIETO, A. *Derecho Administrativo Sancionador*. 2 Ed. Madrid: Tecnos, 1994, p. 517.

22. "El sistema supone una ordenada relación entre cosas o entre las partes de un todo, relación que permite que el conjunto así formado contribuya a determinado objeto o función. Se trata, pues, de una coordinación interna que se refiere a la situación de las partes en el sistema, y que cuando se refiere a elementos de la vida jurídica – normas, principios, actos – muestra la existencia de amplios grupos o categorías polarizados en torno a funciones de tipo bastante general. De ahí que en la exposición de las disciplinas el prurito sistematizador no deba llevar a los autores – como con harta frecuencia ocurre – a la aberración que consiste en sustituir el sistema interno y real de las cosas por un sistema externo y artificial, con lo que sólo consiguen mostrar un ingenio estéril y llenar de confusión la mente de los lectores menos avisados. El esfuerzo sistematizador debe, por el contrario, afanarse por «descubrir» esa coordinación interna, que constituye un ingrediente inexcusable de la vida jurídica, poniéndola de manifiesto en sus líneas fundamentales, sin

aparente (com o afastamento de uma das normas em conflito) e que nenhuma ação será punida em montante irrazoável (ainda que tenha redundado em diversos resultados criminosos independentes). Assim, não se admite que das desinteligências do sistema possam resultar consequências prejudiciais ao indivíduo, firmando-se a consciência da necessidade de outorga de *coerência interna*.

No âmbito internacional, já na segunda metade do século XX, surge o Acordo de Schengen, celebrado entre cinco Estados (Alemanha, França e os integrantes do Benelux), em 14.6.1985. E, posteriormente, firma-se a Convenção de Aplicação do Acordo de Schengen, de 19.06.90 que, no art. 54, denominado "aplicação do princípio *ne bis in idem*", dispõe que "aquele que tenha sido definitivamente julgado por um tribunal de uma Parte Contratante não pode, pelos mesmos fatos, ser submetido a uma ação judicial intentada por outra Parte Contratante, desde que, em caso de condenação, a sanção tenha sido cumprida ou esteja atualmente em curso de execução ou não possa já ser executada, segundo a legislação da Parte Contratante em que a decisão de condenação foi proferida." Tal convenção, comumente referida por CAAS, foi subscrita posteriormente também por Itália, Espanha, Portugal, Grécia e Áustria e, após, tais acordos foram integrados ao âmbito da União Europeia, com o Tratado de Amsterdã.

A partir desse momento, a máxima *ne bis in idem* ganhou amplo desenvolvimento na Europa, consagrando-se a criação do Espaço de Liberdade, Segurança e Justiça (ELSJ), que passa a constituir um dos objetivos da União Europeia, sendo então redigido um Plano de Ação para tornar eficaz esse propósito, que prevê como prioridade "estabelecer medidas de

---

minimizarla confundiéndola con rígidas y prolijas clasificaciones de elementos accesorios o secundarios, que muchas veces ocultan, con su inevitable fárrago, la arquitectura de la disciplina." (SAINZ DE BUJANDA, Fernando. *Hacienda y Derecho*: estudios de derecho financiero. Madrid: Instituto de Estudios Politicos, 1962. v.2. p. 222).

coordenação das investigações penais e dos processos em curso nos Estados-membros a fim de evitar uma duplicação de esforços e decisões contraditórias, tendo em conta uma melhor utilização do princípio *ne bis in idem*."[23] Na dicção desse objetivo de "coordenação" e de "evitar duplicação de esforços", vê-se o avanço da proibição de *bis in idem*, mais uma vez, a um novo patamar de maturidade, para consagrar-se como um princípio de preclusão (*Erledigungspringzip*),[24] rumo à unicidade da ação punitiva, que já não se preocupa mais em frisar tão somente a impossibilidade de dupla sanção, ou mesmo em reafirmar a noção, já assente nos Estados modernos, de coisa julgada, impeditiva de um segundo processo sobre o mesmo fato já julgado. O que se quer é evitar a descoordenação dos sistemas e os danos ao indivíduo que isso pode acarretar, com o desencadeamento paralelo de processos e investigações independentes por diferentes agentes punitivos.[25] Mesmo a dimensão processual da proibição de *bis in idem*, portanto, passa hoje por uma leitura que tem em conta a centralidade do indivíduo e, em última análise, uma garantia substantiva, pois a prerrogativa de punir dos Estados cede passo ante a preocupação em garantir a unicidade da ação sancionadora em prol do acusado. A preocupação de coordenação, então, já não se restringe ao âmbito interno (litispendência ou obstaculização à ação de algum agente interno), senão que é elevada ao patamar internacional, tolhendo até mesmo o poder de Estados soberanos em nome da proteção do indivíduo.

---

23. Vide RAMOS, Vânia Costa. *Ne Bis in Idem e União Europeia*. Coimbra: Coimbra Ed., 2009, p. 75-6.
24. RAMOS, Vânia Costa. *Ne Bis in Idem e União Europeia*. Coimbra: Coimbra Ed., 2009, p. 182.
25. "O *ne bis in idem* pode ser reconduzido a um princípio geral de unicidade da acção punitiva contra a mesma pessoa pelos mesmos factos. Segundo este princípio, a um facto corresponde uma ação punitiva, devendo toda a ordem jurídica punitiva configurar-se de forma a realizar esta ideia. Como tal, o *ne bis in idem* é, na designação utilizada por Alexy a propósito dos princípios, uma 'exigência de optimização.'" (RAMOS, Vania Costa. *Ne Bis in Idem e União Europeia*. Coimbra: Coimbra Ed., 2009, p. 31-2).

Como se verifica, ao longo dessa trajetória histórica, a proibição de *bis in idem* serviu de base à consagração e/ou amadurecimento de institutos hoje largamente aceitos em todo o mundo civilizado, tanto em sua dimensão processual inicial, quanto em sua dimensão material e substantiva mais recente. As regras atinentes à coisa julgada, à preclusão, ao concurso ideal de normas e ao concurso de crimes, as (pontuais ou gerais) interdições ao acúmulo de sanções administrativas e as disposições de coordenação das persecuções nas esferas administrativa e judicial foram positivadas em diversos sistemas, ainda que, frequentemente, com significativas variações em sua extensão.[26] A força com que se desenvolveram tais institutos e a facilidade com que podem ser invocados, bastando a referência ao dispositivo legal, poderia induzir o intérprete à apressada conclusão de que a introdução de tais *regras objetivas* conduziu a um certo esvaziamento do *princípio* (à medida em que torna desnecessária sua invocação), bastando dizer que muitos dos operadores do Direito sequer tem ciência da relação dessas garantias com a proibição de *bis in idem*. Na verdade, contudo, o reconhecimento legislativo desses institutos, muitas vezes em estatura constitucional, evidencia um processo histórico de progressiva e irrefreável solidificação do postulado, abrindo espaço para o desenvolvimento da proibição de *bis in idem* em novos campos eficaciais, para além de tais regras positivas, como "règle de équité désormais modernisée qui chercherait à doser efficacement les exigences de la répression sociale et de la protection individuelle."[27]

É que o princípio *ne bis in idem* decorre da noção lógica mais ampla – extensível a todos os ramos do Direito – de que,

---

26. "Na comunidade internacional, o *ne bis in idem* como princípio é geralmente aceite, mas a sua concretização é muito divergente." (RAMOS, Vania Costa. *Ne Bis in Idem e União Europeia*. Coimbra: Coimbra Ed., 2009, p. 34).
27. DANAN, Mile Lise. *La Règle Non Bis in Idem en Droit Penal Française*. Université de Rennes – Faculté de Droit et des Sciences Economiques, 1971, Inédito, p. 231.

exercido um direito, não é possível fazê-lo novamente. Ou ainda de que, cumprido um dever (ou encerrada uma discussão), o devedor se libera de sua obrigação, não sendo possível tornar a exigi-la. Como já disse Gayo, "no es conforme a la buena fe que se reclame dos veces lo mismo."[28]

A proibição de *bis in idem* deriva, assim, de uma exigência humana, natural[29 30 31 32] – por isso mesmo presente em todas

---

28. Digesto, 50, 17, 57: "bona fides non patitur ut bis idem exigatur."
29. Aproximando a noção de direitos fundamentais e de direitos naturais, porque preexistentes ao Estado, a doutrina de Carl Shimitt: "[...] son derechos fundamentales sólo aquellos que pueden valer como anteriores y superiores al Estado, aquellos que el Estado, no es que otorgue con arreglo a sus leyes, sino que reconoce y protege como dados antes de él, y en los que sólo cabe penetrar en una cuantía mensurable en principio, y sólo dentro de un procedimiento regulado. Estos derechos fundamentales no son, pues, según su sustancia, bienes jurídicos, sino esferas de la Libertad, de las que resultan derechos, y precisamente derechos de defensa." (SCHIMITT, Carl. *Teoría de la Constitución*. Madrid: Alianza, 1982, p. 169).
30. A doutrina costuma fundar o chamado "direito natural" em distintos assentos. Alguns, como derivação da razão, outros como derivação da lei divina. Tomás Antônio Gonzaga concebe-o como uma mescla de ambos, dizendo que "A lei natural não é outra coisa mais do que a lei divina, participada à criatura por meio da razão, que manda que se faça o que é necessário para se viver conforme a natureza racional, como racional, e proíbe que se execute o que é inconveniente à mesma natureza racional, como racional. Santo Tomás lhe chama uma participação da lei eterna na criatura racional, pela qual se faz capaz de discernir o bem do mal." (GONZAGA, Tomás Antônio. *Tratado de Direito Natural*. São Paulo: Martins Fontes, 2004, p. 193).
31. Werner Goldschmidt vê o Direito Natural como fruto da experiência: "535.- Para los partidarios de las concepciones concretas y genéricas, el camino que conduce al Derecho Natural es la experiencia. Mediante percepciones sensoriales, su configuración categorial y su coordinación racional, penetramos en la naturaleza fisiológica, síquica y social de los seres animados, de los individuos humanos y de las sociedades respectivamente." (GOLDSCHMIDT, Werner. *Introducción Filosófica al Derecho*: la teoría trialista del mundo jurídico y sus horizontes. 3. Ed. Buenos Aires: Depalma, 1967, p. 455).
32. "Les auteurs qui font autorité dans la science s'accordent assez bien sur la division fondamentale en Droit des gens naturel et en Droit des gens positif. Mais quand il s'agit de la notion sur laquelle s'appuie chaque branche, ou de la subdivision du droit des gens positif, l'accord cesse. Grotius, Pufendorf et Leibnitz ne sont pas d'accord sur la notion du droit des gens naturel; Wolf et

as sociedades, inclusive antes da constituição formal do Estado e da existência de um Direito no sentido de sistema de regras jurídicas – de segurança, certeza, estabilidade, proporção e boa-fé nas relações jurídicas. Não deriva, portanto, do Direito Posto, mas de uma noção equitativa subjacente e transcendente (sendo a sua positivação mera consequência)[33] – o que se comprova pela mera constatação de que, mesmo internacionalmente, quando não há "lei" imponível à observância da proibição de *bis in idem*, as comunidades unem seus esforços para consagrar o *valor ne bis in idem*, firmando Tratados seja para evitar a dupla persecução penal, seja para evitar a dupla tributação. E disso se extraem – tal qual visto acima no contexto do Direito Punitivo – não apenas garantias de forma, senão que, igualmente, de conteúdo/substantivas.

2. Panorama geral do alcance da proibição de *bis in idem* no Supremo Tribunal Federal brasileiro

Paralelamente ao que se passou na Europa (em que o axioma se tornou progressivamente mais vinculado ao âmbito sancionador, penal e/ou administrativo), o tema da proibição de *bis in idem* recebeu em determinados sistemas (dentre os quais se insere o Brasil) um tratamento significativamente mais

---

son abréviateur Vattel ont subdivisé le droit des gens positif en droit des gens volontaire, conventionnel, coutumier, subdivision contestée, à juste titre, par Martens et Wheaton." (LAFERRIÈRE, M. F. *Cours de Droit Administratif*: mis en rapport avec les lois nouvelles. 5ª Ed. Paris: Cotillon, Éditeur, Libraire du Conseil D'État, 1860, p. 330).

33. "RESPONDO. Como diz Agostinho, 'não parece ser lei aquela que não for justa'. Portanto, quanto tem de justiça tanto tem força de lei. Nas coisas humanas diz-se que algo é justo pelo fato de que é reto segundo a regra da razão. A primeira regra da razão, entretanto, é a lei da natureza, como fica claro pelo acima dito. Portanto, toda lei humanamente imposta tem tanto de razão de lei quanto deriva da lei da natureza. Se, contudo, em algo discorda da lei natural, já não será lei, mas corrupção da lei." (AQUINO, Tomás de. *Suma Teológica*: justiça, religião, virtudes sociais. São Paulo: Loyola, 2005, V.4, p. 576).

amplo, como postulado de equidade destinado a suprir as lacunas do sistema positivo sempre que se esteja diante de situações em que se *pretender duas vezes o mesmo*. Aparece, assim, como recurso de que se vale o intérprete – como parâmetro objetivo de Justiça[34] – para barrar inúmeras formas de dupla exigência/imposição "do mesmo" que importem violação a segurança e a proporcionalidade[35] a que serve o axioma. A Suprema Corte brasileira, seguindo essa linha mais ampla de entendimento, por reiteradas vezes aplicou a proibição de *bis in idem* muito além dos contextos do Direito Penal e do Direito Administrativo Sancionador, como se passa a ilustrar, exemplificativamente.

No âmbito do Direito Comercial, falimentar, no RE n. 116.288/PR, Rel. Min. Carlos MADEIRA, j. 14.06.88, a Segunda Turma aplicou a proibição de *bis in idem* para o efeito de afastar a dupla incidência de correção monetária, dizendo que "a hipótese dos autos, porém, configura um *bis in idem*: a recorrente pretende que, os títulos habilitados na falência, cujos valores são expressos em OTN's, sejam convertidos em moeda corrente e corrigidos. Ora, a correção monetária é aplicada aos processos de falência e concordata de acordo com a Lei n. 6.899/81, que baseia o cálculo respectivo no valor da OTN. Se expressa a dívida em OTN's, claro que, no dia do pagamento, será ela calculada pelo valor desse título então vigente, o que importa verdadeira correção monetária."

No plano processual civil, o STF já houve por bem enfrentar o tema da proibição de *bis in idem* ante a dupla interposição de recursos, como se lê do RE n. 98.763/RJ, Rel. Min. SOARES MUÑOZ, j. 13.05.83, Primeira Turma em que o Relator

---

34. Reconhecendo a proibição de *bis in idem* como parâmetro objetivo de Justiça: NIETO, A. *Derecho Administrativo Sancionador*. 2ª Ed. Madrid:Tecnos, 1994, p. 401.

35. A relação entre a proibição de *bis in idem*, a segurança jurídica e a proporcionalidade é endossada por: LORENTE, José Muñoz, *La Nueva Configuración del Principio Non Bis in Idem*. Madrid: Ecoiuris, 2001, p. 85.

diz rechaçar o segundo recurso, que considera prejudicado, em face da interposição do primeiro, declarando que "há, entre o mandado de segurança e o anterior recurso extraordinário n. 99.686-9, do qual esta Primeira Turma não conheceu, em sessão realizada no dia doze de abril último, manifesto "bis in idem", pois ambos atacam o acórdão da 7ª Câmara do Primeiro Tribunal de Alçada do Estado do Rio de Janeiro que permitiu fosse a caução prestada com o depósito dos próprios bens embargados."

Ainda no âmbito do processo civil, no RE – ED – ED n. 94.487, vale referir decisão de Relatoria do Min. Alfredo BUZAID, autor do Código de Processo Civil brasileiro (j. 21.05.82, Primeira Turma), que deixa clara a compreensão da proibição de *bis in idem* como informadora do instituto da preclusão, evitando reedição de discussões já entabuladas e superadas no curso de um dado processo. Na ocasião, assentou-se que "o processo civil caminha para frente, mediante a superação das questões preclusas, não volta para trás (...) não havendo na nova decisão proferida nos embargos declaratórios, obscuridade, dúvida, contradição ou omissão, são inadmissíveis novos embargos de declaração, porque haveria *bis in idem*."

No âmbito sancionador tributário (cujo exame será detalhado ao longo do presente trabalho), o STF já decidiu pelo afastamento de multa fiscal moratória por considerá-la em superposição com a correção monetária e, portanto, ofensiva à proibição de *bis in idem*, já que, segundo voto do Relator BILAC PINTO, ambas apresentam idêntico fundamento, conforme o RE n. 80.093/SP, Rel. Min. BILAC PINTO, j. 02.04.75, Plenário. Em seu voto, o Min. BILAC PINTO esclarece o entendimento adotado, em orientação que foi adotada em diversos outros julgados, e que se embasa em uma noção de proporcionalidade, dizendo que "a superposição da multa moratória e dos 'acréscimos', com a correção monetária e os encargos da sucumbência, representam um cúmulo de agravações sucessivas e desproporcionais da carga tributária, que bem caracteriza uma forma de abuso do poder fiscal do Estado (...) se os dois institutos têm a mesma finalidade e se a multa moratória pertencia ao sistema de penalização do contribuinte em uma época em que inexistia a correção monetária, estou em que a cobrança cumulativa desses dois encargos – correção monetária mais multa moratória – caracteriza um abuso do poder fiscal do Estado, que deve ser coibido pelo judiciário. Para corrigir esse *bis in idem*, teremos que considerar inexigível a multa moratória."

Na seara do Direito Civil, há julgado do STF[36] tratando do tema da cumulação de indenizações pecuniárias decorrentes da responsabilidade civil por acidente. No caso, a caracterização do *bis in idem* foi matéria de alta indagação na Corte, dando margem à divergência entre o Min. CUNHA PEIXOTO – que entendia que a verba concernente ao tratamento psiquiátrico da neurose provocada pelo acidente não podia ser cumulada com a indenização conferida por incapacidade, e o Min. SOARES MUÑOZ – cujo entendimento era no sentido de que ambas eram perfeitamente cumuláveis e justificáveis.

Segundo o Rel. Min. CUNHA PEIXOTO: "também a verba destinada a tratamento psiquiátrico não pode prevalecer, pois do contrário seria ela paga duas vezes. De fato, o perito levou em consideração, para calcular a indenização em 100% do salário da vítima, a circunstância especial de sua neurose, em consequência da perda total do braço esquerdo." O Min. SOARES MUÑOZ, em contraponto ao anterior, sustentou a inexistência de *bis in idem*: "Divirjo, apenas, quanto à verba referente ao tratamento psiquiátrico. Entendo que não há *bis in idem* dessa condenação com a resultante da incapacidade parcial. Nem sempre a incapacidade parcial determina neurose. Se determinar, esse fato dá origem à necessidade do tratamento e a vítima tem direito ao ressarcimento ou à indenização, para enfrentar os medicamentos e as despesas médicas que se fizerem necessários."

---

36. RE 88.443/RJ, Rel. Min. CUNHA PEIXOTO, j. 07.03.78, Primeira Turma.

TEORIA DA PROIBIÇÃO DE *BIS IN IDEM* NO DIREITO TRIBUTÁRIO

Ainda no campo do Direito Civil e da responsabilidade civil, o STF já teve a oportunidade de entender caracterizada violação ao princípio *ne bis in idem* quando se cumula indenização por dano moral com indenização por dano estético, já que a primeira estaria implícita na segunda.[37]

No contexto do Direito do Trabalho, há interessante julgado do STF que aplica a proibição de *bis in idem* em caso de dispensa de trabalhador que pretendia ver garantido direito à estabilidade no emprego (existente no contexto da Constituição de 1969, art. 165, XIII), cumulativamente ao direito à indenização compensatória instituída pela Constituição de 1988 precisamente em substituição à antiga garantia de estabilidade. Na ocasião, entendeu-se que o que a Constituição atual garante é o direito à indenização compensatória pela despedida arbitrária ou sem justa causa, com o que não pode ser cumulado o direito à estabilidade permanente, sob pena de incidir-se em um *bis in idem* inadmissível.[38] Rechaçou-se o cúmulo por identificar-se em ambas o mesmo fundamento ou causa, ainda que, ontologicamente, a estabilidade e a indenização constituam formas distintas de garantia.

---

37. RE 93.169/RJ, Rel. Min. Rafael MAYER, j. 18.11.80, Primeira Turma.
38. Da Ementa, consta: "Inexistência de ofensa ao artigo 7º, XXX, da Constituição, que nem por interpretação extensiva, nem por aplicação analógica, se aplica à hipótese de dispensa de emprego que tem tratamento específico, no tocante a despedida discriminatória, no inciso I desse mesmo artigo 7º que dá proteção contra ela proteção essa provisoriamente disciplinada nos incisos I e II do artigo 10 do ADCT, que não é norma de exceção, mas, sim, de transição. – Não estabeleceu a Constituição de 1988 qualquer exceção expressa que conduzisse à estabilidade permanente, nem é possível admiti-la por interpretação extensiva ou por analogia, porquanto, como decorre, inequivocamente do inciso I do artigo 7º da Constituição a proteção que ele dá à relação de emprego contra despedida arbitrária ou sem justa causa é a indenização compensatória que a lei complementar terá necessariamente que prever, além de outros direitos que venha esta a estabelecer, exceto, evidentemente, o de estabilidade permanente ou plena que daria margem a um *bis in idem* inadmissível com a indenização compensatória como aliás se vê da disciplina provisória que se encontra nos incisos I e II do artigo 10 do ADCT. Recurso extraordinário não conhecido." (RE 179.193/PE, Rel. Min. Ilmar GALVÃO, j. 18.12.96, Plenário).

No âmbito do Direito Administrativo, o STF teve a oportunidade de, reiteradas vezes, invocar a proibição de *bis in idem* para o efeito de afastar a cumulação de adicionais à remuneração. Exemplificativamente, decidiu-se que a percepção, pelo servidor público, de um adicional bienal e de um adicional por tempo de serviço é ofensiva à proibição de *bis in idem*, já que – como no exemplo anterior – ambas tem por fundamento o mesmo fato (o tempo de serviço público).[39] De se notar que, ao assim fazer, o STF passa por cima da circunstância de ambos estarem previstos em diplomas legais distintos, para dar prioridade à coerência lógica do sistema.

No âmbito do Direito Administrativo Sancionador, a aplicação da proibição de *bis in idem* no ordenamento brasileiro se fez tão intensa que o STF chegou a editar súmula de jurisprudência a respeito. Diz a súmula n. 19 que "É inadmissível segunda punição de servidor público, baseada no mesmo processo em que se fundou a primeira." A redação do enunciado, contudo, não prima pela técnica, pois se limita a impedir o cúmulo de sanções derivadas de um mesmo processo (quando o ideal seria impedir o cúmulo de sanções baseadas no mesmo fato).

A impropriedade na dicção da Súmula n. 19 não tardaria a gerar efeitos nefastos. No RE n. 70.414 (Rel. Min. Adalício NOGUEIRA, j. 20.11.1970), versava-se sobre caso em que foi aplicada pena de demissão a funcionário da prefeitura que, pela mesma falta, já havia sido punido com pena de suspensão. O acórdão afasta a incidência da proibição de *bis in idem* por considerar inaplicável a súmula n. 19 que, segundo afirmado "encerra proibição diferente. Veda segunda punição baseada no mesmo processo. A demissão contra a que se insurge o recorrente foi a única penalidade, oriunda do inquérito administrativo, a que se procedeu. Para o anterior, de suspensão, não

---

39. RMS – AgR 23.481/DF, Rel. Min. Celso de MELLO, j. 25.09.01, Segunda Turma.

o houve". De forma inusitada, no acórdão, o STF acolheu o argumento de inexistência de *bis in idem* baseado no seguinte e singular fundamento (extraído do voto do Min. Adalício NOGUEIRA, endossando a afirmativa que segue): "O recorrente não foi duas vezes punido no mesmo processo, porque, ao que parece, a primeira punição se fez sem processo, mas o foi pelo mesmo fato."

Sucessivos julgados, por outro lado, fazem boa aplicação do referido enunciado, versando sobre variadas formas de punição cuja cumulação se veda. Dentre eles, digno de nota o MS n. 23.382/DF, Rel. Min. MOREIRA ALVES, j. 27.3.03, Plenário, em que se adotou entendimento mais amplo, que prestigia a substância à forma, para o efeito de entender-se que pena de advertência não poderia ser cumulada, ante os mesmos fatos, com pena de demissão, ainda que a autoridade que determinou a aplicação da segunda pena fosse distinta e desconhecesse a primeira: "Portanto, sem a anulação da pena de advertência que, no âmbito ministerial, fora aplicada ao impetrante, não poderia o impetrado, ainda que desconhecesse a aplicação da referida pena, impor-lhe, pelos mesmos fatos, a de demissão, que, aliás, deveria ter sido precedida da cassação da aposentadoria. Caracteriza-se, assim, o 'bis in idem', sendo de aplicar-se a súmula 19 desta Corte: 'É inadmissível segunda punição de servidor público, baseada no mesmo processo em que se fundou a primeira'."

Em outro julgado de Direito Administrativo Sancionador, a questão do *ne bis in idem* volta à tona, mas para o efeito de se afastar a aplicação da máxima e da Súmula n. 19. No caso, o STF firmou jurisprudência no sentido de que, sendo a primeira sanção aplicada por autoridade incompetente e, consequentemente, tratando-se de sanção nula, nada impede que se aplique ao sujeito infrator uma segunda punição, sem incidir em violação à Carta.[40]

---

40. EMENTA: Servidor público: punição administrativa: *ne bis in idem* (Súm. 19): inocorrência. Não obstante as sanções de suspensão e demissão tenham

Outro interessantíssimo julgado do STF concernente ao *ne bis in idem* – e que também nos ajuda na tarefa de compreender o alcance conceitual do axioma no âmbito da Suprema Corte brasileira – é o que abaixo se cita,[41] no qual tratava-se de funcionário peculatário, punido em regular processo administrativo, pela Corregedoria de Justiça, com pena de suspensão e que, posteriormente, teve contra si aplicada pena de demissão, por ato do Sr. Governador do Estado. A questão gerou divergência entre os Ministros, tendo ficado vencido o Min. XAVIER DE ALBUQUERQUE, cujo expressivo voto sustenta que "não padece dúvida de que o recorrente sofreu duas punições administrativas pela mesma falta: uma de suspensão por noventa dias, imposta pelo Corregedor de Justiça, e outra, de demissão, imposta pelo Governador do Estado. Se a primeira delas houver sido, como parece, demasiadamente branda e por isso desproporcional à gravidade da infração, haverá a Administração de suportar as consequências da benignidade com que terá agido a autoridade a quem confiou sua imposição, a mesma, aliás, que posteriormente determinou a instauração do segundo processo disciplinar por aquele mesmo fato que motivara o primeiro." Em seguida diz compreender "ser penoso, sob o prisma ético, determinar o Judiciário a reintegração, em cargo público, de peculatário como tal reconhecido por decisão judicial condenatória (...) mais que penosa, porém, é intolerável, para o Direito, a figura do *bis in idem*, aqui abertamente caracterizada."

---

sido sucessivamente aplicadas ao mesmo fato, não há *bis in idem*, vedado pela Súmula 19, se, para aplicar a demissão, o Presidente da República anulou previamente a suspensão, por incompetência da autoridade inferior que a impusera. (MS 23.146/MS, Rel. Min. Sepúlveda PERTENCE, j. 19.08.99, Plenário).

41. "É legítima a demissão de serventuário da Justiça, condenado por peculato, por ato do Sr. Governador do Estado, competente para aplicar a pena imposta, tendo em vista o processo penal, não obstante a suspensão aplicada, em virtude de processo administrativo, pelo Corregedor de Justiça." (RE 84.382/MG, Rel. Min. CORDEIRO GUERRA, j. 09.11.76, Segunda Turma).

TEORIA DA PROIBIÇÃO DE BIS IN IDEM NO DIREITO TRIBUTÁRIO

O valor das ponderações do Ministro consiste em apartar a aparente vontade dos demais juízes de, rigorosamente, "rejulgar" o caso e agravar a pena – dada a convicção de que o funcionário criminoso não havia recebido uma punição administrativa compatível com a gravidade do delito cometido – da necessidade de se preservar a segurança jurídica e a estabilidade característica das decisões processuais finais, evitando, assim, injustiça maior consistente em penalizar duas vezes um mesmo fato. Não obstante, essa orientação resultou vencida, tendo sido aplicada a pena mais grave.

No campo específico do Direito Tributário material, a proibição de *bis in idem* também foi reiteradamente suscitada e, diversas vezes, acatada pela Suprema Corte brasileira. De um modo geral, o Tribunal nunca se colocou a questão de saber se tal postulado é, de fato, aplicável ao Direito Tributário nacional, tendo sempre considerado a possibilidade teórica de sua aplicação e passado diretamente ao debate em torno de sua aplicabilidade ao caso concreto. As dúvidas e divergências entre os Ministros se apresentaram, tão somente, no que concerne aos requisitos para a configuração do *bis in idem in casu*. De se notar que, no contexto da Constituição brasileira de 1988, ao STF cabe a função de guardião da Constituição, tendo limitada sua competência – como regra – ao exame de situações de possível violação à Carta, de modo que, ao invocar como razão de decidir a proibição de *bis in idem*, está o Tribunal admitindo – expressa ou tacitamente – a relevância/assento constitucional do postulado.

De um modo geral, pode-se dizer que o Tribunal, em matéria tributária, sempre enxergou, na proibição de *bis in idem,* uma interdição pontual, aplicável de acordo com a conformação das regras de competência tributária. Segundo o entendimento prevalecente na Corte, inexiste um direito geral ao *ne bis in idem* no contexto constitucional tributário brasileiro. A questão se resume ao exame do esquema de distribuição de competências no contexto da Constituição.

Ao mesmo tempo, os julgados da Corte deixam claro que identificam, em diversos dispositivos da Carta, pontuais regras expressivas da proibição de *bis in idem*, mediante as quais o constituinte decidiu interditar determinadas formas de superposição tributária. Nesse sentido, teve menor importância a questão de se definir requisitos gerais à configuração do *bis in idem* proibido, já que, como consequência da postura legalista/positivista adotada, estes se encontravam especificamente delineados em cada dispositivo constitucional interditivo do *bis*.

A linha jurisprudencial, genericamente adotada pelo STF, em muito se aproxima daquela que defendemos no presente trabalho. A diferença está no número de dispositivos nos quais identificamos uma interdição ao *bis*, bem como no alcance que atribuímos a cada uma das proibições existentes. Ou ainda – não menos importante – na circunstância de identificarmos a existência de um vetor hermenêutico – decorrente de princípios de política fiscal – apto a afastar as possibilidades de *coincidência* sempre que essas não estejam inequivocamente expressas na Carta.

A Suprema Corte brasileira também já teve a oportunidade de invocar e efetivamente aplicar a máxima *no plano fático e concreto*, para obstar situações de dupla exigência de uma dada exação, frente a um único fato gerador. Com isso, igualmente em linha com o que defendemos, admitiu a existência de uma dupla dimensão de análise da proibição de *bis in idem*: a) no campo hipotético-abstrato, a partir do exame do esquema de distribuição de competências e das hipóteses tributárias legalmente descritas; e b) no campo exegético-concreto, de aplicação das leis tributárias.

Os julgados citados a seguir foram selecionados para melhor ilustrar as situações aludidas acima.

No RE – segundo n. 22.573/SP, Rel. Min. BARROS BARRETO, j. 08.11.56, Primeira Turma, o STF teve a oportunidade de examinar hipótese em que o imposto de vendas e consignações foi duplamente *exigido* pelo Fisco, sendo uma vez no local da fabricação da mercadoria e outra no local do depósito. Por entender que a saída do depósito não configura fato gerador do tributo em questão, o STF julgou carecedora de ação a Fazenda estadual que executava o suposto crédito tributário decorrente dessa segunda "operação". No caso, o Tribunal aplicou a proibição de *bis in idem* para afastar a segunda exigência tributária, levada a efeito por um segundo ente federado (o estado de São Paulo).[42]

---

42. Em seu voto, o Rel. Min. BARROS BARRETO esclarece que "a recorrente, titular dos direitos decorrentes da marca de pneumáticos 'Atlas', havia cedido o uso da referida marca à Companhia Firestone do Brasil que os fabricava em S. Paulo. Toda a produção era faturada pela mesma cessionária à cedente, que, por sua vez, a vendia à Standard Oil Company, pagando, ali – lugar da fabricação do produto e da operação – o imposto devido, sobre vendas e consignações, ex-vi do disposto no Decreto-lei n. 1.061, de 20 de Janeiro de 1939, que retificou o art. 1º, parágrafo único, do Decreto-lei n. 915, de 1 de Dezembro de 1938. De uma parte da mercadoria, procedia-se à entrega em S. Paulo. Mas, a parte restante dos pneus, vendida, também, pela Companhia Firestone à Standard Oil, por ordem da Atlas Supply, que não tinha estabelecimento em S. Paulo, era remetida para o Rio de Janeiro (Distrito Federal), onde se efetuava o recolhimento dos respectivos tributos." E conclui o Ministro dizendo que "melhor esclarecida a hipótese dos autos, após o julgamento dos embargos opostos ao aresto de fls.268 e frente aos acórdãos trazidos à colação, proferidos nos recursos extraordinários n. 20.033, 20.403, e 15.606 (embargos) há-de-se concluir que não se verificaram duas operações, com incidência, cada qual, do imposto de vendas e consignações, previsto no citado diploma legal, o que constituiria um *bis in idem*. Nessa conformidade, carece da ação executiva ajuizada a Fazenda Estadual." Nos embargos referidos pelo Min. Barros Barreto, prevaleceu o seguinte voto do Min. Orozimbo Nonato: "A parte, nos embargos de fls., alega achar-se o aresto recorrido em colidência com decisões deste próprio Tribunal e produziu prova no sentido de haver o Supremo Tribunal Federal, aliás numa série de julgados, entendido que o imposto de vendas e consignações se paga no local onde é produzida a mercadoria e não no local do destino, não nas filiais. É exato que o ilustre Tribunal de São Paulo entendeu que a mercadoria se achava, não em trânsito, mas em depósito. A verdade, porém, é que o Supremo Tribunal, mais de uma vez, tem julgado que se paga o imposto no local de fabricação do produto. Não há mais lugar para pagamento no depósito. Seria um *bis in idem* e, nesse sentido, há realmente uma série de acórdãos do Supremo Tribunal, com os quais o aresto recorrido entrou em colisão."

O Tribunal, assim, confirmou que a regra proibitiva de *bis in idem* comporta uma dupla forma de aplicação e enfoque: tanto a partir de sua *perspectiva hipotético-abstrata* (extraída da superposição de normas gerais e abstratas), quanto a partir de sua *perspectiva exegético-concreta* (extraída da construção equivocada de norma individual e concreta que importa na dupla *exigência* de um dado e único tributo *posto*).

No RE n. 61.656/PR, Rel. Min. BARROS MONTEIRO, j. 02.04.68, Primeira Turma, tratava-se da possibilidade de a legislação estadual do Paraná exigir o pagamento de imposto do selo, sobre contratos firmados com a Administração do Estado, quando a legislação federal já previa a incidência de um imposto do selo para a mesma situação. O Tribunal, entendendo aplicável o princípio do *non bis in idem* às situações de dupla imposição por entes políticos diferentes, sobre uma mesma materialidade, afastou a exigência do imposto estadual.

No ano de 1974, o STF teve a oportunidade de reconhecer a violação à proibição de *bis in idem* em situação de dupla tributação por um mesmo ente federado, relativamente a tributo autodenominado taxa, que se estabelecera como um adicional ao ICM, em julgado de Relatoria do Min. Aliomar BALEEIRO (RE 77.131/AM, j. 18.09.74). Segundo seu voto "não pode ser jamais constitucional, no sistema de 1969, *bis in idem* do ICM, porque a sua alíquota máxima é uniforme e fixada pelo Senado nos termos do § 5º do art. 23, da CF". E "no caso dos autos, o Amazonas mascarou de taxa uma segunda aplicação do ICM, que, somada à 1ª, ultrapassa o teto máximo fixado pelo Senado. Esse fim inconstitucional é o motivo da falsa taxa."

No RE n. 146.739, o STF deliberou sobre a constitucionalidade da Contribuição Social sobre o Lucro Líquido (CSLL). Na ocasião, discutiu-se a higidez dessa exação por possuir idênticos fato gerador e base de cálculo do Imposto de Renda, o que conduziria à violação do art. 154, I da Carta.[43] A Corte entendeu

---

43. Art. 154. A União poderá instituir:

que inexiste vício à exigência da CSLL, já que o disposto no art. 154, I dirige-se ao legislador infraconstitucional e, no caso, tanto o Imposto de Renda quanto a CSLL estão contemplados na própria Carta Constitucional, o que afastaria o alegado vício de inconstitucionalidade.

Como se lê do voto do Ministro Ilmar GALVÃO, a orientação da Corte caminhou no sentido de emprestar uma leitura restritiva do teor e alcance da proibição de *bis in idem* contida no art. 154, I, já que, nas palavras do Julgador em questão, "não se pode ver inconstitucionalidade no fato de a contribuição sob análise ter fato gerador e base de cálculo idênticos aos do Imposto de Renda e do PIS. Pelo singelo motivo de que não há, na Constituição, nenhuma norma que vede a incidência dupla de imposto e contribuição sobre o mesmo fato gerador, nem que proíba tenham os dois tributos a mesma base de cálculo. O que veda a Carta, no art. 154, I, é a instituição de imposto que tenha fato gerador e base de cálculo próprios dos impostos nela discriminados. E o que veda o art. 195, § 4º, é que quaisquer outras contribuições, para fim de seguridade social, venham a ser instituídas sobre os fenômenos econômicos descritos nos incs. I, II e III do caput, que servem de fato gerador à contribuição sob exame. Não há que se extrair da norma do art. 154, I, um princípio constitucional extensivo a todos os tributos (...)."[44]

I – mediante lei complementar, impostos não previstos no artigo anterior, desde que sejam não-cumulativos e não tenham fato gerador ou base de cálculo próprios dos discriminados nesta Constituição;

44. A impossibilidade de se aplicar a vedação contida no art. 154, I da Carta aos tributos que contém previsão constitucional expressa também foi objeto de debate no julgamento da ADI n. 1.417 (em que se julgava a constitucionalidade do PIS, previsto no art. 239 da Constituição), na qual assim se expressou o Min. Sepúlveda PERTENCE: "deixo claro que acompanho o voto do eminente Ministro-Relator não pela interpretação que se deu, e que acaba de ser recordada pelo Sr. Ministro MOREIRA ALVES, ao art. 195, §4º da Constituição, mas por entender que, no caso, não se aplicam os arts. 154, I e 195, §4º (que remete ao art. 154, I), porque o PIS/PASEP é contribuição

Na ADI n. 939, cuidou o STF de julgar a constitucionalidade do Imposto Provisório sobre Movimentação Financeira. Da mesma forma que no julgado supra, o STF abordou a temática do *bis in idem* como regra pontualmente prevista no seio do art. 154, I da Carta, dedicando-se ao debate em torno da extensão da interdição ao *bis* ali contida. Disse o Ministro Marco Aurélio MELLO na ocasião: "Senhor Presidente, falei que estamos diante de um imposto que não se harmoniza, que não guarda pertinência, pelas próprias peculiaridades, com o campo indispensável ao respeito a determinados princípios constitucionais alusivos ao poder de tributar. Refiro-me ao art. 154. Volto a ele para sublinhar que contém a garantia da não-cumulatividade e que afasta o *bis in idem* considerados fato gerador ou base de cálculo alusivos a outros tributos previstos na própria Constituição."

Segundo o Min. Marco Aurélio MELLO, o fato gerador do IPMF se sobreporia, em diversas ocasiões, ao do Imposto sobre Operações Financeiras, ao Imposto de Renda e do ICMS e por isso deveria ser rechaçado.[45] A Corte, no entanto, decidiu

---

mais do que prevista pela própria Constituição, mediante remissão, parcial, à lei anterior, assim, constitucionalizada." No mesmo sentido, disse o Min. GALLOTI na ocasião: "Mas, como já tive ocasião de ressaltar quando da assentada cautelar, a restrição constante do art. 154, I, combinado com o art. 195, §4º, ambos da Constituição, só condiciona a criação das exações nela não previstas, o que não é o caso da destinada ao PIS/PASEP, expressamente autorizada no art. 239, e parágrafos, da própria Lei Fundamental."

45. Diz o Ministro: "A questão que deve ser ferida pelo Tribunal, atinente ao fato gerador desse tributo, na essência, diz respeito às movimentações financeiras, em si – e creio que ninguém satisfaz obrigações reservando em casa numerário suficiente – conduz à conclusão de que temos o envolvimento de fatos geradores de outros tributos. Quanto ao Imposto sobre Operações Financeiras, penso que não há qualquer dúvida a respeito; relativamente ao Imposto sobre Circulação de Mercadorias, ao buscar no banco o numerário para satisfazer o valor das mercadorias, o valor do próprio tributo, o contribuinte estará pagando, também, sobre esses mesmos valores, o imposto sobre Circulação de Mercadorias e Serviços, o mesmo ocorrendo com o Imposto Sobre Serviços. Com referência ao Imposto de Renda, os empregados em geral e os servidores públicos não percebem na boca do cofre. Tais quantitativos

pela constitucionalidade da exação, sustentando que, em primeiro lugar, todos esses tributos possuem materialidade distinta e, em segundo lugar, que as vedações à bitributação[46] constantes do art. 154, I "são dirigidas à lei complementar, quando institui tributo não previsto pela própria Constituição (inciso I do art. 154), ou seja, quando a União exerce sua competência legislativa tributária residual." No ponto, esclareceu o Ministro Sydney SANCHEZ que "quando a Constituição é emendada e a emenda autoriza a instituição de tributo novo, não opera a norma em questão." Tendo sido o IPMF instituído por Emenda Constitucional, portanto, livre está da incidência do art. 154, I.[47][48]

---

são alvo de incidência do imposto de renda e ocorre o crédito nas respectivas contas, até tendo em vista a necessidade de adotar-se medida de segurança. Logo, a partir do momento em que seguem os valores, pagarão com a mesma base de incidência do imposto de renda, o Imposto Provisório sobre Movimentações Financeiras."

46. "Bitributação" foi o termo empregado pelo Min. Sydney, ao qual não opomos crítica já que, como entendemos, tal terminologia designa apenas o fenômeno da dupla tributação, que pode ser admitida ou vedada segundo as regras de conformação do sistema.

47. Nas palavras do Min. Sydney SANCHEZ, "parafraseando o mestre Geraldo ATALIBA, a materialidade da hipótese de incidência do Imposto de Renda é alguém receber rendimentos; a do IOF sobre aplicações financeiras é alguém ceder, liquidar ou resgatar título ou aplicação financeira e, finalmente, a materialidade da hipótese de incidência do IPMF é alguém movimentar recursos através de contas bancárias (débitos). São, portanto, hipóteses de incidência distintas, de tributos distintos."

48. Tal julgado, contudo, foi de extrema importância para o Direito Tributário na parte em que acolheu a tese de que uma Emenda à Constituição Originária em matéria tributária pode ser também inconstitucional, quando comprometer alguma das cláusulas inabolíveis constantes do art. 60 da Carta. Diz a ementa: "Direito Constitucional e Tributário. Ação Direta de Inconstitucionalidade de Emenda Constitucional e de Lei Complementar. I.P.M.F. Imposto Provisório sobre a Movimentação ou a Transmissão de Valores e de Créditos e Direitos de Natureza Financeira – I.P.M.F. Artigos 5., par. 2., 60, par. 4., incisos I e IV, 150, incisos III, "b", e VI, "a", "b", "c" e "d", da Constituição Federal. 1. Uma Emenda Constitucional, emanada, portanto, de Constituinte derivada, incidindo em violação à Constituição originária, pode ser declarada inconstitucional, pelo Supremo Tribunal Federal, cuja

Já no ano de 2001, no RE – AgR n. 275.356/SP, Rel. Min. Maurício CORRÊA, j. 20.02.01, a segunda Turma enfrentou questão relativa a saber se a falta de correção dos créditos escriturais de ICMS da empresa, no contexto da não-cumulatividade desse tributo, em ambiente inflacionário, ofende o axioma proibitivo de *bis in idem*. Embora vencedora a tese de ausência do direito à correção monetária, foi de importante valia para o desenvolvimento do postulado o voto vencido do Min. Marco Aurélio, que identifica a íntima relação entre a proibição de *bis in idem* e a técnica da não-cumulatividade.

Com efeito, na bem exposta ótica do Ministro, os créditos e débitos que se contrapõem em matéria de ICMS, mês a mês

---

função precípua e de guarda da Constituição (art. 102, I, "a", da C.F.). 2. A Emenda Constitucional n. 3, de 17.03.1993, que, no art. 2., autorizou a União a instituir o I.P.M.F., incidiu em vício de inconstitucionalidade, ao dispor, no parágrafo 2. desse dispositivo, que, quanto a tal tributo, não se aplica "o art. 150, III, "b" e VI", da Constituição, porque, desse modo, violou os seguintes princípios e normas imutáveis (somente eles, não outros): 1. – o princípio da anterioridade, que é garantia individual do contribuinte (art. 5., par. 2., art. 60, par. 4., inciso IV e art. 150, III, "b" da Constituição); 2. – o princípio da imunidade tributária recíproca (que veda a União, aos Estados, ao Distrito Federal e aos Municípios a instituição de impostos sobre o patrimônio, rendas ou serviços uns dos outros) e que é garantia da Federação (art. 60, par. 4., inciso I, e art. 150, VI, "a", da C.F.); 3. – a norma que, estabelecendo outras imunidades impede a criação de impostos (art. 150, III) sobre: "b"): templos de qualquer culto; "c"): patrimônio, renda ou serviços dos partidos políticos, inclusive suas fundações, das entidades sindicais dos trabalhadores, das instituições de educação e de assistência social, sem fins lucrativos, atendidos os requisitos da lei; e "d"): livros, jornais, periódicos e o papel destinado a sua impressão; 3. Em consequência, e inconstitucional, também, a Lei Complementar n. 77, de 13.07.1993, sem redução de textos, nos pontos em que determinou a incidência do tributo no mesmo ano (art. 28) e deixou de reconhecer as imunidades previstas no art. 150, VI, "a", "b", "c" e "d" da C.F. (arts. 3., 4. e 8. do mesmo diploma, L.C. n. 77/93). 4. Ação Direta de Inconstitucionalidade julgada procedente, em parte, para tais fins, por maioria, nos termos do voto do Relator, mantida, com relação a todos os contribuintes, em caráter definitivo, a medida cautelar, que suspendera a cobrança do tributo no ano de 1993."

(notadamente em período de inflação, quando os efeitos corrosivos da desvalorização monetária são mais sentidos), devem manter seu valor real, sob pena de criar-se uma incoerência: a correção dos débitos, pelo Estado, sem a correspondente correção dos créditos, pelo contribuinte. A perda do valor dos créditos ínsitos à não-cumulatividade redundaria, no mês subsequente, em aumento de tributo sem lei que o preveja e, principalmente, implicaria a tributação, pelo Estado, de valores já tributados nos elos anteriores da cadeia produtiva, com ofensa ao *non bis in idem*.

Do ponto de vista técnico, importante observar a posição do Ministro Marco Aurélio MELLO no que admite a hipótese de violação à proibição de *bis in idem* no contexto de um único tributo, diferentemente das situações até aqui examinadas, que analisam a violação à máxima a partir do contraste entre duas exações. Disso se extrai lição – precisa em nosso modo de ver – segundo a qual a não-cumulatividade constitui, *per se*, regra constitucional pontualmente interditiva de *bis in idem*, no que concerne à possibilidade de uma nova incidência sobre base de cálculo já submetida à incidência anterior.

No mérito, entretanto, a posição do Min. Marco Aurélio MELLO ficou vencida, mas não pelo rechaço ao argumento de violação ao *bis in idem*, senão que pela afirmação formal de que "... inexiste direito à correção monetária dos créditos de ICMS, se a lei estadual instituidora do tributo nada dispôs a respeito." (Voto do Min. Maurício CORRÊA).

Mais recentemente, na ADI n. 3128/DF, julgada em 25.5.04, Rel. Min. Ellen GRACIE, Rel. para Acórdão Min. Cezar PELUSO, Tribunal Pleno, o princípio *non bis in idem* foi invocado e apreciado em acórdão que versou sobre a polêmica possibilidade de se sujeitar os proventos de servidores à incidência de contribuição previdenciária, introduzida por Emenda Constitucional. O Tribunal considerou constitucional a exação, afastando diversos argumentos – dentre eles a alegação de violação à proibição de *bis in idem*, consistente na circunstância de que o tributo incidiria sobre a mesma base de cálculo do imposto de renda –, para, com suporte nos arts.154, I c/c 195, § 4º,[49] dizer que as limitações impostas pela Constituição à introdução de

---

49. Art. 195. A seguridade social será financiada por toda a sociedade, de forma direta e indireta, nos termos da lei, mediante recursos provenientes dos orçamentos da União, dos Estados, do Distrito Federal e dos Municípios, e das seguintes contribuições sociais: (Vide Emenda Constitucional n. 20, de 1998).
I – do empregador, da empresa e da entidade a ela equiparada na forma da lei, incidentes sobre: (Redação dada pela Emenda Constitucional n. 20, de 1998).
a) a folha de salários e demais rendimentos do trabalho pagos ou creditados, a qualquer título, à pessoa física que lhe preste serviço, mesmo sem vínculo empregatício; (Incluído pela Emenda Constitucional n. 20, de 1998).
b) a receita ou o faturamento; (Incluído pela Emenda Constitucional n. 20, de 1998).
c) o lucro; (Incluído pela Emenda Constitucional n. 20, de 1998).
II – do trabalhador e dos demais segurados da previdência social, não incidindo contribuição sobre aposentadoria e pensão concedidas pelo regime geral de previdência social de que trata o art. 201; (Redação dada pela Emenda Constitucional n. 20, de 1998).
III – sobre a receita de concursos de prognósticos.
IV – do importador de bens ou serviços do exterior, ou de quem a lei a ele equiparar. (Incluído pela Emenda Constitucional n. 42, de 19.12.2003).
§ 1º – As receitas dos Estados, do Distrito Federal e dos Municípios destinadas à seguridade social constarão dos respectivos orçamentos, não integrando o orçamento da União.
§ 2º – A proposta de orçamento da seguridade social será elaborada de forma integrada pelos órgãos responsáveis pela saúde, previdência social e assistência social, tendo em vista as metas e prioridades estabelecidas na lei de diretrizes orçamentárias, assegurada a cada área a gestão de seus recursos.
§ 3º – A pessoa jurídica em débito com o sistema da seguridade social, como estabelecido em lei, não poderá contratar com o Poder Público nem dele receber benefícios ou incentivos fiscais ou creditícios. (Vide Medida Provisória n. 526, de 2011) (Vide Lei n. 12.453, de 2011).
§ 4º – A lei poderá instituir outras fontes destinadas a garantir a manutenção ou expansão da seguridade social, obedecido o disposto no art. 154, I.
§ 5º – Nenhum benefício ou serviço da seguridade social poderá ser criado, majorado ou estendido sem a correspondente fonte de custeio total.
§ 6º – As contribuições sociais de que trata este artigo só poderão ser exigidas após decorridos noventa dias da data da publicação da lei que as houver instituído ou modificado, não se lhes aplicando o disposto no art. 150, III, "b".

novas fontes de custeio da seguridade social referem-se apenas ao legislador infraconstitucional, e não ao constituinte derivado.

Apesar disso, parece-nos que a solução adotada pelo Tribunal não foi adequadamente apreciada à luz da proibição de *bis in idem*. Não em relação ao imposto de renda – em que a interpretação dada aos arts.154, I e 195, § 4º não merece reparo –, mas em relação à natureza específica da contribuição previdenciária do servidor e interdição ao *bis* que ela pontualmente encerra.

Com efeito, parece-nos que a contribuição para a previdência possui uma ontologia jurídica própria, conformada pela

---

§ 7º – São isentas de contribuição para a seguridade social as entidades beneficentes de assistência social que atendam às exigências estabelecidas em lei.

§ 8º O produtor, o parceiro, o meeiro e o arrendatário rurais e o pescador artesanal, bem como os respectivos cônjuges, que exerçam suas atividades em regime de economia familiar, sem empregados permanentes, contribuirão para a seguridade social mediante a aplicação de uma alíquota sobre o resultado da comercialização da produção e farão jus aos benefícios nos termos da lei. (Redação dada pela Emenda Constitucional n. 20, de 1998).

§ 9º As contribuições sociais previstas no inciso I do caput deste artigo poderão ter alíquotas ou bases de cálculo diferenciadas, em razão da atividade econômica, da utilização intensiva de mão-deobra, do porte da empresa ou da condição estrutural do mercado de trabalho. (Redação dada pela Emenda Constitucional n. 47, de 2005).

§ 10. A lei definirá os critérios de transferência de recursos para o sistema único de saúde e ações de assistência social da União para os Estados, o Distrito Federal e os Municípios, e dos Estados para os Municípios, observada a respectiva contrapartida de recursos. (Incluído pela Emenda Constitucional n. 20, de 1998).

§ 11. É vedada a concessão de remissão ou anistia das contribuições sociais de que tratam os incisos I, a, e II deste artigo, para débitos em montante superior ao fixado em lei complementar. (Incluído pela Emenda Constitucional n. 20, de 1998).

§ 12. A lei definirá os setores de atividade econômica para os quais as contribuições incidentes na forma dos incisos I, b; e IV do caput, serão não-cumulativas. (Incluído pela Emenda Constitucional n. 42, de 19.12.2003).

§ 13. Aplica-se o disposto no § 12 inclusive na hipótese de substituição gradual, total ou parcial, da contribuição incidente na forma do inciso I, a, pela incidente sobre a receita ou o faturamento. (Incluído pela Emenda Constitucional n. 42, de 19.12.2003).

circunstância de que o servidor deve contribuir por um período "x" para, a partir daí, fazer jus a um benefício "y", sendo que a contraprestação é consequência lógica e indissociável da prestação e, nessa medida, a própria natureza jurídica da exação é retributiva; e, assim, parece-nos que a tese de violação ao *non bis in idem* prosperaria.

Ora, se o tempo de contribuição é o que define o marco a partir do qual o beneficiário passa a usufruir do benefício e deixa de contribuir, o decurso do tempo é a contraface de tal dever, estabelecendo o momento em que cessa a contribuição e inicia-se a retribuição. O montante dessa retribuição é indiferente, tanto que pode variar caso a caso. A nota que a identifica, contudo, é o perfazimento do tempo de contribuição para se fazer jus à retribuição. Dentro do esquema até então vigente, o sujeito passivo contribuía com "x", até fazer jus ao benefício. Exigindo-se-lhe nova contribuição, haverá *bis in idem* com a própria contribuição já paga em montante suficiente a exonerar-lhe à época própria, na forma da equação atuarial própria então vigente e à luz da lei e período até então exigidos para tanto (dentro de um ciclo completo que teve seu desfecho na data da aposentadoria). É como se de um condutor de veículo que percorreu uma determinada estrada e pagou o pedágio correspondente, fosse exigido novo pagamento, com desconsideração da quitação recebida.

Nesse contexto, pertinentes as considerações do Min. Celso de MELLO, quando diz que "o regime contributivo é, por essência um regime de eminentemente (...) deve haver, necessariamente, correlação entre custo e benefício." Viola, portanto, a proibição de *bis in idem* a exigência de contribuição com desconsideração da circunstância desta contribuição já haver sido quitada pelo pagamento de contribuição dentro de um ciclo contributivo completo, apto a ensejar a exoneração e a percepção exclusiva da retribuição. A mudança desse cenário jurídico é perfeitamente possível para o futuro, como de fato ocorre desde a introdução da Emenda em questão; o que não se admite é a dupla tributação que, ignorando a natureza própria da exação em questão, exige contribuição já dada em volume capaz de ensejar a exoneração. Assim o fazendo, na prática, incide-se em confisco das contribuições anteriores, com idêntica ofensa ao texto constitucional.

Acreditamos que, com isso, tenhamos passado uma boa noção do alcance da proibição de *bis in idem* na Corte Suprema brasileira, nas suas mais variadas formas e campos de aplicação. Há ainda diversos outros julgados do STF em matéria tributária que deixamos por ora de referir, seja porque serão objeto de abordagem em itens próprios, seja porque – segundo entendemos – não contém argumentos distintos dos até aqui apresentados.

3. A proibição de *bis in idem* como regra ou princípio

A proibição de *bis in idem* pode assumir tanto a característica de regra quanto de princípio, de acordo com a forma com que estiver inserida e desenvolvida em um dado sistema. Torna-se imprescindível, assim, vislumbrar os contornos de cada um desses conceitos, para identificar a natureza do postulado em comento.

CANOTILHO,[50] no intento de facilitar a identificação de um e de outro, oferece um rol de características diferenciais entre os dois conceitos:

a) *o grau de abstração:* mais elevado nos princípios e reduzido nas regras;

b) *grau de determinabilidade* na aplicação do caso concreto: por sua indeterminação, os princípios necessitam mediações

---

50. CANOTILHO, Joaquim José Gomes. *Direito constitucional*. 5ª Ed. Coimbra: Almedina, 1991, p. 172 et seq.

concretizadoras do legislador ou do juiz, enquanto as regras são à pronta aplicação;

c) *carácter de fundamentabilidade no sistema* das fontes de direito: os princípios desempenham papel fundamental no ordenamento jurídico, por sua posição hierárquica e importância estruturante, enquanto as regras encontram posição hierárquica comparativamente inferior;

d) *proximidade da ideia de direito*: os princípios estão radicados nas exigências de Justiça ou na ideia de direito (Larenz); as regras são funcionais;

f)[51] *natureza normogenética*: os princípios têm a aptidão de embasar a criação de regras.

Para ALEXY, o ponto nodal da distinção entre regras e princípios está em que os princípios ordenam que algo seja realizado na maior medida possível, dentro das possibilidades jurídicas dadas. Constituem-se, então, em "mandatos de otimização", podendo ser cumpridos em diferentes graus. As regras, diferentemente, prescrevem imperativamente uma exigência, somente admitindo as posições de observância ou inobservância.[52]

CANOTILHO salienta ainda que os *princípios* coexistem, as *regras* antinômicas excluem-se. Nos *princípios* há espaço para sopesarem-se interesses ou ideologias, havendo espaço para indagações sobre sua importância, peso ou valia; nas *regras*, ou elas têm validade, devendo ser cumpridas nos seus exatos termos, ou não têm validade (lógica do tudo ou nada).

O ilustre jurista luso pondera que todo sistema jurídico requer, para o seu correto funcionamento, a coexistência de regras e princípios, sem os quais incide-se em perigosos erros.

---

51. No original não constou, por equívoco, a letra "e".
52. ALEXY, Robert. *Teoria de los Derecho Fundamentales*. Madrid: Centro de Estudios Constitucionales, 1993, p. 86.

Assim, "um modelo ou sistema constituído exclusivamente por regras conduzir-nos-ia a um sistema jurídico de limitada racionalidade prática. Exigiria uma disciplina legislativa exaustiva e completa – legalismo – do mundo e da vida, fixando, em termos definitivos, as premissas e os resultados das regras jurídicas."[53] Seria um sistema 'seguro', todavia insubsistente; o sistema sufocar-se-ia. Por outro lado, "o modelo ou sistema baseado exclusivamente em princípios (ALEXY: *Prinzipien-Modell des Rechtssystems*) levar-nos-ia a consequências também inaceitáveis. A indeterminação, a inexistência de regras precisas, a coexistência de princípios conflitantes, a dependência do 'possível' fático e jurídico, só poderiam conduzir a um sistema falho de segurança jurídica e tendencialmente incapaz de reduzir a complexidade do próprio sistema."[54]

Segundo León Villalba, a proibição de *bis in idem* cumpre uma dupla função: em primeiro lugar, constitui um critério organizativo-integrador, como expressão de determinados valores; e, em segundo lugar, dota de fundamento uma série de mecanismos técnicos básicos na resolução de conflitos jurídicos, tanto materiais, quanto processuais. Ambas ideias em conjunto lhe conferem o caráter de princípio geral. Adotando os termos utilizados na lição de GARCÍA DE ENTERRÍA, o autor afirma que esta proibição, a que subjaz um sentido material e formal de justiça, é princípio em sentido ontológico, porque informa as instituições em que se manifesta; é geral, enquanto procede de uma estimativa objetiva e social, não da apreciação retórica e singular de uma suposta justiça do caso concreto, de forma que, ainda que uma ou várias leis o acolham positivamente, este será de aplicação inclusive nos casos em que inexista uma regulação expressa.[55]

---

53. CANOTILHO. *Direito*...p. 174-175.
54. CANOTILHO. *Direito*...p. 175.
55. Ob. cit., p. 386.

Em sintonia com o entendimento do autor, pensamos que a proibição de *bis in idem* pode funcionar como princípio ou regra, conforme o uso que se lhe dê. Assim, não temos dúvida de que, em sua vertente processual, adjetiva, enquanto efeito preclusivo e fundamento de coisa julgada, a proibição de *bis in idem* aparece como um limite objetivo. Apresenta-se como regra cuja transgressão é facilmente comprovável. Possui um sentido concreto e específico capaz de permitir um juízo de conformidade ou desconformidade. Assim, quando se impede que se ajuíze uma segunda demanda – ou que se instaure um segundo processo administrativo – para punir um mesmo fato já julgado e absolvido ou condenado, está-se expressando regra de conduta clara (no modal proibido) e de simples cumprimento.

Vê-se com clareza que, em tal condição, a proibição de *bis in idem* apresenta-se como um instrumento, uma ferramenta a serviço de um fim. Ao interditar, de forma unívoca e incontrastável que se instaure uma nova persecução em torno de um mesmo ilícito, ou um litígio em torno dos mesmos fatos, quer se preservar a estabilidade nas relações jurídicas. O limite objetivo serve à consecução do fim/valor segurança jurídica.[56]

---

56. "– Conteúdos da segurança jurídica. Há pelo menos cinco conteúdos do princípio da segurança jurídica: 1 – certeza do direito (e.g: legalidade, irretroatividade); 2 – intangibilidade das posições jurídicas (e.g.: proteção ao direito adquirido e ao ato jurídico perfeito); 3 – estabilidade das situações jurídicas (e.g.: decadência, prescrição extintiva e aquisitiva); 4 – confiança no tráfego jurídico (e.g.: cláusula geral da boa-fé, teoria da aparência, princípio da confiança); 5 – tutela jurisdicional (e.g.: direito de acesso ao Judiciário e garantias específicas como o mandado de segurança e o habeas corpus). O conteúdo de certeza do direito diz respeito ao conhecimento do direito vigente e aplicável aos casos, de modo que as pessoas possam orientar suas condutas conforme os efeitos jurídicos estabelecidos, buscando determinado resultado jurídico ou evitando consequência indesejada. Todo o conteúdo normativo do princípio da segurança jurídica se projeta na matéria tributária." (PAULSEN, Leandro. *Direito Tributário*: Constituição e Código Tributário à luz da doutrina e da jurisprudência. 12.ed. Porto Alegre: Livraria do Advogado, 2010, p. 872).

Em sua vertente substantiva, por outro lado, temos que a interdição de *bis in idem* pode se apresentar tanto como um princípio, quanto como uma regra. É regra no que se lhe outorga o poder de objetivamente impedir a imposição de duas sanções ante um mesmo fato. É regra também no que, positivamente, impede a criação de dupla imposição tributária idêntica.

No primeiro caso (proibição de *bis in idem* no âmbito sancionador), quando se afirma que uma única conduta comporta uma única sanção, afastando-se a possibilidade de superposição de qualquer outra punição, a proibição de *bis in idem* apresenta-se como prescrição de fácil compreensão e objetiva verificação: ou se está diante de um único castigo para um dado fato, ou a proibição de *bis in idem* foi violada. Verificando-se a imposição de duas ou mais sanções, ter-se-á a certeza de que a regra foi violada, o limite objetivo "um" foi ultrapassado. Exemplo disso é a súmula n. 19 do STF,[57] ao expressar a impossibilidade de duplo sancionamento.

Ainda no âmbito sancionador, a proibição de *bis in idem* pode se apresentar como regra estabelecida para o fim específico de resguardar o valor proporcionalidade. É o que se dá, exemplificativamente, nos dispositivos penais que regulam o concurso formal de crimes (no Brasil, art. 70 do Código Penal), impedindo a simples soma de penas quando o agente, mediante uma só ação ou omissão, pratica dois ou mais crimes, idênticos ou não, determinando a aplicação da mais grave das penas cabíveis ou, se iguais, somente uma delas, mas aumentada, em qualquer caso, de um sexto até metade.

No segundo caso, no âmbito material tributário (dentro de sua vertente substantiva), a proibição de *bis in idem*, de um modo geral, apresenta-se meramente como valor/princípio,

---

[57]. Diz a súmula n. 19 que "é inadmissível segunda punição de servidor público, baseada no mesmo processo em que se fundou a primeira."

expressivo de anseios de política fiscal para a consecução dos fins de transparência, simplicidade, comodidade e modicidade. Nesse sentido, embora não seja vinculante e comporte respeito em variados graus, possui inegável função normogenética, orientando a atividade legislativa de modo a evitar, na medida do possível, a superposição tributária.

Sem prejuízo disso, a proibição de *bis in idem* assume o caráter de regra em pontuais dispositivos constitucionais que expressam específicas interdições ao *bis* em determinados casos, de modo imperativo e incontornável. É o que se verifica, por exemplo, no art. 154, I da Carta brasileira, de forma expressa, relativamente aos impostos.[58]

É que, no âmbito tributário interno, sua expressão, enquanto regra, dependerá da configuração do sistema de distribuição de competências existente em cada modelo constitucional. Em sistemas rígidos como o brasileiro, a discriminação das competências impositivas traçada na Carta recorta o Poder atribuído a cada esfera tributante, ora interditando, ora prevendo situações de duplicidade impositiva, no contexto do mesmo ou distinto ente federado. Inexistem poderes implícitos no modelo rígido de discriminação de competências tributárias. Todo poder tributário é expresso e emana da Constituição, de modo que, *contrario sensu*, a afirmação de um poder implica na negação do mesmo poder a todos os demais casos e entes. Nesse sentido, a simples enunciação das competências impositivas já implica, *per se*, regra proibitiva de *bis in idem*, ressalvada expressa – jamais implícita – previsão em sentido contrário estabelecida pela própria Constituição. Ao outorgar poder de instituir uma dada exação a determinado ente, o constituinte delimita o uso desse poder pelo próprio destinatário dessa

---

58. Art. 154. A União poderá instituir:

I – mediante lei complementar, impostos não previstos no artigo anterior, desde que sejam não-cumulativos e não tenham fato gerador ou base de cálculo próprios dos discriminados nesta Constituição;

competência, ao mesmo tempo em que veda, implicitamente, o uso de idêntica faculdade pelos demais entes federados, do que se depreende que, no contexto dos sistemas rígidos de discriminação de competências *o próprio silêncio* constitui regra interditiva de *bis in idem*.

É inequívoco, finalmente, que a proibição de *bis in idem* assume a condição de princípio em contextos como o do Direito Internacional. Nesse âmbito, apresenta-se como valor alçado ao mais elevado patamar hierárquico, fundamentando Declarações de Direitos do Homem, Pactos e Tratados Internacionais que traduzem a vontade comum de proibir a dupla persecução penal, a dupla punição ou ainda a dupla tributação das rendas. Sua força normogenética é inconteste, já que induz a vinculação de Estados Soberanos por sua livre e espontânea vontade de expressar o rechaço à ideia de se exigir duas vezes o mesmo, tanto em busca de segurança, quanto de proporção. A proibição de *bis in idem* funciona, nesse contexto, como *standard*, calcado na ideia de Justiça.[59]

4. Campos de aplicação e perspectivas de análise da proibição de *bis in idem*

A partir da análise da origem e evolução da proibição de *bis in idem*, concebemos a seguinte estrutura do axioma, consideradas suas múltiplas perspectivas de análise no âmbito do Direito interno,[60] dentro das áreas técnicas aqui tratadas (Direito tributário, processual tributário e sancionador tributário):

---

59. "Como princípio geral, o *ne bis in idem* é, pois, expressão de valores axiológicos do ordenamento jurídico. É uma exigência estrutural do próprio sistema ao qual se refere, evolui com este e tem, ainda, 'a potencialidade de conduzir a novas situações'." (RAMOS, Vania Costa. *Ne Bis in Idem e União Europeia. Coimbra*: Coimbra Ed., 2009, p. 33).
60. Já que o presente trabalho não abarca o Direito Internacional.

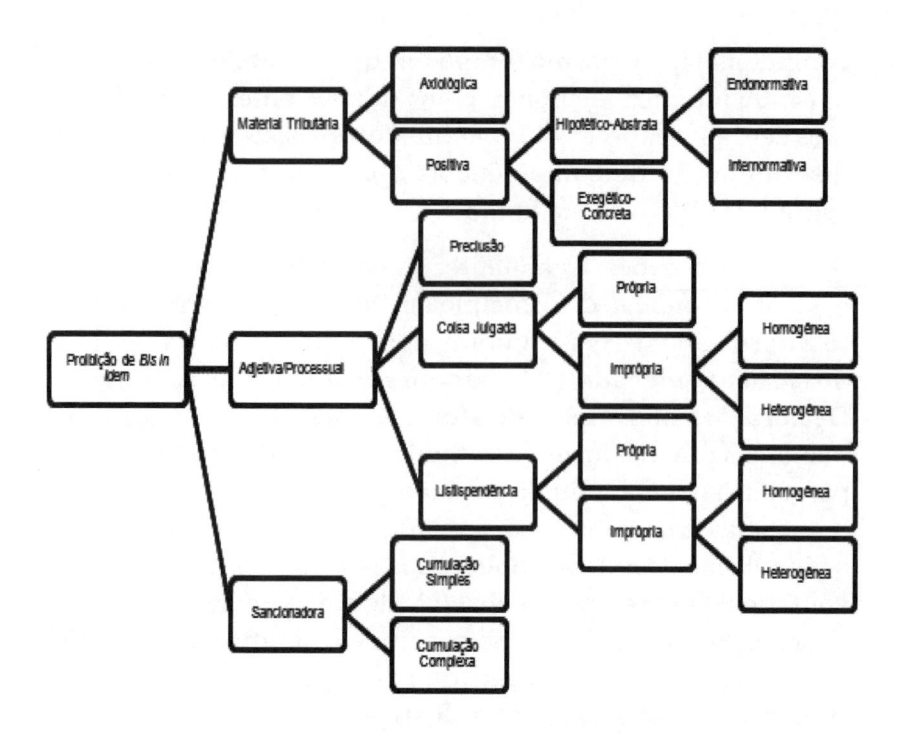

[Diagrama: Proibição de Bis in idem — Material Tributária (Axiológica; Positiva → Hipotético-Abstrata → Endonormativa/Internormativa; Exegético-Concreta); Adjetiva/Processual (Preclusão; Coisa Julgada → Própria/Imprópria → Homogênea/Heterogênea; Lispendência → Própria/Imprópria → Homogênea/Heterogênea); Sancionadora (Cumulação Simples; Cumulação Complexa)]

Para melhor compreensão do esquema, explicamo-lo, ponto a ponto.

4.1 Proibição de *bis in idem* material tributária

A proibição de *bis in idem* pode ser analisada no contexto do direito material e do direito adjetivo/processual, instrumental à realização do direito substantivo. Aqui nos referimos às regras de tributação em si, portanto, ao direito material tributário.

4.1.1 Axiológica

A perspectiva axiológica diz com a proibição de *bis in idem* enquanto valor – expressivo das exigências de política fiscal de transparência, comodidade, modicidade e simplicidade – orientador da atividade legiferante e exegética. Diz com a aplicação da máxima independentemente de uma previsão normativa específica, baseada exclusivamente nos valores antes mencionados que orientam: a) a atividade legiferante, com vistas à criação de sistemas que, na medida do possível, afastem a superposição impositiva; e b) a atividade exegética, conduzindo-a, vetorialmente, ao rechaço de soluções hermenêuticas que validem a superposição de incidências sempre que esta não esteja inequivocamente determinada.

4.1.2 Positiva

A perspectiva positiva da proibição de *bis in idem* diz com regras pontualmente estabelecidas no seio da discriminação constitucional de competências tributárias por meio das quais imperativamente se proscreve a superposição de incidências em determinadas circunstâncias. Diz com normas de baixo grau de abstração, no modal proibido e de observância compulsória que dão conformação ao valor *non bis in idem* e constituem mecanismos objetivos para seu resguardo.

4.1.2.1 *Hipotético-abstrata*

Hipotético-abstrata é a perspectiva que diz com as interdições verificadas no plano abstrato das hipóteses tributárias, mediante o exame de proibições pontualmente verificadas nas mesmas de forma expressa (pontual vedação à dupla incidência) ou tácita (como é o caso quando se outorga determinada competência tributária a um ente federado para, implicitamente, negar-se o exercício dessa mesma competência pelos demais entes).

4.1.2.1.1 *Internormativa*

Quando a proibição de *bis in idem* deriva do contraste de

duas ou mais disposições normativas diz-se internormativa a análise.

Exemplificativamente, cite-se o art. 155, § 3º da Constituição brasileira, segundo o qual "à exceção dos impostos de que tratam o inciso II do caput deste artigo e o art. 153, I e II, nenhum outro imposto poderá incidir sobre operações relativas a energia elétrica". No caso, a proibição de *bis in idem* é estabelecida a partir do contraste entre os diversos dispositivos normativos referidos.

4.1.2.1.2 Endonormativa

Endonormativa é a perspectiva de análise da proibição de *bis in idem* extraída da hermenêutica de um único dispositivo, no campo hipotético-abstrato.

Ao prever que o ICMS será não-cumulativo, por exemplo, a Carta contempla proibição de *bis in idem* que se extrai da própria sistemática de tributação em questão, em si mesma considerada (endonormativa, portanto).

4.1.2.2 Exegético-concreta

Exegético-concreta é a perspectiva de análise que se volta ao campo de construção das normas individuais e concretas pelo intérprete, ao campo da análise dos fatos geradores das obrigações tributárias e das eventuais exigências dúplices de tributo pelo operador do Direito.

4.2 Proibição de *bis in idem* adjetiva/processual

No campo processual, as perspectivas de análise da proibição de *bis in idem* evoluíram para a formatação dos institutos hoje amplamente consagrados da preclusão, da litispendência e da coisa julgada. Todas as três dizem com situações distintas de repetição proibida no contexto do direito processual e tem por fonte a proibição de *bis in idem*, derivando de seus axiomas fundantes *"bis de eadem re ne sit actio"* (não há ação repetida sobre a mesma coisa) e *"bis de eadem re agere non licet"* (não é lícito acionar duas vezes pelo mesmo). As questões que ainda escapam ao alcance da disciplina positiva dos mesmos, no entanto, são aquelas em torno das quais hoje se debruça a doutrina e jurisprudência para o efeito de – estendendo o alcance da proibição de *bis in idem* – levar o dever de coerência do ordenamento a um patamar mais elevado.

4.2.1 Preclusão

A preclusão, nos termos do Código de Processo Civil (CPC) brasileiro (art. 473) determina que "é defeso à parte discutir, no curso do processo, as questões já decididas, a cujo respeito se operou a preclusão". Volta-se, assim, à proibição de rediscutir questões superadas *no curso* de um dado processo.

4.2.2 Coisa Julgada

A coisa julgada está disciplinada no art. 301, § 3º do CPC, segundo o qual "há coisa julgada, quando se repete ação que já foi decidida por sentença, de que não caiba recurso." Volta-se à proibição de se instaurar *novo* processo para rediscutir questões já sedimentadas de maneira definitiva *ao cabo* de um dado processo.

4.2.2.1 Própria

Na forma própria referimo-nos às decisões finais tomadas em processos judiciais.

4.2.2.2 Imprópria

Na forma imprópria, referimo-nos às decisões finais tomadas em processos administrativos.

4.2.2.2.1 Homogênea

O modo homogêneo diz – no contexto da coisa julgada imprópria (administrativa) – com a (im)possibilidade de rediscussão das decisões finais de processos administrativos por outro órgão, em outro processo dentro da própria Administração.

Exemplificativamente, poderíamos citar as situações em que, v.g., um determinado órgão da Administração analisa uma dada prestação de contas e, considerando-a boa, renova o direito a um benefício fiscal ou imunidade (v.g. uma Secretaria de Desenvolvimento ou o Ministério da Saúde) e outro órgão (de fiscalização da Fazenda) lança o tributo relativo ao mesmo período, instaurando novo processo que desconsidera a análise procedida no processo em que se deu a decisão exonerativa.

4.2.2.2.2 Heterogênea

Diz com a coisa julgada imprópria (administrativa) e com a (im)possibilidade de rediscussão das decisões finais de processos administrativos (pelo próprio Executivo) em uma esfera de poder distinta, notadamente o Judiciário.

Poderíamos citar, como exemplo da forma heterogênea, a situação em que no processo administrativo se declara indevido determinado lançamento e a Fazenda pretende rediscutir a questão no Poder Judiciário.

4.2.3 Litispendência

A regra de litispendência, nos termos do art. 301, § 3º do

mesmo Código, determina que "há litispendência quando se repete ação que está em curso". Volta-se a proibir o duplo processamento *paralelo* de uma dada *quaestio*, prevenindo situações potencialmente geradoras de conflitos e insegurança.[61]

4.2.3.1 *Própria*

A litispendência pode ser considerada própria quando o duplo processamento se der no seio do Poder Judiciário, situação em que a solução se dará pela simples observância das regras do CPC.

4.2.3.2 *Imprópria*

É considerada imprópria a litispendência quando ao menos um dos processos em contraste estiver em trâmite na esfera administrativa.[62]

4.2.3.2.1 *Homogênea*

Será denominada imprópria e homogênea se ambos os processos tramitarem na esfera administrativa.

---

61. "O *ne bis in idem* impõe, não apenas a proibição de exercício da acção punitiva após a existência de uma determinada decisão, mas, desde logo, a interdição da existência de processos paralelos – situação fortemente restritiva da liberdade e grave fator de insegurança jurídica." (RAMOS, Vânia Costa. *Ne bis in Idem e União Europeia*. Coimbra: Coimbra Ed., 2009, p. 149-50).
62. Exemplo disso pode ser visto na STC 177/1999, quando afirma que "la articulación procedimental del *ne bis in idem* (...) se orienta, esencialmente, no tan sólo a impedir el proscrito resultado de la doble incriminación y castigo por unos mismos hechos, sino también a evitar recaigan eventuales pronunciamientos de signo contradictorio, en caso de permitir la prosecución paralela o simultánea de dos procedimientos – penal y administrativo sancionador – atribuidos a autoridades de diverso orden."

4.2.3.2.2 Heterogênea

Será imprópria e heterogênea se envolver esferas de Poder distintas (administrativa e judicial).

Nas duas hipóteses (forma homogênea e forma heterogênea), a ausência de um regramento positivo determinará o recurso à proibição de *bis in idem* para: a) evitar decisões contraditórias; b) outorgar coerência ao sistema, eliminando o fator de insegurança decorrente do simples processamento paralelo de demandas inter-relacionadas; c) estabelecer a ordem de processamento em face de eventual relação de prejudicialidade.

4.3 Proibição de *bis in idem* sancionatória

Finalmente, a proibição de *bis in idem*, no âmbito sancionador, diz respeito às infrações tributárias e à superposição de penalidades frente às mesmas. Nesse ponto, as formas de análise aludidas abaixo são complementadas pelos quadros constantes no item denominado "Soluções possíveis frente à potencial cumulação simultânea e sucessiva de sanções, pela mesma ou distinta autoridade, dentro de um mesmo ou distinto Poder, e sua operacionalização", em que abordamos o duplo sancionamento simultâneo, simples e complexo, bem como o duplo sancionamento sucessivo, nos modos endocrático e heterogêneo. Também remetemos o leitor ao título denominado "Princípios e técnicas de direito penal e a proibição de *bis in idem*" e seus subitens, que detalham as diversas técnicas para a operacionalização da proibição de *bis in idem* no âmbito sancionador. Deixamos de referi-los aqui para evitar tautologia.

Por ora, limitamo-nos a dizer que, no campo sancionador, a análise da proibição de *bis in idem* poderá se realizar na forma simples ou complexa.

4.3.1 Cumulação simples

A forma simples diz respeito à superposição de penalidades de idêntica natureza (via de regra pecuniária, no contexto do Direito Tributário).

4.3.2 Cumulação complexa

A forma complexa diz respeito às cumulações de penalidades de natureza díspar (pecuniária e restritiva de direito).

5. Funções da proibição de *bis in idem*

A partir da classificação procedida, podemos verificar que, em cada um dos campos de análise, a proibição de *bis in idem* cumpre uma função distinta. Assim:

- *Non Bis in Idem* Material Tributário (enquanto valor) – função (preponderante) de transparência, simplicidade, modicidade e racionalidade;[63]

- *Non Bis in Idem* Adjetivo (Processual) – função de segurança;

- *Non Bis in Idem* Sancionador – função de proporcionalidade.

Essa constatação é de suma importância para a melhor compreensão do instituto, possibilitando que se identifique o norte a ser seguido no desdobramento de cada uma das dimensões cognitivas aludidas, bem como se explorem os fundamentos do axioma em cada uma de suas facetas.

---

63. Embora também possa apresentar função de proporcionalidade.

Capítulo II
A PROIBIÇÃO DE *BIS IN IDEM* E A TRIBUTAÇÃO

Seção I
Proibição de *Bis in Idem* e Direito Tributário Material

1. Existe uma proibição geral de *Bis in Idem* no Direito Tributário brasileiro?

Essa é a primeira questão que devemos suscitar antes de evoluirmos no presente estudo. Para muitos, tal dúvida pode parecer inusitada, já que mesmo leigos em matéria jurídica estão acostumados a ouvir falar da proibição de *bis in idem*, como algo natural, invocável em qualquer circunstância. Aliás, mesmo na imprensa é comum identificarmos matérias que, com o intuito de desqualificar determinada exigência, aludem à mesma como um *"bis in idem odioso"*.

Mas é possível, falar-se, tecnicamente, em uma proibição geral *de bis in idem* no Direito Tributário Material Brasileiro? Desde já, permitimo-nos responder: não em termos amplos, irrestritos. Apenas *em termos*. A proibição de *bis in idem* certamente não possui a aplicabilidade geral e incondicional que determinados profissionais do Direito pretendem lhe dar. Tampouco pode sua aplicabilidade ser simplesmente negada, incondicionalmente, no contexto do Direito Tributário, como se tratasse de corpo estranho a tal seara jurídica.

Para melhor esclarecer a questão, cumpre traçar e retomar algumas distinções. E a primeira delas diz respeito ao plano – abstrato ou concreto – objeto da investigação que se pretende empreender.

Isso porque, no plano concreto, factual (atinente à construção da norma individual e concreta pelo operador do Direito, mediante a atividade de lançamento), ninguém ousará dizer que a máxima não tem aplicação. É elementar que, v.g., um tributo exigido pelo Fisco e quitado pelo contribuinte não pode ser novamente cobrado. Aliás, trata-se da mera aplicação da regra segundo a qual o pagamento extingue a obrigação tributária. Elementar também que a realização de um único fato gerador não pode dar margem a um duplo ou múltiplo lançamento tributário. A realização concreta da hipótese de incidência admite uma única constituição do crédito pelo Fisco, que corresponde e esgota aquele evento, com interdição ao *bis*.

Ainda assim, certo é que as possibilidades de invocação da proibição de *bis in idem* dentro dessa que denominamos *perspectiva concreta* da proibição de *bis in idem* são inúmeras e a perfeita delimitação de tais hipóteses é campo fértil para a construção doutrinária, como se verá a seguir.[64][65]

---

64. Como ocorre no retro citado exemplo relativo à cobrança do ISSQN (Imposto sobre Serviços de Qualquer Natureza) quando o serviço é prestado fora da cidade/sede da prestadora, situação em que ambas municipalidades costumam sustentar o seu direito à constituição do crédito tributário, acarretando a exigência repetida do tributo, em que pese se esteja diante de um único fato gerador.
65. Pedro Soares Martínez, em sintonia com nosso pensamento, bem evidencia

TEORIA DA PROIBIÇÃO DE *BIS IN IDEM* NO DIREITO TRIBUTÁRIO

No plano normativo/abstrato (que denominamos *perspectiva abstrata* da proibição de *bis in idem*), contudo, a invocação da proibição é bem mais delicada. Em primeiro lugar porque inexiste, na Constituição brasileira, uma vedação ampla à instituição de dois ou mais tributos idênticos. Há proibições pontuais, sem dúvida, mas não uma regra geral. Aliás, o sistema brasileiro é pródigo em exemplos de tributos idênticos em sua essência (estamos nos referindo à hipótese de incidência e base de cálculo como elementos definidores da identidade) cuja instituição e cobrança se entende absolutamente regular, como v.g. o PIS e a COFINS, o Imposto de Renda e a Contribuição Social sobre o Lucro Líquido.[66]

---

que da soberania não se pode inferir a afirmação de que os poderes fiscais do Estado são ilimitados: "Os poderes fiscais do Estado, mesmo os poderes soberanos, acham-se limitados, não apenas de facto mas também de Direito. E a primeira limitação decorre dos próprios fins do Estado e das vantagens que advêm da sua prossecução. O Estado não pode criar impostos para satisfazer fins que não sejam os seus próprios nem para fazer face a despesas que não se traduzam em vantagens para a respectiva comunidade. Sem dúvida que essas vantagens têm de ser apreciadas à face de critérios políticos. Mas, definidos estes, com eles terá de conformar-se o poder estadual; e terá, consequentemente, de admitir, à mesma luz, cerceamentos à sua capacidade de exigir impostos." (MARTÍNEZ, Pedro Soares. *Manual de Direito Fiscal*. Coimbra: Livraria Almedina, 1983, p. 77-78).

66. Levando ao extremo essa afirmação, Berliri afirma que as possibilidades de imposição pelo Poder Legislativo são "teoricamente ilimitadas", por constituir um aspecto de sua soberania. O autor, contudo, apresenta alguns exemplos que, atualmente, já não seriam compatíveis com a noção de capacidade contributiva: "Dado que su poder legislativo es teóricamente ilimitado, es evidente que el Estado puede establecer cualquier impuesto y que, por tanto, con respecto al mismo la potestad tributaria constituye un simple aspecto de su soberanía. Por consiguiente nada impide, en teoría, que el Estado conecte el nacimiento de un impuesto, en vez de a un hecho económico (posesión de un patrimonio, percepción de una renta, etc.), a un hecho físico (nacimiento o muerte de un individuo), a un acto jurídico (venta, préstamo, interdicción, inhabilitación, etc.) o a una determinada cualidad del sujeto pasivo (estado civil, raza, etcétera). Las consideraciones que inducen al legislador a decidirse por una u otra solución pueden ser muy distintas, según la función que aquél atribuya al impuesto y el momento político y económico en el que éste se establezca. Y la historia confirma de lleno tal afirmación al mostrar

A questão, portanto, inicia pela compreensão de que, em princípio, no âmbito do Direito Constitucional Tributário Brasileiro, se a Carta prevê a possibilidade de instituição de dois ou mais tributos idênticos, nenhum óbice se há de colocar à cobrança de tais exações no que diz respeito à invocação da proibição de *bis in idem*. Dir-se-á, inclusive, a partir dessa constatação, que, aprioristicamente, inexiste em nosso ordenamento uma vedação geral ao *bis in idem* tributário em sua perspectiva abstrata: tudo se resume à análise de nosso sistema de competências e, se o Poder Constituinte outorga competência tributária a determinado ente e este a exerce nos precisos termos da outorga, desimportante será o fato de tal exação possuir par idêntico, sendo simultaneamente cobrada por outro ou o mesmo ente igualmente autorizado. A incidência dupla ou múltipla, que chamamos *coincidência*, não é vedada por regra geral, *nem – veja-se – admitida por regra geral*.[67]

---

que el nacimiento de la obligación tributaria se ha ligado a veces (positiva o negativamente) a la pertenencia a una clase social, a una profesión, a una religión, etc." (BERLIRI, Antonio. *Principios de Derecho Tributario*. Madrid: Editorial de Derecho Financiero, 1964, v.1, p. 184).

67. "A igualdade fiscal, aferida pela capacidade contributiva, em princípio também não obsta a existência de dupla (ou múltipla) tributação (interna) jurídica ou económica. Com efeito, o legislador fiscal não está constitucionalmente impedido, mormente por força do princípio em análise, de estabelecer situações de dupla tributação – trate-se de dupla tributação jurídica, em que o mesmo facto tributário (idêntico quanto ao objecto, ao sujeito, ao período tributário e ao imposto) cai sob a previsão de duas normas diferentes de incidência fiscal, trate-se de dupla tributação económica, em que o facto tributário não é idêntico quanto ao sujeito, verificando-se assim diversidade de sujeitos –, já que ele não pode deixar de gozar de ampla liberdade relativamente à configuração concreta do sistema fiscal. Assim, quanto à dupla tributação jurídica, concretize-se numa acumulação de impostos autónomos ou de impostos numa relação de dependência ou acessoriedade, ela pode justificar-se plenamente, seja pela existência de pluralidade de titulares do poder tributário (estado federal, estados federados ou regiões autónomas, autarquias locais), em que teremos a chamada dupla tributação vertical ou concurso de poderes tributários, seja por razões da própria estruturação do sistema fiscal ou de técnica tributária, entre as quais se contam as que se prendem com a autonomia financeira dos diversos níveis

TEORIA DA PROIBIÇÃO DE *BIS IN IDEM* NO DIREITO TRIBUTÁRIO

A partir dessa mesma premissa, contudo, já se pode traçar uma segunda afirmação, agora em prol da proibição de *bis in idem*. Em nossa Carta, inexistem poderes implícitos no que concerne às competências tributárias. Ou elas estão perfeitamente enunciadas, ou estará vedado ao ente federado o exercício de tal parcela de Poder. Em outras palavras, todo poder (tributário) emana da Constituição e, sem alicerce específico em um determinado dispositivo autorizador da instituição de determinada exação, sua exigência será inválida, inconstitucional e não obrigará o particular. Como já afirmou Roque CARRAZZA, "a outorga de competência tributária importa, *a contrario sensu*, interdição, que resguarda a eficácia de sua singularidade. Ao mesmo tempo em que afirma a competência de uma pessoa política, nega a das demais."[68]

Daí já se conclui que o *bis*, em matéria normativa tributária, só pode existir onde o constituinte assim permitir, pontual e expressamente. Fora de tais circunstâncias ele estará vedado, por se entender que o exercício de tal parcela de poder já foi outorgado, exercido e esgotado por outro Poder (ou pelo mesmo) – por

---

da actual descentralização administrativa (as autarquias locais, maxime os municípios), a reclamar a consignação de determinadas receitas fiscais, caso em que estamos perante a chamada dupla tributação horizontal ou dupla tributação tout court. Por sua vez, a dupla tributação económica ou a também designada sobreposição de impostos tem sobretudo a ver com a organização (dos factores) e a estruturação da produção, a implicar a circulação dos rendimentos por diversos sujeitos tributários num mesmo período tributário, como é a situação típica da tributação dos lucros distribuídos, tributados enquanto lucros das sociedades e enquanto dividendos dos sócios. Ora, em qualquer destas situações de cumulação de impostos, o legislador goza de ampla liberdade, estando apenas impedido, por um lado, que dessa cumulação resulte uma tributação excessiva ou com carácter confiscatório e, por outro, de estabelecer duplas tributações que se revelem arbitrárias quanto ao âmbito de sujeitos abrangidos, por submeterem a uma sobrecarga fiscal determinados contribuintes e não outros com idêntica situação em termos de capacidade contributiva." (NABAIS, José Casalta. *O Dever Fundamental de Pagar Impostos*. Coimbra: Almedina, 1998, p. 511-512).
68. *Curso de Direito Constitucional Tributário*. 18ª Ed. São Paulo: Malheiros, 2002, p. 447.

meio de outra exação que externava em si tanto a expressão positiva da viabilidade de exigência, quanto a manifestação de rechaço a qualquer outra idêntica pretensão – ou foi negado, genericamente, a todos. Em outras palavras, toda regra de competência tributária traduz um conteúdo positivo e, simultaneamente, outro negativo, impeditivo do exercício de igual poder, ressalvada a existência de permissivo constitucional específico em sentido contrário.[69]

As garantias do contribuinte que importem limitações ao exercício desse Poder de Tributar, por outro lado, constituem um rol aberto ("sem prejuízo de outras garantias asseguradas ao contribuinte, é vedado à União, aos Estados, ao Distrito Federal e aos Municípios", diz a Constituição em seu art. 150, inserido em Seção justamente denominada "Das Limitações ao Poder de Tributar"), antagônico à inexistência de poderes implícitos do Estado nesta matéria. Tal contraste entre o elenco *numerus clausus* (das competências impositivas) e o elenco *numerus apertus* (das garantias do contribuinte para a limitação desse Poder) induz à afirmação de regras exegéticas segundo as quais: i) ante duas soluções hermenêuticas possíveis, o intérprete deverá optar pela que importe o rechaço à nova incidência

---

69. Fantozzi comenta o tema trazendo à análise dispositivo do imposto de renda italiano que prevê, dentro da perspectiva concreta de análise, uma interdição de *bis in idem*, demonstrando, contudo, que daí se pode inferir um princípio geral, segundo a doutrina: "Dalla doppia imposizione internazionale si differenzia la doppia imposizione interna che se verifica quando la duplice o plurima imposizione dello stesso presupposto si realizza all'interno dello stesso ordinamento. L'art. 127 TUIR dispone che «la stessa imposta non può essere applicata più volte in dipendenza dello stesso presupposto, neppure nei confronti di soggetti diversi». Ma tale disposizione, cui la prevalente dottrina attribuisce per tata di principio generale nel nostro ordinamento e dunque eccedente l'ambito delle imposte sul reddito in cui essa è posta, viene poi correntemente svalutata dalla giuriaprudenza fino a ridurla ad un mero criterio di interpretazione in presenza di norme contrastanti, ovvero ad espressione del principio di *ne bis in idem* inteso come divieto di reiterazione di atti di imposizione in relazione allo stesso presupposto." (FANTOZZI, Augusto. *Diritto Tributario*. Torino: UTET, 1991, p. 171).

(*non bis in idem*), à limitação do Poder Tributário e à preservação da estrita legalidade; e ii) o silêncio, em matéria impositiva, importa vedação ao *bis*, já que o Poder Tributário é confinado ao quanto positiva, legal e formalmente expresso pela Carta.[70][71]

---

70. Blumenstein demonstra a necessidade de se emprestar força ativa aos dispositivos constitucionais que buscam evitar a dupla imposição, com a experiência suíça, onde, embora a Carta tenha trazido uma disposição que, seguramente, poderia ser havida como de eficácia limitada (dependente da edição de lei federal), a doutrina e a jurisprudência não hesitaram em dela extrair um mandamento de eficácia concreta: "I. Contenuto e interpretazione – Nella CF, art. 46, 2º co. si afferma che «la legislazione federale stabilisce disposizioni necessarie contro la doppia imposizione». Questa norma, secondo il suo tenore letterale contiene unicamente l'indicazione di un compito legislativo per la Assemblea federale, compito che fino ad oggi non è stato attuato, dopo che nell'anno 1885 l'Assemblea rigettò un progetto di legge in merito. Tuttavia la dottrina e la prassi sin dal principio, nell'art. 46, 2º co. CF, hanno scorto un vero divieto costituzionale di doppia imposizione. Tale divieto però per la sua origine e per la sua posizione sistematica nella Costituzione, si può riferire solo ai rapporti giuridici di imposta intecantonale, e non invece a quelli intercomunali o internazionali. Esso infatti è in stretta connessione con le disposizioni sulla libertà di domicilio e la situazione giuridica del domicilio (CF 45 e 46, 1º co), da cui già prima della sua ammissione nella vigente costituzione federale, la prassi di diritto costituzionale del Consiglio federale e dell'Assemblea federale avevano derivato la inammissibilità di una doppia imposizione da Cantone a Cantone.

Il Tribunale federale sin dall'inizio della sua giurisprudenza, nell'art. 48, 2º co. CF ravvisò sia un diritto costituzionale del cittadino a non essere colpito da doppia imposizione, sia anche un diritto del Cantone a vietare l'inframmettenza di un altro Cantone nel suo potere di imposizione; e perciò concesse la tutela giurisdizionale necessaria in conformità all'art. 113 n. 2 e 3 della CF (cfr. STF 1, p.33; 2, p.18 come pure sotto VII). Poichè mancano le disposizioni della legge federale previste nell'art. 46, 2º co. CF, sul contenuto e l'effetto del divieto di doppia imposizione, il Tribunale federale elaborò da sè i principi fondamentali a ciò necessari. I risultati della sua giurisprudenza costituiscono cosi lê sole norme vincolanti del diritto intercantonale della doppia imposizione." (BLUMENSTEIN, Ernst. *Sistema di Diritto delle Imposte*. Milano: Dott. A. Giuffrè, 1954, p. 74-76).

71. Temos como claro, a partir desses pressupostos que, em matéria de delimitação de competências impositivas (e de exegese em torno da extensão de tal potestade), a dúvida e o silêncio hão de ser interpretados como restrição/inibição/proibição às pretensões do Fisco. Em outras palavras, pensamos que o contraste entre o rol fechado de poderes tributários e o rol aberto e

extensivo de garantias do contribuinte, tal qual postos na Constituição de 1988 ("sem prejuízo de outras garantias"), outorgam, sem necessidade de digressões históricas ou doutrinárias, um vetor interpretativo que favorece o contribuinte em caso de dúvida e (re)constrói positivamente em nosso sistema a noção de *in dubio contra fiscum*. Com isso, são válidas as seguintes referências daqueles postulados hermenêuticos provenientes do Digesto e amplamente aplicados ao longo da história: "Vem já do Direito Romano a orientação doutrinária segundo a qual, na dúvida, a norma fiscal deveria interpretar-se contra o Fisco, em termos favoráveis ao contribuinte. Com efeito, tal orientação parece encontrar o antecedente conhecido mais remoto no texto do jurisconsulto Modestino («Liber Singulis De Praescriptionibus») contido no Digesto, segundo o qual «non puto delinquere eum qui indubiis quaestionibus contra fiscum facile responderit» (D., de jure fisci, 49, 14, 10). Donde o enunciado do princípio «in dubio contra fiscum», cujo fundamento poderá encontrar-se no carácter «odioso» atribuído às normas fiscais. Embora seja admissível também filiá-lo na regra de carácter geral igualmente constante do Digesto (de legibus, 1, 3, 18) segundo a qual «benignius leges interpretanda sunt, quo voluntas eorum conservetur».

Na base daquele carácter «odioso», admitido mais ou menos pacificamente até ao século XVII, também já se pretendeu que se aplicaria às normas fiscais o princípio «odiosa restringenda», devendo, pois, ser restritiva a sua interpretação. Conforme a antiga jurisprudência do Desembargo do Paço, «gabella sèmpre est odiosa et ideo restringenda», pelo que «in dubio fieri debet interpretatio contra illa».

Essa parece ter sido também doutrina assente entre os jurisconsultos portugueses dos séculos XVII e XVIII, afirmando Agostinho Barbosa, seguindo a opinião comum dos doutores, que «gabella jus este odiosum et recipit strictam interpretationem».

A regra «odiosa restringenda» referida às normas tributárias e o princípio de Modestino poderão estar longe de caracterizar o «mundo jurídico romano» em face do imposto, conforme sustenta Vanoni.

Mas, ainda de harmonia com este autor italiano, a interpretação das leis fiscais favorável ao contribuinte ganhou indiscutível relevo no plano da jurisprudência medieval. E manteve-o durante muitos séculos. Não pode deixar de impressionar que ainda Em 1758, em pleno auge do absolutismo real português, o Desembargador do Paço Bermudes e Torres, ao apreciar os Comentários aos Artigos das Sisas de António Telles Leitão de Lima, observe que a sua obra «he de muito maior interesse à Real Fazenda de Vossa Magestade ainda que o Author se incline para algumas opinioens, que lhe são menos favoráveis», o que, ainda segundo o parecer, «he muito conforme com a Real intenção de Vossa Magestade, que vemos continuamente praticada a exemplo não só do Imperador Trajano e de Filippe Prudente mas do Senhor

TEORIA DA PROIBIÇÃO DE *BIS IN IDEM* NO DIREITO TRIBUTÁRIO

No Brasil, relativamente aos impostos, a Carta elenca, um a um, os de competência da União, Estados e Municípios. Ao fazê-lo, traz, portanto, regra de competência negativa, proibitiva de *bis in idem*, relativamente à instituição de idêntica exação por outro ente. Dizendo que a instituição do imposto de renda cabe à União, o constituinte positiva norma de rechaço ao exercício de idêntica pretensão pelos Municípios. *Non bis in idem*.

A questão se torna mais complexa, contudo, quando se examina dispositivos como o do art. 154 da CF brasileira, segundo o qual "A União poderá instituir: I – mediante lei complementar, impostos não previstos no artigo anterior, desde que sejam não-cumulativos e não tenham fato gerador ou base de cálculo próprios dos discriminados nesta Constituição", dispositivo esse que já deu margem a tormentosas discussões no âmbito do STF. Da mesma forma, dispositivos mais recentes como o art. 149, § 4º, segundo o qual "A lei definirá as hipóteses em que as contribuições incidirão uma única vez", também dão margem à celeuma no que diz respeito à sua relação com a proibição de *bis in idem*.

Mas as dúvidas não se restringem aos aspectos pontuais de determinados dispositivos constitucionais. A proibição de

---

Rey D. João II que com aquela integridade de animo, que bem testemunha a incorruptibilidade do seu corpo, louvava aos Ministros que aconselhando, ou votando, attendião, em dúvida, mais à utilidade dos Vassallos, do que às conveniencias do Património Real; trazendo sempre na lembrança, e melhor na execução, a sentença que lemos do Consulto Modestino na L. Non puto 10 f.f. de Jur. Fisci».

Não se confunde o princípio «in dubio contra fiscum», o qual pressupõe dúvidas de interpretação, com o princípio da interpretação restritiva, de aplicação permanente às normas fiscais, seja a sua interpretação duvidosa ou não, desde que se entenda que elas são «odiosas». Mas ambos têm andado frequentemente confundidos, ou ligados, e têm sido também, de um modo geral, rejeitados pela mais recente doutrina fiscalista e pelos modernos sistemas de Direito positivo." (MARTÍNEZ, Pedro Soares. *Manual de Direito Fiscal*. Coimbra: Livraria Almedina, 1983, p. 129-130).

bis in idem encontra extenso campo de aplicação no que diz respeito ao desenvolvimento e à compreensão de determinados mecanismos constitucionais, como o da não-cumulatividade (bastando referir que, até hoje, não há clareza no Direito Brasileiro sobre ser tal axioma uma regra de tributação de "base contra base" ou de "imposto contra imposto", o que poderia dar margem à dupla tributação de determinados insumos e à consequente dúvida acerca da incidência/aplicabilidade da proibição de *bis in idem*). Igualmente, a técnica de inclusão de determinados tributos na sua própria base de cálculo ou na de outros tributos chama atenção para a possibilidade de configuração do vedado *bis in idem*. Esses, entre outros dispositivos e princípios, serão objeto de análise nos itens subsequentes.

Em resposta à pergunta inicialmente posta no título do presente item, contudo, afirmamos, em resumo, que: i) sim, existe uma proibição geral de *bis in idem* dentro da perspectiva concreta de análise do axioma; ii) não, inexiste uma proibição geral de *bis in idem* dentro da perspectiva abstrata de análise do axioma; iii) as regras proibitivas de *bis*, dentro da perspectiva abstrata, são aquelas expostas na Carta, decorrentes e dependentes do desenho constitucional das competências tributárias em um dado sistema; iv) o silêncio e a dúvida, em matéria impositiva, dentro de um sistema rígido de discriminação de rendas tributárias pela fonte – agasalhado pela Constituição brasileira – traduzem regra no modal proibido, interditiva tanto do *bis*, quanto do exercício inaugural de Poder sem suporte em permissivo expresso (como trataremos no item abaixo).[72]

---

72. "Lo mismo debemos decir en esta materia: si un determinado hecho no ha sido previsto, no podemos argumentar que, si lo hubiese sido, se le habría dado el mismo tratamiento que al caso previsto. Debemos aceptar, más bien, que si el legislador no lo ha previsto, con ello ha indicado claramente la voluntad de no gravarlo. Es lo que el jurisconsulto Blumenstein sostiene, afirmando que en materia tributaria no existen lagunas en sentido técnico,

2. Discriminação de rendas tributárias e a federação brasileira

Diz-se que *"O melhor imposto é o mais antigo"*. E é incrível observar como tal chavão popular resume com simplicidade as dificuldades de uma reforma tributária, que implica sempre confronto de forças, valores, ideologias e interesses. Se a concepção de uma política tributária racional e justa já se mostra tormentosa do ponto de vista científico e abstrato, sua positivação e efetiva implementação se revelam quase utópicas na prática. Seja em razão do desconhecimento da matéria pelo homem do povo (que, por isso mesmo, é cético quanto a qualquer mudança), seja em razão da inércia, seja, ainda, em razão do desejo dos beneficiários das distorções vigentes de perpetuar o sistema existente, o certo é que se alinham inúmeros fatores como barreiras a qualquer tentativa de mudança.[73]

Do ponto de vista federativo, especificamente, a viabilização de um projeto de emenda constitucional que aborde uma

---

esto es, no aparece aquella laguna que debe llenarse por la analogía. Lo que quiere decir que en los casos previstos el legislador ha querido someterlos a gravamen, no así los no previstos." (JARACH, Dino. *Curso Superior de Derecho Tributario*. Buenos Aires: Liceo Profesional Cima, 1969, p. 271).

73. Aliomar BALEEIRO, em *Alguns Andaimes da Constituição*, comenta a dificuldade de se implementar uma reforma tributária, salientando que o homem de rua pouco se inteira das consequências econômicas ou políticas de cada imposto, não os distinguindo senão pelas velhas denominações. Isto, diz o autor, explicaria a incoerência de um comerciário ou um funcionário público, dificilmente aceitar a verdade de que nos impostos sobre o consumo (sapatos, roupas, manteiga, um pacote de café ou remédios) ele paga, proporcionalmente, muito mais do que pagaria num imposto direto sobre seu ordenado, com a exclusão de todos os outros. "São estas reações psicológicas sem fomento de razão esclarecida que explicam a sobrevivência secular do chavão segundo o qual o melhor imposto seria o mais antigo. Dão-se as mãos, nisso, a incompreensão das classes menos cultas e a astúcia dos beneficiários do *status quo* geralmente iníquo e opressivo. Daí o horror às inovações em matéria tributária, sempre recebidas com desconfiança." (BALEEIRO, Aliomar. *Alguns Andaimes da Constituição*. Rio de Janeiro: Aloísio Maria de Oliveira Ed., 1950, p. 9).

nova partilha de competências tributárias ou redistribuição de receitas e encargos, normalmente importa em concessões tais que desnaturam sua essência, rasgam sua harmonia e não raro criam figuras verdadeiramente teratológicas. Contraditoriamente, União, Estados e Municípios pretendem ver seu quinhão engordado, mas não consentem em abrir mão de nada do que já tem e, ainda assim, anunciam seu desejo de ver a carga tributária total reduzida.

É nesse contexto político que se coloca o estudo da discriminação das rendas tributárias.[74] Verdadeiro pilar do sistema federativo é ela que mensura o grau de autonomia e independência das unidades locais ou regionais do Estado Federal e, por isso mesmo, funciona como fator de avaliação dos méritos e deficiências da federação. Não é exagero afirmar que está justamente na correta equalização desta técnica a razão do nascimento e morte de muitos Estados.

2.1 Um tema das federações

A discriminação das rendas tributárias é tema que interessa fundamentalmente aos Estados Federais, não assumindo maior importância em países unitários, em que não se pode falar de autonomia das entidades locais e regionais propriamente dita. Nos estados unitários, ao contrário dos estados federais, não encontramos um poder legislativo independente

---

74. Atente-se que discriminação de rendas é conceito diverso de sistema tributário, como bem lembra José Afonso da SILVA: "Sistema tributário e discriminação de rendas são porém conceitos inconfundíveis. Aquele constitui-se do conjunto dos tributos existentes em um Estado, considerado seja nas suas recíprocas relações, seja quanto aos efeitos globalmente produzidos sobre a vida econômica e social. Existirá em todo o Estado, sem consideração de sua estrutura. A discriminação de rendas, ao contrário, constitui um dos aspectos nucleares da disciplina jurídica do Estado Federal. É elemento da divisão territorial do Poder Político. Insere-se na técnica de repartição de competências." (SILVA, José Afonso da. *Curso de Direito Constitucional*. 14. Ed. São Paulo: Malheiros, 1997, p. 655-6).

além daquele central. Ou seja, não existe uma esfera de competência normativa incontrastável, como se verifica nos Estados federados, em que os Estados e até Municípios recebem poderes constitucionais para legislar *livremente* (desde que não contrariem a Constituição), segundo sua própria vontade e interesse. Normalmente, nos Estados unitários os atos normativos das entidades regionais são submetidos ao crivo do governo central, no que toca à sua legitimidade e até mesmo mérito. O Poder legislativo, neste modelo de Estado, tem uma função em muito similar à atividade normativa de índole regulamentar.[75] Não há partilha constitucional das competências impositivas e, portanto, não há que se falar em discriminação de rendas tributárias.[76]

Mesmo nos chamados estados unitários regionais, em que o grau de descentralização é mais elevado, aproximando-se um pouco mais dos Estados Federais, não é possível identificarmos uma partilha de competências tributárias. Como salienta Amilcar de Araújo FALCÃO: "Não se nega a possibilidade de uma discriminação de rendas – sua existência concreta é indiscutível – nos chamados estados unitários regionais. Neles, porém, não se encontra o campo de eleição da partilha tributária, cuja incolumidade necessariamente fica ao sabor das incursões e interferências do Estado nacional, sob o fundamento e com a finalidade de assegurar o princípio unitário, que é conatural e inerente a esta forma de Estado."[77] [78]

---

75. FALCÃO, Amilcar de Araújo. *Sistema Tributário Brasileiro*. Rio de Janeiro: Ed. Financeiras, 1965, p. 14.
76. Como explica Heinrich Wilhelm KRUSE, "la soberanía impositiva abarca la soberanía legislativa, la soberanía sobre el producto y la soberanía administrativa. En un Estado "unicelular" solamente a éste corresponde la soberanía impositiva. En un Estado "pluricelular" la soberanía impositiva es distribuida entre sus titulares jurídicos miembros." (KRUSE, Heinrich Wilhelm. *Derecho Tributario, parte general*. Madrid: Editorial de Derecho Financiero, 1978, p. 123).
77. Ob. cit., p. 19.
78. Giuseppe de VERGOTTINI atesta que, em verdade, é muito difícil diferençar

O tema da discriminação de rendas, portanto, tem estreita relação com o grau de autonomia e independência das entidades que compõem o Estado. Nas federações, há autonomia política dos Estados federados e sua correspondente autonomia financeira. Nos Estados unitários não chega a haver autonomia, mas mera descentralização.

O grau de descentralização administrativa, como se vê, é o que vai determinar a denominação do Estado como federal, unitário regional e unitário centralizado, conforme o nível de autonomia das entidades que o compõem seja máximo, médio e mínimo, respectivamente.

Além do Estado federal, aparece a confederação, na qual já não se pode mais falar em autonomia, mas em soberania das unidades confederadas que, como membros soberanos, detém direito de nulificação (direito de se insurgir contra as determinações do poder central) e ainda direito de secessão. O problema da discriminação de rendas surge na medida do crescimento da descentralização e, não raro, funciona como mola propulsora dos processos de transição de um modelo para outro.

Assim aconteceu nos Estados Unidos, onde a ausência de competência impositiva da confederação foi determinante para que ela viesse a se tornar uma Federação. Declarada a independência, em 1776, o que havia era uma confederação de 13 colônias, como tantas outras que existiram e fracassaram ao longo da história. O Poder central, embora fosse incumbido

---

os estados federais dos estados regionais e comenta que, embora exista vasta literatura sobre o tema, não se chegou ainda a critérios definitivos. "there is a vaste literature on the federal state and the same may be said for the regional state. The scientific contributions however, do not joint togheter to offer a clear agreement as to how to identify a federal model or a regional model. Not only this, but it remains uncertain if a state normally defined as federal is trully different, from a point of view of identifying elements, from that identified as regional." (VERGOTTINI, Giuseppe de. *Federal and Regional State*. In: Conferência realizada na Mesa Redonda de Direito Constitucional do Instituto Pimenta Bueno. São Paulo: Instituto Pimenta Bueno, 1998).

de dirigir a guerra, não possuía competência para instituir tributos,[79] de modo que se mostrava fraco e totalmente dependente dos estados confederados, devendo submeter-se a um sistema de requisições aos estados toda a vez que necessitava de fundos. O interesse nacional, ilogicamente, ficava submetido aos humores locais. No dizer de O´Connor, "o principal defeito do Estatuto da Confederação (...) era que o novo governo nacional carecia do poder de compelir a ação individual. Em vez disso o governo central tinha de apoiar-se na cooperação dos legislativos estaduais para atingir objetivos nacionais."[80]

Foi somente com o esforço intenso de MADISON, WASHINGTON e HAMILTON que se procurou entregar à Confederação o poder de decretar impostos alfandegários. E, embora sua tentativa tenha, inicialmente, restado frustrada, pode-se dizer que ela foi determinante para a ocorrência da Convenção de Filadélfia e a consequente Constituição de 1787, em que se firmou a Federação americana, com a outorga de poderes plenos ao Congresso para decretar impostos em prol do bem-estar geral.[81]

Mas a dificuldade enfrentada por HAMILTON para convencer o povo de que somente com uma forte centralização

---

79. HAMILTON, no *Federalista* (HAMILTON, Alexandre. *Federalista*. Rio de Janeiro: Editora Nacional de Direito, 1959, n. 30, p. 119) demonstra a incoerência do sistema de requisições aos Estados a que devia se submeter a União na Confederação, para satisfazer suas necessidades, dizendo: "Afirmar que o déficit pode ser saldado por meio de requisições aos Estados equivale a confessar, por uma parte, que não se pode confiar nesse sistema, e por outra, a contar com ele para tudo o que passe de certo limite. Os que tem observado atentamente seus vícios e defeitos, tal como tem sido manifestado pela experiência ou descrito no curso destes artigos, devem sentir uma invencível repugnância ao confiar os interesses nacionais à sua aplicação, em qualquer grau que seja."
80. Caso da Comissão Federal Regulamentadora de Energia vs. Mississipi, 102 S. Ct. 2.126, 2.154 (1982).
81. Cf. BALEEIRO, Aliomar. *Introdução à Ciência das Finanças*. 15ª Ed. Rio de Janeiro: Forense, 1997, p. 235.

nacional os Estados Unidos sobreviveriam[82] não findou com a elaboração da Carta. A necessidade de sua aprovação pelas assembleias dos estados e a resistência do Estado de Nova Iorque em ratificá-la, obrigou-o, juntamente com JAY e MADISON, a publicar uma série de artigos junto à imprensa local, sob o pseudônimo de Publius (obra que ficou conhecida como *O Federalista*), ponderando as razões dos poderes atribuídos à União, como garantia da própria manutenção da federação.

A investida foi vitoriosa, a Constituição foi ratificada, e o êxito daquela Federação demonstra com viva clareza a importância da existência de um Poder Central forte, dotado de competência para decretar tributos, para viabilizar a união dos estados e marcar o rumo dos interesses comuns.

2.2 Sistemas rígidos e flexíveis

Ao longo da história federativa, tornaram-se nítidas duas tendências bem distintas relativamente à discriminação das rendas tributárias, que determinaram a classificação dos sistemas em rígidos ou flexíveis conforme a discriminação deixasse um campo mais ou menos amplo à competência concorrente, "dentro da qual, União, Estados e Municípios pastam com liberdade de movimentos sobre o patrimônio dos contribuintes."[83]

A grande diferença do sistema rígido está numa disciplina detalhada da discriminação de rendas tributárias. Nas

---

82. "Diz a lenda que, num momento crítico dos trabalhos da Convenção de Filadélfia, que elaborou a Constituição americana, Alexander HAMILTON, molestado pelos obstáculos à centralização nacional que tão ardentemente desejava, exclamou irritadamente que os estados deviam ser abolidos. A exclamação de Hamilton foi, porém, expressada no calor da ira diante do obstrucionismo estadual e nem ele nem ninguém mais na Convenção, realmente, insistiu por um passo tão ousado quanto aquele." (SCHWARTZ, Bernard. *O Federalismo Norte-americano Atual*. Rio de Janeiro: Forense Universitária, 1984, p. 12).
83. BALEEIRO, *Introdução*, p. 235.

Constituições que se incluem nesta categoria, encontram-se desde logo dispostos os tributos que cabem a cada ente federativo instituir, bem como, na maioria delas, sua respectiva participação no quinhão de tributos instituídos e arrecadados pelas demais unidades federativas.

No sistema flexível, adotado pelos Estados Unidos (e copiado pela Argentina, em 1835, com poucas modificações em 1949), não se enumera em termos expressos, unívocos e inconfundíveis, a cada uma das categorias ou ordens de entidades federadas, uma área definida e ampla de competência privativa ou exclusiva, que abranja, senão a totalidade, pelo menos a porção prevalente das respectivas receitas fiscais.[84] Lá (EUA), a Constituição limitou-se a reservar ao governo federal, com exclusividade, apenas os impostos alfandegários, proibidos os de exportação. Nada mais. O sistema, consequentemente, abre portas para ampla tributação concorrente. O Poder do Congresso para tributar nos Estados Unidos, embora esteja, em princípio, cingido ao atendimento do "bem-estar geral" (art.1, Seção 8),[85] já foi firmemente estabelecido na Suprema Corte Americana como um poder ilimitado para a decretação de impostos. E mais, entendeu aquele Tribunal, no *leading case Helvering vs. Davis*, que o critério para definir o que realmente deva ser entendido como "bem-estar geral" não é sequer confiado aos Tribunais, pertencendo exclusivamente ao Congresso.[86]

A posição da Corte Maior americana encontra amparo incondicional na palavra de HAMILTON que, no *Federalista*, defendeu ferozmente a flexibilidade do sistema americano, argumentando que qualquer deficiência a esse respeito ocasionaria

---

84. FALCÃO, Amilcar, ob. cit., p. 24.
85. "1. Será da competência do Congresso: Lançar e arrecadar taxas, direitos, impostos e tributos, pagar dívidas e prover a defesa comum e o bem-estar geral dos Estados Unidos; mas todos os direitos, impostos e tributos serão uniformes em todos os Estados Unidos".
86. 301 EUA 619, 640, 641 (1937).

um desses dois males: ou o povo ver-se-ia sujeito a um saque contínuo, em substituição de outro tema mais recomendável para satisfazer as necessidades públicas, ou o governo se extinguiria em uma atrofia fatal e pereceria em breve tempo.[87] Para nós brasileiros, contudo, as posições de HAMILTON bem como daquela Suprema Corte podem parecer um tanto quanto estranhas, porque tendentes ao abuso (Carta Branca para a tributação por todos os entes federados). Devemos ter presente, no entanto, que o irrestrito poder de tributar conferido ao Congresso e o amplíssimo poder de tributar dos Estados federados americanos, só podem ser concebidos dentro da ótica de HAMILTON, ou seja, contextualizados na história e evolução da confederação americana para o federalismo. Isso porque lá se partiu da total independência dos Estados confederados para uma atribuição de poderes à União, de modo que, se por um lado era impossível restringir-se o direito dos Estados, a evolução impunha a crescente necessidade de se agregar mais poderes ao governo federal. No Brasil, ao contrário, as instituições precederam ao povo, formando um Estado cuja federação é mais uma experiência científica do que uma exigência prática.

O Brasil, ao tempo do Ato Adicional de 1834 possuía também uma discriminação extremamente flexível de rendas, havendo se restringido, o mencionado diploma, a permitir que as províncias e Municípios instituíssem impostos que "não prejudiquem as imposições gerais do Estado" (art. 10, § 5º). As Constituições que se seguiram, diferentemente, foram todas invariavelmente rígidas, i.e., todas elas se apoiavam na existência de um rol bem definido de competências impositivas, o que, na opinião de Carvalho Pinto[88] e boa parte da doutrina representa um grande avanço.

---

87. HAMILTON, ob. cit., p. 117.
88. CARVALHO PINTO, Carlos Alberto. *Discriminação de Rendas*. São Paulo: Prefeitura do Municipal, 1941, p. 68.

TEORIA DA PROIBIÇÃO DE *BIS IN IDEM* NO DIREITO TRIBUTÁRIO

Aliomar BALEEIRO, nessa linha, revelou-se franco defensor do sistema rígido de discriminação de rendas, alinhando como justificativa do mesmo as seguintes vantagens: 1) preservação da autonomia dos Estados e Municípios, garantindo-se um mínimo exclusivo para eles, evitando-se a exclusão e inanição de determinados entes pela falta de recursos, ou ainda sua incapacidade de defender interesses peculiares, em face da submissão financeira a terceiros; 2) segurança dos contribuintes quanto à superposição de tributos, à medida que as possibilidades (ou impossibilidades, *non bis in idem*) de existência de múltipla incidência impositiva sobre um mesmo fato já vêm bem fixadas na Carta Maior; 3) tendência à simplificação, à medida que o sistema é facilmente visualizável no Texto Constitucional. O autor não deixa de reconhecer, contudo, que a rigidez tem a desvantagem de engessar o legislador numa disciplina fixa, nada maleável ou adaptável às novas realidades.[89]

Parece-nos que uma das principais vantagens do sistema rígido está realmente na segurança que proporciona aos administrados, que têm, diante de si, a garantia de uma tributação mais estável e, via de regra, muito mais coerente. No Brasil, onde inexiste um controle mais presente das instituições por parte do povo, a flexibilização da discriminação de rendas funcionaria como porta aberta à inviabilização da economia e à tributação confiscatória. De um modo geral, a imaturidade da democracia brasileira recomenda, pensamos, a adoção de fórmulas mais fechadas, com menos espaço para uma discricionariedade que, solta, pode transformar-se facilmente em arbítrio.

A partilha da competência impositiva, entretanto, é apenas um aspecto da discriminação de rendas, denominada discriminação pela fonte, pela qual a Constituição estabelece o tributo que cabe a cada entidade instituir (CF arts. 153,[90]

---

89. Ob. cit., p. 237.
90. Art. 153. Compete à União instituir impostos sobre: I – importação de produtos estrangeiros; II -exportação, para o exterior, de produtos nacionais ou

154,[91] 155,[92] 156[93]), outorgando-lhe a competência legislativa plena respectiva. O tema pode ser abordado também do ponto de vista do produto, ou seja, através da repartição das receitas tributárias (CF arts. 157[94] a 160), pela qual umas entidades

---

nacionalizados; III – renda e proventos de qualquer natureza; IV – produtos industrializados; V – operações de crédito, câmbio e seguro, ou relativas a títulos ou valores mobiliários; VI – propriedade territorial rural; VII – grandes fortunas, nos termos de lei complementar (...).

91. Art. 154. A União poderá instituir:I – mediante lei complementar, impostos não previstos no artigo anterior, desde que sejam não-cumulativos e não tenham fato gerador ou base de cálculo próprios dos discriminados nesta Constituição; II – na iminência ou no caso de guerra externa, impostos extraordinários, compreendidos ou não em sua competência tributária, os quais serão suprimidos, gradativamente, cessadas as causas de sua criação.

92. Art. 155. Compete aos Estados e ao Distrito Federal instituir impostos sobre: (Redação dada pela Emenda Constitucional n. 3, de 1993) I – transmissão causa mortis e doação, de quaisquer bens ou direitos; (Redação dada pela Emenda Constitucional n. 3, de 1993) II – operações relativas à circulação de mercadorias e sobre prestações de serviços de transporte interestadual e intermunicipal e de comunicação, ainda que as operações e as prestações se iniciem no exterior;(Redação dada pela Emenda Constitucional n. 3, de 1993) III – propriedade de veículos automotores (...).

93. Art. 156. Compete aos Municípios instituir impostos sobre: I – propriedade predial e territorial urbana;

II – transmissão "inter vivos", a qualquer título, por ato oneroso, de bens imóveis, por natureza ou acessão física, e de direitos reais sobre imóveis, exceto os de garantia, bem como cessão de direitos a sua aquisição; III – serviços de qualquer natureza, não compreendidos no art. 155, II, definidos em lei complementar.(Redação dada pela Emenda Constitucional n. 3, de 1993) (...).

94. Art. 157. Pertencem aos Estados e ao Distrito Federal: I – o produto da arrecadação do imposto da União sobre renda e proventos de qualquer natureza, incidente na fonte, sobre rendimentos pagos, a qualquer título, por eles, suas autarquias e pelas fundações que instituírem e mantiverem; II – vinte por cento do produto da arrecadação do imposto que a União instituir no exercício da competência que lhe é atribuída pelo art. 154, I.

Art. 158. Pertencem aos Municípios: I – o produto da arrecadação do imposto da União sobre renda e proventos de qualquer natureza, incidente na fonte, sobre rendimentos pagos, a qualquer título, por eles, suas autarquias e pelas fundações que instituírem e mantiverem; II – cinquenta por cento do produto da arrecadação do imposto da União sobre a propriedade territorial rural, relativamente aos imóveis neles situados, cabendo a totalidade na hipótese da opção a que se refere o art. 153, § 4º, III; (Redação dada pela Emenda

participam da receita de outras.[95] Embora seja a partilha do poder legiferante, a discriminação pela fonte, que marque historicamente a distinção entre o estado federal e o unitário, não é menor a importância da discriminação pelo produto, que representa, da mesma forma, um ponto de tensão e um elemento importante na definição da forma de Estado.

Constitucional n. 42, de 19.12.2003) III – cinquenta por cento do produto da arrecadação do imposto do Estado sobre a propriedade de veículos automotores licenciados em seus territórios; IV – vinte e cinco por cento do produto da arrecadação do imposto do Estado sobre operações relativas à circulação de mercadorias e sobre prestações de serviços de transporte interestadual e intermunicipal e de comunicação. (...).

Art. 159. A União entregará: (Vide Emenda Constitucional n. 55, de 2007), I – do produto da arrecadação dos impostos sobre renda e proventos de qualquer natureza e sobre produtos industrializados quarenta e oito por cento na seguinte forma: (Redação dada pela Emenda Constitucional n. 55, de 2007) a) vinte e um inteiros e cinco décimos por cento ao Fundo de Participação dos Estados e do Distrito Federal; b) vinte e dois inteiros e cinco décimos por cento ao Fundo de Participação dos Municípios; c) três por cento, para aplicação em programas de financiamento ao setor produtivo das Regiões Norte, Nordeste e Centro-Oeste, através de suas instituições financeiras de caráter regional, de acordo com os planos regionais de desenvolvimento, ficando assegurada ao semi-árido do Nordeste a metade dos recursos destinados à Região, na forma que a lei estabelecer; d) um por cento ao Fundo de Participação dos Municípios, que será entregue no primeiro decêndio do mês de dezembro de cada ano; (Incluído pela Emenda Constitucional n. 55, de 2007), II – do produto da arrecadação do imposto sobre produtos industrializados, dez por cento aos Estados e ao Distrito Federal, proporcionalmente ao valor das respectivas exportações de produtos industrializados. III – do produto da arrecadação da contribuição de intervenção no domínio econômico prevista no art. 177, § 4º, 29% (vinte e nove por cento) para os Estados e o Distrito Federal, distribuídos na forma da lei, observada a destinação a que se refere o inciso II, c, do referido parágrafo.(Redação dada pela Emenda Constitucional n. 44, de 2004).

Art. 160. É vedada a retenção ou qualquer restrição à entrega e ao emprego dos recursos atribuídos, nesta seção, aos Estados, ao Distrito Federal e aos Municípios, neles compreendidos adicionais e acréscimos relativos a impostos. (...).

95. A discriminação de rendas aqui será tomada em sentido estrito, ou seja, para abranger somente a receita tributária, e não todas as receitas e ingressos públicos em geral, tal qual fez Amilcar Falcão, ob. cit., p. 18.

2.3 As tendências centrífugas e centrípetas no constitucionalismo brasileiro

Ao longo da evolução constitucional dos Estados é possível vislumbrar que a União esteve ora privilegiada ora despida dos poderes de que necessita para governar o interesse nacional. A divisão das tendências de discriminação de rendas em centrífugas e centrípetas, assenta-se justamente neste fato, e pode ser observada com clareza na história constitucional brasileira, que exibe ora modelos centralizadores ora descentralizadores.

Nossa primeira Constituição Republicana, de 1891, enquadra-se na ideia de um federalismo centrífugo, com forte pulverização de rendas e ampla autonomia estadual. Em que pese houvesse espaço para a dupla ou múltipla tributação residual, cumulativa à União e Estados, a União restou timidamente aquinhoada. Nas palavras de Ruy BARBOSA, podemos verificar sua preocupação com a fraqueza da União no contexto daquela discriminação: "Vejo, senhores, os Estados ávidos por avolumarem a sua renda, intimando a União a entrar no regime da mais austera economia. Não os vejo aplicarem a si mesmo essa regra louvável."[96]

O ilustre estadista apregoou, incansavelmente, uma virada centrípeta para que se evitasse a asfixia e debilidade da União,[97] tal qual ocorreu nos Estados Unidos, pós-independência,

---

96. *Comentários à Constituição Federal de 1891*. São Paulo: Saraiva, 1932, 1º vol., p. 321.
97. No *Relatório do Ministro da Fazenda*, Ruy BARBOSA faz um prognóstico pesadamente pessimista sobre o futuro de uma União desprovida de recursos: "E haveis de advertir em que, pronunciando-me assim, me cinjo ao pressuposto de que o Congresso constituinte não alargue, em matéria de tributos, a esfera das concessões franqueadas aos Estados pelo projeto. Se o Domínio tributário da União for ainda mais desfalcado, se novas fontes de renda se transferirem do governo central para os governos locais, se prevalecerem certas emendas funestas, que parece esqueceram as necessidades supremas da nossa existência, da nossa solidariedade e da nossa honra como nação,

exemplo que lhe era bem conhecido. Estabeleceu-se então um grande conflito ideológico em torno da discriminação de rendas, tendo de um lado os defensores das autonomias regionais e de outro os que, como Ruy, viam a necessidade de se melhor aparelhar a União. A oposição a Ruy era natural, diante do centralismo político que marcou o período do império e que em muitos aspectos foi determinante para a proclamação da República e instituição da Federação.[98] Cada qual, portanto, argumentava com base em sua visão histórica.

Os municípios, em 1891, não foram expressamente contemplados com a outorga de poderes tributários próprios, tendo se limitado, a Carta, a dizer que a eles assegurava-se autonomia em tudo quanto respeitasse ao seu peculiar interesse. Não havia nessa Constituição previsão de uma discriminação pelo produto.

Em 1934, reverteu-se a tendência centrífuga, para iniciar-se no constitucionalismo brasileiro uma tendência reiteradamente centrípeta, atendendo aos anseios de Ruy, e que só se atenuaria com o Texto de 1988. O constituinte, em 34, fez expressa menção à bitributação para vedá-la (introduzindo regra proibitiva de *bis in idem*), formulando um sistema através do qual, em casos de competência concorrente, deveria prevalecer o imposto da União, cabendo ao Senado declarar a existência da dupla ou múltipla incidência idêntica (*bis in idem*), de ofício ou mediante representação, e indicar a solução do conflito (de modo a prevalecer a interdição à superposição: *non bis in idem*). Os municípios tiveram, pela primeira vez, estabelecidas suas

---

arvorando em princípio absoluto o egoísmo dos Estados, olvidando a impossibilidade do desenvolvimento destes fora da aliança indissolúvel no seio da grande pátria brasileira, – neste caso a dificuldade será tão grave que não vejo como o legislador poderia solvê-la imediatamente." (BARBOSA, Ruy. *Relatório do Ministro da Fazenda*. Rio de Janeiro: Ministério da Educação e Saúde, 1949. (Obras *Completas* vol.. XVIII, t. III, p. 7).
98. Cf. SAMPAIO DÓRIA. *Discriminação das Rendas Tributárias*. São Paulo: José Bushatsky Ed., 1972, p. 48.

competências privativas. Criou-se a possibilidade de transferência de impostos privativos estaduais aos Municípios, técnica que nunca teve grande efetividade prática, eis que os Estados invariavelmente reputavam insuficientes as suas competências. A discriminação pelo produto apareceu pela primeira vez na República.

A Carta de 1937 não trouxe alteração substancial, em que pesasse a existência de um ambiente político bastante diferente, de exceção jurídico-constitucional, com o advento do chamado Estado Novo. Contraditoriamente ao contexto de centralização de poder político na chefia do executivo federal, que revelava um federalismo absolutamente formal, não se vislumbrou, nesse Diploma, o correspondente embasamento financeiro; e "onde reinava a unidade política, imperava a diversidade financeira."[99]

Ao tempo da Constituição de 1946, a concentração de rendas na pessoa da União era tamanha que a situação dos Municípios era de verdadeira penúria, impossibilitando-lhes o desempenho das mais essenciais funções administrativas. Aliomar BALEEIRO foi incisivo ao defender, na subcomissão de discriminação de rendas para a Constituição de 1946, a necessidade de "pôr à disposição dos cofres municipais algo mais substancial e importante, tanto mais quando a União e os Estados poderão ressarcir-se de quaisquer desequilíbrios momentâneos recorrendo à majoração das tabelas dos seus tributos de grande produtividade e também à sua atribuição constitucional para criar impostos de competência concorrente."[100]

A vontade de Baleeiro, contudo, não foi de todo atendida. Naquela Carta havia sido mantida a solução fiscal que atendia ao brocardo alemão "Bundesrecht bricht Landesrecht" (Direito

---

99. SAMPAIO DÓRIA, ob. cit., p. 88.
100. *Alguns Andaimes da Constituição*, ob. cit., p. 28.

federal quebra direito local), de modo que em casos de competência concorrente, continuava a prevalecer o imposto da União. As competências privativas impediam a dupla ou múltipla imposição idêntica (*bis in idem*) por unidades diferentes. Nada obstava, contudo, que o mesmo poder tributasse, duas ou mais vezes, sob rótulos diferentes, a mesma fonte.[101] Os municípios, à luz desse Documento, estavam alijados de competência residual, não podendo "decretar outros impostos que aqueles de que fala o art. 29, ou lhes forem transferidos."[102]

Com a introdução da Emenda n. 18/65 e a edição do CTN em 1966 o que vimos foi um ato de coragem, que representou para muitos um "extraordinário passo de racionalização do sistema em seu ordenamento jurídico-constitucional", ajustando-o "à evolução nacional tendente a uma economia de mercado e a uma crescente mobilização de riquezas".[103] [104] Procedeu-se a uma incrível simplificação das figuras tributárias, que vinham depositando-se no ordenamento brasileiro à maneira do aluvião, sem que houvesse um critério racionalmente concebido a ordená-las. Foram expurgados anacronismos, há muito existentes no sistema tributário brasileiro, que só exaltavam seu retardamento fiscal, cujo exemplo maior era o imposto do selo.[105] A introdução do ICM, no mesmo sentido, em que pese tenha representado um alargamento de base em

---

101. SAMPAIO DÓRIA. *Comentários à Constituição de 1946*. São Paulo: Max Limonad, 1960, V. II, p. 133.
102. PONTES DE MIRANDA. *Comentários à Constituição de 1946*. São Paulo: Max Limonad, 1953, V. II, p. 104.
103. SAMPAIO DÓRIA, *Discriminação de Rendas Tributárias*, ob. cit., p. 172.
104. Nem todos viram nessa reforma um grande avanço para o sistema tributário. Basta ver a opinião de Aliomar BALEEIRO, que diz que "Na essência não mudou muito a estrutura fiscal do país", (*Introdução à Ciência das Finanças*, ob. cit. p. 301).
105. SAMPAIO DÓRIA é duro em suas críticas a este tributo, dizendo que sua receita, embora não fosse desprezível, se auferia em momento economicamente desaconselhável, quando a riqueza se encontrava em fase ainda formativa: "não faz sentido quando se constitui uma sociedade, ainda economicamente frágil, necessitando concentrar seus recursos maciçamente

relação ao extinto imposto de vendas e consignações, representou a vitória do mecanismo da não-cumulatividade, gravando tão somente o valor acrescido do produto circulado e introduzindo nova regra proibitiva de *bis in idem*, no contexto das cadeias produtivas.

Tal reforma tributária teve caráter nitidamente centrípeto, elencando nada menos de dez rubricas fiscais privativas à União, e apenas duas figuras tributárias exclusivas a cada Estado e Município, além de reservar-se à União a competência residual dos empréstimos compulsórios e de contribuições parafiscais. A Constituição de 1967 marcou o momento extremo de centralização na história brasileira; era a antítese da Carta de 1891, que levou muitos, inclusive, a se perguntar da permanência de um verdadeiro federalismo no Brasil.[106] A introdução da lei complementar, como instrumento determinador das atuações das entidades federadas, e ainda as resoluções do Senado Federal indicando os níveis máximos de impostos estaduais e municipais, genericamente (exceção feita ao predial e territorial) denotam a veia centralizadora que marcou este período (65 a 69). Aliás, a lei complementar veio revelar-se um brilhante instrumento de manejo de políticas nacionais pelo Poder Central, beneficiando toda a federação pelo controle mais próximo que proporcionava sobre os Estados membros.

Na Constituição de 1967, vislumbrou-se também uma racionalização da repartição da receita tributária, discriminação da renda pelo produto, que vem a ser o traço fundamental do chamado federalismo de cooperação, que encon-

---

na criação de nova cédula produtiva, e não para pagamento de tributos", ob. cit., p. 173.
106. "Teriam, na verdade, tais alterações institucionais convertido o sistema brasileiro de um tipo composto e federativo, noutro de caráter unitário e centralizado? A resposta à indagação, numa sondagem profunda até suas raízes, exorbitaria de muito o escopo deste livro." (SAMPAIO DÓRIA, ob. cit., p. 150).

tramos fortemente enraizado no Brasil, com a Lei Fundamental de 1988. A cooperação entre os Estados por meio de repasses de parte da receita dos tributos arrecadados por uma entidade, a outra tornou-se uma constante no federalismo atual, sendo defendida por muitos como a melhor forma de equalização de diferenças entre Estados. Na dicção de José Afonso da SILVA: "essa cooperação financeira entre as entidades autônomas da Federação, chamada federalismo cooperativo, integra a fisionomia do federalismo contemporâneo. Ela só começou a desenvolver-se, em termos constitucionais, entre nós, a partir da Constituição de 1934 (art. 9º), mas foi a Carta de 1937 que inaugurou a prática da participação na receita de tributos (Lei Constitucional 4/40). A Constituição de 1946 ampliou a técnica de cooperação financeira, que a Constituição de 1967 procurou racionalizar. Essas experiências são acolhidas pela Constituição de 1988 com expansão e aperfeiçoamento."[107]

2.3.1 A Constituição de 1988

A Constituição de 1988 vem sendo, desde sua promulgação, incrivelmente criticada pelas mais variadas vozes. E com razão. O simples exame das alterações introduzidas no campo da discriminação de rendas já denota a incoerência do sistema.

O elenco de impostos de competência da União foi sensivelmente reduzido em relação à Carta anterior, com perda – no momento inaugural – de cinco rubricas. Três delas extintas (sobre lubrificantes, combustíveis e energia elétrica e sobre minerais), e duas delas transferidas ao Estado (comunicações e transportes). Paralelamente às perdas, a União foi premiada com o mítico imposto sobre grandes fortunas, que nunca chegou a ser instituído. Por mais contraditório que possa parecer, ao mesmo tempo em que se procedeu à redução de impostos

---

107. *Curso*, ob. cit., p. 664.

de competência da União, não ocorreu em 1988 qualquer redução de suas atribuições; pelo contrário, elas foram aumentadas. Não por outra razão, procedeu-se a um esforço gigantesco para a aprovação de Contribuições que, instituídas e arrecadadas pela União, sem divisão do bolo com os demais entes, possibilitaram uma gorda fonte de receita para a mesma, embora tenham contribuído fortemente para a distorção do sistema tributário nacional, dada a inexistência de uma lei geral que discipline a natureza jurídica dessa sorte *sui generis* de exação e suas diversas subespécies, confundindo a jurisprudência e deixando os contribuintes em situação de notável insegurança (já que simplesmente desconhecem suas garantias e os precisos limites do Poder de Tributar nesse campo).

De positivo, verificamos que a Constituição manteve algumas conquistas da sistemática anterior, ao positivar alguns dispositivos com intuito nitidamente centralizador, que relativizam a autonomia dos entes periféricos em prol da União. Assim, basta referirmos, a título meramente ilustrativo, a competência do Senado para fixar alíquotas máximas no ITCD, que é imposto de competência dos Estados. Ou ainda a exigência de lei complementar federal para elencar os serviços passíveis de tributação pelos Municípios. Tanto num como noutro caso, verifica-se que o constituinte fez uso de expedientes para instituir *instrumentos de controle* que visam a fortalecer a posição política da União no contexto da Federação.

Na discriminação das rendas tributárias pela fonte realizada pela Carta de 1988, valeu-se o constituinte de três diferentes técnicas de repartição de competências tributárias, identificando tributos de *competência exclusiva, de competência comum, e, por fim, de competência residual*,[108] traço que a

---

108. Lembremos a classificação da competência, na lição de José Afonso da SILVA: podemos classificar as competências em dois grandes grupos com subclasses: 1) material (exclusiva, art. 21, e comum, art. 23; 2) competência legislativa (exclusiva, 25, §1º e 2º, privativa, art. 22, concorrente, art. 24, e

distancia bastante do modelo adotado nos Estados Unidos e seguido pela Argentina, entre outros, calcados na técnica do federalismo clássico.

Foram atribuídos à União, *com exclusividade*,[109] os impostos aduaneiros (tal qual o sistema americano), o IPI, IOF, ITR e sobre grandes fortunas. Couberam ainda, em *competência exclusiva*, os impostos extraordinários de guerra, os empréstimos compulsórios, e as contribuições sociais (ressalvada a competência pontual dos estados e municípios para instituir contribuições sociais sobre a remuneração dos seus servidores, conforme o art. 149, §1º da Carta), de intervenção no domínio econômico e no interesse de categorias profissionais ou econômicas, como instrumento de atuação nas respectivas áreas. Aos Estados coube, *com exclusividade*, o ICMS, o ITCD e o IPVA.

---

suplementar, art. art 24,§ 2º. Ainda, quanto à forma, podem ser 1) enumerada (art. 21 e 22); 2) reservada (art. 25,§1º) e 3) implícita. As exclusivas são aquelas atribuídas a uma entidade com exclusão das demais. As privativas são enumeradas a uma entidade, mas com possibilidade de delegação e de competência suplementar (arts. 22 e 24). As comuns podem ser exercidas por qualquer ente, sem que um exclua o outro, tanto no legislar quanto no praticar certos atos (art. 23). As concorrentes possibilitam que entes da federação legislem sobre a mesma matéria, com primazia da União para fixar normas gerais. As enumeradas são as expressas, v.g., 21 e 22. As reservadas as remanescentes, v.g. 25 § 1º. E as implícitas as não constantes na Constituição (construção jurisprudencial). *Curso*, p. 457.

109. No campo da discriminação pela fonte, as atribuições fiscais podem ser privativas, concorrentes, ou adicionais (CARVALHO PINTO). As primeiras seriam as competências exclusivas, exercidas por um ente federado com exclusão de todos os outros. As competências concorrentes, por sua vez, seriam cumulativas e não-cumulativas, sendo cumulativas as que dão margem a bitributação pelos diversos entes federados e não-cumulativas, aquelas em que o exercício por um ente trava o exercício simultâneo por outro. Finalmente, as competências adicionais podem ser lembradas com a leitura da redação originária do art. 155, II da Constituição de 1988, que outorgava aos Estados competência para instituir adicional do imposto de renda federal, numa sistemática que, como ressalta Carvalho Pinto, apresenta alguns inconvenientes, como o de ficar um poder na dependência das questões e circunstâncias ligadas à imposição básica que lhe é estranha, dificultando assim a segurança de suas previsões financeiras. (Ob. cit., p. 47 a 50).

E aos municípios e Distrito Federal, também *com exclusividade*, o IPTU, o ISS, o ITBI e a contribuição de iluminação pública.[110]

Inseridos na *competência comum*[111] da União, Estados e Municípios, encontram-se as taxas e as contribuições de melhoria, de modo que qualquer um deles pode instituí-los e arrecadá--los, sem que isso redunde em vício de constitucionalidade.

E, no âmbito da *competência residual*, com exclusividade, coube à União o poder de instituir novos impostos, mediante lei complementar e desde que não tenham fato gerador ou base de cálculo próprios dos impostos nela discriminados.

Como se constata, o sistema atual é bastante rígido, elencando um a um os tributos pertencentes à União, Estados e Municípios e estabelecendo limites ao uso da competência

---

110. A discriminação pela fonte, como lembra CARVALHO PINTO, pode ser feita pela espécie, como ocorre no Brasil, em que a Constituição denomina desde já nominalmente, as rubricas tributárias de cada ente federado, ou ainda tendo em conta o campo de incidência, de acordo com os setores passíveis de tributação, como, por exemplo, indivíduo, capital, renda, circulação, trabalho etc. Esta segunda forma, contudo, abre excessiva margem à discussão, pois "a imprecisão desses elementos básicos, e o entrelaçamento com que eles se apresentam na complexidade da vida social determinam uma fusão inseparável de aspectos nos objetos ou atos passíveis de imposição tributária" (...) "Esta circunstância [diz Carvalho Pinto] é suficiente para condenar uma discriminação desta natureza", eis que um sistema desta natureza não seria capaz de atender aos mais variados anseios políticos ou sociais ligados à tributação. (Ob.cit., p. 47-50).

111. O enquadramento das taxas e contribuições de melhoria na competência comum na verdade é bastante questionável. Hoje no Brasil, excluídos os casos específicos referidos na Constituição, não se admite que dois tributos de entes diferentes incidam sobre um mesmo fato. Nas taxas e contribuições de melhoria (que acima enquadramos como exemplos de tributos de competência comum), se analisadas de per si, competem *exclusivamente* ao ente que prestou o serviço ou que realizou a obra. Outros entes não estão autorizados a concorrer na taxa instituída em razão de um serviço que não prestaram, ou na contribuição decorrente de uma obra de que não participaram. Não há espaço, portanto, para uma competência comum, mas tão somente para a exclusiva em matéria tributária. O enquadramento na competência comum, em realidade, só pode se dar do ponto de vista nominal, como diz José Afonso da SILVA, ob. cit., p. 660.

residual. Estabelece também uma quantidade razoável de tributos à União, especialmente se considerarmos sua posição privilegiada em aspectos relativos à partilha da receita, como a desnecessidade de distribuição da arrecadação das vultosas contribuições sociais.[112]

3. Aplicabilidade da proibição de *bis in idem* no âmbito do Direito Tributário material brasileiro: um sistema rígido de discriminação de rendas pela fonte

Como visto acima, a Constituição brasileira de 1988 é minudente na distribuição de poderes impositivos à União, Estados, Distrito Federal e Municípios. Assim, no art. 153, diz quais impostos competem à União, enumerando-os um a um. No art. 155, elenca os impostos que atribui aos Estados e Distrito federal, em relação igualmente taxativa. Por fim, no art. 156, dispõe sobre os impostos que atribui, com exclusividade, aos Municípios.

Não fosse isso suficiente, o constituinte, preocupado em assegurar absoluta segurança no âmbito tributário, ainda elencou cada uma das espécies tributárias passíveis de utilização, pelos três entes da federação, em seu art. 145 (impostos, taxas e contribuição de melhoria[113]). Relativamente à União, dispôs

---

112. Na dicção de Jorge Miranda, o empolamento do poder central é hoje uma tendência mundial. Cf. MIRANDA, Jorge. *Manual de Direito Constitucional.* 2. ed. Coimbra: Coimbra Ed. Ltda., 1988, T. III, p. 241.

113. Art. 145. A União, os Estados, o Distrito Federal e os Municípios poderão instituir os seguintes tributos:

I – impostos;

II – taxas, em razão do exercício do poder de polícia ou pela utilização, efetiva ou potencial, de serviços públicos específicos e divisíveis, prestados ao contribuinte ou postos a sua disposição;

III – contribuição de melhoria, decorrente de obras públicas.

§ 1º – Sempre que possível, os impostos terão caráter pessoal e serão graduados segundo a capacidade econômica do contribuinte, facultado à

sobre as circunstâncias, excepcionais ressalte-se, em que lhe é dado instituir empréstimos compulsórios (art. 148).[114]

No que concerne à categoria das "contribuições", entregues, exclusivamente, à União Federal, o constituinte, disciplinou suas espécies (caput do art. 149), dispondo, ainda, sobre as bases de cálculo e alíquotas possíveis das chamadas contribuições sociais e de intervenção no domínio econômico.[115]

---

administração tributária, especialmente para conferir efetividade a esses objetivos, identificar, respeitados os direitos individuais e nos termos da lei, o patrimônio, os rendimentos e as atividades econômicas do contribuinte.

§ 2º – As taxas não poderão ter base de cálculo própria de impostos.

114. Art. 148. A União, mediante lei complementar, poderá instituir empréstimos compulsórios:

I – para atender a despesas extraordinárias, decorrentes de calamidade pública, de guerra externa ou sua iminência;

II – no caso de investimento público de caráter urgente e de relevante interesse nacional, observado o disposto no art. 150, III, "b".

Parágrafo único. A aplicação dos recursos provenientes de empréstimo compulsório será vinculada à despesa que fundamentou sua instituição.

115. Art. 149. Compete exclusivamente à União instituir contribuições sociais, de intervenção no domínio econômico e de interesse das categorias profissionais ou econômicas, como instrumento de sua atuação nas respectivas áreas, observado o disposto nos arts. 146, III, e 150, I e III, e sem prejuízo do previsto no art. 195, § 6º, relativamente às contribuições a que alude o dispositivo.

§ 1º Os Estados, o Distrito Federal e os Municípios instituirão contribuição, cobrada de seus servidores, para o custeio, em benefício destes, do regime previdenciário de que trata o art. 40, cuja alíquota não será inferior à da contribuição dos servidores titulares de cargos efetivos da União. (Redação dada pela Emenda Constitucional n. 41, 19.12.2003).

§ 2º As contribuições sociais e de intervenção no domínio econômico de que trata o caput deste artigo: (Incluído pela Emenda Constitucional n. 33, de 2001).

I – não incidirão sobre as receitas decorrentes de exportação; (Incluído pela Emenda Constitucional n. 33, de 2001).

II – incidirão também sobre a importação de produtos estrangeiros ou serviços; (Redação dada pela Emenda Constitucional n. 42, de 19.12.2003).

III – poderão ter alíquotas: (Incluído pela Emenda Constitucional n. 33, de 2001).

a) *ad valorem*, tendo por base o faturamento, a receita bruta ou o valor da operação e, no caso de importação, o valor aduaneiro; (Incluído pela Emenda Constitucional n. 33, de 2001).

E, no art. 195, elencou, uma a uma, as materialidades que se sujeitam à instituição de contribuição para seguridade social, indicando os sujeitos passivos das mesmas.[116]

Finalmente, mesmo a cláusula de competência tributária residual, atribuída à União Federal, veio pontualmente delimitada na Carta, dispondo o art. 154 que o exercício desse poder impositivo apenas poderia se dar para decretação de impostos extraordinários, em caso de guerra – único caso em que o constituinte admite em que poderão ser instituídos, pela União, impostos "compreendidos ou não na sua competência tributária" –, ou ainda para instituição de outros impostos, circunstância em que a competência entregue ao legislador fica restrita à criação de

---

b) específica, tendo por base a unidade de medida adotada. (Incluído pela Emenda Constitucional n. 33, de 2001).

§ 3º A pessoa natural destinatária das operações de importação poderá ser equiparada a pessoa jurídica, na forma da lei. (Incluído pela Emenda Constitucional n. 33, de 2001).

§ 4º A lei definirá as hipóteses em que as contribuições incidirão uma única vez. (Incluído pela Emenda Constitucional n. 33, de 2001).

116. Art. 195. A seguridade social será financiada por toda a sociedade, de forma direta e indireta, nos termos da lei, mediante recursos provenientes dos orçamentos da União, dos Estados, do Distrito Federal e dos Municípios, e das seguintes contribuições sociais:

I – do empregador, da empresa e da entidade a ela equiparada na forma da lei, incidentes sobre: (Redação dada pela Emenda Constitucional n. 20, de 1998).

a) a folha de salários e demais rendimentos do trabalho pagos ou creditados, a qualquer título, à pessoa física que lhe preste serviço, mesmo sem vínculo empregatício; (Incluído pela Emenda Constitucional n. 20, de 1998).

b) a receita ou o faturamento; (Incluído pela Emenda Constitucional n. 20, de 1998).

c) o lucro; (Incluído pela Emenda Constitucional n. 20, de 1998).

II – do trabalhador e dos demais segurados da previdência social, não incidindo contribuição sobre aposentadoria e pensão concedidas pelo regime geral de previdência social de que trata o art. 201; (Redação dada pela Emenda Constitucional n. 20, de 1998).

III – sobre a receita de concursos de prognósticos.

IV – do importador de bens ou serviços do exterior, ou de quem a lei a ele equiparar. (Incluído pela Emenda Constitucional n. 42, de 19.12.2003) (...).

exações que não possuam base de cálculo ou fato gerador próprios dos impostos discriminados na Carta. Mesmo assim, exigiu que o uso desse último poder se faça por lei complementar (de *quorum* mais elevado para aprovação) e de forma não-cumulativa.[117]

Com isso, deixou claro o constituinte que, em matéria tributária, inexistem poderes implícitos na Carta de 1988. As competências estão pontualmente delimitadas, positiva e negativamente. Não há espaço para o exercício do poder impositivo fora das precisas linhas demarcadas nos referidos dispositivos. Mais do que isso, a forma como estão postas e dispostas as competências impositivas na Carta de 1988 revela uma preocupação histórica com o arbítrio e os excessos cometidos pelo Poder Público. Aliás, trata-se de nota marcante em toda a extensão da Carta, cujo amplo elenco de garantias instituídas em proteção do particular frente ao Estado, reflete o anseio popular por um maior controle da atuação do Estado no exercício de seus poderes (o art. 5º, inclusive, é um exemplo emblemático disso, com quase uma centena de garantias justapostas).[118]

A discriminação rígida de rendas pela fonte, assim, expressa valor idêntico ao que determinou a positivação redundante

---

117. Art. 154. A União poderá instituir:

I – mediante lei complementar, impostos não previstos no artigo anterior, desde que sejam não-cumulativos e não tenham fato gerador ou base de cálculo próprios dos discriminados nesta Constituição;

II – na iminência ou no caso de guerra externa, impostos extraordinários, compreendidos ou não em sua competência tributária, os quais serão suprimidos, gradativamente, cessadas as causas de sua criação.

118. Fantozzi comenta ser evidente a exigência de se prevenir ou afastar toda sorte de dupla imposição, concepção a partir da qual se pode extrair um princípio de caráter geral: "Da quanto sopra detto, appare del tutto evidente l'esigenza di prevenire o contrastare tale doppia imposizione, ed in primo luogo occorre domandarsi se ciò possa discendere da principi di carattere generale." (FANTOZZI, Augusto. *Diritto Tributario*. Torino: UTET, 1991, p. 165).

TEORIA DA PROIBIÇÃO DE BIS IN IDEM NO DIREITO TRIBUTÁRIO

de um princípio de estrita legalidade tributária, apesar da existência de uma garantia geral de legalidade, como forma de realçar a interdição à instituição de exações além dos termos estritamente tipificados pela autorização popular. Não é à toa, inclusive, que o constituinte denominou "sistema" tributário nacional, o capítulo tributário em questão, a explicitar que não se trata de um amontoado de comandos, mas de um conjunto de partes coordenadas entre si, de modo a formar um todo científico ou um corpo de doutrina.

Com isso se quer dizer que toda a hipótese de dupla ou múltipla incidência tributária idêntica, a que chamamos *coincidência* (isto é, sobre uma mesma materialidade e correspondente base de cálculo), está disciplinada na Carta. *E que o campo de aplicação da proibição de bis in idem está na face negativa das competências impositivas.* Não há espaço para dupla imposição fora do "sistema" que, do ponto de vista impositivo, de outorga de poderes, é perfeitamente delimitado. Como disse o Ministro Celso de MELLO, de modo contundente, na ADIn n. 939, "O fundamento do poder de tributar reside, em essência, no dever jurídico de estrita fidelidade (grifos do original) dos entes tributantes ao que imperativamente dispõe a Constituição da República. As relações de Direito Tributário, desse modo, não podem ser invocadas pelo Poder Público como um vínculo de permanente e odiosa sujeição do contribuinte às pretensões arbitrárias do Estado."

Do ponto de vista do contribuinte, a Carta é igualmente clara ao elencar, no art. 150, uma série de freios e amarras, postos em sua defesa na relação de tributação (assim a anterioridade, a irretroatividade, a vedação de tributação com efeito de confisco). *No entanto, aqui, o sistema contempla cláusula aberta*, que enuncia que os direitos do particular ali elencados são estabelecidos "sem prejuízo de outras garantias", a deixar nítido o influxo possível – e até desejável – de outras garantias que, por lei ou decorrência do processo hermenêutico e/ou incidência de princípios gerais de Direito, venham a ser positivados ou estabelecidos como forma de controle do Poder de Império.[119][120]

A letra do referido dispositivo, assim, contrasta a perfeita aceitação de outros axiomas protetivos do contribuinte ("sem prejuízo de outras garantias"), com a estrita delimitação do poder tributário, do que deflui que o silêncio em matéria de competência impositiva deve ser entendido como proibição.

E veja-se que daí se extrai, inclusive, vetor hermenêutico apto à solução de questões acerca da aplicabilidade ou não da proibição de *bis in idem* a uma dada situação concreta: o rol de garantias é aberto e permite a invocação da proibição de dupla ou múltipla incidência *sempre que esta não for expressamente prevista*, já que o exercício de poder – no contexto da forma rígida de discriminação das rendas tributárias – é restrito, *numerus clausus*, às parcelas de competência perfeitamente delimitadas na Carta.

Vale citar as palavras do clássico de Carlos MAXIMILIANO, *Hermenêutica e Aplicação do Direito*, quando o autor afirma, relativamente à posição do intérprete frente aos casos de dúvida, que "ainda que o texto pareça admitir dupla tributação do mesmo objeto, valor ou ato jurídico, paga, direta ou indiretamente, pela mesma pessoa; cumpre interpretar a norma compulsória como se o legislador não tivesse tido intento de lançar, ou autorizar, ônus repetido. Servem de fanal do hermeneuta os cânones das ciências econômicas, e a estes contraria a incidência do mesmo imposto

---

119. Convergindo com esse pensamento, já disso o Min. Celso de MELLO, em seu voto na ADIn n. 939, que tem "enfatizado a importância de que o exercício do poder tributário, pelo Estado, submeta-se, por inteiro, aos modelos jurídicos positivados no texto constitucional, que institui, **em favor dos contribuintes** (grifos do original), decisivas limitações à competência estatal para impor e exigir, coativamente, as diversas espécies tributárias existentes."
120. Jean Rivero é incisivo sobre a obrigação de sujeição da Administração aos princípios gerais de Direito: "Iº Les principes généraux du droit ont force obligatoire à l'égard de l'administration ceux de ses actes qui les transgressent sont annulés, et peuvent, s'ils ont causé un dommage, engager la responsabilité administrative. Ils ont donc valeur de droit positif." (RIVERO, Jean. *Droit Administratif*. 3ª Ed. Paris: Dalloz, 1965, p. 71).

duas vezes sobre o mesmo bem e o mesmo contribuinte." E finaliza de modo enfático o jurista dizendo que "as exceções ao *ne bis in idem*, preceito sábio, vetusto e universal, prevalecem quando clara, evidente, indiscutivelmente estabelecidas; não se presumem, nem se deduzem por simples inferências."[121] [122]

Tratando, agora, do caso de silêncio da legislação, ensina HENSEL que "existe, sin embargo, una necesidad urgente de política financiera de evitar, en la medida de lo posible, la indefectible doble imposición sobre algunos contribuyentes en caso de ausencia de regulación o de ilimitadas potestades de imposición."[123]

A proibição de *bis in idem*, portanto, não é axioma que se impõe de modo incondicional no âmbito tributário. É errado pensar que a máxima se aplica *per se*, genericamente, e pode ser invocada pelo contribuinte, em sua defesa, sob qualquer circunstância. É a conformação do sistema constitucional tributário que indicará, seja por exclusão (via implícita delimitação negativa de poder – já que, como lembra Andrei Pitten VELLOSO: "em princípio, as competências tributárias são excludentes", posto que "ao se reservar determinadas manifestações de capacidade contributiva à competência de um ente constitucional, rejeita-se, de modo implícito, tal competência para os outros entes políticos"[124]), seja por explícita dicção (v.g. em casos como o do art. 154, em que a Carta proíbe nova exação com idêntico

---

121. MAXIMILIANO, Carlos. *Hermenêutica e Aplicação do Direito*. 16. Ed. Rio de Janeiro: Forense, 1996, p. 335.
122. Aludindo à bitributação, enfatiza Sainz de Bujanda: "La lucha contra este fenómeno ha de producirse por varias razones: la primera es, pura y simplemente, una necesidad de justicia, pues se ha de evitar que una persona, por el mero hecho de tener relaciones con varios países, se vea más pesadamente gravada que otra. La segunda, y en la hora actual con una singular importancia para España, porque las medidas que se tomen contra ella vengan impuestas por la política económica, v.gr.: para estimular la inversión y el comercio internacionales." (SAINZ DE BUJANDA, Fernando. *Lecciones de Derecho Financiero*. 10. Ed. Madrid: Universidad Complutense de Madrid, Facultad de Derecho, 1993, p. 57).
123. HENSEL, Albert. *Derecho Tributario*. Madrid: Marcial Pons, 2005, p. 111.
124. *Constituição Tributária Interpretada*. São Paulo: Atlas, 2007, p. 246.

fato gerador ou base de cálculo, adotando abertamente uma proibição de *bis in idem*), quando a máxima se aplica.

Tais condicionantes são válidos, contudo, apenas no que diz respeito ao que denominamos "perspectiva abstrata" da proibição de *bis in idem*. Vale dizer, tais relativizações concernem ao campo abstrato do suposto normativo, tendo em conta a possibilidade ou impossibilidade de órgão legiferante vir a instituir determinada exação de forma sobreposta a outra já existente e materialmente idêntica. Isso porque no âmbito do que chamamos "perspectiva concreta", concernente à própria enunciação em linguagem competente do fato gerador, concretamente ocorrido, pela autoridade fiscal, a incidência da proibição de *bis in idem* dá-se incondicionalmente. Em outras palavras, sempre que um tributo – qualquer que seja – for *cobrado* duas vezes, ou ainda, lançado, constituído enquanto crédito tributário, de forma repetida, o contribuinte poderá invocar em sua defesa a proibição de *bis in idem*. É desimportante que o lançamento dobrado tenha se dado por erro de fato ou de direito, vale dizer, se decorreu de um mero equívoco da fiscalização ou de sua efetiva convicção (errada) na exegese da hipótese de incidência, já que a proibição de *bis in idem* impor-se-á em qualquer dos casos.

No caso da cobrança equivocada, a proibição de *bis in idem* será aplicável em face da pura e simples noção de que o pagamento extingue a obrigação tributária (sendo vedado exigi-la novamente). E, no caso do erro de direito, ela igualmente incidirá pela mera constatação de que a realização de um único fato gerador não pode dar margem à criação, pelo operador do Direito, de múltiplas obrigações tributárias onde a lei prevê uma única (é o que ocorre, v.g., quando, relativamente a uma mesma e única operação de circulação de mercadorias, contendem dois estados da federação, cada qual se julgando credor do ICMS correspondente, situação em que, evidentemente, apenas uma das exigências será admitida como válida).

Daí se vê – como já tivemos a oportunidade de expor – que no âmbito de sistemas rígidos de discriminação de rendas tributárias pela fonte, o campo de aplicação da proibição de *bis in idem* será mais farto, ao passo que nos sistemas flexíveis o Fisco poderá pastar com mais liberdade no que diz respeito à instituição de exações *coincidentes*.

Sem prejuízo disso, contudo, a proibição de *bis in idem* enquanto *valor* far-se-á presente sempre (nos sistemas rígidos e nos flexíveis), influindo e direcionando a produção legislativa e a hermenêutica das normas tributárias. Razões de política tributária (lastreada em exigências de transparência, simplicidade, comodidade e economicidade) intimamente ligadas à moralidade administrativa, ao direito à informação e à promoção do desenvolvimento assim o exigem.

Mas, mesmo além disso, por tudo o quanto vimos no estudo da história da proibição de *bis in idem*, existe um sentimento humano, natural e social, que transcende o Direito Posto de cada Estado, ao qual repugna a repetição no cumprimento de deveres e que repele se coloque o cidadão em situação de permanente sujeição, no sentido mais amplo do termo. É natural, portanto, que, uma vez tributado um dado signo presuntivo de riqueza, sinta-se o particular exonerado desse ônus/dever (tal qual aquele que paga e com isso extingue uma dada obrigação), por já haver contribuído com sua cota de sacrifício para o sustento do Estado.[125] Trata-se de expressão da chamada *moral fiscal*, que "significa la actitud de un grupo o de la totalidad de los contribuyentes frente al cumplimiento de sus deberes fiscales. Dicha moral está así arraigada en la mentalidad de la población para con el fisco y en su conciencia

---

125. O traço de fundamentalidade está intimamente ligado aos direitos de liberdade e propriedade, que se entendem preexistentes à concepção formal de Estado: "Esto se ve con toda claridad en los derechos de libertad, que históricamente significan el comienzo de los derechos fundamentales: la libertad de religión, la libertad personal, propiedad, derecho a la libre manifestación de opiniones, existen, según esta concepción, antes que el Estado; no reciben su contenido de ningunas leyes, no con arreglo a las leyes o dentro de los límites de las leyes; describen el ámbito, incontrolable en principio, de la libertad individual; el Estado sirve para su protección, y encuentra en ella la justificación de su existencia." (SCHIMITT, Carl. *Teoría de la Constitución*. Madrid: Alianza, 1982, p. 169).

social, en su reconocimiento del deber de contribuir y en la aceptación de la soberanía fiscal del Estado."[126]

No contexto do Direito Tributário, ramo introdutor de normas de marcante repulsa social,[127][128][129] postulados

---

126. SCHMÖLDERS, Günter; DUBERGE, Jean. *Problemas de Psicología Financiera*. Madrid: Editorial de Derecho Financiero, D.L., 1965, p. 99.

127. "Los impuestos son inevitablemente dolorosos. Como cabría esperar, el diseño de los sistemas tributarios siempre ha sido objeto de considerables controversias. Por decirlo de la forma más sencilla, a la mayoría de la gente le gustaría pagar menos impuestos. Es posible imaginar argumentos bastante ingeniosos por los que los demás deberían pagar más. Los Gobiernos, pensando en la mejor manera de recaudar los ingresos que necesitan, han buscado principios generales. Se acepta que un 'buen' sistema tributario debe tener cinco propiedades:

1. Eficiencia económica: no debe interferir en la asignación eficiente de los recursos.

2. Sencillez administrativa: debe ser fácil y relativamente barato de administrar.

3. Flexibilidad: debe ser capaz de responder fácilmente (en algunos casos automáticamente) a los cambios de las circunstancias económicas.

4. Responsabilidad política: debe diseñarse de tal forma que cada individuo pueda averiguar qué está pagando y saber en qué medida el sistema refleja sus preferencias.

5. Justicia: debe ser justo en su manera de tratar a los diferentes individuos." (STIGLITZ, Joseph. *La Economía del Sector Público*. 3ª Ed. Barcelona: Antoni Bosch, 2003, p. 483).

128. "Nadie gusta de pagar impuestos. La historia de la imposición está llena de ejemplos que prueban que el pago de las cargas fiscales constituye un penoso deber, a cuyo cumplimiento hay que incitar constantemente a los ciudadanos. Hasta las obligaciones 'voluntarias' de los poderosos de Atenas eran impuestas, cuando no por la ley, por los usos mismos de la sociedad. Jacob Burckhardt ironizaba a menudo las ideas que sus contemporáneos liberales tenían de los antiguos griegos, haciendo hincapié precisamente en la rigidez de sus usos sociales, que no concordaba en absoluto con su individualismo. Hasta en los Estadas modernos el pago de los impuestos sigue considerándose como un desagradable deber, que incluso el más honrado trata de sacudirse en todo lo posible. La imposición ha de tener siempre muy presente esa resistencia que se ejerce en todas las formas imaginables, pero sobre todo evadiendo total o parcialmente el pago del impuesto.
LA ODIOSA COACCIÓN

TEORIA DA PROIBIÇÃO DE *BIS IN IDEM* NO DIREITO TRIBUTÁRIO

garantistas (fórmulas objetivas de proteção do particular frente ao Estado, como o *non bis in idem*) que dotem de contornos mais precisos a cota (e a forma) de contribuição atinente a cada cidadão, tendem a se impor como contraface à própria concepção do Poder de Tributar como um poder limitado e

---

Por lo común, el impuesto desencadena una reacción del individuo contra lo que de coacción aquél comporta y un resentimiento por el sacrificio que su pago representa. El pago del impuesto aparece ante el psicólogo como un 'pago psicológicamente sin motivo', como una 'idea psicológicamente motivada sólo para una de las partes, que en el campo de la conducta fiscal no despierta factores activos positivos, sino resistencia y pasividad'.

Las investigaciones en el terreno psicológico han demostrado que el deber fiscal aparece de hecho apartado de la moralidad del individuo. La apelación del Estado por un deber fiscal más consciente se dirige tan solo a la razón pura del individuo y a una 'buena voluntad' latente en esa razón. En cambio, la oposición al impuesto arraiga en la esfera más vital del ser humano, en sus instintos y tendencias naturales, que neutralizan así e incluso vencen a ese deber racional, mucho menos poderoso. El que el impuesto aparezca como algo que se exige coactivamente sin especial contraprestación, despierta en el individuo uno de sus más potentes instintos: su instinto de dominación, que defiende la posesión de sus propios bienes. A menos que un temor ancestral de raiz religiosa no le inspire la necesidad de contribuir de algún modo al bienestar general, los deberes fiscales encontrarán en el hombre las más poderosas resistencias." (SCHMÖLDERS, Günter; DUBERGE, Jean. *Problemas de Psicología Financiera*. Madrid: Editorial de Derecho Financiero, D.L., 1965, p. 112-113).

129. Levando essa afirmação ao extremo, Ives Gandra da Silva MARTINS afirma: "O tributo é uma penalidade. Espontaneamente, muitos poucos dariam sua contribuição ao Estado. A norma, que o exige, é sempre examinada com resistência, ao contrário da maior parte das normas sociais, cujo cumprimento faz-se naturalmente, sendo o castigo exceção colocado à margem para os casos excepcionais de desrespeito. A sanção para a norma social de aceitação sem resistência é complemento natural à sua vigência e eficácia. A sanção para a norma de rejeição social é complemento essencial à sua vigência e eficácia. Mesmo sem a sanção, a norma de aceitação sem resistência seria cumprida pela grande maioria da população. A norma de rejeição, sem a sanção, seria cumprida por muitos poucos. Isto porque a norma de rejeição social impõe-se como uma penalidade aos que são obrigados a cumpri-la, sendo, portanto, de caráter odioso." (MARTINS, Ives Gandra da Silva. *Da Sanção Tributária*. 2ª Ed. São Paulo: Saraiva, 1998, p. 50).

confinado.¹³⁰ Trata-se de um traço ontológico, histórico e axiológico, perceptível desde a enunciação da máxima *"no taxation without representation"*, que se concebeu como um freio às práticas de tributação exageradas, discriminatórias e/ou repetidas. Nesse sentido, a legalidade tributária é filha também de um anseio popular pela proibição à sobreposição indiscriminada de exigências fiscais,¹³¹ constituindo meio (de controle, transparência e sistematização) para alcançar fins maiores: de segurança, certeza, proporcionalidade, dignidade e Justiça na tributação (todos os quais convergentes com a proibição de *bis in idem*).¹³² ¹³³

---

130. "1. PODER FISCAL – El poder fiscal es una expresión o manifestación del poder de imperio del Estado. Dicho poder, o sea, la potestad en virtud de la cual el Estado impone tributos, es una manifestación de la fuerza del Estado. Pero en el Estado constitucional moderno dicho poder está sujeto al ordenamiento jurídico. En otras palabras, la fuerza estatal no actúa libremente, sino dentro del ámbito y los límites del derecho positivo." (JARACH, Dino. *Curso Superior de Derecho Tributario*. Buenos Aires: Liceo Profesional Cima, 1969, p. 23).
131. Sem prejuízo de limitar também a atuação do próprio Fisco, na atividade de arrecadação: "En general puede afirmarse que los funcionarios de Hacienda no tienen el deber de 'recaudar todos los impuestos posibles' con cualquier tipo de medios. «El aumento de recaudación no puede ser el estímulo ni la medida del rendimiento del funcionario de Hacienda. Su ideal ha de ser, más bien, el de tutelar el Derecho tributario»." (TIPKE, Klaus. *Moral Tributaria del Estado y de los Contribuyentes*. Madrid: Marcial Pons, 2002, p. 82).
132. Nesse sentido, concebe-se a proibição de *bis in idem* como uma opção que o ser humano tomaria, numa dada posição original que, por isso mesmo, traduz expressão de Justiça na acepção Rawlsiana: "Na justiça como equidade a posição original de igualdade corresponde ao estado de natureza na teoria tradicional do contrato social. Essa posição original não é, obviamente, concebida como uma situação histórica real, muito menos como condição primitiva da cultura. É entendida como uma situação puramente hipotética caracterizada de modo a conduzir a uma certa concepção da justiça. Entre as características essenciais dessa situação está o fato de que ninguém conhece seu lugar na sociedade, a posição de sua classe ou o status social e ninguém conhece sua sorte na distribuição de dotes e habilidades naturais, sua inteligência, força, e coisas semelhantes. Eu até presumirei que as partes não conhecem suas concepções do bem ou suas propensões psicológicas particulares. Os princípios da justiça são escolhidos sob um véu de ignorância. Isso garante que ninguém é favorecido ou desfavorecido na escolha dos princípios pelo resultado do acaso natural ou pela contingência de circunstâncias sociais. Uma vez que todos estão numa situação semelhante e ninguém pode designar princípios para favorecer sua condição particular, os princípios da justiça são o resultado de um consenso ou ajuste equitativo." (RAWLS, John. *Uma Teoria da Justiça*. São Paulo: Martins Fontes, 2002, p. 13).
133. "(1) O princípio da legalidade da imposição é complementado pelo

TEORIA DA PROIBIÇÃO DE *BIS IN IDEM* NO DIREITO TRIBUTÁRIO

De tal modo, certo é que, independente de tratar-se de sistema rígido ou flexível de discriminação de rendas pela fonte, ou ainda da forma como um dado sistema está organizado, a proibição de *bis in idem* influenciará a Ordem Jurídica como Valor.[134]

4. Princípios de política fiscal enquanto fundamentos axiológicos gerais da *proibição de bis in idem* no âmbito material tributário

A partir do quanto foi exposto acima, podemos afirmar que inexiste um princípio geral de proibição de *bis in idem* no âmbito do Direito Tributário material. Consequentemente, também não existe um fundamento constitucional geral para o axioma. O que há são fundamentos específicos, previsões pontuais da Carta interditivas do *bis in idem* em determinadas hipóteses.

---

princípio da certeza legal da imposição. Também o princípio da segurança jurídica, que é uma emanação do princípio do Estado de Direito, exige certeza legal. Afinal, a divisão de poderes sempre pode ser afetada; quanto mais indeterminada forma lei, tanto mais espaço abrirá ao Executivo e ao Judiciário." (TIPKE, Klaus. *Direito Tributário*. Porto Alegre: S.A. Fabris, 2008, V.I, p. 245).

134. A observância de um vetor hermenêutico conducente a rechaçar as hipóteses de *bis in idem* nos casos duvidosos ou não explícitos decorre, assim, do próprio princípio de coerência do sistema, como expõe Casalta Nabais: "Pois bem e começando pelas consequências intra-sistemáticas, podemos dizer que o princípio da coerência do sistema pode ser chamado a actuar relativamente a diversas situações como as da dupla tributação (interna), apresente-se como dupla tributação jurídica ou como dupla tributação económica ou sobreposição de impostos, a de outras formas de tributação múltipla ou plural assente em índices ou manifestações diferentes da capacidade contributiva, a da ausência de tributação relativamente a manifestações importantes da capacidade contributiva ou a tributação diminuta destas face à tributação (excessiva) de outras manifestações do mesmo tipo, a da conversão de impostos, etc." (NABAIS, José Casalta. *O Dever Fundamental de Pagar Impostos*. Coimbra: Almedina, 1998, p. 601).

Sem prejuízo disso, a proibição de *bis in idem* existe, enquanto *valor/princípio*, que se insere no sistema constitucional tributário como vetor interpretativo tendente ao rechaço da superposição impositiva sempre que ela não esteja estabelecida de modo inequívoco na Carta. E isso se dá pela conjugação de três razões:

    i) o elenco de competências impositivas é *numerus clausus*;

    ii) o elenco de garantias do contribuinte é *numerus apertus* (conforme art. 150);

    iii) a proibição de *bis in idem* traduz princípios de política tributária e Justiça fiscal que devem orientar a concepção e interpretação do ordenamento, funcionando como guias ao intérprete na superação das lacunas/obscuridades normativas.

Com efeito, como salienta BERLIRI, "en aplicación de un elemental principio de Justicia – por lo demás consagrado en el artículo 53 de la Constitución según el cual todos concurren a los gastos publicos en proporción a su capacidad contributiva (principio de la igualdad tributaria) – ningún impuesto puede ser aplicado dos veces por el mismo presupuesto de hecho ni a cargo del mismo sujeto ni a cargo de sujetos distintos."[135] O sistema deve ser estruturado de forma a buscar ao máximo o afastamento de toda e qualquer duplicidade impositiva.[136]

De fato, é consenso em termos de princípios de política fiscal que qualquer ordenamento tributário que se proponha a ser racional, social e economicamente sustentável, deve ser dotado da máxima *transparência*, permitindo aos súditos conhecer

---

135. BERLIRI, Antonio. *Il Testo Unico delle Imposte Dirette* (Espozicione istituzionale dei primi otto titoli). Milano: Giuffré, 1960, p. 12.
136. FASOLIS, G. *Le Doppie Impozicione Internazionale*. Castello: Casa Editrice S. Lapi, 1914, p. 10.

com clareza as exações a que estão submetidos e seus montantes. Da mesma forma, espera-se que o sistema seja *simples* – para que seja facilmente compreendido por qualquer um do povo – e prestigie a *comodidade*, como forma de estimular o adimplemento.

A superposição de incidências, por definição, agrega maior complexidade ao sistema, dificulta sua compreensão, estimula suas desinteligências, trava sua modernização, conduz ao acréscimo de obrigações e, consequentemente, do aparato fiscalizatório, induz à informalidade, facilita o aumento de carga e dificulta o seu controle. Como decorrência, inibe o investimento e o crescimento econômico. Não há dúvida de que constitui péssima política fiscal e induz à injustiça tributária.[137]

Um sistema fácil de ser compreendido e fiscalizado pela sociedade tende, naturalmente, à Justiça e à redução da sonegação.[138] Não por outra razão, explica GAUDEMET que "d'autre

---

137. "545. Le système fiscal, image de la société. – Un système fiscal ne peut être établi d'une manière arbitraire. Si le législateur est juridiquement libre de l'agencer à sa guise, il est en fait obligé de tenir compte des exigences du milieu social où il doit s'appliquer. En fait, les structures sociales du paix et l'époque où est établi le système fiscal influent profondément sur lui et sur le choix des diverses matières imposables. La société pèse en quelque sorte sur le système fiscal pour lui donner une forme indépendante de la volonté du législateur. Le système fiscal est l'expression d'une société.

En fait, plusieurs éléments conditionnent le système fiscal:

1º Les traditions historiques.

2º Les structures politiques et administratives.

3º Les structures économiques." (GAUDEMET, Paul Marie. *Précis de Finances Publique*: les ressources publiques emprunt et impôt. Paris: Éditions Montchrestien, 1970, p. 122).

138. "766. La cause technique essentielle de la Fuite devant l'impôt, c'esl la complexité du système fiscal. Le réseau fiscal est si complexe que le fisc lui-même s'y reconnaît parfois difficilement; le contribuable peut s'échapper entre les mailles du réseau fiscal et le fisc ne peut le surveiller aisément. La complexité technique du système fiscal apparaît comme un facteur de la fuite devant l'impôt: il empêche un controle efficace, il permet au contribuable d'échapper à l'impôt sans contrevenir à la loi." (GAUDEMET, Paul Marie.

part, si sur une même matière imposable sont superposés, comme il arrive parfois, plusieurs impôts, le Contribuable verra dans cette superposition d'impôts une incitation à dissimuler la matière imposable pour échapper ainsi à de multiples impositions."[139] [140] Quanto mais complexo for um sistema, portanto, em menor grau ele será cumprido, seja pelas razões inerentes à própria dificuldade no cumprimento, seja porque ele tende a ser entendido como arbitrário e, com isso, ter comprometida sua legitimação.[141]

Coerente com essas premissas, deve pautar a estruturação do sistema tributário "o princípio de uma imposição orientada para a política de crescimento econômico", segundo o qual a política fiscal deve se estruturar tanto em sua totalidade como em suas partes de forma que: de um lado não produza efeitos

---

Précis de Finances Publique: les ressources publiques emprunt et impôt. Paris: Éditions Montchrestien, 1970, p. 310).

139. GAUDEMET, Paul Marie. *Précis de Finances Publique*: les ressources publiques emprunt et impôt. Paris: Éditions Montchrestien, 1970, p. 307.

140. "O incalculável número dos mais diferentes interesses sociais tornados válidos de modo partidário, produz o assim chamado caos tributário, uma anarquia da tributação, na qual é indeterminado e indeterminável tal qual o clima, que interesses, de quais grupos sociais, quando e com que intensidade influem na alteração de qual lei tributária. As consequências são não apenas injustiça tributária, mas também considerável insegurança tributária. A insegurança institucional da tributação engendra insegurança no planejamento e transmite ao contribuinte a sensação de que a imposição se deixa arbitrariamente manipular. O cidadão sente o Estado Tributário não como Estado de Direito, mas como insaciável Leviatã. Consequentemente, vê-se legitimado a lançar mão inescrupulosamente de sugestões e artimanhas tributárias suspeitas de ilicitude. Manuais tributários inidôneos atingem milhões de exemplares. A burla ao Estado, a sonegação fiscal, assume o caráter de delito de cavalheiro." (TIPKE, Klaus. *Direito Tributário*. Porto Alegre: S.A. Fabris, 2008, V. 1, p. 166).

141. Se isso já derivava dos tradicionais princípios de política fiscal, hoje decorre também de princípios gerais de Direito Administrativo de moralidade e da publicidade, pontualmente garantidos na Carta brasileira (art. 37), além dos textos da LC n. 95 (art. 11) e do Decreto n. 4.176/02 (art. 8º), que positivaram de forma ampla irrestrita os princípios da simplicidade e transparência como técnica legislativa.

que freiem o crescimento e, de outro, possa exercer uma influência positiva sobre o mesmo caso a taxa de crescimento a longo prazo venha a cair abaixo daquela que se considera adequada."[142] Como já disse Posner, um outro modo de se definir Justiça pode ser, simplesmente, pela noção de eficiência.[143]

Do ponto de vista empresarial, a complexidade do sistema encarece a produção, exigindo que uma gama significativa de recursos seja destinada, exclusivamente, à satisfação de obrigações acessórias. Faz com que mesmo o contribuinte de boa-fé seja frequentemente penalizado por não haver observado normas de interpretação incerta. Favorece a concorrência desleal, com o surgimento e florescimento de negócios cujo diferencial competitivo consiste, precipuamente, em extrair vantagem da dificuldade de fiscalização. E torna – como consequência – o aparato fiscalizatório maior, mais caro e mais ineficiente, conduzindo a sucessivos aumentos da carga, em um ciclo vicioso sem fim.

A clássica obra de HALLER, por isso mesmo, elenca como princípios de política fiscal "configurar a imposição de maneira que a carga imposta aos contribuintes se sinta o menos possível e com isso a atividade econômica seja prejudicada em menor grau" e de "configurar a imposição de maneira que com ela não se prejudique a racionalidade interna da produção, nem a coincidência ótima da produção com a estrutura de necessidades (racionalidade externa da

---

142. Cf. NEUMARK, Fritz. *Principios de la Imposición*. Madrid: Instituto de Estudios Fiscales, 2ª Ed., 1994, p. 331 et seq.
143. "A second meaning of 'justice', and the most common I would argue, is simply 'efficiency'. When we describe as 'unjust' convicting a person without a trial, taking property without just compensation, or failing to require a negligent automobile driver to answer in damages to the victim of his carelessness, we can be interpreted as meaning simply that conduct or practice in question wastes resources." (POSNER, Richard A. *The Economic Structure of the Law*: the collected economic essays of Richard A. Posner. Cheltenham: Edward Elgar, 2000, p. 777).

produção)".[144] Não por outra razão, os próprios Estados soberanos preocupam-se em firmar Tratados para impedir a bitributação no âmbito internacional.[145]

Dessas noções se extraem os fundamentos axiológicos da proibição de *bis in idem* no âmbito tributário. Ao traduzir o rechaço à superposição de incidências enquanto valor, o axioma interditivo serve de norte à conformação do sistema tributário, tanto no que diz com sua estruturação (no que se volta ao Legislador) quanto no que diz com sua compreensão/operacionalização (no que se volta aos operadores do Direito). Nesse sentido, sua incidência independe de pontuais previsões constitucionais que o exprimam positivamente.

Guardando absoluta convergência com as exigências de política fiscal de simplicidade, comodidade, transparência, economicidade e estruturação em prol do crescimento, a proibição de *bis in idem* conduz à realização da Justiça tributária e, por isso, orienta a formulação e compreensão do Direito Tributário como *vetor hermenêutico,* conducente ao afastamento das hipóteses de cumulação (na formulação ou

---

144. HALLER, Heinz. *Política Financiera*. Madrid: Editorial de derecho financiero, 1963, p. 291-292.
145. "Respecto a un juicio doctrinal de la doble imposition internacional, puede decirse que su condena y posible extirpación ha constituido no ya la finalidad fundamental de todos los TDI concertados desde fines de la primera guerra mundial, sino también el más importante objetivo de toda la actividad de la I. F. A. desde su fundación, hace veinticinco años; a ello puede añadirse que hoy día ello casi se ha alcanzado en todas las relaciones importantes de la economía mundial. Pero, sin embargo, aún no ha sido conseguido totalmente en los TDI (cfr. «infra», cap. 7), y menos aún en relación con los impuestos indirectos, no incluidos, en general, en esos tratados. En ausencia de TDI entre dos Estados, las interferencias en el terreno de los impuestos directos, así como el gravamen real, las obligaciones formales, que no deben dejar de ser tenidas en cuenta, no son eliminadas mediante normas nacionales de imputación. Por ello es válida la opinión de no admitir que la doble imposición internacional sea hoy ilícita en Derecho internacional (v. aún «infra», cap. 6)." (BÜHLER, Ottmar. *Principios de Derecho Internacional Tributario*. Madrid: Editorial de Derecho Financiero, 1968, p. 46-47).

aplicação do Direito) sempre que estas não tenham sido inequivocamente determinadas pelo constituinte (sem prejuízo de orientar também a atividade constituinte derivada, pelas mesmas razões).

5. *Bis in idem* e bitributação

Apesar da extensa pesquisa realizada, não deparamos com obras monográficas que se dedicassem a traçar um panorama geral da proibição de *bis in idem* no Brasil. No mais das vezes, os estudos que encontramos voltam-se à análise de aspectos pontuais, casos concretos, sem preocupar-se em estruturar e delimitar o conceito no âmbito do direito material tributário, ainda que a jurisprudência frequentemente recorra ao axioma. Os aforismos *ne bis in idem* ou *non bis in idem* acabam sendo citado de forma irrefletida.

Ainda assim, o emprego da distinção entre "bis in idem" e "bitributação" é bastante frequente. O fundamento para tanto, contudo, não achamos. Melhor dizendo, encontramos algumas remissões doutrinárias, embora, lendo-as, tenhamos terminado exatamente como iniciamos: convictos de que nelas não reside uma explicação convincente, lógica, seja ela normativa, seja ela filosófico-conceitual.

Segundo os que empregam tal distinção na doutrina brasileira, bitributação corresponderia à dupla imposição por entes distintos, ao passo que "bis in idem" consistiria na dupla imposição pelo mesmo ente. É possível que o emprego dessa diferenciação tenha nascido do julgado do STF abaixo, de lavra do eminente Min. Aliomar BALEEIRO,[146] assim ementado:

---

146. E a doutrina de BALEEIRO, por sua vez, parece ser extraída do quanto dispunha a Carta de 1934, segundo a qual: Art 11 – É vedada a bitributação, prevalecendo o imposto decretado pela União quando a competência for concorrente. Sem prejuízo do recurso judicial que couber, incumbe ao Senado Federal, *ex officio* ou mediante provocação de qualquer contribuinte,

> Taxa de Estatística do Amazonas – Inconstitucionalidade. 1. A bi-tributação é sempre inconstitucional no Brasil, mas o *bis in idem* poderá ser constitucional em alguns casos e outros não. 2 O *bis in idem*, por meio do ICM é inconstitucional, porque a 2ª exigência, acumulada com a 1ª, ultrapassa a alíquota máxima fixada pelo Senado nos termos do art. 23, §5º da CF. 3. A taxa de estatística das leis 698/67 e 705/68, do Amazonas, é inconstitucional porque mascara *bis in idem* do ICM e não se enquadra no art. 18, I da Emenda 1/69, nem nos arts. 77 e 79 do CTN.[147]

No caso, veja-se que o Ministro afirma que a "bitributação" é sempre inconstitucional, enquanto o "bis in idem" poderá ser inconstitucional em alguns casos e em outros não. Ao julgar o feito, o Ministro BALEEIRO expôs seu entendimento acerca da distinção entre a bitributação e o *bis in idem*, explicando que tem "como certo que se a bitributação (a exigência do mesmo tributo por duas competências diferentes) é sempre inconstitucional no Brasil, o *bis in idem*, no sentido de decretação do mesmo imposto duas vezes pelo governo competente, pode ser constitucional em muitos casos, ainda que represente, quase sempre, uma política legislativa má (*Repertório do Direito brasileiro*, J. CARVALHO SANTOS, verbete *bis in idem*)."

Concluindo seu raciocínio, o douto julgador tributarista assevera que "não pode ser jamais constitucional, no sistema de 1969, *bis in idem* do ICM, porque a sua alíquota máxima é uniforme e fixada pelo Senado nos termos do § 5º do art. 23, da CF". E "no caso dos autos, o Amazonas mascarou de taxa uma segunda aplicação do ICM, que, somada à 1ª, ultrapassa o teto máximo fixado pelo Senado. Esse fim inconstitucional é o motivo da falsa taxa."

Tal referência, por si só, já denota que a classificação foi feita a partir do texto de uma dada Constituição, a de 1969 (e,

---

declarar a existência da bitributação e determinar a qual dos dois tributos cabe a prevalência."
147. RE 77.131/AM, j. 18.09.74.

como referido acima, provavelmente baseada em texto da Carta de 1934), e não a partir de critérios propriamente científicos capazes de conceituar as figuras com base em premissas técnicas e em razão de seu conteúdo deôntico. Tanto é assim que, trazida para o contexto atual, da Carta de 1988, tais enunciados não se confirmam e a distinção cai por terra. Afinal, temos nela casos de dupla tributação por entes distintos perfeitamente permitidos e, também, casos de dupla tributação, pelo mesmo ente, vedados.

Parece-nos, portanto, que se faz necessário reavaliar a distinção estabelecida. Em primeiro lugar, porque não há que se falar em "bis in idem", já que tal expressão é desprovida de significado deôntico. O que existe é o aforismo jurídico "non bis in idem" ou "ne bis in idem", ou ainda a "proibição de *bis in idem*", como preferimos empregar majoritariamente em nosso trabalho.

De fato, a referência a "duas vezes a mesma coisa" (*bis in idem*) não tem nenhuma relevância do ponto de vista do *dever ser*: não determina nenhuma conduta seja nos modais permitido, proibido ou obrigatório. É tão vazio falar-se em uma categoria chamada "bis in idem", sem referência a uma determinação de conduta, quanto falar-se em "duas árvores" ou ainda "dois salários".

O que existe em nosso sistema, como de resto na quase totalidade dos sistemas jurídicos do mundo todo, é um axioma proibitivo – *non bis in idem*. E, nesse sentido, é importante que se diga, à proibição de *bis in idem* é desimportante a origem da exigência, se proveniente de um único ente ou de vários. *O que se tem em conta é o resultado*.

Para falar-se em proibição de *bis in idem*, no âmbito tributário abstrato, deve haver o que denominamos *coincidência*, isto é, incidência simultânea sobre uma mesma materialidade e correspondente base de cálculo (eis que, como se sabe, é o binômio hipótese de incidência/base de cálculo que define a natureza de uma exação), que resulte em sobreposição, com o que se quer dizer que, além de acumuladas, devem recair – via de regra – sobre um mesmo sujeito passivo.[148] Os demais aspectos da hipótese de incidência (notadamente a identidade de sujeito ativo) não definem a proibição de *bis in idem*; tratam-se de circunstâncias que podem ou não estar presentes de acordo com a conformação do sistema.

Mas, mesmo além das linhas do Direito Tributário, veja-se que a proibição de *bis in idem* é postulado que *repele*, como regra geral, a duplicidade de ônus referida a um mesmo fato. Tanto é assim que está presente em todos os ramos do cenário jurídico, dentre os quais o Direito Tributário é mais um. Assim, no Direito Administrativo, a vedar que uma mesma gratificação seja percebida duas vezes pelo mesmo fato; no Direito Administrativo Sancionador, ao vedar que uma mesma falta dê ensejo a uma segunda suspensão ou advertência; no Direito Civil, ao vedar que uma mesma dívida, como regra, possa ser validamente exigida duas vezes; no Direito Comercial, ao vedar que um mesmo cheque possa ser descontado repetidamente; no Direito do Trabalho, ao vedar que, v.g., um mesmo salário possa ser atualizado cumulativamente por dois índices de correção monetária. E assim por diante.

---

148. A configuração de "bis" exige, necessariamente, a identidade de exações e, portanto, a cumulação sobre uma dada materialidade e correspondente base de cálculo é indispensável à incidência da proibição. A circunstância de recair a exação sobre um mesmo sujeito passivo, contudo, pode não estar presente e, ainda assim, atrair a incidência da regra proibitiva. Isto porque pode-se conceber a possibilidade, v.g, de um dado tributo, como, v.g., o imposto sobre serviços previsto na Constituição, ser instituído ou exigido pela fiscalização, tanto do prestador, quanto do tomador dos serviços. Em tal caso, a proibição de *bis in idem* incidiria, ainda que distintos fossem os sujeitos passivos, pela simples razão de que a outorga de competência, no caso, somente autoriza a tributação de um deles, seja porque há apenas um ato e uma manifestação de riqueza, seja porque a Carta somente autoriza a criação de um tributo com base em uma dada competência.

Trata-se de axioma proibitivo, portanto, que, no caso do Direito Tributário, pode estar positivamente previsto em regras específicas, ou ainda servir meramente de vetor hermenêutico conducente ao rechaço da coincidência não expressamente autorizada constitucionalmente. Mas não faz sentido falar-se em "bis in idem permitido".

O termo bitributação, por sua vez, é despido de sentido deôntico; dele não deflui uma vedação. Há bitributações permitidas, bitributações proibidas e bitributações obrigatórias (entenda-se: expressamente impostas em enunciados legais). O termo "bitributação", assim, não designa um valor, nem um princípio; não orienta, nem encerra norma de conduta, regra ou limite objetivo. Apenas expressa um fato, dependente de outros elementos integrativos para se verificar se é juridicamente aceito ou não.

O aforismo *non bis in idem* – ao contrário – expressa sempre uma proibição, proibição esta que pode ser introduzida ou afastada pelo Poder Constituinte, como, de resto, tudo em Direito. Trata-se de prerrogativa ontológica ao Estado soberano que, por intermédio da assembleia constituinte, tudo ou quase tudo pode (ao menos no contexto do poder constituinte originário). O que cabe ao intérprete, então, é verificar quando tal máxima se aplica e em quais fatos o postulado se subsume, sempre à luz das diretrizes constitucionais de cada sistema.

A bitributação, a seu turno, a depender de cada sistema, pode ser possível ou não, dependendo apenas da forma e termos da discriminação de competências tributárias. No sistema brasileiro, à luz da CF de 1988, há casos de bitributação, pela mesma pessoa política constitucionalmente aceitos como, v.g, a incidência de imposto de importação e do PIS/COFINS sobre a importação, todos instituídos e arrecadados pela União Federal. E casos igualmente aceitos de bitributação por entes federados distintos, como, v.g., o ICMS incidente sobre a importação e o IPI incidente sobre a importação, sendo o primeiro cobrado pelos Estados, e o último pela União. Todos esses casos representam um "bis", sobre um mesmo – *idem* – "fato" (uma mesma materialidade). E todos são contemplados no sistema jurídico-tributário nacional, sem qualquer vício de constitucionalidade, o que já evidencia a impropriedade/inaplicabilidade da distinção traçada no contexto constitucional brasileiro atual.

Não é possível afirmar, assim, que toda bitributação (adotado o conceito em comento) é vedada. Da mesma forma, é inadequado aduzir-se que "o *bis in idem* pode ser por vezes permitido e por vezes proibido". Trata-se de um postulado proibitivo, por definição, que já contém um modal deôntico em seu núcleo, tal qual a "não-cumulatividade", o "não-confisco" (no Direito Tributário) ou o "não-retrocesso".

A questão reside, em suma, apenas em esclarecer: a "proibição de *bis in idem*" é um axioma aplicável em diversas áreas do pensamento jurídico que, trazido para o campo do Direito Tributário, constitui máxima informadora de bitributação proibida. Enquanto mandamento proibitivo, pode ser aplicável ou não-aplicável, a depender da conformação do sistema (no caso da perspectiva abstrata, antes aludida). No primeiro caso, de dupla incidência permitida, tratar-se-á de bitributação, simplesmente, sem nenhuma consequência daí resultante. Já no segundo caso, o rechaço à bitributação proibida será exprimido pela máxima "non bis in idem".

O objetivo de toda conceituação de um dado instituto consiste em dele extrair suas características essenciais, delimitando-o. Não faria sentido definir-se "bitributação" por qualquer outra coisa que não aquilo que o termo expressa (tributar-se duas vezes). Os demais elementos agregados na costumeira classificação empregada pela doutrina nacional – sejam eles referentes a existência de uma ou mais pessoas políticas responsáveis por sua instituição, sejam eles referentes à circunstância dessa dupla tributação ser permitida ou proibida – constituem referências estranhas ao termo, que podem ou não estar presentes em um dado ordenamento constitucional ou legal. E a própria inaplicabilidade de tais "elementos conceituais" à Constituição brasileira de 1988 já demonstra a impropriedade da conceituação (que, ademais, teria perdido seu fundamento de validade no sistema vigente).

Para bem conceituar um dado instituto – e para que ele melhor sirva ao Direito (e não apenas a uma dada realidade normativa) – o hermeneuta deve ater-se a seus elementos ontológicos e etimológicos. No caso, o próprio vernáculo não permite que se extraia do signo "bitributação", mais do que ele é: ato ou efeito de tributar duas vezes. Assim como é inadmissível extirpar do axioma "non bis in idem" seu modal proibitivo nuclear "ne" e dele extrair a ainda mais esdrúxula conclusão de que pode haver "bis in idem" permitido e "bis in idem" vedado.

A questão é, pura e simplesmente, de subsunção. Ou o postulado incide ou não.

Evoluindo, podemos dizer que a bitributação é termo que se refere, etimologicamente, ao fenômeno jurídico da incidência. Significa tributar duas vezes. Alude, portanto, à coexistência de dois tributos. Ou, melhor dizendo, ao que denominamos *coincidência*. Não se refere ao campo factual, de cobrança ou lançamento em duplicidade, mas à própria repetição de hipóteses de incidências (instituição de dois tributos idênticos pelo legislador).

O *non bis in idem*, por sua vez, é princípio e regra[149] que – no plano material – refere-se tanto à proibição de tributar duas vezes – o que denominamos perspectiva abstrata da proibição de *bis in idem* –, quanto à proibição de lançar, ou ato adminis-

---

149. Veja-se o item específico a esse respeito.

trativo de cobrar, duas vezes – perspectiva concreta da proibição de *bis in idem*. Pode ainda aludir, no âmbito adjetivo processual, à eficácia preclusiva de determinados atos e à noção de coisa julgada. Ou, genericamente, à proibição de exigir a prática repetida de determinado ato (v.g., obrigação acessória). Esse, portanto, seu campo de aplicação.

6. Os critérios da hipótese de incidência e a *coincidência* proibida

É evidente que, para que se possa falar em incidência da proibição de *bis in idem*, haverá de se reconhecer a ocorrência de duas exigências fundamentalmente idênticas, ou como denominamos, haverá de se falar em *coincidência*, sem o que não haverá "bis" a rechaçar. Assim, impende examinar os critérios da regra matriz de incidência para o efeito de saber quais deles são determinantes para revelar a ocorrência de uma coincidência vedada.

O esquema da chamada "regra matriz" tem o mérito de seccionar o fenômeno jurídico da incidência, permitindo ao cientista a análise de cada um dos aspectos da norma em sentido estrito (criada pelo hermeneuta a partir da integração dos enunciados *postos* na lei, que dão conformação à exação e tornam *típica* a conduta), separando a hipótese da consequência e identificando cada um dos pontos em que ambas se decompõem. Na hipótese (ou antecedente) tem-se a descrição da conduta tipificada (daí se lhe denominar *descritor*) e na consequência tem-se prescrição do dever que dela decorre (daí se lhe denominar *prescritor*), resultando, de sua conjunção, a cópula deôntica a que se denomina dever-ser. Nesse contexto, o antecedente pode ser analisado a partir de um critério material (conduta a ser realizada), um critério espacial (lugar) e um critério temporal (momento). Já o consequente pode ser analisado a partir de um critério quantitativo (*quantum* a ser pago) e um critério pessoal (quem paga a quem). Da união do descritor com o prescritor tem-se a *norma*: "realizando-se a conduta X (critério material), num dado local (critério espacial) e momento (critério temporal), *deve ser* pago $$$ (critério quantitativo: base de cálculo + alíquota) por 'A' a 'B' (sujeitos passivo e ativo).[150]

Passando-se à análise dos critérios da regra matriz, temos que o binômio hipótese de incidência/base de cálculo é o que define uma exação[151] e, portanto, é fora de dúvida que constitui o elemento fundamental para a caracterização da *coincidência*. Alude-se ao binômio porque, como regra, a base de cálculo tem a função de confirmar/afirmar a conduta descrita na hipótese de incidência (critério material), embora, na prática, isso nem sempre ocorra. Confirmando ou afirmando a hipótese de incidência, a base de cálculo expressa a vera natureza da exação, que haverá de ser contrastada com aquela que se lhe sobrepõe, servindo de bússola à identificação do *bis in idem* vedado.[152][153]

---

150. CARVALHO, Paulo de Barros. *Curso de Direito Tributário*. 13ª Ed. Rev. e atual. São Paulo: Saraiva, 2000, p. 251 e segs.
151. Diz o autor: "Finalizemos para dizer que, no direito brasileiro, o tipo tributário se acha integrado pela associação lógica e harmônica da hipótese de incidência e da base de cálculo. O binômio, adequadamente identificado, com revelar a natureza própria do tributo que investigamos, tem a excelsa virtude de nos proteger da linguagem imprecisa do legislador". E complementa esclarecendo que "tais exações poderão revestir qualquer das formas que correspondem às espécies do gênero tributo. Para reconhecê-las como imposto, taxa ou contribuição de melhoria, basta aplicar o operativo critério constitucional representado pelo binômio hipótese de incidência/base de cálculo." (CARVALHO, Paulo de Barros. *Curso de Direito Tributário*. São Paulo: Saraiva, 13ª Ed., 2000, p. 29 e p. 33).
152. "Eis a base de cálculo, na sua função comparativa, confirmando, infirmando ou afirmando o verdadeiro critério material da hipótese tributária. Confirmando, toda vez que houver perfeita sintonia entre o padrão de medida do núcleo do fato dimensionado. Infirmando, quando for manifesta a incompatibilidade entre a grandeza eleita e o acontecimento que o legislador declara como a medula da previsão fática. Por fim, afirmando, na eventualidade de ser obscura a formulação legal, prevalecendo, então, como critério material da hipótese, a ação-tipo que está sendo avaliada." (CARVALHO, Paulo de Barros. *Curso de Direito Tributário*, ob. cit., p. 328).
153. "Temos para nós que a base de cálculo é a grandeza instituída na consequência da regra-matriz tributária, e que se destina, primordialmente,

Situações há, contudo, em que, na sua instituição pelo legislador infraconstitucional, a base de cálculo vem a infirmar o critério material, hipótese em que o descompasso poderá revelar – além da pura e simples invalidade – tratar-se de espécie tributária distinta daquela constitucionalmente autorizada, circunstância igualmente relevante para efeito da caracterização do *bis in idem* proibido, especialmente porque haverá de se considerar os limites ao exercício da competência tributária outorgado a distintas espécies tributárias. Nesse particular, aliás, a Carta contempla pontual interdição à superposição impositiva, quando, em seu art. 145, § 2º, dispõe que "as taxas não poderão ter base de cálculo própria de impostos", impedindo que união, estados e municípios burlem a distribuição constitucional de poderes e procedam à criação de "taxas" que se sobreponham a impostos de mesma base de cálculo (porém privativamente atribuídos a outro ente) em cumulação não autorizada e capaz de comprometer o equilíbrio da distribuição posta na CF.

Cabe ao operador do Direito, portanto, a função integrativa, para o efeito de verificar se é possível a "associação lógica e harmônica" do binômio base de cálculo/hipótese tributária (para utilizar a expressão de Paulo de Barros CARVALHO), para o efeito de "nos proteger da linguagem imprecisa do legislador".[154] Havendo superposição de duas exações com esses idênticos aspectos nucleares, será ineludível a ocorrência do "bis".

---

a dimensionar a intensidade do comportamento inserto no núcleo do fato jurídico, para que, combinando-se à alíquota, seja determinado o valor da prestação pecuniária. Paralelamente, tem a virtude de confirmar, infirmar ou afirmar o critério material expresso na composição do suposto normativo." (CARVALHO, Paulo de Barros. *Curso de Direito Tributário*. 10ª Ed. São Paulo: Saraiva, 1998, p. 235).

154. "La primera operación a realizar para interpretar una norma jurídica es la que tiende a determinar el significado de las palabras que la componen, habida cuenta también de la conexión existente entre las mismas." (BERLIRI, Antonio. *Principios de Derecho Tributario*. Madrid: Editorial de Derecho Financiero, 1964, V.1, p. 97).

Advirta-se, no entanto, mais uma vez, que, no âmbito do direito material tributário, a ocorrência do *bis* não será suficiente à atração do axioma *"non bis in idem"* dentro da perspectiva abstrata, já que, como reiteradamente afirmado ao longo do presente trabalho, situações há de *coincidências* constitucionalmente admitidas, parciais e totais, havendo, igualmente, na legislação, situações de *coincidências* proibidas (sem suporte na Carta),[155] tudo dependendo da formatação do sistema constitucional *posto* de distribuição de competências tributárias. A presente análise, portanto, diz principalmente com o plano exegético-concreto, já que no plano hipotético-abstrato, a solução para a aplicação da proibição de *bis in idem* decorrerá dos termos da regra posta no modal *proibido* ou *permitido*.

Relativamente ao critério pessoal da regra matriz de incidência, haverá de se analisar se, a par da identidade ontológica exacional, *o sujeito passivo é o mesmo*. Em princípio, a existência de sujeitos passivos distintos afasta, *per se*, a possibilidade de incidência da proibição de *bis in idem*, tanto em sua perspectiva abstrata quanto concreta. Isso pelo simples fato de que não haverá de se falar em "cumulação", quando cada uma das exigências recai sobre contribuinte distinto, não se sobrepondo.

Veja-se, contudo, que, hipóteses há em que, mesmo não recaindo sobre um mesmo sujeito passivo as duas (ou mais) exigências, pode-se conflagrar ofensa à proibição de *bis in idem*. Isso porque pode conceber-se a possibilidade de um dado tributo,

---

155. Diga-se que, no plano fático, sendo parcial – do ponto de vista numérico – a identidade de bases de cálculo, isso não impedirá a incidência da proibição de *bis in idem*. Assim, se, porventura, um dado fiscal entendeu por exigir $10 de tributo sobre receita bruta do mês "y" e, posteriormente, outro fiscal exigiu $12, relativamente ao mesmo tributo, do mesmo mês, a configuração de *bis in idem* parcial estará, obviamente, evidenciada e apenas o excedente poderá ser objeto de discussão. A identidade numérica, portanto, é claramente irrelevante à decretação do *bis in idem* proibido.

como, v.g., o Imposto sobre Serviços, ser instituído pelo legislador ordinário ou exigido pela fiscalização tanto do prestador quanto do tomador dos serviços. Em tal caso, a regra interditiva incidiria, não tendo em conta, propriamente, a circunstância de um único particular estar sendo duplamente onerado, senão que tendo em conta a circunstância de que *um único fato gerador* não pode dar margem à constituição dúplice/múltipla do crédito tributário. O fato gerador nada mais é do que a expressão jurídica do evento concretamente ocorrido no mundo factual (não por outra razão comumente chamam-no "fato jurídico tributário"), de modo que um único evento não comporta o milagre da multiplicação dos pães, com repetidas descrições em linguagem competente a partir de uma mesma e única hipótese de incidência. O poder de enunciar o evento e dar-lhe vida no mundo jurídico, ao mesmo tempo em que cria, limita e esgota os possíveis efeitos passíveis de serem extraídos de uma dada hipótese legalmente contemplada (afinal, há apenas uma manifestação de riqueza, um ato revelador de capacidade contributiva, uma base de cálculo, uma realização da conduta constitucionalmente legitimadora do exercício do Poder Tributante).

Por esse motivo, não incluímos a identidade de sujeitos passivos como elemento ontológico para a caracterização e definição da proibição de *bis in idem*, ainda que, ordinariamente, tal identidade se verifique.

No que tange à identidade de sujeitos ativos, temos que essa, igualmente, não é imprescindível à incidência da proibição de *bis in idem*. Ela pode ocorrer ou não e, somente a verificação do esquema distributivo de poder tributário poderá acusar tratar-se de cumulação vedada. Tanto é assim que, no Brasil, o Sistema Tributário é pródigo em exemplos de exações idênticas instituídas e exigidas por um mesmo ente. A União, v.g., é competente para cobrar o PIS (Programa de Integração Social) e a COFINS (Contribuição para Financiamento da Seguridade Social), sem que isso ofenda a proibição de *bis in idem*. Por outro lado, na perspectiva concreta, a exigência simultânea de ISS e ICMS ou ISS e IPI sobre um mesmo fato, atrairia a incidência da proibição de *bis in idem*, ainda que tais tributos sejam exigidos por sujeitos ativos distintos. O que cabe verificar, portanto, é se a outorga de competência feita a um determinado ente comporta sobreposição relativamente a uma mesma base, por um mesmo ou distinto ente, nos termos do Sistema constitucional *posto*.

Os critérios espacial e temporal, a seu turno, por si sós, são também incapazes de determinar a ocorrência de "bis" proibido. Podem afigurar-se relevantes ou não, em conjunto com outros critérios, notadamente o binômio hipótese/base de cálculo, mas são insuficientes, em sua individualidade, a orientar de forma decisiva a atividade do intérprete na identificação da duplicidade que se tem em conta.

É claro que, dentro da *perspectiva concreta* de análise do axioma (isto é, na atividade de descrição dos eventos concretamente ocorridos em linguagem competente, ou ainda, na atividade de constituição do crédito tributário), a *coincidência* haverá de ser total, o que engloba a necessidade de que os critérios espacial e temporal sejam, também eles, *coincidentes*.[156] É que, nessa ótica, a interdição de *bis in idem* volta-se a proibir que um mesmo fato gerador possa dar causa a reiterados lançamentos do mesmo respectivo crédito tributário e, para que se possa reputar inválida a exigência, será imprescindível demonstrar tratar-se da *mesma* obrigação já anteriormente satisfeita e quitada. Assim, v.g., proíbe-se que o IPTU (Imposto sobre a Propriedade Territorial Urbana) exigido do terreno situado na Rua "x", relativamente ao ano-calendário "y", uma

---

156. No que diz respeito ao critério quantitavo, essa afirmação deve ser compreendida em termos: mesmo que a segunda dívida seja maior que a primeira (ou vice e versa), ainda assim haverá bis se houve *continência*, ou seja, se puder se identificar que determinada parcela do quantum está sendo exigida de forma repetida.

vez lançado e adimplido pelo sujeito passivo, possa tornar a ser lançado. Trata-se de simples aplicação da proibição de *bis*, positivada no art. 156, I do CTN,[157] segundo a qual o pagamento extingue a obrigação tributária, interditando nova pretensão idêntica do sujeito ativo.

No que diz respeito à perspectiva abstrata, como dissemos, o critério espacial pode apresentar-se relevante, circunstancialmente. Assim, v.g., quando o Imposto de Renda já exigido por um determinado Estado soberano "x" de uma dada pessoa física por salários recebidos em atividade realizada nesse Estado "x", torna a ser exigido pela legislação interna de outro Estado soberano, com desobediência a Tratado internacionalmente firmado com vistas a obstaculizar a bitributação, o critério espacial ganha relevo para determinar qual das duas exigências haverá de prevalecer e qual haverá de ser considerado um *bis* indevido. O mesmo ocorre em relação ao ICMS quando disputado pela legislação de dois estados distintos, relativamente a uma mesma e única operação de circulação de mercadorias, situação em que apenas uma das exigências haverá de ser reconhecida como hígida.

Da mesma forma, o critério temporal poderá, circunstancialmente, afigurar-se decisivo à incidência da proibição de *bis*. É o que ocorre quando, v.g., determinada cumulação de tributos antes permitida, vier a tornar-se proibida dentro de um novo contexto normativo, como se verifica, no exemplo acima, antes e depois de ser firmado Tratado para evitar a bitributação por dois Estados soberanos. Em tal circunstância, haverá subsunção dos fatos à regra interditiva de *bis*, porém apenas a partir de um determinado corte/momento temporal, divisor de águas entre a coincidência permitida e aquela considerada espúria.

Em suma, a partir dessas considerações, pretendemos deixar claro que, percorridos os diversos critérios de análise

---

157. Art. 156. Extinguem o crédito tributário: I – o pagamento.

da regra matriz de incidência tributária, em seu antecedente e consequente, os únicos capazes de influir de forma permanente e decisiva na incidência do axioma *non bis in idem*, são os que conformam o binômio hipótese de incidência (leia-se, especificamente, critério material) e base de cálculo (leia-se, especificamente, critério quantitativo). Isso porque eles é que definem a natureza da exação, sendo, portanto, os únicos capazes de espelhar o "bis" e o "idem" imprescindíveis à incidência e subsunção à regra interditiva. Não há como se falar em *bis in idem* sem que se esteja diante de exigências ontologicamente idênticas.

Os demais critérios da regra matriz (temporal, espacial e pessoal) não constituem elementos decisivos para esta análise, porque incapazes, *per se*, de revelar a ocorrência da duplicidade em questão (porque não *definem* a exação). Embora, como dito, no âmbito da perspectiva concreta de análise da proibição de *bis in idem*, todos os critérios da regra matriz sejam influentes à identificação da coincidência proibida, o mesmo não se dá no contexto da perspectiva abstrata. Nela os referidos critérios podem, apenas circunstancialmente, mostrar-se relevantes à caracterização do *bis in idem* vedado. Apenas o binômio hipótese/base de cálculo, contudo, é que servirá, de forma permanente, como critério decisivo à identificação do "bis" e do "idem" de que se trata.

7. Fundamentos constitucionais específicos da proibição de *bis in idem* no Direito Tributário material

7.1 Tributos não-cumulativos e a proibição de *bis in idem*

A incidência da proibição de *bis in idem* não depende, necessariamente, da existência de duas exações. É perfeitamente possível que, no seio de uma única exação – notadamente daquelas não-cumulativas – dê-se a ocorrência de duplicidade capaz de atrair a incidência do axioma.

No que diz respeito aos sujeitos, via de regra, o sujeito passivo há de ser um só para que se possa falar em *non bis in idem*. A nocividade da dupla incidência e o repúdio à mesma decorre justamente da cumulação sobre uma dada pessoa – física ou jurídica. Recaindo a tributação sobre contribuintes distintos, poder-se-ia argumentar que nenhum prejuízo haverá e as exigências serão perfeitamente lícitas. Em se tratando de tributação não-cumulativa, não é assim, entretanto.

É que no contexto dos tributos não-cumulativos, constitucionalmente, existe um vínculo jurídico que entrelaça as obrigações tributárias de dois ou mais contribuintes. A obrigação tributária de um guarda estreita relação com a obrigação tributária de outro(s), que o antecede(m) ou sucede(m) na cadeia produtiva. A dimensão do dever de pagar é delimitada em seu aspecto quantitativo, pela aritmética de créditos e débitos derivados de relações jurídicas estabelecidas entre o Fisco e outro(s) contribuinte(s).[158]

Com isso queremos dizer que, do ponto de vista hermenêutico, todo processo interpretativo que implique isolar os sujeitos passivos de uma dada cadeia, para o efeito de justificar a validade de uma exação, incide em ofensa à Carta. Ora, a não-cumulatividade é regra que pressupõe a pluralidade de sujeitos, só podendo ser compreendida a partir dessa sua finalidade, de viabilizar economicamente a cadeia produtiva. Ao proibir o que popularmente se chama de "tributação em cascata", o legislador constituinte tem por escopo evitar que a forma como se organizam as empresas impacte no peso da carga tributária total agregada ao bem vendido ao consumidor.

---

158. Sobre a finalidade da não-cumulatividade no contexto da TVA: "La liquidation de la taxe est réalisée de telle sorte que la charge fiscale globale corresponde à la TVA calculée sur le prix de vente final, mais reste indépendante du circuit économique qui a permis de produire et de mettre à la disposition de l´acquéreur les biens et les services concernés."(DISLE, Emmanuel; SARAF, Jacques. *Droit Fiscal*. Paris : [s.n.], 2006, p. 21).

Do contrário, o Fisco estaria investindo contra seu próprio interesse, que é o de estimular o comércio e a produção e, com isso, alcançar o desenvolvimento (que é objetivo expressamente previsto no preâmbulo da Carta e em seu art. 3º, como "fundamental")[159] [160] e o próprio aumento de arrecadação. A não-cumulatividade constitui um instrumento para evitar a excessiva verticalização da atividade empresarial, à medida que esse fenômeno redunda em concentração de riqueza. Com a horizontalização, contudo, abre-se espaço a novos entrantes,[161] além de permitir o emprego de um maior grau de especialização aos industriais, o que aumenta a competitividade do produto nacional no contexto internacional, trazendo vantagens diretas e indiretas à sociedade.[162]

---

159. Consta do Preâmbulo da Constituição brasileira de 1988: "Nós, representantes do povo brasileiro, reunidos em Assembléia Nacional Constituinte para instituir um Estado Democrático, destinado a assegurar o exercício dos direitos sociais e individuais, a liberdade, a segurança, o bem-estar, o desenvolvimento, a igualdade e a justiça como valores supremos de uma sociedade fraterna, pluralista e sem preconceitos, fundada na harmonia social e comprometida, na ordem interna e internacional, com a solução pacífica das controvérsias, promulgamos, sob a proteção de Deus, a seguinte CONSTITUIÇÃO DA REPÚBLICA FEDERATIVA DO BRASIL."
160. "Art. 3º – Constituem objetivos fundamentais da República Federativa do Brasil: II – garantir o desenvolvimento nacional."
161. Atendendo, assim, ao que diz o Preâmbulo citado acima, quando afirma que é objetivo do Estado alcançar uma sociedade "pluralista".
162. Como bem nota Daniel Gutmann, é inegável a existência, no mundo globalizado, de uma concorrência fiscal entre os Estados, capaz de atrair ou afastar a presença de empresas, em contraposição aos "serviços" oferecidos em cada território: "Rien n´empeche a priori de prendre au sérieux le concept de concurrence fiscale entre États, c´est-à-dire de transposer à la matière fiscale la problématique du droit de la concurrence applicable entre personnes privées. Il n´est nullement absurde de poser, à cette fin, qu´il existe un marché mondial que les État sont concurrents dès lors qu´ils exigent certains "prix" pour l´accès à certains services. Si cette présentation des rapports entre États peut apparaître trop réductrice – pour la simple raison que les choix collectifs en matière fiscale ne peuvent s´expliquer sous le seul angle de la recherche de la compétitivité étatique –, il n´en est pas moins vrai que la 'concurrence fiscale' joue un rôle toujours croissant dans l´évolution des législations nationales." (GUTMANN, Daniel. Globalisation et Justice Fiscale.

A proibição de *bis in idem*, nesse contexto, há de ser conjugada com o mandamento e mecanismo constitucional de não--cumulatividade no ponto em que impõe uma visão integrada do processo produtivo para o efeito de atestar a higidez ou vício de uma dada exigência tributária, não podendo ser compreendida a partir da observância de elos isolados. Sua eficácia e seu controle dependem do exame de uma sequência de fatos que se sucedem, já que a hermenêutica que separa os elementos como se autônomos fossem, ignorando a circunstância de que são fragmentos componentes de um conjunto ou sistema, agride a garantia constitucional, frustrando os fins para os quais foi criada.

7.1.1 A não-cumulatividade como instrumento específico de manifestação da proibição de *bis in idem*

A regra da não-cumulatividade, no sistema constitucional brasileiro, é tema altamente controvertido na doutrina e jurisprudência. Seja no que tange à sua concepção propriamente dita, seja no que diz respeito às distinções que tal mecanismo apresenta no confronto entre os vários tributos que a ela se subordinam.

Independentemente da linha que se adote, contudo, parece-nos certo que a não-cumulatividade será sempre uma expressão da proibição de *bis in idem*. O que varia é o grau, a amplitude com que a mesma é compreendida.

É o que passamos a expor tomando em consideração cada um dos tributos para os quais a não-cumulatividade é prevista na Constituição de 1988.

7.1.1.1 *No IPI e ICMS*

Para o IPI, a Constituição dispõe, em seu art. 153, § 3º,

Revista Internacional de Direito Tributário da Associação Brasileira de Direito Tributário – ABRADT. Belo Horizonte, V.1, n. 1, p.33, jan/jun., 2004).

que o imposto previsto no inciso IV "será não-cumulativo, compensando-se o que for devido em cada operação com o montante cobrado nas anteriores". E, para o ICMS, a Carta prevê idêntica redação, dizendo que (art. 155, § 2.º) "o imposto previsto no inciso II atenderá ao seguinte: I – será não-cumulativo, compensando-se o que for devido em cada operação relativa à circulação de mercadorias ou prestação de serviços com o montante cobrado nas anteriores pelo mesmo ou outro Estado ou pelo Distrito Federal."

A primeira controvérsia surge com a interpretação do vocábulo "cobrado", que poderia indicar que é o ato de "cobrar" que confere o direito ao crédito, dentro de uma interpretação literal. Evidentemente, contudo, seria absurdo submeter a eficácia da não-cumulatividade ao exercício efetivo da fiscalização ao "cobrar" determinada exação, motivo pelo qual inúmeras vozes sustentam que o constituinte quis, com esse termo, exprimir o sentido de "incidir". Ou seja, será permitida a compensação do imposto devido em uma dada operação com aquele que incidiu na operação anterior, o que parece ser mais razoável.[163] A proibição de *bis in idem*, assim, diria com o fenômeno jurídico-tributário da incidência.

Tal solução, contudo, ainda é incapaz de superar a contento as dúvidas em torno da não-cumulatividade atinente a tais impostos. É que ao dizer que o imposto que "incide" em uma dada operação poderá ser compensado nas subsequentes, alguns intérpretes concluem que somente o imposto "pago" em uma dada operação é que pode gerar direito de crédito, o que não nos parece exato.

Ora, o efetivo pagamento ou não, no mundo dos fatos, de um determinado imposto por um dado contribuinte não pode ser circunstância influente na aplicação da sistemática não-

---

163. Nos termos do voto do Min. Nelso JOBIM, "a expressão 'montante cobrado', do art. 153, § 3º, II, deve ser entendida como 'montante incidido'". (RE 350.446).

-cumulativa. É que tal mecanismo é proibição dirigida ao legislador ordinário. A ele impõe-se a estruturação de um imposto que observe tal característica. O sistema é que deve ser não-cumulativo, sob pena de inconstitucionalidade. O adimplemento da obrigação tributária pelo sujeito passivo, a seu turno, não diz respeito à dimensão normativa do tributo, senão que exclusivamente à relação daquele contribuinte com um dado lançamento concretamente verificado. Pode conduzir à nova exigência do tributo, a uma execução fiscal, mas não à revogação da garantia constitucionalmente posta ao exercício da competência tributária.

A controvérsia, contudo, não se resolve por esse esclarecimento. Determinados hermeneutas, por sua vez, sustentam que, se o constituinte quis referir o fenômeno jurídico da incidência, então isso há de gerar consequências também no que diz respeito à tributação sujeita à alíquota zero. É que, quando o IPI é reduzido a zero, não há dúvida de que o tributo efetivamente incide. O que lhe falta, contudo, é o critério quantitativo, consistente em uma alíquota capaz de transformar a incidência em ônus. Ou seja, a obrigação tributária se verifica, embora seu resultado seja nulo.

Sobre a temática da alíquota zero, o Supremo Tribunal Federal brasileiro já discutiu amplamente, tendo, em um primeiro momento, concluído (por 9x1) pela orientação que reconhece o direito de crédito do IPI ainda que o insumo adquirido esteja sujeito à alíquota zero (caso em que o Tribunal concluiu que o crédito haveria de ser calculado pela alíquota tocante ao produto final, ou ainda excluindo-se o insumo da base de cálculo na tributação do produto).[164] Posteriormente, o STF voltou atrás, concluindo, em apertada maioria de 6x5, que o crédito em questão há de ser igual a zero, necessariamente.[165]

---

164. Vide RE 350.446.
165. Vide RE 353.657.

O tema ganhou relevo especialmente em razão da circunstância de que a Carta de 1988 prevê, para o ICMS, regra expressa dizendo que (art. 155, § 2º, II, "a") "a isenção ou não-incidência, salvo determinação em contrário da legislação, não implicará crédito para compensação com o montante devido nas operações ou prestações seguintes". Tal restrição, oriunda da chamada Emenda Passos Porto (EC n. 23/83, feita à Carta de 1969), foi incluída na Carta de 1988 exclusivamente para o ICMS, sem qualquer menção sobre o tema relativamente ao IPI. Isso levou a doutrina a sustentar que, no âmbito do IPI, *a contrario sensu*, a isenção ou não-incidência dariam direito a crédito.[166] [167]

Por trás de tal celeuma, reside o aspecto nodal da análise da não-cumulatividade, consistente em saber se ela constitui uma proibição de *bis in idem* dentro de um sistema de "base contra base" ou de "imposto contra imposto". Em outras palavras, isso implica indagar se o sistema tributário brasileiro, ao dizer que o IPI e o ICMS "serão não-cumulativos", quis prever uma garantia de tributação exclusiva do "valor agregado" por um dado industrial/comerciante (ou *lato sensu*, sujeito passivo) em sua etapa produtiva, ou se, ao contrário, introduziu garantia muitíssimo mais singela, consistente na proibição de se tributar novamente o que já foi objeto de tributação na etapa anterior.

A sistemática não-cumulativa de "imposto contra imposto" adota essa última linha: o crédito a ser compensado é precisamente aquele identificado na nota fiscal de aquisição do

---

[166]. Vide CARVALHO, Paulo de Barros. Isenções Tributárias do IPI em face da não-cumulatividade. *Revista Dialética de Direito Tributário*, São Paulo, n. 33, p. 142, 1998.
[167]. No STF o direito a crédito na hipótese de insumos isentos foi reconhecido em um primeiro momento, no RE 212.484, para, depois da mudança de orientação ocorrida relativamente ao caso dos insumos sujeitos à alíquota zero, o STF voltar atrás e negar o direito referido (vide RE 566.819).

bem. Nem mais nem menos. Exclui-se qualquer outra possibilidade de crédito.

A sistemática de "base contra base", por outro lado, volta-se à análise da dimensão da operação sujeita à tributação, que toma como limite à incidência tributária. Assim, se um dado bem adquirido pelo industrial e integrado ao produto a ser vendido não foi objeto de tributação (seja em razão da não-incidência, da isenção ou da alíquota zero), tal circunstância é infensa à geração de crédito, pela razão de que jamais se poderá tributar o sujeito passivo além dos limites de sua participação na cadeia. Em outras palavras, segundo tal linha, devem ser analisadas somente a base de cálculo da entrada (equivalente à soma dos insumos) e a base de cálculo da saída (valor do produto), para se saber o valor agregado na operação daquele específico sujeito passivo. E essa diferença é que há de servir de base de cálculo para a incidência tributária.

Ao nosso sentir, a não-cumulatividade do IPI e do ICMS constitui mecanismo de proibição de *bis in idem* dentro dessa sua acepção mais ampla, porque outro não é o fim da garantia. A tributação de um dado sujeito passivo não pode exceder, quantitativamente, o resultado da aplicação da alíquota legalmente prevista sobre a participação daquele específico contribuinte no processo de produção/circulação de mercadorias.

O respeito à capacidade contributiva, nos tributos indiretos – em que, ao fim e ao cabo, o ônus do tributo é incorporado ao preço da mercadoria e, consequentemente, a alíquota pode ser elevada com relativa facilidade – só pode ser aferido pelo exame da base de cálculo da exação. Tal grandeza há de guardar proporção com a ação do contribuinte de produzir ou vender e a extensão de tal ato. A Constituição de 1988, em seu art. 145, impõe a observância do princípio da capacidade contributiva sempre que possível. Havendo duas soluções hermenêuticas e, sendo uma delas capaz de tornar *possível* a incidência de tal princípio, portanto, é imperativo que o mesmo seja observado.

TEORIA DA PROIBIÇÃO DE *BIS IN IDEM* NO DIREITO TRIBUTÁRIO

O total da carga incidente sobre as diversas etapas não pode ser alterado em razão da sistemática de créditos e débitos, devendo corresponder (numa cadeia de alíquota uniforme), à aplicação da alíquota sobre o preço final do bem, dada a neutralidade indubitavelmente almejada por esse mecanismo. O número de etapas/gerações do processo produtivo ou comercial *deve ser* desinfluente para o efeito de incremento da tributação.[168] Até mesmo porque, para elevação de um tributo, existe um método próprio (lei que majora a alíquota), sendo ofensiva ao princípio da proporcionalidade a técnica de subversão dos meios para a consecução de fins que lhe são impróprios. Tal metodologia, que foca exclusivamente o resultado, ignorando se os instrumentos utilizados são adequados, agride a face substantiva do devido processo legal, na exata medida que o uso distorcido de institutos pode (e veja-se: a mera potencialidade já é motivo para a invalidação, tratando-se de direito e garantia individual) frustrar a operacionalidade dos instrumentos de controle que lhe são inerentes.

Nosso sistema de *checks and balances*,[169] supõe o uso adequado dos meios (e, no caso, a não-cumulatividade constitui um meio/instrumento de política fiscal) para o alcance de

---

168. Como já disse TIPKE, essa translação obrigatória é o que transforma o imposto sobre o valor acrescido em um tributo sobre o consumo, intimamente vinculado às ideias de justiça fiscal e capacidade contributiva. *Apud* TORRES, Ricardo Lobo. PEIXOTO, Marcelo Magalhães et al. *PIS-COFINS*. São Paulo: Quartier Latin, 2005, p. 65.

169. "The division of powers among the branches was designed to create a system of checks and balances and lessen the possibility of tyrannical rule. In general, in order for the government to act, at least two branches must agree. Adopting a law requires passage by Congress and the signature of the president (unless it is adopted over his or her veto). Enforcing a law generally requires that the executive initiate a prosecution and that the judiciary convict. Chapters 2, 3, and 4 examine the powers of the judiciary, the legislature, and the executive respectively. The conflicts and tensions among the branches is a constant theme throughout these chapters." (CHEMERINSKY, Erwin. *Constitutional Law*: principles and policies. New York: Aspen Law & Business, 1997, p. 1).

um fim. No âmbito do Direito Tributário, o desvio de poder é especialmente vedado, em face da garantia de absoluta reserva legal, que há de ser compreendida em toda extensão de sua amplitude conceitual, como expressão do princípio fiscal da transparência. A certeza e a exatidão de que deve gozar a tributação, nesse sentido, proíbem que a elevação de um tributo dê-se por via oblíqua, mediante artifícios de redução da operacionalidade de um dado mecanismo constitucionalmente previsto (como a não-cumulatividade).

O seguinte exemplo é elucidativo do modo como a proibição de *bis in idem* é violada ao desconsiderar-se a sistemática de base contra base. Imagine-se um processo produtivo de 3 etapas, sendo a primeira e a última sujeitas à alíquota constante de 10%, em que o produto é primeiramente vendido por 10, depois por 20 e finalmente por 30. Aplicando-se a sistemática não-cumulativa normal, cada industrial arcaria com 1 e a tributação total seria de 3, exatamente a mesma que se aplicada a alíquota sobre a terceira etapa (10% de 30=3).

Agora, imagine-se a introdução de uma isenção na etapa intermediária. Nessa hipótese, caso fosse concedido o direito ao crédito, a tributação cairia para 2, exatamente em decorrência da supressão da tributação de uma etapa de 1. E cada industrial continuaria arcando com a respectiva carga de 1 (equivalente a sua participação no processo produtivo, de agregação de $10, sujeita a uma alíquota de 10%).

Sem a concessão do crédito, no entanto (i.e, na sistemática de imposto contra imposto), o que se verifica é que não apenas a proporção (respeito à capacidade contributiva) seria quebrada, como também se verificaria nítida violação à proibição de *bis in idem*. Isso porque, paradoxalmente, apesar de conferir-se isenção de uma etapa, a carga tributária total ficaria mais alta do que se fossem regularmente tributadas todas as etapas.

Veja-se: o primeiro industrial pagaria 1 (como deve ser). O segundo pagaria zero, em função da isenção. O terceiro, no entanto, pagaria 3, em que pese tenha acrescentado apenas $10 de valor, e a alíquota aplicável seja de 10%. Pior que isso, a soma das duas etapas redundaria numa carga total de 4 (3+1), ou seja, superior à carga total em uma cadeia inteiramente tributada.

Tal fato, por si só, é revelador de violação à proibição de *bis in idem*. Tanto por importar em nova tributação de base já submetida à tributação anterior, quanto, igualmente, por anular os efeitos da isenção concedida, convertendo-a não apenas em diferimento senão que em instrumento indireto de majoração da carga (em completa distorção do instituto). A incidência tributária revelada na terceira etapa, no caso, transborda da dimensão que aquele sujeito passivo teve no contexto da cadeia produtiva, alcançando base já submetida a anterior incidência e, com isso, atraindo a incidência da máxima *non bis in idem*.

Dir-se-á que, literalmente, o IPI incide sobre "produtos industrializados" (não sobre a produção, portanto), e o ICMS incide sobre a "circulação" (não sobre a venda), de modo que seria possível ignorar-se a participação do industrial ou do comerciante no processo, já que as exações recairiam sobre dois fatos e não duas ações. O argumento, contudo, é falso.

Ora, o ICMS somente pode incidir sobre a circulação resultante do negócio jurídico de compra e venda. Do contrário, chegar-se-ia à absurda conclusão de que, v.g, levar uma cadeira até a esquina poderia dar margem a essa incidência. Não é por outra razão que o sujeito passivo do ICMS é o comerciante.

O IPI, da mesma forma, somente pode incidir sobre a produção (internamente). Isso porque, do contrário, também poderia ser alvo de incidência, v.g, o televisor que se encontra na casa de um particular, pelo simples fato de tratar-se de um produto industrializado, o que desvirtuaria por completo tal imposto. E é exatamente por isso que o sujeito passivo do IPI é o industrial. Mesmo a operação de compra e venda de um produto industrializado, isoladamente considerada, não pode dar margem à incidência, que pressupõe o ato de industrializar (e a presença de um industrial).[170]

A capacidade contributiva, portanto, mede-se a partir de uma *ação*, contida no critério material da hipótese tributária. É ela que dimensiona o (e limita a dimensão do) tributo.[171] Se o tributo (ICMS ou IPI) recaísse sobre o produto, pura e simplesmente, com desconsideração da ação, da conduta (e da extensão dessa interferência), a garantia da capacidade contributiva, aplicável sempre que possível,[172] segundo o art. 145 da CF, seria convertida em *flatus vocis*, pois a participação do contribuinte na criação de riqueza nova tornar-se-ia desimportante.[173] O *mark up*, aplicado em decorrência daquela venda,

---

170. Ressalvado o IPI sobre a importação, que constitui tributo distinto, dotado de outro suporte constitucional e que alcança os produtos industrializados importados de um modo geral, como forma de submetê-los a tratamento tributário idêntico ao sofrido no mercado interno.

171. Como ensina Paulo de Barros CARVALHO, no critério material "há referência a um comportamento de pessoas (...) sejam aqueles que encerram um fazer, um dar, ou simplesmente um ser (estado). Teremos, por exemplo 'vender mercadorias', 'industrializar produtos' (...) esse núcleo, ao qual nos referimos, será formado, invariavelmente, por um verbo, seguido de seu complemento." (Curso, ob. cit., 10ª Ed., p. 180). O mesmo autor ainda diz, referindo-se à função da base de cálculo que "o espaço de liberdade do legislador, nesse ponto, é vastíssimo, deparando, apenas, o obstáculo lógico de não extrapassar as fronteiras do fato, indo à caça de propriedades estranhas à sua contextura. Há de cingir-se às qualidades possíveis, buscando a medição do sucesso mediante dado compatível com sua natureza." (p. 236).

172. "Per il suo rango costituzionale, l' art. 53 fissa altresì criteri vincolanti per ogni interprete, sia esso il contribuente, il giudice o l'amministrazione finanziaria. (...) In realtà tutto il comportamento della pubblica amministrazione deve essere ispirato ai principi dell'art. 53 Cost., poiché le norme di legge ordinaria che attribuiscono poteri alla stessa devono essere interpretate alla luce di tali principi. E anche in caso di eventuale assenza di norme espresse, l'art. 53 fissa comunque i principi base della materia." (MOSCHETTI, Francesco. Profili generali. In: MOSCHETTI, Francesco et al. *La capacità contributiva*. Milani: Cedam, 1993. p. 13-14).

173. "Art. 145, § 1º – Sempre que possível, os impostos terão caráter pessoal e serão graduados segundo a capacidade econômica do contribuinte, facultado à administração tributária, especialmente para conferir efetividade a esses

daquela etapa produtiva, é que deve servir como parâmetro para a mensuração da adequação da base de cálculo.[174]

Veja-se que a liberdade do legislador, para a manipulação da carga tributária, está circunscrita ao uso extrafiscal *da alíquota*, que pode ser elevada ou diminuída em atenção aos princípios da essencialidade ou seletividade.[175] A base de cálculo, por constituir expressão da materialidade constitucionalmente prevista e por *dever* guardar relação pessoal e direta com o contribuinte,[176] não possui essa maleabilidade e não comporta uso extrafiscal, tendo seus limites rigidamente adstritos a tais elementos conformadores. Deve ater-se, portanto, ao ato de "circular" ou "industrializar" daquele específico contribuinte, enquanto elo componente de uma dada corrente, de modo que a soma dos elos não redunde maior que o todo (espelhado pela aplicação da alíquota diretamente sobre o produto final). Do contrário, violada estará a proibição de *bis in idem*.

---

objetivos, identificar, respeitados os direitos individuais e nos termos da lei, o patrimônio, os rendimentos e as atividades econômicas do contribuinte."

174. Enfatizando o parâmetro da criação de valor novo pelo produtor, Trotabas ensina: "237 – Le droit à déduction – Toute l'originalité de la T. V. A. repose sur le droit à déduction. C'est en vertu de ce principe que la taxe porte sur la valeur nouvelle crée par le producteur ou le vendeur, c'est-à-dire sur la valeur ajoutée au produit fabriqué ou vendu." (TROTABAS, Louis. *Finances Publiques*. 4.ed. [Paris]: Dalloz, 1970, p. 419).

175. CF: "Art. 153. Compete à União instituir impostos sobre: IV – produtos industrializados; § 3º – O imposto previsto no inciso IV: I – será seletivo, em função da essencialidade do produto; Art. 155. Compete aos Estados e ao Distrito Federal instituir impostos sobre: (Redação dada pela Emenda Constitucional n. 3, de 1993): II – operações relativas à circulação de mercadorias e sobre prestações de serviços de transporte interestadual e intermunicipal e de comunicação, ainda que as operações e as prestações se iniciem no exterior; (Redação dada pela Emenda Constitucional n. 3, de 1993). § 2º O imposto previsto no inciso II atenderá ao seguinte: (Redação dada pela Emenda Constitucional n. 3, de 1993) III – poderá ser seletivo, em função da essencialidade das mercadorias e dos serviços;

176. Se o tributo é definido por sua base de cálculo (como ensina boa parte da doutrina), o fato gerador há de expressar, precisamente esse elemento material, não podendo extravasá-lo.

7.1.1.1.1 Violação à proibição de bis in idem pelo estorno de créditos: a problemática das notas fiscais inidôneas e dos benefícios fiscais estaduais

Frequentemente, no âmbito do ICMS, apresentam-se situações em que um dado estado pretende ignorar o crédito a que um contribuinte tem direito, alegando a inidoneidade das notas fiscais pertinentes, ou ainda a circunstância de que determinado crédito é decorrente de incentivo fiscal inconstitucionalmente concedido por outro ente federado, o que autorizaria sua desconsideração.

Ora, salta aos olhos que ambos procedimentos ferem de morte a proibição de *bis in idem*.

Ao desconsiderar o crédito tomado por uma dada empresa e exigir novamente o tributo, o Fisco estará procedendo, deliberada e ostensivamente, a uma nova incidência sobre base em relação a qual o tributo já incidiu. Alude-se aqui à "incidência" – ainda que se saiba que essa é automática e infalível, prescindindo do comportamento humano – para o preciso efeito de sublinhar que o problema desse procedimento não diz respeito ao campo dos fatos, senão que ao campo normativo.

O Fisco, ao negar o crédito por entender que ele decorre de nota fornecida por empresa que se encontra, em alguma medida, irregular perante o estado, incide precisamente no erro de misturar a perspectiva concreta e a abstrata/normativa, supondo que fatos relativos à cobrança e fiscalização de uma dada exação possam interferir no fenômeno jurídico-tributário da incidência. A tomada de crédito é decorrência da sistemática não-cumulativa, nada tendo que ver com a circunstância de, v.g., determinado contribuinte, pagar ou não, ou ainda, pagar em atraso, sua obrigação tributária. Tampouco guarda relação com eventuais ilícitos que tal contribuinte tenha incidido em sua relação com o Estado.

Os créditos da sistemática não-cumulativa decorrem da Constituição e das leis que a regulamentam. Cabe ao adquirente de um dado insumo, exclusivamente, a conferência dos aspectos formais da nota fiscal que habilita o direito ao crédito. Não lhe cabe perquirir sobre aspectos externos a esse documento, mesmo porque isso implicaria exigir-lhe condição impossível (já que sequer detém o Poder de Polícia para fiscalizar), além de simplesmente inviabilizar a dinâmica comercial, pela imposição de ambiente de absoluta insegurança. Como já dissemos, a não-cumulatividade é mecanismo dirigido ao Poder Público, como limite à elaboração de suas leis. A integração – bem assim a correção das desfunções – da cadeia é atribuição sua, que não pode ser transferida ao contribuinte, nem convertida em ônus seu.

Mais do que isso, atrelar a tomada do crédito, por um dado contribuinte, aos *fatos* ocorridos em momento anterior, significaria, na prática, em convertê-lo em responsável tributário pelo adimplemento da obrigação de seu fornecedor, solidarizando-o na satisfação do dever de pagar. Se determinado creditamento é obstaculizado, está-se transferindo, pela via do diferimento, a obrigação tributária alheia ao contribuinte que lhe sucede na cadeia. A responsabilidade, como se sabe, decorre de lei, não podendo ser inferida ou pressuposta, como ordinariamente pretende a fiscalização.

É precisamente por ser a incidência um fenômeno automático e infalível que não pode o Fisco pretender manipulá-la (como se de ato humano se tratasse), para o efeito de fazer incidir novamente o tributo sobre base já alcançada, normativamente, pela tributação anterior. Uma vez incidindo e fazendo emanar a correspondente obrigação tributária, a norma esgota sua função, impedindo que aquele mesmo fato (individual e concreto) seja alcançado novamente pela exação, a menos que em decorrência de uma pontual e expressa previsão normativa com suporte constitucional. A dupla incidência sobre um mesmo fato é circunstância excepcional que não pode ser suposta, eis que, no silêncio, impera a proibição de *bis in idem*. No caso da regra não-cumulativa, a interdição à sobreposição é expressa e incontornável, sequer pelo legislador ordinário, à medida que emana diretamente da Constituição.

No caso de benefícios fiscais, concedidos por um dado estado membro, que sejam ignorados pelo estado membro de destino da mercadoria, sob o argumento de que, no âmbito do ICMS, a concessão de benefícios fiscais depende de aprovação pelo CONFAZ, tem-se que a mesma solução há de ser aplicada, concluindo-se pela manutenção do direito de crédito. É que os benefícios fiscais, estando previstos em leis estaduais vigentes no estado membro de origem, gozam de presunção de validade e, portanto, constituem normas aptas a surtir efeitos até que extirpadas do ordenamento pelos métodos próprios (revogação ou declaração de inconstitucionalidade pelos Tribunais competentes).[177]

Se é verdade que uma determinada norma inconstitucional é nula *ab initio*, incapaz, portanto, de qualquer grau de eficácia, é igualmente certo que existe uma metodologia própria para se fazer reconhecer essa nulidade, consistente na declaração de inconstitucionalidade pelo Poder competente, o Poder Judiciário (ou na revogação da norma, pelo Poder Legislativo). Antes de percorrido esse *iter*, contudo, a norma terá sua validade pressuposta pelo ordenamento, surtindo efeitos e vinculando a todos. Os estados membros, na sua relação com outros estados membros, constituem entes de igual estatura, ambos subordinados à Constituição e, portanto, sujeitos à garantia do devido processo legal. Não lhes é dado, assim, desconhecer diploma

---

177. Seria o caso, ademais, de argumentar com o pacto federativo e a proibição de criação de obstáculo ao comércio de mercadorias em razão da procedência (CF, art. 152. É vedado aos Estados, ao Distrito Federal e aos Municípios estabelecer diferença tributária entre bens e serviços, de qualquer natureza, em razão de sua procedência ou destino). Nos Estados Unidos, essa proteção se dá independentemente de previsão constitucional expressa, com suporte na chamada "dormant commerce clause": "The dormant commerce clause is the principle that state and local laws are unconstitutional if they place an undue burden on interstate commerce. There is no constitutional provision that expressly declares that states may not burden interstate commerce. Rather, the Supreme Court has inferred this from the grant of power to Congress in Article I, §8 to regulate commerce among the states." (CHEMERINSKY, Erwin. *Constitutional Law*: principles and policies. New York: Aspen Law & Business, 1997, p. 306-307).

normativo de outro ente federado *manu militare*, por *entender* que tal norma é inconstitucional. Esse "entendimento" exige recurso ao poder competente para declarar essa incompatibilidade. Uma vez declarada a inconstitucionalidade da norma, aí sim os créditos/benefícios fiscais serão havidos por irregulares, com as consequências daí decorrentes.[178][179] A preservação do pacto federativo, ademais, depende da harmonia entre as di-

---

178. "[...] A Constituição de 1988 optou por um modelo de ampla legitimação para deflagração do controle de constitucionalidade, podendo esta ação ser proposta, nos termos do art. 103 (cf. também o art. 2º da Lei n. 9.868 de 10.11.99) pelos seguintes órgãos: Presidente da República, Mesa do Senado Federal, Mesa da Câmara dos Deputados, Mesa de Assembléia Legislativa, Governador de Estado, Procurador-Geral da República, Conselho Federal da Ordem dos Advogados do Brasil, partido político com representação no Congresso Nacional, confederação sindical ou entidade de classe de âmbito nacional.

Ora, se o Presidente da República e os governadores dos Estados podem propor ação direta de inconstitucionalidade autonomamente, sem dependerem do Procurador-Geral da República, mudam radicalmente os termos em que se colocava a questão de saber se o Poder Executivo poderia deixar de cumprir, espontaneamente, lei que reputasse inconstitucional.

Tal poder só era considerado legítimo, pela doutrina mais moderada, como ultima ratio, na inexistência de outro meio adequado, mas não sem que merecesse a crítica do Ministro XAVIER DE ALBUQUERQUE de que se tratava de ato de 'raro mau gosto político'. Essa legitimidade não pode, porém, subsistir se é agora facultado pelo ordenamento um mecanismo constitucional de reação à suposta inconstitucionalidade.

É o que pensa Gilmar Ferreira MENDES: 'O modelo de ampla legitimação consagrado no art. 103 da Constituição de 1988 e repetido pela Lei n. 9.868 não se compatibiliza, certamente, com o recurso a essa medida de quase-desforço concernente ao descumprimento pelo Executivo da lei considerada inconstitucional. Se o Presidente da República – ou, eventualmente, o Governador do Estado – está legitimado a propor a ADIn perante o Supremo Tribunal Federal, inclusive com pedido de medida cautelar, não se afigura legítimo que deixe de utilizar essa faculdade ordinária para valer-se de recurso excepcional, somente concebido e tolerado, à época, pela impossibilidade de um desate imediato e escorreito da controvérsia'." (XAVIER, Alberto. *Princípios do Processo Administrativo e Judicial Tributário*. Rio de Janeiro: Forense, 2005, p. 80-81).

179. A Ministra Ellen GRACIE assim já se manifestou: "Há forte fundamento de direito na alegação de que o Estado de destino da mercadoria não pode restringir ou glosar a apropriação de créditos de ICMS quando destacados os 12% na operação interestadual, ainda que o Estado de origem tenha

concedido crédito presumido ao estabelecimento lá situado, reduzindo, assim, na prática, o impacto da tributação.

Note-se que o crédito outorgado pelo Estado de Goiás reduziu o montante que a empresa teria a pagar, mas não implicou o afastamento da incidência do tributo, tampouco o destaque, na nota, da alíquota própria das operações interestaduais.

Ainda que o benefício tenha sido concedido pelo Estado de Goiás sem autorização suficiente em Convênio, mostra-se bem fundada a alegação de que a glosa realizada pelo Estado de Minas Gerais não se sustenta. Isso porque a incidência da alíquota interestadual faz surgir o direito à apropriação do ICMS destacado na nota, forte na sistemática de não-cumulatividade constitucionalmente assegurada pelo art. 155, § 2º, I, da Constituição e na alíquota estabelecida em Resolução do Senado, cuja atribuição decorre do art. 155, § 2º, IV.

Não é dado ao Estado de destino, mediante glosa à apropriação de créditos nas operações interestaduais, negar efeitos aos créditos apropriados pelos contribuintes.

Conforme já destacado na decisão recorrida, o Estado de Minas Gerais pode arguir a inconstitucionalidade do benefício fiscal concedido pelo Estado de Goiás em sede de Ação Direta de Inconstitucionalidade, sendo certo que este Supremo Tribunal tem conhecido e julgado diversas ações envolvendo tais conflitos entre Estados, do que é exemplo a ADI 2.548, rel. Min. Gilmar Mendes, DJ 15.6.2007.

Mas a pura e simples glosa dos créditos apropriados é descabida, porquanto não se compensam as inconstitucionalidades, nos termos do que decidiu este tribunal quando apreciou a ADI 2.377-MC, DJ 7.11.2003, cujo relator foi o Min. Sepúlveda Pertence:

"2. As normas constitucionais, que impõem disciplina nacional ao ICMS, são preceitos contra os quais não se pode opor a autonomia do Estado, na medida em que são explícitas limitações.

3. O propósito de retaliar preceito de outro Estado, inquinado da mesma balda, não valida a retaliação: inconstitucionalidades não se compensam."

O risco de dano está presente no fato de que a sede administrativa da Requerente está na iminência de ser leiloada.

5. A pretensão manifestada pela Requerente não equivale, propriamente, à simples atribuição de efeito suspensivo ao recurso extraordinário. Para que seja obstado o curso da Execução Fiscal, faz-se necessária a concessão de tutela com tal efeito, conforme já destacado por este Tribunal por ocasião do julgamento da AC 2.051 MC-QO, rel. Min. Joaquim Barbosa, 2ª Turma, DJe 9.10.2008. A pretensão, pois, em verdade, exige a suspensão da exigibilidade do crédito tributário.

versas entidades federativas, que não podem se valer da tributação como entrave ao comércio interestadual (criando barreiras ao tráfego de mercadorias em razão da procedência, em violação ao art. 152 da CF).[180] [181]

7.1.1.2 No PIS e na COFINS

O PIS e a COFINS constituem tributos incidentes sobre o faturamento das empresas.[182] As Leis n. 10.637/02 e n. 10.833/03

---

6. Ante o exposto, reconsidero a decisão anterior, conheço da ação cautelar e concedo medida liminar para suspender a exigibilidade do crédito tributário em cobrança, nos termos do art. 151, V, do CTN, sustando, com isso, a execução e os respectivos atos expropriatórios. Publique-se, intimem-se e cite-se o Estado requerido. Brasília, 21 de junho de 2010." (AC 2611 MC, Rel. Min. Ellen GRACIE, julgado em 07/05/2010, publicado em DJe-085, divulg. 12/05/2010, public 13/05/2010).
180. Art. 152. É vedado aos Estados, ao Distrito Federal e aos Municípios estabelecer diferença tributária entre bens e serviços, de qualquer natureza, em razão de sua procedência ou destino.
181. Pertinentes, novamente, aqui, as lições de Konrad Hesse, alusivas ao chamado princípio da conduta amistosa federativa:
"3. O princípio da conduta amistosa federativa.
268 Ao conteúdo da ordem estatal-federal da Lei Fundamental pertence, finalmente, como princípio de Direito Constitucional não-escrito, o mandamento da conduta amistosa federativa — muitas vezes, também qualificado de 'fidelidade para com a federação'. Segundo ele, a Constituição pede do estado-total e estados-membros não só correção exterior no cumprimento de seus deveres jurídico-estatais, mas também a procura constante e a produção de uma conduta boa, amistosa federativa; uma oposição, apoie-se um partícipe também em direito existente formalmente, pode ser inconstitucional".
(HESSE, Konrad. *Elementos de Direito Constitucional da República Federal da Alemanha*. 20ª Ed. Porto Alegre: S.A. Fabris, 1998, p. 212).
182. Na dicção da CF, eles incidem "sobre a receita ou o faturamento" e, na dicção das Leis 10.637/02 e 10.833/03, eles incidem sobre "o faturamento mensal, assim entendido o total das receitas auferidas pela pessoa jurídica, independentemente de sua denominação ou classificação contábil" (art. 1º). Dispondo, ainda, tais diplomas que "para efeito do disposto neste artigo, o total das receitas compreende a receita bruta da venda de bens e serviços nas

criaram a estranha previsão de sua não-cumulatividade, o que chama atenção dado o fato de que, diferentemente do IPI e ICMS, não há um ciclo econômico subjacente à noção de receita que dê suporte ao mecanismo não-cumulativo. Trata-se de uma ficção jurídica.

De fato, a técnica não-cumulativa constitui mecanismo sempre estabelecido *em função de* um dado bem e da trajetória que esse bem percorre em uma dada cadeia produtiva (e de um fato gerador que a ele se liga umbilicalmente). Assim, à medida que esse bem é revendido, agregam-se-lhe os créditos correspondentes e procede-se aos débitos atinentes a cada uma das operações a ele relativas até que seja entregue ao consumidor final. Os créditos, assim, são estabelecidos na legislação, fundamentalmente, em torno e a partir daquilo que é empregado na fabricação e circulação desse bem. Os insumos que se lhe empregam, os produtos intermediários, o material de embalagem, os custos atinentes ao transporte, enfim, tudo aquilo que onera o produto em sua trajetória é o que dá o norte para a fixação dos termos da não-cumulatividade no IPI e no ICMS. O foco, portanto, está nos desembolsos necessários à agregação de valor ao produto e há um elo claramente identificável na relação entre os diversos e sucessivos contribuintes.

Ao se fixar, contudo, a não-cumulatividade para tributos que incidem sobre o faturamento ou a receita, essa noção se perde. Como se estabelecer, então, na legislação, os créditos correspondentes? Afinal, a receita ou o faturamento constituem fenômenos individuais, atinentes apenas a um dado e específico contribuinte. Trata-se de algo que não se pode perseguir ao longo da cadeia, como um bem palpável e perfeitamente identificável, a pautar (e limitar) o reconhecimento dos créditos.

---

operações em conta própria ou alheia e todas as demais receitas auferidas pela pessoa jurídica" (§ 1º).

Como dito, a não-cumulatividade é instrumento que se estabelece em *função de* e, assim, o único critério capaz de pautar o referido mecanismo constitui o fato gerador. No caso do IPI e do ICMS, como visto, o fato gerador associa-se a uma mercadoria e é em função dela que se estrutura a não-cumulatividade. No caso do PIS/COFINS, então, a forma coerente de dar voz à sua garantia de não-cumulatividade constitui na associação de tal instrumento ao seu fato gerador: a geração de faturamento. O sistema de créditos, portanto, deve ser estabelecido em função dessa realidade e daqueles elementos que se fazem necessários para a sua ocorrência.

Eis aí o aspecto distintivo fundamental: os créditos, aqui, não se estabelecem ou limitam em função de um dado produto; não se restringem aos elementos utilizados na sua fabricação ou circulação, senão que aos elementos que contribuem na formação da receita ou o faturamento, universo notadamente maior. É errado, portanto, tomar-se de empréstimo as lógicas e regras de não-cumulatividade do IPI e do ICMS para o efeito de examinar-se a higidez de normas atinentes à não-cumulatividade do PIS e da COFINS. Tudo aquilo que contribui para a formação desse fato gerador (faturamento ou receita) é que haverá, necessariamente, de gerar os correspondentes créditos, sob pena de ofender-se a não-cumulatividade constitucionalmente estabelecida *em função* dessa materialidade, da qual não pode ser dissociada.

Nesse sentido, a doutrina tem afirmado que a não-cumulatividade do PIS e da COFINS possui um espectro mais amplo do que relativamente ao ICMS e IPI. Como bem explica Marco Aurélio GRECO, "(...) como não há – subjacente à noção de receita – um ciclo econômico a ser considerado (posto ser fenômeno ligado a uma única pessoa), os critérios para definir a dedutibilidade de valores devem ser construídos em função da realidade 'receita' como figura atrelada subjetivamente ao contribuinte, isoladamente considerado. (...) enquanto o processo formativo de um produto aponta no sentido de eventos de caráter físico a ele relativos, o processo formativo de uma receita aponta na direção de todos os elementos (físicos ou funcionais) relevantes para sua obtenção. Vale dizer, o universo de elementos captáveis pela não-cumulatividade de PIS/COFINS é mais amplo do que aquele, por exemplo, do IPI".[183]

A técnica não-cumulativa, no PIS e na COFINS, evidencia uma ficção, à medida que são tributos cuja hipótese (receita ou faturamento), a rigor, sequer tem incidência multifásica.[184] O aspecto material de tais tributos, assim, distancia-se do produto e sua circulação (afasta-se da "coisa", presente no IPI e no ICMS), relacionando-se a uma grandeza isolada de tais elementos e das diversas etapas produtivas. À receita ou o faturamento é que deve ser relacionada a não-cumulatividade. E tudo o que constitui elemento formador da receita haverá de ser abatido da base de cálculo de tais contribuições para o efeito de apurar o tributo a pagar para que, verdadeiramente, se possa impor à materialidade "receita" a técnica não-cumulativa.

Tal circunstância faz com que o tributo pago ou cobrado nas etapas anteriores deixe o espaço central da discussão para tornar-se um elemento absolutamente acessório. O que se deve ter em conta é se o elemento em questão – que pode ser uma despesa incorrida, simplesmente – contribuiu para a realização do critério material da hipótese de incidência.

Não partilhamos do entendimento de alguns doutrinadores segundo os quais "não existe possibilidade de ser invocado um direito à dedução de contribuições anteriormente

---

183. GRECO, Marco Aurélio. Não-cumulatividade no PIS e na COFINS. In PAULSEN, Leandro (coord.). Não-cumulatividade das contribuições PIS/PASEP e COFINS, *apud* PAULSEN, Leandro. *Contribuições – Teoria Geral e Contribuições em Espécie*. Porto Alegre: Livraria do Advogado, 2010, p. 196.
184. Segundo MARIZ DE OLIVEIRA, Ricardo: "Realmente, a COFINS e a contribuição ao PIS, que são tributos cujas hipóteses de incidência são a receita ou o faturamento, a rigor sequer têm incidência multifásica". In PEIXOTO, Marcelo Magalhães et al. *PIS – COFINS*. São Paulo: Quartier Latin, 2005, p. 23.

pagas, ou de recolhimento em cada etapa apenas sobre o valor agregado, porque tal método de cálculo não está exigido ou previsto pela Constituição, nem é indissociavelmente inerente à natureza desses tributos".[185] Se é verdade que a não-cumulatividade não é inerente às contribuições em questão, certo é que, na forma da Carta, elas podem ou não ser cumulativas. Optando-se pelo regime não-cumulativo, no entanto, a não-cumulatividade se impõe por inteiro, não podendo se admitir uma "meia" não-cumulatividade, ou uma semi-cumulatividade, sob pena de afronta à Constituição. Tudo o que cabe ao legislador, nos termos do dispositivo constitucional, é a decisão acerca dos setores em relação aos quais as contribuições serão impostas de forma não-cumulativa. Nos exatos termos da Carta (art. 195, § 12), "a lei definirá os setores de atividade econômica para os quais as contribuições (...) serão não-cumulativas".

Uma vez introduzida, no entanto, não há espaço para uma não-cumulatividade de favor, aleatória, como se de benefício fiscal se tratasse. Os créditos de PIS/COFINS não constituem – nem podem constituir – uma lista criada e manipulada pelo legislador ordinário segundo os humores do dia, sob pena de admitir-se a própria revogação da Carta por normas infraconstitucionais. E a única forma de garantir que a técnica prevista na Constituição seja respeitada, quando imposta a um determinado setor, consiste na verificação da vinculação da sistemática de créditos e débitos ao aspecto material constitucionalmente previsto (receita ou o faturamento). Se créditos necessários à formação da receita estiverem sendo desconsiderados, a sistemática não-cumulativa estará violada.

Não nos parece correto afirmar que o assunto está "inteiramente na dependência da existência de alguma norma legal infraconstitucional que prescreva qualquer autorização

---

185. Idem, p. 27.

nesse sentido".¹⁸⁶ Partilhamos da linha doutrinária segundo a qual o dispositivo em questão contém um mandamento dirigido ao legislador, cuja faculdade reside, tão somente, na eleição discricionária – não arbitrária – dos setores relativamente aos quais a técnica será imposta. Indo além e sustentando que a própria imposição da não-cumulatividade, para os setores prejudicados pela tributação em cascata, é mandamental, o juiz federal Andrei Pitten Velloso afirma que "o § 12º do art. 195 não confere uma faculdade: contém um mandamento dirigido ao legislador, obrigando-o a adotar sistemáticas destinadas a evitar a incidência cumulativa de COFINS e COFINS--Importação para os setores de atividade econômica prejudicados pela tributação em cascata. O legislador tem a faculdade de adotar a não-cumulatividade para outros setores, que não sejam onerados expressivamente pela múltipla incidência dessas contribuições; tem, também, discricionariedade para escolher a sistemática a ser empregada e decidir acerca dos casos em que pairam dúvidas acerca da necessidade de se adotar a não-cumulatividade, em exegese sempre sujeita ao crivo do Poder Judiciário. Não lhe assiste, no entanto, a liberdade de manter a tributação exclusivamente cumulativa e tampouco de excluir do âmbito de abrangência do regime não-cumulativo setores de atividade econômica ou empresas que nele haveriam de estar incluídos."¹⁸⁷

A não-cumulatividade do PIS e da COFINS está muitíssimo mais próxima do sistema de base contra base. A tributação anterior não constitui requisito à tomada de crédito de PIS e COFINS. O crédito ocorre independentemente disso, pelo simples fato de que não se trata aqui de um crédito físico, atrelado a um bem, senão que também de créditos financeiros (e também presumidos),¹⁸⁸ já que resultam da aplicação da alíquota

---

186. Idem, p. 28.
187. VELLOSO, Andrei Pitten. *Constituição Tributária Interpretada*. São Paulo: Atlas, 2007, p. 383.
188. Como explica Ricardo Lobo TORRES, "a mesmíssima coisa aconteceu

das contribuições sobre determinados gastos, procedimento que independe da existência da submissão desses bens à incidência anterior ou do montante dessa incidência, ou da circunstância de tais bens se integrarem ao produto da atividade do sujeito passivo ou serem consumidos em tal processo. Tanto é assim que a aquisição de um determinado bem de fornecedor que se encontre sujeito à COFINS na forma cumulativa (sujeito, portanto, à alíquota de 3%) não impediu que a legislação outorgasse ao adquirente o crédito calculado de acordo com a sua alíquota não-cumulativa, de 7,6%. O foco está na realização do critério material da hipótese, na geração de receita ou faturamento.

Tais contribuições incidem sobre a base devedora, que é, por sua vez, subtraída da base credora, representando o saldo devedor mensal dessas duas incidências o valor devido pelos contribuintes.[189] E, nesse sentido, a proibição de *bis in idem* possui um campo de aplicação mais amplo, já que aqui – definitivamente – não cabe a tentativa de restrição do creditamento àquele sistema de crédito físico, atrelado apenas ao quanto se integra ao produto da atividade, ou ao quanto se consome diretamente na atividade produtiva.

Aqui, haverá de se mirar a base, para o efeito de garantir a dedutibilidade dos gastos necessários à geração de receita. Ocorrerá transgressão ao *non bis in idem* se proceder-se à desconsideração de crédito relativo a insumo já anteriormente

---

com os créditos financeiros (ex. aluguéis de prédios, máquinas e equipamentos e valor das contraprestações de operações de arrendamento mercantil de pessoa jurídica). O art. 3º, §1º, permite que sejam calculados pela aplicação das alíquotas de 1,65% e 7,6% sem qualquer restrição. A legislação do PIS/PASEP e da COFINS autoriza ainda a utilização de créditos presumidos, como os referentes a bens e serviços utilizados como insumos na produção de mercadorias de origem animal ou vegetal (art. 3º, § 5º, da l. 10.833/03)." Idem, p. 63.
189. Cf. MATTOS, Aroldo Gomes de. PIS/Cofins: a não-cumulatividade e os Tratados Internacionais. *Revista Dialética de Direito Tributário*, São Paulo, n. 104, p. 8, 2004.

submetido à tributação. E, mesmo diante de bens/serviços não tributados anteriormente, haverá de se verificar se todos aqueles gastos incorridos para auferir a receita foram considerados como geradores do direito de crédito, pois do contrário, incidir-se-á também em *bis in idem* interditado na exata medida que a alíquota contributiva, na prática, alcançará base maior do que a constitucionalmente permitida, ou, em outras palavras, incidirá novamente sobre uma dada base.

  Assim, tendo em conta as Leis n. 10.637/02 e 10.833/03, art. 3º, tem-se como obviamente incompatíveis com a Carta as vedações de crédito previstas no art. 3º, § 2º, como, v.g., "a mão de obra paga à pessoa física", quando se sabe que esse é precisamente o mais importante "insumo" na prestação de serviços. Não há como se cogitar da geração de receita, na prestação de serviços, sem mão de obra de pessoa física, até porque se a preponderância não fosse do trabalho humano, de prestação de serviços não se trataria, mas de comércio ou indústria. Da mesma forma, a exclusão do crédito referente aos "bens e serviços não sujeitos ao pagamento de contribuição" antagoniza-se com a Carta, na exata medida que despreza sua relação com a formação de receita, permitindo a incidência das exações sobre elementos absolutamente essenciais à realização do fato gerador.

  No que toca àquelas hipóteses em que a legislação admite o crédito, como todos os "bens adquiridos para revenda", assim como "bens e serviços utilizados como insumo na prestação de serviços e na produção ou fabricação de bens ou produtos destinados à venda" referidos em seu art. 3º, tem-se que devem ser objeto de hermenêutica capaz de harmonizá-los com a técnica não-cumulativa atrelada à geração de receita. A palavra "insumo", então, empregada no dispositivo de forma a também alcançar a prestação de serviços tomada pela empresa, denota haver o legislador deixado de lado a necessidade de "integração física ao produto", ou ainda a necessidade de "consumo" do bem no processo produtivo, para o efeito de geração do crédito.

A lei adota um sentido *lato* para o termo insumo, tomando-o genericamente como "meio necessário" ou "veículo necessário" à realização da atividade de prestação de serviços e à "produção ou fabricação de bens ou produtos", tal como na acepção dada por HOUAISS, qual seja "cada um dos elementos (matéria-prima, equipamentos, capital, horas de trabalho etc.) necessários para produzir mercadorias ou serviços". E, nessa última parte, deixa claro que não está restringindo o direito de crédito à "atividade fabril" estritamente considerada, senão que à "atividade produtiva", englobando todos os gastos necessários a manter a fonte produtiva (o que alcança despesas administrativas, financeiras etc.).

Cabe ao intérprete, desse modo, a missão de emprestar aos incisos pertinentes à concessão de créditos, leitura capaz de harmonizá-los, até o limite semântico, com a Constituição, outorgando-lhes uma *interpretação conforme,* que repudie a superposição de incidência direta ou indiretamente decorrente da desconsideração da técnica não-cumulativa, porque violadora da proibição de *bis in idem.*

7.2 A regra de competência do art. 149 para a instituição de contribuições na Constituição de 1988 e as diversas proibições de *bis in idem* nele contidas

O art. 149 da Carta de 1988 é exemplo de dispositivo delimitador de competências tributárias ora para o efeito de introduzir expressa proibição de *bis in idem*, ora para o efeito de afastar pontualmente a regra proibitiva. Exemplos disso são incisos I e II do § 2º do dispositivo, como se passa a demonstrar.

Eis a redação completa do art. 149, para melhor visualização das questões que pretendemos adiante enfrentar:

> Art. 149. Compete exclusivamente à União instituir contribuições sociais, de intervenção no domínio econômico e de

interesse das categorias profissionais ou econômicas, como instrumento de sua atuação nas respectivas áreas, observado o disposto nos arts. 146, III, e 150, I e III, e sem prejuízo do previsto no art. 195, § 6º, relativamente às contribuições a que alude o dispositivo.

§ 1º Os Estados, o Distrito Federal e os Municípios instituirão contribuição, cobrada de seus servidores, para o custeio, em benefício destes, do regime previdenciário de que trata o art. 40, cuja alíquota não será inferior à da contribuição dos servidores titulares de cargos efetivos da União. (Redação dada pela Emenda Constitucional n. 41, 19.12.2003)

§ 2º As contribuições sociais e de intervenção no domínio econômico de que trata o *caput* deste artigo: (Incluído pela Emenda Constitucional n. 33, de 2001).

I – não incidirão sobre as receitas decorrentes de exportação; (Incluído pela Emenda Constitucional n. 33, de 2001).

II – incidirão também sobre a importação de produtos estrangeiros ou serviços; (Redação dada pela Emenda Constitucional n. 42, de 19.12.2003).

III – poderão ter alíquotas: (Incluído pela Emenda Constitucional n. 33, de 2001).

a) ad valorem, tendo por base o faturamento, a receita bruta ou o valor da operação e, no caso de importação, o valor aduaneiro; (Incluído pela Emenda Constitucional n. 33, de 2001),

b) específica, tendo por base a unidade de medida adotada. (Incluído pela Emenda Constitucional n. 33, de 2001).

§ 3º A pessoa natural destinatária das operações de importação poderá ser equiparada a pessoa jurídica, na forma da lei. (Incluído pela Emenda Constitucional n. 33, de 2001).

§ 4º A lei definirá as hipóteses em que as contribuições incidirão uma única vez. (Incluído pela Emenda Constitucional n. 33, de 2001).

7.2.1 Art. 149, § 2º, I

No inciso I, a Constituição diz que as contribuições sociais e de intervenção no domínio econômico de que trata o caput deste artigo não incidirão sobre as receitas de exportação. Positiva, com isso, regra de imunidade tributária dessas receitas, no que diz com a incidência de contribuições sociais, vedando o *bis in idem* em face do já constitucionalmente previsto imposto sobre a exportação (art. 153, II).[190] A interdição de *bis in idem*, vale dizer, alcança inclusive as contribuições de seguridade social, uma vez que são espécie do gênero contribuições sociais abarcado pelo caput do art. 149.

O primeiro ponto de celeuma, aqui, diz respeito ao alcance do dispositivo constitucional e da proibição que encerra. Isso porque se pode concluir por uma leitura literal do dispositivo, segundo a qual o *non bis in idem* atingiria exclusivamente aquelas contribuições que tivessem como hipótese de incidência a "receita", técnica e pontualmente considerada, assim como se pode concluir por uma leitura teleológica do dispositivo, para entendê-lo como um esforço do constituinte para a desoneração da exportação de produtos nacionais, de modo a outorgar-lhes maior competitividade no cenário internacional. Nesse sentido, a hermenêutica emprestada ao art. 149, § 2º, I indicaria a imunização da "receita" de exportação e todos os elementos que a compõem. Ou ainda, o todo e cada uma de suas partes.

É verdade que, via de regra, no sistema tributário constitucional, sempre que a Carta emprega determinada materialidade, adota-a de forma precisa, para delimitar competências e definir a hipótese de incidência de determinada exação. Assim, quando diz que cabe à União instituir imposto sobre a renda, alude precisamente à renda (e não a qualquer outro elemento de que seja composta). Ou ainda, quando a Constituição atribui à União a competência para instituir contribuição de seguridade sobre a receita ou faturamento, indica de forma pontual tais signos presuntivos aptos a ensejar o exercício da competência.

---

190. Art. 153. Compete à União instituir impostos sobre: (...)
II – exportação, para o exterior, de produtos nacionais ou nacionalizados;

Ocorre, contudo, que o caso aqui não diz com a definição de um dado tributo, ou com a indicação de uma hipótese de incidência. O dispositivo expressa comando geral, amplo, desonerativo "das receitas", a deixar indene de dúvidas que objetiva imunizar o todo, e não apenas o fato gerador "receita". O emprego plural, acrescido do vocábulo "decorrentes" indica que a relação que se quis regular não é apenas aquela direta, senão que igualmente a indireta (decorrente), que também se buscou imunizar.

A hermenêutica, entretanto, não se esgota nesse ponto. Tratando-se de imunidade tributária, a dúvida entre duas soluções interpretativas possíveis deve sempre prestigiar a desoneração. Tratando-se, como no caso, de norma imunizante introdutora de proibição de *bis in idem*, tal lógica faz-se sobremaneira mais evidente. A existência de uma prévia tributação de um dado fato, *per se*, já conduz, em caso de dúvida, à solução hermenêutica de rechaço à segunda incidência. Como tivemos a oportunidade de expor ao longo do presente trabalho, a outorga de poder a um ente supõe a negativa do mesmo a todos os demais.

Em sintonia com esse entendimento, o STF já teve a oportunidade de dizer[191] que "em se tratando de norma constitucional relativa às imunidades tributárias genéricas, admite-se a interpretação ampla, de modo a transparecerem os princípios e postulados nela consagrados." Na ocasião, o STF prestigiou o uso da hermenêutica teleológica em se tratando de regra imunizante, tal qual se entende pertinente no trato do art. 149, § 2º, I. Para o relator da causa, Ministro Carlos MADEIRA, "o art. 111 do CTN impõe a interpretação literal da legislação tributária relativa a suspensão ou exclusão do crédito tributário, a outorga de isenção e à dispensa do cumprimento de obrigações tributárias acessórias. Essa regra metodológica não diz respeito, porém, às normas constitucionais

---

191. RE 102.141, 2ª Turma, Rel. Min. Carlos Madeira.

tributárias, mormente em se tratando de imunidades genéricas, que correspondem à não incidência, em virtude da supressão da competência impositiva ou do poder de tributar certos fatos, ou situações. Não há crédito tributário a suspender ou excluir, porque ele simplesmente não pode ser criado. Daí porque a interpretação das normas constitucionais de imunidade tributária, é ampla, 'no sentido de que todos os métodos, inclusive o sistemático, o teleológico, etc., são admitidos', como anota Amilcar de Araújo FALCÃO (RDA, 66/372). A interpretação sistemática da norma constitucional leva à conclusão de que o que caracteriza as imunidades é 'a circunstância de que com elas o legislador constituinte procura resguardar, assegurar ou manter incólume certos princípios, ideias-força ou postulados que consagra como preceitos básicos do regime político, a incolumidade de valores éticos e culturais que o ordenamento positivo consagra e pretende manter livres de eventuais interferências ou perturbações, inclusive pela via oblíqua ou indireta da tributação. As imunidades, diz ainda o autor acima citado – como as demais limitações ao poder de tributar, consoante o ensinamento de Aliomar BALEEIRO, têm assim a característica de deixar 'transparecer sua índole nitidamente política', o que impõe ao intérprete a necessidade de fazer os imprescindíveis confrontos e as necessárias conotações de ordem teleológica, toda vez que, concretamente, tiver de dedicar-se à exegese dos dispositivos constitucionais instituidores de tais princípios (Revista citada, p. 369)."

Temos como claro, a partir dessas afirmações, que a imunidade constante do art. 149, § 2º, I, por alcançar as "receitas decorrentes de exportação", deve ser interpretada para deixar "transparecer sua índole nitidamente política" (para utilizar a expressão de BALEEIRO) e, assim, inclui tudo aquilo que estiver compreendido nessa expressão ampla empregada pelo legislador constitucional, abarcando cada uma das partículas em que puder ser desmembrada (assim, desde a receita bruta, ao faturamento, ao lucro bruto, operacional ou líquido), obstaculizando, igual e obviamente, a incidência de tributação sobre a movimentação bancária necessária à percepção do pagamento do produto exportado.

7.2.2 Art. 149, § 2º, II

O inciso II do art. 149, § 2º, por sua vez, estabelece regra em sentido oposto, permissiva do *bis in idem*, ao dizer que as contribuições sociais e de intervenção no domínio econômico "incidirão também sobre a importação de produtos estrangeiros". Ainda que se esteja diante de uma disposição introduzida por Emenda Constitucional (no caso, a EC n. 42/03), não podemos deixar de qualificar como teratológica essa previsão, considerada a multiplicidade de tributos que oneram a importação no sistema tributário brasileiro atual.

Com efeito, o IPI-importação, o ICMS-importação, o IOF (sobre a operação de câmbio) e o Imposto de Importação sobrepõem-se cada qual com seu suporte constitucional específico. A esses impostos somam-se as contribuições ao PIS-Importação e a COFINS-Importação (sendo a primeira com suporte na nova redação do art. 149, § 2º, II e III "a" e a segunda com suporte no inciso IV, incluído no art. 195).[192] Além dessas exações, oneram a importação o AFRMM (Adicional ao Frete para Renovação da Marinha Mercante) e, de forma específica, também a CIDE-combustíveis (prevista no art. 177, § 4º[193],

---

192. Art. 195. A seguridade social será financiada por toda a sociedade, de forma direta e indireta, nos termos da lei, mediante recursos provenientes dos orçamentos da União, dos Estados, do Distrito Federal e dos Municípios, e das seguintes contribuições sociais: (...) IV – do importador de bens ou serviços do exterior, ou de quem a lei a ele equiparar. (Incluído pela Emenda Constitucional n. 42, de 19.12.2003).

193. Art. 177. Constituem monopólio da União:

§ 4º A lei que instituir contribuição de intervenção no domínio econômico relativa às atividades de importação ou comercialização de petróleo e seus derivados, gás natural e seus derivados e álcool combustível deverá

incluído pela EC n. 31/01 e instituída pela Lei 10.336/01, art.3º) e – ainda com suporte no art. 149 – a CIDE-remessas, que tributa a importação de serviços e de propriedade intelectual (também conhecida como CIDE-royalties).[194][195]

---

atender aos seguintes requisitos: (Incluído pela Emenda Constitucional n. 33, de 2001).

I – a alíquota da contribuição poderá ser: (Incluído pela Emenda Constitucional n. 33, de 2001).

a) diferenciada por produto ou uso; (Incluído pela Emenda Constitucional n. 33, de 2001).

b) reduzida e restabelecida por ato do Poder Executivo, não se lhe aplicando o disposto no art. 150,III, b; (Incluído pela Emenda Constitucional n. 33, de 2001).

II – os recursos arrecadados serão destinados: (Incluído pela Emenda Constitucional n. 33, de 2001).

a) ao pagamento de subsídios a preços ou transporte de álcool combustível, gás natural e seus derivados e derivados de petróleo; (Incluído pela Emenda Constitucional n. 33, de 2001).

b) ao financiamento de projetos ambientais relacionados com a indústria do petróleo e do gás; (Incluído pela Emenda Constitucional n. 33, de 2001).

c) ao financiamento de programas de infraestrutura de transportes. (Incluído pela Emenda Constitucional n. 33, de 2001).

194. Incide ela sobre os valores pagos ou creditados a residentes e domiciliados no exterior, por pessoas jurídicas: a) adquirentes ou detentoras de licença de uso de conhecimentos tecnológicos; b) signatárias de contratos: b.i – que tenham por objeto a prestação de serviços técnicos e de assistência administrativa; b.ii – que impliquem transferência de tecnologia; e b.iii – que paguem royalties a beneficiários no exterior.

195. Art. 2º – Para fins de atendimento ao Programa de que trata o artigo anterior, fica instituída contribuição de intervenção no domínio econômico, devida pela pessoa jurídica detentora de licença de uso ou adquirente de conhecimentos tecnológicos, bem como aquela signatária de contratos que impliquem transferência de tecnologia, firmados com residentes ou domiciliados no exterior.

§ 1º Consideram-se, para fins desta Lei, contratos de transferência de tecnologia os relativos à exploração de patentes ou de uso de marcas e os de fornecimento de tecnologia e prestação de assistência técnica.

§ 1º-A. A contribuição de que trata este artigo não incide sobre a remuneração pela licença de uso ou de direitos de comercialização ou distribuição de programa de computador, salvo quando envolverem a transferência da correspondente tecnologia. (Incluído pela Lei n. 11.452, de 2007).

§ 2º A partir de 1º de janeiro de 2002, a contribuição de que trata o caput

Essa superposição de incidências, que redunda na criação de uma anacrônica barreira comercial protetiva das empresas nacionais, só contribui para o atraso no desenvolvimento de nosso País, instituindo forma de vero malthusianismo fiscal.[196] A suposta competitividade do produto nacional é permanentemente simulada por um ambiente em que o produto importado é sobretaxado de forma tão absurda que mais aproxima nosso Estado de uma nação socialista do que à economia de mercado que se propõe a ser, por expressa dicção da Constituição (art. 170), segundo a qual constituem princípios da ordem econômica brasileira a livre iniciativa, a defesa do consumidor e a busca do pleno emprego, sendo assegurado

---

deste artigo passa a ser devida também pelas pessoas jurídicas signatárias de contratos que tenham por objeto serviços técnicos e de assistência administrativa e semelhantes a serem prestados por residentes ou domiciliados no exterior, bem assim pelas pessoas jurídicas que pagarem, creditarem, entregarem, empregarem ou remeterem royalties, a qualquer título, a beneficiários residentes ou domiciliados no exterior. (Redação da pela Lei n. 10.332, de 19.12.2001).

§ 3º A contribuição incidirá sobre os valores pagos, creditados, entregues, empregados ou remetidos, a cada mês, a residentes ou domiciliados no exterior, a título de remuneração decorrente das obrigações indicadas no caput e no § 2º deste artigo.(Redação da pela Lei n. 10.332, de 19.12.2001.)

§ 4º A alíquota da contribuição será de 10% (dez por cento). (Redação da pela Lei n. 10.332, de 19.12.2001).

§ 5º O pagamento da contribuição será efetuado até o último dia útil da quinzena subsequente ao mês de ocorrência do fato gerador. (Parágrafo incluído pela Lei n. 10.332, de 19.12.2001).

196. "B) El malthusianismo fiscal
En el siglo XVIII, el economista inglés Malthus afirmó que la población aumentaba más rápidamente que los recursos, lo que le llevaba a la necesidad de controlar los nacimientos. Esta teoría se conoce con el nombre de malthusianismo. Por extensión se aplica la misma denominación a las doctrinas o prácticas que tienden a restringir el desarrollo natural de ciertos fenómenos. En el campo económico, se califican de malthusianas las medidas que limitan la producción o que ponen obstáculos a su extensión. En este último sentido es como se habla de malthusianismo fiscal. El sistema fiscal francés puede ser calificado de malthusiano, porque perjudica a las empresas más modernas y rentables, mientras que favorece a las arcaicas y anticuadas, que producen con gastos elevados." (DUVERGER, Maurice. *Hacienda Pública*. Barcelona: Bosch, D.L. 1968, p. 346).

a todos o livre exercício de qualquer atividade econômica.[197][198] Ora, a defesa do consumidor, em um ambiente em que se lhe dificulta ao máximo o acesso aos produtos importados, forçando-o ao consumo dos nacionais (ainda que, em inúmeras circunstâncias, sabidamente menos qualificados), pela simples razão de que o produto importado frequentemente tem seu preço triplicado pela cumulação de incidências sobre a importação, é garantia que resulta seriamente comprometida no contexto tributário supra-apresentado. A livre iniciativa, a seu turno, é sobremaneira dificultada pela astronômica carga tributária que restringe o tamanho do mercado de

---

[197]. TÍTULO VII – Da Ordem Econômica e Financeira – CAPÍTULO I – DOS PRINCÍPIOS GERAIS DA ATIVIDADE ECONÔMICA- Art. 170. A ordem econômica, fundada na valorização do trabalho humano e na livre iniciativa, tem por fim assegurar a todos existência digna, conforme os ditames da justiça social, observados os seguintes princípios: I – soberania nacional; II – propriedade privada; III – função social da propriedade; IV – livre concorrência; V – defesa do consumidor; VI – defesa do meio ambiente, inclusive mediante tratamento diferenciado conforme o impacto ambiental dos produtos e serviços e de seus processos de elaboração e prestação; (Redação dada pela Emenda Constitucional n. 42, de 19.12.2003); VII – redução das desigualdades regionais e sociais; VIII – busca do pleno emprego; IX – tratamento favorecido para as empresas de pequeno porte constituídas sob as leis brasileiras e que tenham sua sede e administração no País. (Redação dada pela Emenda Constitucional n. 6, de 1995) – Parágrafo único. É assegurado a todos o livre exercício de qualquer atividade econômica, independentemente de autorização de órgãos públicos, salvo nos casos previstos em lei.

[198]. "Na segunda disposição, visou-se proibir o chamado 'efeito de estrangulamento'. As necessidades financeiras do Estado não podem justificar atentados às pessoas e aos seus direitos. Não podem impedir o livre exercício das actividades humanas, individualmente ou em associação com outrem, impedindo o sucesso, a realização, a felicidade de cada um e de todos, na vida privada, na vida económica, cultural, etc. Dificultando a obtenção de uma adequada remuneração do trabalho, do capital investido, do uso dos bens patrimoniais, etc. Não deve, por outro lado, o Direito dos impostos impedir a livre escolha de uma profissão, de uma actividade lúdica ou cultural, através de uma tributação excessiva dessa actividade ou dos seus resultados. Há que cobrir as necessidades financeiras do Estado salvaguardando as pessoas e os seus direitos. Um Direito fiscal justo e aceite deve nortear-se pelas pessoas, pelos seus direitos." (CAMPOS, Diogo Leite de; CAMPOS, Mônica Horta Neves Leite de. *Direito Tributário*. 2ª Ed. Coimbra: Almedina, 2000, p. 135).

importados à fatia dos poucos privilegiados economicamente.[199] E o reflexo na garantia do pleno emprego é consequência direta disso.[200]

De todo modo, certo é que o art. 149, § 2º, II, na redação dada pela EC n. 42, de 2003, dizendo muito não disse (quase) nada. Veja-se que sua redação atual veio substituir aquela dada pela EC n. 33, de 2001, que dizia que as contribuições sociais e interventivas "poderão incidir sobre a importação de petróleo e seus derivados, gás natural e seus derivados e álcool combustível". Tal inciso se justificava em face da imunidade conferida pelo art. 155, § 3º que previa, na forma da EC n. 3, de 1993, que "à exceção dos impostos de que tratam o inciso II do caput deste artigo e o art. 153, I e II, nenhum outro tributo poderá incidir sobre operações relativas a energia elétrica, serviços de telecomunicações, derivados de petróleo, combustíveis e minerais do País". Ou seja, na redação anterior, o inciso II do art. 149, § 2º contemplava expressa e pontual autorização à sobreposição impositiva (*bis*), relativamente às materialidades comumente aludidas (*idem*). Para deixar clarividente a possibilidade de bitributação, a própria

---

199. Pertinentes os lamentos de Tipke: "En cierto momento histórico los parlamentos asumieron la función de defender a los ciudadanos frente a una imposición elevada o excesiva. Hoy suele lamentarse o criticarse que los parlamentos ya no defienden el ideal de un Estado parco en sus gastos; más bien se han convertido en el motor de crecientes prestaciones públicas y – por tanto – de mayores impuestos. El endeudamiento no puede crecer sin límites. En otras épocas el Parlamento exhortaba a la moderación al Ministro de Hacienda; en la actualidad sucede con frecuencia lo contrario." (TIPKE, Klaus. *Moral Tributaria del Estado y de los Contribuyentes*. Madrid: Marcial Pons, 2002, p. 57-58).

200. Ainda Tipke: "La prohibición de confiscatoriedad, que también deriva de los arts. 12 y 14 GG, resulta insuficiente, pues constituye una obviedad para un Estado que se funda en la economía de mercado y la propiedad privada. Tal Estado de libertades se privaría a sí mismo de su fundamento financiero si agotara las fuentes impositivas. Precisamente el Estado Social está obligado a mantener las fuentes tributarias en lugar de agotarlas." (TIPKE, Klaus. *Moral Tributaria del Estado y de los Contribuyentes*. Madrid: Marcial Pons, 2002, p. 59).

EC n. 33 tratou de modificar a redação daquela regra imunizante do art. 155, § 3º, para trocar a alusão a "tributo", pela menção a "imposto", de modo a excluir da imunidade a categoria das contribuições e, com isso, evidenciar e legitimar o "bis".

A mesma EC n. 33 ainda encarregou-se de incluir a alínea "a" e o inciso III no art. 149 que possibilitou a instituição de contribuições sociais e interventivas sobre a importação, tendo por base o "valor aduaneiro", no ano de 2001. Ou seja, desde este ano, já havia fundamento constitucional para a instituição, pelo legislador ordinário, dessas exações sobre a materialidade em questão. Desnecessária era, portanto, a adoção de uma nova redação para o inciso II para prever o que já estava previsto e legitimar o que já estava legitimado.

Quando muito, poder-se-ia sustentar que o inciso em questão tem o mérito de tornar inconteste a possibilidade de tributação, pelas referidas contribuições, dos *serviços* importados, já que o termo "valor aduaneiro", adotado pela Carta como base para a tributação da importação no inciso III, "a", nos termos da EC n. 33, de 2001, rigorosa e tecnicamente considerado, não abarca os serviços, já que os mesmos não possuem um "valor aduaneiro", pois não passam pela aduana, nem se coadunam, à perfeição, com o conceito de valor aduaneiro nos moldes que a legislação interna e o GATT lhe outorgam, isto é, envolvendo o valor da transação, acrescido dos custos de transporte das mercadorias, dos gastos de carga, descarga e manuseio e do custo de seguro, todos até o porto ou local de entrada (elementos esses obviamente atinentes à importação de produtos). Mesmo assim, o fato é a que a possibilidade de tributação, pelas referidas contribuições, dos serviços importados, foi logo após contemplada pela EC n. 42, de 2003, tornando inquestionável a outorga dessa competência tributária a partir de então.

7.2.3 Art. 149, § 2º, III

A Emenda Constitucional n. 33 de 2001 modificou substancialmente o sistema tributário brasileiro, com impacto tão significativo que, pensamos, não foi ainda completamente absorvido pelos operadores do Direito e tampouco refletiu seus efeitos na jurisprudência tributária. A alteração pontual, a que nos referimos no presente item, consistiu em acrescer um parágrafo 2º ao art. 149, estabelecendo que "as contribuições sociais e de intervenção no domínio econômico de que trata o caput deste artigo poderão ter alíquotas: a) *ad valorem*, tendo por base o faturamento, a receita bruta ou o valor da operação e, no caso de importação, o valor aduaneiro; b) específica, tendo por base a unidade de medida adotada."

Com essa alteração, aparentemente ingênua, foi resolvido um dos mais sérios problemas do sistema constitucional tributário posto na Carta de 1988, tal qual vinha sendo interpretada por parte da doutrina e do Judiciário. É que, até então, a categoria das contribuições vinha sendo dividida, pelo STF, de modo a contemplar uma categoria aberta, das chamadas contribuições sociais gerais cujo fundamento de validade restringia-se ao caput do art. 149, sem qualquer outro regramento, limitação ou condicionante ao exercício do poder impositivo.[201] Em idêntica situação encontravam-se as contribuições de intervenção no domínio econômico, que não continham quaisquer balizas no âmbito do sistema tributário constitucional, igualmente obtendo suporte de validade na magra referência do mesmo dispositivo, que se limitava a dizer que "compete exclusivamente à União instituir contribuições sociais, de intervenção

---

201. Vide Adi n. 2.556, Rel. Min. MOREIRA ALVES, em que o Pleno do STF atestou a constitucionalidade da LC n. 110, que instituiu contribuição de 10% sobre o montante dos depósitos do FGTS, reconhecendo-a como "contribuição social geral", legitimada por encontrar suporte no caput do art. 149 da Carta. No que importa, disse o Relator: "Sucede, porém, que, havendo no sistema constitucional vigente contribuições sociais que se submetem ao artigo 149 da Constituição (as denominadas 'contribuições sociais gerais' que não são apenas as tipificadas no texto constitucional, porque, se o fossem, não teria sentido que esse artigo 149 dispusesse que compete à União INSTITUIR contribuições sociais") e contribuições a que se aplica o artigo 195 da Carga Magna (as contribuições para a seguridade social), resta saber em qual dessas subespécies se enquadram as duas contribuições sociais instituídas pela Lei Complementar n. 110/2001."

no domínio econômico e de interesse das categorias profissionais ou econômicas, como instrumento de sua atuação nas respectivas áreas, observado o disposto nos arts. 146, III[202], e 150, I e III,[203] e sem prejuízo do previsto no art. 195, § 6º, relativamente às contribuições a que alude o dispositivo."

Com isso, tudo o que havia era a necessidade de observância de garantias formais e rituais (de anterioridade, irretroatividade, legalidade, e de observância de lei complementar sobre normas gerais) que, a bem da verdade, serviam fundamentalmente para reafirmar a natureza tributária de tais exações, sem, no entanto, contribuir em nada para a definição de suas materialidades ou limites (em toda a extensão do termo).[204]

---

202. Art. 146. Cabe à lei complementar: III – estabelecer normas gerais em matéria de legislação tributária, especialmente sobre: a) definição de tributos e de suas espécies, bem como, em relação aos impostos discriminados nesta Constituição, a dos respectivos fatos geradores, bases de cálculo e contribuintes; b) obrigação, lançamento, crédito, prescrição e decadência tributários; c) adequado tratamento tributário ao ato cooperativo praticado pelas sociedades cooperativas.

203. Art. 150. Sem prejuízo de outras garantias asseguradas ao contribuinte, é vedado à União, aos Estados, ao Distrito Federal e aos Municípios: I – exigir ou aumentar tributo sem lei que o estabeleça; III – cobrar tributos: a) em relação a fatos geradores ocorridos antes do início da vigência da lei que os houver instituído ou aumentado; b) no mesmo exercício financeiro em que haja sido publicada a lei que os instituiu ou aumentou; c) antes de decorridos noventa dias da data em que haja sido publicada a lei que os instituiu ou aumentou, observado o disposto na alínea b; (Incluído pela Emenda Constitucional n. 42, de 19.12.2003).

204. A definição clara das espécies tributárias e de suas características nucleares não é dificuldade exclusiva do sistema brasileiro, como se pode ler da obra de Daniel GUTMANN: "Além disso, parece quase impossível dar hoje uma definição satisfatória de tributo. Em virtude do artigo 34 da Constituição francesa, as 'imposições que qualquer natureza' compõem uma categoria residual que dá competência ao poder legislativo para agir como um poderoso dissolvente do sentido das palavras. No mesmo sentido, parece que os 'novos impostos' recentemente introduzidos na legislação francesa resistem às classificações tradicionais entre taxas, contribuições e impostos, sublinhando a fragilidade da taxinomia em si mesma. Enfim, tornou-se comum relevar a permeabilidade da fronteira entre impostos e outras cotizações sociais, de tanto que a qualificação varia segundo quem as opere. Permeabilidade tanto mais interessante por afetar apenas as noções

Ficava o contribuinte, então, em situação de permanente incerteza, despido de qualquer instrumento eficaz de controle ou aferição de legitimidade das exações criadas com suporte nesse enunciado (ressalvado o tênue e incipiente controle pela técnica de validação finalística). Isto porque as contribuições sociais e interventivas, em vez de serem definidas por seu aspecto material, eram "definidas" na Carta apenas pela finalidade que objetivavam (social e de intervenção do domínio econômico), situação que se agravava quando se admitia a introdução de contribuições "sociais gerais", cujo nome, a rigor, pouco ou nada expressa, nem orienta o intérprete, que deveria – na busca de uma maior proteção – tentar extrair um instrumento de controle da referência constante no artigo à necessidade de que a instituição de tais exações se desse "como instrumento de sua atuação nas respectivas áreas" (e quase tudo o que o Estado faz pode se pretender qualificar como "social").[205]

---

em questão, e não as formas de recuperação, que permanecem claramente distintas." (GUTMANN, Daniel; FERRAZ, Roberta (Coord.). Do Direito à Filosofia do Tributo *in Princípios e Limites da Tributação*. Coord. Roberta Ferraz. São Paulo: Quartier Latin, 2005, p. 31).

205. De fato, o termo "social" contém uma alta dose de incerteza e imprecisão, à medida que pode implicar na inclusão de uma gama absolutamente imponderável de atividades, como bem explana LAUBADÈRE (a indicar que a problemática não é nova, nem local): "532. – Imprécision de la notion de service public social.- L'expression « service public social » (ou « à caractère social » ou « d'intérêt social ») est d'emploi courant et est certainement commode et justifiée pour rapprocher et rassembler certains services publics – aujourd'hui nombreux – dont la création a été motivée par des considérations d'ordre comparable. Cependant, si l'on veut serrer de près cette notion et surtout lui découvrir un critère, on doit constater qu'elle est finalement assez imprécise:

Une définition du « social » par opposition à « individuel » ou « individualiste » ne présenterait guère d'intérêt en ce qui concerne l'identification de services publics, car sous cet angle, il n'est point de service public qui ne soit social.

De même, une définition du « social » par opposition à « économique », que peut suggérer l'expression (qui est à la fois un rapprochement et une distinction) « droits économiques et sociaux », conduirait à une notion trop large des services publics sociaux, définis par l'accent mis sur l'aspect humain de l'objet du service (cf. P. Laroque, article précité: « Par opposition à l'économique,

TEORIA DA PROIBIÇÃO DE *BIS IN IDEM* NO DIREITO TRIBUTÁRIO

Não foi por outra razão que o que se viu, no Brasil, foi o que juristas como Marco Aurélio GRECO rotularam de verdadeira "proliferação" de contribuições, exações que pela mera aposição do epíteto "social" ou "de intervenção no domínio econômico", "constitucionalizavam-se" como num passe de mágica, porque constitucionalmente "autorizadas". A Carta Maior, nesse contexto, funcionava como verdadeira Carta Branca para a instituição de um número ilimitado de contribuições que se aninhavam no leito seguro da cabeça do art. 149, especialmente após a prevalência, no STF, do entendimento segundo o qual era desnecessária a introdução das referidas contribuições por meio de lei complementar[206] (ainda que inexistisse

---

le social correspond au point de vue de l'homme pris comme tel, dans son développement physique, son bien-être matériel, l'expression de toutes ses possibilités personnelles»).

Il est donc nécessaire de circonscrire davantage la notion de service public social.

On est alors porté à définir d'abord le service public social comme un service qui fournit des prestations sociales. Cette notion de prestations est sans doute de contenu divers (secours en argent ou en nature, soins, organisation collective de loisirs, prêts, etc.); du moins permet-elle de rapprocher la notion de service public social de celle des « droits sociaux », tels que les conçoivent, par exemple, les déclarations de droits modernes (droit à des prestations positives de la part de l'Etat).

Mais encore faudrait-il préciser à quelles conditions une prestation peut être considérée comme « sociale ». Sur ce point, on est tenté de dire que la notion de prestations sociales évoque l'idée d'aide, de secours, c'est-à-dire d'interventions destinées à remédier plus ou moins aux inégalités sociales, à fournir un appui à des individus ou à des catégories de personnes regardées comme socialement défavorisés. Il semble que ce soit cette idée que l'on puisse retenir comme étant celle que l'on retrouve dans les services publics dits sociaux." (LAUBADÈRE, André de. *Traité Élémentaire de Droit Administratif*. 2ª Ed. Paris: Librarie générale de droit et de jurisprudence, 1971, v.1, p. 364-365).

206. Vide STF, RE 396.266, que versava sobre a contribuição ao SEBRAE e no qual foi dito pelo Min. Carlos VELLOSO que "as contribuições do art. 149 da C.F., de regra, podem ser instituídas por lei ordinária. O que acontece é que, submetidas à lei complementar do art. 146, III, C.F., são definidas como tributo. Por não serem impostos, não há necessidade de que a lei complementar defina o seu fato gerador, base de cálculo e contribuintes (C.F., art. 146, III, "a")".

um elenco das mesmas na Constituição, ao contrário do que ocorre com as contribuições de seguridade do art. 195, ou mesmo com os impostos), o que permitiu que, na prática, novos tributos pudessem ser criados por lei ordinária e sem as amarras constantes, v.g, do art. 154, I, [207] ou do art. 195, § 4º.[208]

Não fosse suficiente todo esse propício contexto jurídico, o contexto financeiro ainda pesou/pesa para estimular a prática de criação de tais contribuições *sui generis*, já que a instituição dessas exações apresenta-se como a mais rentável fonte de arrecadação para a União. Diferentemente do que ocorre com os impostos, o montante da arrecadação oriundo dessa fonte de receita não é objeto de partilha com os demais entes federados, ficando, na íntegra, em poder da própria instituidora, a União Federal.

7.2.3.1 A proibição de bis in idem atinente às bases de cálculo do art. 149, § 2º, III

Ao nosso modo de ver, a positivação do § 2º no art. 149 introduziu um novo capítulo na história constitucional das contribuições de intervenção no domínio econômico e das contribuições sociais. Primeiramente, porque definiu as bases de cálculo possíveis para a legitimação de tais exações. E, especialmente, porque, assim o fazendo: a) revogou todas aquelas contribuições, novas e antigas (diga-se, anteriores e posteriores à introdução da Constituição em 1988) que não se ajustam aos moldes materiais impostos pelo poder constituinte derivado em 2001; e b) restringiu a ilimitada margem de liberdade

---

207. Art. 154. A União poderá instituir:

I – mediante lei complementar, impostos não previstos no artigo anterior, desde que sejam não-cumulativos e não tenham fato gerador ou base de cálculo próprios dos discriminados nesta Constituição; (...)

208. Art. 195 §4º – A lei poderá instituir outras fontes destinadas a garantir a manutenção ou expansão da seguridade social, obedecido o disposto no art. 154, I.

para criação de novas contribuições sob essas rubricas. Dessa maneira, devolveu-se ao sistema constitucional tributário a *vera* condição de "sistema", enquanto "disposição das partes, ou dos elementos de um todo, coordenados entre si, e que funcionam como estrutura organizada".[209][210]

Para o fim a que se presta o presente trabalho, há que se destacar que o art. 149, § 2º, III, instituiu expressa proibição de *bis in idem*, com duplo alcance: a) tanto para o efeito de interditar a exigência e instituição de contribuições que adotem bases de cálculo nele não autorizadas (assegurando a impossibilidade de sobreposição das contribuições do art. 149, com bases constitucionalmente já alcançadas por outras contribuições, como o lucro e a folha de salários, prestigiando a unicidade contributiva do art. 195); b) quanto para o efeito de introduzir princípio de unicidade e consequente proibição de superposição contributiva – para as contribuições sociais e de intervenção – relativamente às bases elencadas no art. 149, § 2º, III.

Ao mesmo tempo, pode-se dizer que o dispositivo em tela previu, também, expressa possibilidade de *bis*, legitimando a reiteração do emprego das materialidades "receita", "faturamento", "importação" e "valor da operação". Afinal, todas essas já eram objeto de incidência com fundamento em outros preceitos da Carta e sua reutilização seguramente poderia provocar questionamentos em torno da constitucionalidade de tal iniciativa.

O tema, certamente, há de gerar intensas resistências, dado que, a partir da linha interpretativa que adotamos, decorrem importantes efeitos, como, exemplificativamente, a

---
209. Definição do Dicionário AURÉLIO, em meio eletrônico.
210. "l09. Todo direito positivo é um conjunto organizado – Ora, tal unidade existe. O direito positivo não é a mera justaposição de regras de direito. Constitui conjunto organizado. As regras que ele reúne não podem isolar-se umas das outras. Relações existem entre elas. Esclarecem-se reciprocamente. Doutro lado, referem-se a princípios comuns, a noções fundamentais." (RIVERO, Jean. *Curso de Direito Administrativo Comparado*. 2ª Ed. São Paulo: Revista dos Tribunais, 2004, p. 85).

revogação da contribuição para o SEBRAE, recebida pela jurisprudência do STF como contribuição de intervenção no domínio econômico, mas que adota, em sua base de cálculo, o elemento "folha de salários", agora vedado pelo constituinte derivado. Da mesma forma, a contribuição para o INCRA – tida como recebida, pelo STJ, na categoria das contribuições de intervenção no domínio econômico – torna-se materialmente incompatível com a regra da EC n. 33, sendo pura e simplesmente revogada pelo advento de regra superveniente de superior hierarquia, com ela incompatível.

Pela letra do § 2º, as contribuições sociais e de intervenção somente se compatibilizam com a Carta se adotarem uma das seguintes bases de cálculo: faturamento, receita bruta ou valor da operação (alínea "a" do inciso III, do § 2,º, valendo dizer que nesse caso, o conector "ou" é empregado pela Carta de forma alternativa e, assim, excludente, já que receita bruta e valor da operação não são sinônimos), unidade de medida adotada (no caso de alíquota específica, alínea "b" do inciso III do § 2º) e valor aduaneiro (no caso de importação). Com isso, qualquer outra base de cálculo utilizada para a instituição ou exigência de contribuições sociais ou de intervenção no domínio econômico será com ela incompatível, o que (por tratar-se de inconstitucionalidade material superveniente) implica na revogação de tais normas anteriores conflitantes. Incide, assim, uma proibição de *bis in idem* relativamente à exigência de tributos instituídos previamente à EC n. 33 relativamente às bases ali não contempladas e já empregadas pela Constituição para outros tributos, bem como uma proibição de *bis in idem* para a instituição de contribuição nova, nos mesmos termos.

Negar a adequação da hermenêutica acima implicaria converter em *flatus vocis* o teor da Emenda e a nova dicção constitucional, vilipendiando cânones fundamentais de interpretação, já que é cediço que não se admitem, em Direito, leituras que impliquem tornar inútil ou sem efeito o comando interpretado. No caso, nenhuma utilidade teria o elenco de cada uma das bases de cálculo possíveis, não fosse entendido como proibição para a adoção de quaisquer outras. Não vemos sentido em sustentar que o constituinte derivado haveria apenas referido, ao vento, algumas bases que poderiam, em tese, ser adotadas pelo legislador, se quisesse, como uma mera sugestão. Quanto mais sabendo-se que, dentre os três modais deônticos existentes (obrigatório, proibido e permitido) o permitido é, seguramente, o menos provável e o menos pertinente em matéria de definição de competência e limitações ao poder de tributar, até porque não constitui garantia, nem institui instrumento de controle.

Ao enumerar tais grandezas e dizer que os tributos em debate "*poderão* ter tais alíquotas, *tendo* por base tais magnitudes" o constituinte introduziu: a) uma opção na eleição de uma das duas formas de alíquota; e b) uma determinação de que, sendo a alíquota *ad valorem*, a contribuição "terá" (veja-se, aqui o verbo empregado pelo constituinte não admite opção) por base uma daquelas grandezas ali discriminadas, ou ainda que, sendo a alíquota específica, a contribuição "terá" por base a unidade de medida adotada.

Ilógico seria imaginar que se procederia à introdução de uma Emenda à Constituição, com todo o esforço, *quorum*, trâmite, custo e debate parlamentar que isso acarreta, apenas para dizer uma obviedade: que o legislador poderia eleger as bases de cálculo ali exemplificadas, ou simplesmente ignorá-las e adotar quaisquer outras, como bem entendesse. Ora, o Direito Tributário é, por definição, expressão do *jus imperium* e seus enunciados revelam, na mesma medida, a verbalização de um poder e a concretização de uma garantia (contraface, expressa ou implícita desse poder). Ao dizer a Carta que, v.g., o Município pode instituir imposto sobre serviços de qualquer natureza, está, simultaneamente, permitindo a tributação dos serviços e negando a tributação de qualquer grandeza que extrapole tais limites. Ao permitir a tributação do faturamento por uma dada contribuição à seguridade, está autorizando o Fisco a impor tal exigência coativamente e, paralelamente, proibindo que o particular seja chamado a contribuir fora ou além dessas precisas linhas conceituais.

Coerente com tais conclusões – que evidenciam os limites positivos ao exercício da competência impositiva estabelecidos no inciso em exame – o inciso I do mesmo parágrafo determina que tais contribuições "não incidirão sobre as receitas decorrentes de exportação", estabelecendo, portanto, os limites negativos ao exercício de tal poder. Com isso, vê-se que a Emenda em questão pretendeu definir os campos em que pode, e aqueles em que não pode haver a exigência das contribuições em debate. De fato, nenhum sentido haveria em estabelecer-se a exceção, se não fosse estabelecida a regra. O que entendemos, assim, é que um inciso delimitou as fronteiras possíveis, estabeleceu a regra, e outro tratou de recortar fatia de tal poder, para excluir do mesmo determinada hipótese que, em tese, estaria por ele abrangida.

O inciso II do § 2º confirma, mais uma vez, a lógica exposta, ao dizer que as contribuições "incidirão também" sobre a importação de produtos estrangeiros ou serviços, a deixar claro que há uma determinação de exigência prévia. O uso do verbo no imperativo, acompanhado do advérbio também, espanca quaisquer dúvidas que pudessem haver acerca do comando do inciso seguinte, explicitando tratar-se de comando igualmente imperativo, no modal obrigatório, a um só turno autorizador e limitador do exercício desse poder de tributar. Fica nítido, assim, que as bases de cálculo elencadas no art. 149 são as únicas possíveis para as contribuições sociais e de intervenção no domínio econômico.

7.2.3.2 *A proibição de bis in idem atinente ao número de exações passíveis de criação e exigência à luz do art. 149, § 2º, III*

Questão ainda mais polêmica está em responder se o art.

149 contempla também uma limitação quantitativa à introdução de novas contribuições.[211] Ou seja, se o dispositivo permite ao legislador instituir duas, três ou dez novas contribuições sociais utilizando-se de uma mesma base de cálculo ali contemplada (v.g. o faturamento), mais outras tantas contribuições interventivas sobre essa mesma base, ilimitadamente; ou se, ao contrário, o artigo encerra um elenco fechado, *numerus clausus*, que abarca integralmente o número de exações passíveis de serem criadas relativamente a essas duas espécies tributárias.

Embora a literalidade do dispositivo possa conduzir à conclusão de que o constituinte não definiu precisamente o número de exações que podem ser instituídas com base naquela competência, entendemos que o art. 149 introduziu uma proibição pontual de *bis in idem* também nesse ponto.

Com efeito, todo o Sistema Tributário da Constituição brasileira de 1988 está fundado na premissa de que a outorga do Poder se faz de forma pontual. Não por outra razão, diversos autores costumam empregar o termo "competência tributária" – no lugar de "poder tributário" para frisar tratar-se de uma "fatia de poder", um poder restrito e recortado, portanto.[212][213]

---

211. No que diz respeito à exigência de contribuições (não à instituição, portanto), como já antecipado, entendemos que o art. 149 revogou todas as exações que lhe antecederam e que com ele são materialmente incompatíveis, por tratar-se de norma superveniente de superior hierarquia.
212. Segundo Andrei Pitten VELLOSO, é "mais adequada a expressão 'competência tributária' por externar, com clareza, o seu caráter instrinsecamente *limitado*. É própria das competências, e não do poder, a nota de limitação, porquanto competência só há à medida que é outorgada." (VELLOSO, Andrei Pitten. *Constituição Tributária Interpretada*. São Paulo: Atlas, 2007, p. 120).
213. Preferindo a expressão "poder tributário", Albert HENSEL: "La palabra poder tributario designa, de acuerdo con la moderna concepción del Estado, la soberanía estatal general aplicada a una concreta materia de la actividad estatal: la imposición. El objetivo de estas líneas es clarificar qué particularidades presenta esta manifestación de la soberanía del

"Se o poder de tributar decorre da Constituição e, mais especificamente, das normas atributivas de competências tributárias, é claro que ele inexiste independentemente desta, como um poder pré-constitucional e ilimitado. Trata-se de um poder pós-constitucional e conceitualmente limitado."[214] Assim, este conforma-se por pronunciamentos expressos e exaustivos que exprimem as circunstâncias em que o ataque à propriedade privada (ou ainda, a participação do Estado na propriedade privada) é possível. A discriminação de competências na Carta brasileira dá-se de forma rígida, inexistindo poderes implícitos. Toda distribuição de poder impositivo, de tal modo, já encerra também uma regra proibitiva.

No âmbito tributário, especialmente, as regras de competência são realçadas pela estrita legalidade tributária e o esmerado desenho das faculdades impositivas, nominalmente entregues a cada um dos entes federados (como se lê, v.g., dos arts. 153, 155 e 156, no caso dos impostos). Mesmo as competências residuais, previstas no art. 154, são entregues com restrita margem de liberdade, tendo seu exercício precisamente definido por condicionantes (como o uso de veículo normativo de estatura ou, no mínimo,[215] *quorum* superior e mais restritivo) ou por circunstâncias excepcionais.[216]

Estado." (HENSEL, Albert. *Derecho Tributario*. Madrid: Marcial Pons, 2005, p. 107).

214. VELLOSO, Andrei Pitten; PAULSEN, Leandro. Controle das contribuições interventivas e sociais pela sua base econômica: a descurada especificação do seu objeto pela EC 33/01 e os seus reflexos tributários. *Revista Dialética de Direito Tributário*, São Paulo, n. 149, p. 16, fev. 2008.

215. Assim o dizemos tendo em conta a linha doutrinária que sustenta inexistir diferença hierárquica entre a lei ordinária e a complementar. O fato, contudo, é que, no ponto, a lei complementar é exigida pelo constituinte precisamente para o efeito de limitar ainda mais o uso da competência residual, tornando mais difícil a aprovação de um diploma legal com suporte nessa competência.

216. Art. 154. A União poderá instituir:

I – mediante lei complementar, impostos não previstos no artigo anterior, desde que sejam não-cumulativos e não tenham fato gerador ou base de

TEORIA DA PROIBIÇÃO DE BIS IN IDEM NO DIREITO TRIBUTÁRIO

No caso das contribuições, essa lógica se mantém, como se pode ler, v.g., dos arts. 195,[217] 239,[218] e 240[219] ou mesmo do art. 149-A[220] da Carta, todos contemplando nominalmente, uma a

---

cálculo próprios dos discriminados nesta Constituição;

II – na iminência ou no caso de guerra externa, impostos extraordinários, compreendidos ou não em sua competência tributária, os quais serão suprimidos, gradativamente, cessadas as causas de sua criação.

217. Art. 195. A seguridade social será financiada por toda a sociedade, de forma direta e indireta, nos termos da lei, mediante recursos provenientes dos orçamentos da União, dos Estados, do Distrito Federal e dos Municípios, e das seguintes contribuições sociais:

I – do empregador, da empresa e da entidade a ela equiparada na forma da lei, incidentes sobre: (Redação dada pela Emenda Constitucional n. 20, de 1998).

a) a folha de salários e demais rendimentos do trabalho pagos ou creditados, a qualquer título, à pessoa física que lhe preste serviço, mesmo sem vínculo empregatício; (Incluído pela Emenda Constitucional n. 20, de 1998).

b) a receita ou o faturamento; (Incluído pela Emenda Constitucional n. 20, de 1998).

c) o lucro; (Incluído pela Emenda Constitucional n. 20, de 1998).

II – do trabalhador e dos demais segurados da previdência social, não incidindo contribuição sobre aposentadoria e pensão concedidas pelo regime geral de previdência social de que trata o art. 201; (Redação dada pela Emenda Constitucional n. 20, de 1998).

III – sobre a receita de concursos de prognósticos.

IV – do importador de bens ou serviços do exterior, ou de quem a lei a ele equiparar. (Incluído pela Emenda Constitucional n. 42, de 19.12.2003).

(...) § 4º – A lei poderá instituir outras fontes destinadas a garantir a manutenção ou expansão da seguridade social, obedecido o disposto no art. 154, I.

218. Art. 239. A arrecadação decorrente das contribuições para o Programa de Integração Social, criado pela Lei Complementar n. 7, de 7 de setembro de 1970, e para o Programa de Formação do Patrimônio do Servidor Público, criado pela Lei Complementar n. 8, de 3 de dezembro de 1970, passa, a partir da promulgação desta Constituição, a financiar, nos termos que a lei dispuser, o programa do seguro-desemprego e o abono de que trata o § 3º deste artigo.

219. Art. 240. Ficam ressalvadas do disposto no art. 195 as atuais contribuições compulsórias dos empregadores sobre a folha de salários, destinadas às entidades privadas de serviço social e de formação profissional vinculadas ao sistema sindical.

220. Art. 149-A Os Municípios e o Distrito Federal poderão instituir contribuição, na forma das respectivas leis, para o custeio do serviço de

uma, as exações autorizadas pelo constituinte. Relativamente às contribuições de seguridade social do art.195, embora já se tenha tentado instituir novas contribuições sobre as bases nele contempladas, tais intentos foram sistematicamente barrados pelo STF, a quem coube dizer que o rol do art. 195 é exaustivo, de modo a evidenciar a existência de uma garantia de unicidade e uma vedação à superposição (como se lê, v.g., dos RE n. 146.733 e RE n. 228.321).

Para a instituição de contribuição de seguridade social fora do quanto delimita o art. 195, faz-se necessária a observância de condicionantes, como preveem os arts. 195, § 4º c/c 154, I[221] da Carta. É o que recentemente se decidiu no RE n. 363.852, em que se lê do voto do Min. Marco Aurélio MELLO, aludindo ao art. 195, que "a previsão é exaustiva quanto aos fatos que podem dar causa à obrigação de financiamento da seguridade social." E que "somente a Constituição Federal é que, considerado o mesmo fenômeno jurídico, pode abrir exceção à unicidade de incidência de contribuição." Para o STF, o dispositivo em questão contém uma interdição de *bis in idem*, que rechaça a exação em duplicidade, como se pode ver pela referência no voto de que "a regra, dada a previsão da alínea 'b' do inciso I do referido art. 195, é a incidência da contribuição social sobre o faturamento para financiar a seguridade social instituída pela Lei Complementar n. 70, de 30 de dezembro de 1991, a obrigar não só as pessoas jurídicas, como também aquelas a ela equiparadas pela legislação do imposto de renda – art. 1º da citada lei complementar. Já aqui surge a duplicidade contrária à Carta da República, no que, conforme o art. 25, incisos I e II, da lei n. 8.212/91, o produtor rural passou a ser compelido a duplo recolhimento, com a mesma destinação, ou seja, o financiamento da seguridade social – recolhe, a partir do disposto no art. 195, I, alínea 'b', a COFINS e a contribuição prevista no referido artigo 25."

---

iluminação pública, observado o disposto no art. 150, I e III. (Incluído pela Emenda Constitucional n. 39, de 2002).

221. Art. 154. A União poderá instituir: I – mediante lei complementar, impostos não previstos no artigo anterior, desde que sejam não-cumulativos e não tenham fato gerador ou base de cálculo próprios dos discriminados nesta Constituição;

TEORIA DA PROIBIÇÃO DE *BIS IN IDEM* NO DIREITO TRIBUTÁRIO

A Constituição brasileira, assim, não contempla um vínculo de permanente submissão, nem contém uma competência impositiva genérica capaz de atribuir um dever geral de contribuição para o custeio das despesas públicas. Não seria assim na Espanha (art. 31, § 1º da Constituição de 1978), na Itália (art. 53 da Constituição de 1947), em Portugal (art. 103 da Constituição de 1976) ou na França (art. 34 da Constituição de 1958).[222] Nosso Sistema, contudo, é diverso, como já teve a oportunidade de dizer o Ministro Celso de Mello, de modo contundente, na lição já citada da ADIn n. 939: "O fundamento do poder de tributar reside, em essência, no dever jurídico de estrita fidelidade dos entes tributantes ao que imperativamente dispõe a Constituição da República. As relações de Direito Tributário, desse modo, não podem ser invocadas pelo Poder Público como um vínculo de permanente e odiosa sujeição do contribuinte às pretensões arbitrárias do Estado."

E veja-se que, mesmo nas hipóteses em que a Carta confere maior liberdade no uso da competência tributária, assim o faz apenas e tão somente relativamente a espécies tributárias que contém, em sua essência, um sinalagma bem identificável que as diferencia substancialmente dos impostos e das contribuições sociais e interventivas. Assim, as taxas podem ser criadas – sem limitação quantitativa – pelo legislador, mas o certo é que sua exigência está atrelada à prestação de um serviço (ainda que o serviço seja o exercício efetivo do Poder de Polícia). As contribuições de melhoria podem ser criadas, também sem um limite numérico, mas sua exigência está atrelada a existência de um ganho para o particular em decorrência de obra pública.[223] [224]

---

222. Conforme VELLOSO, Andrei Pitten. *Constituição Tributária Interpretada*, ob. cit., p. 120.

223. Art. 145. A União, os Estados, o Distrito Federal e os Municípios poderão instituir os seguintes tributos: I – impostos; II – taxas, em razão do exercício do poder de polícia ou pela utilização, efetiva ou potencial, de serviços públicos específicos e divisíveis, prestados ao contribuinte ou postos a sua disposição; III – contribuição de melhoria, decorrente de obras públicas.

224. Mesmo assim, pertinentes as observações de Roque **CARRAZZA** quando diz: "a doutrina tradicional tem sustentado que, em matéria de taxas e contribuição de melhoria (tributos vinculados), a competência tributária é comum às pessoas políticas. Essa colocação, porém, só pode ser aceita se lhe

E os empréstimos compulsórios, finalmente, também estão previstos em elenco não exaustivo (guardados os condicionantes do art. 148, embora, como o próprio nome diz, sua exigência deva ser acompanhada do compromisso de integral restituição, além da vinculação dos recursos arrecadados às despesas em razão das quais foi criado).[225] Há, portanto, nas espécies tributárias em que a outorga de competência é procedida de forma relativamente aberta, uma relação de reciprocidade, suficientemente forte e capaz de desencorajar o exercício indevido ou excessivo do poder impositivo, pela simples razão de que esse poder, em tais casos, representa um custo e um ônus também para o Fisco, que *per se*, já garantem a inibição da ânsia arrecadadora e o bom desempenho das garantias do contribuinte.

De nada adiantaria, contudo, o esmero do constituinte no trato das competências impositivas, caso se admitisse a estreita

---

emprestarmos o sentido de que, tanto a União, quantos Estados e os Municípios, podem criar taxas e contribuição de melhoria. Só que – damo-nos pressa em explicar – não as mesmas taxas, nem a mesma contribuição de melhoria. Temos para nós que, também em relação aos tributos vinculados, a competência tributária de cada pessoa política é rígida, privativa e intransmissível. A esse propósito, pensamos haver demonstrado, em trabalho anterior, que as taxas e a contribuição de melhoria só podem ser criadas pela pessoa política que: a) possuir competência administrativa para realizar a atuação estatal (que deve consistir, no caso das taxas, na prestação de um serviço público ou no exercício do poder de polícia e, no caso da contribuição de melhoria, na realização de uma obra pública, que valorize os imóveis a ela adjacentes); b) tiver regulado, por meio de lei, tal atuação; e, c) tiver realizado tal atuação. À falta de qualquer um destes requisitos e o tributo vinculado não pode validamente surgir." (CARRAZZA, Roque Antonio. *Princípios Constitucionais Tributários e Competência Tributária*. São Paulo: Revista dos Tribunais, 1986, p. 176-177).
225. Art. 148. A União, mediante lei complementar, poderá instituir empréstimos compulsórios:
I – para atender a despesas extraordinárias, decorrentes de calamidade pública, de guerra externa ou sua iminência;
II – no caso de investimento público de caráter urgente e de relevante interesse nacional, observado o disposto no art. 150, III, "b".
Parágrafo único. A aplicação dos recursos provenientes de empréstimo compulsório será vinculada à despesa que fundamentou sua instituição.

interpretação de que o art. 149 contém um mandamento aberto, que outorgasse possibilidade irrestrita e infindável para a criação de novos tributos. Colocar-se-ia, com isso, um único artigo acima de todo o restante do Sistema Constitucional Tributário. Como se a hermenêutica de um comando pudesse conduzir à ineficácia de todos os demais, o que é rematado absurdo. É como dizer: "você pode vestir branco, azul claro, verde musgo ou qualquer outra cor".[226][227]

---

226. Coerente com esse argumento, sustenta Hugo de Brito MACHADO SEGUNDO: "Além disso, não se pode, a pretexto de atribuir sentido a uma palavra contida em um dispositivo, anular total ou parcialmente o sentido de muitos outros. Nenhuma significação teria a referência feita pela Constituição à contribuição para o salário educação, por exemplo, à medida que a mesma pudesse ser criada sob rótulo de contribuição social 'geral'. Seria irracional, também, a criação de um regime jurídico diferenciado para as contribuições de custeio da seguridade social (materialidades, competência residual, anterioridade nonagesimal etc.), à medida que as mesmas finalidades poderiam ser alcançadas por contribuições sociais gerais.

Nesse ponto, importa lembrar que as finalidades de cunho social não são encontradas apenas nos arts. 193 a 232 da Carta Magna, mas em todo o seu texto, sendo a CF/88, em muitas de suas dimensões, uma Constituição do Estado social. Assim, praticamente todas as atividades desenvolvidas pela União Federal envolvem aspectos sociais, e poderiam dar azo à instituições de contribuições sociais 'gerais'. E, em face de contribuições gerais, que sentido teria o sistema de atribuição de competências e estabelecimento de limitações para a instituição de impostos e taxas federais? O espectro de tais contribuições seria tão amplo que tudo engolfaria, e todos os tributos federais poderiam, com folga, ser substituídos por contribuições, submetidas apenas aos arts. 146, III e 150, I e III. Perderia o sentido todo o Sistema Tributário Nacional.

Enfim, não são apenas outras regras e princípios positivados na Constituição, mas a própria lógica formal que torna impossível a divisão de um gênero em três espécies, quando em uma delas se podem enquadrar todas as demais. A União jamais criaria contribuições com arrimo no art. 195, § 4º, por exemplo, se lhe fosse possível atender às mesmas finalidades com contribuições 'gerais' instituídas nos moldes do art. 149. Aliás, todas as limitações estabelecidas ao exercício da competência residual, seja no âmbito das contribuições, seja na esfera dos impostos, seriam absolutamente desnecessárias." (MACHADO SEGUNDO, Hugo de Brito. Contribuições sociais "gerais" e a integridade do sistema tributário brasileiro. In: Rocha, Valdir de Oliveira (Coord.). *Grandes Questões Atuais do Direito Tributário*. São Paulo: Dialética, 2002, v.6, p. 180).

227. "Como justa homenagem à inteligência dos contribuintes que não criariam uma contribuição para explicar que são permitidas a cobrança daquelas

Uma tal interpretação retiraria, a rigor, a própria condição de "sistema" do capítulo em questão, à medida que este deixaria de ser um conjunto coordenado de mandamentos, para converter-se em um amontoado de enunciados que – em que pese destinem-se à proteção de um fim, de segurança na tributação, de limitação ao exercício de um poder – ao fim e ao cabo, encontram em uma única frase, uma cláusula aberta capaz de comprometer a certeza almejada por todos os demais comandos.[228] A questão, portanto, é de coerência, de respeito

---

contribuições expressamente nomeadas, assim como quaisquer outras não explicitadas na Lei Suprema, considero que, por ser a norma tributária uma norma de rejeição social, a garantia maior do contribuinte contra o 'excesso de exação' que caracterizou o sistema brasileiro é a interpretação que valorize a lei suprema. Em outras palavras, ou a Constituição enumerou taxativamente todas as contribuições possíveis ou não precisaria ter enumerado nenhuma, visto que bastava um artigo com a seguinte enunciação.

'Pode o governo criar o tipo de imposição que desejar, no momento que lhe parecer melhor e na forma que mais lhe agrade.'

Ora, se o próprio constituinte abriu a hipótese de criação de novas contribuições – para mim teria natureza de impostos – pela válvula permitida pelo § 4º do artigo 195, à evidência, impôs vedação absoluta, além dos casos permitidos na Constituição, que outros tipos fossem cobrados. E, de rigor, as contribuições enunciadas nos artigos 195, 212, § 2º, 239 e 240 estão com seu perfil delineado no artigo 149.

Na certeza de que os constituintes não maltrataram o direito do contribuinte para escrever uma Constituição que permitia aquelas contribuições lá enunciadas e quaisquer outras lá não mencionadas, com o que o texto constitucional seria de absoluta inutilidade e não representaria qualquer garantia ao cidadão, prefiro, salvar sua reputação, e concluir que apenas as contribuições sociais referidas na dicção constitucional são de possível confirmação pelo legislador ordinário. (MARTINS, Ives Gandra da Silva. As contribuições e o artigo 149 da Constituição Federal. In: Rocha, Valdir de Oliveira (Coord.). *Grandes Questões Atuais do Direito Tributário*. São Paulo: Dialética, 2002, v. 6, p. 204-206).

228. "A veces se ha afirmado que, en sentido estricto, no tiene realidad lo que se denomina sistema tributario, si se entiende por tal que existen ciertos gravámenes que están juntos y que deben aplicarse como partes o elementos de un todo. Para quienes piensan así, cualquier grupo de impuestos que se establezcan y apliquen por un determinado poder se denomina «sistema tributario» de la organización política correspondiente, sin que para la validez del concepto se invoque ningún tipo especial de conexión entre los diversos gravámenes.

Pero hay que reconocer que, en términos generales, la doctrina se muestra

ao que se denomina "princípio de coerência do sistema".[229] Mais do que isso, uma tal hermenêutica compromete o desempenho da própria cláusula federativa, no que desequilibra por completo a distribuição da arrecadação, mantendo uma eterna fonte de enriquecimento – não partilhável – para a União.[230]

---

más exigente cuando se enfrenta con la noción que nos ocupa. Quien dice sistema – escribe, por ejemplo, SCHMÖLDERS – dice orden lógico, hilo conductor. «Para que exista un verdadero sistema tributario – aclara – es necesario, sin duda ninguna, un vínculo lógico entre los diversos impuestos, una conciencia clara de los objetivos fiscales y extrafiscales que los impuestos están llamados a alcanzar»." (SAINZ DE BUJANDA, Fernando. *Hacienda y Derecho*: estudios de derecho financiero. Madrid: Instituto de Estudios Politicos, 1962, v.2, p. 253).

229. "23. O princípio da coerência do sistema. Mas, ao lado desta visão microscópica dos limites materiais dos impostos, orientada fundamentalmente para a análise das exigências de cada um dos impostos ou tipos de tributação singularmente considerados, há que fazer menção, numa visão macroscópica dos limites materiais da tributação, aos chamados limites sistemáticos ou limites decorrentes do(s) sistema(s) em que os impostos se inserem, o que abarca dois vectores – o dos limites intra-sistemáticos, a exigir coerência entre os diversos impostos e no seu conjunto (sistema fiscal), e o dos limites extra-sistemáticos, a reclamar coerência dos impostos e do sistema fiscal com os sistemas excêntricos em que se integram (isto é, com o sistema jurídico público e com o sistema jurídico global). É que, independentemente de se aderir ou não ao pensamento sistemático e ao conceito de sistema de C. – W. CANARIS – perfilhados com entusiasmo por K. TIPKE no domínio direito dos impostos –, não há dúvidas de que os impostos – cada um de per si e no seu conjunto – não podem deixar de se integrar e ajustar adequadamente no(s) sistema(s) em que se inserem, constituindo pois esta sistematicidade (logicidade, consequencialidade, justeza, coerência ou congruência do sistema) mais uma exigência ou uma exigência complementar da justiça dos impostos e do sistema fiscal. Uma exigência a que a doutrina e a jurisprudência constitucionais alemãs vêm lançando mão, sobretudo em domínios jurídicos de grande complexidade interna, como é o caso do sistema fiscal." (NABAIS, José Casalta. *O Dever Fundamental de Pagar Impostos*. Coimbra: Almedina, 1998, p. 599-600).

230. Nesse sentido: "A demolição do Sistema Tributário causada pela admissão de contribuições sociais gerais, referida no item anterior, não traria malefícios apenas aos contribuintes, que seriam submetidos a uma tributação ainda mais imprevisível, incompreensível e irracional. Os maiores prejudicados seriam os Estados e os Municípios, com sérios abalos na forma federativa de Estado, alçada ao patamar pétreo da CF/88.
É sabido que a autonomia de qualquer ente, desde a do jovem que pretende sair da casa dos pais, até a do Estado que não deseja submeter-se às

Por essas razões, entendemos que a leitura do art. 149 há de se harmonizar com o sistema tributário como um todo, de forma a permitir que a Carta contenha, de fato, um conjunto recortado, preciso e limitado de comandos impositivos. Antes do advento da EC n. 33 até poderia haver dúvida quanto a esse fato, à medida que ao *caput* – que enunciava genericamente as contribuições sociais e interventivas – não se somava nenhum comando alusivo à conformação de tais tributos. Não se referia uma materialidade ou uma base de cálculo capazes de definir – e com isso delimitar – a outorga de competência, com o que durante muito tempo relevantes vozes divergiram na interpretação do dispositivo. Para alguns, tratava-se de um mero elenco de espécies contributivas, cuja disciplina e outorga de competência dava-se com suporte em outros dispositivos constitucionais. Outros, como a Fazenda Nacional, viam no art. 149 uma autorização ampla e irrestrita para a criação de contribuições sociais e interventivas por lei ordinária.

Após o advento da EC n. 33, contudo, cremos que o artigo passou a disciplinar as espécies em questão, dispondo sobre as circunstâncias em que podem e que não podem ser exigidas tais contribuições. Da mesma forma, foram previstas as (únicas) bases de cálculo possíveis (até porque não fosse assim, de nada serviriam as referências feitas no inciso III). Com isso, indubitavelmente, o art. 149 deixou de ser um elenco, para passar a

---

determinações da União Federal, está diretamente relacionada com autosuficiência financeira. Dependentes financeiramente do poder central, Estados e Municípios teriam – como às vezes têm – a liberação de verbas para suas necessidades locais condicionada ao atendimento das exigências feitas pelo poder central. A autonomia seria meramente ornamental.
Pertinente, no caso, é a lição de Amilcar de Araújo Falcão, que ensina: 'A razão de ser da importância da discriminação de renda, na federação, é evidente e se consubstancia na circunstância mesma de constituir uma exaltação, um grau superlativo das autonomias, sobretudo as periféricas, cujo convívio equilibrado com a unidade central se quer assegurar. Por isso mesmo é que a discriminação de rendas, nas federações, costuma ser fixada no próprio texto constitucional." (MACHADO SEGUNDO, Hugo de Brito. Contribuições sociais "gerais" e a integridade do sistema tributário brasileiro. In: Rocha, Valdir de Oliveira (Coord.). *Grandes Questões Atuais do Direito Tributário*. São Paulo: Dialética, 2002, v. 6, p. 181-182).

delimitar competências e disciplinar o exercício do poder impositivo da União Federal no que toca a tais tributos.

Se verificarmos com atenção, veremos que o art. 149 não é mais lacônico que tantos outros dispositivos de outorga de competência tributária, a ponto de justificar essa hermenêutica que insiste em não ver no mesmo uma enunciação de competências bem delimitadas e que redundem, por seu viés negativo, numa garantia de unicidade. O art. 153, III, por exemplo, limita-se a referir o sujeito ativo e a materialidade (e com isso a base de cálculo) da exação, ao outorgar competência à União para instituir imposto sobre a "renda". O mesmo se diga do art. 156, ao outorgar aos Municípios competência para instituir imposto sobre "serviços". E assim por diante.

No art. 149, há indicação do sujeito ativo, das bases de cálculo, dos tipos de alíquota e das imunidades. Os sujeitos passivos, a exemplo do que ocorre nos exemplos mencionados acima, não são referidos expressamente, mas podem igualmente ser inferidos, à medida que o caput impõe a essas espécies tributárias o requisito da referibilidade, ao dizer que as exações podem ser instituídas pela União "como instrumento de sua atuação nas respectivas áreas." Assim, sejam sociais ou de intervenção, tais contribuições haverão de ser exigidas daqueles contribuintes inseridos no grupo relativamente ao qual as exações são referidas, guardada a finalidade para a qual foram criadas. Como já disse Marco Aurélio GRECO, "se a razão de ser da contribuição é existir uma finalidade e um determinado grupo, e a exigência do pagamento é feita em solidariedade ao grupo à luz da finalidade, o destino da arrecadação deve ser a favor desse mesmo grupo, na busca da finalidade."[231]

Nesse sentido, não há mais espaço para se considerar o art. 149 um mero "dispositivo didático" com função restrita à enunciação de categorias contributivas (que ademais, o artigo também não qualificava). Tal interpretação, que dava margem

---

231. GRECO, Marco Aurélio. *Contribuições...*, ob. cit., p. 239-40.

à criação de contribuições sociais ou interventivas de forma irrestrita – o que importava rasgar o sistema constitucional de distribuição de poder tributário – há de ceder passo à sintonia e à convivência harmônica com todos os demais artigos que se dedicam a disciplinar – e com isso recortar, limitar – o exercício do poder de tributar, para que não se torne o tal "vínculo de permanente e odiosa sujeição" do contribuinte às pretensões do Estado, aludido pelo Min. Celso de Mello no julgado acima.

Se é consenso no Brasil que todo o poder de tributar se extrai da Carta, nenhuma eficácia estará sendo concedida a essa premissa acaso se admita a conclusão de que a Carta contém mandamentos abertos, que na prática transfiram ao plano infraconstitucional uma margem infindável de possibilidades de instituição de exações.

Nesse sentido, temos a firme convicção de que a EC n. 33 introduziu a tão almejada garantia de unicidade (e correspondente proibição de *bis in idem*) – já existente no art. 195 relativamente às contribuições de seguridade social – também para as contribuições sociais e de intervenção no domínio econômico do art. 149. E assim o fez para somente autorizar a criação de uma contribuição social e uma interventiva para cada uma das três bases que elenca (a saber, faturamento, a receita bruta ou o valor da operação e, no caso de importação, o valor aduaneiro), para cada grupo a que se refira, ressalvado o caso de exação sujeita à alíquota específica a que alude o inciso III, "b". Isso sem prejuízo de contribuições que, como, v.g, a interventiva prevista no art. 177 ou a prevista no art. 239, tenham suporte em artigos próprios da Constituição e que neles encontrem seu fundamento de validade; ou ainda de contribuições que tenham universos de contribuintes distintos e inconfundíveis (já que a validade de tais exações jungida à sua finalidade e atuação "nas respectivas áreas" dos grupos a que se referirem), pois nesse caso inexistirá superposição e, por conseguinte, não haverá que se falar em violação à unicidade contributiva e à proibição de *bis in idem*.

De fato, parece-nos que a EC n. 33, ao determinar, de modo imperativo ("tendo por base") as bases sobre as quais as contribuições em questão incidem, aproximou a redação do art. 149 daquela adotada pelo art. 195 relativamente às contribuições de seguridade social, em relação às quais firmou-se o entendimento sobre tratar-se de um conjunto fechado, com garantia de unicidade contributiva e proibição de *bis in idem*. Embora não haja definição de sujeitos passivos no dispositivo, certo é que os mesmos podem ser intuídos, da mesma forma que o são, v.g., os contribuintes do ICMS, do Imposto de Importação e do Imposto de Renda. Vale dizer, os contribuintes da contribuição social incidente sobre a importação serão os importadores, os contribuintes da contribuição interventiva sobre determinado "valor da operação" serão aqueles que realizarem a tal operação, e assim por diante. De tal modo, assim como não se cogita do acerto hermenêutico de exegese conducente à afirmação de que o artigo 153 criou – e efetivamente alude – à possibilidade de instituição de diversos impostos sobre produtos industrializados, ou de que o artigo 155 criou a possibilidade de instituição de diversos impostos sobre a circulação de mercadorias, ou ainda, especificamente, de que o artigo 195 criou a possibilidade de instituição de diversas contribuições de seguridade social sobre o faturamento ou sobre a folha de salários (fato que se tem hoje por amplamente aceito na jurisprudência do STF e STJ), é de hialina clareza que não se poderia cogitar de que o artigo 149 houvesse criado (sem o dizer) diversas incidências sucessivas e cumuladas sobre uma mesma base. E isso se afirma a partir da pura e simples leitura dos dispositivos antes aludidos e da enunciação das respectivas hipóteses, isto é, sem necessidade de recurso às barreiras pontuais do § 4º do art. 195 e do art. 154, I.

A autorização para o *bis*, insistimos, não se intui, nem se supõe. Ela há de ser expressa, como ademais qualquer regra atributiva de competência tributária (porque sem ela não há poder). O silêncio – como reiteradamente afirmamos ao longo do presente trabalho – implica limitação e, com ela, com muito mais razão, a proibição para o *bis in idem*, dado que toda competência traduz, consentaneamente, em sua face negativa, uma regra interditiva. A par de afirmar, nega.

A confusão hermenêutica que se criou/cria em torno da interpretação do art. 149 pela doutrina e jurisprudência, pensamos, decorre exclusivamente da circunstância de que o dispositivo tratou de duas espécies contributivas (social e interventiva) e de três bases de cálculo, simultaneamente, o que erroneamente poderia conduzir o intérprete a intuir tratar-se de dispositivo aberto. Essa obscuridade, contudo, facilmente se supera pelo exercício intelectual de secção do enunciado em regras pontualmente designativas de cada uma das fatias de poder outorgadas, de modo a evidenciar a demarcação da competência outorgada. De fato, se o enunciado for lido como: "A contribuição social poderá ter alíquota *ad valorem*, tendo por base o faturamento", intuitiva será a conclusão de que se emitiu uma autorização pontual, para a instituição de um único tributo (até porque, como dito, adentraria a esfera da teratologia jurídica, multiplicar-se, sem apoio em regra expressa e literal, o poder singularmente conferido).

Não menos certo é que as contribuições a serem instituídas, na forma do caput, o são "como instrumento de sua atuação nas respectivas áreas", o que, se por um lado, confirma a técnica da validação finalística como condição de validade da exigência, por outro também serve à definição do grupo de sujeitos passivos a ser alvejado por cada exação, a deixar clarividente uma limitação, também nesse aspecto. Ou seja, o elenco de bases referido no § 2º, III não pode ter sua exegese dissociada da delimitação do caput, de modo que a limitação do número de bases passíveis de utilização está jungido à correspondente delimitação do universo de contribuintes das referidas contribuições. Tratando-se de universos distintos, de grupos distintos, não haverá que se falar em "bis" ou sobreposição, restando observada a regra de unicidade. A atuação "nas respectivas áreas" bem evidencia a possibilidade de sucessivos exercícios – não cumulativos/colidentes – da esfera de poder autorizada.

Fora desses limites, tanto a exigência de contribuições sociais e interventivas prévias (à Emenda n. 33) incompatíveis é interditada (nesse caso, por simples revogação), quanto a própria criação de exações novas é proibida (*non bis in idem*).

TEORIA DA PROIBIÇÃO DE *BIS IN IDEM* NO DIREITO TRIBUTÁRIO

A base de cálculo, como se sabe, é o que define a natureza de uma exação, sendo, portanto, elemento suficiente para delimitar a outorga de poder e a proibição correlata. Ao enunciar as bases possíveis, o constituinte vedou a criação de novos tributos sobre as mesmas materialidades (introduzindo pontual regra interditiva de *bis*), assim como sobre materialidades distintas e, possivelmente, já alcançadas por outras exações constitucionalmente previstas (como v.g, a folha de salários) em relação às quais também incide uma proibição de *bis* (valendo dizer que o *bis*, aqui, refere-se à proibição de repetição em toda sua amplitude semântica, sem considerar se o número de exações existentes sobre uma base é dois ou mais).

A única hipótese em que a Carta permite a instituição de novas contribuições nela não contempladas é a constante do art. 195, § 4º, restrita às contribuições de seguridade social e não extensiva às contribuições sociais e interventivas, de um modo geral. Fora disso, o exercício residual de competência impositiva é abolutamente restrito. A Constituição não admite a suposição de outorga de competência residual quando essa não é positivamente enunciada, pelo que incidirá sempre a proibição de *bis*, ante o silêncio ou ante a dubiedade (pois, como visto, a Carta prevê, em seu art. 150, o influxo de outras garantias ao contribuinte além das expressamente previstas, a explicitar que esse elenco é aberto, ao contrário dos poderes do Fisco, que são limitados, como decorre do próprio nome da Seção II, do Capítulo I da Tributação e Orçamento ("Das Limitações ao Poder de Tributar"). Na dicção do Ministro Carlos Velloso, "o exercício do poder tributário, pelo Estado, submete-se, por inteiro, aos modelos jurídicos positivados no texto constitucional, que, de modo explícito ou implícito, institui em favor dos contribuintes decisivas limitações à competência estatal para impor e exigir, coativamente, as diversas espécies tributárias existentes."[232]

---

232. ADIn 712, Rel. Min. Celso de Mello. 10.1992.

De fato, como bem anota Humberto ÁVILA, "se cada finalidade estatal tivesse de ser custeada por uma contribuição diferente, pergunta-se: por que pagar os impostos?". E prossegue o autor explicando que "os impostos são tributos não-vinculados a finalidades específicas que servem justamente de instrumento para promover finalidades estatais, nas hipóteses em que não haja previsão específica de recursos."[233]

Não é demais lembrar, finalmente, que mesmo o art. 149 da Carta contém condicionantes, como as alusões que faz aos arts. 146, III, 150, I e III, 195,[234] e 195, § 6º.[235] E, no tocante ao

---

233. ÁVILA, Humberto. *Sistema Constitucional Tributário*. 3ª Ed. São Paulo: Saraiva, 2008, p. 268.
234. Dada a importância do art. no Direito Tributário brasileiro, transcrevemos sua íntegra, para facilitar a consulta do leitor: Art. 150. Sem prejuízo de outras garantias asseguradas ao contribuinte, é vedado à União, aos Estados, ao Distrito Federal e aos Municípios: I – exigir ou aumentar tributo sem lei que o estabeleça; II – instituir tratamento desigual entre contribuintes que se encontrem em situação equivalente, proibida qualquer distinção em razão de ocupação profissional ou função por eles exercida, independentemente da denominação jurídica dos rendimentos, títulos ou direitos; III – cobrar tributos: a) em relação a fatos geradores ocorridos antes do início da vigência da lei que os houver instituído ou aumentado; b) no mesmo exercício financeiro em que haja sido publicada a lei que os instituiu ou aumentou; c) antes de decorridos noventa dias da data em que haja sido publicada a lei que os instituiu ou aumentou, observado o disposto na alínea b; (Incluído pela Emenda Constitucional n. 42, de 19.12.2003) IV – utilizar tributo com efeito de confisco; V – estabelecer limitações ao tráfego de pessoas ou bens, por meio de tributos interestaduais ou intermunicipais, ressalvada a cobrança de pedágio pela utilização de vias conservadas pelo Poder Público; VI – instituir impostos sobre: a) patrimônio, renda ou serviços, uns dos outros; b) templos de qualquer culto; c) patrimônio, renda ou serviços dos partidos políticos, inclusive suas fundações, das entidades sindicais dos trabalhadores, das instituições de educação e de assistência social, sem fins lucrativos, atendidos os requisitos da lei; d) livros, jornais, periódicos e o papel destinado a sua impressão. § 1º A vedação do inciso III, b, não se aplica aos tributos previstos nos arts. 148, I, 153, I, II, IV e V; e 154, II; e a vedação do inciso III, c, não se aplica aos tributos previstos nos arts. 148, I, 153, I, II, III e V; e 154, II, nem à fixação da base de cálculo dos impostos previstos nos arts. 155, III, e 156, I. (Redação dada pela Emenda Constitucional n. 42, de 19.12.2003) § 2º – A vedação do inciso VI, "a", é extensiva às autarquias e

art. 146, III, que exige "lei complementar para definição de tributos e de suas espécies, bem como, em relação aos impostos discriminados nesta Constituição, a dos respectivos fatos geradores, bases de cálculo e contribuintes", ainda que se possa encampar a conclusão restritiva já adotada pelo STF,[236] no sentido de que as contribuições previstas na Carta podem ser

---

às fundações instituídas e mantidas pelo Poder Público, no que se refere ao patrimônio, à renda e aos serviços, vinculados a suas finalidades essenciais ou às delas decorrentes. § 3º – As vedações do inciso VI, "a", e do parágrafo anterior não se aplicam ao patrimônio, à renda e aos serviços, relacionados com exploração de atividades econômicas regidas pelas normas aplicáveis a empreendimentos privados, ou em que haja contraprestação ou pagamento de preços ou tarifas pelo usuário, nem exonera o promitente comprador da obrigação de pagar imposto relativamente ao bem imóvel. § 4º – As vedações expressas no inciso VI, alíneas "b" e "c", compreendem somente o patrimônio, a renda e os serviços, relacionados com as finalidades essenciais das entidades nelas mencionadas.§ 5º – A lei determinará medidas para que os consumidores sejam esclarecidos acerca dos impostos que incidam sobre mercadorias e serviços. § 6.º Qualquer subsídio ou isenção, redução de base de cálculo, concessão de crédito presumido, anistia ou remissão, relativos a impostos, taxas ou contribuições, só poderá ser concedido mediante lei específica, federal, estadual ou municipal, que regule exclusivamente as matérias acima enumeradas ou o correspondente tributo ou contribuição, sem prejuízo do disposto no art. 155, § 2.º, XII, g. (Redação dada pela Emenda Constitucional n. 3, de 1993) § 7.º A lei poderá atribuir a sujeito passivo de obrigação tributária a condição de responsável pelo pagamento de imposto ou contribuição, cujo fato gerador deva ocorrer posteriormente, assegurada a imediata e preferencial restituição da quantia paga, caso não se realize o fato gerador presumido. (Incluído pela Emenda Constitucional n. 3, de 1993)

235. Art. 195, § 6º – As contribuições sociais de que trata este artigo só poderão ser exigidas após decorridos noventa dias da data da publicação da lei que as houver instituído ou modificado, não se lhes aplicando o disposto no art. 150, III, "b".

236. Na ADIn n. 2.010, o STF, em 1.999, assim julgou: "As contribuições de seguridade social – inclusive aquelas que incidem sobre os servidores públicos federais em atividade –, embora sujeitas, como qualquer tributo, às normas gerais estabelecidas na lei complementar a que se refere o art. 146, III, da Constituição, não dependem, para o específico efeito de sua instituição, da edição de nova lei complementar, eis que, precisamente por não se qualificarem como impostos, torna-se inexigível quanto a elas, a utilização dessa espécie normativa para os fins a que alude o art. 146, III, "a", segunda parte, da Carta Política, vale dizer, para a definição dos respectivos fatos geradores, bases de cálculo e contribuintes."

instituídas por lei ordinária e que apenas normas gerais hão de estar previstas em lei complementar, certo é que o CTN não contém quaisquer normas gerais relativas à definição das espécies tributárias em questão (as contribuições interventivas e sociais). O CTN desconhece a existência, como categoria (sujeita a regras gerais estruturantes, portanto), de CIDE ou de contribuições sociais, aludindo apenas às contribuições de melhoria,[237] que em nada se assemelham a essas outras (diz o Código, em seu artigo 5º que "os tributos são impostos, taxas e contribuições de melhoria"). E isso bem demonstra a incoerência e o desacerto de se autorizar a instituição, por lei ordinária, de espécies tributárias que não possuem lei complementar estruturante, quando a própria instituição de impostos exige – e efetivamente observa – tal pressuposto.

7.2.4 Art. 149, § 4º e a proibição de *bis in idem* atinente à tributação monofásica

Dispõe o art. 149, § 4º da Carta brasileira de 1988:

> § 4º A lei definirá as hipóteses em que as contribuições incidirão uma única vez. (Incluído pela Emenda Constitucional n. 33, de 2001).

O dispositivo versa, portanto, sobre a possibilidade de introdução do regime monofásico de tributação para as contribuições que compreende.

Por tributação monofásica entendemos a instituição de exação de incidência concentrada em um único sujeito passivo, um único contribuinte, no contexto de uma dada cadeia

---

237. As referências à manutenção de determinadas contribuições contidas no art. 217, evidentemente, não servem à traduzir regras gerais estruturantes do Sistema, capazes de ordenar a limitar a criação de exações pelo legislador ordinário.

econômica. Em tese, tal tributação adota uma alíquota mais elevada, justamente porque nada é cobrado daqueles que se encontram nas etapas seguintes. Não se trata aqui de antecipação do fato gerador, mediante substituição tributária para frente, nem de responsabilidade por tributo alheio, senão que de tributo próprio, na sua integralidade. Havendo indébito, o contribuinte estará inequivocamente na titularidade do direito a pleitear a restituição. Em seu nome.

A primeira interrogação que se coloca, então, está em saber se a tributação monofásica diz com incidência, propriamente dita. Caso positivo, deveria ela implicar em *exclusão* dos demais possíveis contribuintes do âmbito de incidência, mediante isenção? Ou ainda, mediante o recorte da própria materialidade da exação, em forma de não-incidência?

Comumente, a tributação monofásica é levada a efeito mediante a instituição de alíquota zero para os demais integrantes da cadeia. Ou seja, mantendo-se a incidência do tributo. Exemplos da utilização dessa técnica podem ser verificados na venda, por importador ou produtor, de produtos da indústria farmacêutica, consoante previsto na Lei n. 10.147/00,[238] ou ainda

---

238. Art. 1º A contribuição para os Programas de Integração Social e de Formação do Patrimônio do Servidor Público – PIS/Pasep e a Contribuição para o Financiamento da Seguridade Social – Cofins, devidas pelas pessoas jurídicas que procedam à industrialização ou à importação dos produtos classificados nas posições 30.01, 30.03, exceto no código 3003.90.56, 30.04, exceto no código 3004.90.46 e 3303.00 a 33.07, nos itens 3002.10.1, 3002.10.2, 3002.10.3, 3002.20.1, 3002.20.2, 3006.30.1 e 3006.30.2 e nos códigos 3002.90.20, 3002.90.92, 3002.90.99, 3005.10.10, 3006.60.00, 3401.11.90, 3401.20.10 e 9603.21.00, todos da Tabela de Incidência do Imposto sobre Produtos Industrializados – TIPI, aprovada pelo Decreto n. 4.070, de 28 de dezembro de 2001, serão calculadas, respectivamente, com base nas seguintes alíquotas: (Redação dada pela Lei n. 10.548, de 13.11.2002).

I – incidentes sobre a receita bruta decorrente da venda de: (Redação dada pela Lei n. 10.865, de 2004).

a) produtos farmacêuticos classificados nas posições 30.01, 30.03, exceto no código 3003.90.56, 30.04, exceto no código 3004.90.46, nos itens 3002.10.1,

na venda, por importador ou fabricante, de pneus novos, como previsto na Lei n. 10.485/02.[239]

Em sendo assim, contudo, os demais integrantes da cadeia econômica que não aquele em quem se concentrou a tributação, encontrar-se-ão em situação deveras mais frágil, do ponto de vista do exercício de suas garantias constitucionais, do que, v.g., a do contribuinte substituído, no contexto da substituição tributária para frente. Não deterão direito, seja ao

---

3002.10.2, 3002.10.3, 3002.20.1, 3002.20.2, 3006.30.1 e 3006.30.2 e nos códigos 3002.90.20, 3002.90.92, 3002.90.99, 3005.10.10, 3006.60.00: 2,1% (dois inteiros e um décimo por cento) e 9,9% (nove inteiros e nove décimos por cento); (Incluído pela Lei n. 10.865, de 2004).

b) produtos de perfumaria, de toucador ou de higiene pessoal, classificados nas posições 33.03 a 33.07 e nos códigos 3401.11.90, 3401.20.10 e 96.03.21.00: 2,2% (dois inteiros e dois décimos por cento) e 10,3% (dez inteiros e três décimos por cento); (Incluído pela Lei n. 10.865, de 2004).

II – sessenta e cinco centésimos por cento e três por cento, incidentes sobre a receita bruta decorrente das demais atividades.

§ 1º Para os fins desta Lei, aplica-se o conceito de industrialização estabelecido na legislação do Imposto sobre Produtos Industrializados – IPI.

§ 2º O Poder Executivo poderá, nas hipóteses e condições que estabelecer, excluir, da incidência de que trata o inciso I, produtos indicados no caput, exceto os classificados na posição 3004.

§ 3º Na hipótese do § 2º, aplica-se, em relação à receita bruta decorrente da venda dos produtos excluídos, as alíquotas estabelecidas no inciso II.

Art. 2º São reduzidas a zero as alíquotas da contribuição para o PIS/Pasep e da Cofins incidentes sobre a receita bruta decorrente da venda dos produtos tributados na forma do inciso I do art. 1º, pelas pessoas jurídicas não enquadradas na condição de industrial ou de importador.

239. Art. 5º As pessoas jurídicas fabricantes e as importadoras dos produtos classificados nas posições 40.11 (pneus novos de borracha) e 40.13 (câmaras-de-ar de borracha), da TIPI, relativamente às vendas que fizerem, ficam sujeitas ao pagamento da contribuição para o PIS/PASEP e da COFINS às alíquotas de 2% (dois por cento) e 9,5% (nove inteiros e cinco décimos por cento), respectivamente. (Redação dada pela Lei n. 10.865, de 2004).

Parágrafo único. Fica reduzida a 0% (zero por cento) a alíquota das contribuições para o PIS/Pasep e da Cofins, relativamente à receita bruta da venda dos produtos referidos no caput, auferida por comerciantes atacadistas e varejistas.

questionamento da constitucionalidade ou legalidade do tributo[240], seja à restituição por indébito, pois, como dito, o tributo pago pelo único contribuinte será *próprio*, integralmente. Não se estará diante de responsabilidade tributária por tributo alheio, em qualquer de suas formas.

Como se sabe, no caso de substituição tributária, o substituto recolhe, além do tributo próprio, o tributo atinente às obrigações tributárias de outros sujeitos passivos, que surgirão (no caso da substituição para frente) ou surgiram (no caso da substituição para trás) em outro(s) momento(s). Havendo indébito, portanto, este pertence, em princípio, ao contribuinte da exação (substituído), não ao responsável substituto.[241] Será do substituído a titularidade para pleitear em juízo a restituição. E, no caso de recolhimento a menor, será do substituto que deverá cobrar o Fisco. Ambos, contudo, terão legitimidade para questionar a constitucionalidade das regras que dão conformação à substituição tributária.

No que diz respeito à proibição de *bis in idem*, importa atentar para a circunstância de que, na prática, na tributação monofásica levada a efeito mediante a utilização de alíquota zero, o que se verifica na legislação é a existência de uma acentuada imposição tributária sobre um dado contribuinte, com a *suposição* de que essa incidência decorra da concentração de toda a carga tributária que *estaria* distribuída ao longo de uma determinada cadeia econômica, em uma única etapa.

O fato, contudo, é que, via de regra, a legislação não condiciona, nem garante que, do acréscimo da alíquota de um

---

240. Ou, ainda que se possa sustentar que o detenham, esse direito será de dificílimo exercício ou não atingirá uma finalidade prática.

241. Embora vá ter ele que conviver com as dificuldades impostas pelo art. 166 do CTN, segundo o qual: Art. 166. A restituição de tributos que comportem, por sua natureza, transferência do respectivo encargo financeiro somente será feita a quem prove haver assumido o referido encargo, ou, no caso de tê-lo transferido a terceiro, estar por este expressamente autorizado a recebê-la.

contribuinte, deva corresponder a desoneração de quaisquer outros elos da cadeia. Tudo o que ela faz é tributar mais pesadamente um deles e reduzir a zero a alíquota de outro, sem outorgar a este último qualquer garantia de que está excluído do âmbito de incidência. Com isso, o contribuinte que tiver sua alíquota aumentada de zero para um, dois ou qualquer alíquota positiva, não encontrará na legislação nenhum amparo para impugnar a exigência.

Esta afirmação é suficiente para demonstrar que – como se extrai da garantia de proporcionalidade – o uso distorcido dos meios, ainda que para atingir fins aparentemente idênticos e lícitos, compromete o desempenho dos freios e contrapesos correspondentes, isto é, a eficácia das garantias contrapostas ao exercício da competência tributária. A introdução do regime monofásico, portanto, tem como condição de sua higidez, a *garantia* da desoneração correspondente, seja mediante exclusão dos demais sujeitos passivos do âmbito de *incidência*, seja mediante declaração, em lei, de que se trata de tributo "que incidirá uma única vez" (como fez a Lei n. 11.116/05, abaixo citada).

Parece evidente que o art. 149, §4º, ao mesmo tempo em que prevê a tributação monofásica, contempla também o correspondente – e inerente – direito à exoneração dos demais potenciais sujeitos passivos da exação. A noção de tributação monofásica inclui, em sua ontologia, norma de rechaço (*non bis in idem*) a uma nova incidência, à inserção de um novo contribuinte no contexto de uma dada cadeia econômica. À permissão para o aumento da carga tributária mediante concentração em um determinado contribuinte se contrapõe a garantia de que nada será exigido dos demais.

Não se trata de mera teorização, mas de atenta observância à letra do art. 149, §4º, que, pontualmente, alude ao fenômeno jurídico *da incidência*, ao dispor que "a lei definirá as hipóteses em que as contribuições *incidirão* uma única vez". Ou seja, assegura, ao lado da incidência concentrada, a correspondente não incidência para os demais potenciais sujeitos passivos da cadeia econômica. O uso da técnica de alíquota zero para a instituição de tributação monofásica, no entanto, rigorosamente, não se compatibiliza com a Carta, pois não exclui do âmbito de incidência os demais sujeitos passivos, não lhes outorgando a inerente garantia de exoneração e mantendo-os em estado de permanente potencial submissão.

A não ser assim, o simples uso de alíquotas diferenciadas para os diversos contribuintes que se encontram em situação equivalente, sem a contrapartida ínsita, traduzirá puro e simples tratamento anti-isonômico, sem assento em quaisquer dos dispositivos autorizativos de tal medida excepcional (como a seletividade, essencialidade ou mesmo a progressividade), com ofensa literal ao art. 150 da CF.[242] [243]

Leis há, como a 11.116/05, art. 3º, que enunciam expressamente tratar-se de caso em que a contribuição incidirá uma única vez,[244] o que, em princípio, resolveria o problema. Ocorre que, na maior parte das vezes, essa garantia não é positivada

---

242. Art. 150. Sem prejuízo de outras garantias asseguradas ao contribuinte, é vedado à União, aos Estados, ao Distrito Federal e aos Municípios:
II – instituir tratamento desigual entre contribuintes que se encontrem em situação equivalente, proibida qualquer distinção em razão de ocupação profissional ou função por eles exercida, independentemente da denominação jurídica dos rendimentos, títulos ou direitos;
243. "La idea de igualdad es la expresión lógica del valor justicia. Por eso el principio de igualdad es el criterio central en materia de distribución de la carga tributaria y de él se pueden deducir todos los demás. Supone, obviamente, este principio que el reparto de los tributos se haga tratando por igual a los contribuyentes." (SAINZ DE BUJANDA, Fernando. *Lecciones de Derecho Financier*. 10ª Ed. Madrid: Universidad Complutense de Madrid, Facultad de Derecho, 1993, p. 106).
244. Art. 3º- A Contribuição para o PIS/Pasep e a Contribuição Social para o Financiamento da Seguridade Social – Cofins incidirão, uma única vez, sobre a receita bruta auferida, pelo produtor ou importador, com a venda de biodiesel, às alíquotas de 6,15% (seis inteiros e quinze centésimos por cento) e 28,32% (vinte e oito inteiros e trinta e dois centésimos por cento), respectivamente.

na lei e, com isso, não há instrumento real para assegurar a manutenção e obediência a um regime monofásico.

A noção de tributação monofásica já denota, em sua própria ontologia, uma relação conflituosa com princípios de política fiscal, como a generalidade e a universalidade. Ao excluir contribuintes que se encontram em situação equivalente e imputar somente a um deles seja imposto o ônus de pagar tributo – e, com isso, o ônus de ser fiscalizado, o ônus de adimplir as inúmeras obrigações acessórias, o ônus de possuir uma enorme equipe de empregados para administrar tais deveres, além do ônus de arcar com os custos de qualquer irregularidade em que porventura incida – o legislador já cria situação discriminatória que torna o uso desse mecanismo desaconselhável. A questão não está adstrita, portanto, ao mero âmbito da política arrecadatória (e ao uso, ainda que legislativo, de instrumentos que a viabilizem/otimizem), senão que à própria concepção de um sistema tributário justo.

7.3 Substituição tributária para frente (art. 150, § 7º da CF) e a proibição de *bis in idem*

Segundo Marco Aurélio GRECO, "tecnicamente, 'substituição tributária' é figura ligada à identificação de um certo tipo de sujeito passivo indireto, no âmbito da obrigação tributária. Vale dizer, alguém que o legislador qualifica para o fim de atribuir a responsabilidade tributária, no lugar do contribuinte."[245][246] Alguém que não está direta e imediata-

---

245. *Substituição Tributária*. São Paulo: Malheiros, 2ª Ed., 2001, p. 13.
246. Nesse sentido tradicional, a dicção de GIANNINI: "Sustituto de impuesto – Al extender las obligaciones impositivas a personas diversas del sujeto, la ley tributaria puede dar todavía un paso más, sustituyendo completamente al sujeto pasivo en las relaciones con la administración financiera por una persona diversa, la cual ocupa el puesto de aquél y queda, por consiguiente, obligada – no junto al sujeto pasivo, sino en lugar del mismo – al cumplimiento de todas las obligaciones, tanto

mente vinculado ao fato gerador, mas se encontra de algum modo vinculado ao contribuinte. Em suma, a figura denominada de 'substituição tributária' que a Teoria do Direito Tributário conhece consiste na atribuição a alguém de responsabilidade por dívida alheia. Sendo este o significado da expressão, não há dúvida de que a qualificação subjetiva de um terceiro, para fins de lhe atribuir a responsabilidade pelo pagamento de um tributo, é opção legislativa válida desde que haja certo tipo de vinculação entre o fato gerador, ou o contribuinte, e o terceiro escolhido pela lei. Neste ponto não há dúvida quanto ao cabimento da figura, nem na doutrina nem na legislação, bastando lembrar, por exemplo, os arts. 128 e ss. do CTN,[247] que regulam a responsabilidade da qual a substituição (como atribuição a terceiro com exclusão do contribuinte) pode ser considerada uma espécie.[248] [249] [250]

---

materiales como formales, que derivan de la relación jurídica impositiva. A esta persona se la da en la moderna doctrina del Derecho tributario el nombre de 'sustituto de impuesto'." (GIANNINI, A. D. *Instituciones de Derecho Tributario*. Madrid: Editorial de Derecho Financiero, 1957, p. 126).

247. CAPÍTULO V- Responsabilidade Tributária – SEÇÃO I – Disposição Geral – "Art. 128. Sem prejuízo do disposto neste capítulo, a lei pode atribuir de modo expresso a responsabilidade pelo crédito tributário a terceira pessoa, vinculada ao fato gerador da respectiva obrigação, excluindo a responsabilidade do contribuinte ou atribuindo-a a este em caráter supletivo do cumprimento total ou parcial da referida obrigação." Os dispositivos seguintes tratam especificamente da responsabilidade dos sucessores, dos terceiros e dos infratores.

248. GRECO, Marco Aurélio. *Substituição Tributária*, ob. cit., p. 13.

249. "El sustituto de impuesto no es, en modo alguno, un tercero frente a la relación tributaria, sino que él, y sólo él es el deudor del impuesto." (GIANNINI, A. D. *Instituciones de Derecho Tributario*. Madrid: Editorial de Derecho Financiero, 1957, p. 129).

250. "Por lo que respecta a los efectos de la sustitución impositiva, se resumen en el concepto ya indicado de que el sustituto ocupa el lugar del sujeto pasivo en toda la relación tributaria, tanto en el aspecto formal como en el aspecto material; en consecuencia, sólo el sustituto – y no, por tanto, el sujeto pasivo – queda obligado al cumplimiento de los deberes formales (presentar la declaración, exhibir los documentos, etc.), incurriendo, si no lo hace, en las

"Não obstante a expressão 'substituição tributária' tenha na doutrina um significado preciso, que é o acima exposto, o legislador e os operadores práticos começaram a denominar de "substituição tributária" uma outra figura em que a exigência do tributo é feita antes da ocorrência do respectivo fato gerador. Como o sujeito passivo a quem a lei atribui o dever de promover o recebimento e o recolhimento do tributo não é o contribuinte (assim definido pelo art. 121 do CTN[251]), passou-se a dizer que este sujeito passivo, que se encontra em fase anterior do ciclo econômico, estava sendo alcançado como 'substituto tributário' do contribuinte – o que levou à generalização da utilização da expressão para figura cujo núcleo relevante não está na atribuição de responsabilidade a terceiro (pois isto é amplamente disciplinado pelo Código Tributário Nacional), mas na exigência do tributo por antecipação."[252]

"Ter presente esta distinção, que subjaz a um uso impreciso da expressão 'substituição tributária', é muito relevante, pois às vezes a busca na doutrina de ensinamentos sobre a figura pode fazer com que se encontrem textos sobre a verdadeira 'substituição' (tipo de sujeição passiva indireta), e não sobre a "antecipação" (cobrança do tributo antes da ocorrência do seu fato gerador), o que gera perplexidades".[253]

---

pertinentes sanciones." (GIANNINI, A. D. *Instituciones de Derecho Tributario*. Madrid: Editorial de Derecho Financiero, 1957, p.130).
251. Art. 121. Sujeito passivo da obrigação principal é a pessoa obrigada ao pagamento de tributo ou penalidade pecuniária. Parágrafo único. O sujeito passivo da obrigação principal diz-se: I – contribuinte, quando tenha relação pessoal e direta com a situação que constitua o respectivo fato gerador; II – responsável, quando, sem revestir a condição de contribuinte, sua obrigação decorra de disposição expressa de lei.
252. GRECO, Marco Aurélio. *Substituição Tributária*, ob. cit., p. 13.
253. Idem, ibidem. O autor cita a obra de Alfredo Augusto BECKER, como uma das que utiliza a expressão "substituição" tributária para referir-se à hipótese de responsabilidade tributária.

Em que pese a correção da doutrina de Marco Aurélio GRECO, certo é que o passar dos anos e o incremento exponencial da utilização da técnica de substituição tributária pelo legislador tornaram seu uso distorcido como regra, relegando seu sentido original à condição de exceção. Em outras palavras, a imensa maioria dos julgados, textos de lei e de doutrina mais recentes vem empregando a expressão "substituição tributária" para aludir, especialmente, à técnica de antecipação do fato gerador de um determinado tributo, com a entrega de responsabilidade pelo pagamento a contribuinte antecedente no contexto da cadeia econômica (mesmo a substituição tributária para trás é termo empregado com menos frequência).

A Constituição brasileira, contudo, não adota nem a expressão "substituição tributária". Para aludir à comumente referida "substituição tributária para frente", o constituinte disse, no art.150, §7º, que "a lei poderá atribuir a sujeito passivo de obrigação tributária a condição de responsável pelo pagamento de imposto ou contribuição, cujo fato gerador deva ocorrer posteriormente, assegurada a imediata e preferencial restituição da quantia paga, caso não se realize o fato gerador presumido."

Para efeito de analisarmos a relação do referido dispositivo com a proibição de *bis in idem*, atentaremos à garantia de que, não se realizando o fato gerador, haja direito à imediata e preferencial restituição da quantia paga. Com efeito, sempre, em nosso ordenamento, que for instituído caso de substituição tributária para frente, será vedado aos entes federados deixar de garantir aos contribuintes a contrapartida ínsita a tal sorte de técnica. Se é verdade que a Carta dá uma opção ao legislador quando refere que o mesmo "poderá" atribuir a sujeito passivo a condição de responsável por antecipação, não menos certo é que ela impõe, não mais como uma possibilidade senão que como um imperativo (modal obrigatório, evidenciado pelo emprego da expressão "assegurada"), a restituição do tributo quando o fato gerador não se realize.

Mais do que isso, parece-nos igualmente incontornável, aqui, a obrigação de restituição quando a obrigação tributária se realize em extensão menor que a presumida, já que, ao nosso modo de ver, a presunção no contexto da substituição tributária para frente, é sempre *juris tantum* e não *jure et de jure*. Isso porque, preso ao dogma da estrita legalidade – combinado à capacidade contributiva, proporcionalidade e proibição de efeito de confisco – o Direito Tributário impede a participação do Estado na propriedade privada em medida superior àquela precisamente definida pela materialidade da exação objeto de autorização constitucional.[254] Sendo a "substituição tributária" técnica de arrecadação, não pode ela modificar a extensão da obrigação tributária, implicando solução mais gravosa da que decorreria da simples aplicação da alíquota sobre a base de cálculo *daquele específico contribuinte*.

A proibição de *bis in idem*, nesse contexto, impõe a vedação de que determinado contribuinte seja onerado novamente por uma carga que já satisfez na extensão de sua obrigação constitucional (na medida da materialidade prevista na Carta). O contribuinte que realiza o fato gerador de um imposto tem, na proporção desse fato, o direito a repelir uma segunda exigência que transcenda suas forças, ou, em outras palavras, tem o direito de rechaçar o excesso que, na prática, equivale a uma nova incidência (*non bis in idem*).

Parece-nos contrária à lógica e ao sistema tributário como um todo a conclusão de determinados operadores do Direito segundo a qual somente em caso de não realização do fato gerador teria o contribuinte direito à restituição, não valendo, contudo, tal garantia para o caso de realização do fato gerador

---

254. "La capacidad económica se 'libera' así de la interdicción de la arbitrariedad y puede desplegar su eficacia en un doble plano: como medida general de la igualdad tributaria y como derecho fundamental del contribuyente. En realidad, ambos aspectos están íntimamente unidos: la medida de la igualdad determina cuánto es justo que pague cada contribuyente; fundamenta, por tanto, su derecho a contribuir precisamente en esa proporción y no en una cuantía superior." (HERRERA MOLINA, Pedro Manuel. *Capacidad Económica y Fiscal*: análisis del ordenamiento español a la luz del derecho alemán. Madrid: Fundación Oriol-Urquijo: Marcial Pons, 1998, p. 64).

TEORIA DA PROIBIÇÃO DE *BIS IN IDEM* NO DIREITO TRIBUTÁRIO

em medida menor do que a prevista na lei de substituição. Ora, de início, tal conclusão já ofenderia regra hermenêutica segundo a qual quem pode o mais pode o menos: não faz sentido assegurar-se a restituição total, mas proibir-se a parcial.

Da mesma forma, é certo que a substituição tributária configura mera técnica de arrecadação, sendo incapaz de atenuar ou afastar a aplicação dos demais princípios tributários vigentes na Carta. A capacidade contributiva, especialmente, exige – no caso – que o imposto cobrado não ultrapasse a demonstração de força revelada pelo signo presuntivo de riqueza externado pelo fato gerador.[255] Não há, portanto, como validamente se exigir o imposto em medida maior do que a exata proporção em que se realizou o fato que dá causa à imposição.[256] Todo tributo exigido fora dos limites da lei possui efeito de confisco em sentido amplo e, quando essa transgressão se dá no aspecto quantitativo da obrigação, ofende, além desse mes-

---

255. "La doctrina ha formulado la distinción entre capacidad contributiva absoluta y capacidad contributiva relativa. La primera es la aptitud abstracta para concurrir a las cargas públicas. La segunda es el criterio que ha de orientar la determinación de la concreta carga tributaria. Cada una de estas especies de capacidad contributiva se tiene en cuenta en un momento distinto del establecimiento de los tributos. La primera, en el momento de la delimitación de los presupuestos de hecho. La segunda, en el de la fijación de los elementos de cuantificación de la deuda tributaria." (SAINZ DE BUJANDA, Fernando. *Lecciones de Derecho Financiero*. 10ª Ed. Madrid: Universidad Complutense de Madrid, Facultad de Derecho, 1993. p. 107-108).

256. Herrera Molina destaca as três formas em que tomada a capacidade contributiva na jurisprudência constitucional alemã, demonstrando que, ao lado da função proporção, o axioma externa medida geral de igualdade e fundamenta também o próprio direito fundamental a tributar com suporte na necessidade e igualdade: "La rehabilitación de la capacidad económica en la jurisprudencia constitucional alemana se basa en tres puntos capitales: consideración de la capacidad económica como medida general de la igualdad, construcción de un derecho fundamental a tributar con arreglo a las exigencias de la igualdad, y necesidad de establecer un control de proporcionalidad." (HERRERA MOLINA, Pedro Manuel. *Capacidad Económica y Fiscal*: análisis del ordenamiento español a la luz del derecho alemán. Madrid: Fundación Oriol-Urquijo: Marcial Pons, 1998, p. 79).

mo postulado (em sentido restrito) também o princípio da capacidade contributiva.

Aqueles que se posicionam em sentido contrário costumam argumentar que, quando a situação é inversa, ou seja, quando o fato gerador se realiza em proporções maiores que aquela base prevista para a substituição, o Fisco também não cobra a diferença. O argumento, contudo, é falho. E a razão para tanto chama-se estrita legalidade tributária.

Ao Estado só é dado cobrar o quanto previsto em lei e nos estritos termos e quantitativos nela previstos e respaldados pela Constituição.[257] Não pode exigir tributo por equidade. Se deseja cobrar mais, haverá de inserir em lei, pontualmente, essa pretensão e, ainda assim, nos limites impostos pela materialidade constitucionalmente prevista.[258]

---

257. "Un significado grupo de autores sostiene la existencia de un derecho fundamental a contribuir con arreglo a la capacidad económica, y de la necesidad de realizar una ponderación de bienes jurídicos (enmarcada en un control de proporcionalidad) cuando estén presentes fines que impliquen la restricción de aquel derecho." (HERRERA MOLINA, Pedro Manuel. *Capacidad Económica y Fiscal*: análisis del ordenamiento español a la luz del Derecho alemán. Madrid: Fundación Oriol-Urquijo, Marcial Pons, 1998, p. 79).

258. Válidas as lições da excelente monografia de Herrera Molina: "LA CONTRIBUICIÓN CON ARREGLO A LA CAPACIDAD ECONÓMICA COMO DERECHO FUNDAMENTAL CON ANCLAJE GENÉRICO EN LA DIGNIDAD DE LA PERSONA – Los derechos fundamentales tienen su fundamento último en la dignidad de la persona (art. 10.1 CE). Constituyen concreciones jurídicas dirigidas a proteger dicha dignidad. Ahora bien, en el Estado social los derechos fundamentales no pueden considerarse como mera garantía del individuo aislado. Junto a su vertiente individual ponen de relieve que «el hombre no puede vivir sin la Sociedad y el Estado». Este doble aspecto aparece de relieve en el derecho a contribuir con arreglo a la capacidad económica, inextricablemente unido al deber de contribuir. Por una parte, la capacidad económica garantiza la igualdad de trato en el sostenimiento de las cargas públicas que corresponde a la dignidad de la persona. Por otra, supone la medida del deber de contribuir: la medida de un deber de solidaridad hacia los demás hombres que se lleva a la práctica con la medición del Estado." (HERRERA MOLINA, Pedro Manuel. *Capacidad Económica y Fiscal*: análisis del ordenamiento español a la luz del derecho alemán. Madrid: Fundación Oriol-Urquijo: Marcial Pons, 1998, p. 82-83).

TEORIA DA PROIBIÇÃO DE *BIS IN IDEM* NO DIREITO TRIBUTÁRIO

No caso, pode perfeitamente editar lei para cobrar a referida diferença. Mas a menos que o faça, estará impedido de efetuar tal cobrança, da mesma forma como estará impedido de exigir tributo em medida superior àquela efetivamente verificada na concretude dos fatos. As presunções, em Direito Tributário, cedem passo frente à realidade, sob pena de converterem-se em exigência de tributo sem lei que assim preveja.[259] Serão sempre *juris tantum*, portanto.[260] [261]

---

259. Ou em desacordo com a capacidade contributiva: "Assim se verifica, desde logo, com as presunções a que o legislador fiscal frequentemente recorre com a finalidade de conferir certeza e simplicidade às relações fiscais, de permitir uma pronta e regular percepção dos impostos ou de evitar a evasão e fraude fiscais. Ora, esta técnica legislativa, movida por legítimas preocupações de simplificação e de praticabilidade das leis fiscais, tem de compatibilizar-se com o princípio da capacidade contributiva, o que passa, quer pela ilegitimidade constitucional das presunções absolutas, à medida que obstam à prova da inexistência da capacidade contributiva visada na respectiva lei, quer pela exigência de idoneidade das presunções relativas para traduzirem o correspondente pressuposto económico do imposto. Nas palavras da Corte Constitucional italiana, as presunções devem apoiar-se em elementos concretos e positivos, que as justifiquem racionalmente, de modo que o imposto tenha por causa justificativa índices concretamente reveladores de riqueza, dos quais seja racionalmente dedutível a idoneidade subjectiva para o pagamento da obrigação de imposto. Todavia, não obstante esta ou outras afirmações do género repetidas em diversas sentenças, a Corte Constitucional transalpina tem tido alguma dificuldade em aplicar à risca uma tal doutrina, o que é manifesto nas sentenças paradigmáticas n.s 109/1967 e 103/1991." (NABAIS, José Casalta. *O Dever Fundamental de Pagar Impostos*. Coimbra: Almedina, 1998, p. 497-498).

260. "O uso de presunções em matéria tributária, portanto, há de encontrar limites muito claros. Primeiro, tais presunções só poderão ser de ordem probatória (presunção simples ou hominis); e, quando criadas por lei, não poderão ser absolutas, mas só relativas, admitindo a devida prova em contrário por parte do alegado, com liberdade de meios e formas. Segundo, a Administração deve respeitar o caráter de subsidiariedade dos meios presuntivos, pois só de modo excepcional se deve valer deles, na função de típica finalidade aliviadora ou igualdade de armas, nas hipóteses em que encontrar evidente dificuldade probatória. Terceiro, por que a verdade material é o parâmetro absoluto da tributação, qualquer modalidade de presunção relativa há de ser aplicada com estrito respeito aos direitos fundamentais e à legalidade, acompanhada de devido processo legal e sem qualquer espécie de discricionariedade que leve ao abuso de poder." (TORRES, Heleno. *Direito Tributário e Direito Privado*: autonomia privada, simulação, elusão tributária. São Paulo: Revista dos Tribunais, 2003, p. 406).

261. Nesse sentido, Rafael PANDOLFO sustenta: "Como se observa, a primeira grande barreira à estipulação da substituição tributária é a própria competência tributária estendida ao ente tributante que pretende utilizar

A fixação da margem de valor agregado (MVA) ou da pauta fiscal pelo legislador, enquanto métodos para viabilizar a substituição tributária, hão de atentar ao quanto exposto acima. Ainda que se admita a possibilidade de restituição do

---

esse mecanismo arrecadatório. Desse modo, tomado o ICMS como exemplo, a legislação infraconstitucional e o respectivo ato de aplicação (lançamento) não poderão alinhar base de cálculo que ultrapasse o preço celebrado, estabelecido no negócio jurídico de compra e venda. Eventual exigência, em caráter definitivo, do imposto estadual sobre um valor superior ao preço pago pelo consumidor ao substituído tributário incorrerá nas seguintes inconstitucionalidades:
a) violação dos limites da competência tributária cravados no artigo 155, II, da Constituição Federal;
b) violação do Princípio da Capacidade Contributiva, em sua acepção normativa mais primária e unívoca, materializada pela exigência, pelo Estado, de parte (imposto) de uma riqueza inexistente (parcela de base de cálculo superior ao valor recebido, que denota o limite da aptidão tributária do contribuinte). A consequência não é outra que não o confisco, vedado pelo art. 150, IV, da Constituição, pois o tributo, nessa hipótese inconstitucional, somente poderá ser recolhido mediante uma redução patrimonial, mesmo que seja ínfima.
Assim, quando a venda é realizada, por, por exemplo, R$ 100.000,00, a pretensão fiscal nasce limitada ao percentual legalmente incidente sobre esse valor econômico (R$ 17.000,00). A exigência do recolhimento do imposto estadual sobre a parcela superior a esse valor representará, claramente, a instituição de um novo imposto, incidente sobre o patrimônio do contribuinte.
A incidência normativa que deflagra a obrigação tributária pode ser sintetizada como a congruência, identificada por um intérprete numa situação concreta, entre o conceito de norma e o conceito do fato considerado. No caso do ICMS, a Constituição estabelece, como parâmetro máximo à fixação da grandeza econômica tributável, o valor recebido pelo vendedor. A estipulação de uma presunção absoluta estabeleça, arbitrariamente, um valor superior à realidade documental retratada pelo fato jurídico tributário configura clara e irretorquível burla à Constituição Federal. As definições contidas na Carta Maior pressupõem uma realidade que deve estar consoante com o que aconteceu, e não com o que deveria ter acontecido. Caso contrário, corre-se o risco de, em um curto espaço de tempo, assistir-se a cenas teratológicas, como, por exemplo, a cobrança do Imposto de Renda de empregados que não receberam os respectivos salários (em razão da inadimplência do empregador), tributo calculado sobre os valores que deveriam ter sido recebidos, e não foram." (FERREIRA NETO, Arthur e NICHELE, Rafael (Coord). *Curso Avançado de Substituição Tributária*. São Paulo: IOB, 2010, p. 132-133).

quanto foi pago a maior, certo é que a regra de antecipação não pode, sistematicamente, adotar base maior, errada, a título de presunção. A presunção há de aproximar-se o mais possível da concretude dos fatos, da realidade fenomênica que visa forjar, sob pena de tornar-se igualmente viciada, na exata medida que se converterá em forma disfarçada de aumento da carga tributária (ainda que, estando sujeita à restituição, tal exigência possa ter um efeito exclusivamente financeiro, sem dúvida ela afeta o fluxo de caixa e implica apropriação, mesmo que provisória, de numerário do contribuinte). Tais métodos presuntivos, exatamente por externarem meros instrumentos de política arrecadatória e exatamente por destoarem da realidade típica, tornar-se-ão inconstitucionais (por violação à capacidade contributiva, à proibição de efeito de confisco e à proibição de *bis in idem*) quando converterem o erro em regra, extravasando, de forma continuada e ostensiva (porque positivada), os limites da competência tributária, e convertendo, em empréstimo compulsório inconstitucional, a exigência recorrente de parcela superior àquela permitida na Carta.[262]

Sobre a realização do fato gerador em proporções menores que as presumidas, o STF possui julgado em sentido contrário ao ora defendido, aduzindo que a realização do fato gerador em proporções inferiores àquelas presumidas não conduz

---

262. "Ao não admitir prova em contrário, a presunção absoluta cria direito substantivo em matéria tributária 'che comporta una modificazione (rectius: simplificazione) degli elementi della fattispecie legale (impositiva)', como bem lembra Gaspare FALSITTA. A impossibilidade de demonstração de prova em contrário colide frontalmente com o critério de demonstração de capacidade contributiva, que não se deve superar, tal como se verifica na vedação à analogia. A Constituição, ao exigir a verdade material na identificação de capacidade contributiva, quando a requer efetivamente demonstrada, limita a competência legislativa quanto à criação de procedimentos formais baseados em presunções absolutas ou discriminatórias, que menos tem que ver com atividade probatória e mais com garantia de comodidade da Administração Tributária." (TORRES, Heleno. *Direito Tributário e Direito Privado*: autonomia privada, simulação, elusão tributária. São Paulo: Revista dos Tribunais, 2003, p. 407).

ao direito à restituição parcial, pois a Carta apenas agasalharia o direito à restituição integral, quando da inocorrência do fato gerador. Na ADI n. 1.851, o Tribunal concluiu que "a EC n. 03/93, ao introduzir no art. 150 da CF/88 o § 7.º, aperfeiçoou o instituto, já previsto em nosso sistema jurídico-tributário, ao delinear a figura do fato gerador presumido e ao estabelecer a garantia de reembolso preferencial e imediato do tributo pago quando não verificado o mesmo fato a final. A circunstância de ser presumido o fato gerador não constitui óbice à exigência antecipada do tributo, dado tratar-se de sistema instituído pela própria Constituição, encontrando-se regulamentado por lei complementar que, para definir-lhe a base de cálculo, se valeu de critério de estimativa que a aproxima o mais possível da realidade. A lei complementar, por igual, definiu o aspecto temporal do fato gerador presumido como sendo a saída da mercadoria do estabelecimento do contribuinte substituto, não deixando margem para cogitar-se de momento diverso, no futuro, na conformidade, aliás, do previsto no art. 114 do CTN,[263] que tem o fato gerador da obrigação principal como a situação definida em lei como necessária e suficiente à sua ocorrência. O fato gerador presumido, por isso mesmo, não é provisório, mas definitivo, não dando ensejo à restituição ou complementação do imposto pago, senão, no primeiro caso, na hipótese de sua não-realização final. Admitir o contrário valeria por despojar-se o instituto das vantagens que determinaram a sua concepção e adoção, como a redução, a um só tempo, da máquina-fiscal e da evasão fiscal a dimensões mínimas, propiciando, portanto, maior comodidade, economia, eficiência e celeridade às atividades de tributação e arrecadação."

Posteriormente, contudo, no julgamento da ADI n. 2.675, o Tribunal, já após significativa mudança de seu quadro a partir do ingresso de novos Ministros, voltou a examinar a questão, tendo a tese do direito à restituição parcial ganho a adesão de boa parte de sua composição. Atualmente, pendente apenas o

---

263. Art. 114. Fato gerador da obrigação principal é a situação definida em lei como necessária e suficiente à sua ocorrência.

voto de desempate do Ministro Carlos Britto, aguarda-se a solução a ser dada pela Corte ao problema referido.[264]

7.4 A adoção de base de cálculo e hipótese de incidência de impostos e contribuições já discriminados na Constituição e a proibição de *bis in idem* (as regras dos arts. 154, I e 195, § 4º da CF)

Diz a Constituição de 1988, em seu art. 154, I:

> Art. 154. A União poderá instituir:
>
> I – mediante lei complementar, impostos não previstos no artigo anterior, desde que sejam não-cumulativos e não tenham fato gerador ou base de cálculo próprios dos discriminados nesta Constituição;

Com isso, introduziu o contribuinte regra pontual proibitiva de *bis in idem*, determinando que os novos impostos não

---

264. Veja-se o quanto dito no Informativo n. 455 do STF, de fevereiro de 2007 (o acórdão do feito ainda não se encontra disponibilizado, já que o julgamento ainda pende de conclusão): "O Tribunal retomou julgamento de duas ações diretas de inconstitucionalidade ajuizadas pelos Governadores dos Estados de Pernambuco e de São Paulo contra o art. 19 da Lei 11.408/96 e art. 66-B, II, da Lei 6.374/89, com a redação dada pela Lei 9.176/95, respectivamente dos referidos Estados, que asseguram a restituição do ICMS pago antecipadamente no regime de substituição tributária, nas hipóteses em que a base de cálculo da operação for inferior à presumida — v. Informativos 331, 332, 397 e 443. O Min. Cezar PELUSO, em relação à ADI 2675/PE, também votou pela improcedência do pedido, reiterando os fundamentos de seu voto na ADI 2777/SP. Em seguida, após o voto-vista do Min. Eros GRAU e dos votos dos Ministros Gilmar MENDES, Sepúlveda PERTENCE e Ellen GRACIE, acompanhando a divergência iniciada pelo Min. Nelson JOBIM, pela procedência dos pedidos formulados em ambas as ações diretas, e, ainda, dos votos dos Ministros Joaquim BARBOSA, Marco Aurélio MELLO e Celso de MELLO, que acompanhavam o voto dos relatores pela improcedência dos pedidos, o julgamento foi suspenso para colher o voto de desempate do Min. Carlos BRITTO. Não vota, na ADI 2675/PE, o Min. Ricardo LEWANDOWSKI, por suceder ao Min. Carlos VELLOSO, e não vota, em ambas as ações diretas, a Min. Cármen Lúcia Antunes ROCHA, por suceder ao Min. Nelson JOBIM. ADI 2675/PE, rel. Min. Carlos VELLOSO, 7.2.2007 (ADI-2675).

poderão ser nuclearmente idênticos aos já previstos na Carta. Pelo emprego da expressão "nuclearmente idênticos" pretendemos frisar nossa convicção de que é o binômio hipótese de incidência/base de cálculo que melhor define a natureza de uma exação, sendo desimportante (ou, no mínimo, muito menos relevante), para o efeito de considerá-la idêntica a uma outra já existente, elementos como, v.g., a alíquota com que é introduzida, sua data de vencimento, ou até mesmo seu sujeito ativo.

A denominação de um dado tributo, igualmente, será desinfluente para definir sua natureza, por mandamento expresso do Código Tributário, art. 4º, I,[265] de modo que, se determinada exação com características próprias de imposto for introduzida no ordenamento travestida de "contribuição", tal circunstância será indiferente à incidência da vedação aqui examinada.

Dito isso, a primeira nota que se faz necessária, na exegese do referido dispositivo, diz com saber como interpretar o emprego do disjuntor "ou" pelo constituinte ao referir-se a "fato gerador ou base de cálculo". Não nos parece correto afirmar que, assim procedendo, tenha o constituinte exigido, para efeito de caracterizar o *bis* proibido, que a nova exação detenha ambos os elementos idênticos para se lhe considerar inconstitucional. Ao empregar a referida partícula quis o constituinte determinar que tanto a presença de base de cálculo, quanto a presença de fato gerador idênticos, ou ainda, igualmente, a presença de ambos, simultaneamente, indicará a configuração de novo tributo igual e, portanto, proibido (*non bis in idem*).

As dificuldades interpretativas geradas pelo enunciado em questão, contudo, não terminam aí. Questão tormentosa consistiu na discussão travada no âmbito do STF, acerca da possibilidade de contribuições sociais novas serem instituídas

---

265. Art. 4º A natureza jurídica específica do tributo é determinada pelo fato gerador da respectiva obrigação, sendo irrelevantes para qualificá-la: I – a denominação e demais características formais adotadas pela lei; II – a destinação legal do produto da sua arrecadação.

com base na competência residual do art. 195, § 4º da CF, mesmo que com base de cálculo e hipótese de incidência idênticas àquelas dos impostos nominados na Constituição.

A simples dicção do artigo em comento, em princípio, não traria maiores dúvidas, já que expressa que novos impostos não poderão ter base de cálculo ou hipótese de incidência próprias dos impostos já enumerados pela Carta. No entanto, a CF, em seu art. 195, § 4º retoma o tema e cria a dificuldade ao estatuir que "A lei poderá instituir outras fontes destinadas a garantir a manutenção ou expansão da seguridade social, obedecido o disposto no art. 154."

Com isso, a questão posta consistiu em saber se a remissão ao art. 154 implicava vedação à introdução de novas contribuições com base de cálculo ou hipótese de incidência próprias de imposto, ou se implicava proibição à criação de novas contribuições com base de cálculo ou hipótese de incidência próprios de outras contribuições já existentes e nominadas na Carta. O STF, ao apreciar a questão, no RE n. 146.733, afastou a interpretação que, mais apegada à literalidade do dispositivo, contrapõe as contribuições aos impostos, para concluir que a vedação da Carta, no ponto (art. 195, § 4º), diz respeito ao contraste entre novas contribuições e contribuições já existentes.

O julgamento em questão é de grande importância para o estudo do tema em apreço, notadamente porque atesta, na voz do Min. Ilmar GALVÃO, que "não há, na Constituição, nenhuma norma que vede a incidência dupla de imposto e contribuição sobre o mesmo fato gerador, nem que proíba que tenham os dois tributos a mesma base de cálculo." Segundo o magistrado, "o que veda a Carta, no art. 154, I, é a instituição de imposto que tenha fato gerador e base de cálculo próprios dos impostos nela discriminados. E o que veda o art. 195, parágrafo 4º, é que quaisquer outras contribuições, para fim de seguridade social, venham a ser instituídas sobre os fenômenos econômicos descritos nos incs. I, II e III do caput, que servem de fato gerador à contribuição em exame." O mesmo entendimento foi mantido no julgamento do RE n. 228.321, Rel. Min. Carlos VELLOSO, quando se questionou a constitucionalidade da contribuição social criada pela LC n. 84/96 sobre a remuneração dos autônomos, por se entender que tal exação teria idêntica base de cálculo do imposto sobre a renda dos mesmos sujeitos passivos.

O ponto relevante a ser aqui consignado na formação desse entendimento pela Corte Máxima diz com a circunstância de que – ainda que de forma restrita (i.e., relacionando impostos com impostos e contribuições com contribuições) – o STF deixou indene de dúvidas a existência de um princípio de unicidade contributiva na Carta de 1988 e, especificamente, em seu art. 195. Entendeu-se que o rol do art. 195 é exaustivo, proibido o *bis in idem* ou, dito de outra forma, vedada a superposição contributiva. Novas fontes de custeio da seguridade social – que não tenham suporte constitucional próprio – somente poderão ser instituídas pela via da lei complementar, e ainda assim, desde que sem fato gerador ou base de cálculo próprias daquelas exações previstas no referido artigo, exigindo-se – por fim – que adotem a técnica da não-cumulatividade.

Também interpretando o art. 154, I, o STF aduziu que a proibição de *bis in idem* contida no dispositivo em comento representa vedação dirigida ao legislador, não ao constituinte derivado, como pretendiam determinados autores. Na ocasião, afirmou o Min. Carlos VELLOSO que "a técnica da competência residual da União é para o legislador ordinário e não para o constituinte derivado".[266] Com isso, como explica Leandro PAULSEN, "restou consolidado (...) que a não-cumulatividade e o não *bis in idem* não precisam ser observados quando da criação de um novo imposto através de emenda constitucio-

---

266. ADIn n. 939.

nal",[267] eis que a Constituição "vedou (...) o *bis in idem* relativamente às contribuições de seguridade social, ao eleger bases econômicas e determinar que o exercício da competência residual se conforme à mesma sistemática da competência residual atinente aos impostos." Portanto, "não há impedimento, pois, a que haja *bis in idem* ou mesmo bitributação por contribuição de seguridade social relativamente a impostos já instituídos ou que venham a ser instituídos. Tampouco há impedimento ao *bis in idem* entre contribuição de seguridade social relativamente a outras contribuições sociais gerais, de intervenção no domínio econômico ou do interesse das categorias profissionais ou econômicas." [268] [269]

7.5 Vedação à inclusão, na base de cálculo, do próprio valor do tributo

A inclusão de um tributo em sua própria base de cálculo é distorção que agride aos mais rudimentares postulados de política fiscal, afronta garantias elementares do contribuinte e conflita até mesmo com princípios mais amplos, norteadores de todo Direito Administrativo. Por isso mesmo, salvo exceções constitucional e expressamente previstas (que, ademais, nem por ação do constituinte derivado poderiam ser inseridas), ela será sempre vedada.

Quando procedida pelo legislador infraconstitucional, a inserção do valor do tributo em sua própria base de cálculo revela vício que pode ser facilmente identificado, já que, assim o fazendo, a lei extrapola o critério material da hipótese constitucionalmente prevista, instituindo tributo fora e além do quanto permitido pela Carta. Afinal, é elementar que, se a

---

267. PAULSEN, Leandro. *Direito Tributário*. Porto Alegre: Livraria do Advogado. 12ª Ed., 2010, p. 315.
268. Ob. cit., p. 578.
269. Sobre esse ponto, vide nossos comentários ao art. 149 da Carta.

Constituição autoriza, v.g., instituir imposto sobre a propriedade, ofenderá a Carta a legislação que venha a prever que o imposto incide sobre "o valor da propriedade + o valor do próprio imposto", pois a instituição dessa segunda exigência não encontra guarida na Lei Maior. O limite do critério quantitativo (base de cálculo) de uma dada exação é conferido pela própria enunciação da materialidade (que dá a dimensão do ato/fato que se autoriza tributar). Extravasando-o padece de suporte constitucional a exigência.[270]

A inclusão do tributo em sua base de cálculo pelo legislador infraconstitucional, assim, ofende a proibição de *bis in idem*, fazendo com que o tributo incida de forma sobreposta (*bis*), sobre seu próprio critério quantitativo (*idem*), esgotando o valor da operação (ou, enfim, a dimensão do ato/fato sobre o qual incide) e tornando a incidir sobre a mesma. Colide, da mesma forma, quando aplicável, com o mecanismo da não-cumulatividade (também esse um instrumento expressivo da interdição de *bis*), já que, ao prever o chamado "cálculo por dentro", está-se cumulando a segunda incidência (ilegítima) à primeira (legítima), bitributando-se uma mesma e única materialidade.

Quando introduzida pelo próprio constituinte derivado, contudo, a determinação de inserção do tributo em sua própria base de cálculo é frequentemente havida como hígida, com base no argumento de que a estatura desse veículo é idêntica

---

[270]. Em linha com esse raciocínio, o voto (vencido) do Ministro Marco Aurélio MELLO no RE n. 212.209 acertadamente refere que, a valer essa técnica (de cálculo "por dentro") "a porcentagem do ICMS passa a ter, em si, duas bases: a primeira ligada à operação de circulação de mercadorias ao preço da venda entabulada e efetuada, e aí conta-se com o respaldo constitucional. A vantagem do vendedor com o negócio jurídico gera a obrigatoriedade de recolher o tributo; a segunda base de cálculo passa a ser algo que não integra o patrimônio do vendedor: não o ganho deste ao efetuar a operação, mas sim, quantia que é direcionada aos cofres públicos, ou seja, a resultante da incidência da alíquota do ICMS sobre o valor da transação." Diz ainda o Ministro que "o tributo não pode extravasar, dada a alíquota e a base de incidência, o valor, em si, da operação".

àquela que atribui competência para tributar, de modo que, modificando-se a própria Lei Maior, nenhum vício se poderia opor à exigência. Temos para nós, contudo, que, ainda que introduzida por Emenda Constitucional, a regra de inclusão do tributo em sua própria base é também inválida, embora por distintos fundamentos.

É que todo o tributo, toda a exação, há de incidir, necessária e exclusivamente, sobre signos presuntivos de riqueza, expressivos de capacidade contributiva. Tributa-se o *plus*, não o *minus*.[271] Do contrário, todo o sistema de financiamento dos gastos públicos entraria em colapso, já que, por óbvias razões de sustentabilidade, só é possível tributar-se aquilo que se tem, não aquilo que se deve. Na verdade, trata-se de aplicar a sentença de HOLMES, que sustentava que o poder de tributar não pode se afastar do dever de conservar, ou ainda a máxima de Edimburgo, "leave them as you find them", que exalta a função da tributação como mecanismo lubrificador do Estado de Direito, dizendo que os tributos devem manter a cada um na mesma situação relativa de renda e patrimônio em que se encontravam anteriormente à imposição.[272]

Ao permitir-se a incidência de "tributo" sobre algo que representa um ônus, rigorosamente, de tributo não mais se tratará (e aí incluímos um importante elemento para a definição de tributo, frequentemente olvidado pela doutrina e jurisprudência), já que a tributação, ontologicamente, constitui-se em uma forma de participação do Estado na propriedade privada (entendida essa em toda sua amplitude semântica, como instituição e como valor econômico), prestando-se à li-

---

271. Perfeitas, assim, as colocações do Ministro Marco Aurélio no RE n. 212.209, quando diz que "À evidência, atua o fisco cobrando imposto sobre imposto a pagar, desconhecendo a regra que remete à capacidade econômica do contribuinte, já que este nada aufere, nada alcança, a ponto de ensejar a tributação."
272. GOLDSCHMIDT, Fabio Brun. *O Princípio do Não-Confisco...*, p. 161-162.

mitação desse direito, sem jamais chegar a consumi-lo (porque carece de autorização/legitimação constitucional para tanto).

Como já escrevemos,[273] o direito de propriedade, rigorosamente, preexiste ao Estado organizado pelo simples fato de que é da natureza do homem a necessidade de se assenhorar dos bens da vida, apropriar-se de coisas e, em consequência, opor sua propriedade aos demais. O papel do Estado consiste em tornar estáveis esses direitos, outorgando-lhes segurança e durabilidade. Para tanto, é preciso compatibilizar os direitos iguais de todos, limitando-os na medida necessária da viabilização de sua coexistência harmônica e pacífica. O proprietário dispõe livremente de seu patrimônio, e o seu direito prevalece contra todos. Mas o interesse social lhe impõe certas restrições necessárias à manutenção de idênticos direitos alheios.

Assim, embora se diga que o direito de propriedade é absoluto, à medida que se revela oponível *erga omnes*, é indiscutível que ele deve ser também limitado, e que a necessidade de tais limitações cresce juntamente com o crescimento e complexidade da sociedade.

A tributação também pode ser compreendida como uma limitação ao direito de propriedade e, em especial, da propriedade privada. Com efeito, a propriedade privada é pilar de sustentação do sistema capitalista e existe uma relação de dependência recíproca entre o reconhecimento desse direito e o dever de contribuir ao sustento do Estado mediante o sistema tributário. Realmente, "no hay tributación sin reconocimiento del derecho de propiedad, lo cual es una verdad demostrada por la definición, cualquiera sea, de lo que se entiende por tributación, en tanto detracción de manos de los particulares hacia manos estatales. Y no podría haber reconocimiento y protección de este derecho sin un Estado que viva alimentado por los tri-

---

273. Vide GOLDSCHMIDT, Fabio Brun. *O Princípio do Não-Confisco*, ob. cit., p. 37 e segs.

butos, recaudados, recortados, obtenidos merced al fruto de la vigencia efectiva de ese derecho a nivel individual."[274]

Como já disse BECKER "o Poder Tributário não é um poder *sui generis* que teria características próprias e específicas. O 'Poder Tributário' é simplesmente uma manifestação do *Poder* estatal".[275] O sistema tributário, nesse sentido, deve funcionar da mesma forma que as demais normas limitadoras do direito de propriedade, podendo regulamentá-lo, sem, contudo, jamais aniquilá-lo em sua essência. Isso porque, do contrário, estar-se-ia permitindo a revogação, modificação ou redução de conteúdo de uma garantia individual constitucional fundamental (protetiva do direito de propriedade), o que é expressamente vedado pelo art. 60, § 4º da Carta.[276]

É importante que se diga – e aí reside o ponto fundamental de nossa divagação – que limitar não representa de forma alguma privar. Ensina GARCÍA DE ENTERRÍA a limitação do direito de propriedade "no modifica el derecho subjetivo afectado, ni tampoco la capacidad jurídica o de obrar del titular, sino que actúa, exclusivamente, sobre las condiciones de ejercicio de dicho derecho, dejando inalterado todo el resto de los elementos del mismo (configuración, funcionalidad, límites, protección). Esa incidencia sobre las facultades de ejercicio de los derechos está determinada por la necessidad de coordinarlos, bien con los derechos o intereses de outro sujeto, bien (lo que es supuesto normal de las limitaciones administrativas) con los intereses o derechos de la comunidad o del aparato administrativo."[277] [278]

---

274. CASANOVA. *El Principio...* p.32.
275. BECKER. *Teoria Geral...* p. 267.
276. Art. 60, § 4º – Não será objeto de deliberação a proposta de emenda tendente a abolir: IV – os direitos e garantias individuais.
277. GARCIA DE ENTERRÍA, Eduardo. Apud RAMON FERNANDEZ, Tomás. *Curso de Derecho Administrativo*. Madrid: Civitas, 1989, t. 2, p. 97.
278. Esclareça-se desde já e para evitar confusões que não adotamos a distinção traçada por CASANOVA entre limitações e limites, eis que acreditamos que a dificuldade que ela potencialmente pode criar são maiores

A limitação, assim, é uma redução do "conteúdo normal" de um direito previamente delimitado. Nesse sentido, opera no mesmo nível do direito limitado, modelando-o para o seu desenvolvimento. É nisso que difere da privação, em que ocorre justamente o contrário. Nela o que ocorre é um ataque exterior ao direito, por fundamentos distintos dos que lhe dão sustentação. Privar de um direito supõe um sacrifício, uma destruição, inversamente à limitação que, em última análise, opera no sentido da construção do direito.[279] [280]

Por isso mesmo, a característica comum das limitações é sua não-indenizabilidade, devendo ser suportadas como uma carga da vida em sociedade. Ao contrário da privação (que se manifesta, por excelência, por via da expropriação), que sempre é precedida ou sucedida de indenização, salvo, é claro, quando decorre de um ato ilícito e assume caráter de pena (caso em que a privação pode se realizar pela forma do confisco).

Nesse contexto, insere-se a tributação. Mantendo a essência do direito de propriedade, os tributos limitam-na em favor de um interesse do Estado, de uma finalidade pública, seja de obtenção de recursos, seja de controle da conduta do particular. Jamais chegam os tributos a privar o particular da propriedade, pois para tanto impor-se-ia a necessidade de indenização, ou da

---

do que os benefícios pode trazer.
279. CASANOVA. *El Princípio...*
280. Há autores que classificam a desapropriação como limitação do direito de propriedade. SILVA, J. *Curso de Direito...* p. 272, neste sentido, sustenta que a desapropriação é uma limitação ao caráter de perpetuidade da propriedade. Com o devido respeito ao entendimento do autor, parece-nos que sua posição apresenta uma contradição em termos. Ou o direito é perpétuo ou não o é. Não é possível "limitar" a perpetuidade, e a desapropriação, em verdade, não a limita, mas acaba, põe termo a ela. Aliás, se a desapropriação é forma de aquisição originária da propriedade, parece evidente que somente se pode adquirir a propriedade se o proprietário anterior for privado da mesma. A limitação pressupõe a manutenção do direito de propriedade, o que não ocorre na desapropriação. Justamente em razão deste fato é que o antigo proprietário (na desapropriação) é indenizado, como forma de reparação da sua perda.

prática de algum ilícito, que justificasse tal sorte de sanção (o que, por definição, não é o caso no Direito Tributário). A tributação desenha e modela o direito de propriedade, funcionando como um ônus necessário para a sua garantia e proteção pelo Estado. Atua no sentido de sua construção, de sua preservação.

Confiscar (do latim *confiscare*) é o ato de apreender a propriedade em prol do Fisco, sem que seja oferecida ao prejudicado qualquer compensação em troca. Por isso, o confisco apresenta o caráter de penalização, resultante da prática de algum ato contrário à lei. É essa a definição encontrável no clássico Black´s Law Dictionary:

> Confiscation – Act of Confiscating. The seizure of private property by the government without compensation to the owner, often as a consequence of conviction for crime, or because possession or use of the property was contrary to law.[281]

O confisco, portanto, vai além da mera limitação ao direito de propriedade e adentra o campo da privação. Não visa à construção, ao desenvolvimento desse direito, mas à sua destruição, por motivos exteriores ao próprio direito e justificáveis pela conduta irregular do detentor da propriedade.[282]

Tributo e confisco se apresentam como conceitos quase

---

281. BLACK, Henry Campbell. Confiscation. In: *Law Dictionary*. 6ª Ed. St. Paul: West Publishing, 1990.
282. "La doctrina supone la existencia de confiscación en los siguientes supuestos:
– Si la tributación colapsa una empresa o hace que deje de ser rentable.
– Si la tributación absorbe todos los rendimientos del patrimonio.
– Cuando el impuesto ha de pagarse con la substancia del patrimonio.
– Cuando el impuesto priva al ciudadano de los medios necesarios para la vida.
– Cuando el Impuesto sobre Sucesiones deja vacío de contenido el derecho a la herencia." (TIPKE, Klaus. *Moral Tributaria del Estado y de los Contribuyentes*. Madrid: Marcial Pons, 2002, p. 60-61).

que antagônicos, pois se por um lado o tributo, por dicção expressa do art. 3º do Código Tributário, não representa sanção de ato ilícito, por outro o instituto do confisco está invariavelmente associado à noção de sanção. O tributo limita a propriedade, e se justifica para a própria garantia do direito de propriedade, ao passo que o confisco subtrai e aniquila a propriedade.[283]

O princípio inserto no art. 150, IV da Carta, portanto, tem a precípua função de estabelecer um marco às limitações ao direito de propriedade passíveis de serem instituídas por meio da tributação, para indicar (e barrar) o momento em que a tributação deixa de lubrificar e construir o direito de propriedade (viabilizando a sua manutenção), para inviabilizá-lo. Graficamente, poderíamos dizer que a limitação via tributação termina onde começa a privação, o efeito de confisco.[284]

O tributo com efeito de confisco é aquele que afronta a sua própria natureza jurídica e converte a hipótese de incidência em mero pretexto para a tomada do patrimônio do contribuinte sem indenização e sem que ao mesmo seja imputado qualquer ilícito. As necessidades do Estado não são circunstanciais, mas perenes. Perpétua, portanto, é a necessidade de contribuir para o atendimento dessas necessidades. Se a propriedade privada dá sustentação ao Estado capitalista, então este Estado deve preocupar-se em garantir, manter a propriedade, pois sem ela não há o que se tributar. Pode-se sustentar, em consequência, que entre o sistema tributário e o direito de

---

283. Cf. COSTA, Regina Helena. *Princípio da Capacidade Contributiva*. São Paulo: Malheiros, 1993, p. 75.

284. O princípio do não-confisco foi expressamente previsto na Constituição Espanhola de 1978 que, em vez de falar em "efeito de confisco" como a brasileira, utiliza expressão diversa, "alcance confiscatório", que nos parece mais ligada à noção quantitativa desse princípio. Diz a Carta espanhola em seu art. 31.1: "todos contribuirán al sostenimiento de los gastos públicos de acuerdo com sua capacidade económica mediante un sistema tributario justo inspirado en los principios de igualdad y progresividad que, en ningún caso, tendrá alcance confiscatorio." Esse dispositivo é inédito no constitucionalismo espanhol, que não continha preceito expresso a respeito.

propriedade existe uma relação de dependência recíproca.

Sampaio Dória, em obra que muito se dedicou ao tema em apreço, manifestou sua posição em sentido idêntico ao acima exposto, lecionando: "Quando o Estado toma de um indivíduo ou de uma classe além do que lhes dá em troco, verifica-se exatamente o desvirtuamento do imposto em confisco, por ultrapassada a tênue linha divisória entre as desapropriações, a serem justa e equivalentemente indenizadas, e a cobrança de impostos que não implica em idêntica contraprestação econômica."[285] Não é outro o entendimento de Hector VILLEGAS, segundo o qual há efeito de confisco "ante exigência tributária que exceda a razoável possibilidade de colaborar para os gastos públicos, isto é, que não vão além do que permite a capacidade contributiva do particular afetado."[286]

O que se dirá, então, daquela tributação que, como no caso em análise, não incide sobre a "possibilidade de colaborar para os gastos públicos", senão que sobre a própria dívida, alimentando-se não da geração de riqueza, senão que da destruição dessa? Ora, é evidente que consome e agride a própria carne da propriedade e não os seus frutos. E, assim o fazendo, conflita frontalmente com direitos e garantias fundamentais, ofendendo o art. 60, § 4º da Carta, que assegura que nem mesmo o constituinte derivado está autorizado a atacar esses valores, de estatura superior.[287]

---

285. DÓRIA. *Direito...* p. 195.
286. VILLEGAS, Hector. *Curso de Direito Tributário.* São Paulo: Revista dos Tribunais, 1980, p. 89.
287. Cumpre notar, contudo, que, embora a primeira ideia que venha à cabeça do intérprete, quando se trata do princípio do não-confisco seja a de que ele se destina a atacar a tributação excessivamente elevada, é certo que a sua noção é bem mais ampla, e o postulado pode igualmente ser invocado em face de uma tributação excessivamente baixa. Bilac Pinto, lembrando a jurisprudência americana, traz exemplo que se encaixa como uma luva a demonstrar hipótese de tributação com efeito de confisco por excessivamente baixa. São suas palavras: "Nos Estados Unidos, quando as tarifas dos serviços

A Carta veda toda a tributação que tenha "o efeito de" confisco, o que implica dizer, tenha o efeito de privar o contribuinte não de uma propriedade em particular, mas da propriedade como instituição, como meio de sobrevivência, de dignidade humana, de produção de riquezas, de desenvolvimento e de realização de inúmeros outros direitos constitucionais; enfim, de propriedade como pilar de sustentação do Estado, na amplitude do conceito constitucional. Daí a utilidade da contraposição dos conceitos de tributo e confisco, para se verificar que o sentido necessário da expressão "efeito de confisco" é o de vedação da tributação que prive o contribuinte do exercício de direitos constitucionalmente assegurados, que se realizam a partir da garantia de propriedade.[288]

Ao vedar o efeito de confisco (art. 150, IV),[289] a Constituição proíbe que os tributos recaiam sobre aquilo que não revela capacidade contributiva, impedindo, assim, que a exação tributária

---

de utilidade pública não remuneram devidamente o capital invertido, as empresas exploradoras recorrem aos tribunais que, quando convencidos da procedência da alegação, anulam o ato administrativo sob o fundamento de que a tarifa é confiscatória." BILAC PINTO, Olavo. *Estudos de Direito Público*. Rio de Janeiro: Forense, 1953, p. 152.

288. Na Espanha não é diferente, já que se proíbe o "alcance confiscatório" dos tributos: "La Sentencia constitucional de 4 de octubre de 1990 considera que 'la prohibición de confiscatoriedad supone incorporar otra exigencia lógica que obliga a no agotar la riqueza imponible – substrato, base o exigencia de toda imposición – so pretexto del deber de contribuir; de ahí que el límite máximo de la imposición venga cifrado constitucionalmente en la prohibición de su alcance confiscatorio. Y dado que este límite constitucional se establece con referencia al resultado de la imposición, puesto que lo que se prohíbe no es la confiscación, sino justamente que la imposición tenga alcance confiscatorio, es evidente que el sistema fiscal tendría dicho efecto si mediante la aplicación de las diversas figuras tributarias vigentes, se llegara a privar al sujeto pasivo de sus rentas y propiedades, con lo que además se estaría desconociendo, por la vía fiscal indirecta, la garantía prevista en el artículo 33.1 de la Constitución; [...]." (SAINZ DE BUJANDA, Fernando. Lecciones de derecho financiero.10º Ed. Madrid: Universidad Complutense de Madrid, Facultad de Derecho, 1993, p. 111-112).

289. Art. 150. Sem prejuízo de outras garantias asseguradas ao contribuinte, é vedado à União, aos Estados, ao Distrito Federal e aos Municípios: IV – utilizar tributo com efeito de confisco;

destrua (confisque, anule, ou tenha esse "efeito") o "patrimônio, os rendimentos e as atividades econômicas do contribuinte" (para usar os termos do art. 145, §1º).[290] Se estabelecermos um gráfico que considere a relação entre o Poder de Tributar e a riqueza tributada será preciso fixar, de um lado um ponto a partir do qual a tributação se torna possível e, de outro, um ponto a partir do qual ela deixa de ser quantitativamente razoável e constitucional para tornar-se inadmissível. Entre esses dois pontos encontraremos a esfera de liberdade de atuação do legislador tributário. Em outras palavras, esse espaço intermediário representará a capacidade contributiva.

O efeito de confisco, por sua vez, será encontrável nas duas pontas, ou ainda, aquém e além da capacidade contributiva. Isso porque abaixo da capacidade contributiva, tanto quanto acima, a tributação já não limita, senão que destrói direitos constitucionalmente consagrados (e por isso não se legitima), porque em tal circunstância consome, mutila o patrimônio ou impede o exercício de direitos básicos à dignidade do ser humano (mínimo existencial), à medida que ainda não se produziu riqueza de que o Estado possa participar. Aquém da capacidade contributiva, tanto quanto além, a tributação, como na velha metáfora, mata a galinha dos ovos de ouro.

Em suma, o que pretendemos deixar clara com essa digressão é a perfeita compreensão de aspectos nucleares e conceituais do que se deve entender por "tributo", para o efeito de demonstrar que a tributação de um ônus agride a própria concepção do sistema tributário e cada uma de suas regras de competências, já que a autorização popular para o exercício de qualquer delas exige que recaiam sobre um *plus*, sobre a rique-

---

290. Art. 145, § 1º – Sempre que possível, os impostos terão caráter pessoal e serão graduados segundo a capacidade econômica do contribuinte, facultado à administração tributária, especialmente para conferir efetividade a esses objetivos, identificar, respeitados os direitos individuais e nos termos da lei, o patrimônio, os rendimentos e as atividades econômicas do contribuinte.

za, sobre a manifestação de capacidade contributiva, já que do contrário haverá comprometimento de garantias de maior estatura (direitos e garantias individuais). Desatendido esse que entendemos como um pressuposto para o exercício legítimo das competências constitucionalmente previstas (ou ainda, um requisito para a definição de "tributo"), de tributação, rigorosamente, não se estará falando, senão que de confisco, de destruição/anulação/comprometimento da propriedade privada (como instituição e valor) e do exercício de direitos fundamentais constitucionalmente assegurados em patamar hierarquicamente superior.

Por conseguinte, a ofensa à Carta, por eventual Emenda Constitucional que pretenda incluir um tributo como objeto de tributação, dar-se-á sobre uma gama imensa de dispositivos, já que colide com a própria permissão popular para o Estado participar da propriedade privada.[291]

No Brasil, a matéria já deu margem a amplas discussões que vêm sendo enfrentadas pelo Plenário do Supremo Tribunal Federal. Relativamente, ao ICMS, o STF autorizou, no RE n. 212.209, a possibilidade de sua inclusão na própria base de cálculo, anteriormente mesmo à edição da EC n. 33, de 2001,

---

291. O STF já teve a oportunidade de julgar inconstitucional uma Emenda à Constituição, em matéria tributária, reconhecendo a qualificação de direitos do contribuinte como direitos fundamentais, com a consequente subsunção ao art. 60, §4º da Carta para o efeito de afastar do ordenamento Emenda conflitante com os mesmos. Isso ocorreu no importantíssimo precedente da ADIn n. 939, que reconheceu a inconstitucionalidade de disposições contidas na Emenda Constitucional n. 3/93, atinente ao IPMF, em que o STF entendeu que a imunidade recíproca está protegida pelo art. 60, §4º (por garantir a forma federativa) e que as imunidades previstas no art.150, VI, b, c e d, exprimem direitos fundamentais, estando igualmente protegidas pelo art. 60, §4º contra a revogação, ainda que pelo exercício do poder constituinte derivado. Na ocasião, bem em linha com o quanto exposto acima, disse o Min. Celso de MELLO que "a imunidade tributária não constitui um fim em si mesma. Antes, representa um poderoso fator de contenção do arbítrio do Estado à medida que esse postulado da Constituição, inibindo o exercício da competência impositiva pelo Poder Público, prestigia, favorece e tutela o espaço em que florescem aquelas liberdades públicas."

que incluiu uma alínea 'i' no art. 155, § 2º, XII da Carta, que, expressamente, veio a dizer que cabe à lei complementar "fixar a base de cálculo, de modo que o montante do imposto a integre, também na importação do exterior de bem, mercadoria ou serviço" determinou a forma de cálculo por dentro. O tema, contudo, voltou à baila, tendo sido declarada a repercussão geral do mesmo, no RE n. 582.461, tendo sido decidido que é constitucional a inclusão do ICMS em sua própria base.

Mas há outros casos em que a prática se verifica. Limitamo-nos a referir a Contribuição Social sobre o Lucro (inserida na sua própria base de cálculo e na do Imposto de Renda), O PIS-COFINS importação (que tiveram inseridos, em sua base, o valor do ICMS e das próprias contribuições), e o PIS-COFINS interno (que recai sobre a receita com desconsideração da circunstância de que em seu montante está incluído o valor do ICMS que a magnifica artificialmente – sem expressar "receita", antes o contrário).

No caso do PIS-COFINS importação, o legislador, pretendendo elastificar a autorização constitucional recebida, determinou que, além do valor aduaneiro (sobre o qual podia incidir a tributação), seriam incluídos na base de cálculo de tais tributos o valor das próprias contribuições e o valor do ICMS. Tal pretensão, felizmente, vem ensejando amplo repúdio pela jurisprudência, cujos julgados determinam a redução da base de cálculo ao montante constitucionalmente permitido, tendo o STF, recentemente, decidido pela inconstitucionalidade de tal prática ao julgar o RE n. 599.937.

No que diz respeito à vedação imposta pela Lei n. 9.316/96, art. 1º, § único,[292] de dedução da CSLL de sua própria base de cálculo, bem como da base do IRPJ, a violação à proibição de *bis in idem* – além, obviamente, da ofensa ao princípio da ca-

---

292. Art. 1º O valor da contribuição social sobre o lucro líquido não poderá ser deduzido para efeito de determinação do lucro real, nem de sua própria base de cálculo.

pacidade contributiva – parece evidente. Atentando à importância da questão, o STF decretou a repercussão geral do tema, afetando o julgamento do RE n. 582.525 ao Plenário, para exame da constitucionalidade da previsão norma referida. Com efeito, tanto a CSLL quanto o IRPJ são, ontologicamente, ligados à noção de aquisição de disponibilidade econômica, de modo que sua base de cálculo expressa não só a noção de riqueza, mas, além disso, a noção de riqueza já apartada de todo aquele montante que não se incorpore, realmente, ao patrimônio da sociedade, não revelando lucro. Assim sendo, a inclusão de valores dessas exações na base de cálculo de tais tributos redunda em uma tributação dobrada que, além de excessiva na sua extensão, apresenta-se em completo antagonismo com a materialidade constitucionalmente albergada, excludente de todo valor que não expresse um verdadeiro acréscimo patrimonial para o contribuinte. O STF, contudo, em maio de 2013, julgou constitucional a prática.

Quanto à inclusão do ICMS na base de cálculo do PIS-COFINS interno, o STF já teve a oportunidade de iniciar julgamento plenário sobre o tema, no qual 6 dos 11 Ministros manifestaram-se sobre a ilegitimidade dessa sistemática (RE n. 240785). Na ocasião, o Min. Marco Aurélio MELLO, relator, deu provimento ao recurso, no que foi acompanhado pelos Ministros Cármen Lúcia Antunes ROCHA, Ricardo LEWANDOWSKI, Carlos BRITTO, Cezar PELUSO e Sepúlveda PERTENCE. Entendeu estar configurada a violação ao art. 195, I, da CF, ao fundamento de que a base de cálculo da COFINS somente pode alcançar a soma dos valores obtidos nas operações de venda ou de prestação de serviços, ou, no que concerne ao ponto objeto de controvérsia, que o tributo em questão somente pode incidir sobre a riqueza obtida com a realização da operação, e não sobre ICMS, que constitui ônus fiscal e não faturamento. O Min. Eros GRAU, em divergência, negou provimento ao recurso por considerar que o montante do ICMS integra a base de cálculo da COFINS, porque está incluído no faturamento, haja vista que é imposto indireto que se agrega ao preço da mercadoria. Após, o julgamento foi suspenso em virtude do pedido de vista do Min. Gilmar MENDES e até o momento não foi concluído.[293] Esse, contudo, é o julgado em que, com mais ênfase, o STF expressou o repúdio à inclusão infraconstitucional de elementos estranhos à materialidade do tributo, que importem em alargamento indevido de sua base, notadamente quando tais acréscimos são realizados por meio da inclusão de elementos reveladores de despesa, não constituindo signos presuntivos de capacidade contributiva.

A fixação de tal precedente pode representar importante avanço na concretização de garantias constitucionais dos contribuintes, emanando efeitos para diversos outros casos ainda por apreciar na Corte Suprema, e enviando aviso às próprias autoridades legislativas brasileiras, pródigas na criação de subterfúgios para alargamento inconstitucional do aspecto material das exações. No que diz com a proibição de *bis in idem*, cremos que o axioma em questão tem muito a lucrar com tal sorte de orientação jurisprudencial, que pode representar campo fértil à sua aplicação, já que a inclusão de um tributo na base de cálculo de outro, ou na sua mesma, representa, precisamente, forma de exigência tributária dobrada e indevida.

No que diz respeito à política fiscal, têm-se, como elementos chave para sua boa estruturação do sistema tributário, os primados da transparência, modicidade e comodidade. A inclusão do valor do tributo em sua própria base de cálculo, contudo, fere de morte a transparência (mandamental nos termos do art. 150, § 5º da Carta, que determina à lei o estabelecimento de "medidas para que os consumidores sejam esclarecidos acerca dos impostos que incidam sobre mercadorias e serviços), na precisa medida que converte a alíquota legal em uma mentira, uma ficção, deformada pela inclusão de elemen-

---

293. O tema será abordado novamente na ADC n. 18, de relatoria do Min. Celso de Mello.

tos estranhos e heterogêneos na base de cálculo da exação, que queda artificialmente engordada. Tal estratagema, a par de dificultar o próprio cálculo do tributo (comodidade) e fraudar a percepção da carga pela sociedade, entra em conflito com o postulado da economicidade, cujas raízes remontam à obra de Adam SMITH segundo o qual "every tax ought to be so contrived as both to take out and to keep out the pochets of the people as little as posible, over and above what it brings into the public treasury of the state."[294] Como já disse HALLER, a economicidade engloba dois imperativos, o de estabelecimento de tributos módicos e o de estabelecimento de estruturas arrecadatórias módicas. Pois bem, a fórmula de cálculo do tributo em debate agride ambos: torna mais complexa a fiscalização da exação e, paralelamente, torna, por meio oblíquo, mais elevado o próprio *quantum* do tributo.[295]

Alguns autores argumentariam que as máximas de política fiscal não possuem um fundamento positivo que lhes outorgue coercibilidade. Não podemos assentir com tal raciocínio, contudo, desde a edição da Lei Complementar n. 95 e do Decreto n. 4.176 que, embora não possuam sanção pontual (como exigem alguns), tem, obviamente, na sua inobservância, a natural consequência de invalidade das normas que com eles não se coadunem (já que a validade é condição mesma de inserção de uma dada norma no sistema).

7.6 Anualidade, impostos sobre o patrimônio e a proibição de *bis in idem*

Embora a Constituição de 1988 não tenha contemplado um princípio de anualidade no sentido tradicional,[296] enquanto

---

294. SMITH, Adam. *Wealth of Nations*. West Sussex: Capstone Publishing, 2010, p. 355.
295. HALLER, Heinz. *Finanzpolitik*, p. 238 e 243, apud Neumark, op. cit. p. 392.
296. Referimo-nos à redação clara e ampla que o princípio recebeu na

TEORIA DA PROIBIÇÃO DE *BIS IN IDEM* NO DIREITO TRIBUTÁRIO

princípio de autorização orçamentária prévia às leis tributárias (no que foi substituído pela anterioridade),[297] parece-nos que ainda vige no Brasil um princípio que pode ser referido pelo mesmo nome ou, alternativamente, pode ser substituído por uma adequada compreensão da proibição de *bis in idem* no que se refere aos efeitos que o axioma projeta relativamente aos impostos sobre o patrimônio.

O imposto sobre veículos automotores (IPVA), bem como o imposto predial e territorial urbano (IPTU) e o imposto territorial rural (ITR), são exemplos claros de exações que incidem sobre a titularidade de bens. O aspecto material de suas hipóteses de incidência não envolve uma ação do sujeito passivo, senão que a mera condição – fato – de ser proprietário. O tributo é devido porque o contribuinte é dono de determinado bem, independente de qualquer outra circunstância.

Os contribuintes, v.g., de IPTU, assim, recebem, a cada início de ano, o lançamento de ofício do imposto em suas casas, traduzido por guias que indicam o imóvel tributado e o imposto sobre ele incidente, com o destaque da data de vencimento. Pagam a exação correspondente e se tem por desonerados de

---

Constituição de 1946 (posteriormente alterada e reduzida em reformas e constituições subsequentes): "CAPÍTULO II – Dos Direitos e das Garantias individuais. Art 141 – A Constituição assegura aos brasileiros e aos estrangeiros residentes no País a inviolabilidade dos direitos concernentes à vida, à liberdade, a segurança individual e à propriedade, nos termos seguintes: § 34 – Nenhum tributo será exigido ou aumentado sem que a lei o estabeleça; nenhum será cobrado em cada exercício sem prévia autorização orçamentária, ressalvada, porém, a tarifa aduaneira e o imposto lançado por motivo de guerra."
297. Esta, nos termos do art. 150, está assim disposta: "Art. 150. Sem prejuízo de outras garantias asseguradas ao contribuinte, é vedado à União, aos Estados, ao Distrito Federal e aos Municípios: III – cobrar tributos: b) no mesmo exercício financeiro em que haja sido publicada a lei que os instituiu ou aumentou". Como se verifica, a CF de 1988 não mais vincula a eficácia e aplicação das leis tributárias à previsão e autorização em lei orçamentária, restringindo-se a postergar a eficácia e aplicação da lei que majora ou institui tributo para o exercício seguinte ao da publicação da lei tributária, independente de constar ou não da lei de orçamento.

sua obrigação tributária, porque extinta pelo pagamento, nos termos dos arts. 156 e 113 do CTN.[298]

Cabe então indagar: o que aconteceria se a Prefeitura reduzisse o período de vencimento do imposto, fixando-o em intervalos menores que um ano (v.g, dispondo que o IPTU vence no último dia útil de cada semestre, trimestre ou mês). A pergunta é pertinente, pois, se inexiste em nosso ordenamento uma garantia de anualidade, o que impede que os tributos sobre o patrimônio tornem a ser exigidos dentro do mesmo ano? Afinal, a legalidade e a anterioridade não acodem o contribuinte em tal situação.

Pensamos, por isso, que o art. 165[299] da Carta, que fixa o

---

298. "Art. 156. Extinguem o crédito tributário: I – o pagamento"; "Art. 113. A obrigação tributária é principal ou acessória. § 1º A obrigação principal surge com a ocorrência do fato gerador, tem por objeto o pagamento de tributo ou penalidade pecuniária e extingue-se juntamente com o crédito dela decorrente."
299. Seção II – DOS ORÇAMENTOS – Art. 165. Leis de iniciativa do Poder Executivo estabelecerão:
I – o plano plurianual; II – as diretrizes orçamentárias; III – os orçamentos anuais.
§ 1º – A lei que instituir o plano plurianual estabelecerá, de forma regionalizada, as diretrizes, objetivos e metas da administração pública federal para as despesas de capital e outras delas decorrentes e para as relativas aos programas de duração continuada.
§ 2º – A lei de diretrizes orçamentárias compreenderá as metas e prioridades da administração pública federal, incluindo as despesas de capital para o exercício financeiro subsequente, orientará a elaboração da lei orçamentária anual, disporá sobre as alterações na legislação tributária e estabelecerá a política de aplicação das agências financeiras oficiais de fomento.
§ 3º – O Poder Executivo publicará, até trinta dias após o encerramento de cada bimestre, relatório resumido da execução orçamentária.
§ 4º – Os planos e programas nacionais, regionais e setoriais previstos nesta Constituição serão elaborados em consonância com o plano plurianual e apreciados pelo Congresso Nacional.
§ 5º – A lei orçamentária anual compreenderá:
I – o orçamento fiscal referente aos Poderes da União, seus fundos, órgãos e entidades da administração direta e indireta, inclusive fundações instituídas e mantidas pelo Poder Público;
II – o orçamento de investimento das empresas em que a União, direta ou

período anual como parâmetro orçamentário, inclusive para alterações na legislação tributária (§ 2º) e para o orçamento fiscal (§ 5º), traduz regra interditiva de *bis* que proíbe os entes tributantes de reduzir o período de vencimento das exações incidentes sobre o patrimônio para interregno inferior ao exercício financeiro. Com efeito, a não ser assim, nenhum efeito realmente exonerativo poderia se extrair do pagamento feito pelo contribuinte de tais exações; e o imposto poderia voltar a ser exigido dentro do mesmo ano em que lançado, já que, materialmente, o sujeito passivo continuaria, em princípio, sendo proprietário dos bens, performando-se, de modo inquestionável, a subsunção ao critério material da hipótese tributária.

A nosso sentir, os arts. 156 e 113 do CTN são expressivos de *regra* específica pontualmente proibitiva de *bis in idem*, dentro da perspectiva concreta de análise do postulado, impeditiva de que o imposto lançado e adimplido torne a ser exigido pelo Fisco. O *bis*, portanto, corresponderá à *dupla* exigência do mesmo imposto, e o *idem* estará referido à circunstância dessa nova exigência dar-se no *mesmo* período (o mesmo exercício) que serve como parâmetro à limitação do poder tributário em tal hipótese, conjugando-se os arts. 156 e 113 ao retro referido art. 165 da Carta.

Com efeito, tratando-se – a materialidade dos impostos incidentes sobre o patrimônio – de um *fato*, um estado de inércia, faz-se necessário – como exigência de coerência e racionalidade dessas exações – agregar-se à condição de proprietário uma outra, capaz de delimitar perfeitamente a hipótese tributária, sob pena de se admitir "n" incidências sobre a mera manutenção deste estado de fato, o que tornaria absolutamente incerta a extensão e os limites da obrigação tributária prin-

---

indiretamente, detenha a maioria do capital social com direito a voto;

III – o orçamento da seguridade social, abrangendo todas as entidades e órgãos a ela vinculados, da administração direta ou indireta, bem como os fundos e fundações instituídos e mantidos pelo Poder Público.

cipal. O caso é notadamente distinto dos tributos que correspondem a uma *ação* do sujeito passivo reveladora de capacidade contributiva, já que, em tais hipóteses, a cada reiteração da ação constitucional/legalmente eleita estará revelado um novo e inconfundível signo presuntivo de riqueza, que corresponderá a uma nova incidência do imposto. O caso é distinto, também, dos impostos que guardam alguma relação contraprestacional por parte do Estado, já que, também, aí ter-se-á uma *ação* – não mais do contribuinte, senão que do Poder Público – limitando – e impossibilitando – o *bis* (dupla incidência) relativamente àquele comportamento (*idem*), perfeitamente recortado e singular. Nessas duas situações, o pagamento da exigência garantirá a extinção daquela específica obrigação, relativa *àquele agir claramente identificado* e não haverá qualquer dúvida a esse respeito. O problema se coloca, portanto, exclusivamente na tributação de estados de fato, insuficientes para delimitar a extensão dos efeitos exonerativos do pagamento.

---

§ 6º – O projeto de lei orçamentária será acompanhado de demonstrativo regionalizado do efeito, sobre as receitas e despesas, decorrente de isenções, anistias, remissões, subsídios e benefícios de natureza financeira, tributária e creditícia.

§ 7º – Os orçamentos previstos no § 5º, I e II, deste artigo, compatibilizados com o plano plurianual, terão entre suas funções a de reduzir desigualdades inter-regionais, segundo critério populacional.

§ 8º – A lei orçamentária anual não conterá dispositivo estranho à previsão da receita e à fixação da despesa, não se incluindo na proibição a autorização para abertura de créditos suplementares e contratação de operações de crédito, ainda que por antecipação de receita, nos termos da lei.

§ 9º – Cabe à lei complementar:

I – dispor sobre o exercício financeiro, a vigência, os prazos, a elaboração e a organização do plano plurianual, da lei de diretrizes orçamentárias e da lei orçamentária anual;

II – estabelecer normas de gestão financeira e patrimonial da administração direta e indireta bem como condições para a instituição e funcionamento de fundos.

TEORIA DA PROIBIÇÃO DE *BIS IN IDEM* NO DIREITO TRIBUTÁRIO

Daí ser imprescindível à própria conformação e compreensão da hipótese dos tributos incidentes sobre o patrimônio a noção de que estes necessitam de *referibilidade*, como parâmetro para a legitimação da imposição sobre a condição (estanque) de proprietário de uma dada riqueza. A própria capacidade contributiva assim o exige, já que a permanente e reiterada participação do Estado sobre a mera titularidade de um bem conduziria ao seu confisco. Tal relevante papel é desempenhado pela proibição de *bis in idem,* constitucionalmente fixada pela adoção do limite objetivo anual para a tributação do patrimônio, mediante a interpretação conjunta do art. 165 com os dispositivos constitucionais de outorga de competência para as exações referidas (arts. 153, VI, 155, III e 156, I). O período anual, assim, como critério adotado pela própria Carta como parâmetro financeiro e administrativo para a definição da ação do Poder Público (inclusive para a previsão de receitas, § 8º), é o que se revela prestante para a limitação do poder de tributar nessa sorte de exação.[300][301]

---

300. Note-se, inclusive, que as emendas ao projeto de lei orçamentária são vedadas como regra, estando admitidas apenas em caráter excepcional, desde que indicados os recursos necessários "admitidos apenas os provenientes de anulação de despesa": § 3º – As emendas ao projeto de lei do orçamento anual ou aos projetos que o modifiquem somente podem ser aprovadas caso: I – sejam compatíveis com o plano plurianual e com a lei de diretrizes orçamentárias; II – indiquem os recursos necessários, admitidos apenas os provenientes de anulação de despesa, excluídas as que incidam sobre: a) dotações para pessoal e seus encargos; b) serviço da dívida; c) transferências tributárias constitucionais para Estados, Municípios e Distrito Federal;

301. Tratando do tema sob a ótica do princípio da anualidade, Misabel DERZI diz: "Não obstante, o princípio da anualidade sobrevive na Constituição de 1988, com outro enfoque, diferente do princípio da autorização orçamentária e passa a atingir importantes temas no Direito Tributário. É que anual é o exercício financeiro, em relação ao qual vigora o princípio da anterioridade; anual é a programação da arrecadação e da despesa do Estado, por meio da lei orçamentária; anual é a execução da lei orçamentária, anuais são a fiscalização financeira e a prestação de contas para a União, os Estados, o Distrito Federal e os Municípios. Não importa qual seja o exercício financeiro. No momento, ele coincide com o ano civil. O legislador complementar poderá escolher outro, diverso do atual, desde que o período seja anual, pois o ano

7.7 O art. 145, § 2º e a proibição de *bis in idem* atinente à fixação de base de cálculo das taxas

O art. 145 da CF traduz regra interditiva de *bis in idem* entre taxas e impostos, dizendo que a União, os Estados, o

---

vai limitar e condicionar a periodização dos impostos incidentes sobre a renda e o patrimônio. Além disso, a anualidade obriga a um planejamento das reformas e alterações na legislação tributária (arts. 165, I, II, III e ¬§ 2º)." (BALEEIRO, Aliomar; DERZI, Misabel de Abreu Machado. *Limitações Constitucionais ao Poder de Tributar*. 8ª Ed. São Paulo: Forense, 2010, p. 77). E prossegue: "anualidade, associada à legalidade, permite deduzir as regras da periodização dos impostos incidentes sobre a renda e o patrimônio, reflete toda a vida estatal e econômico-social do País, a partir da Constituição. Para certo ano, a lei orçamentária estima as despesas e as receitas a serem arrecadadas; no exercício financeiro anual, executam-se as leis tributárias (e orçamentárias) e, anualmente, prestam-se contas dessa execução. Nesse ciclo anual obrigatório, tanto no âmbito federal, como no estadual e municipal, não é livre o legislador ordinário para reduzir o exercício anual em período menor. Se assim não fosse, poderiam os legisladores estaduais e municipais periodizar o imposto sobre a propriedade de veículos automotores ou sobre a propriedade predial e territorial urbana de forma diferente, pois esses impostos assentam-se em situações duráveis no tempo. As leis renovariam, então, o pressuposto ou a hipótese desses tributos semestralmente ou mesmo mensalmente, com o que multiplicariam em doze vezes a respectiva arrecadação! Tal hipótese absurda demonstra que a anualidade tem a função de traçar limites ao legislador na periodização do patrimônio e da renda;" (idem, ibidem, p.78). E finaliza: "A anualidade regra toda a vida estatal e econômico-social do País, a partir da Constituição Federal. Para certo ano, a lei orçamentária estima as receitas e as despesas; no exercício financeiro anual se executam as leis tributárias (e orçamentária) e, anualmente, se prestam contas dessa execução. Nesse ciclo anual obrigatório, tanto no âmbito federal, como no estadual e municipal, não é livre o legislador ordinário para reduzir o exercício anual em período menor. Se assim não fosse, poderiam os legisladores estaduais e municipais periodizar o imposto sobre a propriedade de veículos automotores ou o imposto sobre a propriedade predial e territorial urbana de forma diferente, pois eles se assentam em situações contínuas e duráveis no tempo. Renovariam, então, o pressuposto desses tributos semestralmente ou até mensalmente, com o que multiplicariam em doze vezes a respectiva arrecadação. Verdadeiro absurdo, antes nunca imaginado, essa hipótese explica as razões pelas quais o Código Tributário Nacional não precisou dizer que os tributos incidentes sobre a propriedade ou sobre a renda são anuais. Isso se supõe pela razão e lógica das normas previstas na Constituição." (idem, ibidem, p. 225).

Distrito Federal e os Municípios poderão instituir impostos, taxas e contribuições de melhoria, mas que "as taxas não poderão ter base de cálculo própria de impostos".[302] Com isso, pretendeu evitar a burla à distribuição constitucional de competências consistente em criar, sob a falsa denominação de taxas,[303] exações com vera natureza de imposto que: i) invadem competência constitucionalmente atribuída a outro federado; e ii) tributam, sob essa nomenclatura, fatos geradores não vinculados a uma atuação estatal que justifique e legitime a instituição de taxa.

Quis o constituinte frisar que os impostos discriminados na Carta à União, Estados, Distrito Federal e Municípios são de sua *exclusiva* competência tributária, não havendo espaço para superposição, pelos demais entes, por meio de "taxas"; superposição essa, ademais, capaz de comprometer o equilíbrio do sistema tributário desenhado pelo constituinte, tanto do ponto de vista dos sujeitos ativos (e da distribuição de receitas), quanto do ponto de vista dos sujeitos passivos (e da capacidade contributiva). Em tal perspectiva, a cláusula em questão é protetiva do próprio desempenho adequado do pacto federativo.

Quis o constituinte, ainda, explicitar que taxas e impostos constituem exações ontologicamente distintas. Taxas são sempre

---

302. Art. 145. A União, os Estados, o Distrito Federal e os Municípios poderão instituir os seguintes tributos: I – impostos; II – taxas, em razão do exercício do poder de polícia ou pela utilização, efetiva ou potencial, de serviços públicos específicos e divisíveis, prestados ao contribuinte ou postos a sua disposição; III – contribuição de melhoria, decorrente de obras públicas.§ 1º – Sempre que possível, os impostos terão caráter pessoal e serão graduados segundo a capacidade econômica do contribuinte, facultado à administração tributária, especialmente para conferir efetividade a esses objetivos, identificar, respeitados os direitos individuais e nos termos da lei, o patrimônio, os rendimentos e as atividades econômicas do contribuinte.§ 2º – As taxas não poderão ter base de cálculo própria de impostos.

303. Com burla, portanto, também ao art. 4º do CTN, segundo o qual: "Art. 4º – A natureza jurídica específica do tributo é determinada pelo fato gerador da respectiva obrigação, sendo irrelevantes para qualificá-la: I – a denominação e demais características formais adotadas pela lei; II – a destinação legal do produto da sua arrecadação."

vinculadas a uma atuação estatal, consistente em prestar um serviço específico e divisível (ou colocá-lo à disposição) ou exercer efetivamente o Poder de Polícia (em ato administrativo diretamente relacionado à pessoa do contribuinte).[304] Possuem, assim, um caráter sinalagmático ou contraprestacional que vincula e limita a própria eleição de sua base de cálculo (que há de confirmar essa relação, servindo ao custeio da atividade estatal).[305] Imposto, a seu turno, por definição, constitui espécie tributária não vinculada a uma atuação estatal.[306] Deriva diretamente do Poder de Império, subordinando-se, em princípio, apenas aos pressupostos formais e materiais de competência, de modo que se a entidade competente institui o imposto, é ele devido.[307] Por essa razão, foram os impostos detalhadamente enumerados pela Constituição, para não se converterem em Carta Branca à imposição, enquanto as taxas foram inseridas em preceito aberto, justamente por dependerem de uma atuação estatal e se medirem por essa atuação (o que, por si só, já evita o abuso em sua instituição).

O constituinte de 1988 foi, aliás, mais feliz que o da Carta de 1967, na redação do artigo em questão. A redação da Constituição pretérita impedia, apenas, a criação de taxas com a mesma base de cálculo dos impostos existentes. Ficava, assim,

---

304. CTN, Art. 77. As taxas cobradas pela União, pelos Estados, pelo Distrito Federal ou pelos Municípios, no âmbito de suas respectivas atribuições, têm como fato gerador o exercício regular do poder de polícia, ou a utilização, efetiva ou potencial, de serviço público específico e divisível, prestado ao contribuinte ou posto à sua disposição. (...)

305. Esclareça-se: para a prestação dos serviços compreendidos na competência de cada ente federado, na forma do art. 80 do CTN: "Art.80. Para efeito de instituição e cobrança de taxas, consideram-se compreendidas no âmbito das atribuições da União, dos Estados, do Distrito Federal ou dos Municípios, aquelas que, segundo a Constituição Federal, as Constituições dos Estados, as Leis Orgânicas do Distrito Federal e dos Municípios e a legislação com elas compatível, competem a cada uma dessas pessoas de direito público."

306. Conforme o CTN, Art. 16, "Imposto é o tributo cuja obrigação tem por fato gerador uma situação independente de qualquer atividade estatal específica, relativa ao contribuinte".

307. Cf. PONTES DE MIRANDA, Francisco. *Comentários à Constituição de 1967*, com a EC n. 1 de 1969. 3ª ed. Rio de Janeiro: Forense, 1987, 6 v., p. 362.

vedado o *bis in idem* frente aos impostos atuais,[308] sem qualquer garantia (literal, ao menos) quanto à instituição de taxas com base de cálculo de impostos ainda não existentes (mas que igualmente distorcessem a natureza de tal espécie tributária).

Rigorosamente, contudo, do ponto de vista técnico, o § 2º sequer precisaria existir, já que, por definição, taxas e impostos são distintos e não se admitiria a instituição de taxas simplesmente baseadas[309] em signos presuntivos de capacidade contributiva que não correspondessem a serviço público específico e divisível. A proibição de *bis in idem*, portanto, já derivaria diretamente da discriminação constitucional de competência dos impostos ou mesmo das características e das limitações jurídicas ínsitas às taxas (que, por si, já impedem que tal espécie de exação possa, validamente, repetir base de cálculo de imposto). A história, contudo, prova que a ausência de um dispositivo como este já deu margem a um significativo número de tentativas de superposição indevida.[310] Aliás, prova que mesmo ante a existência de um dispositivo similar, como o da Constituição de 1967, diversos abusos ocorreram, o que endossa, pela pragmática, o acerto e a utilidade de tal previsão

---

308. Segundo a Constituição de 1967, art. 18 § 2º: "Para cobrança das taxas não se poderá tomar como base de cálculo a que tenha servido para a incidência dos impostos".

309. Nos termos do CTN, as taxas não podem ter nem base de cálculo *nem fato gerador* de imposto, a marcar a lição a que aludimos anteriormente de que é este o binômio que define a natureza da exação (e, com isso, outorgar ao contribuinte uma garantia mais completa). Diz o art. 77, parágrafo único, que "a taxa não pode ter base de cálculo ou fato gerador idênticos aos que correspondam a impôsto nem ser calculada em função do capital das emprêsas". (Vide Ato Complementar n. 34, de 30.1.1967).

310. Basta ver a quantidade de súmulas do STF dedicadas ao tema, como, exemplificativamente, a súmula 595 do STF ("é inconstitucional a taxa municipal de conservação de estradas de rodagem cuja base de cálculo seja idêntica a do imposto territorial rural"), a súmula 135 ("é inconstitucional a taxa de eletrificação de Pernambuco"), a súmula 144 ("não é devida a taxa de previdência social sobre mercadorias isentas do imposto de importação") e a súmula 551 ("é inconstitucional a taxa de urbanização da lei 2320, de 20/12/1961, instituída pelo Município de Porto Alegre, porque seu fato gerador é o mesmo da transmissão imobiliária").

para assegurar ao contribuinte uma ferramenta de *status* constitucional de defesa que se some àquelas já inseridas no CTN.

Exemplo recente de situação que coloca em risco a garantia constitucional veio com a aprovação, pelo próprio plenário do STF, da súmula vinculante n. 29, segundo a qual "é constitucional a adoção, no cálculo do valor de taxa, de um ou mais elementos da base de cálculo própria de determinado imposto, desde que não haja integral identidade entre uma base e outra." Na ocasião da votação para a aprovação do verbete bem se manifestou o Min. Marco Aurélio MELLO, dizendo existir "uma regra peremptória, linear, no § 2º do artigo 145 da Constituição Federal (...)" e que "não há, nesse preceito, qualquer temperamento a ponto de dizer-se que só é impossível cogitar-se da identidade quando é absoluta. Nesse caso, a confusão seria total. Evidentemente, a Constituição Federal não precisaria versar a matéria para ter-se a pecha. Quando o preceito revela que as taxas não poderão ter base de cálculo própria de impostos, simplesmente sinaliza que a base há de ser de incidência específica, mesmo porque decorre do exercício do poder de polícia ou da utilização efetiva ou potencial de serviços públicos específicos e divisíveis, prestados ao contribuinte ou colocados à disposição dele." E concluiu o Ministro dizendo não poder ver como engessar-se a matéria mediante a edição de um verbete de súmula quando tal engessamento implica conferir alcance limitado ao § 2º do art.145, que atenderá, sim, ao Fisco, ao Estado, mas não àquele a quem o § 2º do artigo 145 visa proteger – o contribuinte. Na ocasião, contudo, apenas o Ministro Eros GRAU aderiu à posição do Ministro Marco AURÉLIO, e a súmula vinculante foi aprovada.

De fato, a situação é deveras preocupante quando se sabe que a tentativa dos estados ou municípios de aumentar a arrecadação por meio de pseudo-taxas dá-se sempre mediante a criação de artifícios, capazes de travestir a exação de elementos que confundam a apreciação do intérprete, incrementando a base de cálculo com uma cesta de itens dentre os quais consta justamente aquele característico de imposto (no qual costuma centrar o cálculo da exigência). Com a edição da referida súmula vinculante, contudo, inúmeros casos relevantes nesse sentido deixarão de ser sequer conhecidos pela Corte Suprema, fazendo com que transitem em julgado nas instâncias inferiores exigências que não se compatibilizam com o artigo 145, § 2º que, de fato, como bem afirmado pelo Ministro Marco Aurélio MELLO, nenhum temperamento faz no sentido que lhe deu a súmula aprovada. Na prática, o verbete revoga, parcialmente, a garantia constitucional, praticamente convertendo-a em um tigre de papel, já que dificilmente se terão casos tão ingênuos de instituição de taxas absolutamente idênticas à base de cálculo dos impostos discriminados na Carta. E todos os demais acabarão deixando de ser levados ao conhecimento da Corte, chancelados que estarão pela aplicação da súmula.

Pode-se bem ilustrar os perigos da manutenção de uma tal sorte de súmula com a situação enfrentada na ADI n. 3.887, Rel. Min. MENEZES DIREITO, em que se arguia a inconstitucionalidade da Lei n. 11.331/02 de São Paulo, que fixava o valor de emolumentos cartoriais tomando como base de cálculo "o valor tributário do imóvel para efeito de cobrança de imposto sobre a propriedade predial e territorial urbana" ou "a base de cálculo utilizada para o recolhimento do imposto de transmissão inter vivos de bens imóveis", sobre os quais era aplicada uma tabela, que fixava o valor devido. No caso, o Tribunal julgou constitucional a lei, vencidos os Min. Marco Aurélio MELLO e Carlos BRITTO, que votaram pela inconstitucionalidade. O entendimento prevalecente foi no sentido de considerar que o valor dos mencionados impostos eram meros "parâmetros" utilizados para o cálculo da taxa (ou ainda "um dos elementos da base de cálculo própria de determinado imposto", para utilizar a redação da súmula), já que esta era fixada com base em uma tabela.

Ocorre que, se for admitido que a mera referência a uma tabela, forjada a partir da base de cálculo de dois impostos constitucionalmente previstos, for capaz de constitucionalizar a exação, na prática se estará autorizando que esses impostos sirvam de base de cálculo à taxa. Ora, basta que a tabela (esta ou qualquer outra) siga – ainda que em valores fixos – os mesmos critérios crescentes e proporcionais dos impostos em questão e se estará bitributando a mesma base, com aberta violação à proibição de *bis in idem* constante do art. 145, § 2º da CF. Como bem frisou o Min. Marco Aurélio MELLO, "se entendermos que, no caso, não há conflito da norma, do Diploma paulista com a Constituição Federal, em termos de vedação, a porta estará aberta para, mediante, como disse, um sutil jogo de palavras, chegar-se como que ao drible ao preceito constitucional." Qualquer taxa, então, será passível de superposição a um imposto constitucionalmente previsto pela mágica da criação da tabela constitucionalizante. E a garantia do art. 145, § 2º será convertida em *flatus vocis*.

7.8 A figura dos "adicionais" às exações tributárias e a proibição de *bis in idem*

Muito já se afirmou, no Direito brasileiro, que a instituição de "adicionais" não revela qualquer mácula impeditiva de sua utilização, nada mais sendo que mero aumento de um dado tributo já existente. Para os defensores dessa linha de raciocínio, o ente que decretou o tributo uma vez, tem competência para decretá-lo uma segunda ou mais vezes, podendo repetir o exercício de sua própria competência *ad infinitum*.

Pensamos que tal entendimento, contudo, esbarra em diversas garantias constitucionais orientadoras da imposição. Em primeiro lugar, porque, via de regra, as exigências que acabam sendo *recebidas* como adicionais, não são *instituídas* nem concebidas como adicionais, senão que como novas exações – uma vez que não se limitam a um aumento de alíquota, mas tratam, invariavelmente, de desenhar ou redesenhar algum ou vários dos aspectos da hipótese de incidência. Muitas vezes, a alteração é de destinação da receita, que passa a ser vinculada a um ente ou finalidade diversos do anterior, o que obviamente desnatura a exação e é razão suficiente para que se lhe considere distinta da anterior e, portanto, *nova* para efeitos de aferição de sua validade constitucional.

O objetivo visado quando da instituição de adicionais, normalmente, é outro, que não o mero aumento de alíquota (já que para tanto haveria forma mais simples e direta de proceder, sem necessidade de se recorrer a quaisquer subterfúgios). E o que determinados operadores fazem, ante a lei criadora do tal "adicional", é procurar *ajustá-la* a uma dada realidade, ignorando parcelas dos comandos deônticos para o efeito de *salvar* a exação. Para que se possa falar em adicional, a rigor, absolutamente nenhuma das características nucleares da exação originária podem ser modificadas.

No que diz respeito aos impostos e às contribuições de seguridade social, somos da firme convicção de que os arts. 154, I [311] e 195, § 4º [312] positivam, em nosso ordenamento, regras impeditivas à introdução de adicionais. Do texto dos referidos dispositivos extrai-se a concepção de que a competência tributária nessa seara esgota-se, uma vez exercida, falecendo ao sujeito ativo competência para sua reutilização, sob pena de ofensa à dicção constitucional que exige novo rito/instrumento (lei complementar), novo fato gerador e nova base de cálculo para um segundo exercício do poder impositivo.[313]

Independentemente desse fundamento tópico (atinente

---

311. Art. 154. A União poderá instituir:

I – mediante lei complementar, impostos não previstos no artigo anterior, desde que sejam não-cumulativos e não tenham fato gerador ou base de cálculo próprios dos discriminados nesta Constituição;

312. § 4º – A lei poderá instituir outras fontes destinadas a garantir a manutenção ou expansão da seguridade social, obedecido o disposto no art. 154, I.

313. Coerente com esse pensamento, afirma Leandro PAULSEN, comentando o art. 154, I, que "a vedação constante deste inciso afasta, de certa forma, a ideia de que mera repetição de tributo já existente configura adicional ao mesmo e que, portanto seria em tese aceitável. Deve-se, pois, ver com ressalvas a afirmação de Bernardo Ribeiro de MORAES, segundo o qual o *bis in idem* não é ilegal nem inconstitucional.". *Direito Tributário*. 7ª Ed. Porto Alegre: Livraria do Advogado, 2005, p. 538.

apenas a determinadas espécies tributárias), contudo, entendemos que, cada específica norma de outorga constitucional de competência já traduz, em si mesma, a proibição de *bis* a que nos referimos. Assim, ao conferir poder para a instituição de imposto sobre a renda, o constituinte autoriza a edição de um único imposto sobre a renda, veiculado – *como meio para garantir a consecução desse fim* – por um único ato normativo. Nesse sentido, temos para nós que a Carta contém garantia formal, ritual, condicionante do exercício legítimo da competência impositiva e que se extrai da face negativa das regras de competência, cujo uso adequado não há de ser apenas materialmente aferido.

Não se trata de preciosismo ou construção sem apego em um suporte axiológico e teleológico palpável.[314] Temos como certo que a observância da forma/rito, no caso, tem o importantíssimo objetivo de assegurar o próprio desempenho do estatuto do contribuinte, permitindo que as garantias nele contempladas possam ser devidamente exercidas pelo mesmo. Evitando a introdução de novo tributo idêntico ao anterior, o constituinte atende ao quanto exige o art. 150, § 7º da Carta ("a lei determinará medidas para que os consumidores sejam esclarecidos acerca dos impostos que incidam sobre mercadorias e serviços"), permitindo que o particular se organize e tenha claro o quadro de exações a que está submetido, para o efeito de aferir e fiscalizar o atendimento à capacidade contributiva, à vedação ao efeito de confisco, à proporcionalidade à proibição de discriminação, à não-cumulatividade, instrumentos esses que a Constituição coloca à sua disposição e que não podem ter sua eficácia comprometida ou dificultada pelo uso *desviado* (e, assim, ilegítimo) do poder impositivo, capaz de frustrar a operacionalização das limitações que lhe são indissociáveis.

---

314. "Por tanto, el dato teleológico o finalista para interpretar un precepto fiscal concreto está constituido por tres elementos fundamentales.

1. Los principios generales del ordenamiento tributario positivo.

2. Los fines del tributo concreto a cuya normativa pertenezca el precepto a interpretar.

3. Los fines que se deriven del propio precepto, de cuya interpretación se trata." (PEREZ DE AYALA, Jose Luis; GONZALEZ, Eusebio. *Curso de Derecho Tributario*. Madrid: EDERSA, 1975, p. 99).

Há, portanto, uma interdição de *bis in idem* dirigida ao próprio ente a quem se atribuiu a competência, que emerge da face negativa do comando atributivo dessa competência, impedindo de modo formal que seu manejo impróprio/desviado possa – *ainda que potencialmente* – comprometer o sistema de *checks and balances* que resguarda o equilíbrio na relação Estado/particular no contexto impositivo. A cada poder corresponde um direito. A cada competência uma garantia (sob pena de competência, rigorosa e essencialmente, não se tratar). O sistema de freios e contrapesos, concebido por Montesquieu como da ontologia da própria tripartição de poderes, constitui também a essência do estado democrático e republicano.[315]

Nesse contexto, a fidelidade às formas e ritos próprios para o exercício de cada atribuição de uma dada pessoa constitucional, constitui, ela mesma, um *bem jurídico* digno de proteção (como meio necessário para assegurar um *valor-fim*). Como decorre do próprio princípio da proporcionalidade, os meios utilizados pelo legislador hão de ser aqueles estritamente necessários e *próprios* para a consecução dos fins correlatos, de modo que o uso desviado ou distorcido de um meio vicia o próprio ato, já que *pode* resultar na frustração dos mecanismos de defesa postos à disposição do administrado para o controle de legitimidade do mesmo. E, veja-se, a mera *potencialidade* à ocorrência de danos já é razão suficiente para que se exija o prestígio à clareza, transparência, certeza e segurança, quando estão em jogo direitos e garantias individuais e valores tão caros quanto os de propriedade, livre

---

315. "Montesquieu explique dans l'Esprit des lois (1748) que la liberté des individus est compromise parce que tout homme ou tout organe qui possède le pouvoir a tendance à en abuser. Pour défendre la liberté contre l'abus du pouvoir, il faut donc trouver un frein qui rende cet abus impossible. Mais le pouvoir souverain est par définition au-dessus de tout: aucun frein n'est donc assez puissant pour l'arrêter. Montesquieu en conclut qu'on ne peut arrêter le pouvoir que par le pouvoir: il faut donc le partager et attribuer ses différentes parts à des titulaires différents, qui se feront mutuellement contrepoids. A défaut de cette séparation, on ne peut pas assurer la liberté." (TROTABAS, Louis. *Élèments de Droit Public et Administratif*. 17ª Éd. Paris : Librairie générale de droit et de jurisprudence, 1972, p. 18).

iniciativa e dignidade da pessoa humana.[316]

Tal solução hermenêutica é hoje expressa na LC n. 95/98, no Decreto n. 4.176/02 e seus anexos, que introduziram regras vinculantes da atividade legiferante, trazendo para o plano do direito positivo garantias antes presentes apenas nos princípios de política legislativa. A LC n. 95/98, assim, impõe que (art.11) "as disposições normativas serão redigidas com clareza, precisão e ordem lógica",[317][318] dizendo, ainda que, "para a obtenção

---

316. Não por outra razão o §4º do art. 60 da Carta protege os direitos e garantias individuais e a forma federativa de Estado até mesmo contra Emendas Constitucionais meramente *"tendentes"* à sua abolição.

317. Como explica Ives Gandra Martins da Silva FILHO, comentando os diplomas em questão: "Dupla finalidade almejou alcançar o Decreto: institucionalizar, no âmbito do Poder Executivo, o procedimento de consolidação das normas legais, e cuidar da qualidade legislativa, fazendo com que os projetos de lei, medidas provisórias e decretos editados pelo Poder Executivo tenham, em sua redação, a clareza e objetividade necessárias para a rápida e perfeita compreensão de seu conteúdo normativo por parte daqueles que estarão sujeitos ao seu império. (...) O conhecimento do Decreto é de fundamental importância para todos os operadores do Direito, na medida em que permite compreender a sistemática seguida na elaboração, alteração e consolidação das leis, o que torna mais fácil a captação dos comandos nelas inseridos, já que a vontade do legislador é veiculada através de uma linguagem técnica que possui seus padrões próprios de comunicação. Nesse sentido, as principais orientações traçadas pelo Decreto, em consonância com a Lei Complementar n. 95/98, são as seguintes:

1) Evitar a legislação extravagante – novos comandos legais devem ser inseridos em leis já existentes, que tratem da mesma matéria em seu âmbito mais geral, de modo a que, para cada temática haja apenas uma lei disciplinadora da matéria (art. 6º). (...)

2) Evitar remissões apenas numéricas a normas não contidas na própria lei – o esforço de simplificação do sistema legal supõe não apenas que possa haver apenas uma lei que discipline cada matéria específica, como também que não seja necessária a consulta a outras leis para conhecer o conteúdo concreto de determinado comando legal (art. 12). Assim, a mera remissão numérica a preceito de outro diploma legal, sem especificar minimamente seu conteúdo, deve ser banida como técnica criptográfica de manifestar a vontade do legislador." (Consolidação e Redação das Leis – Lei Complementar n. 95/98 e Decreto n. 2.954/99 – Aplicação à Lei n. 9.756/98 sobre processamento de Recursos nos Tribunais in Revista Jurídica Virtual, v.1., n. 1, maio.1999. http://www.planalto.gov.br/ccivil_03/revista/Rev_01/red_leis.htm. Acessado em 27 de novembro de 2012).

318. "Escribió ORTEGA, con innegable razón, que la claridad es la cortesía

de ordem lógica" é imperativo "a) reunir sob as categorias de agregação – subseção, seção, capítulo, título e livro – apenas as disposições relacionadas com o objeto da lei;" e "b) restringir o conteúdo de cada artigo da lei a um único assunto ou princípio". O art. 12 da LC ainda complementa dizendo que "a alteração da lei será feita: I – mediante reprodução integral em novo texto, quando se tratar de alteração considerável; II – mediante revogação parcial; III – nos demais casos, por meio de substituição, no próprio texto, do dispositivo alterado, ou acréscimo de dispositivo novo, observadas as seguintes regras". Com isso, repudia-se, de forma inequívoca e geral, a justaposição de obrigações sobre tema idêntico em distintos diplomas normativos, o que, claramente alcança a figura dos "adicionais".

Não fossem tais dispositivos suficientes, certo é que o D. n. 4.176/02, que veio regulamentar a LC n. 95/98, ainda introduziu a seguinte proibição: "Art. 8º – Idêntico assunto não será disciplinado por mais de um projeto de ato normativo da mesma espécie, salvo quando um se destinar, por remissão expressa, a complementar o outro, considerado básico." E tal enunciado foi complementado com a regra subsequente que explicita que: "Art. 9º – Evitar-se-á projeto de ato normativo de caráter independente quando existir em vigor ato normativo que trate do mesmo assunto."

É interessante notar a introdução, no referido diploma, de um anexo, dentro do qual se instituem diretrizes normativas específicas para a elaboração da lei tributária, no contexto do qual se positivam várias das premissas aqui defendidas. Dentre

---

del intelectual. Claridad en el pensar y claridad en el decir. Nada más difícil, sin embargo, que la claridad. Referida al pensamiento, obliga a la mente a realizar un esfuerzo supremo, dirigido a alcanzar la esencia de las cosas y a ordenarlas en un sistema; referida al estilo, obliga al autor a manejar el lenguaje con cuidado especialísimo, para evitar el vocablo oscuro o equívoco y para captar, cuando sea procedente, la metáfora oportuna, que anima la exposición e ilumina la trayectoria de las ideas." (SAINZ DE BUJANDA, Fernando. *Hacienda y Derecho*: estudios de derecho financiero. Madrid: Instituto de Estudios Politicos, 1962, v. 2. p. 226).

elas, destacam-se as seguintes "questões que devem ser analisadas" quando da redação da norma: "10. O ato normativo corresponde às expectativas dos cidadãos e é inteligível para todos? 10.1. O ato normativo proposto será entendido e aceito pelos cidadãos? 10.2. As limitações à liberdade individual e demais restrições impostas são indispensáveis? 10.3. Podem as medidas restritivas ser substituídas por outras? 11.1. Por que não se renuncia a um novo sistema de controle por parte da administração? 11.3. Podem as disposições administrativas que estabelecem normas de conduta ou proíbem determinadas práticas ser aplicadas com os meios existentes? 11.4. É necessário incluir disposições sobre proteção jurídica? Por que as disposições gerais não são suficientes?"

Todos esses dispositivos evidenciam a exigência de eficiência, simplicidade, unidade, razoabilidade, logicidade, mínima interferência na esfera particular, proibição de duplicidade, rechaço à burocratização e aposição de empecilhos à transparência. Mais do que isso, a norma ainda é expressa ao exigir a verificação da lógica do diploma legal, bem como sua adequação ao sistema ao impor o seguinte questionamento prévio: "Podem os destinatários da norma entender o vocabulário utilizado, a organização e a extensão das frases e das disposições, a sistemática, a lógica e a abstração?"

Os comandos da LC n. 95/98 e do D. n. 4.176/02, assim, dão conformação legal à proibição de *bis in idem* a que aludimos antes, tornando viciado o uso de competência feito em desobediência ao quanto preveem. E gize-se que sequer é necessária a existência de sanção pontual nas referidas normas, já que, tal qual no âmbito tributário, parece-nos claro que a exação instituída em desconformidade com o Direito, tem sua exigibilidade comprometida, sem que para isso necessite de uma previsão de sanção específica em lei. Havendo uma forma própria para a imposição de obrigação (mormente no âmbito tributário, em que a forma tem seu papel realçado pelas garantias de estrita legalidade e tipicidade tributárias), a desconformidade com a mesma já implica, *per se*, nulidade.³¹⁹

Não existem leis ilustrativas (sem poder de obrigar), nem norma jurídica sem sanção: a penalidade imposta a qualquer lei que não se adeque às formas pertinentes é a invalidade (ilegalidade, no caso de violar uma lei complementar), já que a validade é condição mesma de ingresso no sistema.

8. Proteção constitucional da família e proibição de *bis in idem*³²⁰

Questão interessantíssima de aplicação da proibição de *bis in idem* diz respeito ao tratamento constitucional dispensado à família, enquanto unidade, e os limites constitucionais à tributação daí decorrentes. A família, como se terá a oportunidade de demonstrar ao longo do presente tópico, é agrupamento prestigiado pelo constituinte de 1988 que, em diversos dispositivos da Carta, assenta-a como base da sociedade, estimulando sua formação e determinando sua proteção. Tal arcabouço normativo de nada serviria, contudo, se fosse dado ao legislador

---

319. Em linha com esse entendimento Daniel GUTMANN revela que "en matière fiscale, le Conseil constitutionnel a estimé dans une décision du 29 décembre 2005 que 'la loi, lorsqu´elle atteint un niveau de complexité tel qu´elle devient inintelligible pour le citoyen, méconnait en outre l´article 14 de la Déclaration de 1789, aux termes duquel: 'tous les citoyens ont le droit de constater, par eux-mêmes ou par leurs représentants, la necessité de la contribution publique, de la consentir librement, d´en suivre l´emploi, et d´en determiner la quotité, l´assiette, de recouvrement et la durée'. Ce principe a permis au Conseil constitutionnel de censurer, como inconstitutionnelles, des dispositions si complexes 'que les incertitudes qui en résulteraient seraient source d´insécurité juridique, notamment de malentendus, de réclamations et de contentieux.'" (GUTMANN, Daniel. L´Évasion Fiscale des Sociétés. *Revue Internationale de Droit Comparé*, Paris, n. 2, avril/juin 2010, p. 535).

320. Partes desse item foram extraídos do artigo que escrevemos em coautoria com VELLOSO, Andrei Pitten, *in* MARTINS, Ives Gandra da Silva (coord.). *Direito Tributário (Tributação e Incentivos à Família)*. São Paulo: Thomson-IOB, 2006. Notadamente, as distinções entre os regimes de tributação familiar, bem lançadas pelo Andrei, e que serviram de base à aplicação de nossa Teoria.

tributário ignorá-la enquanto unidade, permitindo que ao conjunto familiar fosse dado tratamento menos favorecido que aquele outorgado a cada indivíduo separadamente considerado.

A família é instituição consagrada, de ponta a ponta, no ordenamento jurídico brasileiro. Tão intensa é a sua presença na Carta Magna que se, diante de eventual tratamento desfavorecido positivado em lei, fôssemos instados a responder em que parte da Constituição fundamentamos a inconstitucionalidade de tal diploma, não hesitaríamos em responder: de Deus até Ulysses Guimarães.[321]

Com efeito, o termo família é repetido por vinte e uma vezes no texto constitucional, nos seus mais diversos âmbitos de abrangência. Aparece desde o capítulo dos "Direitos e Garantias Fundamentais" (no inabolível rol do art. 5º), passando pelos "Direitos Sociais" (e, em especial, pelo Direito do Trabalho), pelo Sistema Tributário Nacional[322] e chegando às Políticas Urbana e Agrícola, à "Previdência Social", "Assistência Social", "Educação" e "Comunicação Social". Em todas essas passagens, a inserção da família está jungida à manifesta intenção do Estado de favorecê-la, por instrumentos de discriminação positiva que destacam ações do Poder Público voltadas a estimular a instituição.

Não fosse tudo isso suficiente para demonstrar sua intenção, o constituinte brasileiro, ainda, outorgou à família um capítulo exclusivo, denominado "Da família, da criança, do adolescente e do idoso", no qual a eleva à estatura de sobrevalor, "base da sociedade", recebendo, por isso, "proteção especial".[323] No art. 226, § 8º, a Constituição ainda enfatiza que "o Estado assegurará a assistência à família na pessoa de cada um dos que a integram."

---

321. Ou seja, desde o preâmbulo até o seu primeiro signatário.
322. No art.153, parágrafo 4º, até a EC 20/98.
323. "Art. 226. A família, base da sociedade, tem especial proteção do Estado".

De fato, a insistente e quase tautológica dicção constitucional revela o anseio dos representantes do povo em consagrar, no mais alto patamar normativo, esse valor, pela simples razão de que, como fizeram questão de dizer, ele é "estruturante" da sociedade. Sua condição de pilar ou feixo da abóbada social se evidencia pela constatação – universalmente aceita – de que é pela via da família que são transmitidos os valores essenciais da convivência em grupo, a educação (social ou formal), a moral, a ética, a paz, o respeito ao próximo, a espiritualidade etc.

Como o próprio constituinte demonstrou, ao atribuir à família deveres no bojo da própria Carta Maior, o núcleo familiar apresenta-se fundamental à consecução de diversas tarefas que são igualmente atribuídas ao Estado e que, por meio da família, o desoneram (além de serem por ela mais eficientemente executadas). Veja-se que, nos termos da Constituição, é "dever da família, da sociedade e do Estado assegurar à criança e ao adolescente, com absoluta prioridade, o direito à vida, à saúde, à alimentação, à educação, ao lazer, à profissionalização, à cultura, à dignidade, ao respeito, à liberdade e à convivência familiar e comunitária, além de colocá-los a salvo de toda forma de negligência, discriminação, exploração, violência, crueldade e opressão" (art. 227). Aos pais, igualmente, foi atribuído "o dever de assistir, criar e educar os filhos menores" (art. 229).

Finalmente, soube enxergar o constituinte a sua capacidade de colaboração – ao lado do Estado e da Previdência – no amparo à velhice, dizendo que "a família, a sociedade e o Estado têm o dever de amparar as pessoas idosas, assegurando sua participação na comunidade, defendendo sua dignidade e bem-estar e garantindo-lhes o direito à vida" (art. 230). E complementando, em inteligente medida, estipulou que "os programas de amparo aos idosos serão executados preferencialmente em seus lares" (art. 230, §1º).

Veja-se, ainda, que na dicção constitucional o conceito de

família, digno de proteção especial, não se restringe ao casal pai de um único filho, senão que abrange a família mais numerosa. Ademais, a Constituição atribui à família numerosa deveres expressos, no que, em seu art. 239, diz caber "aos filhos maiores" (plural) "o dever de ajudar e amparar os pais na velhice, carência ou enfermidade", sendo que aos pais, a seu turno, cabe "o dever de assistir, criar e educar *os filhos menores*" (igualmente plural).

Com a evidenciação supra, já se pode frisar a nota de inconstitucionalidade que, no sistema jurídico-positivo brasileiro, caracterizará todo ato normativo infraconstitucional que coloque a família em situação menos favorecida que o contribuinte individual.[324] Isso porque não apenas lhe são garantidos os mesmos direitos deste último, como se lhe é outorgada posição de *status* superior, a qual deveria, em princípio, determinar ao legislador infraconstitucional concessão de benefícios que *favoreçam* a formação e a manutenção do núcleo familiar.

A proibição de *bis in idem*, nesse contexto, incide para evitar que à unidade se dê tratamento plural ou mais oneroso. Haverá ofensa à Carta sempre que a formação da família ou a sua simples manutenção der ensejo ao *bis*, pela dupla ou múltipla tributação/oneração que implique desconsiderá-la enquanto corpo único.

Dentre os diversos regimes possíveis de tributação da família pelo imposto de renda, é possível identificar aqueles que outorgam à unidade familiar tratamento mais ou menos protetivo e, portanto, mais ou menos aproximado do norte constitucional referido. Assim, tanto a definição de um dado

---

324. "A proteção especial da família não se reduz à disciplina jurídica da lei civil, mas estende-se a todos os ramos jurídicos, em especial à compatibilização das normas constantes do Direito do Trabalho, do Direito Tributário e do Direito Social – entendido esse último no sentido amplo de direito da Seguridade Social, da Habitação e da Educação, enfim, do Título VIII da Constituição (Ordem Social)." (BALEEIRO, Aliomar; DERZI, Misabel de Abreu Machado. *Limitações Constitucionais ao Poder de Tributar*. 8ª Ed. São Paulo: Forense, 2010, p. 1192).

regime pelo legislador, quanto o processo hermenêutico a ser empreendido pelo intérprete ante eventuais lacunas legislativas hão de alinhar-se com a exigência de proteção à unidade familiar.

8.1 Regimes de tributação da unidade familiar

Quando da instituição de sistemas específicos de tributação da família, adota-se, com frequência, a expressão "unidade familiar", a qual se caracteriza pela nota da polissemia, comportando várias conotações. Pode denotar tão somente os cônjuges; os cônjuges e seus filhos dependentes; os cônjuges, seus filhos e outros familiares dependentes; as famílias monoparentais (constituídas pelos filhos e o pai *ou* a mãe); cônjuges separados entre os quais ainda exista uma relação de dependência, etc. Seu significado específico dependerá da legislação regente da matéria.

No entanto, por força dos princípios da igualdade, da capacidade contributiva e da proteção à família, é imprescindível que a legislação tributária atente a uma realidade fática de suma relevância: a existência da família enquanto unidade, que envolve inter-relações e implicações de conteúdo econômico, de relevância tamanha a ponto de afetar sensivelmente a capacidade contributiva de seus integrantes.

É imperativo, de conseguinte, que se adotem regimes de tributação familiar – ou, se se preferir, de tributação da unidade familiar. A propósito da tributação da família, existem sistemas de separação e de acumulação. Apenas estes consubstanciam propriamente sistemas de tributação da unidade familiar, porquanto aqueles não a consideram como tal.

Os sistemas básicos de tributação da família podem ser classificados desta forma:

1) sistemas de separação:

    1-1) separação absoluta;

1-2) separação relativa; e

2) sistemas de acumulação:

2-1) acumulação simples;

2-2) acumulação com deduções específicas;

2-3) *splitting*:

2-3-1) *splitting* conjugal;

2-3-2) *splitting* familiar (ou quociente familiar).

A seguir, ocupar-nos-emos tanto dos sistemas de separação quanto de acumulação, analisando seus caracteres e sua legitimidade em face dos princípios constitucionais.

8.1.1 Separação

No regime de separação, os integrantes da entidade familiar são tributados isoladamente: devem apresentar declarações distintas e suas rendas se sujeitam à tributação progressiva separadamente. É o sistema adotado no Reino Unido, nos Países Baixos, na Áustria e na Suécia, que pode apresentar duas variantes: a separação absoluta e a separação relativa.

8.1.1.1 Separação absoluta

No regime da separação absoluta, os cônjuges devem apresentar declarações em separado, não há acumulação de rendimentos e, tampouco, possibilidade de se efetivar deduções específicas. Revela-se inadequado, primordialmente, nos casos em que haja apenas um cônjuge economicamente ativo, em virtude de desconsiderar o fato de que apenas uma renda deve sustentar ambos os cônjuges. Destarte, distancia-se em demasia de uma tributação norteada pela efetiva capacidade contributiva do sujeito passivo (o cônjuge que aufere rendimentos), sendo hialinamente ilegítimo e implicando clara violação à proibição de *bis in idem*.

8.1.1.2 Separação relativa

Já no regime da separação relativa, conquanto os cônjuges devam apresentar declarações em separado e inexista acumulação de rendimentos, há possibilidade de se deduzirem os gastos comuns ou específicos do cônjuge dependente. É um sistema que, nitidamente, confere uma maior concreção aos princípios da igualdade, da capacidade contributiva e da proteção à família.

No entanto, pode apresentar muitas variantes e, dentro delas, regimes de tributação em que as possibilidades de deduções ou são significativamente reduzidas, ou não variam em função do conteúdo econômico da base imponível. Nesta situação, menoscaba-se a capacidade econômica efetiva das unidades familiares mais abastadas, cujos integrantes acabam sendo onerados não apenas pela progressividade do IRPF, mas também pelas limitações das deduções. Outrossim, tal quadro é agravado quando, como sucede no Brasil (na hipótese de declaração em separado) e alhures, as deduções são limitadas a patamares fixos, que não são adequadamente atualizados. Em tal hipótese, de limitação/não atualização das deduções possíveis, na prática, a tributação familiar estará sendo agravada, onerando-se em maior extensão a *unidade* que se buscou incentivar e que passará a sofrer um ônus dúplice (em maior ou menor escala, conforme os gastos que se tiverem em conta), com ofensa à vedação de *bis in idem*.

8.1.2 Acumulação

A técnica da tributação conjunta, isoladamente considerada, não é inconstitucional, visto ser "constitucionalmente neutra". Somente a conformação específica que a legislação lhe der pode se revelar ofensiva à Constituição, à medida que afronte direitos ou garantias consagrados por esta.[325]

Efetivamente, em função do regime de tributação da unidade familiar adotado e da situação específica dos contribuintes, a acumulação das rendas pode ser-lhes favorável ou prejudicial. Por tal razão, indaga-se acerca da legitimidade de seu caráter impositivo, diante dos princípios da igualdade, da capacidade contributiva e da proteção à família.[326]

Tratando-se de um clássico imposto pessoal, a cogente sujeição dos membros da unidade familiar à tributação conjunta, mesmo que admitida, nunca poderia ser arbitrária: "la forzada inclusión de varios sujetos en una unidad tributaria para sujetarlos conjuntamente a un impuesto de naturaleza personal no puede ser arbitraria, pues de otro modo lesionaría, ya por eso, el principio de igualdad. Como el correlato lógico de un tributo personal y directo sobre la renta de las personas físicas es la imposición separada, esto es, la sujeción separada al impuesto de cada una de ellas, la sujeción conjunta que implica en sí misma un trato diferenciado, sólo es constitucionalmente admisible en la medida en la que esté fundada en una razón que sea congruente con el fin de la norma, esto es, en el caso que aquí nos ocupa, en la razón de que esta sujeción conjunta es necesaria o al menos conveniente para determinar la renta de los distintos sujetos" (STC 45/1989, do Tribunal Constitucional Espanhol).

---

325. Essa é a posição do Tribunal Constitucional Espanhol. Cf.: STC 45/1989.
326. Na Espanha, o Tribunal Constitucional, em dois importantes precedentes, considerou que era discriminatória a *imposição* da tributação conjunta da "unidade familiar", considerada como uma "unidade contribuinte", no IRPF, na forma regulada nas Leis 44/1978 e 48/1985 (STC 209/1988 e 45/1989). Cf.: GONZÁLEZ GARCIA, Eusébio. *Tributación Individual frente a Tributación Conjunta en el IRPF.* Madrid: Tecnos, 1991; HERRERA MOLINA, Pedro M. El principio de igualdad financiera y tributaria en la jurisprudencia constitucional. In: JORNADAS DE ESTUDIO DE LA DIRECION GENERAL DEL SERVICIO JURÍDICO DEL ESTADO. *El Principio de Igualdad en la Constitución Española.* Madrid: Ministerio de Justicia, 1991, v. I, p. 851-853.

Nesse relevante precedente, o Tribunal Constitucional Espanhol considerou, com acerto, ser viável a utilização da técnica da tributação conjunta, tão somente se for *favorável aos membros da unidade familiar*, o que promove a proteção constitucional da família, prevista no art. 39 da Constituição Espanhola. *Nunca poderá ser empregada para prejudicá-los*, agravando a carga tributária que cada um dos sujeitos passivos haveria de suportar de acordo com a sua própria capacidade contributiva, sob pena de violação aos princípios da igualdade geral (art. 14 da CE), da igualdade tributária, da capacidade contributiva (art. 31 da CE) e da proteção da família (art. 39 da CE). Este princípio, por si só, já bastaria para rechaçar a tributação especialmente gravosa à família, como destacou o Tribunal Constitucional ao dizer que "si la carga tributaria que pesa sobre una persona integrada en una unidad familiar es mayor que la que pesa sobre otro contribuyente con idéntico nivel de renta, pero no integrado en una unidad de este género (o, lo que es lo mismo, mayor que la que pesaría sobre esa misma persona si no constituyera parte de una familia, a efectos fiscales), es evidente que no sólo se lesiona el principio de igualdad, sino que directamente se va en contra del mandato constitucional que ordena la protección de la familia, a la que, al obrar así, no sólo se protege, sino que directamente se la perjudica".[327][328]

---

327. STC 45/1989.

328. Na concepção do TC Espanhol, existe um *direito fundamental* dos integrantes da unidade familiar *a contribuir de acordo com sua própria capacidade contributiva*, que, apesar de não se contrapor à tributação conjunta, impede que a carga desta seja superior à da tributação individual. Na sua dicção: "como exigencia derivada de los arts. 14 y 31, es indispensable que la sujeción conjunta no incremente la carga tributaria que, con arreglo a las normas generales, le correspondería a cada uno de los sujetos pasivos integrados en la unidad tributaria de acuerdo con su propia capacidad económica, de manera que la sujeción conjunta no actúe como un factor que agrave la obligación propia de cada uno de estos sujetos en relación con la que tendrían si, con la misma capacidad económica, la imposición fuese separada [...] La sujeción conjunta al impuesto de los miembros de la unidad familiar

De fato, se determinada pessoa inserida no contexto familiar é mais onerada pela tributação que outra pessoa fora desse conjunto, estará evidenciado que o legislador desconsiderou o conceito de família e permitiu múltipla incidência constitucionalmente vedada para essa que deve ser considerada uma *unidade* (*non bis in idem*).

8.1.2.1 Acumulação simples

O regime de mera acumulação não tem qualquer efeito quando apenas um dos cônjuges aufere rendimentos, pelo simples fato de que, à evidência, não há acumulação. Tampouco tem repercussões na hipótese de se adotar um regime proporcional de tributação.

Não obstante, o Imposto de Renda é, em regra, progres-

---

no puede transformar el impuesto sobre las personas físicas en un impuesto de grupo porque esta transformación infringe el derecho fundamental de cada uno de tales miembros, como sujetos pasivos del impuesto a contribuir, de acuerdo con su propia capacidad económica, en la misma cuantía en que habrían de hacerlo si, manteniendo esa misma capacidad, tributasen separadamente" (STC 45/1989). Com base nessas premissas, declarou a inconstitucionalidade dos preceitos da Lei 44/1978, com suas sucessivas alterações, que tratavam da tributação conjunta da unidade familiar, impondo a acumulação dos acréscimos patrimoniais de todos os seus membros, independentemente do regime de bens (art. 7.3), e a apresentação de uma declaração única (art. 34.3). Isso porque tal forma de acumulação das rendas levava a um *incremento da carga tributária* (decorrente da progressividade do imposto), que não era devidamente obviado por meio do sistema de deduções adotado. Reputou-se legítima, tão somente, a consagração da solidariedade dos cônjuges pelos débitos tributários. Atualmente, a tributação familiar na Espanha é facultativa: só pode ser adotada se houver manifestação expressa de todos os membros da unidade familiar. As deduções na tributação familiar são mais elevadas do que aquelas aplicáveis à tributação individual e são permitidas deduções de perdas patrimoniais e bases imponíveis negativas mesmo que relativas a períodos em que adotada a tributação individual, mas existem deduções aplicáveis individualmente a cada membro da unidade familiar. Cf.: MARTÍN QUERALT, Juan. et.al. *Curso de Derecho Financiero y Tributario*. 16ª Ed. Madrid: Tecnos, 2005, p. 613-614.

sivo. E a mera acumulação dos rendimentos de cônjuges economicamente ativos, se não for acompanhada por medidas técnico-compensatórias, provocará, em geral, uma *majoração da carga tributária* relativamente aos demais contribuintes, justamente em decorrência da progressividade do Imposto de Renda: somando-se os rendimentos, é inevitável que uma maior parte das rendas se situe em faixas de tributação mais elevadas (excetua-se apenas a hipótese de, mesmo com a soma, os rendimentos se manterem na faixa de isenção). As rendas do segundo cônjuge não se sujeitarão à tributação progressiva a partir do zero, mas do total das rendas do primeiro cônjuge.[329]

Digamos que, por exemplo, o primeiro cônjuge aufira mensalmente R$ 5.000,00, e o segundo, R$ 500,00. Os rendimentos deste estarão integralmente sujeitos à alíquota *máxima*, e não mais isentos da exação; e os rendimentos daquele situar-se-ão no mesmo patamar de tributação. Vista a questão por outro ângulo, os rendimentos do segundo cônjuge permaneceriam isentos, mas os do segundo seriam considerados, para fins da tributação progressiva, a partir de R$ 500,00, e não mais a partir de zero; o resultado é que seriam reduzidos sensivelmente os rendimentos situados dentro da faixa de isenção. A tributação do casal, portanto, seria superior a de dois solteiros que auferissem, individualmente, R$ 2.750,00, o que evidencia as consequências nocivas de tal sistemática (contrariando a interdição de *bis* pontualmente aplicável).

Os efeitos gravosos da acumulação dos rendimentos intensificam-se à medida que a progressividade seja mais acentuada, em virtude da adoção de alíquotas diferenciadas ou da sujeição de um montante superior de rendas em patamares mais elevados de tributação. Isso porque a faixa de

---

329. A respeito, vide esta decisão do Tribunal Constitucional Espanhol: STC 209/1988.

isenção e as faixas intermediárias são aplicadas uma única vez, e não duas, como ocorreria se os cônjuges estivessem submetidos à tributação individualizada. Se ambos os cônjuges recebem rendimentos situados dentro da faixa de isenção, é possível que passem a contribuir. Se já contribuem, poderão utilizar uma única vez a faixa de isenção e, inclusive, submeter-se à faixa de tributação superior (no Brasil, sujeita à alíquota de 27,5%). E, mesmo que ambos contribuam à alíquota máxima, serão afetados pela acumulação dos rendimentos, em decorrência da aplicação única da faixa de isenção e das faixas intermediárias.

Deve-se ter em mente que a majoração do gravame não pode ser justificada por um suposto incremento da capacidade econômica dos cônjuges, derivado da presunção de poderem compartilhar uma série de gastos, que os demais contribuintes suportariam sozinhos. O mero fato do matrimônio não é hábil para sustentar adequadamente tal presunção e muito menos para denotar uma majoração da capacidade contributiva efetiva: atualmente não são raras as situações em que casais economicamente ativos são obrigados a residirem em cidades distintas, suportando duplamente significativos custos com habitação e, ainda, com os frequentes deslocamentos intermunicipais ou interestaduais. E, mesmo que houvesse tal acréscimo de capacidade contributiva, a acumulação dos rendimentos deveria ser aplicada, por idênticas razões, a todos aqueles contribuintes que vivem juntos, sob pena de se discriminarem os cônjuges perante os companheiros e concubinos, o que violaria, escancaradamente, os princípios da igualdade, da proibição de *bis in idem* e da proteção da família.[330] Aliás, aqui a ofensa ao *bis in idem* estaria evidenciada à exaustão, à medida que os 2 cônjuges que formam *uma* família estariam sendo tratados não como "unidade", senão que como entida-

---

330. Na Espanha, vale conferir estes precedentes do Tribunal Constitucional, já aludidos: STC 209/1988 e STC 45/1989. Na Alemanha, vide o conhecido precedente sobre o *splitting* (BVerfGE 6, 55).

des autônomas e sobrepostas, incidindo-se em *bis* vedado constitucionalmente.

Existem alternativas à mera acumulação de rendas diversas da tributação em separado dos cônjuges, que são analisadas a seguir.

8.1.2.2 *Acumulação com deduções específicas*

As deduções gerais, aplicáveis a todos os contribuintes ou a grupos diversos da unidade familiar, são inábeis, obviamente, a remediar os efeitos deletérios da acumulação dos rendimentos dos cônjuges. Apenas deduções *específicas e adequadas* podem afastar tais efeitos. Essas deduções específicas podem ser denominadas de *deduções conjugais ou familiares*.

Para que as deduções conjugais sejam realmente adequadas a obviar a agravação da tributação decorrente da acumulação, é imprescindível que tenham relação direta com a base imponível, variando em função desta e abarcando todos os rendimentos acumulados (*deduções variáveis e genéricas*). Caso contrário, terão uma eficácia limitada e, por conseguinte, insuficiente para legitimar tal prática. É o que sucede com as deduções fixas.[331]

É o sistema adotado no Brasil para as declarações em conjunto dos cônjuges. Trata-se de um sistema facultativo, que pode ser significativamente gravoso nas hipóteses em que ambos aufiram rendimentos, dadas as limitações das deduções existentes. Em certas situações será mais favorável, como se pode verificar quando um cônjuge isento incorreu em despesas dedutíveis.

---

331. Sobre as deduções fixas, cf.: STC 45/1989.

8.1.2.3 Splitting

No sistema denominado *splitting* (separação), há uma sistemática peculiar: as rendas são acumuladas, mas não se tributam tais rendas como se fossem uma unidade. Efetiva-se uma prévia "redistribuição" das rendas, imputando-as igualmente aos membros da unidade familiar. Nunca terá efeitos tributários nocivos para os cônjuges, sendo-lhes favorável ou, na pior das hipóteses, neutro. Sem embargo, é mais benéfico àqueles casais em que apenas um cônjuge é economicamente ativo, apresentando, pois, certo teor discriminatório relativamente aos casais compostos por membros economicamente ativos.[332]

Apresenta duas formas básicas. No *splitting* conjugal, a divisão da renda é restrita aos cônjuges, independentemente da existência de filhos. É o sistema adotado nos Estados Unidos, na Alemanha, na Irlanda e em Portugal.[333] No *splitting* familiar ou quociente familiar, adotado na França, a renda não é dividida apenas entre os cônjuges, mas também entre os filhos dependentes. É um sistema mais elaborado do que o *splitting* conjugal, pois considera, na própria divisão das rendas, as invariáveis despesas que os casais têm com os filhos. Possui, todavia, relevantes singularidades, razão pela qual deve ser analisado mais detidamente.

O *splitting* familiar foi instituído na França pela Lei de 31 de dezembro de 1945, sendo denominado *système du quotient familial*, sendo um sistema único na Europa. É consubstanciado por quatro operações sucessivas:

a) Determinação do número de partes, na qual os contribuintes casados têm direito a duas partes (uma para cada

---

332. Na Alemanha, o Tribunal Constitucional Federal, apesar de ter reconhecido esse fato, considerou que não conduz à inconstitucionalidade da técnica do *splitting*, introduzida no IRPF alemão em 1958. Cf.: BVerfGE 61, 319.
333. Cf.: GONZÁLEZ GARCIA. Op. cit., p. 16.

cônjuge) e a meia parte para cada filho, concedendo-se uma parte inteira para cada filho a partir do terceiro. Portanto, um casal com dois filhos terá direito a três partes; um casal com quatro filhos, a cinco partes.

b) Divisão da renda total pelo número de partes, obtendo--se, assim, o quociente familiar.

c) Sujeição do quociente à tributação, segundo o sistema de progressividade, chegando-se, desse modo, à carga tributária de cada parte.

d) A multiplicação do imposto de uma parte pelo número de partes.[334]

Esse, diríamos, é o sistema que melhor espelha a perfeita conjugação da proibição de *bis in idem* com a proteção constitucional da família. À medida que a família é aumentada, seus membros são tratados individualmente de modo a preservar-se a tributação do conjunto (à luz de sua capacidade contributiva), evitando-se a oneração *per capita* pela desconsideração do número de partes de que a família se compõe.

8.2 Proteção constitucional da família, vedação de retrocesso e medidas restritivas à sua proteção constitucional

Sabendo-se que a família é instituição consagrada como fundamental na Carta de 1988, pode-se dizer que ao Legislador está imposta pelo constituinte, no mínimo, uma cláusula de não-retrocesso. Explicamos: na forma do art. 60, § 4º, da CF, afigura-se inconstitucional toda norma "tendente" à abolição desta sorte de direitos (fundamentais). Assim, proíbe-se que,

---

334. Cf.: GROSCLAUDE, Jacques; MARCHESSOU, Philippe. *Droit Fiscal General*. 5ª Ed. Paris: Dalloz, 2005, p. 210-212.

uma vez reconhecido certo grau de eficácia, venha o legislador a retroceder e mitigar a garantia anteriormente consagrada, pois tal postura fatalmente reduziria o âmbito de aplicação do direito fundamental e, nesse sentido, seria tendente à sua abolição.[335] Sobre a cláusula de não-retrocesso, ensina CANOTILHO que "as normas constitucionais que reconheçam direitos econômicos, sociais e culturais de caráter positivo têm pelo menos uma função de garantia da satisfação adquirida por esses direitos, implicando 'proibição de retrocesso', visto que, uma vez dada satisfação ao direito, este 'transforma-se', nessa medida, em 'direito negativo', ou direito de defesa, isto é, num direito que o Estado se abstenha de atentar contra ele."[336]

Exemplificando, imaginemos que o legislador outorgue o direito à dedução de R$ 1.000,00 por filho do casal, limitado ao número de 5 filhos. Se, no exercício seguinte, o legislador reduzir o âmbito deste tratamento, para limitar a possibilidade de dedução em apenas 3 filhos, estará incorrendo em inconstitucionalidade em face da cláusula constitucional de proibição de retrocesso. No caso, a garantia assume especial relevo dado que associada à própria proteção da vida ou, no mínimo, da vida digna. Ora, se o contribuinte se estabelece em torno de uma realidade normativa protetiva, gerando efeitos irreversíveis (aqui, com óbvio relevo ante a impossibilidade absoluta de se voltar ao *status quo ante*), o legislador que vetorialmente se move em direção contrária a essa garantia, mutila o valor constitucional familiar. A norma terá, portanto, óbvios efeitos de redução, *tendente* (vetorialmente) ao extermínio, do direito à manutenção do núcleo familiar.

Como já tivemos a oportunidade de dizer, analisando situação análoga, "fica evidente que o novo dispositivo repre-

---

335. Vide GOLDSCHMIDT, Fabio Brun. *O Princípio do Não-confisco no Direito Tributário*. São Paulo: Revista dos Tribunais, 2003, p. 114.
336. CANOTILHO, J.J. Gomes; MOREIRA, Vital. *Fundamentos da Constituição*. Coimbra: Coimbra Ed., 1991, p. 131.

sentou um retrocesso, restringindo e limitando a eficácia do direito anteriormente assegurado. Assim, caminhou no sentido de sua anulação [...] O art. 60, parágrafo 4º, aliás, ao colocar na inconstitucionalidade não só o dispositivo que pretenda abolir efetivamente, como também todo o dispositivo 'tendente' à abolição do direito e garantia individual, teria sua finalidade totalmente frustrada se não recebesse essa interpretação, pois não fosse assim e estariam abertas as portas para, através do contínuo e reiterado 'emagrecimento' desses direitos, obter-se fatalmente a sua abolição."[337]

A proibição de retrocesso entrelaça-se com a proibição de *bis in idem*, à medida que, consagrando um determinado padrão, impede que se volte ao estágio anterior, que já se encontra protegido e, portanto, afastado do âmbito possível de nova incidência legítima. É como se, pela verbalização de determinado conteúdo programático em uma regra de efeitos concretos, se fizesse reduzir o âmbito possível de articulação legislativa, tornando toda nova tentativa de tributação de um dado ponto/aspecto/fato, vedada.

Veja-se que, com isso, não pretendemos chegar às raias de defender que todo e qualquer direito social haja de ser garantido por uma rígida proibição de retrocesso, que inadmita qualquer flexibilização ou ajuste na sua disciplina normativa. A proibição de retrocesso, contudo, faz-se imperativa nos casos em que a própria Carta, pontualmente, estipule um mandamento de progressivo avanço no trato de determinadas questões, impondo um específico programa a ser seguido pelo legislador ordinário. Assim, a par da proteção à família (que, por ser especial ou preferencial, terá que andar sempre à frente da proteção geral), a vedação de retrocesso seria aplicável em situações como a da proteção às cooperativas (art. 5º, XVIII, c/c art. 174, § 2º),[338] já que a própria Constituição aduz que a lei

---

337. GOLDSCHMIDT. Op. cit., p. 115.
338. "§ 2º – A lei apoiará e estimulará o cooperativismo e outras formas de associativismo".

"estimulará" e "apoiará" o cooperativismo, o que, por imperativo lógico, impede que se suprima uma garantia existente (na exata medida em que isso representaria um desestímulo ou uma objeção).

9. Análise de algumas contribuições em espécie e a proibição de *bis in idem*

Esclarecimento Preliminar

Na análise abaixo procedida, não tivemos a intenção de esgotar todo o universo de contribuições existentes no ordenamento jurídico-tibutário brasileiro, da mesma forma que não tivemos, ao longo do presente trabalho, a intenção de analisar, sob a ótica da proibição de *bis in idem*, todo e cada um dos diversos tributos presentes em nosso sistema, preferindo nos dedicar ao exame das pontuais regras interditivas que encontramos ao longo da Carta brasileira. Nossa intenção, aqui, portanto, é a de – em complementação às considerações que tecemos sobre os arts. 149 e 195 da Carta – demonstrar algumas das consequências práticas que derivam das premissas adotadas, traçando um panorama daquelas contribuições atualmente existentes no ordenamento brasileiro que, evidentemente, não se compatibilizam com as interdições de *bis in idem* encontráveis nos referidos dispositivos (além de outros donde, pontualmente, extraiam seus fundamentos de validade).

9.1 Contribuição ao SAT

A contribuição para o seguro de acidente do trabalho está prevista em lei ordinária, Lei n. 8.212/91, mas não encontra suporte constitucional de validade, entrando em rota de colisão com a proibição de *bis in idem*.

De fato, como já tivemos a oportunidade de explicar, o

constituinte, ao outorgar competência tributária – no caso, para a instituição de contribuição para a seguridade social – previu, nos incisos do art. 195 quantas e quais contribuições seriam passíveis de instituição. Disse:

> Art. 195. A seguridade social será financiada por toda a sociedade, de forma direta e indireta, nos termos da lei, mediante recursos provenientes dos orçamentos da União, dos Estados, do Distrito Federal e dos Municípios, e das seguintes contribuições sociais:
>
> I – do empregador, da empresa e da entidade a ela equiparada na forma da lei, incidentes sobre: (Redação dada pela Emenda Constitucional n. 20, de 1998).
>
> a) a folha de salários e demais rendimentos do trabalho pagos ou creditados, a qualquer título, à pessoa física que lhe preste serviço, mesmo sem vínculo empregatício; (Incluído pela Emenda Constitucional n. 20, de 1998).
>
> b) a receita ou o faturamento; (Incluído pela Emenda Constitucional n. 20, de 1998).
>
> c) o lucro; (Incluído pela Emenda Constitucional n. 20, de 1998).
>
> II – do trabalhador e dos demais segurados da previdência social, não incidindo contribuição sobre aposentadoria e pensão concedidas pelo regime geral de previdência social de que trata o art. 201; (Redação dada pela Emenda Constitucional n. 20, de 1998).
>
> III – sobre a receita de concursos de prognósticos.
>
> IV – do importador de bens ou serviços do exterior, ou de quem a lei a ele equiparar.

Com isso, delimitou o campo possível de exercício das competências, com expressa e pontual regra interditiva de *bis*, contida no § 4º do dispositivo, que proíbe a instituição de novas contribuições (*bis*) com idêntico fato gerador ou base de cálculo (*idem*), exigindo ainda que o exercício dessa competência residual dê-se mediante lei complementar e com observância da técnica não-cumulativa. O elenco é exaustivo – o que se infere do próprio emprego da expressão "seguintes contribuições" – e, nessa medida, repele a possibilidade de instituição de exações distintas das que "seguem" ao caput.

O SAT, contudo, foi previsto no art. 22, II da lei n. 8.212/91[339] com idêntica base de cálculo prevista para a contribuição referida no inciso I, "a", do art. 195. Não fosse isso suficiente, sua introdução deu-se por lei ordinária, o que também afronta o § 4º retro referido. Parece-nos de hialina clareza que não possa sua cobrança ser considerada legítima, pela simples razão de que está prevista em diploma introduzido posteriormente à Constituição e que não se amolda à mesma, afigurando-se materialmente inconstitucional por não encontrar dispositivo de suporte na Constituição Federal, nem no referido art. 195, nem em qualquer outro artigo da Carta (como ocorre, v.g., com a contribuição para o salário educação, constitucionalizado pela sua previsão no art. 212, § 5º, a contribuição para o PIS, constitucionalizada pelo art. 239, ou as contribuições para entidades de serviço social e formação profissional, constitucionalizadas pelo art. 240). O SAT ofende a proibição de *bis in idem* constante do art. 195, § 4ª combinado com o art. 154, I, ao incidir sobre base de cálculo já adotada no art. 195, I, "a" da Carta, sem que possua assento em qualquer outro dispositivo constitucional.

---

339. Art. 22. A contribuição a cargo da empresa, destinada à Seguridade Social, além do disposto no art. 23, é de: (Vide Lei n. 9.317, de 1996) (...) II – para o financiamento do benefício previsto nos arts. 57 e 58 da Lei no 8.213, de 24 de julho de 1991, e daqueles concedidos em razão do grau de incidência de incapacidade laborativa decorrente dos riscos ambientais do trabalho, sobre o total das remunerações pagas ou creditadas, no decorrer do mês, aos segurados empregados e trabalhadores avulsos: (Redação dada pela Lei n. 9.732, de 11.12.98).

a) 1% (um por cento) para as empresas em cuja atividade preponderante o risco de acidentes do trabalho seja considerado leve;

b) 2% (dois por cento) para as empresas em cuja atividade preponderante esse risco seja considerado médio;

c) 3% (três por cento) para as empresas em cuja atividade preponderante esse risco seja considerado grave.

TEORIA DA PROIBIÇÃO DE *BIS IN IDEM* NO DIREITO TRIBUTÁRIO

Não é demais reafirmar que inexiste, em nosso ordenamento, tributo sem fundamento constitucional de validade. Todo o exercício do poder impositivo nasce da Constituição e nela encerra sua extensão, de modo que o legislador jamais poderá inovar, indo além das fronteiras esquadrinhadas no Texto, ou, pior ainda – como é o caso – introduzindo competências sequer cogitadas pelo constituinte na discriminação das competências tributárias. Do contrário, de nada adiantaria o desenho detalhado de todo o sistema constitucional tributário na Carta de 1988, já que nenhuma segurança outorgaria ao contribuinte. Aliás, em tal caso, sequer poderia considerar o conjunto de dispositivos em questão um verdadeiro *sistema*.[340][341][342]

Há quem defenda que a contribuição ao SAT teria fundamento de validade no art. 195, I, "a" da Constituição (assim como a contribuição de 20% sobre a folha de salários),

---

340. E nem se alegue aqui que o SAT encontraria fundamento de validade no caput do art. 149 (Art. 149. Compete exclusivamente à União instituir contribuições sociais, de intervenção no domínio econômico e de interesse das categorias profissionais ou econômicas, como instrumento de sua atuação nas respectivas áreas, observado o disposto nos arts. 146, III, e 150, I e III, e sem prejuízo do previsto no art. 195, § 6º, relativamente às contribuições a que alude o dispositivo), já que referida exação constitui contribuição de seguridade social, por expressa disposição legal do caput do art. 22 da Lei n. 8212, categoria essa regulada pelo art. 195.

341. Também não vemos consistência na afirmação de que o SAT teria fundamento constitucional no art. 7º, XXVIII, que alude ser um direito do empregado o seguro contra acidente do trabalho, a cargo do empregador. Tal dispositivo, por si só, não revela a outorga de competência tributária a quem quer que seja, nem tampouco prevê materialidade para a instituição de uma exação.

342. Tampouco vemos, finalmente, possibilidade de sustentar que o SAT tenha amparo no art. 201 da CF. Art. 201. A previdência social será organizada sob a forma de regime geral, de caráter contributivo e de filiação obrigatória, observados critérios que preservem o equilíbrio financeiro e atuarial, e atenderá, nos termos da lei, a: (Redação dada pela Emenda Constitucional n. 20, de 1998) I – cobertura dos eventos de doença, invalidez, morte e idade avançada; (Redação dada pela Emenda Constitucional n. 20, de 1998), eis que o mesmo não fundamenta uma contribuição de caráter específico, além daquela geral à previdência.

já que incide sobre a folha de salários e constituiria apenas forma de destinação de parte daquele tributo. Com a devida vênia, contudo, tal argumento não se sustenta. Ora, em primeiro lugar, convém dizer que o SAT não constitui parte da contribuição sobre a folha de salários, senão que sua incidência se sobrepõe à mesma. As alíquotas de 1%, 2% e 3% são exigidas adicionalmente à alíquota de 20%, não sendo subtraídas daquela.

Da mesma forma, certo é que tal tributo possui características completamente distintas da contribuição sobre a folha de salários de 20%, tanto no que diz respeito ao seu aspecto material, quanto quantitativo, além de ser dotado de finalidade e destinação próprias. O SAT possui materialidade e alíquotas próprias vinculadas ao risco de acidente no trabalho a que se submete o empregado de acordo com a atividade exercida e graduadas na medida desse risco. Da mesma forma, possui uma finalidade específica, constistente no financiamento dos gastos de seguridade atinentes a tais acidentes, estando a arrecadação afetada a tal destinação.

Rigorosamente, portanto, o SAT está inclusive sujeito ao controle de validação finalística, tornando-se inconstitucional caso o montante recolhido seja destinado a uma finalidade distinta daquela para a qual foi instituído (para a qual se legitima a exigência). A afetação dos recursos é pressuposto de sua exigência válida. A previsão de uma finalidade específica para a exigência a define enquanto exação. Tanto é assim que a própria verificação de capacidade contributiva, aqui, segue lógica própria, atrelada não apenas à capacidade da empresa de suportar a exação, senão que à participação da empresa na geração do custo, para o Estado, decorrente dos acidentes causados. O SAT, portanto, guarda uma lógica quantitativa absolutamente própria, vinculada a uma noção de justiça comutativa, em que se estabelece uma relação clara entre quanto cada um contribui e quanto cada um custa para o Estado.

O STF estabeleceu em sua jurisprudência – nesse ponto alinhada com nossas convicções – uma hermenêutica segundo a qual o art. 195 traz em seu bojo um princípio de unicidade contributiva ou, dito de outra forma, uma proibição de *bis in idem* atinente à instituição de novas contribuições para a seguridade social com idêntica base de cálculo ou fato gerador daquelas discriminadas em seus incisos. E isso decorre tanto do caput, quanto dos incisos e do parágrafo 4º do referido dispositivo.

O SAT, indubitavelmente, constitui uma exação distinta daquela básica, incidente sobre a folha de salários à alíquota uniforme de 20%, infensa à atividade do contribuinte, seu grau de risco de acidente do trabalho e sem a finalidade específica de custeio desse particular ônus à Seguridade. Sua exigência válida pressupõe a instituição dessa exação pelo veículo qualificado da lei complementar e a adoção de fato gerador e base de cálculo distintas daquelas contempladas no art. 195, o que, não tendo ocorrido, frustra-lhe a compatibilidade com a Carta e a consequente capacidade de obrigar.[343]

9.2 Contribuição ao INCRA

A contribuição ao INCRA incide, igualmente, sobre a folha de salários da empresa, à alíquota de 0,2%. Também ela não encontra previsão no art. 195 da Carta (que não faz referência à mesma), fato que se agrava quando se sabe que a exação contempla a mesma base de cálculo da contribuição prevista no art. 195, I.

Ante tal realidade, a contribuição ao INCRA foi intensamente questionada no Judiciário brasileiro tendo, durante muito tempo, sido considerada inexigível, principalmente por

---

343. O STF, contudo, julgou pela constitucionalidade do SAT no RE 343.446, Rel. Min. Carlos Velloso, embora não tenha se dedicado à análise da inconstitucionalidade sob a ótica aqui ventilada, o que poderia dar margem ao reexame da matéria pela Corte.

razões infraconstitucionais. Em especial, pela circunstância de que a Lei n. 8.212/91, ao disciplinar de forma completa a matéria relativa ao financiamento da seguridade social, haveria revogado, tacitamente (por força da sistemática interpretativa do art. 2º, § 1º da LICC)[344] tal exação.

Posteriormente, contudo, a jurisprudência sobre o assunto se alterou. Passou-se a entender, no âmbito do Superior Tribunal de Justiça, que a contribuição ao INCRA constituía contribuição de intervenção no domínio econômico, com fundamento de validade no caput do art. 149 da Carta. No *leading case*, de relatoria do Min. Teori Zavascki, que restou vencido frente à posição adotada pelo Min. Castro Meira, concluiu-se que "o INCRA foi criado pelo DL 1.110/70 com a missão de promover e executar a reforma agrária, a colonização e o desenvolvimento rural no País, tendo-lhe sido destinada, para a consecução de seus objetivos, a receita advinda da contribuição incidente sobre a folha de salários no percentual de 0,2% fixada no art. 15, II, da LC n. 11/71." E que "essa autarquia nunca teve a seu cargo a atribuição de serviço previdenciário, razão porque a contribuição a ele destinada não foi extinta pelas Leis 7.789/89 e 8.212/91 – ambas de natureza previdenciária –, permanecendo íntegra até os dias atuais como contribuição de intervenção no domínio econômico."[345]

Parece-nos desnecessário, aqui, tecer maiores comentários acerca da natureza da contribuição ao INCRA, se de seguridade social, como querem alguns, ou de intervenção no domínio econômico, como querem outros, pela simples razão de que, também como contribuição de intervenção no domínio econômico a contribuição em questão não poderia ser

---

344. Art. 2º Não se destinando à vigência temporária, a lei terá vigor até que outra a modifique ou revogue.

§ 1º A lei posterior revoga a anterior quando expressamente o declare, quando seja com ela incompatível ou quando regule inteiramente a matéria de que tratava a lei anterior.

345. ERESP 770.451, 1ª Seção, j. 27.9.2006.

cobrada. É que o art. 149 da Carta de 1988 expressa e limita, pontualmente (*non bis in idem*), as bases de cálculo e alíquotas possíveis para tal espécie exacional, não contemplando aquela prevista para a contribuição ao INCRA. Segundo o referido dispositivo "as contribuições sociais e de intervenção no domínio econômico de que trata o caput deste artigo: poderão ter alíquotas: a) *ad valorem*, tendo por base o faturamento, a receita bruta ou o valor da operação e, no caso de importação, o valor aduaneiro; ou b) específica, tendo por base a unidade de medida adotada". Tais alíneas do inciso III do parágrafo 2º, introduzidas pela Emenda Constitucional n. 33, de 2001, redundaram na *revogação* da contribuição ao INCRA (que tem por base de cálculo a folha de salários das empresas, elemento distinto, à evidência, do faturamento, receita bruta ou valor da operação) por materialmente incompatível com a novel dicção constitucional.

Certo é, contudo, que o entendimento adotado pelo STJ – ao qualificar a contribuição ao INCRA como interventiva – não encontra correspondência também na jurisprudência do Supremo Tribunal Federal, órgão encarregado de definir a natureza da exação em questão, já que se trata de interpretar a Constituição. Para o STF, a contribuição ao INCRA possui natureza de contribuição social de seguridade social,[346] fato

---

346. Exemplificativamente: "DECISÃO: 1. Trata-se de agravo de instrumento contra decisão que negou seguimento a recurso extraordinário interposto com fundamento no artigo 102, inciso III, alínea "a", da Constituição do Brasil, em oposição a acórdão que entendeu legítima a cobrança da contribuição ao INCRA e ao FUNRURAL de empresa urbana. 2. O agravo não merece provimento. O Supremo tem firme entendimento no sentido de que a contribuição social destinada ao INCRA é devida por empresa urbana, porque destina-se a cobrir os riscos aos quais está sujeita toda a coletividade de trabalhadores, como previsto no artigo 195 da Constituição do Brasil. Nesse sentido, RE n. 255.360-AgR, Relator o Ministro Maurício Corrêa, DJ de 6.10.00; RE n. 263.208, Relator o Ministro Néri da Silveira, DJ de 10.8.00; RE n. 225.368, Relator o Ministro Ilmar Galvão, DJ de 20.4.01; RE n. 238.206, Relator o Ministro Carlos Velloso, DJ de 20.11.01; RE n. 254.644, Relator o Ministro Sydney Sanches,

que nos parece inequívoco a partir do exame dos dispositivos referidos em rodapé,[347] inclusive porque a própria lei rotula a exação em questão de "previdenciária". Como bem explicitou o Min. Teori ZAVASCKI em seu voto vencido sobre a matéria no mesmo ERESP supra referido, "o exame da legislação de regência permite constatar que a contribuição destinada ao INCRA, desde a sua instituição, sempre teve por finalidade o financiamento de prestações e serviços relacionados à previdência, à assistência e à saúde do trabalhador rural, atividades essas que, desde a Constituição de 1988, foram integradas e abrangidas no conceito de seguridade social (CF, art. 194, caput)."

Dito isso, parece-nos que a consequência lógica da presente digressão consiste na adoção da mesma conclusão antes sustentada para a contribuição ao SAT. Tratando-se, a contribuição ao INCRA, de contribuição de seguridade social, temos que incide a regra proibitiva de *bis in idem*, no que concerne às bases de cálculo e hipótese de incidência ali previstas no art. 195, caput, conjugado com seu § 4º e com o art. 154, I, de modo a tornar viciada de inconstitucionalidade material sua exigên-

---

DJ de 12.3.02; e AI n. 548.733-AgR, Relator o Ministro Carlos Britto, DJ de 10.8.2006. Nego seguimento ao agravo com fundamento no artigo 21, § 1º, do RISTF. Publique-se. Brasília, 5 de fevereiro de 2007." (AI 638.636/SP, Min. Eros GRAU).

347. Para evitar a citação de toda a sucessão de textos legais que disciplinaram a contribuição em questão, limitamo-nos a referir a LC 11/71, que criou o Programa de Assistência ao Trabalhador Rural, (PRORURAL), destinado a proporcionar ao trabalhador rural e a seus dependentes (art. 3º) os benefícios arrolados em seu art. 2º: Art. 2º O Programa de Assistência ao Trabalhador Rural consistirá na prestação dos seguintes benefícios: I – aposentadoria por velhice; II – aposentadoria por invalidez; III – pensão; IV – auxílio-funeral; V – serviço de saúde; VI – serviço de social. Para o custeio do Programa, determinou a Lei a reversão ao Fundo de Assistência ao Trabalhador Rural (FUNRURAL), entre outras receitas, daquela resultante da cobrança da contribuição prevista no art. 3º do Decreto-lei 1.146/70 (contribuição ao INCRA). Tais normas, parece-nos, deixam inequívoca a natureza de seguridade social e, inclusive, previdenciária, da contribuição em questão.

cia, na precisa medida que repete, indevidamente, uma das materialidades já contempladas nos incisos do mesmo dispositivo sem encontrar na Carta fundamento outro de validade que lhe dê suporte.

9.3 Contribuição interventiva ao SEBRAE

Na forma da Constituição, a atuação do Estado no domínio econômico dá-se apenas de forma excepcional, dizendo o art. 173 que "ressalvados os casos previstos nesta Constituição, a exploração direta de atividade econômica pelo Estado só será permitida quando necessária aos imperativos da segurança nacional ou a relevante interesse coletivo, conforme definidos em lei". O artigo 170, em sintonia, garante ao particular ampla liberdade de atuação, dizendo ser a ordem econômica fundada na livre iniciativa e na livre concorrência, declarando ser igualmente livre o exercício de qualquer atividade econômica independente de autorização do Estado.

A exegese desses dois dispositivos já revela balizas importantes para o delineamento das CIDE (contribuições de intervenção no domínio econômico), evidenciando que a interferência do Estado no domínio econômico não pode se dar, evidentemente, com o objetivo de tolher, desestimular, impedir, obstaculizar, a atividade econômica, porque do contrário nem estaria garantindo a liberdade a que alude o art. 170, nem estaria viabilizando o exercício, pelo particular, daquilo que foi vedado ao Estado explorar diretamente, conforme o art. 173.

Coerente com tais noções, o art. 174 da Carta prevê que "como agente normativo e regulador da atividade econômica, o Estado exercerá, na forma da lei, as funções de fiscalização, incentivo e planejamento, sendo este determinante para o setor público e indicativo para o setor privado." Dessa forma, estabelece que a regulação da atividade econômica dá-se mediante essas três formas de interferência: fiscalização, incentivo e planejamento.

No que pertine ao Direito Tributário, a atividade de planejamento da atividade econômica é indiferente, já que diz respeito, fundamentalmente, ao exercício do poder legiferante e em nada afeta a criação de exações ou a relação impositiva. A atividade de fiscalização, por outro lado, possui na Carta um tributo correlato, próprio, que se destina ao seu financiamento. Trata-se da taxa pelo exercício do Poder de Polícia,[348] cuja precípua finalidade é custear os gastos atinentes à realização do múnus de fiscalizar/policiar. Não constitui o foco, portanto, das contribuições de intervenção no domínio econômico.

Excluídas essas duas primeiras formas de intervenção do Estado na economia, resta a atividade de incentivo, essa sim atinente às contribuições de intervenção no domínio econômico. E, mais uma vez, vê-se que, guardando coerência com o supra exposto no art. 170, as CIDE objetivam o incentivo, justamente porque não poderiam objetivar o oposto, vale dizer, não poderiam prejudicar, menoscabar a atividade econômica, porque de tal forma se estaria comprometendo as garantias de livre iniciativa, concorrência e exercício da atividade econômica.[349]

As contribuições de intervenção no domínio econômico constituem tributos vinculados à busca de uma finalidade. Como já teve a oportunidade de dizer Marco Aurélio GRECO,[350] tais exações distinguem-se por adotar a técnica da validação finalística (tributa-se para que se atinja um fim) em detrimen-

---

348. Art. 145. A União, os Estados, o Distrito Federal e os Municípios poderão instituir os seguintes tributos: (...)

II – taxas, em razão do exercício do poder de polícia ou pela utilização, efetiva ou potencial, de serviços públicos específicos e divisíveis, prestados ao contribuinte ou postos a sua disposição.

349. Vide a obra de Tácio Lacerda GAMA. *Contribuição de Intervenção no Domínio Econômico*. São Paulo: Quartier Latin, 2003, p. 286.

350. *Contribuições*...p. 119.

to da validação condicional (tributa-se porque se fez algo/algo ocorreu). Os aspectos de sua hipótese de incidência devem confirmar esse propósito, seja no que diz com a eleição dos sujeitos passivos (com quem guarda relação de referibilidade, de forma que a ação do Estado deve ser referida a eles, como instrumento de atuação na respectiva esfera), seja no que diz com a base de cálculo eleita, que não poderá infirmar a hipótese de incidência, elegendo medida incongruente com a finalidade buscada. A arrecadação, da mesma forma, haverá de ser vinculada à consecução do objetivo visado, sendo que eventual desvio maculará a legitimidade da exigência na proporção das verbas desviadas.[351]

A contribuição ao SEBRAE foi classificada pelo STF como de intervenção no domínio econômico no julgamento do RE n. 396.266, quando coube ao Ministro Carlos VELLOSO dizer que a denominação de adicional existente na lei, não era suficiente para esconder o fato de que se tratava de exação nova, autônoma, desvinculada das contribuições ao SESI--SENAI, SESC-SENAC. Com isso, a Corte Suprema afastou a tentativa de se caracterizá-la como contribuição de interesse de categorias econômicas ou profissionais (como essas últimas), com assento no art. 240, para sedimentar seu fundamento de validade no art. 149 da Carta.

Nesse contexto, disse o Supremo Tribunal, em sintonia com as premissas postas acima, que "não sendo contribuição de interesse das categorias profissionais ou econômicas, mas de intervenção no domínio econômico, a sua instituição está

---

351. Não nos convence o argumento de que o destino dos recursos arrecadados "é questão de direito financeiro" e, assim, infensa ao regramento tributário e aos requisitos de validade pertinentes. Se a finalidade define e é o que legitima a exigência, evidentemente que o desvio dos recursos frauda a autorização constitucional para se exigir a contribuição, que deixa de encontrar fundamento no permissivo constitucional que traz esse fato para dentro da própria relação tributária, como condição de ingresso (válido) no sistema.

jungida aos princípios gerais da atividade econômica (CF, arts. 170 a 181). E se o SEBRAE tem por finalidade 'planejar, coordenar e orientar programas técnicos, projetos e atividades de apoio às micro e pequenas empresas, em conformidade com as políticas nacionais de desenvolvimento, particularmente as relativas às áreas industrial, comercial e tecnológica (Lei 8.029/90, art. 9º, incluído pela Lei 8.154/90), a contribuição instituída para a realização desse desiderato está conforme aos princípios gerais da atividade econômica consagrados na Constituição. Observe-se, de outro lado, que a contribuição tem como sujeito passivo empresa comercial ou industrial, partícipes, pois, das atividades econômicas que a Constituição disciplina (C.F., art. 170 e seguintes)."

Não temos dúvida do acerto dessa orientação no que toca à verificação de compatibilidade da exação com os princípios da ordem econômica, bem como no que toca à própria eleição dos sujeitos passivos. O ponto é que, com o advento da EC n. 33, as bases de cálculo das contribuições interventivas foram delimitadas pela nova redação do art. 149 e, com isso, foram revogadas as exações materialmente incompatíveis com aquele ditame, por força de norma superveniente de superior hierarquia.

A lei que prevê a exigência da contribuição ao SEBRAE com base na folha de salários, tornou-se incompatível com a Carta, à medida que da nova redação do art. 149 (do aspecto negativo da outorga de competência ali prevista) deflui uma proibição de *bis in idem*, consistente na vedação à exigência de outras contribuições que tenham por base de cálculo a folha de salários. Tal possibilidade está restrita às contribuições com assento constitucional próprio e base perfeitamente identificada, como a de seguridade social prevista no art. 195, I, "a",[352]

---

[352]. Art. 195. A seguridade social será financiada por toda a sociedade, de forma direta e indireta, nos termos da lei, mediante recursos provenientes dos orçamentos da União, dos Estados, do Distrito Federal e dos Municípios,

ou as do art. 240,[353] cuja exigibilidade independe, portanto, do art. 149.[354]

9.4 Contribuição à ABDI

Já no que toca à contribuição à ABDI (Agência Brasileira de Desenvolvimento Industrial), a inconstitucionalidade é ainda mais flagrante. Tal exação, assim como a contribuição ao SEBRAE, recai sobre a folha de salários e, nos termos do art. 1º da Lei n. 11.080/04, "tem por finalidade promover a execução de políticas de desenvolvimento industrial, especialmente as que contribuam para a geração de empregos, em consonância com as políticas de comércio exterior e de ciência e tecnologia" (art. 1º). Possui, portanto, também como a contribuição ao SEBRAE, nítida natureza de contribuição de intervenção no domínio econômico, tendo por finalidade o incentivo ao desenvolvimento da atividade industrial.

Sua receita advém da instituição de "adicional" sobre as alíquotas das contribuições sobre a folha de salários a que se

---

e das seguintes contribuições sociais:

I – do empregador, da empresa e da entidade a ela equiparada na forma da lei, incidentes sobre: (Redação dada pela Emenda Constitucional n. 20, de 1998).

a) a folha de salários e demais rendimentos do trabalho pagos ou creditados, a qualquer título, à pessoa física que lhe preste serviço, mesmo sem vínculo empregatício; (Incluído pela Emenda Constitucional n. 20, de 1998).

353. Art. 240. Ficam ressalvadas do disposto no art. 195 as atuais contribuições compulsórias dos empregadores sobre a folha de salários, destinadas às entidades privadas de serviço social e de formação profissional vinculadas ao sistema sindical.

354. O STF ainda não teve a oportunidade de examinar a contribuição ao SEBRAE após a EC n. 33, que, ao nosso entender, revogou a possibilidade de adoção da base de cálculo "folha de salários" sobre a qual está assentada.

refere o art. 1º do Decreto-Lei n. 2.318/86[355] [356] e, exatamente como a contribuição ao SEBRAE, a contribuição à ABDI não pode ser considerada um mero adicional às contribuições em questão, já que, diferentemente daquelas, não pode ser considerada uma contribuição compulsória "dos empregadores sobre a folha de salários, destinadas às entidades privadas de serviço social e de formação profissional vinculadas ao sistema sindical", pois a esse fim não se destina. Não encontra, portanto, fundamento no art. 240 da Carta, senão que – supostamente – no seu art. 149.

Os vícios que invalidam sua exigência são os mesmos da contribuição ao SEBRAE, isto é, o fato de constituir contribuição interventiva em desconformidade material com o § 2º, III, "a", do art. 149, ofendendo a proibição de *bis in idem* ali existente, que inadmite o uso da base de cálculo folha de salários para tal sorte de exação. No caso, porém, tal contribuição ainda padece de um agravante, consistente em já haver nascido viciada, eis que instituída já na vigência da EC n. 33, que limitou as bases de cálculo das CIDE àquelas previstas no aludido parágrafo. Não há aqui, sequer que se falar em norma

---

355. Art. 15. O art. 8º da Lei n. 8.029, de 12 de abril de 1990, passa a vigorar com a seguinte redação:"Art. 8º (...)

§ 3º Para atender à execução das políticas de apoio às micro e às pequenas empresas, de promoção de exportações e de desenvolvimento industrial, é instituído adicional às alíquotas das contribuições sociais relativas às entidades de que trata o art. 1º do Decreto-Lei no 2.318, de 30 de dezembro de 1986,

356. Art. 1º Fica mantida a cobrança, fiscalização, arrecadação e repasse às entidades beneficiárias das contribuições para o Serviço Nacional de Aprendizagem Industrial – SENAI, para o Serviço Nacional de aprendizagem Comercial – SENAC, para o Serviço Social da Indústria – SESI, e para o Serviço Social do Comércio – SESC, ficam revogados:

I – o teto-limite a que se referem os artigos 1º e 2º do Decreto-Lei n. 1.861, de 25 de fevereiro de 1981, com a redação dada pelo artigo 1º do Decreto-Lei n. 1.867, de 25 de março de 1981;

II – o artigo 3º do Decreto-Lei n. 1.861, de 25 de fevereiro de 1981, com a redação dada pelo artigo 1º do Decreto-Lei n. 1.867, de 25 de março de 1981.

superveniente de superior hierarquia ou revogação: trata-se de pura e simples contrariedade ao texto constitucional vigente quando da sua instituição (e à interdição de *bis* – entenda-se: nova tributação – nele constante, relativa à base de cálculo folha de salarios), que invalida sua exigibilidade *ab initio*.

9.5 Contribuições ao SEST, SENAT e SESCOOP

Na forma do art. 240 da Carta, "ficam ressalvadas do disposto no art. 195 as atuais contribuições compulsórias dos empregadores sobre a folha de salários, destinadas às entidades privadas de serviço social e de formação profissional vinculadas ao sistema sindical". Desse modo, ressalvou o constituinte a possibilidade de incidência de determinadas contribuições, além das constantes do art. 195, sobre a base de cálculo folha de salário.

Essa ressalva, contudo, foi pontualmente delimitada às contribuições existentes à época da promulgação da Constituição de 1988. Como se lê acima, foram admitidas no novel ordenamento e ressalvadas, exclusivamente "as atuais contribuições compulsórias" destinadas às entidades privadas de serviço social e de formação profissional, com o que se reafirmou a proibição de *bis in idem* relativamente à base de cálculo folha de salários para todas as demais contribuições instituídas posteriormente, aí incluídas as contribuições ao SEST, SENAT e a contribuição ao SESCOOP.[357]

No caso, as contribuições ao SEST e SENAT[358] objetivam a promoção social e formação profissional do trabalhador do

---

357. Em igual sentido, VELLOSO, Andrei Pitten, em *Constituição Tributária*, ob. cit., p. 401.
358. Art. 1º Ficam cometidos à Confederação Nacional do Transporte – CNT, observadas as disposições desta Lei, os encargos de criar, organizar e administrar o Serviço Social do Transporte – SEST, e o Serviço Nacional de Aprendizagem do Transporte – SENAT, com personalidade jurídica de direito privado, sem prejuízo da fiscalização da aplicação de seus recursos pelo Tribunal de Contas da União.

setor de transporte, tendo sido instituídas pela Lei n. 8.706 de 14 de setembro de 1993, a partir da destinação das contribuições compulsórias das empresas de transporte rodoviário antes destinadas ao SESI/SENAI,[359] que incidem sobre a folha de salários.

Com a contribuição ao SECOOP, deu-se exatamente o mesmo. Para implementar o Programa de Revitalização de Cooperativas de Produção Agropecuária – RECOOP, foi editada a Medida Provisória n. 1.715/98,[360] que, nos artigos 7º a 9º e 11, dispôs sobre a criação do SESCOOP – Serviço Nacional de Aprendizagem do Cooperativismo, entidade encarregada de "organizar, administrar e executar em todo o território nacional o ensino de formação profissional, desenvolvimento e promoção social do trabalhador em cooperativa e dos cooperados", conforme enuncia o mencionado artigo 7º.

Art. 2º Compete ao Sest, atuando em estreita cooperação com os órgãos do Poder Público e com a iniciativa privada, gerenciar, desenvolver, executar, direta ou indiretamente, e apoiar programas voltados à promoção social do trabalhador em transporte rodoviário e do transportador autônomo, notadamente nos campos da alimentação, saúde, cultura, lazer e segurança no trabalho.

Art. 3º Compete ao Senat, atuando em estreita cooperação com os órgãos do Poder Público e com a iniciativa privada, gerenciar, desenvolver, executar, direta ou indiretamente, e apoiar programas voltados à aprendizagem do trabalhador em transporte rodoviário e do transportador autônomo, notadamente nos campos de preparação, treinamento, aperfeiçoamento e formação profissional.

359. Art. 7º As rendas para manutenção do Sest e do Senat, a partir de 1º de janeiro de 1994, serão compostas:

I – pelas atuais contribuições compulsórias das empresas de transporte rodoviário, calculadas sobre o montante da remuneração paga pelos estabelecimentos contribuintes a todos os seus empregados e recolhidas pelo Instituto Nacional de Seguridade Social, em favor do Serviço Social da Indústria – SESI, e do Serviço Nacional de Aprendizagem Industrial – SENAI, que passarão a ser recolhidas em favor do Serviço Social do Transporte – SEST e do Serviço Nacional de Aprendizagem do Transporte – SENAT, respectivamente.

360. Posteriormente sucedida pela MS 2.168-40.

TEORIA DA PROIBIÇÃO DE *BIS IN IDEM* NO DIREITO TRIBUTÁRIO

A criação do SESCOOP teve por objetivo a prestação de serviços de formação profissional, desenvolvimento e promoção social dos trabalhadores em cooperativas e dos associados de cooperativas, sem qualquer distinção quanto ao seu ramo de atividade (art.7º). No artigo 9º, inciso I, a Medida Provisória institui como principal receita do SESCOOP: "contribuição mensal compulsória, a ser recolhida a partir de 1º de janeiro de 1999, pela Previdência Social, de dois vírgula cinco por cento sobre o montante da remuneração paga a todos os empregados pelas cooperativas"; e o parágrafo 2º do mesmo artigo, estabelece que a referida contribuição é instituída em substituição às contribuições da mesma espécie recolhidas pelas cooperativas e destinadas ao SENAI, SESI, SENAC, SESC, SENAT, SEST e SENAR.

Os vícios que invalidam a contribuição ao SEST/SENAT são os mesmos que invalidam a contribuição ao SESCOOP. Vê-se claramente que tais contribuições foram criadas posteriormente à Constituição de 1988. Pouco importa que tenham derivado da destinação de uma receita antes atinente a outra entidade. Uma contribuição de interesse de categoria profissional ou econômica se define justamente pela sua finalidade, e se valida também por sua destinação. O que se verificou, *in casu*, foi a redução da contribuição destinada a outras entidades e a criação de uma outra (SEST/SENAT ou SESCOOP), inteiramente nova, com finalidade inconfundível e destinação igualmente própria de arrecadação. Se pretendêssemos, portanto, defender que se tratou de mera mudança no destino da arrecadação de um tributo existente, inevitavelmente seríamos conduzidos à invalidade da exigência, já que haveria deixado de promover a finalidade para a qual foi instituída. Caso se aceitasse a teoria de "mera mudança de destinação de tributo existente", fatalmente teríamos que admitir também que a exação da qual deriva perdeu seu fundamento de validade constitucional, na exata medida que deixou – justo por essa mudança – de ser instituída "no interesse da" categoria originária, como quer o art. 149 da Carta.[361]

Não encontrando suporte no art. 240, as contribuições ao SEST/SENAT e ao SESCOOP carecem de autorização do

---

[361]. Essa interpretação, contudo, não foi acolhida pelo STF, que, por maioria, afastou a alegação de inconstitucionalidade da exigência em questão. EMENTA: CONSTITUCIONAL. TRIBUTÁRIO. CONTRIBUIÇÃO DESTINADA AO CUSTEIO DOS SERVIÇOS SOCIAIS E DE FORMAÇÃO PROFISSIONAL VINCULADOS AO SISTEMA SINDICAL ("SISTEMA S"). PROGRAMA DE REVITALIZAÇÃO DE COOPERATIVAS DE PRODUÇÃO AGROPECUÁRIA – RECOOP. CRIAÇÃO DO SERVIÇO NACIONAL DE APRENDIZAGEM DO COOPERATIVISMO – SESCOOP. ALEGADA VIOLAÇÃO DOS ARTS. 146, III, 149, 213 E 240 DA CONSTITUIÇÃO. AÇÃO DIRETA DE INCONSTITUCIONALIDADE. MEDIDA CAUTELAR. MEDIDA PROVISÓRIA 1.715/1998 E REEDIÇÕES (MP 1.715-1/1998, 1.715-2/1998 E 1.715-3/1998). ARTS. 7º, 8º E 11. 1. Ação Direta de Inconstitucionalidade, com pedido de medida liminar, ajuizada contra os arts. 7º, 8º, 9º e 11 da MP 1.715/1998 e reedições, que autorizam a criação do Serviço Nacional de Aprendizagem do Cooperativismo – SESCOOP, preveem as respectivas fontes de custeio e determina a substituição de contribuições da mesma espécie e destinadas a serviços sociais (SENAI, SESI, SENAC, SESC, SENAT, SEST, SENAR) pela contribuição destinada a custear o SESCOOP. 2. Alegada violação formal, por inobservância da reserva de lei complementar para instituir os tributos previstos no art. 149 da Constituição. Ausência de fumus boni juris, seja porque, a primeira vista, não se trata de tributo novo, seja em razão da distinção entre a reserva de lei complementar para instituição de determinados tributos e a reserva de lei complementar para dispor sobre normas gerais em matéria tributária (art. 146 da Constituição). 3. Alegada violação do art. 240 da Constituição, na medida em que somente as contribuições destinadas ao custeio dos serviços sociais e de formação profissional vinculados ao sistema sindical recebidas pela Constituição de 1988 teriam sido ressalvadas do regime tributário das contribuições destinadas ao custeio da seguridade social. Contrariedade causada, ainda, pela alegada impossibilidade de modificação de tais tributos, por supressão ou substituição. Ausência de *fumus boni juris*, dado que o tributo, em primeiro exame, não se caracteriza como contribuição nova. Ausência do fumus boni juris quanto à extensão do art. 240 da Constituição como instrumento apto a conferir imutabilidade às contribuições destinadas a custear os serviços sociais. 4. Ausência do fumus boni juris em relação à previsão de destinação específica de recursos públicos somente às escolas públicas, comunitárias, confessionais e filantrópicas (art. 213 da Constituição) porque, em primeiro exame, a norma constitucional se refere à destinação de verba pública auferida por meio da cobrança de impostos. Medida cautelar indeferida (ADI-MC n. 1.924).

constituinte para sua instituição pelo legislador ordinário. As hipóteses de incidência de contribuições sobre a folha de salários estão todas pontualmente contempladas na Carta, interpretação que se extrai tanto, *positivamente*, do art. 149 – que não cogita dessa base de cálculo – quanto, *contrario sensu*, de todos os outros dispositivos que contemplam, de forma pontual, determinadas contribuições sobre a folha, mas que dessa não cogitam (como o art. 195, no que toca à contribuição previdenciária sobre a folha, o art. 239,[362] no que toca ao PIS folha, o art. 212, §5º,[363] no que toca ao salário-educação, e o próprio art. 240). A hermenêutica conjunta desses dispositivos revela a proibição de sobreposição (*bis*) relativamente a essa mesma materialidade (*idem*), na exata medida que inexiste em nossa Carta Poder Tributário implícito, do que deflui uma vedação ao exercício da competência impositiva nas hipóteses não cogitadas. A proibição de *bis in idem*, aqui, portanto, nada mais é do que o resultado do viés negativo da outorga de poder.

9.6 Contribuições de seguridade social incidentes sobre a receita bruta das entidades futebolísticas, do empregador rural pessoa física, das agroindústrias e do consórcio simplificado de produtores rurais

---

362. Art. 239. A arrecadação decorrente das contribuições para o Programa de Integração Social, criado pela Lei Complementar n. 7, de 7 de setembro de 1970, e para o Programa de Formação do Patrimônio do Servidor Público, criado pela Lei Complementar n. 8, de 3 de dezembro de 1970, passa, a partir da promulgação desta Constituição, a financiar, nos termos que a lei dispuser, o programa do seguro-desemprego e o abono de que trata o § 3º deste artigo. (...)
363.Art. 212. A União aplicará, anualmente, nunca menos de dezoito, e os Estados, o Distrito Federal e os Municípios vinte e cinco por cento, no mínimo, da receita resultante de impostos, compreendida a proveniente de transferências, na manutenção e desenvolvimento do ensino. § 5º A educação básica pública terá como fonte adicional de financiamento a contribuição social do salário-educação, recolhida pelas empresas na forma da lei. (Redação dada pela Emenda Constitucional n. 53, de 2006).

Coerente com as mesmas premissas adotadas acima, somos obrigados a concluir que ainda outras exações, instituídas pelo legislador infraconstitucional em desobediência às fronteiras impositivas do art. 195 têm sua exigibilidade comprometida, à medida que repetem bases de cálculo já adotadas pela Carta para as contribuições à seguridade social nela elencadas. Como o Supremo Tribunal Federal brasileiro já teve a oportunidade de decidir, inexiste espaço, no contexto da discriminação das competências tributárias do art. 195 da Constituição de 1988, para a superposição contributiva (proibição que deflui naturalmente da compreensão de que o rol de contribuições previstos no artigo em comento é exaustivo, *numerus clausus*), de modo que todo *bis* nesse campo haverá de ser considerado ilegítimo.

Concretamente, referimo-nos aqui às contribuições de seguridade social previstas na Lei n. 8.212/91 que adotam a receita ou o faturamento como base de cálculo, em *bis in idem* indevido, bem referido em obra do juiz federal Andrei Pitten VELLOSO que também se filia ao entendimento aqui defendido dizendo que "o STF entende ser inviável a criação de novas contribuições à seguridade social que venham a se superpor às contribuições de seguridade social já nominadas na Constituição. Não seria constitucional, portanto, a criação de novas contribuições de seguridade social, a cargo do empregador, da empresa ou da entidade a ela equiparada, que incidam sobre o faturamento ou a receita bruta."

E conclui, apontando cada uma das exações viciadas, atestando que "foram instituídas, no bojo da Lei n. 8.212/91, contribuições sobre a receita em substituição às contribuições sobre os rendimentos do trabalho pagos ou creditados, em manifesta violação à Lei Maior. Tais ilegítimas exações são as seguintes: (a) a contribuição das entidades futebolísticas (art. 22, §§ 6º a 11º);[364] (b) a contribuição das agroindústrias

---

364. Art. 22. A contribuição a cargo da empresa, destinada à Seguridade Social, além do disposto no art. 23, é de: § 6º A contribuição empresarial da

associação desportiva que mantém equipe de futebol profissional destinada à Seguridade Social, em substituição à prevista nos incisos I e II deste artigo, corresponde a cinco por cento da receita bruta, decorrente dos espetáculos desportivos de que participem em todo território nacional em qualquer modalidade desportiva, inclusive jogos internacionais, e de qualquer forma de patrocínio, licenciamento de uso de marcas e símbolos, publicidade, propaganda e de transmissão de espetáculos desportivos. (Parágrafo acrescentado pela Lei n. 9.528, de 10.12.97).

§ 7º Caberá à entidade promotora do espetáculo a responsabilidade de efetuar o desconto de cinco por cento da receita bruta decorrente dos espetáculos desportivos e o respectivo recolhimento ao Instituto Nacional do Art. 22A. A contribuição devida pela agroindústria, definida, para os efeitos desta Lei, como sendo o produtor rural pessoa jurídica cuja atividade econômica seja a industrialização de produção própria ou de produção própria e adquirida de terceiros, incidente sobre o valor da receita bruta proveniente da comercialização da produção, em substituição às previstas nos incisos I e II do art. 22 desta Lei, é de: (Incluído pela Lei n. 10.256, de 2001).

I – dois vírgula cinco por cento destinados à Seguridade Social; (Incluído pela Lei n. 10.256, de 2001).

II – zero vírgula um por cento para o financiamento do benefício previsto nos arts. 57 e 58 da Lei no 8.213, de 24 de julho de 1991, e daqueles concedidos em razão do grau de incidência de incapacidade para o trabalho decorrente dos riscos ambientais da atividade. (Incluído pela Lei n. 10.256, de 2001).

§ 1º (VETADO) (Incluído pela Lei n. 10.256, de 2001).

§ 2º O disposto neste artigo não se aplica às operações relativas à prestação de serviços a terceiros, cujas contribuições previdenciárias continuam sendo devidas na forma do art. 22 desta Lei. (Incluído pela Lei n. 10.256, de 2001).

§ 3º Na hipótese do § 2o, a receita bruta correspondente aos serviços prestados a terceiros será excluída da base de cálculo da contribuição de que trata o caput. (Incluído pela Lei n. 10.256, de 2001).

§ 4º O disposto neste artigo não se aplica às sociedades cooperativas e às agroindústrias de piscicultura, carcinicultura, suinocultura e avicultura. (Incluído pela Lei n. 10.256, de 2001).

§ 5º O disposto no inciso I do art. 3o da Lei no 8.315, de 23 de dezembro de 1991, não se aplica ao empregador de que trata este artigo, que contribuirá com o adicional de zero vírgula vinte e cinco por cento da receita bruta proveniente da comercialização da produção, destinado ao Serviço Nacional de Aprendizagem Rural (SENAR). (Incluído pela Lei n. 10.256, de 2001).

§ 6º Não se aplica o regime substitutivo de que trata este artigo à pessoa jurídica que, relativamente à atividade rural, se dedique apenas ao florestamento e reflorestamento como fonte de matéria-prima para industrialização

(art.22-a);[365] (c) a contribuição do empregador rural pessoa física

---

própria mediante a utilização de processo industrial que modifique a natureza química da madeira ou a transforme em pasta celulósica. (Incluído pela Lei n. 10.684, de 2003).

§ 7º Aplica-se o disposto no § 6o ainda que a pessoa jurídica comercialize resíduos vegetais ou sobras ou partes da produção, desde que a receita bruta decorrente dessa comercialização represente menos de um por cento de sua receita bruta proveniente da comercialização da produção. (Incluído pela Lei n. 10.684, de 2003).

Seguro Social, no prazo de até dois dias úteis após a realização do evento. (Parágrafo acrescentado pela Lei n. 9.528, de 10.12.97).

§ 8º Caberá à associação desportiva que mantém equipe de futebol profissional informar à entidade promotora do espetáculo desportivo todas as receitas auferidas no evento, discriminando-as detalhadamente. (Parágrafo acrescentado pela Lei n. 9.528, de 10.12.97).

§ 9º No caso de a associação desportiva que mantém equipe de futebol profissional receber recursos de empresa ou entidade, a título de patrocínio, licenciamento de uso de marcas e símbolos, publicidade, propaganda e transmissão de espetáculos, esta última ficará com a responsabilidade de reter e recolher o percentual de cinco por cento da receita bruta decorrente do evento, inadmitida qualquer dedução, no prazo estabelecido na alínea "b", inciso I, do art. 30 desta Lei.(Parágrafo acrescentado pela Lei n. 9.528, de 10.12.97).

§ 10. Não se aplica o disposto nos §§ 6º ao 9º às demais associações desportivas, que devem contribuir na forma dos incisos I e II deste artigo e do art. 23 desta Lei. (Parágrafo acrescentado pela Lei n. 9.528, de 10.12.97).

§ 11. O disposto nos §§ 6º ao 9º deste artigo aplica-se à associação desportiva que mantenha equipe de futebol profissional e atividade econômica organizada para a produção e circulação de bens e serviços e que se organize regularmente, segundo um dos tipos regulados nos arts. 1.039 a 1.092 da Lei n. 10.406, de 10 de janeiro de 2002 – Código Civil. (Redação dada pela Lei n. 11.345, de 2006).

§ 11-A. O disposto no § 11 deste artigo aplica-se apenas às atividades diretamente relacionadas com a manutenção e administração de equipe profissional de futebol, não se estendendo às outras atividades econômicas exercidas pelas referidas sociedades empresariais beneficiárias. (Incluído pela Lei n. 11.505, de 2007).

365. Art. 22A. A contribuição devida pela agroindústria, definida, para os efeitos desta Lei, como sendo o produtor rural pessoa jurídica cuja atividade econômica seja a industrialização de produção própria ou de produção própria e adquirida de terceiros, incidente sobre o valor da receita bruta proveniente da comercialização da produção, em substituição às previstas nos

TEORIA DA PROIBIÇÃO DE *BIS IN IDEM* NO DIREITO TRIBUTÁRIO

(art. 25);[366] e (d) a contribuição do consórcio simplificado de

---

incisos I e II do art. 22 desta Lei, é de: (Incluído pela Lei n. 10.256, de 2001).

I – dois vírgula cinco por cento destinados à Seguridade Social; (Incluído pela Lei n. 10.256, de 2001).

II – zero vírgula um por cento para o financiamento do benefício previsto nos arts. 57 e 58 da Lei no 8.213, de 24 de julho de 1991, e daqueles concedidos em razão do grau de incidência de incapacidade para o trabalho decorrente dos riscos ambientais da atividade. (Incluído pela Lei n. 10.256, de 2001).

§ 1º (VETADO) (Incluído pela Lei n. 10.256, de 2001).

§ 2º O disposto neste artigo não se aplica às operações relativas à prestação de serviços a terceiros, cujas contribuições previdenciárias continuam sendo devidas na forma do art. 22 desta Lei. (Incluído pela Lei n. 10.256, de 2001).

§ 3º Na hipótese do § 2º, a receita bruta correspondente aos serviços prestados a terceiros será excluída da base de cálculo da contribuição de que trata o caput. (Incluído pela Lei n. 10.256, de 2001).

§ 4o O disposto neste artigo não se aplica às sociedades cooperativas e às agroindústrias de piscicultura, carcinicultura, suinocultura e avicultura. (Incluído pela Lei n. 10.256, de 2001).

§ 5o O disposto no inciso I do art. 3º da Lei no 8.315, de 23 de dezembro de 1991, não se aplica ao empregador de que trata este artigo, que contribuirá com o adicional de zero vírgula vinte e cinco por cento da receita bruta proveniente da comercialização da produção, destinado ao Serviço Nacional de Aprendizagem Rural (SENAR). (Incluído pela Lei n. 10.256, de 2001).

§ 6o Não se aplica o regime substitutivo de que trata este artigo à pessoa jurídica que, relativamente à atividade rural, se dedique apenas ao florestamento e reflorestamento como fonte de matéria-prima para industrialização própria mediante a utilização de processo industrial que modifique a natureza química da madeira ou a transforme em pasta celulósica. (Incluído pela Lei n. 10.684, de 2003).

§ 7º Aplica-se o disposto no § 6o ainda que a pessoa jurídica comercialize resíduos vegetais ou sobras ou partes da produção, desde que a receita bruta decorrente dessa comercialização represente menos de um por cento de sua receita bruta proveniente da comercialização da produção. (Incluído pela Lei n. 10.684, de 2003).

366. Art. 25. A contribuição do empregador rural pessoa física, em substituição à contribuição de que tratam os incisos I e II do art. 22, e a do segurado especial, referidos, respectivamente, na alínea a do inciso V e no inciso VII do art. 12 desta Lei, destinada à Seguridade Social, é de: (Redação dada pela Lei n. 10.256, de 2001).

I – 2% da receita bruta proveniente da comercialização da sua produção; (Redação dada pela Lei n. 9.528, de 10.12.97).

271

II – 0,1% da receita bruta proveniente da comercialização da sua produção para financiamento das prestações por acidente do trabalho. (Redação dada pela Lei n. 9.528, de 10.12.97).

§ 1º O segurado especial de que trata este artigo, além da contribuição obrigatória referida no caput, poderá contribuir, facultativamente, na forma do art. 21 desta Lei. (Redação dada pela Lei n. 8.540, de 22.12.92).

§ 2º A pessoa física de que trata a alínea "a" do inciso V do art. 12 contribui, também, obrigatoriamente, na forma do art. 21 desta Lei. (Redação dada pela Lei n. 8.540, de 22.12.92).

§ 3º Integram a produção, para os efeitos deste artigo, os produtos de origem animal ou vegetal, em estado natural ou submetidos a processos de beneficiamento ou industrialização rudimentar, assim compreendidos, entre outros, os processos de lavagem, limpeza, descaroçamento, pilagem, descascamento, lenhamento, pasteurização, resfriamento, secagem, fermentação, embalagem, cristalização, fundição, carvoejamento, cozimento, destilação, moagem, torrefação, bem como os subprodutos e os resíduos obtidos através desses processos. (Parágrafo acrescentado pela Lei n. 8.540, de 22.12.92).

(parágrafos 4º a 9º revogados ou vetados).

§ 10. Integra a receita bruta de que trata este artigo, além dos valores decorrentes da comercialização da produção relativa aos produtos a que se refere o § 3o deste artigo, a receita proveniente: (Incluído pela Lei n. 11.718, de 2008).

I – da comercialização da produção obtida em razão de contrato de parceria ou meação de parte do imóvel rural; (Incluído pela Lei n. 11.718, de 2008).

II – da comercialização de artigos de artesanato de que trata o inciso VII do § 10 do art. 12 desta Lei; (Incluído pela Lei n. 11.718, de 2008).

III – de serviços prestados, de equipamentos utilizados e de produtos comercializados no imóvel rural, desde que em atividades turística e de entretenimento desenvolvidas no próprio imóvel, inclusive hospedagem, alimentação, recepção, recreação e atividades pedagógicas, bem como taxa de visitação e serviços especiais; (Incluído pela Lei n. 11.718, de 2008).

IV – do valor de mercado da produção rural dada em pagamento ou que tiver sido trocada por outra, qualquer que seja o motivo ou finalidade; e (Incluído pela Lei n. 11.718, de 2008).

V – de atividade artística de que trata o inciso VIII do § 10 do art. 12 desta Lei. (Incluído pela Lei n. 11.718, de 2008).

§ 11. Considera-se processo de beneficiamento ou industrialização artesanal aquele realizado diretamente pelo próprio produtor rural pessoa física, desde que não esteja sujeito à incidência do Imposto Sobre Produtos Industrializados – IPI. (Incluído pela Lei n. 11.718, de 2008).

produtores rurais (arts. 22-b[367] e 25-a)."[368] [369]

Recentemente, a contribuição prevista no art. 25 da Lei n. 8.212/91 foi declarada inconstitucional pelo Supremo Tribunal Federal e, no julgamento do RE n. 363.852, a proibição de *bis in idem* identificada pelo princípio da unicidade contributiva, foi expressamente aludida no voto do Ministro Marco Aurélio MELLO, em perfeita sintonia com o quanto defendemos acima. Concluiu-se que a referida contribuição (popularmente conhecida como Funrural), deveria ter sido instituída por lei complementar, justamente em face do quanto prevê o art. 195, § 4º da Carta. Disse o Ministro que: "O art. 195 da Carta da República, ao revelar, no inciso I, as balizas primárias da contribuição do empregador, alude à 'folha de salários e

---

367. Art. 22B. As contribuições de que tratam os incisos I e II do art. 22 desta Lei são substituídas, em relação à remuneração paga, devida ou creditada ao trabalhador rural contratado pelo consórcio simplificado de produtores rurais de que trata o art. 25A, pela contribuição dos respectivos produtores rurais, calculada na forma do art. 25 desta Lei. (Incluído pela Lei n. 10.256, de 2001).
368. Art. 25A. Equipara-se ao empregador rural pessoa física o consórcio simplificado de produtores rurais, formado pela união de produtores rurais pessoas físicas, que outorgar a um deles poderes para contratar, gerir e demitir trabalhadores para prestação de serviços, exclusivamente, aos seus integrantes, mediante documento registrado em cartório de títulos e documentos. (Incluído pela Lei n. 10.256, de 2001).
§ 1º O documento de que trata o caput deverá conter a identificação de cada produtor, seu endereço pessoal e o de sua propriedade rural, bem como o respectivo registro no Instituto Nacional de Colonização e Reforma Agrária – INCRA ou informações relativas a parceria, arrendamento ou equivalente e a matrícula no Instituto Nacional do Seguro Social – INSS de cada um dos produtores rurais. (Incluído pela Lei n. 10.256, de 2001).
§ 2º O consórcio deverá ser matriculado no INSS em nome do empregador a quem hajam sido outorgados os poderes, na forma do regulamento. (Incluído pela Lei n. 10.256, de 2001).
§ 3º Os produtores rurais integrantes do consórcio de que trata o caput serão responsáveis solidários em relação às obrigações previdenciárias. (Incluído pela Lei n. 10.256, de 2001).
§ 4º (VETADO) (Incluído pela Lei n. 10.256, de 2001).
369. *Constituição Tributária...*, p. 351-2.

demais rendimentos do trabalho pagos ou creditados, a qualquer título, à pessoa física que lhe preste serviço, mesmo sem vínculo empregatício'; à receita ou ao faturamento e ao lucro – alíneas 'a', 'b' e 'c'. A previsão é exaustiva quanto aos fatos que podem dar causa à obrigação de financiamento da seguridade social."

O Eminente Ministro ainda foi além, declarando que "somente a Constituição Federal é que, considerado o mesmo fenômeno jurídico, pode abrir exceção à unicidade de incidência de contribuição. Isso ocorre, como exemplificado em parecer de Hugo de Brito MACHADO e Hugo de Brito MACHADO SEGUNDO, publicado na Revista Dialética de Direito Tributário, página 94, no tocante à folha de salários, no caso das contribuições para o SESI, o SESC, etc. e em relação ao faturamento, presentes a Contribuição Social para Financiamento da Seguridade Social – COFINS e o Programa de Integração Social – PIS (...) Cumpre assentar que, no tocante ao faturamento e ao financiamento do gênero 'seguridade social', conta-se apenas com essas duas exceções. A regra, dada a previsão da alínea 'b' do inciso I do referido art. 195, é a incidência da contribuição social sobre o faturamento para financiar a seguridade social instituída pela Lei Complementar n. 70, de 30 de dezembro de 1991, a obrigar não só as pessoas jurídicas, como também aquelas a ela equiparadas pela legislação do imposto de renda – art. 1º da citada lei complementar. Já aqui surge a duplicidade contrária à Carta da República, no que, conforme o art. 25, incisos I e II, da lei n. 8.212/91, o produtor rural passou a ser compelido a duplo recolhimento, com a mesma destinação, ou seja, o financiamento da seguridade social – recolhe, a partir do disposto no art. 195, I, alínea 'b', a COFINS e a contribuição prevista no referido artigo 25."[370]

---

370. Na verdade, nunca chegou a ser instituída a COFINS ou o PIS para o produtor rural, o que não invalida, contudo, a premissa anterior do Ministro (lei complementar para nova fonte de custeio).

9.7 Contribuição previdenciária do servidor público inativo e a ADI 3128/DF

Na ADI n. 3128/DF, julgada em 25.5.04, Rel. Min. Ellen GRACIE, Rel. para Acórdão Min. Cezar PELUSO, Tribunal Pleno, a proibição *non bis in idem* foi invocada e apreciada em acórdão que versou sobre a polêmica possibilidade de se sujeitar os proventos de servidores inativos à incidência de contribuição previdenciária, introduzida por Emenda Constitucional. O Tribunal considerou constitucional a exação, afastando diversos argumentos – dentre eles a alegação de violação à proibição de *bis in idem*, consistente na circunstância de que o tributo incidiria sobre a mesma base de cálculo do imposto de renda – para, com suporte nos arts.154, I c/c 195, §4º, dizer que as limitações impostas pela Constituição à introdução de novas fontes de custeio da seguridade social referem-se apenas ao legislador infraconstitucional, e não ao constituinte derivado.

Apesar disso, parece-nos que a questão central atinente à proibição de *bis in idem* não chegou a ser devidamente apreciada pela Corte. Não em relação ao imposto de renda – ponto em que a interpretação dada aos arts.154, I e 195, § 4º não merece reparo – mas em relação à natureza específica da contribuição previdenciária do servidor e a interdição ao *bis in idem* que ela pontualmente encerra em si mesma.

Com efeito, parece-nos que a contribuição para a previdência possui uma ontologia jurídica própria, conformada pela circunstância de que o servidor deve contribuir por um período "x" para, a partir daí, de um dado marco legalmente estabelecido, fazer jus a um benefício. Esse período não está aleatoriamente estabelecido, senão que evidencia a conformação de um ciclo completo, correspondente à própria expectativa de vida útil (do ponto de vista profissional) do contribuinte (e, nesse sentido, a contribuição previdenciária da pessoa física é inteiramente diferente daquela devida pela empresa). O direito à percepção da contraprestação é consequência lógica e indissociável de se haver exaurido a etapa de prestação. Contribui-se "para", "com vistas à" aquisição do direito ao benefício. Ao perfazer os requisitos à aposentadoria, *o servidor adquire o direito de exoneração que está implícito à circunstância de fazer jus ao benefício.* Exigir nova contraprestação é negar, em maior ou maior medida, o direito ao benefício já inteiramente adquirido.

Ora, se o tempo é o que define o momento a partir do qual o beneficiário passa a usufruir do benefício e deixa de contribuir, o transcurso do tempo possui inegável caráter exonerativo, estabelecendo o marco em que cessa a contribuição e inicia-se a retribuição. Antes do marco temporal da aposentadoria, há mera expectativa desse direito, mas, após o mesmo, a satisfação dos requisitos à luz do regime legalmente existente à época converte essa expectativa em direito plenamente adquirido, não mais sujeito à alteração por lei ou mesmo emenda constitucional (art. 60, § 4º da CF) superveniente.

Exigindo-se-lhe nova contribuição, haverá *bis in idem* com a própria contribuição já paga em montante e tempo suficientes a exonerar-lhe à época própria, na forma da equação atuarial então vigente e à luz da lei e período até então exigidos para tanto (dentro de um ciclo completo que teve seu desfecho na data da aposentadoria). O ato de aposentadoria delimita o momento em que se encerra o tempo de contribuição, invocando a noção de que toda exigência posterior implicará *nova satisfação de dever já cumprido,* porque todas as condições exigíveis para a percepção do benefício foram satisfeitas.

TEORIA DA PROIBIÇÃO DE *BIS IN IDEM* NO DIREITO TRIBUTÁRIO

Seção II
Breves Considerações sobre a Proibição de *Bis in Idem* e o Direito Tributário Adjetivo

1. Proibição *bis in idem*, coisa julgada e modificação legislativa[371]

Uma das mais tradicionais facetas da proibição de *bis in idem* consiste em seu viés processual, impeditivo – em sentido amplo – da reedição de controvérsias já veiculadas e decididas. Desde o Direito Romano, como vimos no tópico atinente à origem do postulado, já se invocava a proibição de *bis in idem* como garantia de que não se promoverá um novo juízo, por meio de um segundo processo, para se decidir a mesma lide. Trata-se de um imperativo político fundado na estabilidade das relações jurídicas e do gozo dos bens de vida que a ordem social garante, por muitos tido como ficção de verdade (SAVIGNY), ou presunção *jure et de jure* de verdade (POTHIER), mas que, singelamente, pode ser definido como uma criação da lei, objetivamente voltada à realização do bem segurança/certeza do Direito.[372]

---

371. Partes do presente tópico foram extraídas do artigo que publicamos em coautoria com Cristiano FERRAZZO, no livro *Coisa Julgada Tributária*. São Paulo: MP Editora, 2005. Advertimos, contudo, que muitas das posições lá encontradas já foram por nós revistas e amadurecidas para o que apresentamos abaixo.

372. "1.084. Sem embargo de resultar a coisa julgada de um imperativo político fundado na estabilidade das relações jurídicas e do gôzo dos bens de vida que a ordem social garante, múltiplas têm sido as correntes que se formaram, no campo da doutrina, para explicar e justificar juridicamente a imutabilidade imanente à res judicata.

SAVIGNY formulou a teoria da ficção da verdade, a qual protege a sentença que passou em julgado. Atribui-se à sentença uma verdade fictícia, para que esta venha a possuir a autoridade de coisa julgada e realizar assim o objetivo maior de assegurar a estabilidade das relações jurídicas. Em POTHIER, a sentença passada em julgado constitui presunção juris et de jure da verdade,

Do axioma romano interditivo *"bis de eadem re ne sit actio"* (não há ação repetida sobre a mesma coisa), igualmente expresso na fórmula *"bis de eadem re agere non licet"* (não é lícito acionar duas vezes pelo mesmo), o tema encontrou fértil desenvolvimento no contexto do Direito Processual para vir a consagrar e solidificar a noção de "coisa julgada", com obras

---

no tocante aos fatos constantes da lide. Sua doutrina passou para o Código de Napoleão.

Como salienta CHIOVENDA, a sentença não tem em vista a afirmação da verdade dos fatos, pois que êstes permanecem o que eram, e nem pretende o ordenamento jurídico que sejam considerados como verdadeiros aquêles que o juiz considera como base de sua decisão. Quando se define a coisa julgada como 'ficção de verdade', ou 'verdade formal', ou 'presunção de verdade', 'afirma-se uma coisa exata somente no sentido de que, para a maioria dos cidadãos estranhos a uma lide, a sentença aparece como coisa conforme à verdade'... E JOÃO MONTEIRO, entre nós, mostrava que é mais verdadeiro dizer 'que a coisa julgada não é nem ficção nem presunção, mas positiva e exclusivamente uma criação da lei'.

Derivando mais ou menos diretamente da teoria da ficção e da teoria da presunção da verdade, outras interpretações aparecem, como diz COUTURE, que a seguir assim as arrola: 'Sustenta-se, por um lado, que a coisa julgada não passa de consequência lógica de uma necessidade de certeza nas relações jurídicas (ARTURO ROCCO); por outro, que é derivação do chamado contrato judicial (ENDEMAN); por mais outro, que vale e se explica como declaração autêntica de direitos subjetivos (PAGENSTECHER); ou como efetiva tutela dos direitos privados (HELLWIG); por fim, é apresentada como sujeição passiva (INVREA), ou como posse aparente do direito (KRUCKMAN)'.

No direito pátrio, predominou, por muito tempo, a teoria da presunção da verdade, não só entre os praxistas e cultores do processo, como ainda entre os civilistas (PIMENTA BUENO, RAMALHO, PAULA BATISTA, TEIXEIRA DE FREITAS, JOÃO MENDES JÚNIOR, CLÓVIS BEVILÁQUA, MARTINHO GARCEZ e outros). Dela se afastaram, porém, o insigne JOÃO MONTEIRO e GUSMÃO. Entre os autores modernos, não perfilham a teoria da presunção de verdade nenhum dos processualistas de mais renome. É o caso de LOPES DA COSTA, GABRIEL DE RESENDE FILHO, JOÃO BONUMÁ e GUILHERME ESTELITA.

PEDRO BATISTA MARTINS assim externa seu entendimento: a a coisa julgada 'não é nem ficção, nem presunção de verdade, nem lex specialis, como o pretendem as correntes doutrinárias em luta. Ela é, simplesmente, uma criação da lei, oriunda de imperativos de ordem política e social, como o adverte LIEBMAN'." (MARQUÉS, José Frederico. *Instituições de Direito Processual Civil.* 3ª Ed. Rio de Janeiro: Forense, 1966, v.4, p. 321-323).

de notável profundidade sobre o tema, a ponto de muitos operadores do Direito, atualmente, sequer terem ciência de que os institutos possuem uma origem comum (esta última, rigorosamente, constitui a primeira expressão da proibição de *bis in idem*).

Não nos cabe, aqui, dedicarmo-nos, genericamente, ao estudo da coisa julgada, à medida que isso implicaria converter nosso trabalho em um estudo de Direito Processual. Abordaremos, assim, tal dimensão da proibição de *bis in idem*, exclusivamente, na parte em que tal perspectiva analítica se encontra com o Direito Material Tributário, isto é, como interdição à criação de obrigações tributárias novas mediante a superação legislativa da coisa julgada formada em devido processo jurisdicional tributário de que tenha resultado o afastamento de uma dada obrigação tributária para o contribuinte.

Com efeito, a coisa julgada resultante de uma demanda travada entre o contribuinte e o Fisco expressa norma individual e concreta, reguladora de uma dada relação jurídica (recortando e impondo limites ao Poder de exigir tributo em um contexto específico).[373] O estabelecimento da coisa

---

373. Como bem expõe Teori Albino ZAVASCKI, "trabalhar sobre as normas, os fatos e as relações jurídicas correspondentes é trabalhar sobre o fenômeno jurídico da incidência, e daí a acertada conclusão de Pontes de Miranda: 'nas ações de cognição (...) há enunciados sobre incidência (toda a *aplicação* da lei é enunciado sobre incidência)'. Compõem, assim, a função jurisdicional cognitiva as atividades destinadas a *formular juízo a respeito da incidência ou não da norma abstrata sobre determinado suporte fático*, e que consistem, essencialmente, em: a) coletar e examinar as provas sobre o ato ou o fato em que possa ter havido incidência; b) verificar, no ordenamento jurídico, a norma ajustável àquele suporte fático; e c) finalmente, declarar as consequências jurídicas decorrentes da incidência, enunciando a norma concreta, ou, se for o caso, declarar que não ocorreu a incidência, ou que não foi aquele o preceito normativo que incidiu em relação ao fato ou ato, e que, portanto, inexistiu a relação jurídica afirmada pelo demandante; ou, então, que não ocorreu pelo modo ou na extensão ou com as consequências pretendidas. Resulta, desse conjunto operativo, uma sentença, identificadora do conteúdo da norma jurídica concreta, que, transitada em julgado, se

julgada redunda, assim, na edição de regra proibitiva de rediscussão de determinado tema *em um dado contexto legal/ constitucional*, afirmando ou infirmando a competência impositiva em um caso concreto, levado à apreciação do Judiciário. Equivale, para esse efeito – naquilo que afasta a pretensão do Fisco de exigir tributo uma dada circunstância – a uma norma imunizante ou, ainda, ao reconhecimento de uma forma de não-incidência.

Cabe, então, indagar até que ponto tal norma individual e concreta, que proíbe o efetivo exercício da competência impositiva, pode preponderar ante a modificação do cenário normativo em que se firmou, para verificar se poderá prevalecer frente à edição de diploma legal novo, que genérica e abstratamente regule a situação objeto do prévio litígio. Trata-se de examinar, portanto, se – e em que termos – a norma individual e concreta traduz uma proibição de *bis*, também oponível ao legislador que venha editar lei que modifique os contornos da relação jurídico-tributária litigiosa, impondo ao mesmo um limite objetivo impeditivo ao concreto desempenho da competência.

O tema poderia parecer de simples solução caso se tratasse de uma modificação legislativa completa, que revogasse determinada lei e introduzisse nova exação, completamente distinta daquela debatida no processo em que se firmou a coisa julgada. Não é isso que ocorre, todavia, na maior parte das vezes. Especialmente no Brasil, país em que a produção e alteração da legislação tributária se dão em um ritmo verdadeiramente frenético, a imensa gama de alterações é parcial, tocante a determinados aspectos do tributo discutido no processo já julgado. Com isso, abre-se margem para amplas rediscussões da matéria, seja por parte do Fisco – que sustenta inexistir a

---

torna imutável e passa a ter força de lei entre as partes (CPC, art.468)." (*In* DOUTRINA, *Superior Tribunal de Justiça – Edição Comemorativa – 15 anos*, Brasília: Brasília Jurídica, p. 110, 2005).

proibição de *bis in idem* no caso, por faltar-lhe o elemento de identidade, já que o contexto legislativo foi alterado e a coisa julgada já não mais prevalece – seja por parte do contribuinte que procura fazer valer o seu direito a não ter instaurada, contra si, uma segunda demanda em torno da mesma exação, cuja inexigibilidade já se decretou.

Nosso entendimento, antecipamos, é no sentido de que se deve buscar preservar ao máximo a coisa julgada frente às alterações legislativas. E isso deriva diretamente de seu *status* constitucional, alçada que foi à condição especial de garantia fundamental e inabolível (art. 5º, XXXVI e 60, § 4º), expressiva de regra[374] de forte conotação prescritiva e objetiva.

Parece elementar que a função primordial do Direito é assegurar segurança às relações jurídicas, propondo-se a editar normas destinadas a ordenar condutas e tornar previsível a solução de conflitos.[375] A coisa julgada, nessa linha, nada mais é do que a manifestação processual do valor segurança jurídica, cristalizando no tempo uma norma individual e concreta, solucionadora de litígios, que a pura e simples letra abstrata

---

374. HUMBERTO ÁVILA bem define que "as regras são normas imediatamente descritivas, primariamente retrospectivas e com pretensão de decidibilidade e abrangência, para cuja aplicação se exige a avaliação da correspondência, sempre centrada na finalidade que lhes dá suporte ou nos princípios que lhes sao axiologicamente sobrejacentes, entre a construção conceitual da descrição normativa e a construção conceitual dos fatos". (ÁVILA, Humberto. *Teoria dos Princípios*. 4ª Ed. São Paulo: Malheiros, 2004, p. 70).

375. Para TERCIO SAMPAIO FERRAZ JR., "o direito é muito difícil de ser definido com rigor. De uma parte, consiste em grande número de símbolos e ideias reciprocamente incompatíveis, o que o homem comum percebe quando se vê envolvido num processo judicial: por mais que ele esteja seguro de seus direitos, a presença do outro, constestando-o, cria-lhe certa angústia que desorganiza sua tranquilidade. De outra parte, não deixa de ser um dos mais importantes fatores de estabilidade social, posto que admite um cenário comum em que as mais diversas aspirações podem encontrar uma aprovação e uma ordem." (FERRAZ JR, Tercio Sampaio. *Introdução ao Estudo do Direito*. São Paulo: Atlas, 2001, p. 32).

da lei foi incapaz de resolver. Findo um processo, as partes envolvidas passam a sujeitar-se à incidência dessa "lei entre as partes".[376] A sociedade, assim, tem a justa expectativa de que a decisão permaneça, como regra, irradiando seus efeitos e mantendo sua força estabilizadora das relações jurídicas então controvertidas.

A coisa julgada reflete a confiança das partes de um dado processo de que a controvérsia está solucionada, encerrada, pela emanação da decisão pelo órgão constitucionalmente competente para dirimir aqueles conflitos que não puderam ser compostos de outras formas. Dir-se-á até que faz mais do que simples "lei entre as partes", já que a norma individual e concreta superpõe-se àquela geral e abstrata geradora do conflito.

No que pertine, especialmente, a este trabalho, importa atentar, cuidadosamente, ao texto da Constituição, que preceitua, em seu art. 5º:

> XXXVI – a lei não prejudicará o direito adquirido, o ato jurídico perfeito e a coisa julgada;

Vê-se, assim, que o constituinte tratou precisamente da hipótese ensejadora de nosso estudo, qual seja, da impossibilidade, como regra, de modificação da coisa julgada pela lei superveniente. Repita-se, o constituinte não se contentou em valorizar a coisa julgada, mas foi além para dizer que sua força normativa é superior, hierarquicamente, àquela do Poder Legislador. A norma individual e concreta, como regra, portanto, é imune (em toda a extensão conceitual do termo), às inovações legislativas, pena de inconstitucionalidade.[377]

---

376. Código de Processo Civil, art. 468: "A sentença, que julgar total ou parcialmente a lide, tem força de lei nos limites da lide e das questões decididas."
377. Teori Albino ZAVASCKI lembra que respeitável corrente doutrinária afirma que o dispositivo garante mais do que uma interdição ao legislador,

TEORIA DA PROIBIÇÃO DE *BIS IN IDEM* NO DIREITO TRIBUTÁRIO

PONTES DE MIRANDA[378] bem compreendeu essa lógica, demonstrando que a coisa julgada *supõe* a mutabilidade do direito (notadamente o direito positivo), sendo *justamente em face desta possibilidade que foi criada* "porque ela mesma se projeta no tempo deformável conforme a regra de direito material que está à sua base". Como explica o autor, "é o direito material que determina a qualidade das suas regras, de modo que a coisa julgada formal ou material não é ofendida por essa mutabilidade, nem pela consequente alterabilidade dos termos da interpretação ou versão executiva inicial da sentença. A coisa julgada material supõe essa mutabilidade, porque é dentro da natureza da regra de direito material que ela se deve conter e, *ex hypothese*, a regra de direito material pertence àquela classe de regras que projetam no tempo os seus pressupostos de conteúdo suscetível de variação. Não se diga que a forma material da sentença vige enquanto persiste o *status*

---

senão que garante uma interdição ao próprio constituinte derivado: "Respeitável corrente doutrinária defende opinião em outro sentido: o de que apenas o constituinte originário, e não o derivado, pode modificar direito adquirido, ato jurídico perfeito e coisa julgada. Em outras palavras: o de que a lei a que se refere o art. 5º, XXXVI, da Constituição de 1988 deve ser interpretada em sentido amplo, para inibir o poder reformador do próprio constituinte, e não restritivamente, para se referir apenas ao legislador infraconstitucional. Em pareceres juntados em processo em que a matéria é discutida, os ilustres Professores Celso Antônio Bandeira de Mello, Luis Roberto Barroso e Lúcia Valle Figueiredo defendem a interpretação em sentido amplo, e o argumento fundamental para essa conclusão é o já referido, de que o poder constituinte derivado não pode dispor sobre direitos adquiridos pela razão de que é constituinte derivado." O autor contesta essa linha de raciocínio, contudo, dizendo: "Está fora de dúvida a intangibilidade, ao constituinte derivado, daquele centro de princípios identificadores de nossa Constituição, que compõe as cláusulas pétreas. Entretanto, é preciso ter cautela ao definir o alcance de cada um desses dispositivos.(...) Afirma-se, destarte, que, ao se estimular, além dos limites essenciais, a imutabilidade da Constituição, aumenta-se, de certa forma, o risco de ruptura da ordem constitucional." Parcelamento de Precatórios Judiciários (art. 78 do ADCT): abuso do Poder Constituinte Derivado? *Revista Interesse Público*, Porto Alegre: Nota Dez, ano 6, n. 31, maio/junho de 2005).
378. PONTES DE MIRANDA. *Comentários ao Código de Processo Civil*. São Paulo: Forense, 1974, tomo V, p. 193.

quo; a força material vige sempre, porque ela mesma se projeta no tempo deformável conforme a regra de direito material que está à sua base".[379]

A premissa é ampla e geral, de modo que todo o diploma legal hierarquicamente inferior e toda doutrina devem ser lidos em sintonia com essa garantia. Enquanto direito fundamental, a interpretação dada à coisa julgada deve ser aquela que lhe garanta a maior eficácia.[380] DINAMARCO[381] bem sintetiza a questão, ensinando que "na fórmula constitucional da garantia da coisa julgada está dito apenas que a lei não a prejudicará (art. 5º, XXXVI), mas é notório que o constituinte *minus dixit quam voluit,* tendo essa garantia amplitude mais ampla do que as palavras poderiam fazer pensar. Por força da coisa julgada, não só o *legislador* carece de poderes para dar nova disciplina a uma situação concreta já definitivamente regrada em sentença irrecorrível, como também os *juízes* são proibidos de exercer a jurisdição outra vez sobre o caso e as *partes* já não

---

379. Na mesma linha, Gustavo VALVERDE: "não é qualquer alteração legislativa que tem esse efeito. A nova disposição deve realmente modificar a forma de programação do sistema jurídico, mexendo na essência do sistema anterior(...) Simples mudanças na nomenclatura ou de elementos acessórios da regulação jurídica não podem ser caracterizados como aquela alteração do "estado de direito" referida no art. 471, I do CPC." (VALVERDE, Gustavo Sampaio. *Coisa Julgada em Matéria Tributária.* São Paulo: Quartier Latin, 2004, p. 233).

380. "Os direitos fundamentais, em rigor, não se interpretam; concretizam-se. A metodologia clássica da Velha Hermenêutica de Savigny, de ordinário aplicada à lei e ao Direito Privado, quando empregada para interpretar direitos fundamentais, raramente alcança decifrar-lhes o sentido.

Os métodos tradicionais, a saber, gramatical, lógico, sistemático e histórico, são de certo modo rebeldes a valores, neutros em sua aplicação, e por isso mesmo impotentes e inadequados para interpretar direitos fundamentais. Estes se impregnam de peculiaridades que lhes conferem um caráter específico, demandando técnicas ou meios interpretativos distintos, cuja construção e emprego gerou a Nova Hermenêutica." (BONAVIDES, Paulo. *Curso de Direito Constitucional.* 22ª Ed. São Paulo: Malheiros, 2008. p. 607)

381. DINAMARCO, Cândido Rangel. Relativizar a coisa julgada material. *Revista de Processo.* São Paulo, v. 109, p. 23, jan-mar., 2003.

dispõem do direito de ação ou de defesa como meios de volta a veicular em juízo a matéria já decidida." Vê-se, portanto, que a proibição de *bis in idem* é regra posta aqui a serviço de toda a sociedade – frente a cada um de seus poderes constituídos e aos próprios administrados entre si (de forma ainda mais ampla que os termos, v.g., da regra americana de *double jeopardy* que, em sua literalidade constitucional, restringe-se à proibição de que alguém seja processado ou condenado duas vezes pelo mesmo crime, sem pontificar que todo o novo juízo sobre a mesma questão já estará constitucionalmente afastado).[382]

1.1 O art. 471, I do CPC e a possibilidade de revisão da coisa julgada em face de modificação legislativa

Sem perder de vista a proteção constitucional da coisa julgada, importa identificarmos os limites de sua prevalência em face de modificação legislativa. O Código de Processo Civil regulou a matéria em seus artigos 467 a 471. O inciso I do artigo 471 é particularmente importante para o presente estudo:

> **Art. 471** – Nenhum juiz decidirá novamente as questões já decididas, relativas à mesma lide, salvo:
>
> **I** – *se, tratando-se de relação jurídica continuativa, sobreveio modificação no estado de* fato ou *de direito*; caso em que poderá a parte pedir a revisão do que foi estatuído na sentença;

A legislação ordinária, como se observa, utiliza o critério de "modificação no estado de fato ou de direito" como parâmetro

---

382. Diz o Fifth Amendment da Constituição Americana: "nor shall any person be subject for the same offense to be twice put in jeopardy of life or limb." Isso não quer dizer, é claro, que o Direito Americano não proteja a *res judicata*. Trata-se apenas de se contrapor os termos em que tal garantia é posta diretamente na própria Carta Constitucional. Sobre a proteção da coisa julgada naquele sistema, cite-se *Ashe v. Swenson*, 397 U.S. 436 (1970): "...when an issue of ultimate fact has once been determined by a valid and final judgment, that issue cannot again be litigated between the same parties in any future lawsuit."

para afastar a coisa julgada nas relações continuativas. Sua linguagem deve ser bem compreendida pelo operador do direito, cuja tarefa descritiva não pode conduzir ao mau trato do sentido técnico e vernacular dos signos nela contidos.

Como já tivemos a oportunidade de escrever,[383] a comunicação se faz por meio da linguagem. A importância da linguagem é tamanha que os fatos assumem a cor que a linguagem lhes der. Para muitos estudiosos da linguística, inclusive, é a linguagem que cria os fatos, que inexistem se não vertidos em forma de linguagem.[384] Se é sabido, no entanto, que "la mayor parte de las palabras son ambiguas, y que todas las palabras son vagas esto es, que su campo de referencia es indefinido, pues consiste en un núcleo o zona central y un nebuloso círculo exterior de incertidumbre",[385] como já disse ALF ROSS, parece imprescindível efetuar alguns esclarecimentos em relação ao que deve ser entendido como modificação do estado de direito.

Nessa linha de raciocínio, a primeira conclusão a que chegamos é a de que o legislador não se valeu, meramente, do termo genérico "alteração legislativa" (até porque, se assim procedesse, entraria em conflito com a própria Constituição, como visto acima), tendo preferido adotar expressão de conotação bem mais abrangente, "modificação no estado de direito" (que bem confirma a excepcionalidade da hipótese de superação da coisa julgada). Assim procedendo, deixou claro que a modificação do estado de direito não se identifica, automática

---

383. GOLDSCHMIDT, Fabio Brun. *O Princípio do Não-Confisco no Direito Tributário*. São Paulo: Revista dos Tribunais, 2003, p. 97-98.
384. Neste sentido, Paulo de Barros CARVALHO, que ensina que "ainda que o asserto não chegue às raias do absoluto, podemos tomar como pressuposto que a realidade, e, dentro dela, a realidade social, é constituída pela linguagem (linguagem social, digamos)." (CARVALHO. *Direito Tributário:* fundamentos jurídicos da incidência. São Paulo: Saraiva, 1998, p. 11).
385. ROSS, Alf. *Sobre el Derecho y la Justicia*. Tradução Genaro Carrió. Buenos Aires: EUDEBA, 1974, p. 130.

e necessariamente, com a alteração legislativa. É necessário mais do que a mera introdução de um novo diploma legal para se quebrar o império da coisa julgada e, por conseguinte, superar-se a interdição de *bis in idem*.

O termo "estado de direito" há de ser compreendido como um contexto legislativo, um conjunto prescritivo completo, agasalhado pela coisa julgada, no sentido normativo propriamente dito, como resultado da intelecção na reunião dos enunciados prescritivos. Há, portanto, que se alterar a norma e não meramente o texto, o veículo introdutor. Pertinentes as palavras de Paulo de Barros CARVALHO, no ponto, quando afirma que "uma coisa são os enunciados prescritivos, isto é, usados na função pragmática de prescrever condutas; outra as normas jurídicas com significações construídas a partir dos textos positivados e estruturadas consoante a forma lógica dos juízos condicionais, compostos pela associação de duas ou mais proposições prescritivas".[386] E o Ministro Eros GRAU, na mesma linha, distingue *texto* de *norma*, afirmando que a atividade interpretativa é um processo intelectivo através do qual, partindo-se de fórmulas linguísticas contidas nos atos normativos (os textos, enunciados, preceitos, disposições), alcançamos a determinação de seu conteúdo normativo.[387]

Claro está, portanto, que somente a introdução de nova norma (no preciso e específico sentido aqui adotado) é capaz de alterar o estado de direito, à medida que só ela positiva modificações legislativas substanciais. A simples alteração pontual de um enunciado prescritivo não transforma o estado de direito.

Essa condição, contudo, é necessária porém não suficiente para afastar a coisa julgada. Ou seja, ainda que se altere a

---

386. CARVALHO, Paulo de Barros. *Direito Tributário:* fundamentos jurídicos da incidência. Saraiva: São Paulo, 1998, p. 23.
387. Apud CARVALHO, Paulo de Barros, *ibidem*, p. 23.

norma e não somente um mero enunciado prescritivo, não se poderá dizer, mecanicamente, que a coisa julgada perdeu sua força coercitiva. É necessário ir além, indagando-se se, com a nova norma, deu-se a *superação* da coisa julgada, pelo comprometimento de seus aspectos nucleares. Daí a pertinência do exame das normas em conflito, a individual e concreta, cristalizada pela coisa julgada, e a geral e abstrata, posterior, introduzida pelo Poder Legislativo (sabendo-se de antemão que, em princípio, a letra expressa da Constituição dá preferência à prevalência da norma individual e concreta).

Muitas vezes, pode-se identificar na coisa julgada tributária a enunciação de um comando especificamente atinente a um determinado aspecto/critério da regra matriz de uma dada exação. Declara-se a inexigibilidade de um tributo por força do reconhecimento, v.g., de que, *espacialmente*, determinada realidade não pode ser alcançada pela pretensão do Fisco, ou de que, *materialmente*, determinada conduta não se subsume à hipótese de incidência, ou mesmo de que, *temporalmente*, uma dada exigência é descabida, porque ainda não realizado o fato gerador. Em tais circunstâncias, será fácil evidenciar que, se a nova lei limitar-se à alteração de um critério da regra matriz que não foi objeto de consideração na lide (não fez parte de seu pedido, causa de pedir, nem foi alcançado pela decisão transitada), essa alteração será incapaz de prejudicar a força e a permanência da coisa julgada. Inexistindo essa incompatibilidade, é certo que não haverá que se falar em superação da coisa julgada.

A análise da modificação do estado de direito pressupõe o exame, caso a caso, da causa de pedir, do pedido e da decisão proferida transitada em julgado. Isso decorre da própria expressão do art. 468 do CPC, quando afirma que a força de lei que se atribui à sentença que julgar total ou parcialmente a lide se dá "nos limites da lide e das questões decididas". Desse modo, a superação de uma norma individual e concreta por outra, geral e abstrata, dá-se, quando: i) se puder identificar uma incompatibilidade entre o comando novo (geral e abstrato) e o antigo (individual e concreto); ii) frente à essa incompatibilidade, o novo comando prevalecer por ostentar hierarquia suficiente para produzir a revogação da norma individual e concreta anterior.

Assim, se um tributo for julgado inexigível, em ação declaratória, com base na interpretação do significado constitucional de uma dada materialidade, a edição de uma nova lei será incapaz de superar a coisa julgada. Apesar da incompatibilidade (requisito "i" supra), o pedido e a causa de pedir (ligados, no primeiro caso, à incerteza quanto ao regime jurídico aplicável e, no segundo, à pretensão de que se declare a inexistência de fundamento constitucional para a exação) bem como o *decisum* (que se apoiou na interpretação de um conceito constitucionalmente empregado) evidenciarão que somente a edição de um novo diploma de estatura constitucional seria capaz de produzir a *revogação* dessa lei entre as partes.

A circunstância de o Direito Tributário dizer com "relações continuativas", dentro desse contexto, só tem relevância quando o comando da norma individual e concreta for circunscrito no tempo. Assim, v.g., quando se afasta uma exigência para um determinado exercício, nada garante a coisa julgada relativamente a exercícios futuros. É o caso das decisões emanadas no contexto de executivos fiscais, que são precisamente as que deram causa à edição da Súmula n. 239 do STF (que, por sua dicção ampla, tanta controvérsia gerou e continua gerando na doutrina e jurisprudência).[388] Quando, contudo, declara-se a inexistência de uma relação jurídica (pela deficiência de um ou mais pressupostos à introdução/exigência válida de uma exação no ordenamento jurídico), a eficácia dessa declaração persiste *enquanto as coisas assim permanecerem*

---

388. Súmula n. 239 do STF: "decisão que declara indevida a cobrança do imposto em determinado exercício, não faz coisa julgada em relação aos posteriores".

(*rebus sic standibus*).³⁸⁹ De tal modo, a menos que se produza modificação do estado de direito capaz de corrigir o vício apontado e reconhecido na decisão transitada em julgado, essa haverá de prevalecer.³⁹⁰ ³⁹¹

---

389. Teori Albino ZAVASCKI é autor de consistente monografia sobre a eficácia das sentenças na jurisdição constitucional, na qual teve a oportunidade de dizer: "Estabelecido que a sentença, nos casos assinalados, irradia eficácia vinculante também para o futuro, surge a questão de saber qual é o termo ad quem para tal eficácia. A solução é esta e vem de longe: a sentença tem eficácia enquanto se mantiverem inalterados o direito e o suporte fático sobre os quais estabeleceu o juízo de certeza." (ZAVASCKI, Teori Albino. *Eficácia das Sentenças na Jurisdição Constitucional*, São Paulo: Revista dos Tribunais, 2001, p.88).

390. É que "a correta intelecção dessa Súmula reforça os argumentos acima utilizados e comprova que os limites da coisa julgada deverão ser compreendidos sempre em função do objeto do processo, individualizado pela causa de pedir e pelo pedido. Essa interpretação do enunciado decorre da pura e simples análise dos seus precedentes, o que é essencial quando se pretende interpretar corretamente uma súmula. Os precedentes da Súmula 239 foram proferidos em recursos tirados de ações de execução fiscal, ajuizadas pela Fazenda para cobrar o tributo de um determinado exercício. (...) Ocorre que, na sequência desse mesmo acórdão, o STF destacou, citando a lição de Mirbach-Rheinefel, que não se tratando o caso de um lançamento específico, mas 'de imposto continuativo e de obrigação periódica, o julgado proferido conserva sua eficácia mesmo nos períodos sucessivos, nos casos em que a controvérsia não se tenha limitado a qualidade e a quantidade da matéria imponível, mas tenha abrangido outros aspectos não suscetíveis de revisão." (VALVERDE, Gustavo Sampaio. *Coisa Julgada em Matéria Tributária*. São Paulo: Quartier Latin, 2004, p. 222-223).

391. ARRUDA ALVIM destaca que "se, portanto, um determinado pedido concedido pelo Tribunal foi para que a autoridade impetrada se abstivesse de exigir da impetrante o pagamento de determinado tributo, por fundamento/motivo de sua inconstitucionalidade, o acolhimento referido fará com que o contribuinte não mais fique obrigado ao pagamento desse tributo, enquanto persistir a mesma situação de fato e de direito; isto é, porque acolhida a lide levada ao Estado-Juiz, sobre sua decisão recai a autoridade da coisa julgada, esgotados ou não interpostos os recursos cabíveis. No caso, numa tal decisão de mérito afirma-se inexistir relação tributária e, mais, é por isso que essa relação não existe, para o que pediu, subsistentes os mesmos fatos e a mesma normatividade de direito. Se existisse essa relação seria ela uma relação jurídico tributária continuativa, mas o que o Tribunal decidiu é que essa relação não existia. Se não existia – mantida a situação de fato

TEORIA DA PROIBIÇÃO DE *BIS IN IDEM* NO DIREITO TRIBUTÁRIO

Como confirma ARRUDA ALVIM, "se o pedido feito não dissesse respeito a um tributo situado num exercício, mas, com esse pedido se pretende, por exemplo, a inconstitucionalidade do tributo, ou que aquele que pede está imune ou que é beneficiário de isenção, é certo ser incogitável submeter os efeitos dessa decisão e respectiva coisa julgada ao enunciado da Súmula STF de n. 239, pois a tanto não autorizariam os mesmos textos legais. O pedido aqui situa-se fora de qualquer exercício e não diz respeito a cobrança alguma. O pedido pretende comprometer o tributo, em si mesmo (inconstitucionalidade), ou que esse não pode atingir o administrado (porque a Constituição lhe garante imunidade), ou, então, que atingiria o que pede, mas há norma que o dispensa de pagamento (isenção). É certo que este pedido é – tem que ser, necessariamente – mais amplo do que o âmbito da defesa possível (=embargos do devedor) num executivo fiscal, ou, é necessariamente mais largo do que o pedido que se faz numa ação anulatória de débito fiscal (em relação a um determinado e individualizado lançamento)."[392][393]

A natureza continuativa de uma relação não constitui obstáculo algum ao prestígio da coisa julgada, salvo naquilo

---

e de direito – não é possível pretender que o contribuinte, que obteve uma tal decisão, possa ainda e sucessivamente, dever o tributo, mercê de fatos geradores sucessivos justamente porque a relação jurídico tributária continua foi havida como inexistente e insuscetível de existir." (ALVIM, Arruda. Anotações sobre a coisa julgada tributária. *Revista de Processo*, São Paulo, n. 92, p. 14, out-dez., 1998).

392. ALVIM, Arruda. Anotações sobre a coisa julgada tributária. *Revista de Processo*, São Paulo, n. 92, p. 11-12, out-dez., 1998.

393. Nesse sentido, o seguinte julgado do STJ: TRIBUTÁRIO. RECURSO ESPECIAL. IMUNIDADE. COISA JULGADA. 1. Após o trânsito em julgado da sentença que concluiu ter a Fundação direito à imunidade tributária, resta caracterizada a coisa julgada, não podendo ela ser desrespeitada através da oposição de novo executivo fiscal, reabrindo a discussão a respeito da imunidade e das prerrogativas concedidas à entidade, sem que haja mudança de status que justifique uma nova ação. 2. Recurso especial improvido. (Recurso Especial n. 401.228/BA, STJ, 2ªTurma, Rel. Min. Castro Meira, DJ 16/08/2004, p. 174).

que, efetivamente, disser respeito aos aspectos temporais que se superam a cada nova exigência da obrigação tributária. Se disser, contudo, respeito aos vínculos de natureza permanente, nucleares à própria relação jurídica e à regra matriz de incidência da exação, evidentemente que nenhuma importância tem tratar-se de uma "relação continuativa" para o efeito de desvirtuar ou mutilar a força da coisa julgada, já que do contrário, negar-se-ia vigência ao próprio mandamento do art. 468, que determina a força de lei do *decisum*, "nos limites da lide" (que, em tal caso, tem um espectro muito maior que um dado e certo exercício). Rubens Gomes de Sousa, nesse sentido, ensina que "quando a sentença, cuja coisa julgada se invoque, tenha decidido quanto a elementos permanentes, constantes e imutáveis da própria relação jurídica debatida, tais elementos não serão meras questões prejudiciais, ou simples antecedentes lógicos da decisão, mas constituirão a própria tese jurídica decidida, ou seja, representarão o próprio objeto da decisão."[394]

De fato, "quando a causa de pedir (e, correlatamente, a fundamentação da decisão) alude a elementos permanentes da relação jurídica, isso quer dizer que o fato jurídico constituído através do processo consiste numa situação fática permanente, que não se altera de um exercício para o outro, nem cessa com o término da relação processual". Nesse sentido, como bem expressa VALVERDE, "toda a relação 'se...então' que caracteriza sintaticamente a comunicação normativa torna-se imutável pelo trânsito em julgado."[395] O próprio STF, aliás, já teve a oportunidade de dizer, no ERE n. 83.225, que "a súmula não se aplica às decisões relativas a isenção ou imunidade, mas àquelas que declaram indevida a cobrança em determinado exercício."[396]

---

394. Coisa Julgada (Direito Fiscal). In SANTOS, J.M. de Carvalho. *Repertório Enciclopédico do Direito Brasileiro*. Rio de Janeiro: Borsoi, v. 9, p. 298, apud VALVERDE, ob. cit., p. 214.
395. Ob. cit., p. 218 e 221.
396. Idem, ibidem.

TEORIA DA PROIBIÇÃO DE *BIS IN IDEM* NO DIREITO TRIBUTÁRIO

2. Impossibilidade da Administração rediscutir no Judiciário as decisões administrativas que lhe são desfavoráveis e a proibição de *bis in idem*

Questão bem mais complexa consiste na possibilidade de a Administração reiniciar, no Judiciário, demanda fiscal que já foi travada em processo administrativo e cujo resultado lhe foi desfavorável. No Brasil, infelizmente, tal prática tem se tornado cada vez mais comum no âmbito tributário, quando decisões do Conselho Administrativo de Recursos Fiscais do Ministério da Fazenda concluem pela improcedência da exigência fiscal, no todo ou em parte, e a Procuradoria da Fazenda decide ingressar com ação judicial na tentativa de reverter o resultado que lhe foi desfavorável.

A questão invoca noções elementares da proibição de *bis in idem*, consistentes na impossibilidade de se repetir demanda já intentada e obrigação já exigida (e rechaçada). A pretensão, claramente inviável, deriva de uma errônea compreensão dos papéis do Poder Judiciário e do Poder Executivo, bem como dos limites de sua atuação e competência.

Esgrime o Fisco com argumentos que invocam o princípio da soberania do Poder Judiciário no controle da legalidade e constitucionalidade, assim como da inafastabilidade do exercício de seu controle, na forma do inciso XXXV do art. 5º da Carta, segundo o qual "a lei não excluirá da apreciação do Poder Judiciário lesão ou ameaça a direito". Nenhum dos dois argumentos, contudo, tem o alcance/efeito desejado.

É que o Judiciário não é soberano, nem possui posição hierárquica privilegiada relativamente a quaisquer outros Poderes da República. Não pode ser confundido, nem possui autorização constitucional para fazer as vezes de instância recursal dos atos administrativos. A soberania das decisões do Poder Judiciário somente existe no controle de legalidade e constitucionalidade. Jamais fora desse âmbito. No mais, os

Poderes da República são independentes e harmônicos entre si. O Poder Judiciário não se presta à rediscussão de inconformismos da Administração relativamente às decisões que lhe sejam desfavoráveis, quanto mais quando, no caso, emanam da própria Administração. Sua competência para interferir na esfera do Poder Executivo se restringe a quando seus atos forem eivados de vícios que lhes contaminem. Vícios de ilegalidade e inconstitucionalidade; fatos relevantes como, v.g., a ocorrência de fraude na prolação da decisão administrativa. No mais, falece competência ao órgão judicante para se sobrepor ao Poder Executivo. Se a questão é de mera interpretação, de meras divergências exegéticas na compreensão dos enunciados prescritivos, como normalmente é o caso (sendo igualmente possível e razoável a adoção de soluções distintas ou mesmo antagônicas para um dado caso), a questão se esgota ali, no seio da Administração, sendo a *sua* decisão soberana, porque não se poderá falar em lesão ou ameaça de lesão a direito, mas de *aplicação* do Direito, na forma da Constituição.[397] Afinal, a solução da lide de forma contrária a um dos dois interesses em jogo é, por excelência, da essência de qualquer procedimento contencioso.

Quanto à inafastabilidade de controle do Judiciário, o argumento é ainda mais claramente falso. É que essa é garantia

---

397. Coisa distinta consiste no princípio da não cumulação, que opera sempre em benefício do processo judicial quando da existência de idênticos litígios na esfera administrativa e judicial, pela simples circunstância de que esta última é mais abrangente: "O que o direito brasileiro veda é o exercício cumulativo dos meios administrativos e jurisdicionais de impugnação: como a opção por uns ou por outros não é excludente, o processo administrativo pode ser prévio ou posterior ao processo judicial, mas não pode ser simultâneo, caso os objetos sejam idênticos.

O princípio da não cumulação opera sempre em benefício do processo judicial: a propositura de processo judicial determina 'ex lege' a extinção do processo administrativo; ao invés, a propositura do processo administrativo na pendência de processo judicial conduz à declaração de inadmissibilidade daquele processo, salvo ato de desistência expressa do processo judicial pelo particular." (XAVIER, Alberto. *Princípios do Processo Administrativo e Judicial Tributário*. Rio de Janeiro: Forense, 2005, p. 31-32).

constitucionalmente outorgada *ao particular*, em seu benefício e proteção, frente a lesões ou ameaça de lesões a direito seu (art. 5º, XXXV), inclusive para se proteger dos abusos perpetrados pelo Estado. Consta, aliás, no rol de direitos fundamentais do cidadão. Não se refere, portanto, à Administração, a quem não cabe invocá-la, na exata medida que constitui justamente um dos freios e contrapesos ínsitos à concepção da tripartição de Poderes. [398]

E nem poderia ser diferente, já que se o julgamento do processo administrativo é feito no próprio âmbito da Administração, a inafastabilidade tem o preciso desiderato de resguardar o particular da possibilidade de ter seus direitos vilipendiados por um julgamento parcial e/ou arbitrário (afinal, trata-se da Administração julgando a correção de seus próprios atos). Fora dessa hipótese excepcional, criada no resguardo exclusivo do direito do administrado ou, no caso, do contribuinte, vige a regra geral, que justapõe os Poderes em idêntico grau hierárquico.

---

398. "Em face destes conceitos, dúvidas não podem suscitar-se no Brasil que as decisões proferidas no processo administrativo em geral (e no processo tributário em especial) estão sujeitas a reserva relativa de jurisdição, ou 'monopólio da última palavra', face ao disposto no art. 5º, XXXV, da Constituição, segundo o qual 'a lei não excluirá apreciação do Poder Judiciário lesão ou ameaça a direito'.

Assim, as decisões desfavoráveis aos particulares proferidas no âmbito de um processo administrativo, quer envolvam quer não questões de inconstitucionalidade (pense-se, por exemplo, na recusa de aplicação, com fundamento em inconstitucionalidade, de norma atribuidora de benefício fiscal), são sempre suscetíveis de reapreciação pelo Poder Judiciário.

É certo que não existe simetria no que concerne às decisões desfavoráveis para a Fazenda Pública que, esgotados os recursos cabíveis, se tornam definitivas, produzindo efeitos preclusivos de 'caso julgado formal'. Mas é que, como atrás se viu, a garantia de acesso ao Poder Judiciário e, portanto, a reserva relativa de jurisdição são instrumentos constitucionais de proteção do cidadão perante o Poder, que não podem ser invocados, de modo falsamente paritário e isonômico, pelo Poder Público em face do cidadão." (XAVIER, Alberto. *Princípios do Processo Administrativo e Judicial Tributário*. Rio de Janeiro: Forense, 2005, p. 88).

3. Proibição de *bis in idem* e a duplicidade simultânea de demandas fiscais administrativa e judicial

A conjugação da interdição de *bis in idem* e devido processo garante, igualmente, a impossibilidade de que uma mesma cobrança seja veiculada, paralelamente, na via administrativa e na via judicial. Optando-se pela via judicial fica automaticamente esvaziada a via administrativa.

O mesmo vale, diga-se, para demandas que veiculem pretensões tributárias distintas da mera cobrança de valores como, v.g, a desconstituição de uma imunidade ou de um dado regime especial. E aqui se insere consideração absolutamente relevante: o que se proíbe, com o *non bis in idem,* é que se pretenda duas vezes a mesma coisa. Se a pretensão, v.g., de desconstituição de imunidade, é procedida pelo Ministério Público no âmbito judicial, ao mesmo tempo em que tramita processo administrativo, com o mesmo objeto, no âmbito da Secretaria da Receita Federal do Brasil, a dualidade será igualmente ofensiva ao postulado. A proibição de *bis in idem* é axioma estabelecido em favor do particular, de modo que seria desnaturá-la admitir-se que pudesse ser manipulada consciente ou inconscientemente, obrigando-o a defender-se simultaneamente em dois processos, em âmbitos distintos e sujeito a sortes distintas, transformando a almejada segurança em loteria.

Capítulo III
PROIBIÇÃO DE *BIS IN IDEM* E DIREITO TRIBUTÁRIO SANCIONADOR

Seção I

Delimitação Conceitual e Âmbito de Aplicação da Proibição de *Bis in Idem* no Direito Sancionador

Considerações Preliminares

Esclareça-se, de antemão, que muitas das premissas adotadas no estudo da proibição de *bis in idem* no âmbito tributário não serão aplicáveis no trato do tema no âmbito do Direito Sancionador. O Direito material Tributário, com efeito, é regido por uma lógica bastante distinta do Direito Sancionador Tributário, o que se extrai da simples constatação de que um, por definição, institui obrigação que não deriva de ato ilícito, ao passo que o outro versa precisamente sobre a reação estatal ao ato ilícito praticado pelo particular.

Assim, no âmbito do Direito Tributário, a análise da proibição de *bis in idem* diz, fundamentalmente, com a investigação acerca do modo como, constitucionalmente, foram atribuídas as diversas competências tributárias, para o efeito de saber se determinada sobreposição é admitida ou não pelo ordenamento. Já no âmbito do Direito Sancionador, o que se quer é proibir o excesso de punição e a insegurança consistentes em sancionar uma segunda vez um mesmo sujeito por um mesmo fato.

1. Existe uma proibição de *bis in idem* no Direito Sancionador Tributário brasileiro?

Nosso interesse sobre o tema da proibição de *bis in idem* despertou justamente a partir da dúvida em saber se existe um limite à superposição de sanções administrativas no Direito Tributário. Com efeito, ao nos confrontarmos com as Sentenças do Tribunal Constitucional Espanhol e, em especial, com a impressionante orientação segundo a qual a aplicação de uma determinada sanção no âmbito administrativo pode impedir até mesmo a aplicação de uma segunda sanção pelo Poder Judiciário, ainda que se trate – esse segundo processo – de uma ação penal, quedamo-nos vivamente impactados com tamanho prestígio outorgado ao *non bis in idem* na Espanha.

No Direito Sancionador Brasileiro atual, tal posicionamento seria simplesmente impensável. Jamais se cogitou de impedir o processo penal, por ofensa à proibição de *bis in idem*, sob o argumento de que o sujeito passivo já foi sancionado no âmbito administrativo; quanto mais quando a primeira sanção é, v.g., uma sanção pecuniária, uma multa administrativa. No sistema brasileiro, a cumulação de uma, duas ou várias sanções é comum, normalmente "justificada" pela existência de fundamentos legais diversos.[399] [400]

---

399. Tal constatação é unânime: "No campo das sanções tributárias, ao menos no Brasil, esse princípio jamais é observado, embora seja adotado em outros países. Quando alguém deixa de cumprir uma obrigação tributária, a legislação prevê penas de diversas naturezas que cumulam e, via de regra, ultrapassam o valor do dano que seria eventualmente causado pela ação ou

TEORIA DA PROIBIÇÃO DE *BIS IN IDEM* NO DIREITO TRIBUTÁRIO

No Brasil, o âmbito de aplicação atual da proibição de *bis in idem* no Direito Sancionador é praticamente restrito aos casos em que uma mesma autoridade aplica, no plano dos fatos, uma segunda sanção com base no mesmo fato, em um segundo processo instaurado com suporte em um mesmo dispositivo legal. De um modo geral, vige a convicção de que a legitimação da superposição de sanções depende, pura e simplesmente, da mera existência de previsão legal específica para cada uma delas.

Tal raciocínio é colocado sob questionamento nos tópicos seguintes. Para tanto, faz-se necessário, inicialmente, inverter a ótica tradicional para perguntar: há, na Constituição Brasileira de 1988, alguma regra que *permita* o *bis in idem* no âmbito sancionador? Há na Carta algum dispositivo que *autorize* a duplicidade/multiplicidade de sanções sobre um mesmo fato?

Essa simples provocação já conduz o exegeta a uma reflexão: em não existindo esse suporte constitucional, o silêncio

---

omissão do infrator. De fato, dependendo das circunstâncias da falta, ser-lhe-ão aplicados multa pecuniária, juros de mora, penas privativas de liberdade e sanções políticas. Assim, uma mesma ação ou omissão determina a aplicação de normas penais que implicam cumulações de penalidades que ofendem esse princípio." (ANDRADE FILHO, Edemar Oliveira. *Infrações e Sanções Tributárias*. São Paulo: Dialética, 2003, p. 106).

400. No mesmo sentido: "No Brasil, a ideia preponderante sempre foi a de excluir a aplicabilidade desse princípio ao abrigo do argumento de que os fatos acabam assumindo identidades distintas, desde diversas perspectivas normativas e valorações autônomas, além de existir independência entre as instâncias fiscalizadoras, à luz da separação de Poderes (...) teoricamente, não pode o sujeito ter sua conduta considerada lícita, correta, conforme o Direito, na esfera administrativa, em determinados domínios especializados e idôneos e, ao mesmo tempo, ver-se acusado da prática de crimes em razão de supostas transgressões às mesmas normas que noutro terreno foram cumpridas integralmente. O ideário de segurança e coerência, coibindo atuações abusivas ou obscuras do Estado, repercute na formatação de barreiras à independência das instâncias, neste aspecto." (OSÓRIO, Fabio Medina. *Direito Administrativo Sancionador*. 2ª Ed. São Paulo: Ed. Revista dos Tribunais, 2005, p. 341).

deve ser entendido como uma possibilidade? Ou seria mais coerente com a Carta e com as inúmeras garantias que ela outorga ao acusado, entender-se que um tal poder não pode ser presumido, que necessitaria de enunciação expressa? Que o silêncio, por si só, é eloquente e há de ser entendido como proibição (até mesmo porque, potencialmente, diz com direitos e garantias fundamentais, inabolíveis)?

Talvez a própria prolixidade da nossa Carta de 1988 tenha contribuído para essa inversão de valores, a dar a entender que, se nada se inseriu ali, em tese, nenhum óbice haveria à cumulação ilimitada de sanções pelo legislador infraconstitucional. No Brasil, embora se discuta a constitucionalidade – e se busque o fundamento constitucional – de absolutamente tudo em matéria jurídica, a discussão acerca da cumulação de sanções, estranhamente, ainda parece estar relegada ao plano exclusivamente legal: se a lei manda aplicar determinada sanção, ela é válida e ponto. Se houver dez leis que, por seus distintos fundamentos, determinem a aplicação de uma dezena de sanções (por um ou mais órgãos) a um determinado particular em uma dada circunstância, a jurisprudência (ou ao menos a imensa maioria das decisões) não haverá de questionar a múltipla punição do administrado.

No Brasil, apenas o Direito Penal dedicou-se, de forma adequada, ao assunto. O Direito Administrativo Sancionador, contudo, talvez por sua incipiência doutrinária, é ainda praticamente silente, e hoje não se encontra objetivamente dotado de um regramento acerca da cumulação de infrações e sanções que imponha limites claros ao poder do Estado e à garantia dos direitos do acusado/infrator.

É certo, no entanto, que em se tratando de matéria sancionadora (e, portanto, de normas que podem tocar direitos e garantias individuais fundamentais), a Constituição brasileira não outorga uma Carta Branca ao legislador ordinário nesse sentido.[401] Antes pelo contrário. Se examinarmos a Carta de 1988, veremos que há nela uma imensa gama de dispositivos que conduzem à conclusão oposta, a exemplo da estrita reserva legal, da proibição de excesso, da dignidade da pessoa humana, da segurança jurídica, do princípio republicano, da cidadania, da garantia de uma sociedade livre e justa e do direito à propriedade. Por isso mesmo anota Nieto que, se a proibição de *bis in idem* estava confinada, inicialmente, à condição de regra de Direito Penal, hoje se costuma aceitar sua aplicação em todos os âmbitos do Direito, já que vem sendo definida como um princípio geral de Direito que – com base na proporcionalidade e na coisa julgada – proíbe a aplicação de duas ou mais sanções ou a dupla persecução, em uma ou mais ordens, em situações que se tenha identidade de sujeitos, fatos e fundamentos.[402] [403]

É o que se passa a examinar.

2. Fundamentos normativos e axiológicos da proibição de *bis in idem* no âmbito sancionador tributário

Como exposto no capítulo inicial, a proibição de *bis in*

---

401. "O juiz poderá presumir uma lacuna da lei quando uma disposição é contrária ao seu espírito." (PERELMAN, Chaïm. *Ética e direito*. São Paulo: Martins Fontes, 1996. p. 658).

402. "Ao contrário do que ocorre no Brasil, o princípio (*ne bis in idem*) encontra abrigo explícito em inúmeros diplomas constitucionais e, modernamente, vem assumindo cada vez maior importância internacional." MAIA, Rodolfo Tigre. O princípio do *ne bis in idem* e a Constituição Brasileira de 1988, *Boletim Científico da Escola Superior do Ministério Público da União*. Brasília: ESMPU, ano 4, n. 16, jul/set, 2005, p. 29.

403. "Afirmada inicialmente esta regla en el Derecho Penal, hoy suele aceptarse su aplicación en todos los ámbitos del Derecho y desde una perspectiva muy amplia ha sido definida por DEL REY en la aplisísima monografia que le ha dedicado (1990, 111) como 'principio general de Derecho que, en base a a los principios de proporcionalidad y cosa juzgada, prohíbe la aplicación de dos o más sanciones o el desarrollo de dos o más procedimientos, sea en uno o más órdenes sancionadores, cuando se dé una identidad de sujetos, hechos y fundamentos y siempre que no exista una relación de supremacía especial de la Administración." NIETO, Alejandro, ob. cit., p. 470.

idem pode – e costuma – ser classificada como um princípio.⁴⁰⁴ Isso tanto por estar – no contexto do Direito Punitivo⁴⁰⁵ – largamente prevista em diplomas de hierarquia superior e traduzir, assim, um "valor fundante" do Estado de Direito no contexto de diversas sociedades, quanto igualmente por sua capacidade de orientar a compreensão (na produção da metalinguagem descritiva) e aplicação do Direito (na atividade de subsunção dos enunciados prescritivos), além da própria produção legislativa (função normogenética) mesmo quando não contemplada expressamente nas Cartas constitucionais – e, portanto, mesmo quando não estejam os Poderes (Legislativo, Judiciário e Executivo), e os próprios Estados Soberanos, positivamente compelidos à sua observância. Diversas Constituições do mundo, nesta linha, ostentam expressa a garantia em seu seio e diversos Tratados, Convênios e Pactos Internacionais igualmente declaram e acolhem como "direito fundamental" a proibição em questão, a evidenciar o elevado valor que exprime, havido como indissociável à própria condição humana.⁴⁰⁶ ⁴⁰⁷ ⁴⁰⁸

---

404. NIETO confirma que, doutrinariamente, "la regla jurídica del non bis in idem suele ser calificada de 'principio general del Derecho", ob. cit., p. 478.
405. Vide, adiante, as considerações que traçamos acerca da identidade ontológica entre o ilícito penal e o ilícito administrativo.
406. "Según la concepción liberal, «los derechos fundamentales son derechos de libertad del individuo frente al Estado». Acorde con su origen iusnaturalista, esta teoría reconece a los individuos una esfera de libertad negativa previa al Estado. La tesis principal de la concepción liberal de los derechos señala que a cada individuo pertenece de manera inherente un ámbito de libertad, en razón de su dignidad como miembro del género humano, y que el poder público encuentra vedadas sus posibilidades de acción a lo largo de este espacio. Los derechos fundamentales cumplen, en este sentido, la función de defensa de la libertad negativa del individuo frente a las intromisiones del Estado." (BERNAL PULIDO, Carlos. *El Principio de Proporcionalidad y los Derechos Fundamentales*: el principio de proporcionalidad como criterio para determinar el contenido de los derechos fundamentales vinculantes para el legislador. 3ª Ed. Madrid: Centro de Estudios Políticos e Constitucionales, 2007, p. 260).

Nesse sentido, a Constituição de Portugal de 1976, art. 29, n. 5, dispôs, genericamente, que "ninguém pode ser julgado mais de uma vez pela prática do mesmo crime". E a Lei Fundamental alemã de 1949, art. 103, previu que "ninguém será castigado várias vezes pelo mesmo fato com fundamento na lei penal geral", abordando a questão do sancionamento da conduta de forma ampla. O Pacto Internacional de Direitos Civis e Políticos da ONU, de 16 de dezembro de 1966, estabeleceu que "ninguém poderá ser julgado ou sancionado por um delito pelo qual haja sido já condenado ou absolvido por uma sentença firme de acordo com a lei e o procedimento penal de cada país." E a Convenção Americana de Direitos Humanos (Pacto de São José da Costa Rica), promulgada pelo Brasil por meio do Decreto n. 678/92, diz em seu art. 8º, item 4, que "o acusado absolvido por sentença transitada em julgado não poderá ser submetido a novo processo pelos mesmos fatos."

Da mesma forma, o Convênio Europeu para a Proteção dos Direitos Humanos e Liberdades Fundamentais, de 4 de novembro de 1950, prevê que "ninguém poderá ser processado ou castigado penalmente pelas jurisdições do mesmo Estado por uma infração relativamente a qual tenha sido absolvido

---

407. "Estos derechos aseguran a la persona una competencia exclusiva para elegir dentro de su órbita más íntima, para escoger, sin intervenciones de lo público, cuáles son los cursos de acción a emprender: hacia dónde moverse, qué pensar, qué decir, qué escribir, en qué creer, y la integridad de sus bienes intangibles más preciados – de su cuerpo, de su imagen, de su honor – y de sus posesiones y pertenencias. Se trata de derechos reaccionales, derechos de defensa o de rechazo de las ingerencias extrañas en los campos privados del individuo." (BERNAL PULIDO, Carlos. *El Principio de Proporcionalidad y los Derechos Fundamentales*: el principio de proporcionalidad como criterio para determinar el contenido de los derechos fundamentales vinculantes para el legislador. 3ª Ed. Madrid: Centro de Estudios Políticos e Constitucionales, 2007, p. 260).

408. O TJ da Comunidade Europeia já teve a oportunidade de dizer que o art. 54 da CAAS "consagra, no espaço de Schengen, o princípio ne bis in idem, reconhecido pela jurisprudência como princípio fundamental do direito comunitário." (Ponto 40 do acórdão Van Esbroeck).

ou condenado por sentença firme conforme a lei e o procedimento penal desse Estado." E o Tratado de Schengen (para os países Europeus signatários), firmado em 14 de junho de 1985, dispõe, em seu art. 54, que "uma pessoa que tenha sido julgada por sentença firme por uma Parte contratante não poderá ser perseguida pelos mesmos fatos por outra Parte contratante, sempre que, em caso de condenação, se tenha executado a sanção, se esteja executando a sanção ou não se possa executar segundo a legislação da Parte contratante onde tenha tido lugar a condenação."[409]

Embora esses diplomas façam referência à proibição de *bis in idem* no contexto do processo penal, vê-se que suas dicções não se restringiram a vedar o cúmulo *de penas privativas de liberdade*, alcançando, indistintamente, a superposição de toda espécie de sanção aplicada no seio deste processo. Tal circunstância, rapidamente, levou doutrina e jurisprudência a indagar se a garantia precisava ficar adstrita aos processos formalmente classificados como penais, já que, frequentemente, uma dada infração é tratada como administrativa pela legislação de um dado Estado soberano e como penal por outro (ou ainda, assume uma e outra classificação, no contexto de sucessivas leis de um mesmo Estado), o que não poderia prejudicar a aplicação dos Tratados interditivos. Da mesma forma, levou a indagar se a garantia *devia* ficar adstrita ao contexto do processo penal – em que há ritos e controles bem estabelecidos em proteção do acusado –, deixando escapar à sua incidência as sanções aplicadas fora do mesmo, diretamente pela Administração – no contexto do Processo Administrativo, em que os ritos e controles são sabidamente mais frágeis – facilitando, com isso, a cumulação de sanções e magnificando o risco a que se submete o indivíduo.[410]

---

409. "A União Europeia é responsável pela mais significativa admissão do *ne bis in idem* na sua dimensão horizontal. No actual Estado da Arte, parece não ser possível negar a vigência do *ne bis in idem* no seio da União, nas relações horizontais entre os seus Estados-Membros. São particularmente demonstrativas desta realidade as disposições do art. 54 da CAAS, no presente vinculativas para todos os Estados-membros." (RAMOS, Vania Costa. *Ne Bis in Idem e União Europeia*. Coimbra: Coimbra Ed., 2009, p. 39).
410. Criticando a demora da França em seguir a orientação da Corte Europeia

Assim, a compreensão do tema evoluiu de forma a, progressivamente, consagrar a proibição de *bis in idem* como princípio orientador de todo o Direito Punitivo, que se entende uno, a partir da consciência de que se volta à proteção do indíviduo (à sua segurança e aos limites de sua culpabilidade), independentemente do tipo de processo em que se aplique a pena, dentro de uma visão *material* e não meramente *formal* do axioma.[411] Afinal, os valores protegidos (e, assim, as funções da regra interditiva) são rigorosamente os mesmos.

Difundiu-se, nesse contexto, a convicção de que inexiste diferença *ontológica* entre o ilícito penal e o ilícito administrativo (já que a classificação de um dado ilícito num e noutro ramo é circunstancial, variando no tempo e lugar).[412] E de que à unicidade

---

de Direitos Humanos (CEDH) que admite a aplicação dos princípios penais ao Direito Administrativo Sancionador: "La jurisprudence française ne va finalement que tirer les consequences, parfois avec retard, de cette évolution qui applique à certaines sanctions administratives un régime juridique similaire à celui des sanctions prononcées par les jurisdictions répressives." (LAMARQUE, Jean. et.al. *Droit Fiscal Général*. Paris: LexisNexis, 2009, p. 974).

411. "A necessidade de assegurar as funções exercidas pelo *ne bis in idem* faz-se sentir na totalidade do domínio punitivo. Necessidade que justifica, em última análise, a vigência do princípio para lá do sistema da justiça penal clássico e, sobretudo, nas relações deste com o direito administrativo sancionatório. A expansividade do *ne bis in idem* como princípio, tem, deste modo, o seu limite material nas fronteiras do direito punitivo, que tomamos como aquelas definidas pelo TEDH." (RAMOS, Vania Costa. *Ne Bis in Idem e União Europeia*. Coimbra: Coimbra Ed., 2009, p. 44-5).

412. "La privation de la liberté individuelle n´est pas l´unique forme de sanction dont dispose dans son arsenal le juge pénal. Il existe aussi les sanctions à caractère pécuniaire, par excellence les amendes, et un ensemble de peines accessoires, de typologie assez complexe, comme la conficatíon de l´instrumentum delictae ou le retrait d´une autorisation d´exercer une profession. Toute cette camme de mesures, qui constituent, sans l´ombre d´un doute, des atteintes aux biens juridiquement protegés des personnes concernées, n´ont aucune différence de nature avec une série d´actes administratifs remplissant une fonction de police ou de répression. (...) la distinction entre peine pénale et sanction administrative suit donc un critère quantitatif et non pas qualitatif. (...) Toutefois, l´appareil administratif n´est pas a priori plus laxiste. Parfois, l´Etat se présente comme plus contraignant quand il est revêtu de l´habi administratif que lorsqu´il recourt à une condamnation pénale." (DELLIS, Georges. *Droit Penal et Droit Administratif*: l´influence des principes du droit répressif sur le droit administratif. Paris: Université Pantheon-Assas – Paris II, 1994. Inédito, p. 77-78).

do Direito Punitivo, fundado na centralidade do indivíduo e na proteção de seus direitos fundamentais, não pode corresponder uma dicotomia incomunicável de pretensões punitivas, que deem margem à desproporção (na aplicação das penas para além do limite da culpabilidade) e à insegurança da dupla persecução.[413][414]

Servindo o processo à satisfação do direito material, deve também ser compreendido de forma a garantir os valores de proporcionalidade e estabilidade atinentes à proibição de *bis in idem*. À noção de unicidade do Direito Punitivo, portanto, deve corresponder um princípio de unicidade da ação punitiva.[415][416] Se o Direito e o sistema jurídico conformam

---

413. "Nesta matéria, é fundamental a posição do TEDH acerca do conceito de acusação penal do art. 6º da CEDH, que adoptamos como válido. O conceito é interpretado numa perspectiva material e não formal, por não pressupor uma acusação num procedimento formalmente classificado de criminal. Tal afirmação implica que as garantias do processo penal funcionam em pleno nos 'falsos' procedimentos administrativos." (RAMOS, Vania Costa. *Ne Bis in Idem e União Europeia*. Coimbra: Coimbra Ed., 2009, p. 44).

414. "A necessidade de delimitação do campo material de aplicação do *ne bis in idem* de acordo com os critérios definidos pelo TEDH, segundo os quais os limites são os do direito punitivo, do direito penal material e não do direito penal formal, faz-se sentir com maior premência no nosso estudo, por este se situar num prisma transnacional. Neste contexto, não raras vezes, o mesmo comportamento é qualificado num Estado como infracção penal e no outro como infracção administrativa. Ora, a vigência do princípio não pode ser limitada por tais motivos meramente formais, devendo averiguar-se a natureza penal material das infracções, das sanções e dos procedimentos em análise, que, verificada, sustentará a aplicação do princípio *ne bis in idem*." (RAMOS, Vania Costa. *Ne Bis in Idem e União Europeia*. Coimbra: Coimbra Ed., 2009, p. 45).

415. Pela importância dessa afirmação, pedimos vênia para tornar a citá-la: "O *ne bis in idem* pode ser reconduzido a um princípio geral de unicidade da acção punitiva contra a mesma pessoa pelos mesmos factos. Segundo este princípio, a um facto corresponde uma ação punitiva, devendo toda a ordem jurídica punitiva configurar-se de forma a realizar esta ideia. Como tal, o *ne bis in idem* é, na designação utilizada por Alexy a propósito dos princípios, uma 'exigência de optimização.'"(RAMOS, Vania Costa. *Ne Bis in Idem e União Europeia*. Coimbra: Coimbra Ed., 2009, p. 31-2).

416. "É unânime a constatação, por parte dos autores que se debruçam sobre a matéria, de que a evolução da concepção do sistema de competências

um todo, suas partes devem necessariamente ser ordenadas de modo a se comunicar e outorgar-lhe a almejada harmonia, coesão e racionalidade.[417]

Assim, embora a maioria das Constituições não contenha um fundamento literal de proibição de *bis in idem* que abarque o Direito Punitivo como um todo, com alusão expressa às sanções administrativas, essa noção tem sido extraída dos dispositivos atinentes à interdição de dupla persecução e/ou punição no âmbito penal. E isso se faz com suporte nas noções

---

das jurisdições penais e das normas internas que determinam o campo de aplicação do direito penal nacional (*strafanwendungsrecht*) desembocou na sobreposição da jurisdição das ordens jurídicas penais nacionais – num verdadeiro fenômeno de expansão geográfica do direito penal. Esta sobreposição, ao lado da crescente mobilidade física das pessoas, quer no simples exercício da sua liberadade de deslocação, quer no exercício de actividades económicas com carácter profissional, bem como a movilidade virtual, através de novas tecnologias de informação e comunicação, potenciou o perigo de multiplicação de acções penais incidentes sobre a mesma realidade. (...)". (RAMOS, Vania Costa. *Ne Bis in Idem e União Europeia*. Coimbra: Coimbra Ed., 2009, p. 37).

417. "Como princípio, o *ne bis in idem* na UE impõe a lógica "um fato-um processo" no ELSJ. É a tal exigência de optimização que referimos a propósito da definição dos princípios, por oposição às regras de direito. (...)Em primeiro lugar, salienta-se que, como princípio, o *ne bis in idem* exige não só o estabelecimento de uma garantia que permita aos cidadãos defenderem-se de uma dupla prossecução pelos mesmos fatos, mas também a eliminação a priori das possibilidades de verificação dessa dupla prossecução. O *ne bis in idem* impõe-se, deste modo, a toda a actividade e sistema de acção pública punitiva. Se o sistema não se organizou em função da exigência de unicidade da acção punitiva, uma vez exercida uma acção punitiva por determinados factos, o indivíduo visado pode defender-se invocando o direito de defesa negativo e evitando uma nova prossecução. Tal configuração é bem apreensível perante o fundamento axiológico do *ne bis in idem*. Num Estado (ou comunidade) de direito, baseado no respeito pela dignidade da pessoa humana, não basta munir os cidadãos de trunfos, de direitos que lhes possibilitem defender-se da acção que atente contra esta dignidade. A Comunidade de direito deve também conforma e fucnionalizar a sua estrutura e a sua actuação à própria protecção dessa dignidade, configurando a própria organização estatal de modo a protegê-la." (RAMOS, Vânia Costa. *Ne Bis in Idem e União Europeia*. Coimbra: Coimbra Ed., 2009, p. 146).

axiológicas comuns que orientam tal exigência, de segurança jurídica e de proporcionalidade.

Como bem disse León Villalba – "la búsqueda, o más bien exigencia, de garantías, certeza, confianza, protección, son necesidades básicas del ser humano que el Derecho ha de satisfacer através de la seguridad. Ésta razón por la que este concepto nos ayuda a explicar y entender el origen de muchas de las instituciones políticas y juridicas que conforman nuestra sociedad, y por lo que no existe ningún problema en considerarlo un valor superior inmanente a nuestro sistema constitucional. En este sentido, PECES-BARBA considera el principio *ne bis in idem*, entre otros, como una manifestación subjetiva, en forma de derecho fundamental que nace de la seguridad jurídica como garantía central de Derecho y límite a la fuerza de su jus puniendi".[418][419]

A segurança jurídica responde pelo viés processual/procedimental do axioma, de caráter preclusivo, impedindo que

---

418. LEÓN VILLALBA, Francisco Javier de. *Acumulación de Sanciones Penales y Administrativas*. Barcelona: Bosch, 1998, p. 402.

419. "El reconocimiento del principio de seguridad jurídica entre «los derechos naturales e imprescriptibles del hombre» por parte de la Declaración de Derechos del Hombre y del Ciudadano, ha tenido como lógica consecuencia conectar desde antiguo su estudio al nacimiento del Estado liberal de Derecho y, por añadidura, al conjunto de principios filosóficos, políticos y económicos que con base en el movimiento ilustrado conforman dicha concepción del Estado. Entre estos principios, interesa destacar desde un punto de vista jurídico, en relevante papel que se concede a la ley (tanto en su concepción de voluntad general, como de razón ordenadora) como instrumento garantizador de un trato igual (objetivo) de todos ante la ley, frente a las frecuentes arbitrariedades y abusos del antiguo régimen. Lo que equivale a afirmar, desde un punto de vista positivo, la importancia de la ley como vehículo generador de certeza (aspecto positivo del principio de seguridad jurídica); y desde un punto de vista negativo, el papel de la ley como mecanismo de defensa frente a las posibles arbitrariedades de los órganos del Estado (aspecto negativo del principio de seguridad jurídica). De donde se infiere la íntima relación existente entre los principios de legalidad y de seguridad jurídica." (GONZÁLEZ, Eusebio; GONZÁLEZ, Teresa. *Derecho Tributario I. Salamanca*: Plaza Universitaria Ediciones, 2004, p. 27-28).

uma mesma infração seja objeto de dois (ou mais) processos tendentes a puní-la, ou ainda seja objeto de uma segunda punição, levada a efeito pela mesma ou distinta autoridade, frente a um mesmo indivíduo.[420] Trata-se, aqui, de garantir certeza ao Direito, tanto no que concerne ao Poder de impor sanções, quanto no que concerne ao dever de preservar a liberdade e possibilitar o curso seguro da vida social. "El principio de seguridad jurídica considera que no es admisible en un Estado de Derecho la amenaza permanente de diferentes sanciones (simultáneas o sucesivas en el tiempo) por el mismo hecho al mismo sujeto, pues, además, tal posibilidad entraña someter al ciudadano a un trato inhumano".[421] [422] [423]

A culpabilidade (tomada como gênero, expressiva do grau de reprovação social de uma dada conduta contrária ao Direi-

---

420. "A afirmação da vertente processual do *ne bis in idem* tem como consequência o aumento da coerência geral do sistema punitivo, através de escolhas claras de política criminal, aptas a conceber maior perceptibilidade ao direito punitivo. Também na cena internacional o *ne bis in idem* está apto a proporcionar tal aumento, garantindo a segurança jurídica individual além-fronteiras, bem como dinamizando e tornando mais eficiente a prossecução penal, tendo por consequência um acréscimo de confiança entre os Estado que favorece a sua coexistência pacífica." (RAMOS, Vania Costa. *Ne Bis in Idem e União Europeia*. Coimbra: Coimbra Ed., 2009, p. 30).
421. BARJA DE QUIROGA, Jacobo López. El Principio *Non Bis in Idem*. Madrid: Dickinson, 2004, p. 20.
422. "A proteção à confiança parte da perspectiva do cidadão. Ela exige a proteção da confiança do cidadão que contou, e dispôs em conformidade com isso, com a existência de determinadas regulações estatais e outras medidas estatais. Ela visa à conservação de estados de posse uma vez obtidos e dirige-se contra as modificações jurídicas posteriores." (MAURER, Hartmut. *Elementos de Direito Administrativo Alemão*. Porto Alegre: S. A. Fabris, 2001, p. 68).
423. A relação entre a o devido processo legal e a proibição de *bis in idem* já foi reconhecida pelo Plenário do Supremo Tribunal Federal brasileiro, que fez questão de declarar tratar-se de cláusula estabelecida em favor do acusado, entendida como garantia fundamental complementar ao rol dos direitos e garantias individuais, cuja invocação, a par de independer de previsão constitucional explícita, só pode ser feita para beneficiar o acusado, jamais para prejudicá-lo. HC n. 80.263, Rel. Min. Ilmar Galvão.

to),[424] por outro lado, fundamenta o viés substantivo da proibição de *bis in idem*, no que se confunde com a própria noção de proporcionalidade. Vale dizer, a culpabilidade revela o limite material a que se submete toda e qualquer punição. Pune-se na medida da reprovabilidade de uma dada conduta e na extensão em que ela viola a ordem jurídica e determinado bem/interesse jurídico em particular. A relação de proporção entre o grau da infração e a intensidade no exercício *jus puniendi* é o que o legitima, ao mesmo tempo em que – quebrada – descredencia-o, por exceder os termos do mandato outorgado pelo povo para a proteção de sua liberdade.[425] [426] [427]

---

424. E não como expressão de imprudência, imperícia ou negligência, no que se contrapõe ao dolo.
425. BARJA DE QUIROGA, idem, ibidem.
426. Nesse sentido, prevê a Lei n. 9.784/99 ser "vedada a imposição de obrigações, restrições e sanções em medida superior àquelas estritamente necessárias ao atendimento do interesse público" (art. 2º, § único, VI).
427. Sobre a necessidade da multa ser imposta em sintonia com o grau de culpabilidade (isto é, grau de reprovabilidade da conduta) do acusado, o STF já teve a oportunidade de decidir, na voz do Min. Joaquim Barbosa, que: "Processual Civil. Agravo Regimental. Constitucional. Tributário. Multa. Vedação do efeito de confisco. Aplicabilidade. Razões Recursais pela manutenção da multa. Ausência de indicação precisa de peculiaridade da infração a justificar a gravidade da punição. Decisão mantida. 1. Conforme orientação fixada pelo Supremo Tribunal Federal, o princípio da vedação ao efeito de confisco aplica-se às multas. 2. Esta Corte já teve a oportunidade de considerar multas de 20% e 30% do valor do débito como adequadas à luz do princípio da vedação do confisco. Caso em que o Tribunal de origem reduziu a multa de 60% para 30%. 3. A mera alusão à mora, pontual e isoladamente considerada, é insuficiente para estabelecer a relação de calibração e ponderação necessárias entre a gravidade da conduta e o peso da punição. É ônus da parte interessada apontar peculiaridades e idiossincrasias do quadro que permitiriam sustentar a proporcionalidade da pena almejada. Agravo Regimental a que se nega provimento." E, na voz do Min. Rafael MAYER, que: "Multa Fiscal. Redução pelo Poder Judiciário: é admissível ao Poder Judiciário reduzir ou excluir a multa tributária, à vista de circunstâncias específicas. Precedentes do STF." (RE n. 92.302). Ou ainda: "Multa Fiscal. Pode o Judiciário, atendendo as circunstâncias do caso concreto, reduzir multa excessiva aplicada pelo Fisco. Precedentes do STF" (RE n. 82.510).

TEORIA DA PROIBIÇÃO DE *BIS IN IDEM* NO DIREITO TRIBUTÁRIO

A proporcionalidade opera como limite ao *jus puniendi*, requerendo se estabeleça – e respeite – a relação entre a figura ilícita e a punição que lhe corresponde. Uma cumulação inadvertida de sanções, contudo, quebra essa proporção, essencial ao pacto democrático. Na letra da doutrina de VILLALBA, "quando el legislador prevé una sanción para un hecho ilícito, está obligado por el principio de proporcionalidad a mantener una adecuación entre la gravedad de la primera y del segundo. De esta forma, la afección que supone la sanción sobre el infractor ha agotado la reacción punitiva del Derecho. Si a ello añadimos que cada sanción prevista respecto a una determinada infracción es autosuficiente, aplicar una nueva sanción representaría la ruptura de la consonancia establecida." E conclui de forma categórica, dizendo que "en definitiva, el principio de proporcionalidad y, por ende, el nbii[428] están basados en una idea de justicia al igual que todo el Ordenamiento".[429] [430] [431]

---

428. *Non bis in idem*.
429. Ob. cit., p. 416.
430. O Tribunal Constitucional espanhol reforça essa conclusão ao dizer: "(...) Se impide sancionar doblemente por un mismo delito, desde la misma perspectiva de defensa social, o sea, que por un mismo delito recaiga sobre un sujeto una sanción penal principal doble o plural, lo que también contradiría el principio de proporcionalidad entre la infracción y la sanción, que exige mantener una adecuación entre la gravedad de la sanción y la de la infracción. Esa adecuación lleva al legislador a calificar el delito en un determinado nivel de gravedad fijando unas sanciones proporcionales a tal calificación, dentro de los que habrán de actuar los criterios de graduación, pero aplica una determinada sanción a una específica infracción, la reacción punitiva ha quedado agotada. Dicha reacción ha tenido que estar en armonía o consonancia con la acción delictiva y la correspondiente condena ha de considerarse como 'autosuficiente' desde una perspectiva punitiva, por lo que aplicar otra sanción en el mismo orden punitivo representaría la ruptura de esa proporcionalidad, una reacción excesiva del ordenamiento jurídico al infligirse al condenado una sanción desproporcionada respecto a la infracción que ha cometido." STC 154/90.
431. Sobre a razoabilidade/proporcionalidade das multas, o. Min. Celso de MELLO, ao julgar em Plenário a ADI n. 1075, disse, com muita precisão que "a proibição constitucional de confisco em matéria tributária – ainda que se

É o caso de citarmos a noção Hegeliana de pena, enquanto um processo dialético, à medida que, se a primeira sanção já restitui o Direito (restabelece o bem jurídico violado), desnecessário seria cogitar de uma segunda pena, porque se infirmaria o balanço e o equilíbrio que caracterizam a relação entre a ação (delituosa) e a reação (punitiva), no seio do sistema jurídico. Para HEGEL, o delito é a vulneração ou negação do Direito; a pena, ao ser imposta, nega o delito e, como a dupla negação constitui uma afirmação, logicamente a pena afirma o Direito. Assim, se delito= – Direito e pena = – delito, então pena = – - Direito = + Direito. A pena se justifica abstratamente ao ser a superação do delito, o que equivale dizer, ao ser a negação da negação do Direito. Ela se legitima porque afirma o Direito.[432] Vê-se, portanto, que a imposição de uma segunda pena importa no desfazimento do equilíbrio (antes

---

trate de multa fiscal resultante do inadimplemento, pelo contribuinte, de suas obrigações tributárias – nada mais representa senão a interdição, pela Carta Política, de qualquer pretensão governamental que possa conduzir, no campo da fiscalidade, à injusta apropriação estatal, no todo ou em parte, do patrimônio ou dos rendimentos dos contribuintes, comprometendo-lhes, pela insuportabilidade da carga tributária, o exercício do direito a uma existência digna, ou a prática de atividade profissional lícita ou, ainda, a regular satisfação de suas necessidades vitais básicas. O Poder Público, especialmente em sede de tributação (mesmo tratando-se da definição do 'quantum' pertinente ao valor das multas fiscais), não pode agir imoderadamente, pois a atividade governamental acha-se essencialmente condicionada pelo princípio da razoabilidade que se qualifica como verdadeiro parâmetro de aferição da constitucionalidade material dos atos estatais." Também, o Plenário do STF, na voz do Min. Ilmar GALVÃO, disse ao julgar a ADI n. 551 que "A desproporção entre o desrespeito à norma tributária e sua consequência jurídica, a multa, evidencia o caráter confiscatório desta, atentando contra o patrimônio do contribuinte, em contrariedade ao mencionado dispositivo do texto constitucional federal." Ou, finalmente, o seguinte julgado de relatoria do Min. Moreira Alves, RE n. 91.707, em que se decidiu: "ICM. Redução de multa de feição confiscatória. Tem o STF admitido a redução de multa moratória imposta com base em lei, quando assume ela, pelo seu montante desproporcional, feição confiscatória."
432. Apud ABEL SOUTO, Miguel. *Teorías de la Pena y Límites al Jus Puniendi desde el Estado Democrático*. Madrid: Editorial Dilex, S.L, 2006, p. 26.

restabelecido pela imposição da primeira pena), negando novamente o Direito.

Mas não apenas esses dois valores de segurança e proporcionalidade (que podem ou não estar expressamente contemplados nas Cartas) dão fundamento à proibição de *bis in idem* no âmbito sancionador. De fato, a onipresença da proibição de *bis in idem* confirma tratar-se de um parâmetro objetivo de Justiça,[433] independentemente do sistema jurídico em que se insira, já que, estando ou não previsto nas Constituições e legislações de cada país, os Estados Soberanos esforçam-se para garantir a estabilidade, a proibição de excesso e mínima intervenção na liberdade que o axioma exprime, por meio de Declarações e Tratados Internacionais.[434] [435] Não por outra razão, a proibição de *bis in idem* permeia, também, a tradição da *common law*, relacionando-se aos pleitos de "autrefois acquit" (absolvição anterior) e "autrefois convict" (condenação

---

[433]. Reconhecendo a proibição de *bis in idem* como parâmetro objetivo de Justiça: NIETO, A., *Derecho Administrativo Sancionador*. 2 ed. Madrid: Tecnos, 1994, p. 401.

[434]. Os princípios de Justiça são precisamente aqueles que podem ser concebidos a partir de uma "posição original": "Pelo contrário, a ideia norteadora é que os princípios da justiça para a estrutura básica da sociedade são o objeto de consenso original. São esses princípios que pessoas livres e racionais, preocupadas em promover seus próprios interesses, aceitariam numa posição inicial de igualdade como definidores dos termos fundamentais de sua associação. Esses princípios devem regular todos os acordos subsequentes; especificam os tipos de cooperação social que se podem assumir e as formas de governo que se podem estabelecer. A essa maneira de considerar os princípios da justiça eu chamarei de justiça como equidade." (RAWLS, John. *Uma Teoria da Justiça*. São Paulo: Martins Fontes, 2002, p. 12).

[435]. "3. Todos los derechos fundaméntales auténticos son derecho fundamentales absolutos, esto es, no se garantizan «con arreglo a las leyes»; su contenido no resulta de la Ley, sino que la injerencia legal aparece como excepción, y, por cierto, como excepción limitada en principio y mensurable, regulada en términos generales. Es propio del principio fundamental de distribución del Estado de Derecho que se dé por supuesta la libertad del individuo y la delimitación estatal aparezca como excepción." (SCHIMITT, Carl. *Teoría de la Constitución*. Madrid: Alianza, 1982, p. 171).

anterior), tendo sido incluída na 5ª Emenda à Constituição dos Estados Unidos, na chamada cláusula de "double jeopardy", para estabelecer-se que "nenhuma pessoa deverá sujeitar-se ao risco de sua vida duas vezes, pela mesma violação".

Por isso mesmo, independentemente da existência de uma previsão Constitucional, diversos países trataram de acolher a proibição de *bis in idem*, extraindo-a diretamente da hermenêutica da Carta, o que apenas serve à confirmação de sua condição de valor/princípio.[436] Na Espanha, por exemplo,

---

436. "O Estado de Direito tem um lado formal e um material. Historicamente desenvolveu-se em primeiro lugar o Estado de Direito formal, que reconhece a separação dos Poderes, o domínio da lei (rule of law), a legalidade da Administração e a tutela jurídica contra atos do Poder público por meio de tribunais independentes. O Estado de Direito formal realiza principalmente a segurança jurídica. A deformação do Estado de Direito pelo nacional-socialismo tornou claro que um Estado de Direito sem garantia material de Justiça é inconcebível. A lei fundamental da BRD assumiu os elementos formais do Estado de Direito, entretanto sobre a base das experiências negativas com a Constituição de Weimar acrescentou elementos materiais essenciais. O Estado de Direito da Lei Fundamental é com efeito também Estado da Lei; ele garante entretanto ao mesmo tempo também o Estado de Direito material, que serve ao objetivo da Justiça, que se exprime especialmente na vinculação à Lei e ao Direito (art. 20 III GG). A Justiça se concretiza através do ordenamento valorativo da lei fundamental. Deste modo o Estado de Direito material assegura principalmente os direitos fundamentais, a dignidade humana, a igualdade e a liberdade do homem; sem tais direitos humanos o Estado de Direito é inconcebível. Além disso o Estado de Direito social (art. 20; 28 I GG) serve ao objetivo da Justiça social.

A evolução histórica do Estado de Direito formal para o material encontra também no Direito Tributário sua manifestação. Durante a época de Weimar a Ciência do Direito Tributário se ocupou principalmente dos elementos da jusestatalidade formal, com a regularidade da imposição, com a doutrina do tipo tributário (§ 38 AO), com o segredo do procedimento fiscal e com as questões de proteção jurídica, de audiência devida, etc. Só no pós-guerra, sob a vigência da Lei Fundamental quando passaram os temas da jusestatalidade material, de Justiça e justificação de tributos, de imposição uniforme segundo a capacidade contributiva e das barreiras liberais à intervenção fiscal ao primeiro plano, é que se tornou a ciência do direito tributário, na medida em que se ocupou dos acima mencionados temas, Ciência da Justiça Tributária." (TIPKE, Klaus. *Direito Tributário*. Porto Alegre: S.A. Fabris, 2008, v.1, p. 182-183).

o Tribunal Constitucional extraiu o assento constitucional da interdição de *bis in idem* da garantia de legalidade, contemplada no art. 25 da Constituição espanhola. No famoso *leading case* sobre o tema, consistente na segunda sentença que o Tribunal ditou desde a sua constituição (STC 2/1981), foi dito que "el principio general del derecho conocido por 'non bis in idem' (...) va intimamente unido a los principios de legalidad y tipicidad de las infracciones recogidas principalmente en el art. 25 de la Constitución."[437]

De fato, a circunstância de não estar positivamente previsto na Carta não impediu o Tribunal Constitucional de conferir-lhe um amplíssimo espectro de aplicação, levando a proibição de *bis in idem* a patamares ainda inimaginados na realidade jurídica brasileira. Baseada na premissa da identidade ontológica entre o ilícito penal e o administrativo, a Corte espanhola entendeu que as sanções impostas pelo Poder Judiciário (no caso, as penas) e aquelas impostas pela Administração, são perfeitamente comunicáveis para o efeito de se caracterizar a eventual violação à proibição de *bis in idem*.[438] E, anos mais tarde, chegou a obstaculizar a aplicação de uma

---

437. "Los principios jurídicos generales pueden deducirse lo mismo directamente de la idea de justicia, porque no suponen otro dato social que la existencia de una multitud de hombres y la existencia de cualquier ordenamiento jurídico. Ellos son el contenido mínimo ético y al mismo tiempo el fundamento normativo de cualquier ordenamiento jurídico.

Son fuentes del derecho los principios jurídicos generales, no la idea de justicia. Los principios jurídicos generales ofrecen solamente las pautas para la configuración de la situación legal, ninguna norma jurídica. La norma jurídica necesaria para la resolución del caso concreto la debe hacer el propio juez." (KRUSE, Heinrich Wilhelm. *Derecho Tributario*: parte general. 3ª Ed. Madrid: Editoriales de Derecho Reunidas, 1978, p. 143).

438. "Menos aún puede sostenerse hoy, en mi opinión, una diferencia sustancial entre la pena del delito común y la del delito tributario, especialmente desde que el cuadro de penas del Derecho penal tributario no depende de la cuantía del perjuicio que pueda sufrir el Estado." (HENSEL, Albert. *Derecho Tributario*. Madrid: Marcial Pons, 2005, p. 397).

pena judicial, em nome de uma anterior sanção já aplicada pela Administração (STC 177/1999). Tudo como forma de se garantir a segurança gerada pela aplicação da lei, a deixar fora de dúvida a extraordinária eficácia emprestada ao axioma.[439]

A relação estabelecida pelo TC espanhol entre a proibição de *bis in idem* e a legalidade serve bem a expressar um dos importantes assentos constitucionais de que se pode extrair a interdição, quando ausente dispositivo constitucional específico, como no caso do da Carta brasileira.[440] De fato, a legalidade traduz a certeza da pena/sanção, em sua forma e medida. Admitir-se a possibilidade de incidência cumulativa de duas normas distintas, cada uma informadora de uma pena/sanção distinta para um mesmo e único fato/ação, implicaria na prática, na criação de uma terceira punição, não antevista (*lex praevia*) nem contemplada (*lex certa*) em diploma algum.[441]

Em matéria sancionadora, vale dizer, a legalidade se

---

439. "Por nuestra parte, consideramos que no existe distinción sustancial entre ambos tipos de infracciones y que, en rigor, la única separación entre las infracciones contenidas en el Código penal y las contenidas en otras leyes es de tipo formal, atiente exclusivamente a valoraciones político-sociales. Existen infracciones que se incorporan al Código Penal para destacar la especial gravedad que se les atribuye con arreglo a este tipo de valoración político-social. Otras quedan subsumidas en el cuadro de la legislación administrativa por reputarse inferior su gravedad para el cuerpo social o de inferior rango los bienes jurídicos lesionados. Pero entre unas y otras no es posible señalar una línea divisoria sustancial y la distinción no tiene otra relevancia jurídica que la de atribuir a diversos órganos estatales la aplicación de las respectivas sanciones." (SAINZ DE BUJANDA, Fernando. *Lecciones de Derecho Financiero*.10ª Ed. Madrid: Universidad Complutense de Madrid, Facultad de Derecho, 1993, p. 403-404).

440. Na STC 2/1981 a Corte evidencia que a proibição de *bis in idem* encontra fundamento de validade no art. 25.1 da CE, como parte integrante do princípio da legalidade.

441. "No cabe duda de que, se encuentre o no expresamente recogida en los distintos ordenamientos, la idea de certeza sobre el Derecho es una exigencia primaria del principio de seguridad jurídica." (GONZÁLEZ, Eusebio; GONZÁLEZ, Teresa. *Derecho Tributario I*. Salamanca: Plaza Universitaria Ediciones, 2004. p. 28).

impõe de modo cerrado, com a doutrina da tipicidade, cuja precípua função consiste não somente em assegurar que inexista margem para punição fora do desenho normativo posto em lei, mas igualmente que inexista retribuição fora daquela contemplada para tal específica conduta.[442][443] A subversão desse esquema, com a criação de uma nova punição, corrompe a lógica do tipo, esvaziando o sistema de controle que lhe corresponde. Alinhando-se a essa posição, o TC espanhol já teve a oportunidade de decidir, na STC 159/1985, que "el principio 'non bis in idem' (...) no aparece consagrado de manera expresa. Esta omisión textual no impide reconocer su vigencia en nuestro ordenamiento, porque el principio en cuestión, como ha señalado este Tribunal desde su Sentencia 2/1981, de 30 de enero, fundamento jurídico cuarto (...)"

Como bem expõe León de VILLALBA, "a partir de la

---

442. Ressaltando as diferenças entre a tipicidade e a legalidade, a lição de Pérez Royo: "Ambos principios – el de tipicidad y el de legalidad o reserva de Ley – tienen carácter garantista, pero en diferente sentido. Mientras que el principio de tipicidad establece fundamentalmente una garantía de seguridad, encaminada a proteger al ciudadano en la esfera de la aplicación individual de la norma sancionadora, en cambio el principio de legalidad se orienta hacia la garantía en el terreno del sistema de producción de normas. Se trata de una norma sobre la normación. El principio de tipicidad garantiza contra la arbitrariedad en la aplicación de la sanción; el principio de legalidad, en cambio, garantiza contra la arbitrariedad en la creación de la sanción. Por eso, a pesar de los indudables puntos de contacto entre ambos principios, es conveniente estudiarlos de manera separada." (PÉREZ ROYO, Fernando. *Infracciones y Sanciones Tributarias*. [Madrid]: Fabrica Nacional de Moneda y Timbre, D.L. 1972, p. 69-70).

443. Complementando a mesma lição: "Como se ha dicho anteriormente, se trata de algo diferente, en el plano lógico, del principio de legalidad. Mientras que éste tiene un carácter fundamentalmente formal, en cambio el principio de tipicidad tiene un carácter y un contenido sustancial: piénsese, por ejemplo, que es justamente este principio de tipicidad el que justifica la prohibición del empleo de la analogía como instrumento de integración de normas en el ámbito penal." (PÉREZ ROYO, Fernando. *Infracciones y Sanciones Tributarias*. [Madrid]: Fabrica Nacional de Moneda y Timbre, D.L. 1972, p. 74).

consideración de la seguridad jurídica, idea fundante del principio, parece lógico suponer que exista alguna conexión entre el principio de la Legalidad sancionadora, como manifestación de aquél, y la prohibición de *bis in idem*. La búsqueda de *lex certa* que exige la perfecta determinación de las conductas infractoras, de forma que permita predecir con suficiente grado de certeza las responsabilidades que de dicha conducta pueden derivar, proporcionando seguridad y certeza al ciudadano para orientar sus actos, junto a la necesidad de complementar el cuadro de garantías sancionadoras ofrecidas por el art. 25, dado lo escaso de su redacción, son las razones que desde un punto de vista material y formal pueden explicar tal tratamiento (...)".[444] E o autor complementa, explicando que a sanção assinada a cada ilícito revela o desvalor que o Ordenamento jurídico atribui a uma determinada conduta, e se impõe com pretensão de esgotar tal desvalor. Disso se infere que a pretensão de voltar a sancionar uma ilicitude vulnera o princípio da legalidade, pois supõe, de modo indireto, a modificação dos limites prefixados.[445]

A noção de dignidade da pessoa humana e o princípio republicano, a seu turno, apresentam-se intimamente ligados à proibição de *bis in idem* no Direito Sancionador em suas duas vertentes (substantiva e adjetiva). O cidadão, o homem, no contexto republicano, possui o direito legítimo de ver perfeitamente estabelecidos os limites de sua liberdade e das possíveis reações às eventuais transgressões em que incorrer, porque, por definição, a *res* é pública e o Estado serve ao homem (não o contrário). A Administração serve aos interesses do homem e apenas se lhe autoriza a restrição de sua liberdade na exata extensão dessa necessidade. A dicção da Declaração francesa dos Direitos do Homem e do Cidadão de 1789, aliás, caminha no mesmo sentido, ao dizer em seu art. 8º que "a lei

---

444. Ob.cit., p. 407.
445. Ob. cit., p. 416.

apenas deve estabelecer penas estrita e evidentemente necessárias e ninguém pode ser punido senão por força de uma lei estabelecida e promulgada antes do delito e legalmente aplicada."[446]

Não se admite, guardadas as noções de *res publica* e da dignidade da pessoa humana, que determinada ação possa dar causa a sucessivas punições por parte do Estado, tornando incerto o montante do castigo a que determinado indivíduo está sujeito.[447] Tampouco é compatível com a dignidade a submissão a um tal grau de insegurança em torno do ambiente

---

446. Pertinentes as reflexões de Duguit: "Le titre sous lequel on la cite habituellement «Déclaration des droits de l'homme» n'est pas exact. Son titre officiel et complet est Déclaration des droits de l'homme et du citoyen. Quel est le sens et la portée de ce titre? Les droits de l'homme sont apparemment Ies droits qui lui appartiennent en tant qu'homme avant même qu'il fasse partie d'une société politique et qui continueraient de lui appartenir s'il cessait de faire partie de cette société politique. Les droits du citoyen, au contraire, sont les droits qui appartiennent à l'individu en tant qu'il fait partie d'une société politique, qui cesseraient de lui appartenir s'il cessait defaire partie de cette société politique. Mais on peut se demander comment les droits du citoyen figurent dans une Déclaration qui a pour but de limiter les pourvoirs du législateur. En effet, puisque l'individu ne possède les droits de citoyen qu'en tant qu'il fait partie d'une société politique, il semble bien que ces droits sont une concession de la société politique et que celle-ci, par son législateur, les ayant concédés, peut à son gré les retirer ou les restreindre. Telle n'était point la conception de 1789. On considérait que les droits du citoyen n'étaient pas, en réalité, des droits différents des droits de l'homme, mais étaient les droits naturels eux-mêmes en tant qu'ils étaient reconnus et garantis par la société politique. Dans la Déclaration, on énumère et on détermine les droits de l'individu, en tant qu'homme et en tant que citoyen, c'est-à-dire non seulement les droits qui appartiennent à l'homme théoriquement, mais encore ces droits reconnus et efficacement garantis par la société. Les droits du citoyen ne sont pas distincts des droits de l'homme; ce sont ceux-ci protégés et garantis." (DUGUIT, Léon. *Traité de droit constitutionnel*. Paris: Fontemoing & Cie Éditeures, 1911. v.2. p. 10-11).

447. O Conseil d´État, desde 1958, já afirmou, relativamente à tentativa de dupla imposição de sanção de natureza disciplinar, existir um "princípio geral de direito" que se impõe "mesmo na ausência de texto expresso", segundo o qual um fato já sancionado não pode servir de base à uma nova sanção. (CE 23 de avril de 1958, Commune de Petit-Quevilly, AJDA 1958 II, p. 383-384).

normativo que permita que a ofensa a um dado bem juridicamente protegido possa dar margem a uma reação desproporcional à ofensa, colocando o particular em situação de permanente submissão.[448] Como bem já se disse, "facilmente reconhece-se a existência *in casu* de um radical subjetivo que se projeta no resguardo da liberdade e da segurança nas relações sociais e jurídicas, consubstanciando garantia incontornável da cidadania. Sua presença é indispensável em um estado democrático de direito, fundado na dignidade da pessoa humana. De outra forma restaria gravemente vulnerada em razão do estado de terror psicológico dos cidadãos, decorrente do fundado receio de que o poder punitivo do estado, verdadeira espada de Damocles, a qualquer tempo poderia sujeitá-los a uma nova punição ou à renovação da tensão processual, por hipótese pela qual já haviam sido anteriormente punidos ou julgados."[449]

Em convergência com esse pensamento, o TC espanhol já teve a oportunidade expressar que "en el Estado constitu-

---

448. Mesmo na literatura de Cervantes, séculos atrás, já se apresentava um Don Quixote atento à proibição de *bis in idem*: "- Yo hago juramento al Criador de todas las cosas y a los santos cuatro Evangelios, donde más largamente están escritos, de hacer la vida que hizo el grande marqués de Mantua cuando juró de vengar la muerte de su sobrino Valdovinos, que fue de no comer pan a manteles, ni con su mujer folgar, y otras cosas que, aunque de ellas no me acuerdo, las doy aquí por expresadas, hasta tomar entera venganza del que tal desaguisado me fizo.

Oyendo esto Sancho, le dijo:

– Advierta vuestra merced, señor don Quijote, que si el caballero cumplió lo que le dejó ordenado de irse a presentar ante mi señora Dulcinea del Taboso, ya habrá cumplido lo que debía, y no merece otra pena si no comete nuevo delito.

– Has hablado y apuntado muy bien – respondió Don Qujote – y, así, anulo el juramento en cuanto lo que toca a tomar dél nueva venganza (...)" (Miguel de Cervantes Saavedra, *Segunda Parte del Ingenioso Caballero Don Quijote de la Mancha*, Cap. X, Madrid, 1615, apud RAMOS, Vania Costa. Coimbra: Coimbra Ed., 2009, p. 5).

449. TIGRE MAIA, Ob.cit., p. 54.

cional de Derecho ningún poder público es ilimitado, por tanto, la potestad sancionadora del Estado, en cuanto forma más drástica de actuación de los poderes públicos sobre el ciudadano, ha de sujetarse a estrictos límites. La limitación de la potestad sancionadora del Estado es condición de legitimidad de su ejercicio en el Estado de Derecho, en que la libertad es uno de sus valores superiores (art. 1.1 CE) y la seguridad jurídica (art. 9.3 CE) uno de los principios configuradores del mismo. Así, de un lado, las restricciones permanentes de la esfera de libertad individual inherentes a la situación de inseguridad derivada de la posibilidad de que el Estado pueda reiterar sus pretensiones punitivas por los mismos hechos sin límite alguno, carecen de todo fundamento legitimador en el Estado de Derecho."[450]

No Brasil, como dito, tal qual na Espanha, não há na Constituição de 1988 uma regra expressa contemplando a proibição de *bis in idem*, o que não impediu o Supremo Tribunal Federal de aplicar a proibição em um sem número de julgados (como os citados ao início do presente trabalho).[451] [452] Nesse sentido, o STF, em salutar julgado, considerou que a proibição de *bis in idem* apresenta-se como direito e garantia

---

450. STC 2/2003.
451. "Certaines législations, s´en remettant à la jurisprudence et à la doctrine, s´abstienent de mentionner expréssement le principe *non bis in idem*. Ce n´est pas à dire, cependant, que´elles soient opposées à l´admission de cette règle (...) Comme le fait remarquer Griolet: 'il n´est pas, en effet, nécessaire q´un principe tel que celui-là soit écrit dans une législation. Il est essentiel à toute organization judiciaire." (BARBEY, Alec. *De L´Application Internationale de la Règle Non Bis in Idem en Matière Répressive*. Lausanne: Imprimerie la Concorde, 1930, p. 32-33).
452. "Este proceso se denomina con frecuencia «concretización»; en verdad, el propio juez crea la norma jurídica requerida. El juez deduce de los principios jurídicos generales la norma jurídica, es decir, él especifica el principio jurídico general en relación al caso pendiente de resolución y aparece al mismo tiempo la confirmación de que la norma obtenida sea derecho vigente." (KRUSE, Heinrich Wilhelm. *Derecho Tributario*: parte general. 3.ed. Madrid: Editoriales de Derecho Reunidas, 1978, p. 143).

individual que se extrai da interpretação sistemática da Carta e, por isso mesmo, independe de previsão constitucional pontual, à medida que traduz a prevalência do direito à liberdade em detrimento do dever de acusar.[453]

Em suma, a partir do exposto vê-se que a lógica da aplicação da proibição de *bis in idem*, no âmbito sancionador, é oposta àquela que preside a aplicação da proibição de *bis in idem* no Direito material Tributário. Lá, em princípio, podem ser regularmente sobrepostos tributos pelo constituinte, ressalvadas as limitações decorrentes da própria discriminação de rendas tributárias pela fonte na Constituição. Aqui, pelo contrário, a incidência da proibição de *bis in idem* se impõe, como regra, por tratar-se de simples decorrência das noções de legalidade e proporção, tipicidade e segurança inerentes ao *jus puniendi*. A um ilícito deve corresponder uma sanção e esta há de ser limitada e proporcional à culpabilidade, por definição.

3. Elementos conformadores e requisitos para a incidência da proibição de *bis in idem* no âmbito sancionador

A incidência da proibição de *bis in idem* pressupõe, como é natural, que estejam simultaneamente presentes os dois elementos que sintaticamente se combinam para a conformação do axioma, no caso, a duplicidade (*bis*) e a identidade (*idem*). Pressupõe saber, igualmente, o que semanticamente se pode extrair de cada um desses signos, para o efeito de construir a metalinguagem, ou lingugem técnico-descritiva.

---

[453]. "A incorporação do princípio *ne bis in idem* ao ordenamento jurídico pátrio, ainda que sem o caráter de preceito constitucional, vem, na realidade, complementar o rol dos direitos e garantias individuais já previstos pela Constituição Federal, cuja interpretação sistemática leva à conclusão de que a Lei Maior impõe a prevalência do direito à liberdade em detrimento do dever de acusar. Nesse contexto, princípios como o do devido processo legal e o do juízo natural somente podem ser invocados em favor do réu e nunca em seu prejuízo." HC n. 80.263, Rel. Min. Ilmar Galvão.

Se a linguagem vulgar pode admitir a imprecisão, a cientificidade do discurso exige, para a comprovação de suas premissas, o rigor terminológico como requisito imprescindível. Embora saibamos que a univocidade só seja alcançada nas denominadas ciências formais, como a lógica e a matemática, é certo que o discurso jurídico descritivo deve prestigiar a uniformização da compreensão da linguagem positivada como forma de garantir a segurança jurídica.[454][455]

Através da denominada curva assintótica, os semióticos lograram demonstrar graficamente que toda a linguagem, por mais expressiva que seja, nunca consegue tocar o objeto. Assim, significante e significado, por mais próximos que se apresentem, não chegam a coincidir integralmente. O signo abrange uma pequena porção da realidade, que é inesgotável. A lei, portanto, ao prescrever condutas, reduz na sua linguagem as complexidades do real,[456] priorizando apenas os aspectos que

---

454. Ainda assim, relevantes as ponderações de Perelman: "Um sistema formalizado, construído de uma forma tão rígida que impõe a univocidade dos signos, que limita as capacidades de expressão e de demonstração do sistema, é isolado do resto do universo, e não está em interação com elementos que lhe são exteriores. Veremos que é a ausência dessas condições que distingue nitidamente um sistema jurídico de um sistema formal." (PERELMAN, Chaïm. *Ética e Direito*. São Paulo: Martins Fontes, 1996, p. 423).
455. Advertindo para as deformações que a doutrina "pura" kelseniana no trato do Direito – que pugna por sua redução a uma ciência formal – pode causar, mais uma vez Perelman: "Vemos assim que, em toda matéria, o inaceitável, o desarrazoado constitui um limite para qualquer formalismo em matéria de direito. E por essa razão que a teoria pura do direito de H. Kelsen não dá explicação suficiente do funcionamento efetivo do direito, na medida em que se empenha em separar o direito do meio em que ele funciona e das reações sociais desse meio. Com efeito, a ideia do desarrazoado, vaga mas indispensável, não pode ser precisada independentemente do meio e do que este considera inaceitável." (PERELMAN, Chaïm. *Ética e Direito*. São Paulo: Martins Fontes, 1996, p. 436).
456. Para os filósofos da linguagem, o mais correto seria dizer que não é possível falar em realidade propriamente dita, mas em linguagem social. Isso porque, para os que se colocam nessa linha de pensamento, não existem fatos, apenas versões, pois como dito acima, a linguagem é que constitui a

pareçam mais relevantes aos olhos do legislador.⁴⁵⁷ Nem por isso logra ser precisa, cabendo ao jurista ordená-la logicamente,⁴⁵⁸ elaborando a metalinguagem, ou linguagem de sobrenível, que descreve a linguagem prescritiva de modo científico, orientando a sua compreensão.

Mas, especialmente no âmbito de ciências ditas não exatas, como o Direito, até as metalinguagens descritivas não logram atingir as mesmas conclusões frente a um mesmo objeto (no caso o texto), pois embora se revelem internamente coerentes e embora partam de um mesmo campo-objeto (o Direito positivo), as doutrinas científicas assentam-se sobre premissas dissonantes, perspectivas distintas, que redundam na diversidade de resultados. Não obstante, em que pese as metalinguagens atinjam resultados diversos, nem por isso deixaremos de reconhecer suas *conclusões* como válidas.⁴⁵⁹ Impende apenas rejeitar as teorias que padeçam de deficiências lógicas interiores, pois nestas falece o caráter científico da análise. E, finalmente, caso ainda nos deparemos com mais de uma teoria

---

realidade. Tal é a orientação de CARVALHO, Paulo de Barros. *Direito Tributário: fundamentos jurídicos da incidência*. São Paulo: Saraiva, 1998 e STRECK, Lênio. *Hermenêutica Jurídica e(m) crise*. Porto Alegre: Livraria do Advogado, 1999.

457. Como explica KELSEN, quando uma norma fixa uma conduta como devida ou proibida, ela fixa um valor positivo ou negativo. Desse modo, a conduta que corresponde à norma é valorada positivamente, enquanto a conduta que a contraria possui um valor negativo. A norma considerada objetivamente válida funciona como *medida de valor relativamente à conduta real*. Correspondendo à norma a conduta é boa, contrariando-a, é má, ou ainda desvaliosa. (KELSEN, Hans. *Teoria Pura do Direito*. 2ª Ed. São Paulo: Martins Fontes, 1987, p. 18).

458. I.e. obedecendo aos três princípios lógicos fundamentais: 1) identidade 2) não-contradição e 3) terceiro excluído.

459. Referimo-nos aqui à validade tomada como conformidade com as premissas do raciocínio, do ponto de vista lógico, o que, sabe-se, independe da veracidade das proposições sobre as quais se constrói o argumento. A lógica aponta se a ligação entre as proposições é indevida, embora não tenha meios de pesquisar a veracidade ou falsidade delas. (Cf. COELHO, Fabio Ulhôa. *Roteiro de Lógica Jurídica*. 3ª Ed. São Paulo: Max Limonad, 1997, p. 37).

obediente à lógica, impende reconhecer aquela que se afigure mais convincente.[460]

O signo latino "bis", em si, é pouco expressivo, limitando-se a indicar "repetição", ou "duas vezes", ou ainda "duplo".[461] O pronome demonstrativo "idem", por sua vez, expressa "o mesmo" e assim pouco auxilia na compreensão do significado da locução *"non bis in idem"*. Veda-se "duas vezes o mesmo", o que nos leva a indagar o que deve ocorrer duas vezes, e de que forma se deve entender ocorrida a repetição que se proíbe, o que se faz com suporte na pragmática.

Procurando elucidar a questão, o Tribunal Constitucional Espanhol, na STC n. 2/1991, endossou a hoje famigerada doutrina da "tríplice identidade", como condição à incidência da regra interditiva de *bis*. Nesse sentido, afirmou que, no contexto sancionador de que tratamos, a proibição de *bis in idem* supõe a "identidade de sujeitos, fatos e fundamentos". Na sua dicção, "el principio general del derecho conocido por non bis in idem supone, en una de sus más conocidas manifestaciones, que no recaiga duplicidad de sanciones – administrativa y penal – en los casos en que se aprecie la identidad de sujeto, hecho y fundamento".

Tal julgamento histórico deu margem à elaboração de inúmeros trabalhos, que debateram à exaustão o que se deveria entender por "identidade de sujeitos", "identidade de fatos" e "identidade de fundamentos", além, é claro, de indagar acerca da correção e necessidade de verificação de tais critérios supostamente condicionantes à incidência da interdição de *bis*

---

460. Não nos esquecendo das múltiplas teorias da verdade (verdade por correspondência, por coerência, pragmática etc., cf. HONDERICH, Ted (edt.). *Oxford Companion to Philosophy*. New York: Oxford University, 1995, p. 881), mas preferindo adotar, para os fins aqui expostos, as chamadas teorias da verdade retórica, para dizer que verdadeira é aquela teoria cujos argumentos revelem-se mais persuasivos.

461. Conforme o Dicionário eletrônico Houaiss, versão 3.0.

in idem. De um modo geral, parecem-nos corretas as críticas doutrinárias a esse critério, como abaixo veremos, posto que, frequentemente se revela, especialmente no âmbito administrativo sancionador e/ou na sua relação com o Direito Penal, ineficaz para dar boa aplicação à proibição de *bis in idem*.[462]

No que diz respeito à identidade de sujeitos, parece-nos claro ser imprescindível que se esteja diante do mesmo sujeito infrator, sobre o qual recaiam duas sanções, para que se possa cogitar da caracterização do *bis* proibido.[463] Não há, em princípio, que se falar de duplicidade proibida frente a duas sanções aplicadas relativamente a dois apenados (*lato sensu*) distintos, quando a cada um deles corresponder a prática de uma distinta e inconfundível conduta, porque em tal caso não haverá "bis"/cumulação a evitar.

Exceção a essa afirmação se dá nos casos de solidariedade ou responsabilidade sucessiva pelo descumprimento de uma obrigação tributária. Em tais situações, apesar da presença de sujeitos distintos no polo passivo, inexistirá espaço à aplicação

---

462. Nieto é um dos autores que faz coro a essa afirmação, dizendo que esse critério, se tem algum sentido no Direito Penal, não o tem no âmbito administrativo sancionador (ob. cit. p. 531). Na mesma linha, Manuel REBOLLO PUIG e Manuel IZQUIERDO CARRASCO afirmam que tal classificação implica em um reducionismo desnecessário do alcance da proibição de *bis in idem*, já que, por exemplo, o critério não abarcaria a interdição – pacificamente aceita – de que se tomasse uma agravante em consideração que já estivesse implícita no tipo penal aplicado. Por fim, também Guillermo BENLOCH PETIT afirma que a técnica da tríplice identidade, na prática, reduziu a proibição de *bis in idem* a um problema de concorrência de normas punitivas, que acaba prejudicando o desempenho da função de proporcionalidade do princípio (apud, ALARCÓN SOTOMAYOR, Lucía. *La Garantía Non Bis in Idem y el Procedimiento Administrativo Sancionador*. Madrid: Iustel, 2008, p. 53).

463. Caso se estivesse diante da cumulação de sanções no âmbito penal e administrativo, o elemento "sujeito" poderia trazer maiores dificuldades, já que entraria em questão a responsabilidade penal e a eventual presença de pessoa jurídica na relação. Mas, no caso restrito das sanções administrativas cumuladas com outras de igual natureza, tal questão não se coloca.

dobrada/multiplicada de sanções, incidindo a proibição de *bis in idem*. É que, em tal caso, está-se diante de um único e mesmo fato (este sim o elemento balizador central para a incidência da proibição de *bis in idem*), o que será suficiente a afastar a possibilidade de cumulação. A presença de mais de um sujeito, assim, não dirá respeito à prática de várias infrações distintas, senão que à positivação de uma medida de garantia adicional à satisfação do crédito tributário. Como bem expressa NIETO,[464] tratando da responsabilidade solidária por uma mesma infração, "aqui el hecho es único (un incumplimiento) y únicas también la acción y correlactivamente la infracción y la sanción; lo que sucede es que de esas infracción y sanción únicas responden solidariamente todos los partícipes, de tal manera que, satisfecha la multa por uno de ellos quedan todos liberados; y por lo mismo, la Administración puede exigir el pago total a cualquiera de ellos." Não por outra razão, a própria Receita Federal reconhece e costuma aplicar essa lógica, inclusive com a edição de atos normativos (como, v.g., a Portaria n. 2.284, de 30.11.10) que dispõem sobre o tratamento da pluralidade de sujeitos passivos de uma mesma obrigação tributária, dispondo que o pagamento/compensação efetuado por um dos autuados afeta os demais, o pedido de parcelamento deferido a um dos autuados suspende a exigibilidade do crédito tributário em relação aos demais, a impugnação tempestiva apresentada por um dos autuados suspende a exigibilidade do crédito tributário em relação aos demais; tudo isso a evidenciar a unidade fática a que nos referimos e a consequente unidade de efeitos que dela se pode extrair no contexto da obrigação tributária, ainda que diante da pluralidade de sujeitos passivos.

Relativamente ao sujeito aplicador da sanção, por outro lado, parece claro que sua identidade não constitui requisito para a incidência da proibição de *bis in idem*. O que importa,

---

464. NIETO, Alejandro, ob. cit., p. 432.

para o efeito da incidência da regra interditiva, é a circunstância de ambas as punições recaírem sobre um mesmo e único apenado. Esse foi o entendimento acolhido pelo TC espanhol no julgado em que enunciada a doutrina da tríplice identidade (cuja compreensão levou a Corte a barrar, inclusive, a possibilidade de acumulação sancionadora contrastando punições impostas pela Administração e o Judiciário).

É que o princípio *non bis in idem* constitui forma de proteção *do apenado*,[465] e funciona *em favor dele*, como limite ao exercício do poder punitivo pelo Estado. Do contrário, completamente esvaziado ficaria o significado da máxima como direito e garantia individual contra o arbítrio, a desproporção, o excesso e a incerteza, já que caberia ao destinatário mesmo da proibição (o Estado) determinar quando ela se aplica e quando se excepciona. A cumulação de sanções, assim, deixaria de ser uma proibição dirigida, principalmente, ao legislador, para converter-se em uma opção deste, que poderia respeitá-la ou não, segundo seus interesses momentâneos. Perderia com isso, seu caráter coercitivo, para transformar-se em uma mera "recomendação", despida de valor e significado jurídico, portanto.

De fato, tratando-se de um princípio de Direito e de uma garantia de *status* constitucional, expressa ou implicitamente acolhida nas Cartas de todo o mundo civilizado, seria ilógico admitir que seu espectro eficacial estivesse reduzido ao universo infralegal, a pautar a atuação dos servidores do Poder Executivo no *cumprimento* da lei, sendo infensa à atuação do órgão legiferante, na *elaboração* das leis. Afinal e ademais, disso já cuida a legalidade.

Basta dizer que, a valer tal orientação restritiva, o postulado de nada serviria, já que, das duas uma: ou i) a cumulação já estaria prevista na lei – e neste caso, nada poderia fazer o

---

465. Tomada a expressão em sentido amplo, como todo aquele que sofre a imposição de uma punição/castigo, pena genericamente considerada.

particular, que haveria de se submeter ao *bis*, sem nenhuma garantia a ampará-lo; ou ii) a cumulação não estaria prevista e, igualmente, não haveria que se cogitar da incidência da proibição de *bis*, já que inexistiria *bis* a contestar.

Coerente com essa visão a Corte Constitucional espanhola já teve a oportunidade de dizer, na STC 234/1991, que se a interdição à duplicidade de sanções pudesse ser contornada mediante a criação de normas que assim o disponham, a vigência do princípio ficaria condicionada à inexistência de vontade legislativa contrária. Salientou a Corte, na ocasião, que "cosa bien distinta, y éste es probablemente el sentido que se pretende dar a la afirmación que analizamos, es que no baste simplemente con la dualidad de normas para entender justificada la imposición de un doble sanción al mismo sujeto por los mismos hechos, pues si así fuera el principio *non bis in idem* no tendría más alcance que el que el legislador (o en su caso el Gobierno, como titular de la potestad reglamentaria) quisieran darle. Para que la dualidad de sanciones sea constitucionalmente admisible es necesario, además, que la normativa que la impone pueda justificarse porque contempla los mismos hechos desde la perspectiva de un interés jurídicamente protegido".

De tal modo, quando afirmamos que a identidade de *sujeitos* que tem em conta o axioma é, única e exclusivamente, a de *sujeitos sancionados* (o cidadão, não o Estado), queremos dar a essa afirmação o mais amplo significado, para dizer que a garantia se impõe independentemente da ordem, instância, poder, título, *status* ou mesmo soberania de quem pretenda impor (criar ou aplicar) uma segunda punição ante o mesmo fato. E, assim, é precisamente por sua condição de direito fundamental do homem, como tal reconhecido em inúmeros Tratados e Declarações internacionais que, justo pela nota de fundamentalidade da garantia, ostentam a esse respeito um caráter exclusivamente *declaratório* (como meio de facilitação de sua invocação e como forma de dar publicidade à garantia), sem nota *constitutiva* do próprio direito, portanto – já que este se extrai da própria condição do homem e seus aspectos indissociáveis (por isso mesmo, fundamentais).[466]

Como expressa León Villalba, "la determinación de cuál de las partes ha de permanecer en las diversas relaciones ha sido un problema que, en la práctica, se ha resuelto sencillamente reconduciendo la exigencia de identidad a la figura del sujeto activo o inculpado. En este sentido, debemos recordar que el efecto de la cosa juzgada penal, desde el punto de vista subjetivo, se circunscribe a éste al igual que elemento subjetivo de la pretensión penal u objeto del proceso".[467] Desse modo, como anota o Tribunal Supremo Espanhol, "ni la identidad de quienes ejercitan la acción, ni el titulo por el que se acusó, o precepto penal en que se fundó la acusación, tienen transcendencia

---

466. "II – Entre os que se confessam favoráveis à existência de direitos fundamentais do homem perante o Estado, são diversíssimas (repetimos) as maneiras de os encarar, relacionar e sistematizar. As grandes concepções filosófico-jurídicas que se manifestam a respeito da Constituição ou a respeito do Estado fazem-se outrossim sentir no concernente aos direitos do homem.
Encontram-se, por conseguinte, com maior ou menor nitidez:
a) Concepções jusnaturalistas (os direitos do homem como imperativos de Direito natural, anteriores e superiores à vontade do Estado) e concepções positivistas (os direitos do homem como faculdades outorgadas e reguladas pela lei positiva);
b) Concepções idealistas (os direitos do homem como ideia que se projecta sobre o processo histórico) e concepções realistas (os direitos do homem como expressão da experiência ou das lutas políticas, económicas e sociais);
c) Concepções objectivistas (os direitos do homem como realidades em si ou como valores objectivos ou decorrências de valores) e concepções subjectivistas (os direitos do homem como faculdades da vontade humana ou como manifestações de autonomia);
d) Concepções contratualistas (os direitos do homem como resultado do contrato social, como a contrapartida para o homem da sua integração na sociedade) e concepções institucionalistas (os direitos do homem como instituições inerentes à vida comunitária)." (MIRANDA, Jorge. *Manual de Direito Constitucional*: direitos fundamentais. 2ª Ed. Coimbra: Coimbra, 1993. Tomo IV. p. 39-40).
467. Ob. cit., p. 458.

alguna. De un lado, siendo habitual la intervención del Fiscal, el derecho fundamental del acusado a no verse envuelto en un nuevo proceso penal por el mismo hecho ya enjuiciado no puede quedar sujeto a la circunstancia de que alguien que no actuó en el primer proceso quiera hacerlo después en el segundo, habida cuenta además la amplitud con que en la norma procesal se considera la personación de las partes."[468]

Sintetizando a questão, a referida Corte esclarece que "el principio de Derecho *non bis in idem* no permite, por unos mismos hechos, duplicar o multiplicar la sanción sea cual sea la autoridad que primeramente la haya impuesto, caso que es el de autos puesto que la Hacienda Pública ya impuso al presunto infractor una sanción, conforme STS de 12 de maio de 1986."[469]

Com isso, depreende-se que ao exercício do *jus puniendi* não se impõe apenas um controle de proporcionalidade (no sentido de *mensurar* a adequação do *quantum* sancionador total, para o efeito de verificar se ele ultrapassa o máximo juridicamente admitido), senão que, igualmente, *uma nota preclusiva*, que objetivamente impede a sua reiteração, como forma de prevenir – longe de subjetividades – o excesso que dessa cumulação poderia resultar. Como anota a referida Corte, aplicada uma determinada sanção a uma específica infração, a reação punitiva resta esgotada.[470] [471]

Trata-se de enxergar, no conjunto deôntico conformador do tipo de cada norma expressiva de sanção, também um limite objetivo, de modo a respeitar a relação "se...então" nele

---

468. STS (s. 2ª) de 12 de diciembre de 1994 (9374), *apud idem, ibidem*.
469. Sala 2ª, Ar. 2449; Vivas Marzal.
470. STC 153/1990.
471. Sobre a extensão do aludido efeito preclusivo e sobre a forma de aplicação da proibição de *bis in idem* no contexto processual, especialmente envolvendo a relação entre esferas distintas de Poder (notadamente Administração e Judiciário) versaremos mais adiante, para adequada compreensão da afirmação.

contida. E, com isso, impedir-se que, da realização de um dado e único suposto ("se"), possam resultar inúmeras consequências, capazes de comprometer sua integridade lógica (e a intrínseca relação de proporção que o todo deôntico denota). À forma dá-se a função de garantir a substância do direito, impedindo-se – com suporte na proibição de *bis in idem*, em exegese conjugada com a legalidade e tipicidade, a proporcionalidade e proibição de excesso – que no exercício hermenêutico se possa deformar o equilíbrio e o limite contido na relação de causa e consequência, pela adoção de resultado sancionador (final) não previsto em norma alguma (*lex praevia*).

Como bem explana Kelsen, a norma jurídica singulariza-se e distingue dos demais tipos de normas (como v.g. as normas éticas e morais) pela existência de sanção (à medida que o traço característico do Direito reside justamente na sua coatividade). A norma jurídica complexa, assim, compõe-se a partir da combinação do que denomina norma primária e norma secundária.[472][473][474] Essas duas normas juntas "expressam a

---

472. "A norma que impõe uma conduta determinada e a norma que estatui uma sanção para a hipótese de não-cumprimento ou para o caso de cumprimento da primeira norma mencionada formam uma unidade." Ibidem, p. 181.
473. Paulo de Barros CARVALHO adverte que "De fato, o Direito é essencialmente coativo, porém não é esse seu aspecto individualizador, já que outros sistemas normativos também são coativos. As regras religiosas, sempre que transgredidas, dão ensejo à incidência de sanções, seja num âmbito extraterreno, seja no próprio campo da consciência, quando o infrator, segundo suas crenças, passa a considerar-se culpado. As normas de civilidade prescrevem deveres que, uma vez descumpridos, desencadeiam sanções que se traduzem na reação dos membros da sociedade contra o transgressor (...) Isso demonstra que todos os sistemas normativos são essencialmente coativos (...) O elemento caracterizador está na forma ou modo com que a coatividade é exercida. Só o direito coage mediante o emprego da força." (CARVALHO, Paulo de Barros. *Teoria da Norma Tributária*. São Paulo: Max Limonad, 1998, p. 30).
474. Inicialmente, sustentou Kelsen, na busca de enfatizar o caráter sancionatório do Direito, que a norma primária seria aquela em que está prevista a sanção, enquanto a norma secundária seria aquela em que é descrito o dever jurídico a ser cumprido. Posteriormente, reformulou o

mensagem deôntico-jurídica na integridade constitutiva, significando a orientação da conduta, juntamente com a providência coercitiva que o ordenamento prevê para o seu descumprimento".[475] Ou seja, através desse conjunto, o particular saberá não só orientar a sua conduta como, igualmente, conhecerá as consequências que advirão caso tome o caminho da ilicitude.

Evoluindo no estudo dos requisitos elencados pelo TC Espanhol como necessários à incidência da proibição de *bis in idem*, temos exigência de "identidade de fundamentos". A equivocidade do termo dá margem à dúvida, já que tanto pode se entender como alusiva à identidade de "fundamento legal", quanto de "bem jurídico protegido". Em qualquer dos casos, contudo, parece-nos ser incorreta a adoção desse requisito, inclusive porque sequer conforma, literalmente, a expressão *non bis in idem*, que a tanto não alude.[476]

Entendida como "identidade de fundamentos legais", a incorreção desse entendimento se evidencia pelas mesmas razões axiológicas e jurídicas expostas acima, já que, se a simples referência a um fundamento legal distinto pudesse tornar lícita a cumulação, então a eficácia da proibição estaria seriamente comprometida, pois o foco deixaria de ser a conduta que se pretende penalizada, para priorizar exatamente as falhas e

---

seu pensamento para então inverter a ordem das normas, e colocar na secundária o caráter sancionatório. Nas palavras do jurista: se se admite que a distinção de uma norma que prescreve uma conduta determinada e de uma norma que prescreve uma sanção para o fato de violação da primeira seja essencial para o Direito, então precisa-se qualificar a primeira como norma primária e a segunda como secundária – e não o contrário, como foi por mim anteriormente formulado. KELSEN. *Teoria geral...* p. 181.
475. CARVALHO, Paulo de Barros. *Direito...* p. 32.
476. Partilhamos do entendimento segundo o qual "la identidad de fundamento no puede ser requisito de la prohibición de doble proceso." PÉREZ MANZANO, Mercedes. *La Prohibición Constitucional de Bis in Idem*. Valencia: Tirant lo Blanch, 2002, p. 88.

excessos do sistema que se pretendem superar com o emprego do axioma.[477]

Em outras palavras, a noção de "identidade de fundamentos", quando tomada como escusa para, em nome da existência de mais de um "fundamento legal", dar margem à cumulação punitiva, não pode ser admitida, já que, na forma das razões anteriormente expostas – isso implicaria excluir um dos sujeitos necessários (talvez o mais relevante) do âmbito de aplicação da máxima. Imunizar-se-ia o Poder Legislativo, fazendo com que, em vez de garantia e limite ao *jus puniendi* – que ademais só pode ser validamente instituído pelo próprio legislador – o postulado se convertesse em *flatus vocis* e tivesse completamente anulada sua finalidade (substituída que estaria pela garantia de legalidade, apta a corrigir os desvios na *aplicação* da lei, inclusive, obviamente a exigência dúplice da sanção em situações em que a lei prevê apenas uma penalidade).

Nos Estados Unidos, o tema da múltipla ofensa a diversos diplomas causados por uma única conduta já foi analisado e a Suprema Corte não hesitou em entendê-lo compreendido pela

---

477. Em parecer, Marco Aurélio GRECO já teve a oportunidade de atestar a impossibilidade de dupla punição do mesmo fato, ainda que, para tanto, o Fisco pretendesse justificar sua conduta na existência de assentos jurídicos ("fundamentos") distintos: "A Consulta deixa claro que a conduta realizada foi apenas uma: celebrar as operações que os contribuintes entenderam adequadamente submetidas a determinado regime tributário, menos ou não oneroso. Trata-se de conduta única e não de duas condutas distintas. (...) a mesma conduta do contribuinte foi considerada como tipificadora de duas infrações: falta de pagamento de valor mensal estimado e falta de pagamento do saldo apurado ao final do ano. (...) Tendo em vista a unicidade da conduta do contribuinte e à luz da sistemática legal aplicável, conclui-se que não ocorreram duas hipóteses de incidência de multa, o que afasta o cabimento de exigências em duplicidade, como ocorreu no caso concreto. (...) Descabe a aplicação de duas penalidades pelo mesmo fato." (GRECO, Marco Aurélio. Multa agravada e em duplicidade. *Revista Dialética de Direito Tributário*, São Paulo, n. 76, 2002, p. 148).

regra de *double jeopardy*. Em Blockburger v. United States, 284 U.S. 299 (1932), a Suprema Corte decidiu que "where the same act or transaction constitutes a violation of two distinct statutory provisions, the test to be applied to determine whether there are two offenses or only one, is whether each provision requires proof of an additional fact which the other does not". Esse teste foi aplicado, por exemplo, em Brown v. Ohio, 432 U.S. 161 (1977). O acusado, no caso, havia sido processado por operar um automóvel sem o consentimento do dono e, posteriormente, havia sido processado por haver roubado aquele mesmo automóvel. A Suprema Corte entendeu que a mesma prova era necessária para evidenciar as duas condutas e que, portanto, havia ali apenas um delito. Com isso, afastou a segunda condenação, consagrando o que veio a ficar conhecido como "teste de Blockburger".

A adoção, pelo Tribunal Constitucional espanhol, da "identidade de fundamentos" como requisito para a configuração do *bis in idem* proibido, ao que se supõe, baseou-se nos elementos existentes na legislação espanhola (art. 1252 do antigo Código Civil) para a configuração da coisa julgada (vertente adjetiva da proibição de *bis in idem*), segundo a qual "entre el caso resuelto por la sentencia y aquél en que ésta sea invocada, concurra la más perfecta identidad entre las cosas, las causas, las personas de los litigantes y la calidad con que lo fueron." Essa visão processualista, contudo, embora possa afigurar-se relevante no contexto da análise da proibição de *bis in idem* em sua forma adjetiva, isto é, como garantia de coisa julgada, nenhum sentido possui fora do contexto de um processo, em que não há objeto litigioso delimitado para o efeito de se verificar a ocorrência de "bis", senão que fatos, eventos da realidade efetivamente verificados. Estes sim é que haverão de balizar a incidência da regra proibitiva, cujo objetivo está precisamente em evitar que as condutas concretamente praticadas (e não os fundamentos jurídicos que se lhe imputem) não sejam objeto de duplo ou múltiplo exercício do *jus puniendi*. Não há razão para limitar a caracterização da proibição de *bis in idem* à linguagem formal de um processo, sob pena de se negar à mesma a sua mais importante função, de garantia material e substantiva do direito.

Muitas vezes, contudo, a necessidade de "identidade de fundamento" é entendida pela jurisprudência como "identidade de bens jurídicos protegidos", de modo a sustentar-se que, tratando-se da proteção de bens jurídicos distintos, inexiste óbice à cumulação de sanções.[478] Tal raciocínio pode fazer algum sentido no amplo contexto do Direito Penal em que os delitos podem, claramente, distinguir-se pelo *valor* que se visa proteger, estando inclusive agrupados dessa forma no Código Penal brasileiro. Assim, os crimes "contra a vida", os crimes "contra o patrimônio", os crimes "contra a honra", os crimes "contra a liberdade individual" estão reunidos no Códex em conjuntos distintos, a evidenciar que, do ponto de vista axiológico, tais delitos merecem – na visão do legislador – reação estatal diversa, graduada em função do grau de reprovação social atinente a cada um deles.

No estreito campo das sanções tributárias, contudo, temos para nós que essa questão não se coloca de forma relevante. É que as infrações fiscais e as sanções que lhe são correspondentes possuem a lesão ao Erário como elemento central de sua definição. Materialmente, as infrações tributárias consistirão na subtração de valores devidos ao Fisco e a sanção correspondente tratará de reparar, pela retribuição e pela prevenção, o dano correlato. A única variante está em, por vezes, estar-se diante de uma lesão potencial (identificável no caso das infrações meramente formais) ou de uma lesão efetiva (no caso das infrações materiais). O bem jurídico e o interesse protegido, contudo, não mudam. Mesmo quando configuram crimes. Em

---

[478]. A título exemplificativo, cita-se a STC 234/1991, que permitiu a cumulação de sanções ante o entendimento de que, no caso, as duas infrações de que se cuidava estavam atreladas à proteção de bens jurídicos distintos.

qualquer caso, busca-se proteger os cofres públicos, garantir a arrecadação e evitar a disseminação de condutas que possam representar riscos às contas públicas.[479]

De tal modo e – independentemente de outras considerações – o critério de "identidade de bens jurídicos protegidos" será inútil a orientar a exegese e delimitar as possibilidades de incidência da proibição de *bis in idem* no contexto do Direito Tributário sancionador. Como bem explana Zornoza Perez, aludindo à classe mais ampla do Direito Administrativo Sancionador, "con independencia de sus formulaciones concretas, la aceptación del citado criterio excluiría el concepto de bien jurídico del ámbito del derecho sancionador administrativo, al considerarse que el ilícito administrativo se agota siempre en la desobediencia de los mandatos y prohibiciones establecidos positivamente por el legislador, por lo que será siempre una

---

479. "El bien jurídico protegido

Puede afirmarse que la mayoría de los tributaritas y penalistas (por todos, Córdoba Roda, Rodríguez Mourullo) entienden que el bien jurídico protegido en un delito que consiste, en esencia, en no pagar los tributos debidos, es, obviamente el tributo, los tributos que deben pagarse y no se pagan, o, lo que es lo mismo, la Hacienda Pública en su sentido patrimonial.

Y aunque determinados autores señalan a bienes más «abstractos», menos concretos y tangibles (la fe pública, el deber de lealtad hacia el Estado, la función pública del tributo, la solidaridad, la comunidad política, etc.), entiendo – como lo hace Boix Reig – que aceptar tales tesis generaría «no poca inseguridad jurídica por lo inalcanzable de sus límites y, por tanto,... la imposibilidad de conformar taxativamente el injusto típico».

Por ello entiendo que, si queremos utilizar la técnica jurídica al servicio de la seguridad y la libertad debemos ceñir aún más la idea del bien jurídico protegido por las normas que regulan el delito fiscal ciñéndola a aquella parte de la Hacienda Pública constituida por el dinero público que proviene esencialmente de los tributos. Así, puede entenderse que el bien jurídico protegido por el delito fiscal es el tributo como ingreso público. El dinero, el dinero público, de todos, al que están unidas todas las ideas de solidaridad y acción común en la libertad." (FERREIRO LAPATZA, José Juan. Curso de derecho financiero español. In: *Derecho Tributario*: parte general (teoría general del tributo, obligaciones, procedimiento, sanciones). 24ª Ed. Madrid: Marcial Pons, Ediciones Jurídicas y Sociales, 2004, v. 2. p. 218).

acción irrelevante para la ética social y culturalmente indiferente, al lesionar meros intereses de la Administración".[480] O autor ainda enfatiza que a mesma lógica se aplica às obrigações acessórias, dizendo: "Y ello es así incluso en el caso de las tradicionalmente denominadas 'infracciones formales', en las que se tipifica el incumplimiento de las obligaciones y deberes exigidos a cualquier sujeto por razón de la gestión de los tributos (art. 78.1 LGT) y, en particular, los deberes contables y registrales y otros deberes generales de colaboración. En efecto, pese a que, al menos a primera vista, tales infracciones pueran parecer orientadas a conseguir la colaboración de los particulares para el cumplimiento de fines administrativos, esto es, a la 'autoprotección', con ellas se atiende también a la protección de intereses generales."[481]

Desse modo, a questão de analisar o elemento "fundamento", como bem ou interesse jurídico protegido, aqui não assume expressão. Ou, ao contrário, pode-se dizer até mesmo que assume, mas não para justificar o afastamento da proibição de *bis in idem*, senão que para reforçar a necessidade de sua incidência. Afinal, a noção de proporção que fundamenta qualquer das duas (ou mais) sanções, já toma em consideração a lesão deste (mesmo e único) bem; já pondera seu comprometimento em decorrência da primeira das condutas e o "custo" social daí decorrente. Razão não há, portanto, para que se considere a possibilidade de uma segunda sanção dar margem a uma nova "punição integral", com desconsideração do *quantum* da primeira (que já abarcava e atendia à proteção do mesmo bem).

Questão que já suscitou reiteradas controvérsias no que diz com o requisito de identidade de fundamentos, como forma de justificar a cumulação sancionadora, são as chamadas relações

---

480. ZORNOZA PEREZ, Juan J. *El Sistema de Infracciones y Sanciones Tributarias*: los principios constitucionales del derecho sancionador. Madrid: Civitas, 1992, p. 34.
481. Ob. cit., p. 40.

de sujeição especial. Trata-se dos casos em que o indivíduo, ao praticar uma determinada infração, a par de estar sujeito à aplicação das penalidades previstas genericamente no ordenamento, ainda está sujeito a um universo normativo próprio, especial, que regula sua conduta de forma específica, em razão de uma dada condição que a pessoa do infrator ostenta. É o caso, por exemplo, do agente político, que está sujeito não apenas às penalidades ordinárias para as faltas em que incorrer, senão que, igualmente, àquelas impostas, v.g., pelo Poder Legislativo, como o *impeachment*, em razão de sua específica condição; ou ainda o caso das penalidades impostas pelo Tribunal de Contas, na fiscalização do exercício de determinado cargo ou função exercida pelo agente; ou, finalmente, o caso do militar, que se sujeita a um regramento próprio com penalidades inerentes a essa condição.

No Brasil, o tema do *impeachment* e sua possibilidade de cumulação com outras penalidades já foi objeto de análise pelo Supremo Tribunal Federal, relativamente ao ex-presidente Fernando Collor. A decisão condenatória atacada aplicou ao denunciado pena de inabilitação política pelo prazo de oito anos, pena essa aplicada "sem prejuízo das demais sanções judiciais cabíveis". O processo em questão tramitou no Senado Federal e, contra sua decisão, foi impetrado mandado de segurança junto ao STF, que confirmou as sanções impostas pelo Senado. A conclusão da Corte foi pela possibilidade de superposição. O caso específico, contudo, embora altamente polêmico, não trazia maiores complexidades do ponto de vista jurídico, haja vista que a própria Constituição brasileira, ao prever a pena de *impeachment*, é literal ao afirmar, em seu art. 52, § único, a possibilidade de dupla punição, prevendo: "a condenação, que somente será proferida por dois terços dos votos do Senado Federal, à perda do cargo, com inabilitação, por oito anos, para o exercício da função pública, sem prejuízo das demais sanções judiciais cabíveis."[482]

---

482. Ainda assim, o Min. Néri da Silveira, ao indeferir pedido de revisão

Apesar de desnecessário, o voto do Relator cita a lição de Paulo Brossard no que diz respeito à natureza do processo de *impeachment* e da sanção que lhe é consequente, a justificar a superposição sancionadora. Segundo o autor, "o impeachment tem feição política, não se origina senão que de causas políticas, objetiva resultados políticos, é instaurado sob considerações de ordem política e julgado segundo critérios políticos – julgamento que não exclui, antes supõe, é óbvio, a adoção de critérios jurídicos." De fato, tratando-se de processo eminentemente político e, sendo o julgamento do mesmo um juízo político, a questão merece tratamento peculiar, já que o juízo exercido pelo Senado envolve questões completamente alheias à esfera jurídica. Pensamos, contudo, que a possibilidade de superposição punitiva, aqui, não se dá em face da relação de sujeição especial, senão que em razão da consideração de *outros fatos*, circunstâncias que podem possuir relevância do ponto de vista político (e servir de suporte à aplicação da pena), ainda que nenhuma relevância possam ter do ponto de vista jurídico. E tal circunstância já afasta a identidade fática necessária à incidência da proibição de *bis in idem*. A penalidade jurídica será imposta segundo o critério legislativamente aplicável, enquanto a sanção política estará fundada em um conjunto fático que em muito extravasará esse universo.

---

criminal sobre a matéria (Pet – Qo 1.365/DF, Rel. Min. Néri da Silveira, j. 03.12.97) preocupou-se em invocar a lição do ex-ministro do STF, Paulo Brossard, autor de celebrada monografia sobre o tema do impeachment para dizer que "embora possa haver duplicidade de sanções em relação a uma só falta, desde que constitua simultaneamente infração política e infração criminal, ofensa à lei de responsabilidade e ofensa à lei penal, autônomas são as infrações e de diversa natureza as sanções aplicáveis num e noutro caso. Aliás, a circunstância de ser dúplice a pena está a indicar que as sanções têm diferente natureza, correspondentes a ilícitos diferentes. (...) Com a sanção criminal nada tem que ver a sanção política a que está sujeita esta ou aquela autoridade, mesmo quando haja concorrência de sanções, elas são distintas, como diversos os processos que visam à sua aplicação. E não é por outro motivo que, sem incorrer na pecha de *bis in idem*, podem conviver e efetivamente convivem ambas as penas, que são ajustadas a ilícitos autônomos e diferentes."

TEORIA DA PROIBIÇÃO DE *BIS IN IDEM* NO DIREITO TRIBUTÁRIO

No que diz respeito às penalidades impostas pelo Tribunal de Contas, o STF já teve também a oportunidade de manter cúmulo de sanções, ao julgar, em 22.1.1998, o MS n. 22.728, Rel. Min. Moreira Alves, Plenário, em que servidor público questionava superposição de multa, pela Corte de Contas, com a pena de cassação de aposentadoria posteriormente imposta pela Administração. Segundo o Relator, como bem acentua o parecer da Procuradoria-Geral da República, 'o julgamento a cargo da Corte de Contas acerca da gestão orçamentária e financeira da Coordenação de Serviços Gerais do MEC, órgão pelo qual era responsável a impetrante no exercício de 1991, não se confunde, à evidência, com a apuração e consequente punição de possíveis infrações disciplinares pela Administração Pública' e isso porque 'são independentes entre si a responsabilização administrativa dos servidores públicos faltosos e a atuação do Tribunal de Contas da União, no exercício do controle externo das contas públicas como órgão auxiliar do Poder Legislativo'.

Não nos parece, contudo, que aqui se possa admitir a cumulação. O argumento da suposta relação de sujeição especial não elide o fato de que, se de uma e única falta se está a tratar, impossível admitir-se a cumulação pela mera circunstância de se tratar de uma distinta autoridade, quando ambas recaem sobre um mesmo acusado. A proibição de *bis in idem*, já dissemos, está estabelecida a partir da perspectiva da centralidade do indivíduo, como forma de limitar objetivamente a reação sancionadora, protegendo-o das descoordenações do sistema que possam redundar em insegurança e/ou desproporção no exercício do *jus puniendi*. A "imunização" à regra interditiva pelo argumento da existência de relações "especiais" poderia facilmente conduzir à aniquilação da interdição e à justificação de um sem número de superposições, já que os inúmeros subsistemas normativos sempre se justificam por alguma relação de especialidade.

As soluções possíveis para se fazer respeitar a proibição de *bis in idem* em tais casos são as mais diversas, como veremos abaixo. Passam tanto pela opção preclusiva/ cronológica, quanto pelas soluções de ponderação da primeira penalidade quando da aplicação da segunda (absorção, exasperação, desconto, *cumul plafonné*). Todas elas, contudo, externam formas de harmonizar as desinteligências do sistema, a partir da noção de sua unicidade.

Em sintonia com esse raciocínio, bem anota Nieto que se verifica hoje um processo de inexorável redução do âmbito de aplicação dessas chamadas relações de sujeição especial. A jurisprudência vem afastando uma a uma as situações que vinham se considerando como tal. Afinal, trata-se de criação do velho Direito imperial alemão (que também as denominava de supremacia especial), que não respeita os direitos fundamentais, nem a própria noção de reserva legal (enquanto limite intrínseco à edição de uma segunda punição, ou, em outros termos, à criação de uma nova punição pela conjugação hermenêutica de dois enunciados e penas distintas). Não por outra razão, foram se acumulando críticas doutrinárias que consideravam tal lógica incompatível com o Estado constitucional de Direito,[483] o que se vê refletido em decisões como a STC 234/1991, segundo a qual "la existencia de esta relación de sujeción tampoco basta por sí misma para justificar la dualidad de las sanciones. De una parte, en efecto, las llamadas relaciones de sujeción especial no son entre nosostros un ámbito en el que los sujetos queden despojados de sus derechos fundamentales o en el que la Administracion pueda dictar normas sin habilitación legal previa. Estas relaciones no se dan al margen del Derecho, sino dentro de él y, por tanto, también dentro de ellas tienen vigencia los derechos fundamentales". Admitir, assim, essa sorte de exceção converteria a garantia em um "tigre de papel",[484] deixando de proteger o indivíduo para converter-se em opção, convenientemente suprimível, especialmente em momentos de opressão e instabilidade política.

---

483. NIETO, ob.cit., p. 226.
484. NIETO, ob. cit., p. 504.

Relativamente ao terceiro e último requisito, o da "identidade de fatos", em linha com o quanto anteriormente exposto, temos que a identidade fática necessária à configuração do *bis* há de mirar os eventos efetivamente sucedidos na realidade, e não a descrição jurídica que se lhes deu, com as cores e tipificações emprestadas pelo Direito. Como já teve a oportunidade de dizer Pérez Manzano, "constituye un lugar común entre la doctrina procesalista sostener que el presupuesto para la apreciación de la prohibición de *bis in idem* es un hecho y no un crimen; de manera que la calificación jurídica del hecho es irrelevante de cara a afirmar la existencia de un objeto procesal idéntico y, por tanto, para desplegar sobre él el efecto de cosa juzgada. Esta restricción es lógica y adecuada a la protección del derecho, puesto que para conseguir un nuevo enjuiciamiento, defraudando la eficacia del derecho fundamental, bastaria con formular una nueva acusación sobre los mismos hechos pero con una calificación jurídica distinto."[485]

Embora o Tribunal Constitucional espanhol venha tratando com certa ambiguidade o conceito de "identidade de fatos", na STC 154/1990 a Corte já decidiu que um mesmo fato – a privação de duas pessoas de sua liberdade de locomoção[486] (veja-se, aqui, um mesmo e único bem jurídico também) – embora tenha sido utilizado para fundamentação de diversos tipos penais aos quais se subsumia, não poderia dar margem à reiteração punitiva, recusando assim, como critério para aplicação da regra interditiva, a chamada "visão normativa dos fatos". Nesse sentido, vemos como acertadas as legislações que, a exemplo daquela vigente na Bélgica,[487] atém-se aos fatos,

---

485. PÉREZ MANZANO, Mercedes, ob.cit., p. 89.
486. Disse a Corte "la retención de dos personas por el recurrente ha sido considerada por el órgano de instancia constitutiva de dos tipos de delito y, en función de ello, de tipos distintos de condena."
487. O Código de Processo Penal se encarregou de proibir a repetição da persecução pelos mesmos fatos, "independentemente de sua descrição legal" (art. 360).

"independentemente de sua qualificação jurídica". Isso porque o que se quer, em última análise, é a proteção do cidadão, e de seus atos, contra os excessos do sistema. E, evidentemente, não seria uma medida coerente com esse propósito colocar o sistema (e a descrição jurídica dos fatos) como requisito para viabilizar a proteção do particular. É que não se tem em vista a roupagem jurídica que se deu a um determinado fato, senão que o próprio fato, em sua essência fenomênica, considerado.

Não se pretende, com isso, a defesa absoluta e incondicional de uma visão "naturalista" do tema. Isso porque, dentro dessa visão, o foco *exclusivo* da análise da identidade de fatos há de ser a conduta humana, *rigorosamente* delimitada a partir de parâmetros espaço-temporais e com desconsideração de qualquer outro critério. Ou seja, para os naturalistas, considerando que toda ação se consuma segundo um tempo certo, num espaço geograficamente delimitado, tais fronteiras físicas devem ser consideradas de forma integral na caracterização dos fatos.

Isso porque não se pode perder de vista que, em diversos casos, os elementos espaço-temporais se afiguram insuficientes para revelar a unidade fática. Há casos, como bem demonstra o Direito Penal, em que entre a ação e o resultado transcorre um tempo significativo e nem por isso o conjunto desses elementos deixa de formar um todo único, um único fato. É o que se dá, v.g., na caracterização do crime continuado, que requer vários atos para se realizar.[488]

Trata-se de empregar à análise da questão a compreensão do conceito penal de "ação", que não pode ser dissociado de uma perspectiva finalística. Os atos humanos não podem ser entendidos como modificações aleatórias no mundo exterior. Toda ação do homem, como regra, destina-se à realização de um fim, em busca da concretização de um anseio ou um valor (certo ou errado, não importa) e, precisamente por isso, somente

---

488. Pérez Manzano, ob. cit. p. 90-91.

pode ser compreendida a partir do fim a que se destina. Nesse sentido, uma ação pode ser composta de vários atos. Estes não constituem ações, em si mesmos, mas parte de um todo. Quando um agente – e aqui tomamos o Direito Penal de empréstimo outra vez – efetua diversos disparos em direção ao seu desafeto, matando-o, cada um deles é considerado um elo nessa cadeia que é a conduta. Os disparos são atos que compõem a conduta do agente. Seu conjunto perfaz uma única ação, de matar alguém.[489]

A proibição de *bis in idem*, assim, deve tomar em consideração, para a caracterização da "identidade de fatos", a circunstância de eventual sucessão de atos conformar, teleologicamente, uma única ação. Se o objetivo do axioma interditivo consiste, precisamente, em evitar o excesso, a consideração de cada ato – de forma isolada e descontextualizada de seu fim – como capaz de dar margem à reiteração punitiva redundaria na negação da garantia de proporcionalidade que ele traduz.

E veja-se que, com isso, não se pode confundir a existência de múltiplas *ações* (ou, na terminologia empregada pelo TC, de múltiplos "fatos"), que obviamente podem dar ensejo a múltiplas penalidades, legitimamente, como ocorre, v.g., no concurso material de delitos. O que a proibição de *bis in idem* veda é a imposição de duplo ou múltiplo sancionamento de uma ação que se possa considerar única e não a duplicidade de castigos por ações distintas e inconfundíveis. A regra, assim, não contém uma proibição geral à cumulação de castigos em quaisquer circunstâncias. E nem poderia chegar a tanto. O sujeito que comete duas infrações, absolutamente inconfundíveis e autônomas, evidentemente há de responder pelos dois delitos, à razão da ofensa cometida em cada um deles, porque o segundo nenhuma relação guarda com o primeiro. Como bem disse o TC espanhol na STC 94/1986, aludindo à proibição de

---

489. GRECO, Rogério. *Curso de Direito Penal*. Niterói: Impetus, 2007, v.1, p. 591.

bis in idem, "el indicado principio no excluye el 'castigo multiple', mas "el enjuiciamiento múltiple del mismo hecho, y esta es la posición que deve seguirse". Afinal, o princípio "es corrector del principio de tipicidad, que en su pura expresión positiva, no se ve vulnerado, en cuanto contempla las diversas sanciones".

Em linha com esse entendimento, o Tribunal Europeu de Direitos Humanos, como explica Barja de Quiroga, "viene a distinguir entre el concurso de infracciones y el concurso de normas con independencia de que los hechos hayan sido enjuiciados ante el mismo o ante diversos órganos (o Tribunales). E prossegue, reconhecendo que "cuando se trata de un concurso de infracciones no se violenta el principio *non bis in idem*, aunque ha de tenerse en cuenta el principio de culpabilidad. Por el contrario, cuando se trata de un concurso de normas la duplicidad sancionadora o de enjuiciamiento quebranta el principio *non bis in idem*. Si existe identidad esencial entre las normas, no ya la doble sanción sino el doble enjuiciamiento está prohibido por el principio *non bis in idem*, y ello, sin tener en cuenta prevalencia alguna de jurisdicción; esto es, sea cual sea el segundo órgano que siga el procedimiento o que dicte la segunda sanción."[490]

4. Breve noção de sanção

Uma vez aclarado o sentido dos signos conformadores da locução *non bis in idem*, impende traçarmos um breve panorama acerca do que se deva entender por sanção. Isso porque não basta, para a perfeita compreensão do axioma, o conhecimento acerca dos fatos, sujeitos e fundamentos em torno dos quais se dá a cumulação proibida, sendo relevante indagar o que, ontologicamente, se está cumulando; isto é, qual a natureza do castigo/pena e quais as razões porque se outorga ao Estado o direito/dever de punir e se submete o infrator ao império dessas reações punitivas.

---

490. Ob. cit., p. 33.

Em 1954, A. Flew já enunciava uma série de critérios para a definição de castigo: segundo o autor, este tem que ser um mal ou algo não prazeroso para a vítima do mesmo, infligido como motivo de uma ofensa, à pessoa que se supõe ofensora, com suporte na autoridade conferida pelas instituições contra cujas normas foi cometida a ofensa.[491] Vislumbra-se, assim, a existência de cinco elementos definidores da noção de castigo: i) tratar-se de um mal ou algo não prazeroso; ii) para a vítima do mesmo; iii) infligido em decorrência de uma ofensa; iv) à pessoa que supõe ofensora; v) com fundamento e pelas mãos da autoridade contra cujas normas foi cometida a ofensa.[492] Passemos à sua análise.

Quanto ao primeiro requisito, é interessante gizar que o sofrimento é inserido como parte essencial do conceito, não como algo incidental.[493] [494] Tal traço característico distingue o

---

491. FALCÓN y TELLA, María José y Fernando. Ob. cit., p. 21.
492. Na dicção de José María Lago Montero: "Las sanciones. Son éstas las prestaciones, pecuniarias o no, que los administrados deben satisfacer como consecuencia de la comisión de infracciones tipificadas en las leyes que les sean imputables y en las que concurra un cierto grado de culpabilidad. Las sanciones, pecuniarias o no, deben tipificarse en la Ley." (LAGO MONTERO, José María. *La Sujeción a los Diversos Deberes y Obligaciones Tributarios*. Madrid: Marcial Pons, 1998, p. 45).
493. Segundo ANEIROS PEREIRA, Jaime "la sanción tributaria es la medida privativa o restrictiva de derechos que se impone, con finalidad preventivo-represiva, al culpable de la comisión de una infracción tributaria por los órganos de la Administración que tienen legalmente atribuido el ejercicio de la potestad sancionadora en este ámbito." (PEREIRA, Aneiros. *La Sanciones Tributarias*. Madrid: Marcial Pons, 2005, p. 22).
494. "Sanção é pena, castigo, restrição ao homem, seus bens ou direitos. A norma jurídica estatuidora de sanção tem por hipótese a prática de um ato ilícito violador de dever legal ou contratual. Por hipótese uma infração, por consequência uma restrição à vida, liberdade, ou direitos outros do homem. No caso da subespécie multa, a norma sancionante tem por hipótese a prática de um ilícito – o descumprimento de algum dever legal ou contratual – e, por consequência, preceito que obrigada o infrator a dar dinheiro a título de castigo (sanção). O titular da percepção, o sujeito ativo, pode ser particular ou pessoa política. No caso da multa legal é sempre o Estado ou pessoa sua. É o que ocorre com a multa tributária e também a com a multa penal." (COÊLHO, Sacha Calmon Navarro. *Teoria e Prática das Multas Tributárias*.

castigo/sanção de outras medidas coativas que pode adotar o Estado e que com ele se poderiam confundir. A dor, o sofrimento, o desprazer ou o mal, são impostos como *meio* para a realização de um *fim* (causar o arrependimento e prevenir, pela inibição dos demais, frente às possíveis consequências – dolorosas – de seus atos, a repetição da infração) e se caracterizam pela privação de um "bem", tomado o termo em toda a abrangência de sua noção conceitual.[495]

O bem, por sua vez, há que ser um bem "desejado", sob pena de o castigo não atingir a finalidade a que se propõe. Deve, assim, revelar valor àquele que se impõe o castigo (segundo requisito). Daí se poder falar em castigo objetivamente considerado e castigo subjetivamente considerado, já que a representação individual do castigo pela ótica do infrator pode fazer com que determinadas ações punitivas não sejam assim percebidas/vivenciadas pela pessoa do ofensor, ou ainda sejam vivenciadas de modo a revelar uma intensidade maior ou menor dependendo das condições (físicas, mentais, financeiras) do apenado. Para caracterizar-se e legitimar-se como sanção, assim, o castigo deve ser um mal infligido – e assim percebido, por representar a perda de algo objetiva e subjetivamente valioso – contra aquele que causou a ofensa.

É evidente, por outro lado, que o castigo somente se concebe como reação à prática de um ato ilícito, instituído, pois, em decorrência de uma ofensa (terceiro requisito). Deve haver uma ação ou omissão prévia. Sua função – e a legitimação constitu-

---

2ª Ed. Rio de Janeiro: Forense, 1995, p. 19-20).
495. "La pena es un daño que el poder público vincula a la conducta del sujeto, conducta que él reprueba.
El poder tributario se sirve de la pena en provecho de las rentas del Estado: se reprueba determinada conducta como per judicial para las rentas y, en consecuencia, se la amenaza con una pena. Esta pena lleva el nombre de 'pena fiscal' o 'pena tributaria'." (MAYER, Otto. *Derecho Administrativo Alemán*: parte especial: poder de policía y poder tributario. Buenos Aires: Depalma, 1950, v. 2, p. 283).

cional para o seu exercício – supõe o objetivo de *restabelecer* a ordem quebrada, *restaurar* o equilíbrio do sistema e, nesse sentido, a sucessão cronológica é fundamental. Do contrário, haveria de se pressupor que ao Estado se autoriza praticar o mal, como um fim em si mesmo e não como meio na busca de um fim. Por esse motivo, também, que não se concebe castigo imposto a outrem, que não o próprio causador da ofensa – quarto requisito – (pois não fosse assim e não se trataria de *reação*).

Relativamente ao derradeiro (quinto) requisito, de que o castigo tenha suporte na autoridade conferida pelas instituições contra cujas normas tenham sido violadas (sendo por estas incutido), tem-se que a sanção, imposta por quem não detenha competência para fazê-lo, perde também a sua legitimação. O exercício do Poder somente se faz de forma válida na pessoa de quem recebeu a outorga para a sua execução (daí a conhecida distinção adotada pela doutrina,[496] entre "competência" e "poder", para o efeito de frisar o caráter intrinsecamente limitado da primeira, já que é próprio das competências, e não do poder, a nota de limitação, uma vez que competência só há à medida que é outorgada).

É interessante notar, no entanto, que a metolodologia do castigo implica outorgar a alguém – no caso o Estado – uma autorização para a prática do mal. Legitima-se uma autoridade, precipuamente, para infligir o mal a outrem. Pode-se dizer, assim, que o mal nunca está *justificado*, do ponto de vista moral. O que pode é estar *escusado*, juridicamente. A diferença entre justificação e escusa está em que o justificado é moralmente bom, ao passo em que a conduta escusada é meramente não reprovável do ponto de vista jurídico, ainda que moralmente possa sê-lo. Concebe-se, assim o castigo, não como um mal absoluto, senão que um mal a serviço do bem. Para que seja assim percebido (e legitimado), contudo, deve guardar observância à proporcionalidade.

---

496. Já citada acima.

Nesse sentido, deve: i) ater-se à sua finalidade; adotar ii) meio idôneo e iii) necessário, além de iv) proporcional em sentido estrito. Quanto à finalidade, tem-se que o mandato conferido pela sociedade para o exercício desse mal se dá de forma teleológica, para atingir-se um resultado socialmente relevante, seja o de inibir o próprio autor da ofensa a uma próxima prática ilícita, seja o de inibir os demais cidadãos a ingressarem na ilegalidade e, assim, o desvio dessa finalidade vicia e invalida o próprio ato.[497]

O meio utilizado para a imposição do castigo, por sua vez, há de ser idôneo, estando apto ao alcance do fim pretendido, contribuindo, significativamente, para o alcance do mesmo. Deve existir uma correspondência lógica que revele consistência na metodologia utilizada. Ou seja, que ela seja *capaz de* (isto é, possua os atributos necessários para) atingir um dado objetivo. Tal juízo compreende desde um prognóstico teórico – que revele como abstratamente viável, do ponto de vista técnico, racional, físico, sociológico – até um viés empírico, suficiente a demonstrar que, pragmaticamente falando, a medida *tende* a alcançar a finalidade proposta.[498]

O requisito de "necessidade do meio", por outro lado, busca verificar se o remédio utilizado é aquele que se apresenta como a alternativa menos gravosa para a consecução do

---

[497]. "Regla 19. El fin que fundamenta la intervención legislativa en el derecho fundamental debe ser considerado como un fin legítimo, cuando no está prohibido explícita o implícitamente por la Constitución." (BERNAL PULIDO, Carlos. *El Principio de Proporcionalidad y los Derechos Fundamentales*: el principio de proporcionalidad como criterio para determinar el contenido de los derechos fundamentales vinculantes para el legislador. 3ª Ed. Madrid: Centro de Estudios Políticos e Constitucionales, 2007, p. 696).

[498]. "Según esta definición, el subprincipio de idoneidad impone dos exigencias a toda medida de intervención en los derechos fundamentales: en primer lugar, que tenga un fin constitucionalmente legítimo y, en segundo término, que sea idónea para favorecer su obtención." (BERNAL PULIDO, Carlos. *El Principio de Proporcionalidad y los Derechos Fundamentales*: el principio de proporcionalidad como criterio para determinar el contenido de los derechos fundamentales vinculantes para el legislador. 3.ed. Madrid: Centro de Estudios Políticos e Constitucionales, 2007, p. 693).

objetivo. Indaga, assim, se não haveria outro meio, igualmente eficaz para se atingi-lo, mas que comprometa em menor grau os direitos fundamentais do particular. É preciso ter-se em mente que não se perquire aqui se a medida é necessária, senão que se o meio, o instrumento empregado para sua execução é necessário para atingir aquele fim.

Finalmente, pela exigência de "proporcionalidade em sentido estrito", objetiva-se verificar se a medida não é excessivamente gravosa para o afetado. Indaga-se, assim, se o sacrifício dos interesses individuais induzido por tal ingerência guarda uma relação razoável e proporcional com a importância dos bens, do interesse estatal ou coletivo que a medida salvaguarda. Trata-se de uma proibição de excesso, que coloca limites substantivos ao exercício do Poder Estatal e aqui, concretamente, do *Jus Puniendi*, que deve se exercer com ainda maior parcimônia justo por importar menoscabo, em alguma medida, de direitos fundamentais.[499] É a proporção em sentido estrito que impede que a sanção se converta em ato de vingança, por imprimir um mal desmesurado ao ofensor, excessivo ante a ofensa praticada e que, por isso mesmo, tenha sua legitimidade comprometida. Afinal, a punição exagerada não restabelece a ordem, dando lugar a uma nova quebra do equilíbrio e a um novo e inconfundível sofrimento, capaz de perpetuar a desestabilização do sistema.[500]

5. Identidade ontológica do ilícito penal e do ilícito administrativo: a unicidade do *jus puniendi* e as consequências daí decorrentes

O lento e sólido desenvolvimento do Direito Penal ao longo dos séculos permitiu a construção de um rígido e vasto sistema de controle do exercício do *jus puniendi* do Estado nessa seara, tanto em seu aspecto substantivo (mediante a

---

499. Conforme AGUADO CORREA, Teresa. Ob. cit., p. 67 e segs.
500. Esta é uma das questões mais difíceis no Direito Sancionador. A correspondência entre o montante da ofensa e a resposta retributiva é de dificílima definição.

elaboração de conceitos como a tipicidade, o dolo, a culpa, a imputabilidade etc.), quanto em seu aspecto procedimental (mediante o estabelecimento de inúmeras técnicas de proteção do acusado no contexto do devido processo legal). A história relativamente recente do Direito Administrativo Sancionador, contudo, é a provável responsável pelo fato de que – embora esse ramo do Direito lide, também, com o exercício do *jus puniendi* do Estado e, consequentemente, confronte-se com seus limites e formas de controle – seja eloquente a carência de ferramental jurídico apto à realização de tal desiderato neste campo (especialmente no Brasil, onde, diferentemente da Espanha, doutrina e jurisprudência sobre o tema são incipientes – para não dizer praticamente inexistentes).[501]

Os evidentes perigos dessa lacuna, em contraste com a fartura encontrável no Direito Penal, gerou a necessidade de se questionar acerca da efetiva existência de uma diferença ontológica entre o ilícito penal e o ilícito administrativo, que impedisse tomar de empréstimo parte desse aparato, pelo Direito Administrativo Sancionador, beneficiando esse último das construções lá sedimentadas (como forma de garantir segurança ao administrado/cidadão/contribuinte), naquilo que não incompatíveis. De fato, ao se observar o exercício do *jus puniendi* por parte do Estado num e noutro ramo e se identificar que, em um deles o cidadão encontrava amplo amparo no Direito para assegurar o exercício de suas garantias, enquanto noutro as ferramentas de proteção eram praticamente inexistentes, essa reflexão se impunha, já que a ausência de um regime bem definido para o desempenho das competências, como sói acontecer, constitui campo fértil ao florescimento do excesso, do abuso e do descontrole.[502]

---

501. Basta dizer que o Direito Administrativo Sancionador não é tomado, aqui, didática e metologicamente, como disciplina acadêmica.
502. Com efeito, é impossível cogitar-se, no âmbito de um Estado de Direito, republicano e democrático, de exercício de Poder que não encontre barreiras, na exata medida que converteria o mandato popular outorgado para a fiel execução de determinadas atribuições (notadamente a de castigar) em puro

Das investigações que daí emanaram decorreu a constatação, hoje amplamente aceita, de que, rigorosamente, inexiste diferença ontológica entre o ilícito penal e o ilícito administrativo.[503] Ambos podem ser definidos como atos contrários à lei, frente aos quais o Estado reage para o efeito de restabelecer a ordem, mediante a imposição de um castigo. O que varia, unicamente, é o grau de intensidade (da ofensa e do correspondente castigo).

O ilícito penal encontra-se no mais elevado patamar da ilicitude, agredindo bens jurídicos mais caros para a sociedade. Já o ilícito administrativo diz com ofensas a bens jurídicos situados em patamares axiológicos de menor grau hierárquico. A diferença fundamental entre ambos, contudo, encontra-se no tipo de sanção de que o Estado poderá lançar mão para o fim de restabelecer a ordem. Num caso, ela pode comprometer o bem mais caro ao ser humano, a liberdade. E no outro, essa sorte de punição não é admitida.

O fato, contudo, é que hoje inúmeros ilícitos administrativos são também, simultaneamente, considerados ilícitos penais. Da mesma forma, há múltiplos exemplos de condutas que já foram caracterizadas como ilícito penal e que se converteram em meras contravenções ou simplesmente deixaram de ser consideradas ilícitas.[504] E isso bem demonstra que as posições do ilícito penal e do ilícito administrativo são *intercambiáveis* e, nessa medida,

---

arbítrio. O estabelecimento de um equilíbrio entre as forças do Estado e as garantias do particular, de modo que umas não se sobreponham às outras de forma predatória, é exigência que se impõe para que não se esvazie/aniquile, precisamente, a fonte de todo Poder (o povo). Toda a lógica da organização estatal (perfilhada por Montesquieu ao estabelecer a tripartição de poderes como mecanismo de contenção recíproca), aliás, está posta a esse serviço.

503. "La vieja controversia acerca de las analogías y diferencias entre los ilícitos penales y administrativos parece estar resuelta desde hace algunos años en favor de su identidad sustancial, como manifestaciones ambas del ius puniendi del Estado, y cuya distinción no es apreciable desde una perspectiva ontológica sino en un plano puramente formal o cuantitativo." (GARCÍA GOMEZ, Antonio. *La Simple Negligencia en la Comisión de Infracciones Tributarias*. Madrid: Marcial Pons, Ediciones Jurídicas y Sociales, 2002, p. 19).

504. Válida aqui a advertência de Vicente Oscar DIAZ: "Si se pretende

revelam inexistir diferença ontológica entre elas, sendo ambas expressões do *jus puniendi* estatal.[505] [506] [507] [508] [509]

---

que la ley penal elimine la infracción fiscal, se acabará castigando cualquier incumplimiento de los deberes tributarios con graves penas de prisión, convirtiendo al fin y al cabo la ley represiva en un instrumento de terror tributario.

En cambio, y en la hipótesis de transitar por un estado pleno de derecho, ello busca la limitación jurídica de la potestad punitiva antes que la prevención sin límites del delito." (DÍAZ, Vicente Oscar. *Criminalización de las Infracciones Tributarias*. [Buenos Aires]: Depalma, imp. 1999. p. 10-11).

505. Como bem explica NIETO, "si la existencia de una potestad sancionadora de la Administración sólo ha sido puesta en duda, entre nosotros, de forma ocasional, su legitimidad, en cambio, simpre ha sido muy controvertida. Tradicionalmente venía siendo considerada como una emanación de la Policía y desde allí se ha ido evolucionando hasta llegar a la tesis que hoy es absolutamente dominante, a saber: la potestad administrativa sancionadora, al igual que la potestad penal de los Jueces y Tribunales, forma parte de un genérico 'jus puniendi' del Estado (...)".(NIETO, Alejandro. *Derecho Administrativo Sancionador*. Madrid: Tecnos, 4ª Ed., 2005, p. 85).

506. Na praticamente vazia doutrina brasileira sobre o tema, encontramos um artigo de Paulo Roberto Coimbra SILVA, no qual defende a posição aqui prestigiada dizendo que, "a rigor, não se vislumbra qualquer razão convincente para justificar a aplicação isolada do *ne bis in idem*, de forma estanque, nos limites usualmente aceitos para cada um dos ramos do Direito em que se manifeste a potestade punitiva do Estado. Doutra margem, robustos fundamentos determinam a sua abarcante permeabilidade aos diversos ramos do Direito nos quais se vislumbra a possibilidade de uma manifestação do poder sancionador estatal. Com efeito, sua aplicação unívoca, simultânea e universal às normas jurídicas sancionadoras, independentemente de sua espécie ou natureza, revela-se imperativa para se evitarem punições excessivas, desproporcionais, inadequadas e desnecessárias. Essa conclusão prevaleceu em diversos ordenamentos jurídicos, tendo-se neles erigido diferentes soluções impeditivas à cumulação de sanções com idêntica função preponderante." SILVA, Paulo Roberto Coimbra. O Princípio *Ne Bis in Idem* e sua Vertente Substancial na Repressão ao Ilícito Fiscal. *Revista Interesse Público*, Belo Horizonte, n. 44, ano IX, p. 297, 2007.

507. "Efectivamente, las infracciones tributarias constituyen, lisa y llanamente, una especie de infracción del orden jurídico, de naturaleza sustancialmente idéntica de la incorporadas al Código penal y a las leyes penales especiales. La circunstancia de que esas infracciones, y las sanciones inherentes a ellas, se contengan en leyes de tipo tributario, no altera la validez de la anterior afirmación. Efectivamente, las normas en que se definen las infracciones y se establecen las sanciones son de naturaleza «jurídico-penal», cualquiera que sea el texto positivo en que se encuentren incorporadas." (SAINZ DE BUJANDA, Fernando. *Hacienda y Derecho*: estudios de derecho financiero. Madrid: Instituto de Estudios Politicos, 1962, v.2, p. 210-211).

508. "Se suele afirmar en la doctrina penalista que las penas tienen una doble finalidad: preventiva, por un lado, y remuneratoria o aflictiva, por

TEORIA DA PROIBIÇÃO DE *BIS IN IDEM* NO DIREITO TRIBUTÁRIO

As diferenças são circunstanciais, podendo as mesmas infrações ocupar uma e outra posição, conforme legislativamente previsto em um dado contexto social/histórico.[510]

---

otro. Justamente en base a esta doble finalidad, puesta de manifiesto en el régimen jurídico propio, se diferencian las sanciones de carácter penal de las llamadas sanciones civiles, cuya finalidad es únicamente el resarcimiento del daño causado.

En el Derecho penal tributario, según se ha tenido ya ocasión de exponer, las sanciones tienen un carácter y una finalidad semejantes a las propias de las penas. Esto se pone de manifiesto en el ordenamiento actualmente vigente en España en la específica regulación de las sanciones, la cual permite excluir, de modo absoluto, cualquier pretendido carácter indemnizatorio de las mismas. Así se deduce, en primer lugar, de la denominación empleada por el legislador al referirse a las sanciones." (PÉREZ ROYO, Fernando. *Infracciones y Sanciones Tributarias*. [Madrid]: Fabrica Nacional de Moneda y Timbre, D.L. 1972, p. 131).

509. No Brasil, Hugo de Brito MACHADO defende essa posição: "A rigor não existe nenhuma diferença ontológica entre a pena criminal e a pena administrativa, embora as sanções que atingem a liberdade de ir e vir somente possam ser aplicadas pela autoridade judiciária.

Realmente, não tem consistência a distinção, por muitos preconizada, que considera a gravidade do cometimento ilícito, ou da sanção correspondente. Existem ilícitos para os quais é prevista sanção pecuniária administrativa (multa a ser aplicada pela autoridade administrativa) que pode ter valor bem mais elevado do que o das sanções penais de natureza pecuniária (multas a serem aplicadas pela autoridade judiciária).

O único critério válido, em nosso Direito positivo, para distinguirmos as sanções penais das sanções administrativas, é o da competência para a correspondente aplicação. E a única sanção que só pode ser classificada como penal, porque só pode ser aplicada pela autoridade judiciária, é aquela que consiste em restrição à liberdade de ir e vir, embora seja razoável sustentar-se também que as restrições a direitos pessoais em geral constituem também formas de sanção penal, vale dizer, sanção que só pode ser aplicada pela autoridade judiciária." (MACHADO, Hugo de Brito. Teoria das sanções tributárias. In: MACHADO, Hugo de Brito (Coord.). *Sanções Administrativas Tributárias*. São Paulo: Dialética, 2004, p. 164).

510. Basta citar os exemplos das infrações de trânsito, do consumo de entorpecentes ou do adultério e a alteração de sua "classificação" nos diversos países e nos diversos momentos históricos.

A isso não corresponde, contudo, uma alteração de essência.[511][512] A modificação é tópica, em razão da ascendência ou declínio de uma dada conduta na escala de reprovação social. Sanções restritivas de liberdade são impostas às condutas mais graves e, para o cumprimento desse específico propósito, criam-se regras específicas, pontualmente destinadas à melhor administração de tal medida (dada a gravidade de seus termos).[513]

Tal regramento, contudo, distingue-se – e justifica-se – na estreita razão das peculiaridades atinentes à imposição dessa sorte de pena. No mais, nenhuma razão se impõe para que os

---

511. "Naturalmente después de lo dicho en los capítulos precedentes, no es necesario dedicar una sola línea más para demostrar que lo que determina el diferente tratamiento de un tipo y otro de ilícitos no es ninguna clase de diferencia substancial entre ambos, sino tan solo la diferente valoración social de su gravedad, lo que determina que sólo aquellas contravenciones que en un momento histórico determinado se consideran más graves, son extraídas del ámbito administrativo y trasladadas al ámbito de la jurisdicción penal". (GONZÁLEZ, Eusebio; GONZÁLEZ, Teresa. *Derecho Tributario I*. Salamanca: Plaza Universitaria Ediciones, 2004, p. 369).

512. "1º. La doctrina italiana, al clasificar las infracciones tributarias, se atiene a un criterio formalista, de escaso rigor conceptual. Los autores italianos piensan que las infracciones tributarias son de índole criminal cuando la ley las sanciona con una «pena» de las comprendidas en el Código penal, en tanto que son infracciones o ilícitos administrativos cuando la ley tributaria les impone una sanción específica, no comprendida en ninguna ley «penal». Esta distinción formal puede tener eficacia en el orden procesal y en el desenvolvimiento de la actividad administrativa, pero es irrelevante desde el punto de vista teórico, toda vez que la naturaleza de la infracción no procede lógicamente del «nombre» que se dé a la sanción, sino de la íntima naturaleza de aquélla. De ahí que la distinción entre multa y pena pecuniaria, a que se atiene la literatura italiana para distinguir las infracciones tributarias «penales» de las infracciones tributarias «administrativas», sea poco convincente." (SAINZ DE BUJANDA, Fernando. *Hacienda y Derecho*: estudios de derecho financiero. Madrid: Instituto de Estudios Politicos, 1962, v.2, p. 211-212).

513. "La diferencia entre sanciones e infracciones penales e infracciones y sanciones administrativas es, pues, puramente formal. Se basa fundamentalmente en el órgano llamado a apreciarlas y aplicarlas. Si es un órgano judicial, la infracción y la sanción son penales. Si es un órgano administrativo, la infracción y la sanción son administrativas." (FERREIRO LAPATZA, José Juan. *Curso de Derecho Financiero Español*: derecho tributario, parte general (teoría general del tributo, obrigaciones, procedimiento, sanciones). 24ª Ed. Madrid: Marcial Pons, Ediciones Jurídicas y Sociales, 2004, v.2, p. 201).

princípios, técnicas e garantias desenvolvidos no contexto do Direito Penal não sejam aplicáveis a todo o campo de manifestação do *jus puniendi* estatal, naquilo que não se revelem incompatíveis e incomunicáveis.[514] Afinal, em tudo aquilo que não disser respeito à privação de liberdade, os mesmos bens e valores do homem/acusado estarão sendo postos em perigo; e, em consequência, os mesmos direitos e garantias individuais haverão de se ver respeitados.

Basta dizer que o Direito Penal, também, trabalha com outras formas de castigo que exacerbam o âmbito da privação de liberdade, incluindo penas de privação de direitos que, como conceitua o art. 43 do Código Penal brasileiro, podem incluir prestação pecuniária, perda de bens e valores, prestação de serviços à comunidade ou a entidades públicas, interdição temporária de direitos e limitação de fim de semana. E sanções pecuniárias e restritivas de Direito, como se sabe, estão amplamente representadas também no Direito Administrativo (e Tributário) Sancionador. Por isso mesmo, o Tribunal Constitucional espanhol já reconheceu que "los principios inspiradores del orden penal son de aplicación, con ciertos matices, al Derecho Administrativo sancionador, dado que ambos son manifestaciones del ordenamiento punitivo del Estado, tal y como refleja la propia Constitución (artículo 25, principio de legalidad) y una muy retirada jurisprudencia de nuestro Tribunal Supremo (SS de 29 de septiembre, 4 y 10 de noviembre de 1980, entre las más recientes), hasta el punto de que un mismo bien jurídico puede ser protegido por técnicas administrativas o penales."

---

514. "En definitiva, la legislación alemana, fiel a su tradición, apuesta claramente por la aplicación de los principios penales al ordenamiento tributario sancionador, unificando incluso el tipo principal de defraudación cuyo alcance en uno y otro campo no se basa en la cuantía defraudada sino en la actitud dolosa o culposa del infractor. Al margen de ello, la responsabilidad subjetiva se ve claramente reforzada por la presencia en la mayor parte de los casos de negligencia grave como criterio de imputación subjetiva." (GARCÍA GOMEZ, Antonio. *La Simple Negligencia en la Comisión de Infracciones Tributarias*. Madrid: Marcial Pons, Ediciones Jurídicas y Sociales, 2002, p. 35-36).

Assim, a prevalência do Direito Penal sobre o Direito Administrativo Sancionador, que supõe a colonização deste por aquele, sem movimento inverso, se explica (e *deve ser*) pelas seguintes razões: a) Cronológica: o Direito Penal já tem consolidados seus princípios fundamentais, o que não sucede com o Direito Administrativo Sancionador. Daí que seja lógico que o segundo se aproveite das experiências do primeiro, sendo ademais impossível, ao menos nesse momento, a operação inversa; b) Constitucional: os princípios inspiradores do Direito Penal são progressistas, enquanto supõe uma garantia dos direitos dos indivíduos. Daí que seja mais conforme com o espírito democrático da Constituição – e com o Estado de Direito – a igualação "por cima" de ambos ordenamentos; c) Dogmática: o Direito Administrativo Sancionador e o Direito Penal convencional formam parte de uma unidade superior – o Direito Punitivo do Estado, que até agora vinha se identificando com o Direito Penal em sentido estrito. A rigor, portanto, quando se impõem ao Direito Administrativo Sancionador os princípios do Direito Penal não é porque se considere a este de natureza superior, senão porque tais princípios são os únicos que se conhecem – até agora – como expressão do Direito Punitivo do Estado.[515][516][517]

---

515. NIETO, ob. cit., p. 168.
516. "V — PRINCÍPIOS DO DIREITO SANCIONADOR ADMINISTRATIVO
I. Identidade de princípios com o poder punitivo penal
Assim como a ciência jurídico-penal tem forjado — e esta é uma das grandes conquistas da ciência jurídica dos séculos XIX e XX — 'uma teoria geral do delito' que decompõe com especial rigor os distintos elementos dessa figura visando um aperfeiçoamento da exigência de uma justiça legalizada e personalizada, teoria que em sua melhor parte passou aos Códigos Penais em vigor, o Direito Administrativo desconhece uma criação semelhante sobre a infração legal determinante de uma sanção administrativa, assim como sobre esta mesma, desconhecimento que é extensível à legislação especial que define os poderes sancionadores da Administração. Deste modo, frente ao aperfeiçoamento dos critérios e dos métodos do Direito Penal, o Direito sancionador administrativo tem aparecido durante muito tempo como um direito repressivo primário e arcaico, onde continuavam tendo cabida as antigas e grosseiras técnicas da responsabilidade objetiva, do versare in re illicita, de hipóteses estimativas e não

TEORIA DA PROIBIÇÃO DE *BIS IN IDEM* NO DIREITO TRIBUTÁRIO

tipificadas legalmente das infrações sancionáveis, das provas por presunções, com traslado ao réu da carga de provar sua inocência, dos procedimentos sancionadores não contraditórios, de recursos em justiça condicionados à prévia efetividade da sanção, ou dos que possam resultar a surpresa da reformatio in pejus, da persistência imprescritível da responsabilidade, da ilimitação ou indeterminação das penas ou sanções, da não aplicação de técnicas corretivas, como a do concurso de delitos, ou de causas de exclusão da responsabilidade, ou da ação, ou da antijuridicidade, ou do sistema de atenuantes, de condenas condicionais, de reabilitação do culpado, etc. Sem hipérbole podemos dizer que o Direito Administrativo sancionador é um direito repressivo pré-beccariano.

Tal situação, apoiada na ausência de uma regulação legal destas matérias gerais e na simplicidade dos preceitos legais que atribuem poderes sancionadores à Administração (por exemplo: a infração dos preceitos legais e regulamentares em matéria de imprensa será sancionável em via administrativa, art. 66, LPI; as infrações de normas reguladoras da cinematografia, teatro e espetáculos em matéria da competência do Ministério de Informação e Turismo darão lugar à correspondente responsabilidade administrativa, que se tornará efetiva mediante a imposição de alguma das seguintes sanções, art. 1 da Lei de 22.7.67; etc.) tem sido corrigida ultimamente por uma firme doutrina jurisprudencial, que figura com justiça entre as melhores reações de nosso contencioso-administrativo, embora lhe falte chegar ainda a suas últimas consequências. Esta doutrina jurisprudencial tem estabelecido que essa vasta ausência na legislação de uma 'parte geral' das infrações e sanções administrativas não pode ser interpretada como uma habilitação à Administração para uma aplicação arbitrária e grosseira de suas faculdades repressivas, senão que se trata de uma lacuna que deve integrar-se necessariamente com as técnicas próprias do Direito Penal ordinário." (GARCÍA DE ENTERRÍA, Eduardo; FERNANDEZ, Tomás-Ramón. *Curso de Direito Administrativo*. São Paulo: Revista dos Tribunais, 1990, p. 890-891).

517. "O nexo entre os dois problemas foi quase sempre deixado de lado. Mas não faltam à melhor literatura jurídica alusões à necessidade de um seu estudo comum. Por exemplo, em Sistema de Savigny lê-se este trecho, que me parece muito significativo: '...o conjunto das fontes de direito... forma um todo, que está destinado à solução de todas as questões surgidas no campo do Direito. Para corresponder a tal finalidade, ele deve apresentar estas características: unidade e completude... O procedimento ordinário consiste em tirar do conjunto das fontes um sistema de direito... Falta a unidade, e então trata-se de remover uma contradição; falta a completude, e então trata-se de preencher uma lacuna. Na realidade, porém, essas duas coisas podem reduzir-se a um único conceito fundamental. De fato, o que tentamos estabelecer é sempre a unidade: a unidade negativa, com a eliminação das contradições; a unidade positiva, com o preenchimento das lacunas'." (BOBBIO, Norberto. *Teoria do Ordenamento Jurídico*. 10ª Ed. Brasília: Editora UnB, 1999, p. 116-117).

A consequência mais relevante da admissão da identidade ontológica entre os ilícitos penal e tributário, portanto, consiste no reconhecimento do influxo dos princípios (e técnicas deles decorrentes) do Direito Penal no âmbito do Direito Sancionador Tributário.[518][519] Ressalvados, portanto, os casos

---

518. "Afirmada la identidad substancial entre la infracción tributaria y el ilícito penal, es inevitable entender que también en el campo de las sanciones, el derecho sancionador administrativo debe aparecer inspirado por los principios de este orden que rigen en el campo penal." (GONZÁLEZ, Eusebio; GONZÁLEZ, Teresa. *Derecho Tributario I*. Salamanca: Plaza Universitaria Ediciones, 2004, p. 354).

519. "Puede concluirse, en consecuencia, que las infracciones tributarias son ilícitos de naturaleza análoga a las penales. Los preceptos que regulan dichas infracciones son preceptos de carácter punitivo, semejantes a los que regulan las infracciones penales. La única diferencia estructural entre las infracciones tributarias y las figuras penales se sitúa en el terreno formal, pero no en el sustancial.
Según se ha dicho repetidas veces, la importancia de la conclusion que se acaba de señalar se manifiesta no solamente en el terreno teórico o de la sistemática, sino en el ámbito práctico: la calificación de las infracciones y sanciones tributarias como instituciones sustancialmente penales trae consigo la consecuencia de que en la aplicación de las normas que rigen dichas instituciones deben ser tenidos en cuenta los principios propios de la aplicación de las normas penales. De hecho, ésta es la cuestión que se halla en la base del problema de calificación tratado en las páginas anteriores. La doctrina que admite la identidad sustencial entre las infracciones y sanciones tributarios y las figuras penales postula igualmente la aplicación de los principios jurídico-penales a la materia de el derecho sancionador tributario. De igual manera la jurisprudencia del Tribunal Supremo y del Económico-Administrativo Central ha reconocido la vigencia de los mensionados principios en la aplicación e interpretación de las normas referentes a este ámbito.
Entre los principios a que se hace referencia pueden citarse los siguientes:
1) Principio de la ley más favorable. Se trata, como es sabido de una regla o criterio que supone una derogación al principio general de exclusión de la retroactividad, típico del Derecho penal. Según el principio mencionado, cuando en el momento de recaer una decisión sobre un hecho determinado, la normativa vigente, aunque emanada con posterioridad a la realización del hecho, sea más benigna que la que se encontraba vigente en dicho momento, debe ser aplicada dicha normativa, más beneficiosa para el reo. Se trata, en definitiva, de la admisión de la retroactividad «in bonam partem». La jurisprudencia española ha reclamado la aplicación de dicha regla al derecho sancionador tributario en numerosas ocasiones.

de absoluta especificidade, em que determinado princípio está estabelecido ou configurado para operar exclusivamente naquele ramo do Direito – por circunstâncias ou características que lhe são próprias e singulares – parece certo que se haverá de reconhecer que, sempre que as premissas epistemológicas ou axiológicas de um dado princípio forem aplicáveis ao Direito Sancionador como um todo, razão alguma haverá de impedir essa comunicação.

Os princípios, aliás, caracterizam-se, justamente, por sua transcendência positiva. Diferentemente das regras ou limites objetivos, não dependem de uma inserção formal legislativa para que se possam considerar aplicáveis. A aplicabilidade de um princípio dá-se por razões de *congruência*, isto é "coincidência ou correspondência de caráter ou qualidades".[520] Operando ele em prol da proteção de determinados valores, incidirá toda vez que esses valores possam ser comprometidos.[521]

---

2) Principio de interpretación restrictiva. También ha sido reclamada su aplicación por la Jurisprudencia en base al carácter represivo de las normas que regulan la materia objeto de nuestro análisis. La aplicación más saliente de este principio es la que se plasma en la máxima «in dubio pro reo». Igualmente existen decisiones jurisprudenciales que admiten la aplicación de dicho criterio interpretativo en el terreno del Derecho sancionador tributario.

3) Principio de exclusión de la analogía en la aplicación de las normas. Se trata de una regla derivada directamente del principio de tipicidad. Hay que señalar, por otra parte, que sí se admite la llamada analogía «in bonam partem» o en beneficio del inculpado." (PÉREZ ROYO, Fernando. *Infracciones y Sanciones Tributarias*. [Madrid]: Fabrica Nacional de Moneda y Timbre, D.L. 1972, p. 26-28).

520. Na definição de Houaiss. *Dicionário Eletrônico da Língua Portuguesa*, versão 3.0.

521. "La admisión de la tesis defendida con lleva una consecuencia práctica de gran importancia: la aplicabilidad de los principios generales del Derecho Penal para suplir las lagunas de las normas reguladoras de las infracciones tributarias." (SAINZ DE BUJANDA, Fernando. *Lecciones de Derecho Financiero*.10ª Ed. Madrid: Universidad Complutense de Madrid, Facultad de Derecho, 1993, p. 404).

Seria, ademais, um contrassenso admitir-se que, ao Direito Administrativo Sancionador, fossem outorgados instrumentos de punição mais severos que aqueles ministrados pelo Direito Penal – pois a tanto equivale a ausência de garantias e limites – quando se sabe que os bens jurídicos que visa proteger este último, por definição, encontram-se situados em patamares mais elevados na escala axiológica social (merecendo, assim, um grau de repreensão e severidade maior no trato). Especificamente em relação à proibição de *bis in idem*, razão nenhuma justifica que um mero ilícito administrativo possa ser alcançado pelo exercício cumulativo do *jus puninendi*, ao passo que ao criminoso se assegure a certeza de que tal jamais poderá ocorrer, em âmbito interno ou internacional. Afinal, a proibição de *bis in idem* é garantia que interessa ao Direito Sancionador como um todo, sem restrição de forma ou lugar, na exata medida que seu foco é no indivíduo e na necessidade indistinta de observância do uso equilibrado do poder de castigar.

A essa lógica soma-se a circunstância de que o Direito Penal foi entregue, no que diz respeito à imposição da pena e à administração do processo, aos cuidados do Poder Judiciário, ambiente sabidamente mais isento e capacitado ao controle dos limites ao exercício do *jus puniendi*. A imposição da sanção administrativa, ao contrário, dá-se frequentemente por técnicos sem formação jurídica, no seio de um procedimento singelo ou até simplório, em que o risco de transgressão às garantias fundamentais do acusado é muito superior. Com efeito, ninguém ousará dizer que a observância à ampla defesa, ao contraditório, ao duplo grau, à presunção de inocência, ao devido processo, à proporcionalidade e ao tipo como limite à punição deem-se de forma mais eficaz no seio de procedimento administrativo do que no contexto de um processo judicial. Tais garantias, contudo, justo por constituírem direitos fundamentais (e, portanto, indissociáveis à condição humana), tem seu influxo para o Direito Administrativo Sancionador justificado

– naquilo que não incompatíveis – não apenas por um imperativo *técnico* – ante a carência desse ramo – mas por um imperativo de Justiça.[522]

6. Princípios e técnicas de Direito Penal e a proibição de *bis in idem*

O Direito Penal dedicou todo um capítulo a não punir duas vezes o mesmo fato, na hipótese em que duas (ou mais) leis, tipificam e sancionam uma única ação. Disso trata o concurso de normas. Dedicou, também, todo um capítulo à técnica de superposição de penas, quando de uma mesma ação resulte dois ou mais crimes. Disso trata o concurso formal de crimes.

O Direito Sancionador Tributário brasileiro, todavia, desconhece por inteiro tais técnicas, encontrando-se, no estágio atual de desenvolvimento da doutrina e jurisprudência, desprovido de qualquer sistema eficaz de controle/regramento no que diz com a (comum) prática de superposição de sanções. Tanto as soluções hermenêuticas dadas para o concurso de normas pelos princípios da especialidade, subsidiariedade, consunção e alternatividade, quanto as respostas dadas ao

---

522. "Todo conjunto harmônico de regras positivas é apenas o resumo, a síntese, o *substratum* de um complexo de altos ditames, o índice materializado de um sistema orgânico, a concretização de uma doutrina, série de postulados que enfeixam princípios superiores. Constituem estes as diretivas ideias do hermeneuta, os pressupostos científicos da ordem jurídica. Se é deficiente o repositório de normas, se não oferece, explícita ou implicitamente, e nem sequer por analogia, o meio de regular ou resolver um caso concreto, o estudioso, o magistrado ou funcionário administrativo como que renova, em sentido inverso, o trabalho do legislador: este procede de cima para baixo, do geral ao particular; sobe aquele gradativamente, por indução, da ideia em foco para outra mais elevada, prossegue em generalizações sucessivas, e cada vez mais amplas, até encontrar a solução colimada." (MAXIMILIANO, Carlos. *Hermenêutica e Aplicação do Direito*. 16ª Ed. Rio de Janeiro: Forense, 1996, p. 295).

concursos formal de crimes pelas técnicas de exasperação, absorção, desconto e *cumul plafonné* (cumulação com teto) lhes são ilustres desconhecidas, diferentemente do que ocorre na Espanha, onde a doutrina já tratou de levar tais conquistas do Direito Penal para o seio do Direito Administrativo Sancionador, como forma de outorgar eficácia à proibição de *bis in idem*.

O Direito Sancionador Tributário brasileiro ignora, ainda: i) que existam diferenças conceituais entre ato e ação; ii) que a realização da conduta-meio seja imprescindível à realização da conduta-fim; iii) que condições espaço-temporais possam revelar unidade a uma sucessão aparentemente incomunicável de ilícitos; e finalmente iv) que não se possam considerar agravantes as circunstâncias que qualificam/definem o crime. Todos esses conceitos, contudo, são de extrema relevância para a correta aplicação da proibição de *bis in idem* e a maximização de sua eficácia.

Cuidaremos de cada um desses temas nos tópicos seguintes, neles apoiando-nos para a construção de uma Teoria para a Proibição de *Bis in Idem* no âmbito Sancionador Tributário brasileiro. Procuraremos, com apoio na rica experiência doutrinária e jurisprudencial espanhola, reunir – e, na medida do possível, lapidar – os elementos de que o axioma hoje carece para que se possa converter em um efetivo mecanismo de proteção.

6.1 Concurso aparente de normas e proibição de *bis in idem*

Como anota Nieto em seu excelente Derecho Administrativo Sancionador, a teoria do concurso de leis aborda a situação em que duas leis tipificam e sancionam uma mesma ação. Certo é que, em um plano abstrato, poder-se-ia pensar que, havendo duas normas tipificadoras válidas, haveria que se aplicar ambas, já que a mesma ação constitui dois ou mais delitos. Porém, é mais lógico supor que a duplicidade normativa sancionadora seja consequência da incoerência ou descoordenação da legislação que agrava sem fundamento a posição do autor/acusado e, em qualquer caso, a mentalidade moderna rechaça esse critério/resultado. É precisamente a proibição de *bis in idem* que permite bloquear a superposição de sanções que se considera injusta, operando, definitivamente, como uma válvula de segurança ou mecanismo corretor de deficiências normativas.[523]

Como a doutrina penal pacificamente anota, o concurso de normas é sempre havido como *meramente aparente*, já que, nas situações em que uma determinada conduta ilícita puder se enquadrar em diversas disposições da lei penal, apenas uma destas disposições será aplicável. Tal constatação deriva da compreensão de que o sistema jurídico é ordenado, coordenado e harmônico. Ordenado porque disposto de forma organizada; coordenado porque concatenado e interligado; e harmônico porque combina seus elementos de forma a produzir a concórdia e a ausência de conflitos.[524][525] Desse modo,

---

523. Nas palavras do autor, "La teoría del concurso de leyes aborda una situación en la que dos leyes tipifican y sancionan una misma acción. Cierto es, desde luego, que en un plano abstracto podría pensarse que, puesto que hay dos normas tipificadoras válidas, habría que aplicar ambas, ya que la misma acción constituye dos o más delitos; pero es más lógico suponer que, de ordinario, la duplicidad normativa sancionadora es consecuencia de una incoherencia o descoordinación de la legislación que agrava sin fundamento la posición del autor y, en cualquier caso, la mentalidad moderna rechaza este criterio. Pues bien, es cabalmente la regla de *non bis* la que permite bloquear la superposición de sanciones que se considera injusta, operando en definitiva como una válvula de seguridad o mecanismo corrector de deficiencias normativas." Ob. cit., p. 517.

524. "El sistema supone una ordenada relación entre cosas o entre las partes de un todo, relación que permite que el conjunto así formado contribuya a determinado objeto o función. Se trata, pues, de una coordinación interna que se refiere a la situación de las partes en el sistema, y que cuando se refiere a elementos de la vida jurídica – normas, principios, actos – muestra la existencia de amplios grupos o categorías polarizados en torno a funciones

uma das duas normas aparentemente conflitantes há de se aplicar com exclusividade.

Para tanto, o hermeneuta deverá pautar sua atividade pela consideração dos seguintes princípios:

a) Especialidade;

b) Subsidiaridade;

c) Alternatividade.

O emprego desses postulados exegéticos no contexto do Direito Sancionador Tributário encontra amparo no Código

---

de tipo bastante general. De ahí que en la exposición de las disciplinas el prurito sistematizador no deba llevar a los autores – como con harta frecuencia ocurre – a la aberración que consiste en sustituir el sistema interno y real de las cosas por un sistema externo y artificial, con lo que sólo consiguen mostrar un ingenio estéril y llenar de confusión la mente de los lectores menos avisados. El esfuerzo sistematizador debe, por el contrario, afanarse por «descubrir» esa coordinación interna, que constituye un ingrediente inexcusable de la vida jurídica, poniéndola de manifiesto en sus líneas fundamentales, sin minimizarla confundiéndola con rígidas y prolijas clasificaciones de elementos accesorios o secundarios, que muchas veces ocultan, con su inevitable fárrago, la arquitectura de la disciplina." (SAINZ DE BUJANDA, Fernando. *Hacienda y Derecho*: estudios de derecho financiero. Madrid: Instituto de Estudios Politicos, 1962, v .2, p. 222).

525. "No capítulo anterior falamos da unidade do ordenamento jurídico, e mostramos que se pode falar de unidade somente se se pressupõe como base do ordenamento uma norma fundamental com a qual se possam, direta ou indiretamente, relacionar todas as normas do ordenamento. O próximo problema que se nos apresenta é se um ordenamento jurídico, além de uma unidade, constitui também um sistema. Em poucas palavras, se é uma unidade sistemática. Entendemos por 'sistema' uma totalidade ordenada, um conjunto de entes entre os quais existe uma certa ordem. Para que se possa falar de uma ordem, é necessário que os entes que a constituem não estejam somente em relacionamento com o todo, mas também num relacionamento de coerência entre si. Quando nos perguntamos se um ordenamento jurídico constitui um sistema, nos perguntamos se as normas que o compõem estão num relacionamento de coerência entre si, e em que condições é possível essa relação." (BOBBIO, Norberto. *Teoria do Ordenamento Jurídico*. 10ª Ed. Brasília: Editora UnB, 1999, p. 71).

TEORIA DA PROIBIÇÃO DE *BIS IN IDEM* NO DIREITO TRIBUTÁRIO

Tributário, art. 108, que permite o uso da analogia e dos princípios de Direito Público, na ausência de disposição expressa sobre o tema na legislação tributária.[526][527][528] Da mesma forma, tratando-se de princípios que objetivam garantir observância à proibição de *bis in idem* e, assim, tem por escopo proteger o acusado, relativamente à capitulação legal da infração, a natureza da penalidade aplicável e sua graduação, a observância

---

526. Art. 108. Na ausência de disposição expressa, a autoridade competente para aplicar a legislação tributária utilizará sucessivamente, na ordem indicada: I – a analogia; II – os princípios gerais de direito tributário; III – os princípios gerais de direito público; IV – a equidade. § 1º O emprego da analogia não poderá resultar na exigência de tributo não previsto em lei. § 2º O emprego da equidade não poderá resultar na dispensa do pagamento de tributo devido.

527. "Na mesma seção em que pretendeu cuidar da interpretação, o Código Tributário Nacional edita preceito sobre a integração da legislação tributária, ao dispor, no art. 108, que, na ausência de disposição expressa, o aplicador da lei tributária deve utilizar, sucessivamente, na ordem indicada: a analogia, os princípios gerais de direito tributário, os princípios gerais de direito público, e a equidade.

Trata-se de preceito que busca orientar o aplicador da lei (não só a 'autoridade competente', como registra o texto, mas qualquer pessoa a quem incumba identificar o direito aplicável a determinada situação) sobre como proceder diante da lacuna da lei ('ausência de disposição expressa'), quando, é óbvio, a situação demandar uma solução legal.

Não cremos que assista razão a Aliomar Baleeiro quando afirma que 'o dispositivo se refere à autoridade administrativa, parecendo alcançar só os agentes do Fisco'. Não obstante a literalidade do artigo, não faria sentido que o Fisco estivesse adstrito a aplicar a lei de uma maneira, e o contribuinte ou o juiz devesse (ou pudesse) aplicá-la de modo diverso. Assim, há de se interpretar o preceito indo além de sua literalidade, vendo nele uma norma dirigida a qualquer pessoa a quem incumba interpretar e aplicar a lei." (AMARO, Luciano. *Direito Tributário Brasileiro*. 16ª Ed. São Paulo: Saraiva, 2010, p. 236).

528. "Ademais, lembra Ricardo Lobo Torres que a enumeração do art. 108 não é taxativa, lembrando que a plenitude da ordem jurídica é buscada também com os argumentos a contrario sensu e a fortiori, e com os princípios gerais de direito (não apenas com os de direito tributário ou direito público, referidos no dispositivo)." (AMARO, Luciano. *Direito Tributário Brasileiro*. 16ª Ed. São Paulo: Saraiva, 2010, p. 237).

desses postulados é até mesmo um imperativo em face do que preceitua o art. 112 do CTN.[529][530]

De fato, não há regra expressa atinente ao concurso ideal no contexto do Direito Tributário Sancionador Brasileiro; não se trata, também, de analogia que implica dispensar o pagamento de tributo devido (uma vez que de tributo não se trata, senão que de multa – o seu oposto conceitual), o que impediria o recurso analógico nos termos do § 1º e do *caput* do art. 112. Ao contrário, por meio dos critérios interpretativos acima referidos, permite-se que o intérprete possa, em perfeita sintonia com a "interpretação mais favorável", recusar a aplicação de uma segunda ou terceira norma destinada a punir o mesmo fato, evitando-se, assim, a ocorrência de *bis in idem* proibido. Não se trata, portanto, de declarar a inconstitucionalidade ou ilegalidade de determinada sanção, senão que de integrar[531] a

---

529. Art. 112. A lei tributária que define infrações, ou lhe comina penalidades, interpreta-se da maneira mais favorável ao acusado, em caso de dúvida quanto: I – à capitulação legal do fato; II – à natureza ou às circunstâncias materiais do fato, ou à natureza ou extensão dos seus efeitos; III – à autoria, imputabilidade, ou punibilidade; IV – à natureza da penalidade aplicável, ou à sua graduação.

530. "As normas da cabeça do art. 112, e seus vários incisos, são na verdade meramente explicitantes do que se haveria de entender, mesmo sem elas, em face da Teoria Geral do Direito e dos princípios em que se inspira o direito punitivo." (MACHADO, Hugo de Brito. Teoria das sanções tributárias. In: MACHADO, Hugo de Brito (Coord.). *Sanções Administrativas Tributárias*. São Paulo: Dialética, 2004, p. 185).

531. A ausência de disposição expressa, que enseja a busca pela norma aplicável às situações não reguladas expressamente constitui problema de integração, como demonstra Berliri: "El problema de la interpretación de la ley consiste en determinar lo que el legislador ha querido y lo que ha dicho a través de una determinada norma legal, es decir, en delimitar los casos regulados expresamente con esa determinada disposición. Por tanto, es un problema que presupone la existencia de una determinada norma: la que ha de ser interpretada. Por el contrario, el problema de la integración de la ley consiste en buscar qué norma debe aplicarse a un caso que el legislador no ha regulado expresamente, lo cual supone, en consecuencia, la falta de una específica norma jurídica, una laguna de la ley que debe ser integrada, por lo cual, y con razón, se habla también de descubrimiento integrativo de normas

legislação de forma racional, de modo a suprir eventuais colisões que coloquem em risco a harmonia do sistema pelo conflito entre dispositivos que, aparentemente, sobrepõem-se.[532]

Como já decidiu o Tribunal Supremo espanhol, a aplicação de uma só norma não necessita sequer de uma previsão expressa "puesto que resulta de la naturaleza misma de las cosas y del principio siempre latente en el derecho punitivo de *non bis in idem*, al que repugna castigar dos veces los actos que por estar en la misma línea de ataque al bien juridico protegido se refunden en la acción culminante y de más entidad penal".[533] Em definitivo, Nieto anota, referindo-se aos critérios de especialidade, especialidade e alternatividade, que "a mi juicio, estos tres criterios valen también para el Derecho Administrativo Sancionador cuando se trata de un concurso de normas intraordinamental, es decir, cuando son dos leyes del Ordenamiento juridico administrativo".[534]

(MESSINEO). Y como este problema, al menos en nuestro Derecho, se resuelve sobra la base de la analogía, o lo que es lo mismo, aplicando al caso no previsto la norma dictada para el caso con el que aquél presenta mayor afinidad, se designa también como el problema de la aplicación analógica de la ley, o también, sobre todo en el pasado, de la interpretación analógica, expresión ésta manifiestamente impropia, toda vez que induce a confundir el problema de la interpretación con el de la integración, que son netamente distintos y, en cierto sentido, totalmente antitéticos." (BERLIRI, Antonio. *Principios de Derecho Tributario*. Madrid: Editorial de Derecho Financiero, 1964, v.1, p. 91).

532. Ainda assim, convém referir que na visão de muitos doutrinadores, dentre os quais Alberto Xavier, também a Administração está obrigada a reconhecer a inconstitucionalidade de um ato legal, já que ela não deve obediência à lei, senão que, na dicção de Hauriou, ao "bloco legal", dentro do qual se insere a Constituição, com sua supremacia hierárquica: "Logo – e a conclusão parece impor-se com inevitabilidade silogística – se a Administração Pública deve obediência ao 'bloco de legalidade', do qual a Constituição é o vértice supremo, essa mesma Administração estaria desrespeitando tal bloco se aplicasse, por sua livre e espontânea iniciativa, uma lei inconstitucional." (XAVIER, Alberto. *Princípios do Processo Administrativo e Judicial Tributário*. Rio de Janeiro: Forense, 2005, p. 96).

533. STS de 21 de junho de 1976 (Sala 2ª; Ar. 3120).

534. Ob. cit., p. 518.

Passemos a eles.

6.1.1 Especialidade

Segundo o princípio da especialidade, a norma especial afasta a aplicação da norma geral. Trata-se de regra secular de hermenêutica, expressa nos brocardos latinos "lex specialis derrogat generali", "semper specialia generalibus insunt", "generi per speciem derogantur". A existência de uma nota adicional que delimite com maior grau de precisão a conduta, assim, torna determinada norma mais identificada com o caso concreto, dando por isso preferência à sua aplicação. Embora ambas – norma geral e norma especial – se subsumam ao caso, entende-se que há maior relação de pertinência entre fato e suposto na norma especial, do que se infere sua prevalência no aparente conflito.

Exemplo dessa situação é citado pela doutrina na comparação dos crimes de homicídio e infanticídio.

O art. 121 do Código Penal brasileiro, assim prevê o crime de homicídio:

> Homicídio simples
>
> Art 121. Matar alguem:
>
> Pena – reclusão, de seis a vinte anos.

O crime de infantício, a seu turno, é descrito no art. 123:

> Infanticídio
>
> Art. 123 – Matar, sob a influência do estado puerperal, o próprio filho, durante o parto ou logo após:
>
> Pena – detenção, de dois a seis anos.

O homicídio, portanto, ocorre quando o agente produz a

morte de um homem. No infantício, por sua vez, ainda que também se trate de matar alguém, determinados elementos presentes no tipo penal do art. 123 do Código Penal brasileiro fazem com que, se presentes, o fato deixe de se amoldar ao art. 121 do mesmo diploma para se subsumir naquele outro tipo, que precisamente contempla matar o próprio filho, sob a influência do estado puerperal. Veja-se que se uma parturiente, ao dar à luz seu filho, sem qualquer perturbação psíquica originária de sua especial condição, desejar, pura e simplesmente, causar-lhe a morte, responderá pelo crime de homicídio. Mas, se durante o parto ou logo após, sob a influência do estado puerperal, causar a morte do próprio filho, já não mais responderá pela infração a título de homicídio, mas sim por infanticídio, uma vez que as elementares contidas nesta última figura delitiva a tornam especial em relação ao homicídio.[535]

Diz-se, assim, que uma norma penal incriminadora é especial em relação a outra, geral, quando possui em sua definição legal todos os elementos típicos desta, e mais alguns, de natureza objetiva ou subjetiva, denominados especializantes, apresentando, por isso, um *minus* ou um *plus* de severidade. "Afasta-se, desta forma, o *bis in idem*, pois o comportamento do sujeito só é enquadrado na norma incriminadora especial, embora também descrito na geral. (...) O tipo fundamental é excluído pelo *qualificado* ou *privilegiado*, que deriva daquele."[536][537]

---

535. GRECO, Rogério. Ob.cit., p. 30.
536. JESUS, Damasio de. *Direito Penal*. São Paulo: Saraiva, 19ª ed., 1995, p. 95.
537. Outro exemplo de especialidade seria, v.g., o latrocínio, que é especial em relação ao homicídio qualificado pela conexão teleológica (art. 121, §2º, V). Isto porque, enquanto um dos crimes alude ao cometimento de homicídio "para assegurar a execução de outro crime", genericamente, o tipo do latrocínio especialmente prevê, no art. 157, §3º, o crime de morte com o específico fim de subtrair.

Como ressalta García ALBERO, "desde un punto de vista lógico, la relación subyacente es la de inclusión o subordinación".[538] Na letra desse autor, "la relación de especialidad se decide fácilmente con el auxilio de la técnica de sustracción (substraktionstechnik). Se trata de formular un juicio hipotético negativo, en el que se suprima mentalmente la existencia del delito especifico. Cuando suceda entonces que todo hecho sin excepción de los allí contemplados es susceptible de ser calificado con arreglo al precepto general, ha de afirmarse la relación de especialidad."[539]

No contexto do Direito Sancionador Tributário, a especialidade constitui um dos métodos mais eficazes de assegurar o desempenho da proibição de *bis in idem*, relativamente às inúmeras sanções pecuniárias existentes (embora pouco ou nada utilizado nesse campo, no Brasil), cujos enunciados, frequentemente, superpõem-se a partir da descrição de uma mesma e única conduta, com maior ou menor grau de especificidade.

6.1.2 Subsidiariedade (e sua especial relevância para a punição do descumprimento das obrigações acessórias como expressão da proibição de *bis in idem*)

No que concerne à subsidiariedade, tem-se que a norma subsidiária funciona, na clássica expressão de HUNGRIA, como um "soldado de reserva". A norma se aplica, salvo se outra mais grave for aplicável, de modo que se evidenciam graus de violação do mesmo bem jurídico. Quando é expressa, a própria lei faz a ressalva, evidenciando a relação de subsidiariedade. É o que se lê do art. 132 do Código Penal, quando tipifica o crime de perigo:

---

538. GARCÍA ALBERO, Ramón. *Non Bis in Idem Material y Concurso de Leyes Penales*. Barcelona: Cedecs, 1995, p. 321.

539. GARCÍA ALBERO, Ramón. ob. cit, p. 322.

TEORIA DA PROIBIÇÃO DE *BIS IN IDEM* NO DIREITO TRIBUTÁRIO

> Perigo para a vida ou saúde de outrem
>
> Art. 132 – Expor a vida ou a saúde de outrem a perigo direto e iminente:
>
> Pena – detenção, de três meses a um ano, se o fato não constitui crime mais grave.
>
> Parágrafo único. A pena é aumentada de um sexto a um terço se a exposição da vida ou da saúde de outrem a perigo decorre do transporte de pessoas para a prestação de serviços em estabelecimentos de qualquer natureza, em desacordo com as normas legais. (Incluído pela Lei n. 9.777, de 29.12.1998).

Como se pode ver, a pena aplicável ao crime de perigo para a vida ou saúde de outrem será aplicável, se o fato não constituir crime mais grave. Isto porque o delito de perigo trata de situação em que o risco de dano é meramente potencial, de forma que há de ceder passo à situação em que efetivamente ocorre um dano.[540] Como explica a doutrina "habitualmente se define la relación de subsidiariedad en sentido formal. Se señala, de este modo, que un precepto está en relación de subsidiariedad cuando como medio auxiliar o 'tipo de recogida', para el caso en que no resulte aplicable el tipo principal."[541]

A subsidiariedade é tácita, contudo, quando embora a lei silencie a respeito, possa-se depreender o caráter subsidiário do dispositivo em face de outro mais grave que o compreenda e absorva. A norma subsidiária, assim, apresenta parte da conduta compreendida na norma reguladora da infração mais grave.

Exemplificando, o art. 311 do Código de Trânsito brasileiro proíbe a conduta de trafegar em velocidade incompatível com a segurança nas proximidades de escolas, hospitais, estações

---

540. GRECO, Rogério. Ob. cit., p. 30.
541. GARCÍA ALBERO, Ramón. Ob. cit., p. 333.

de embarque e desembarque de passageiros, logradouros estreitos, ou onde houver grande movimentação ou concentração de pessoas, gerando perigo de dano. Se, contudo, o agente realiza tal conduta e atropela alguém, matando-o, deixará de ser responsabilizado com suporte no referido dispositivo, para responder pelo delito de homicídio culposo. O crime de dano afastará, portanto, o crime de perigo.[542] Como explica GARCÍA ALBERO, "En ocasiones, sin embargo, el carácter subsidiario de un precepto se deduce de la interpretación del sentido y fin de éste en conexión con el tipo principal. Se habla entonces de subsidiariedad tácita."[543]

No contexto do Direito Tributário Sancionador, a observância ao princípio da subsidiariedade traz importantíssimas consequências, relativamente às sanções impostas pelo desatendimento das obrigações acessórias, quando verificada também infração material à legislação tributária. Com efeito, nos termos do CTN, as obrigações acessórias tem por objeto "as prestações, positivas ou negativas, previstas na legislação, no interesse da arrecadação ou fiscalização dos tributos." (art. 113, § 2º), do que se extrai que as obrigações acessórias, como o próprio nome já exprime, existem, para assegurar a correta satisfação da obrigação tributária principal. Acessório, por definição, é "o que se junta ao principal; suplementar, adicional, anexo",[544] de modo que fora desse contexto não se concebe.

Ao punir a inobservância a uma obrigação acessória, pune-se, então, a mera potencialidade do dano. Pune-se a possibilidade de vir a se frustrar a arrecadação ou a fiscalização.

Quando, contudo, o Erário detecta a ocorrência de infração material à legislação tributária e pune esta conduta, já está punindo o dano, em si mesmo considerado.[545] E, verificado o

---

542. GRECO, Rogério. Ob. cit., p. 31.
543. GARCÍA ALBERO, Ramón. Ob. cit., p. 339.
544. *Dicionário Eletrônico Houaiss de Língua Portuguesa*, versão 3.0.
545. Lembrando **DAMASIO**: "Há relação de primariedade e subsidiariedade

dano que se objetivava impedir, incide sobre o fato a multa mais grave, especificamente tipificada para este caso, que é a multa imposta ao desatendimento da obrigação tributária principal. Nesse contexto, o aparente concurso de normas que poderia levar à (equivocada) conclusão de que ambas as sanções seriam aplicáveis, resolve-se pela observância ao princípio da subsidiariedade (que se extrai, *in casu*, do próprio texto do CTN, art. 113), segundo o qual apenas uma das duas normas haverá de prevalecer (aquela que evidencia o maior e mais completo grau de violação do mesmo bem jurídico).

Esse processo exegético, como ademais aquele que se percorre em relação a cada um dos princípios atinentes ao conflito aparente de normas, traduz importante ferramenta extraída da proibição de *bis in idem*, capaz de emprestar-lhe eficácia frente a uma potencial cumulação sancionadora, abstratamente considerada a partir da leitura não coordenada dos enunciados legais. Por se tratar de um princípio hermenêutico (que, ademais, objetiva a guarda da proporcionalidade e segurança) razão nenhuma obsta que sua aplicação se estenda a todas as hipóteses em que o exercício do *jus puniendi* puder desaguar na superposição sancionadora, dentro e fora do âmbito Penal.

A doutina costuma tecer críticas ao princípio da subsidiariedade, aludindo ao fato de que, rigorosamente, todas as situações que abarca podem ser resolvidas pelo retro referido princípio de especialidade.[546] É de se ressalvar, contudo, que na subsidiariedade os fatos em comparação não guardam entre si uma relação de gênero e espécie, como ocorre na especialidade e, com isso, se a norma primária é excluída por algum

---

entre normas quando descrevem graus de violação do mesmo bem jurídico, de forma que a infração definida pela subsidiária, de menor gravidade que a da principal, é absorvida por esta: lex primaria derogat subsidiariae." Ob. cit., p. 97.

546. Nesse sentido, Rogério GRECO.

motivo, a pena do tipo subsidiário ainda pode ser aplicável (daí ser chamada "soldado de reserva" por Hungria).[547] Esse caráter dependente está, sem dúvida, em linha com o que sugere a subsidiariedade: a natureza subordinada e acessória frente à forma perfeita e própria de lesão ao bem jurídico. As distintas manifestações em torno da relação de subsidiariedade contemplam, então, uma ideia comum: a progressão, seja na linha de ataque ao mesmo bem jurídico, seja na intensidade de participação no fato punível.[548]

6.1.3 Consunção

O princípio da consunção, a seu turno, aplica-se quando entre as figuras em comparação houver uma relação de meio e fim, de parte a todo, ou nos casos de antefato ou pós-fato impuníveis. Assim, "a consumação absorve a tentativa e esta absorve o incriminado ato preparatório; o crime de lesão absorve o correspondente crime de perigo; o de homicídio absorve a lesão corporal; o furto em casa habitada absorve a violação de domicílio, etc.".[549][550]

Antefato impunível diz-se daquela situação antecedente praticada pelo agente sem a qual não seria possível a prática do crime fim. Assim, quando o agente acha um cheque de outrem, preenche-o e assina (praticando, portanto, o crime de

---

547. JESUS, Damasio de. Ob. cit., p. 98.
548. GARCÍA ALBERO, Ramón. Ob. cit., p. 343.
549. GRECO, Rogério. Ob. cit., p. 31.
550. Na lição de DAMASIO: "Ocorre a relação consuntiva, ou de absorção, quando um fato definido por uma norma incriminadora é meio necessário ou normal fase de preparação ou execução de outro crime, bem como quando constitui conduta anterior ou posterior do agente, cometida com a mesma finalidade prática atinente àquele crime. Nestes casos, a norma incriminadora descreve o meio necessário, a normal fase de preparação ou execução de outro crime, ou a conduta anterior ou posterior, é excluída pela norma a este relativa. Lex consumens derogat legi consumptae." Ob. cit., p. 99.

falso), este é absorvido pelo estelionato que pratica com o referido título. Nesse sentido, cristalizou-se a jurisprudência pátria com a edição da súmula n. 17 pelo STJ, segundo a qual "quando o falso se exaure no estelionato, sem mais potencialidade lesiva, é por este absorvido."

O pós-fato impunível pode ser considerado um exaurimento do crime principal praticado pelo agente, o que afasta a possibilidade de sua punição. Assim, quando o ladrão vende a coisa furtada como se sua fosse, não poderá responder pelo crime de estelionato relativamente a este segundo ato. O mesmo se diga em relação àquele que falsifica moeda e a introduz em circulação, situação em que o agente responderá apenas pelo crime de moeda falsa previsto no art. 289 do CP.[551]

Como se pode notar, a relação de absorção dá-se quando um dos crimes configura meio na realização de um fim, ou ainda quando um dos crimes integra a fase de preparação ou exaurimento, conduta anterior ou posterior do agente para a prática de um dado delito. A fase mais avançada na concretização da lesão ao bem jurídico é o comportamento descrito pela norma consuntiva, de modo que *"major absorbet minorem"*. Crime consuntivo, portanto, é aquele que absorve o de menor gravidade, denominando-se "consunto" esse último.

A consunção pode vir caracterizada numa relação de imperfeição-perfeição (como na relação tentativa-consumação), numa relação de auxílio à conduta direta (como na transição partícipe-autor), numa relação de *minus* a *plus* (como na lesão corporal, que é absorvida pelo delito de homicídio), numa relação de meio a fim (como nos crimes complexos, que contemplam fatos que, por si mesmos constituem crimes, art. 101 do CP[552] – que nesse caso, podem ser confundidos com relação de

---

551. Idem, p. 32.
552. Art. 101 – Quando a lei considera como elemento ou circunstâncias do tipo legal fatos que, por si mesmos, constituem crimes, cabe ação pública em relação àquele, desde que, em relação a qualquer destes, se deva proceder por iniciativa do Ministério Público. (Redação dada pela Lei n. 7.209, de 11.7.1984).

especialidade ou subsidiariedade tácita), ou numa relação de parte e todo (como nos supra citados exemplos de antefato o pós-fato impuníveis).[553]

O princípio da consunção, tal como o da subsidiariedade, possui relevantes consequências no contexto do descumprimento de obrigações tributárias acessórias. Frequentemente, a violação de regras atinentes ao preenchimento de livros, guias e documentos fiscais em geral é utilizado como meio para lograr-se um fim (maior), qual seja, a redução dos tributos a pagar. A observância desse postulado exegético, contudo, assegura que a relação de *meio-fim* aí existente não possa dar margem à cumulação sancionadora, já que a segunda infração absorve a primeira (em coerência com a súmula n. 17 do STJ).

6.1.4 Alternatividade

Finalmente, o princípio de alternatividade destina-se a resolver questões colocadas pelos chamados crimes de ação múltipla. Assim, aqueles delitos que contemplam, na descrição do tipo, uma série de verbos, não podem dar margem a que o agente responda por cada uma dessas práticas como se de delito autônomo se tratasse. O fato de realizar uma das condutas ali descritas afasta a possibilidade de caracterização de um segundo crime, pela prática de uma segunda ação descrita no mesmo enunciado.[554]

Exemplificando, o delito previsto no art. 33 da Lei n. 11.343/06 prevê:

> Art. 33. Importar, exportar, remeter, preparar, produzir, fabricar, adquirir, vender, expor à venda, oferecer, ter em

---

553. Ob. cit.

554. Na lição de DAMASIO: "segundo o princípio da alternatividade, a norma penal que prevê vários fatos alternativamente, como modalidades de um mesmo crime, só é aplicável uma vez que, ainda quando os ditos fatos são praticados, pelo mesmo sujeito sucessivamente." Ob. Cit., p.103.

> depósito, transportar, trazer consigo, guardar, prescrever, ministrar, entregar a consumo ou fornecer drogas, ainda que gratuitamente, sem autorização ou em desacordo com determinação legal ou regulamentar:
>
> Pena – reclusão de 5 (cinco) a 15 (quinze) anos e pagamento de 500 (quinhentos) a 1.500 (mil e quinhentos) dias-multa.

Se o agente adquirir e também vender drogas, não estará incurso na prática de dois crimes, senão que, alternativamente, por qualquer um dos dois verbos, em um crime apenas. Todas as ações descritas, assim, consideram-se modalidades de um único delito, não havendo que se cogitar de um concurso material.

Exposto desse modo, vê-se que o princípio da alternatividade não diz propriamente com o conflito aparente de normas e nem se presta a resolvê-lo. Trata-se de simples técnica interpretativa em torno de um único enunciado, delimitador de um único tipo, ainda que plurinuclear.

Mesmo assim, a observância do princípio da alternatividade pode ser útil no âmbito do Direito Sancionador Tributário. Em que pese sua aplicação possa parecer óbvia ante um dispositivo de suscinta redação, a – usual prática de – adoção de fórmulas extremamente extensas e confusas para a disciplina das obrigações e infrações tributárias pode dar margem a equívoco, especialmente quando a interpretação da lei é procedida por fiscais sem formação jurídica, que poderiam cogitar da superposição de punições frente a um mesmo tipo, plurinuclear. O princípio da alternatividade, nesse contexto, pode também ser de grande valia para garantir a observância à proibição de *bis in idem*.

Como exemplo de situação que, no âmbito tributário, poderia suscitar a aplicação do princípio da alternatividade, baseado nos princípios e técnicas do Direito Penal e na analogia (arts. 108 e 112 do CTN), podemos aludir ao disposto no inciso I do art. 44 da lei n. 9.430/96, que prevê que serão aplicadas, no lançamento de ofício, multas de 75% sobre o tributo não pago "nos caso de falta de pagamento ou recolhimento, de falta de declaração e nos termos de declaração inexata".[555]

Como se vê, o dispositivo alude a três ações típicas: a) deixar de pagar ou recolher; b) deixar de declarar; c) declarar de forma inexata. Todas elas, contudo, estão agregadas no seio de um único tipo, um único inciso.

Com base no princípio da alternatividade, a série de ações contemplada no tipo não pode ser entendida como apta a ensejar uma punição para cada uma delas, ainda que se possam realizar de forma distinta e independente, tal qual "exportar", "fabricar" e "portar" droga, no exemplo acima extraído da legislação penal. E ainda que possam ser realizadas cumulativamente, como "deixar de pagar" e "declarar de forma inexata", ou ainda "deixar de pagar" e "deixar de declarar". O fato de realizar uma das condutas ali descritas afasta a possibilidade de caracterização de uma segunda infração, pela prática de uma segunda ação descrita no mesmo enunciado.

Assim, quando um determinado contribuinte realize, cumulativamente, mais de uma ação descrita no enunciado prescritivo, como, v.g., deixar de pagar o tributo e declarar a exação de forma inexata, ou ainda não pagar e não declarar, somente terá lugar uma única reação sancionadora. A proibição de *bis in idem* se faz respeitar pela observância do princípio da alternatividade, destinado a solucionar o conflito (cumulação) aparente de imposições punitivas.

6.2 Concurso formal de crimes e proibição de *bis in idem*

O concurso formal está previsto no art. 70 do Código Penal brasileiro, que assim dispõe:

---

555. Art. 44. Nos casos de lançamento de ofício, serão aplicadas as seguintes multas: (Redação dada pela Lei n. 11.488, de 2007).

I – de 75% (setenta e cinco por cento) sobre a totalidade ou diferença de imposto ou contribuição nos casos de falta de pagamento ou recolhimento, de falta de declaração e nos de declaração inexata; (Redação dada pela Lei n. 11.488, de 2007).

> Concurso formal
>
> Art. 70 – Quando o agente, mediante uma só ação ou omissão, pratica dois ou mais crimes, idênticos ou não, aplica-se-lhe a mais grave das penas cabíveis ou, se iguais, somente uma delas, mas aumentada, em qualquer caso, de um sexto até metade. As penas aplicam-se, entretanto, cumulativamente, se a ação ou omissão é dolosa e os crimes concorrentes resultam de desígnios autônomos, consoante o disposto no artigo anterior. (Redação dada pela Lei n. 7.209, de 11.7.1984).
>
> Parágrafo único – Não poderá a pena exceder a que seria cabível pela regra do art. 69 deste Código. (Redação dada pela Lei n. 7.209, de 11.7.1984).

Ocorre concurso formal, assim, quando o agente, mediante uma só ação ou omissão, pratica dois ou mais crimes, idênticos ou não. Neste caso, determina a legislação que se aplique a pena de apenas um deles – a mais grave – porém aumentada de um sexto até metade.

A regra converge com a chamada teoria da unidade do delito, segundo a qual, não obstante tenha ocorrido a lesão de várias leis penais, reconhece-se a ocorrência de um crime único. Não por outra razão o concurso é chamado "ideal". É imperativo atentar, contudo, que aqui se alude a uma única "ação", o que não pode ser confundido com um único ato. Ação contém um conjunto de atos, finalisticamente agrupados na conduta humana.

Exemplificando, aquele que dirige de forma imprudente e capota seu veículo, matando três integrantes que se encontravam no interior, pratica uma só ação, embora realize três crimes. Diz-se que o concurso é homogêneo quando os crimes são idênticos, ao passo que o concurso é heterogêneo quando os crimes são distintos. Assim, no exemplo citado, seria homogêneo o concurso, ao passo que se um dos passageiros sobrevivesse, apenas com lesões, falar-se-ia em concurso heterogêneo.

O concurso formal é considerado próprio ou perfeito quando não possui desígnios autônomos, ao passo que o concurso formal é considerado impróprio ou imperfeito quando possui desígnios autônomos (parte final do dispositivo). Assim, quando se joga uma garrafa para acertar um sujeito e se atinge também um segundo, fala-se em concurso próprio. Já se o agente joga uma granada com a deliberada intenção de matar duas pessoas, fala-se em concurso impróprio, já que agiu com desígnios autônomos para causar a morte de cada uma delas.[556]

A teoria do concurso formal de crimes foi construída com o preciso fim de evitar a caracterização de *bis in idem* proibido, que ocorreria com a pura e simples acumulação de castigos frente a uma única conduta, tendo o Código Penal brasileiro, ao contemplar o supra citado art. 70, positivado critério capaz de solucionar de forma satisfatória a questão da prática de diversos delitos mediante uma única ação. A doutrina, de fato, reconhece o concurso ideal de crime como teoria voltada ao trato da problemática da proibição de *bis in idem* e, como se lê em NIETO, entende por estender sua aplicação também ao Direito Administrativo Sancionador, ante a falta de mecanismos positivos próprios no seio deste.[557]

De fato, como já dissemos acima, seria inadmissível que a ausência de ferramentas específicas no contexto do Direito Administrativo (e Tributário) Sancionador, pudesse servir como justificativa à aplicação de sanções duplicadas, triplicadas ou,

---

556. Conforme GRECO, Rogério. Ob. cit., p. 594 e segs.

557. "Como sucede que nuestro Ordenamiento jurídico admite que 'un solo hecho constituya dos o más delitos' (art. 71.1 del Código Penal), cuando se da tal circunstancia se provoca una situación embarazosa: porque, si se aplica la regla del *non bis*, resultará que un delito va a quedar impune y, si se castigan los dos, se quebranta la regla (y, además, el principio de proporcionalidad), lo que tampoco es tolerable. Para superar este dilema ha elaborado el Derecho Penal la llamada teoría del concurso de delitos, que, como comprobaremos inmediatamente, es perfectamente utilizable en el Derecho Administrativo Sancionador" (NIETO, Alejandro. Ob. cit., p. 519).

de qualquer modo, multiplicadas.[558] Isso importaria outorgar tratamento mais gravoso às infrações consideradas mais leves no contexto do Ordenamento (as infrações administrativas, ou não penais), com comprometimento de inúmeras garantias constitucionais, a começar, obviamente, pelas cláusulas de isonomia e proporcionalidade. Os parâmetros fixados na lei Penal, assim, hão de servir como *limites* ao exercício do *jus puniendi*, dentro ou fora do Direito Penal (pela simples razão de que seria de retumbante incoerência admitir-se que, fora dele, o sancionamento pudesse ser mais grave). Ademais, especificamente no âmbito tributário, é o CTN que determina a aplicação de princípios gerais de Direito Público, e o emprego da analogia e equidade, na ausência de disposição expressa (art. 108), impondo, ainda, a hermenêutica mais favorável ao acusado, na aplicação de penalidade, especialmente no que toca à sua graduação (inciso IV, art. 112) e capitulação legal do fato (inciso I).[559]

---

558. A sentença do TS (Tribunal Supremo) de 9 de junho de 1999 (§290045) entendeu, em linha com o aqui exposto, por aplicar o Código Penal, subsidiariamente, em caso de concurso formal de infrações, dizendo que "en ausencia de norma específica en contra (...) en la materia (...), es adequado a Derecho aplicar como norma subsidiaria (...) para determinación de la sanción la norma del art. 77 del Código Penal, cuando los hechos, que constituyen unidad, en este caso, sociológica, constituyan dos o más delitos (...). A sentença anulou uma das duas multas impostas, aplicando, em vez de duas de 10 milhões de pesetas, uma única de 15 milhões de pesetas.

559. "Ao ser investida nesta função judicante, a Administração está vinculada à ordem jurídica global, ao sistema de fontes como um todo, ou se se preferir, ao princípio da juridicidade ou bloco de legalidade, 'A ideia de subordinação à lei – ensina DIOGO FREITAS DO AMARAL – é completada pela ideia de subordinação ao Direito, no sentido de que não existe apenas um dever de obediência à lei, como lei ordinária, antes existe sobretudo um dever de obediência a mais qualquer coisa do que à lei ordinária. A Administração pública deve respeitar a lei ordinária, sem dúvida, mas deve respeitar também: a Constituição, o Direito Internacional que tenha sido recebido na ordem interna, os princípios gerais de Direito enquanto realidade distinta da própria lei positiva e ordinária, os regulamentos em vigor, e ainda os atos constitutivos de direitos que a Administração pública tenha praticado e os contratos administrativos e de direito privado que ela tenha celebrado, pois

Na Espanha, a solução usual dada a essa problemática é a de absorção, mediante a aplicação do art. 71 de seu Código Penal, que determina a imposição da pena correspondente ao delito mais grave, em seu grau máximo. São vários os exemplos em que se procedeu à aplicação das regras de concurso ideal para o efeito de solucionar casos de múltipla aplicação de sanções administrativas, como forma de fazer respeitar a regra proibitiva de *bis in idem*.

É o que se lê da STS espanhola de 13 de junho de 1986 (Ar. 3607; Garapo), onde se disse que "aunque fueran dos infracciones, al tratarse de un solo hecho no podrían sancionarse separadamente puesto que supondría un tratamiento más severo que el establecido en (el artículo 71) del Código Penal y como en el caso que aqui se enjuicia no consta si el importe de la primera sanción agota las posibilidades sancionadoras de la Administración, hay que anular la segunda."

Na STS de 28 de fevereiro de 1983 (Ar. 316 de 1984; Garralde), a Corte voltou a apoiar-se no referido artigo do Códex penalista para o efeito de afastar a sobreposição de sanções administrativas e, com isso, fazer respeitar o *non bis in idem*, em caso em que era possível qualificar de maneiras distintas uma mesma e única conduta.[560]

---

uns e outros constituem também uma forma de vinculação da Administração pública que é equiparada à legalidade. Por isso, MAURICE HAURIOU falava já não de legalidade, mas de bloc légal, para significar todo este conjunto de fontes que vão além da simples lei positiva ordinária. Modernamente, alguns Autores exprimem esta ideia de sujeição administrativa ao Direito através da formulação do princípio da juridicidade'." (XAVIER, Alberto. *Princípios do Processo Administrativo e Judicial Tributário*. Rio de Janeiro: Forense, 2005, p. 95-96).

560. Decidiu-se: "pero la adecuada solución al problema planteado (si es aplicable el *non bis in idem* a la sanción acumulada de índole administrativa) ha de tenerse presente que nos movemos en la esfera del derecho sancionador, en donde se pretende corregir conductas contrarias al derecho; esto dicho y comoquiera los hechos (...) pueden ser calificados de maneras distintas, es visto que en uno y otro supuesto se está calificando y sancionando una misma

O Tribunal Constitucional espanhol, a seu turno, já teve por bem considerar respeitada a proibição de *bis in idem*, em situação em que se procedeu ao desconto da primeira multa aplicada frente à aplicação da segunda. Disse na STC 2/2003 que "una solución como la adoptada en este caso por el órgano judicial no puede considerarse lesivo de la prohibición constitucional de incurrir en *bis in idem* sancionador, dado que la inexistencia de sanción desproporcionada en concreto, al haber sido descontada la multa administrativa permite concluir que no ha habido duplicación – *bis* – de la sanción constitutiva del exceso punitivo materialmente proscrito por el artículo 25.1."[561]

Na Itália, diferentemente, o ordenamento contemplou, tal qual no Brasil, regra de exasperação (lei n. 689/81), na forma da qual, aquele que por uma ação violar mais de uma disposição estará sujeito à sanção prevista para a infração mais grave, aumentada até o triplo. A linha adotada pelo Direito Penal brasileiro, como se pode notar, fica a meio caminho entre a postura espanhola e a italiana.

A questão que se coloca, então, reside em como tratar na prática situações de concurso formal de infrações no âmbito do Direito Tributário Sancionador. Para tanto, duas soluções podem ser cogitadas. A aplicação do art. 70 do CP e sua técnica de exasperação é perfeitamente possível de ser empreendida pelo Poder Judiciário, sempre que encontrar diante de si casos de acumulação de sanções frente a um único fato. Não estará ele agindo como legislador positivo,[562] senão que atentando

---

y única conducta (...) por lo que parece obvio que no se puede sancionar dicha conducta, sino por el modo orientador que en el campo del Derecho penal se establece en el artículo 71 del Código Penal".

561. Essa solução guarda sintonia com o art. 56 da CAAS que, segundo a doutrina, introduz um princípio geral de desconto que, ademais, é tido como princípio geral da União Europeia e uma exigência de equidade. (RAMOS, Vânia Costa. *Ne Bis in Idem e União Europeia*. Coimbra: Coimbra Ed., 2009, p. 203).

562. De toda forma, não custa lembrar que tal limitação à atuação judiciária é questionada por relevantes vozes doutrinárias: "Ora a tese de que o Supremo

aos limites postos em legislação já existente e que pode, perfeitamente, ser tomada de empréstimo para o efeito de suprir a lacuna do Direito Administrativo Sancionador (que, ademais, não poderia extravasá-los), para o efeito de reduzir a punição, fazer respeitar garantia constitucional do apenado de não ser punido duas vezes pelo mesmo fato e assegurar a observância da medida de proporcionalidade no exercício do *jus puniendi* (em linha com os retro referidos arts. 108 e 112 do CTN). O juiz age, então, de forma a recusar a aplicação cumulada das duas penas, afastando a sobreposição mediante a adoção de hermenêutica mais favorável, apoiada em analogia,[563] equidade[564] e

---

Tribunal Federal não pode atuar como legislador positivo, isolar parte da norma a fim de viabilizá-la frente à Constituição, devendo recusar validade e aplicação integral à norma que contraria preceitos constitucionais (RE n. 102.553-I-RJ), se choca com a Constituição de 1988. O Estado Democrático de Direito trabalha com exigências jurídicas concretas. Nele estão mantidas clássicas instituições governamentais e princípios como a separação de poderes, a legalidade, a segurança jurídica. Mas isso, que era suficiente no liberalismo pleno, não mais se concilia com o Estado Democrático de Direito em vigor. Esse, na construção de uma sociedade justa, repudia direitos meramente retóricos e abstratos, para só se harmonizar com a efetividade e a concreção. Por isso, a Constituição dota os direitos e garantias fundamentais de aplicação imediata, sem intervenção do Poder Legislativo, e concede poder regulamentador, normatizador – supletivo ao Poder Judiciário (art. 5º, LXXI)." (BALEEIRO, Aliomar; DERZI, Misabel de Abreu Machado. *Limitações Constitucionais ao Poder de Tributar*. 8ª Ed. São Paulo: Forense, 2010, p. 61).

563. A analogia foi definida por Beviláqua como a operação "em virtude da qual o intérprete estende o dispositivo da lei a casos por ela não previstos". BEVILÁQUA, Clóvis. *Código Civil Comentado*. 2ª Ed. Rio de Janeiro: Francisco Alves, v.1, p. 129.

564. Resumidamente, a equidade pode ser mencionada como "a) matéria parajurídica, com efeito criador, por exemplo, através dos éditos pretorianos; b) como elemento externo para auxiliar o trabalho do intérprete; c) como forma de integração da norma; d) como forma de juízo; e) fora do 'sistema normativo' ou do ordenamento jurídico; f) limitadora dos casos de 'apreciação-decisão', quando da Lei de Adaptação, no regime nacional-socialista; g) motivadora de exclusão de multas." (CAMPOS, Antonio J. Franco de; MARTINS, Ives Gandra da Silva (Coord.). *Comentários ao Código Tributário Nacional*. São Paulo: Saraiva, v.2, p. 117).

em princípio (*non bis in idem*) e regra de Direito Público (em específico, do Direito Penal, art. 70 do CP), impondo limites ao exercício do *jus puniendi* em face da existência de garantias constitucionais a serem salvaguardadas (de proporcionalidade, em especial). De tal modo, afasta o excesso, na extensão da desproporção, como ademais, já reiteradas vezes fez o Supremo Tribunal Federal brasileiro, ao determinar, como base na equidade, a relevação ou redução de multas fiscais.[565]

---

565. Exemplificativamente, cite-se a seguinte ementa do Rel. Min. Rafael MAYER: "Multa Fiscal. Redução pelo Poder Judiciário: é admissível ao Poder Judiciário reduzir ou excluir a multa tributária, à vista de circunstâncias específicas. Precedentes do STF." (RE n. 92.302). Ou ainda: "Multa Fiscal. Pode o Judiciário, atendendo as circunstâncias do caso concreto, reduzir multa excessiva aplicada pelo Fisco. Precedentes do STF" (RE n. 82.510). Mais recentemente, a matéria vem sendo tratada sob a ótica do princípio do não-confisco, como se pode ler da seguinte ementa do Rel. Min. Joaquim Barbosa: "Processual Civil. Agravo Regimental. Constitucional. Tributário. Multa. Vedação do efeito de confisco. Aplicabilidade. Razões Recursais pela manutenção da multa. Ausência de indicação precisa de peculiaridade da infração a justificar a gravidade da punição. Decisão mantida. 1. Conforme orientação fixada pelo Supremo Tribunal Federal, o princípio da vedação ao efeito de confisco aplica-se às multas. 2. Esta Corte já teve a oportunidade de considerar multas de 20% e 30% do valor do débito como adequadas à luz do princípio da vedação do confisco. Caso em que o Tribunal de origem reduziu a multa de 60% para 30%. 3. A mera alusão à mora, pontual e isoladamente considerada, é insuficiente para estabelecer a relação de calibração e ponderação necessárias entre a gravidade da conduta e o peso da punição. É ônus da parte interessada apontar peculiaridades e idiossincrasias do quadro que permitiriam sustentar a proporcionalidade da pena almejada. Agravo Regimental a que se nega provimento." Em outra oportunidade, o Rel. Min. Celso de Mello, ao julgar em Plenário a ADI n. 1075, disse, com muita precisão que "a proibição constitucional de confisco em matéria tributária – ainda que se trate de multa fiscal resultante do inadimplemento, pelo contribuinte, de suas obrigações tributárias – nada mais representa senão a interdição, pela Carta Política, de qualquer pretensão governamental que possa conduzir, no campo da fiscalidade, à injusta apropriação estatal, no todo ou em parte, do patrimônio ou dos rendimentos dos contribuintes, comprometendo-lhes, pela insuportabilidade da carga tributária, o exercício do direito a uma existência digna, ou a prática de atividade profissional lícita ou, ainda, a regular satisfação de suas necessidades vitais básicas. O Poder Público, especialmente em sede de tributação (mesmo tratando-se da definição do 'quantum'

No contexto do processo administrativo e da aplicação da proibição de *bis in idem* pela própria Administração, por outro lado, poder-se-ia alegar que, em face da atuação plenamente vinculada dos servidores públicos, estariam eles impedidos de eleger *proporção* não contemplada em lei.

Todavia, certo é que, no caso, há lei prevendo, pontualmente, a possibilidade de solução mediante o recurso à analogia, lei essa que ainda determina que isso seja feito em busca da solução mais favorável ao acusado. Ou seja, há regra especial que se superpõe à geral e viabiliza a adoção da solução supra mencionada.[566]

---

pertinente ao valor das multas fiscais), não pode agir imoderadamente, pois a atividade governamental acha-se essencialmente condicionada pelo princípio da razoabilidade que se qualifica como verdadeiro parâmetro de aferição da constitucionalidade material dos atos estatais." Também, o Plenário do STF, na voz do Min. Ilmar Galvão, disse ao julgar a ADI n. 551 que "A desproporção entre o desrespeito à norma tributária e sua consequência jurídica, a multa, evidencia o caráter confiscatório desta, atentando contra o patrimônio do contribuinte, em contrariedade ao mencionado dispositivo do texto constitucional federal." Ou, finalmente, o seguinte julgado de relatoria do Min. Moreira Alves, RE n. 91.707, em que se decidiu: "ICM. Redução de multa de feição confiscatória. Tem o STF admitido a redução de multa moratória imposta com base em lei, quando assume ela, pelo seu montante desproporcional, feição confiscatória."

566. Não é de se olvidar também a lição doutrinária de que a Administração também não está obrigada à aplicação de leis inconstitucionais, nem pode ser afastado de si o poder/dever de examinar essa compatibilidade entre a lei e a Carta: "A afirmação segundo a qual a apreciação da constitucionalidade das leis é monopólio do Poder Judiciário (e até monopólio dos 'tribunais constitucionais' nos sistemas que consagram o 'privilégio jurisdicional das leis') poderia até ser verdadeira no regime anterior à Constituição de 1988, em que o direito ao processo administrativo não tinha status de garantia constitucional.

Todavia, as mesmas afirmações não podem continuar a ser repetidas, de modo tautológico, como truísmos, quando o ordenamento constitucional sofreu a profunda alteração consistente em assegurar a 'ampla defesa' no processo administrativo.

Pretender suprimir a apreciação da constitucionalidade das leis como fundamento ou questão prejudicial da declaração de nulidade de atos

TEORIA DA PROIBIÇÃO DE *BIS IN IDEM* NO DIREITO TRIBUTÁRIO

De todo modo, ainda que se admitisse o argumento de que estejam os técnicos do Fisco impedidos de eleger *proporção* não expressamente contemplada em lei, poder-se-ia recorrer à adoção de solução distinta que – também sendo analógica e mais favorável – opte pela aplicação da técnica da absorção (como, aliás, fazem diversos países[567] e o próprio Tribunal Constitucional espanhol),[568] determinando, pura e simplesmente a incidência da punição mais grave.

A isso, definitivamente, não estaria impedida a Administração. Dir-se-á, pelo contrário, que está até mesmo compelida, à medida que por meio desta ação se empresta obediência a uma garantia constitucionalmente embasada e ao vetor hermenêutico positivamente imposto pelo CTN, com base em analogia que ele mesmo determina.

6.3 Sobre as técnicas de exasperação, absorção, desconto, *cumul plafonné* e *first come, first served*

No que concerne especificamente às formas de se emprestar eficácia à proibição de *bis in idem*, vários caminhos foram desenvolvidos no âmbito legislativo e jurisprudencial de diversos sistemas com o objetivo de afastar seja a própria possibilidade de superposição, sejam os efeitos nocivos (de desproporção) que a superposição acarreta. Ao longo do texto, fizemos referência a diversos acórdãos ou diplomas que optaram

---

administrativos é, por evidente, transformar a defesa de 'ampla' em 'restrita'." (XAVIER, Alberto. *Princípios do Processo Administrativo e Judicial Tributário*. Rio de Janeiro: Forense, 2005, p. 98-99).

567. O TEDH julgou em Oliveira vs. Suíça, em 30.7.1998, que não haveria ofensa à proibição de *bis in idem* ante situação em que não houve cumulação de penas, senão que absorção da pena mais leve pela pena mais grave." (Recueil 1998-V, Req. N. 25711/94, obs. R.Koering-Joulin, RSC 1999, p. 408, cf. LELIEUR-FISCHER, p. 39).

568. Na hipótese em que endossou o desconto da primeira multa aplicada quando da imposição da segunda.

por uma ou outra solução, cujos conceitos/premissas procuramos sistematizar abaixo.

Como medida para afastar e prevenir situações de duplicidade/multiplicidade sancionadora, alguns sistemas tomam a proibição de *bis in idem* como regra de caráter preclusivo, segundo a qual, imposta uma pena, ficará obstada a possibilidade de imposição de uma segunda, independentemente da circunstância de se estar diante de outro processo e/ou outra autoridade/esfera de Poder.[569] Tal solução prioriza um critério cronológico, também chamado *first come, first served*,[570] segundo o qual com a imposição de uma pena (no caso, a primeira) resta esgotado o poder de punir. Cria-se, assim, uma regra objetiva que induz ao rechaço da segunda reação punitiva independentemente de seu mérito (e do próprio mérito da primeira punição), em nome da proteção individual e da segurança jurídica, entendidas como valores mais elevados na escala axiológica[571]. Percebida com essa nota preclusiva, a máxima é

---

569. Exemplo desse mecanismo pode ser encontrado na LRJPAC espanhola (lei 30/1992, de 26 de novembro), Regime Jurídico da Administração Pública e do Procedimento Administrativo Comum, em seu art. 133, e no art. 5.1 do REPEPOS (Regulamento do Procedimento para o exercício da potestade sancionadora, aprovado pelo Real Decreto 1398/1993, de 4 de agosto). Nos termos desses regramentos, prevalece a norma que determine a sanção administrativa que primeiro se imponha (critério cronológico). A imposição da primeira sanção interdita a imposição de um segundo castigo por um memo fato, independente do caráter da segunda norma em conflito ou da circunstância de que um tipo de maior especialidade imponha uma sanção mais grave.

570. "The application of the *ne bis in idem* within the EU leads to a system of 'first come first served': the first member state in wich proceedings against a subject are conducted wich result in a final outcome of the case (res judicata) is therefore the only Member State to pass judgement on the subject in question, in respect of certain conduct. There are no guarantees that this will be the Member State wich is in the best position to proceed". (VAN BOCKEL, Bas. *The Ne Bis in Idem in EU Law*. The Netherlands: Kluwer Law International BV, 2010, p. 4-5).

571. Exemplo positivo de *first come, first served*, pode ser encontrado no REPEPOS espanhol, que, em seu art. 5.1 determina prevalecer a norma que

empregada de forma a *prevenir* situações de cumulação, não apenas pelo potencial de virem a gerar resultado desproporcional, senão que em razão da compreensão de que a mera dupla persecução já é digna de interdição pela proibição de *bis in idem*. Fundem-se, portanto, perspectivas substantivas e procedimentais do axioma.

As soluções de exasperação, absorção, desconto e *cumul plafonné*, por outro lado, são encontradas tanto na legislação dos diversos sistemas quanto na jurisprudência, como forma de interditar o simples cúmulo sancionador e o resultado desproporcional decorrente. Desenvolvidas para a solução do concurso formal de delitos/infrações, tais metodologias podem ser empregadas por uma única autoridade, no contexto de um único processo em que, *simultaneamente*, se pretenda aplicar múltiplas punições ante um único fato caracterizador de mais de um delito/infração. E podem também ser empregadas em situações em que, *sucessivamente*, a possibilidade de cúmulo venha a ocorrer no contexto de duas persecuções distintas, em que, após a aplicação de uma primeira sanção, pretenda-se somar a ela outra (por uma mesma ou distinta autoridade). Em ambos os casos, vejam-se, os referidos métodos espelharão o viés substantivo da proibição de *bis in idem*, como fórmulas úteis a reduzir ou eliminar o *resultado* desproporcional do acúmulo de sanções. Não dirão, contudo, com a faceta processual do axioma.

Pela técnica de exasperação, aplica-se ao acusado a pena de apenas uma das infrações, porém de forma exasperada, isto é, aumentada parcialmente, segundo o critério legislativamente previsto (que, no Brasil, como visto acima, equivale a mais grave das penas cabíveis ou, se iguais, somente uma delas, mas

---

determine a aplicação da sanção administrativa que primeiro se imponha, adotando, assim, um critério cronológico, proibitivo da segunda sanção, independentemente do caráter da segunda norma (seja ela especial ou de mais grave sanção).

aumentada, em qualquer caso, de um sexto até metade). Veja-se que aqui ocorre o acúmulo, porém ele é atenuado por meio da técnica em questão.

Pela técnica da absorção, por outro lado, opta-se por aplicar apenas a sanção mais grave, com exclusão da segunda, sob o entendimento de que, sendo maior, tal sanção absorve a sanção mais leve, tornando dispensável a segunda punição. O cúmulo é, com isso, integralmente afastado, do ponto de vista material.[572] A premissa desse mecanismo baseia-se em que, em uma escala de reprovabilidade, a sanção mais grave já contém, em sua totalidade, o nível de culpabilidade (*lato sensu*) da infração menor, apenas excedendo-a, sem, contudo, poder desconsiderá-la, já que ambas são atinentes a um mesmo fato e, portanto, uma mesma e única "escala".[573]

A técnica de desconto parte da concreta aplicação de uma sanção anterior para determinar a necessidade de se subtrair o *quantum* da sanção primeiramente aplicada quando da aplicação da segunda. Tal solução já foi endossada pelo TC espanhol,[574] encontrando também guarida no art. 56 da CAAS, que

---

572. Exemplo de absorção legalmente determinada pode ser encontrado no REPEPOS (regulamento do procedimento para o exercício da atividade sancionadora, aprovado pelo Real Decreto 1398/1993) espanhol, art.4.4, que estabelece uma regra geral, aplicável ante a inexistência de regulação específica, segundo a qual "en defecto de regulación específica establecida en la norma correspondiente, cuando de la comisión de una infracción derive necesariamente la comisión de otra u otras, se deberá imponer únicamente la sanción correspondiente a la infracción más grave cometida."
573. Esta técnica já foi aplicada pelo TEDH na STEDH de 23 de outubro de 1995 (caso Gradinger vs Áustria), ou ainda na STEDH de 29 de maio de 2001 (caso Franz Fischer vs. Áustria). Na Espanha, foi referida pelo TC, na STC n. 2/2003, em que se disse que "existen casos en los que un acto, a primera vista, parece constituir más de un ilícito, mientras que un examen más atento muestra que únicamente debe ser perseguido un ilícito porque *abarca* todos los ilícitos contenidos en los otros (...) un ejemplo obvio sería un acto que constituyera dos ilícitos, uno de los cuales contuviera precisamente los mismos elementos que el otro más uno adicional".
574. Como referido anteriormente, disse o TC espanhol na STC 2/2003 que

vem sendo entendido como um "princípio geral de desconto", que espelha "um princípio geral de Direito da União Europeia" e "exigência de equidade".[575] A lógica está em que a segunda punição deva deitar-se, exclusivamente, sobre o "excedente de culpa" ainda não punido, evitando-se que a porção de culpa já objeto de reação punitiva, seja duplamente considerada. Anulam-se, assim, os efeitos de desproporção que derivariam da

---

"una solución como la adoptada en este caso por el órgano judicial no puede considerarse lesivo de la prohibición constitucional de incurrir en *bis in idem* sancionador, dado que la inexistencia de sanción desproporcionada en concreto, al haber sido descontada la multa administrativa permite concluir que no ha habido duplicación – *bis* – de la sanción constitutiva del exceso punitivo materialmente proscrito por el artículo 25.1".

575. "No caso Kraaijenbrink é também questionado se, havendo lugar a um segundo processo sobre os mesmos factos, o tribunal tem que ter em conta a pena aplicada no primeiro processo. (...) Quanto ao desconto da pena aplicada no primeiro Estado pelos tribunais do segundo Estado, a AG Sharpston exclui, à partida, os casos em que se estiver perante os mesmos factos, cumulativamente à verificação dos restantes condicionalismos do art. 54 da CAAS. Nestes casos não pode sequer haver lugar a um segundo processo – nem se coloca o problema da existência da obrigação de desconto. Se existir identidade de factos, mas não estiverem preenchidos os restantes requisitos do artigo 54 da CAAS, a resposta será dada segundo o princípio geral do desconto e/ou o artigo 56 da CAAS – aplicável a todos os casos em que o artigo 54 não o seja. Na opinião da Comissão, aquele artigo corporiza um princípio geral de direito penal, o princípio da proporcionalidade. A AG Sharpston caracteriza o princípio do desconto como princípio geral de direito da UE 'de acordo com o qual as penas anteriores devem ser tidas em conta se o infractor for condenado num segundo processo pelos mesmos factos. (...) se trata de um princípio resultante da exigência da equidade, reconhecido, embora com variantes, por todos os EM e já remontante ao acórdão WIlhelm, proferido em matéria de concorrência, no qual o TJ afirmou que 'se a possibilidade de um processo duplo conduzir a um cúmulo de sanções (pelos mesmos factos) uma exigência geral de equidade (...) implica que sejam tomas em conta todas as decisões condenatórias anteriores na determinação de uma eventual sanção. (...) afirmando o TJ no acórdão Boehringer Mannheim que 'a Comissão, ao fixar o valor da multa, tem a obrigação de tomar em conta sanções, que já teriam sido impostas à mesma empresa devido ao mesmo facto, quando se trata de sanções aplicadas por infracção ao direito das ententes de um Estado-Membro e, consequentemente, praticadas no território comunitário'" (RAMOS, Vânia Costa. *Ne Bis in Idem e União Europeia*. Coimbra: Coimbra Ed., 2009, p. 203).

desconsideração da sanção anteriormente aplicada ao mesmo fato, garantindo-se a proporcionalidade e a observância à interdição de *bis*.

O chamado *cumul plafonné*[576] consiste, como literalmente se depreende da expressão, em uma cumulação com teto. A segunda sanção, nesse contexto, é aplicada até o limite máximo da sanção mais grave, sendo esse limite o teto para a superposição, que não poderá ultrapassá-lo. Aqui também, respeita-se o grau de reprovação atribuído pela primeira penalidade ao mesmo (e único) fato. Apenas ajusta-se essa relação à proporção da infração tomada como um todo.

A adoção desses critérios varia de acordo com a lei e a jurisprudência de cada país. E as possibilidades analógicas de emprego desses mecanismos, igualmente, devem ser extraídas a partir do contexto de cada sistema. Todos eles servem, no entanto, a revelar instrumentos de interdição do *bis in idem* sancionador, alguns previstos exclusivamente na legislação penal, outros trazidos positivamente para o campo do Direito Administrativo e/ou Tributário sancionador. No caso do Brasil, as possibilidades de comunicação dos conceitos penais com as sanções tributárias, como já mencionado, decorre de letra expressa dos arts. 108 e 112 do CTN. Com base neles, permitimo-nos construir soluções ainda não existentes na legislação específica, mas passíveis de integração à mesma – mediante analogia pontualmente autorizada – com vistas a uma exegese mais benéfica ao acusado no que diz respeito à capitulação dos fatos, às sanções aplicáveis e sua graduação; soluções estas coerentes com princípios gerais de Direito Público e de equidade (também contemplados no art. 108). Em todas as

---

[576]. Vide a citação, no título seguinte, da jurisprudência do Conseil D´Etat francês, que aplica esse mecanismo como forma de resguardar a proporcionalidade das sanções cumulativamente imponíveis, mesmo diante de um caso de concurso material de infrações, em que, rigorosamente, não há que se falar em aplicar a proibição de *bis in idem*.

hipóteses, contudo, procuramos basear nossas conclusões e sugestões de solução com suporte no Direito Penal posto e/ou em outros dispositivos tributários encontráveis no ordenamento. Esse, portanto, o critério utilizado para preferir-se o emprego de algumas das técnicas supra mencionadas em detrimento de outras.

6.4 Notas sobre concurso material de crimes

O concurso material de crimes é aquele que se dá quando o agente, mediante mais de uma ação ou omissão, pratica dois ou mais crimes, idênticos ou não. Em tal hipótese, a legislação penal brasileira determina a aplicação cumulativa das penas (art. 69 do CP).

Tratando-se, assim, de mais de uma ação ou omissão, realmente, a hipótese não diz com a proibição de *bis in idem* que, como visto, supõe a identidade de fatos como elemento necessário para sua configuração. Mesmo assim, é interessante notar que uma preocupação de proporção levou determinados sistemas a preferir, em tal circunstância, evitar a solução da simples acumulação, optando por uma "cumulação limitada", isto é, uma cumulação que tenha por teto o limite máximo da pena mais grave das duas (ou mais) imponíveis.

Adotando uma tal concepção e aplicando-a ao contexto do Direito Tributário, o Conséil d´Etat francês já teve a oportunidade de afastar a cumulação simples de sanções aplicáveis a um dado contribuinte que deixara de pagar imposto de renda e descumprira também o dever de declarar para determinar o emprego de um "cumul plafonné", isto é, um cúmulo com teto, de modo a admitir a cumulação contanto que ela não exceda o limite máximo da sanção imponível à infração mais grave.[577] Essa

---

577. "Le sujet a pris un nouveau relief en 2005 (CE, 22 avr. 2005, n. 257.254, Sté Limelight Boy´s International: BDCF 7/2005, n. 92, concl. P. Collin;

solução guarda sintonia com o Código Penal francês que prevê, para o concurso real de delitos considerado homogêneo, com penas de mesma natureza, como seria o caso de duas penas pecuniárias, a solução da cumulação limitada ao máximo legal.[578]

Dr. Fisc. 2005, n. 4, comm. 481, concl. P. Collin – F. Bereyzait, Les pénalités fiscales sous les feux de la rampe: RJF 7/2005, p. 463-468). La haute juridiction administrative devait se prononcer sur le point de savoir si un contribuable qui souscrit avec retard une déclaration insuffisante doit être sanctionné sur le double fondement des articles 1728 et 1729 du Code général des impôts. (...) Faut-il addictionner les sanctions au risque, pour reprendre les propos du rapporteur public Pierre Colin, 'd´atteindrre un taux de pénalité de 160%' (concl. P. Collin, préc)? La réponse est négative selon ce dernier qui se fonde sur un lecture des travaux préparatoires de la loi Aicardi pour considérer que le législateur a entendu de hierarchiser les majorations en privilégiant l´article 1729. Il en est ressorti la proposition de laisser l´administration fiscale choisir la sanction la plus élévee sans qu´elles puissent être additionées. Le Conseil d´État n´a pas suivi cette voie au motif que par 'l´article 2 de la loi du 8 juillet 1987 (...) le législateur a entendu limiter, dans cette hyphotèse, la somme des majorations mises à la charge du contribuable à raison de ces insuffisances, inexactitude ou omissions en application des articles 1728 e 1729 du code à un montant n´excedant pas 80% des droits correspondants.' Plutôt que de laisser le choix de la sanction aux services fiscaux – solution retenues dans les conclusions pour empêcher un libre choix du contribuable – le Conseil d´État a préféré un cumul plafonné.

Le nouvel article 1729 A du Code général des impôts, issu de l´ordonnance du 7 décembre 2005 est revenu avec son paragraphe 2 sur cette jurisprudence. Selon ses termes, 'lorsque des rehaussements sont opérés sur une déclaration tardive, la majoration prévue par l´article 1728 s´applique, à l´exclusion des majorations prévues par l´article 1729, tant aux droits résultant de la déclaration tardive qu´aux droits résultant des rehaussementes apportés à la déclaration." (LAMARQUE, Jean; NÉGRIN, Olivier; AYRAULT, Ludovic. *Droit Fiscal Général*. Paris: Lexis Nexis, 2009, p. 984).

578. "Si l´article 132-3, alínea 1 du Code Pénal, permet de prononcer toutes les peines de natures différentes encourues du fait des qualifications en concours, il apporte immédiatement une limitation lorsque, parmi toutes les sanctions susceptibles d´être prononcées, plusieurs sont de même nature. À ce moment-lá, il ne peut en effet en être prnnocé qu´une seule, dans la limite du maximum légal le plus élevé (...) de l´absence de précisions supplémentaires, on peut ensuite déduire que l´identité est strictement entendue par le législateur: sont de même nature des peines précisément identique (deux amendes, par exemple)". (GARÇON, Evelyne et PELTIER, Virginie. *Droit de la Peine*. Paris: Lexis Nexis, 2010, p. 170 e 173).

Tal sorte de regramento denota uma preocupação de fundo axiológico com a cumulação de penas, ainda que frente a distintas ações delitivas independentes, evidenciando que o valor proporcionalidade, que inspira a proibição de *bis in idem* em sua face substantiva, também norteia a solução de concursos delitivos. Rigorosamente, ao assim proceder, a legislação francesa aplica a proibição de *bis in idem* também ao concurso material, impedindo a aplicação de uma segunda pena e limitando a reação punitiva a uma sanção apenas (ainda que exasperada). A opção pelo "cumul plafonné", pensamos, respeita o axioma interditivo, ao evitar o transbordo da sanção para além do limite da culpabilidade.

6.5 A teoria do crime continuado e a proibição de *bis in idem*

O Código Penal brasileiro assim contempla a figura do crime continuado:

> Crime continuado
>
> Art. 71 – Quando o agente, mediante mais de uma ação ou omissão, pratica dois ou mais crimes da mesma espécie e, pelas condições de tempo, lugar, maneira de execução e outras semelhantes, devem os subsequentes ser havidos como continuação do primeiro, aplica-se-lhe a pena de um só dos crimes, se idênticas, ou a mais grave, se diversas, aumentada, em qualquer caso, de um sexto a dois terços. (Redação dada pela Lei n. 7.209, de 11.7.1984).

A Teoria do Crime continuado apresenta-se como uma forma de contornar os excessos que decorreriam da acumulação de sanções em determinados casos de prática de crimes idênticos e que receberiam punições isoladas. Assim, apresenta-se também como expressão da proibição de *bis in idem*, a partir da consideração da unidade delitiva, que enxerga na sucessão de atos uma conduta única, capaz de congregá-los em torno também de uma única pena exasperada, outorgando-lhe tratamento semelhante ao que ocorre no concurso ideal de crimes.[579]

A origem da figura, conforme BETTIOL, deita raízes seculares, derivando do *"favor rei* que impeliu os juristas da Idade Média a considerar como furto único a pluralidade de furtos, para evitar as consequências draconianas que de modo diverso deveriam ter lugar: a pena de morte ao autor de três furtos, mesmo que de leve importância. (...) Da Idade Média, a figura do crime continuado foi trasladada para todas as legislações."[580]

As teorias mais conhecidas, em torno do crime continuado, buscam expressá-lo ou como uma unidade real, ou como uma unidade ficta, ou ainda como caracterização de um terceiro crime. Nossa legislação, em que pese reconheça a existência de mais de um crime, prefere tratá-los como uma unidade, o que evidencia sua opção pela teoria da unidade ficta.

Para que se possa falar em crime continuado, o Código estabelece os seguintes requisitos:

a) Mais de uma ação ou omissão;

b) Prática de dois ou mais crimes, da mesma espécie;

c) Condições de tempo, lugar, maneira de execução "e outras semelhantes" que;

d) Evidenciem que os crimes subsequentes devem ser havidos como continuação do primeiro.

Em consequência, teremos:

a) Aplicação da pena de um só dos crimes, se idênticas, aumentada de um sexto a dois terços;

---

579. A STC 48/2007 também reconhece a aplicabilidade da proibição de *bis in idem* às infrações continuadas.
580. Apud GRECO, Rogério. Ob. cit., p. 600.

b) Aplicação da mais grave das penas, se diversas, aumentada de um sexto a dois terços.[581]

A primeira questão que se apresenta consiste em definir o que sejam crimes de mesma espécie. A posição mais óbvia consiste em assim qualificar os delitos previstos no mesmo artigo de lei, que possuam a mesma tipificação legal. Relevantes vozes, como FRAGOSO, contudo, veem a questão de forma distinta, sustentando que crimes de mesma espécie devam ser considerados aqueles tocantes a um mesmo bem juridicamente protegido. Dessa forma, furto e roubo, ou estupro e atentado violento ao pudor poderiam ser havidos como de mesma espécie.

A lei exige ainda que condições de tempo, lugar, maneira de execução e outras semelhantes dêem à sucessão de atos a nota de continuidade. Deve ser possível aferir a existência de um liame entre os fatos, ainda que temporalmente não se possa delimitar com precisão o *quantum* exigível para o efeito de não se considerar rompida a sequência. Do ponto de vista geográfico, o(s) lugar(es) em que praticados os delitos deve igualmente conduzir à noção de unidade entre eles, tanto quanto a maneira de execução (que deve se assemelhar), ainda que, para ambas, seja difícil precisar objetivamente as condições de lugar e forma para que se tenha por configurada a sequência e unidade exigidas pela lei. O liame, então, passa por uma definição subjetiva, que toma em consideração os aspectos teleológicos da ação.

Procurando outorgar objetividade ao tema, o STF brasileiro decidiu que "quanto ao fator 'tempo', previsto no art. 71 do Código Penal, a jurisprudência sedimentada no Supremo Tribunal Federal é no sentido de observar-se o limite de trinta

---

581. Deixaremos de referir as consequências atinentes especificamente aos crimes dolosos cometidos com violência, por não interessarem ao escopo do presente trabalho.

dias que, uma vez extrapolado, afasta a continuação do primeiro"[582]. No que diz com o aspecto geográfico, o STF já decidiu que "o fato de serem diversas as cidades nas quais o agente perpetrou os crimes (São Paulo, Santo André e São Bernardo do Campo) não afasta a reclamada conexão especial, pois são muito próximas umas das outras e integram, como é notório, uma única região metropolitana."[583]

A maneira como são executados os delitos também há de contribuir para a noção de unidade. Desse modo, v.g. o estelionatário que aplica diversos golpes a partir de um mesmo artifício, apresentando-se, v.g., como autoridade (fiscal, sanitária etc.) para obter um benefício, age de forma a evidenciar um único "golpe". O sujeito que pratica uma sequência de furtos a partir de um mesmo artifício, igualmente, permite a identificação de um liame entre essas ações.

A legislação, nesses aspectos, é propositalmente aberta, permitindo o emprego da analogia (até porque prestante para beneficiar o réu), quando alude à expressão "outras semelhantes". Deixa espaço para a construção intelectual do hermeneuta, para que este, à luz da situação concretamente verificada, possa extrair a noção de continuidade delitiva, apartando o caso da pura e simples reiteração criminosa, que daria lugar à correspondente aplicação cumulativa de penas. Nesse sentido, parece-nos claro que ao aplicador da norma cabe aferir a relação de contexto que subjaz à prática delitiva e denota a existência de um desígnio único. Reduzir a questão da continuidade delitiva à uma operação matemática, puramente objetiva, seria rasgar a construção legal, reduzindo o campo eficacial de uma garantia posta à serviço do acusado e em seu benefício, sem que para tanto se apresentem imperativos legais ou técnicos, o que inverteria o vetor hermenêutico orientador de todo o Direito Sancionador (pró réu, pela contenção e delimitação ao exercício do *jus puniendi*).

---

582. HC n. 69.896-4, Rel. Min. Marco Aurélio.
583. Rel. Min. Xavier de Albuquerque, RT 542/455.

É importante, contudo, que não se confunda a continuidade delitiva com a pura e simples habitualidade criminosa. Nesse sentido, a análise da situação concreta mostra-se mais uma vez relevante, como dá conta o exemplo relatado por GRECO, quando alude à situação de determinado agente que vem a roubar todas as agências bancárias de uma dada cidade do interior, por saber que em determinada data não haveria policiamento. Em tal caso, a existência de um "projeto único" parece evidente. Por outro lado, se as ações delitivas não derivam de uma dada "situação primitiva", o nexo de causalidade estará frustrado, como já teve a oportunidade de apontar o STF:

> Penal. Crime continuado. Código Penal, art. 71. I – Para que ocorra a continuidade delitiva é necessário que os delitos tenham sido praticados pelos agentes com a utilização de ocasiões nascidas da situação primitiva, devendo existir, pois, nexo de causalidade com relação à hora, lugar e circunstâncias. II – HC indeferido.[584]

A linha jurisprudencial dá conta de que, na análise da continuidade, deve-se ter em mente as mesmas relações e oportunidades, tal o sujeito que furta pequenas quantidades, diariamente, de seu patrão, para não se fazer notar. Ou daquele que, em uma noite furta vários escritórios do mesmo edifício. Ou ainda o caso do adultério em que se consuma a relação em sucessivas noites.[585]

No Brasil, a jurisprudência do STJ consolidou-se no sentido de reconhecer a existência de crime continuado em diversas hipóteses tributárias. Assim, já entendeu que a emissão de sucessivas notas "calçadas" que falseavam o verdadeiro valor do ICMS a recolher, reduzindo-o, em sucessivos vencimentos, há de ser entendida como unidade delitiva, para o

---

584. HC n. 68890/SP, Rel. Min. Carlos Velloso.
585. Conforme JESUS, Damasio de. Ob. cit., p.528.

efeito de aplicar as vantagens presentes na lei penal para o crime continuado.[586] [587]

---

586. Veja-se, exemplificativamente, o seguinte julgado: HABEAS CORPUS. CRIME CONTRA A ORDEM TRIBUTÁRIA. NOTA FISCAL "CALÇADA". CIRCUNSTÂNCIA JUDICIAL. FIXAÇÃO DA PENA-BASE. *BIS IN IDEM*. CARACTERIZAÇÃO. CRIME CONTINUADO. NÚMERO DE CRIMES. CONCURSO FORMAL. FUNÇÃO FAVORÁVEL AO RÉU. OBRIGATORIEDADE. 1. Em se mostrando as circunstâncias que informaram a individualização da pena pelo Magistrado idênticas às do fato humano reitor da decisão política de criminalização, cuja gravidade objetiva e subjetiva determinaram o mínimo legal abstrato da sanção cominada, é defeso atribuir-lhes efeito exasperante do limite inferior da resposta penal, pena de violação manifesta do princípio *ne bis in idem*. 2. Cuidando-se de ICMS, incidente em "operações relativas à circulação de mercadorias" (artigo 2º, inciso I, da Lei Complementar n. 87, de 13 de setembro de 1996), cada qual das reduções de tributo devido caracteriza o delito tipificado no artigo 1º, inciso I, da Lei 8.137/90. 3. Nada impede, em hipóteses tais, o reconhecimento do concurso formal, se a conduta final, que dá lugar à supressão ou diminuição dos tributos devidos, unifica as várias condutas-meio. 4. A caracterização de mais de um concurso formal de crimes, na unidade do crime continuado, há de influir, favoravelmente ao réu, no *quantum* do aumento da continuação, porque certamente a sua extensão resta atenuada pelas unidades formais que a integram, sendo demasia ignorá-las e considerar cada um dos crimes isoladamente, para, depois, somá-los e aplicar o grau máximo da continuação. 5. Ordem concedida. (HC 34347 / RS, Rel. Hamilton Carvalhido).

587. No âmbito dos Tribunais Regionais Federais, a consideração da figura do crime continuado, em delitos contra o sistema tributário é recorrente, como se lê, exemplificativamente, da seguinte ementa: PENAL. DENÚNCIA PELAS LEI-4792/65 E LEI-8137/90. FALSIFICAR PARA SONEGAR. NOTA CALÇADA. *BIS IN IDEM* QUE SE AFASTA. CONDENÇÃO PELA LEI-8137/90. INADEQUADA À ESPÉCIE A RECEPÇÃO DO CÚMULO MATERIAL. CRIME FISCAL. PARTICIPAÇÃO DE MENOR IMPORTÂNCIA. ART-29, PAR-1 DO CP-40. PENA REDIMENSIONADA. SURSIS SIMPLES. PRESTAÇÃO DE SERVIÇOS À COMUNIDADE. 1. A superveniência da LEI-8137/90, reproduzindo as figuras penais da LEI-4792/65, torna incompatível a aplicação simultânea dos dois tipos penais, impondo-se a manutenção da sentença de primeiro grau, com solução condenatória apenas pela lei posterior, afastando-se o *bis in idem*. 2. Sendo a intenção dos agentes falsificar para sonegar, a reprimenda penal haverá de recair no tipo penal contra ordem tributária, inscrito no ART-1, INC-1 e INC-2, da LEI-8137/90. 3. A ficção jurídica da continuidade delitiva tem por escopo

TEORIA DA PROIBIÇÃO DE *BIS IN IDEM* NO DIREITO TRIBUTÁRIO

Da mesma forma, a jurisprudência do STJ consolidou-se no reconhecimento de que a apropriação indébita de contribuições previdenciárias, procedidas pela pessoa jurídica quando da retenção e não pagamento do tributo ao Erário, em sucessivos vencimentos, há de ser entendida como um delito continuado, igualmente fazendo jus às pertinentes vantagens legais.[588]

No contexto da legislação fiscal, é de suma importância registrar que a Lei n. 4.502/64, em seu art. 74, §§ 3º e 4º, reconhece a possibilidade de configuração de infrações fiscais continuadas, a merecerem tratamento distinto e favorecido, trazendo para o campo do Direito Tributário Sancionador as conquistas e garantias já consolidadas no âmbito do Direito Penal, como será comentado abaixo.

---

evitar o excesso punitivo. Considerando-se a periodicidade do crime fiscal, com ações delitivas em sucessão, coesas no modo operacional e temporal, conclui-se que os crimes subsequentes sejam continuação do primeiro. 4. Sendo a contribuição do co-réu menos expressiva para o evento criminoso, é de se reconhecer sua participação de menor importância, prevista no ART-29, PAR-1, do CP-40. 5. Redimensionada a pena pelo tribunal em 2 anos de reclusão, e, presentes os requisitos autorizadores da suspensão condicional da pena, concede-se o sursis simples ao réu-apelante, que deverá prestar serviços à comunidade no primeiro ano do período de prova.(ACR 9604276999, Rel. Des. Tânia ESCOBAR, 2ª Turma).

588. Veja-se, exemplificativamente, o seguinte aresto: "PENAL. FALTA DE RECOLHIMENTO DE CONTRIBUIÇÕES PREVIDENCIÁRIAS. PERÍODO CONTÍNUO ANTERIOR E POSTERIOR À LEI 8.383/91. RECOLHIMENTO POSTERIOR AO RECEBIMENTO DA DENÚNCIA. EXTINÇÃO DA PUNIBILIDADE. CRIME CONTINUADO. REGIME DA LEI DO TEMPO DA ÚLTIMA INFRAÇÃO. LEI N. 8.212/91. – O crime de omissão no recolhimento de contribuições previdenciárias descontadas dos salários de empregados é crime continuado e, por isso, deve ser apenado conforme o regime da lei vigente ao tempo da prática da última ação delituosa. – Não há que se falar em extinção da punibilidade, se a ausência de recolhimento de contribuições abrange um período contínuo anterior e posterior à edição da Lei n. 8.383/91, diploma legal que revogou o art. 14 da Lei n. 8.137/90, e o débito não foi integralmente recolhido antes do recebimento da denúncia. – Recurso especial conhecido." (REsp 207.552/PR – Rel. Ministro VICENTE LEAL – T6 – SEXTA TURMA – 14/12/2000).

6.6 O art. 74 da lei n. 4.502/64 e sua adoção como regra geral, no contexto do Direito Sancionador Tributário, para o estabelecimento de critério de exasperação à reiteração punitiva nas multas fixas e para a proibição de dupla ponderação de agravantes e qualificadoras

O art. 74 da lei n. 4.502/64[589] estabelece que, apurando-se, no mesmo processo, a prática de duas ou mais infrações idênticas pela mesma pessoa natural ou jurídica, sujeitas à pena de multa fixa, "aplica-se, no grau correspondente, a pena cominada a uma delas, aumentada de 10% (dez por cento) para cada repetição da falta, consideradas, em conjunto, as circunstâncias qualificativas e agravantes, como se de uma só infração se tratasse." (§ 1º). E ainda dispõe "quando se tratar de infração continuada, em relação à qual tenham sido lavrados diversos autos ou representações, serão êles reunidos em um só processo, para imposição da pena."

Com isso, incorpora no âmbito do Direito Sancionador Tributário brasileiro a noção de infração continuada, para a qual prevê a impossibilidade de cúmulo sancionador, estabelecendo

---

589. Art. 74. Apurando-se, no mesmo processo, a prática de duas ou mais infrações pela mesma pessoa natural ou jurídica, aplicam-se cumulativamente, no grau correspondente, as penas a elas cominadas, se as infrações não forem idênticas ou quando ocorrerem as hipóteses previstas no art. 85 e em seu parágrafo.

§ 1º Se idênticas as infrações e sujeitas à pena de multas fixas, previstas no art. 84, aplica-se, no grau correspondente, a pena cominada a uma delas, aumentada de 10% (dez por cento) para cada repetição da falta, consideradas, em conjunto, as circunstâncias qualificativas e agravantes, como se de uma só infração se tratasse. (Vide Decreto-Lei n. 34, de 1966).

§ 2º Se a pena cominada fôr a de perda da mercadoria ou de multa proporcional ao valor do impôsto ou do produto a que se referirem as infrações, consideradas, em conjunto, as circunstâncias qualificativas e agravantes, como se de uma só infração se tratasse. (Vide Decreto-Lei n. 34, de 1966).

§ 3º Quando se tratar de infração continuada, em relação à qual tenham sido lavrados diversos autos ou representações, serão êles reunidos em um só processo, para imposição da pena.

§ 4º Não se considera infração continuada a repetição de falta já arrolada em processo fiscal de cuja instauração o infrator tenha sido intimado.

regra objetiva de exasperação, em sintonia com as exigências da proibição de *bis in idem*. Incorpora, igualmente, nesta seara, a noção de que agravantes e qualificadoras não podem ser duplamente ponderadas.[590]

Ainda que não constitua, a Lei n. 4.502/64, uma norma geral, pensamos – e aqui vai uma afirmação relevante – que, considerados os mandamentos do CTN concernentes ao emprego da analogia e interpretação mais favorável ao acusado na graduação das infrações (conforme determinam seus arts. 112 e 108), tal dispositivo pode ser legitimamente tomado como regra geral, analogicamente aplicável ao Direito Sancionador Tributário brasileiro como um todo, ante a inexistência de outras normas sobre as temáticas referidas.

Adotou o legislador, no referido dispositivo, a noção jurídica do fato, capaz de emprestar unidade exegética a eventos fisicamente independentes, mas ligados entre si por uma (suposta) relação lógico-temporal. Tratando-se da reiteração de infrações idênticas, assim, não será permitida a cumulação indistinta de sanções, nem mesmo a cumulação de ônus referentes às agravantes ou qualificadoras. O fato haverá de ser considerado um só, a comportar, exclusivamente, uma punição, ainda que de forma exasperada. E, quanto à graduação do modo de exasperação, será possível, pelas mesmas razões antes referidas, tanto a adoção do critério previsto no § 1º do art. 74, quanto – caso se conclua por uma maior especialidade – do critério genericamente posto na legislação penal para a hipótese de delito continuado (art. 71 do CP, que prevê majoração de 1/6 a 2/3), optando-se por aquela solução que se afigurar mais favorável ao infrator (em consoância com a determinação do CTN).

Interessa observar que a aplicação de tais regras de exasperação não está limitada ao Poder Judiciário, no controle de

---

590. Rigorosamente, a literalidade do texto vai além, já que admite o emprego da técnica de exasperação ao concurso material homogêneo, contanto que relativo a infrações apuradas no mesmo processo, sem se limitar propriamente às infrações continuadas.

legalidade/constitucionalidade dos atos administrativos, sendo perfeitamente praticável pela autoridade administrativa no próprio ato de imposição da sanção via auto de infração, pois deriva de interpretação analógica autorizada pelo CTN à "autoridade competente para aplicar a legislação tributária" (indistintamente) e de sua impositiva hermenêutica mais favorável no que concerne "às circunstâncias materiais do fato", "à natureza ou extensão dos seus efeitos", e importantíssimo "à natureza da penalidade aplicável, ou à sua graduação". Assim, as infrações formais à legislação tributária (e aquelas sujeitas à multa fixa, em geral) não podem dar margem a uma sucessão autônoma e independente de aplicação de multas, como se cada um dos atos constituísse um fato isoladamente punível, com completa desconsideração da cadeia sequencial que informa a existência de um elo capaz de revelar uma unidade entre eles. O exercício plúrimo e cumulativo do *jus puniendi* em tal circunstância, com desconsideração, nas sucessivas punições, daquelas já anteriormente empregadas aos atos cronologicamente antecedentes – ainda que presentes as mesmas condições de tempo, lugar e maneira de execução, previstas em lei – submeteria a sanção administrativa a regime mais severo que o aplicável aos crimes e redundaria em aberta ofensa à proibição de *bis in idem*, já que – juridicamente – de apenas um delito/infração se trata.

A valoração dos fatos, consoante tranquila doutrina e jurisprudência em torno da aplicação da proibição de *bis in idem*, não pode levar a que se considere determinada situação agravante ou qualificadora por mais de uma vez para o efeito de agravamento da penalidade imposta. Tal procedimento redundaria em clara ofensa à regra proibitiva da imposição de duplo castigo por um mesmo fato. A dupla valoração é também uma forma de dupla penalização, já que redunda em reiteradas punições adicionais ante uma única circunstância, que já foi sopesada na imposição da primeira das sanções. Como afirma de modo categórico GARCIA ALBERO, aludindo à proibição de *bis in idem*, "podemos señalar que en su virtud queda excluida la posibilidad de valorar de modo plural, y siempre que las valoraciones se orienten en la misma dirección, un mismo factor determinante tanto del 'quod' como del 'quantum' concreto de pena."[591]

Na jurisprudência penal, o mesmo se verifica, consoante se lê do seguinte julgado do STF:

> Quadrilha e Roubo. Concurso. Concurso de crimes de quadrilha armada e roubo com o concurso de agentes e emprego de arma. Bis in idem em relação as qualificativas referentes ao roubo, pois elas integram o fato típico concernente aquela primeira imputação. Habeas Corpus deferido para excluir-se da condenação o acréscimo da pena relativo as mencionadas qualificativa do roubo, decisão que é de ser estendida a dois dos co-réus (Art. 580 do CPP).[592] [593] [594]

---

591. GARCÍA ALBERO, Ramon. *Non Bis in Idem Material y Concurso de Leyes*. Barcelona: Cedecs, 1995, p. 239.
592. HC 61859 / RJ, Rel. Min. SOARES MUNOZ.
593. No mesmo sentido: HC 69033/SP, Rel. Min. Marco Aurélio – LEI – APLICAÇÃO NO TEMPO – RETROATIVIDADE – PREJUÍZO PARA O AGENTE – APRECIAÇÃO. Admite-se a retroatividade da lei penal, a ponto de alcançar fatos anteriores, no que se mostre mais favorável ao agente – artigo 2., parágrafo único, do Código Penal. Separáveis as partes das normas em conflito, possível e a aplicação do que nelas transpareça como mais benigno. Isto ocorre relativamente a regência do crime continuado. Datando o delito de época anterior a reforma de 1984, cumpre observar a redação primitiva do par-2. do artigo 51 do Código Penal (anterior a reforma de 1984) e não a mais gravosa, atinente aos crimes dolosos, contra vítimas diferentes, cometidos com violência ou grave ameaça a pessoa, introduzida no sistema jurídico via parágrafo único do artigo 71 do citado Código. Constatada a retroatividade prejudicial ao agente, impõe-se a concessão da ordem. PENA – DOSIMETRIA – CRIME CONTINUADO – DETERMINAÇÃO DO AUMENTO. Tanto quanto possível, a fixação do aumento deve decorrer do critério objetivo referente ao número de infrações, evitando-se, com isto, o risco de incidência em verdadeiro "bis in idem", ou seja, o de levar-se em conta circunstâncias ja consideradas anteriormente no cálculo da pena base. Tratando-se de procedimento repetido uma única vez, tudo recomenda a aplicação do percentual mínimo de aumento.
594. A jurisprudência é firme no sentido de também evitar – em respeito à proibição de *bis in idem* – que a exasperação da pena existente no crime continuado, somente possa ser tomada em consideração uma única vez. É

Tal ideia é tão difundida que, do próprio Manual de Direito Administrativo Sancionador da Abocacia General del Estado, publicado pelo Ministério da Justiça espanhol, se lê que "por ultimo, el *non bis in idem* supone también que no se pueda tener en cuenta para agravar una sanción una circunstancia que haya sido ya sancionada de modo autónomo, o haya sido considerada para definir una infracción".[595] E, GARCÍA ALBERO, aludindo à proibição de *bis in idem*, sublinha que "podemos señalar que en su virtud queda excluida la posibilidad de valorar de modo plural, y siempre que las valoraciones se orienten en la misma dirección, un mismo factor determinante tanto del 'quod' como del 'quantum' concreto de pena."[596]

Impõe-se, assim, também às agravantes e qualificadoras, a adoção da referida proibição de sua dupla ponderação como regra geral, extensível a todo o Direito Sancionador Tributário. Não há razão alguma, princípio ou regra, que possam justificar a eventual desconsideração das técnicas que imprimem eficácia à proibição de *bis in idem* no âmbito penal, também às sanções administrativas, quanto mais quando essa atitude redunde aberta e inegavelmente na imposição dupla ou múltipla de punições frente a um mesmo fato (no caso, a mesma circunstância agravante ou qualificadora já ponderada), pela simples razão de que se estará optando por

---

o que se lê, v.g., do seguinte aresto do Tribunal Regional Federal da Quarta Região: HC 200504010422806, Rel. Maria de Fátima Labarrère, j. 13.12.05: HABEAS CORPUS. CRIME CONTINUADO. UNIFICAÇÃO DE PENAS. AUMENTO PELA CONTINUIDADE DELITIVA. DUPLA APLICAÇÃO. *BIS IN IDEM*. VEDAÇÃO. AUSÊNCIA DE CONSTRANGIMENTO ILEGAL. ORDEM DENEGADA. 1. Na unificação de penas, o aumento resultante pela continuidade delitiva deve incidir somente uma vez, sob pena de *bis in idem*. O juízo da execução, ao estabelecer a pena unificada, deve afastar o acréscimo realizado a título de caracterização de crime continuado reconhecido na sentença condenatória. 2. No caso, mesmo desconsiderando o aumento da pena unificada, em decorrência da dupla majoração pelo crime continuado, inviável a pretensão do impetrante de ver-se posto em liberdade. Inexiste constrangimento ilegal a ser sanado na via do presente "habeas corpus". 3. Ordem denegada.
595. *Manual de Derecho Administrativo Sancionador de la Abocacía General del Estado*. Navarra: Ministerio de Justicia y IOB Thompson, 2005, p. 287.
596. GARCÍA ALBERO, Ramon. *Non Bis in Idem Material y Concurso de Leyes*. Barcelona: Cedecs, 1995, p. 239.

forma de interpretação desfavorável ao acusado, expressamente vedada pelo CTN na imposição e graduação de sanções. A incidência do *non bis in idem*, no âmbito sancionador, já se imporia independentemente até mesmo da existência de regra posta, como princípio orientador de todo o Direito Punitivo.[597]

6.7 Breves considerações acerca do disposto no art. 72 do Código Penal

Embora o art. 72 do Código Penal preveja que "no concurso de crimes, as penas de multa são aplicadas distinta e integralmente", entendemos que essa previsão não prejudica o quanto aqui exposto, no que se refere à incidência da proibição de *bis in idem* relativamente às sanções tributárias. É que, em primeiro lugar, existe um limite à aplicação da pena de multa posto no Código Penal, em seu art. 49, que prevê que "a pena de multa consiste no pagamento ao fundo penitenciário da quantia fixada na sentença e calculada em dias-multa. Será, no mínimo, de 10 (dez) e, no máximo, de 360 (trezentos e sessenta) dias-multa." E esse limite já é bastante razoável quando se verifica os patamares em que pode ser fixado o valor do dia-multa, a saber: "§ 1º – O valor do dia-multa será fixado pelo

---

597. Para fim meramente ilustrativo, podemos citar julgado que pacifica o entendimento da primeira e segunda Turmas do STJ acerca da impossibilidade de aplicação de dupla multa no âmbito do processo civil, ainda que ambas estejam devidamente previstas em lei e não haja nenhuma regra posta proibitiva do cúmulo. A Corte, assim, optando por uma solução baseada na especialidade, entendeu por excluir por completo a imposição da segunda sanção (sem que para tanto fosse necessário declarar sua ilegalidade, inconstitucionalidade ou qualquer vício): PROCESSUAL CIVIL – EMBARGOS DE DIVERGÊNCIA – AGRAVO REGIMENTAL PROTELATÓRIO – IMPOSIÇÃO DAS MULTAS PREVISTAS NOS ARTIGOS 18 E 557, § 2°, DO CPC – CUMULAÇÃO – IMPOSSIBILIDADE – PRECEDENTES – Caracteriza inegável "bis in idem" a imposição cumulativa das multas previstas nos artigos 18 e 557, § 2°, do CPC, pela interposição de um único recurso – Em face do princípio da especialidade, a oposição de agravo protelatório só enseja a oposição da multa prevista no § 2° único do artigo 557 do CPC – Embargos de divergência providos para afastar a multa do artigo 18 do CPC (EREsp 641.522/SP, Rel. Min. PEÇANHA MARTINS, 1ª Seção).

juiz não podendo ser inferior a um trigésimo do maior salário mínimo mensal vigente ao tempo do fato, nem superior a 5 (cinco) vezes esse salário." Ou seja, há uma limitação e ela já se presta a garantir a proporcionalidade na aplicação das multas, ainda que somadas.

Em segundo lugar, certo é que a pena de multa constitui, no mais das vezes, uma pena acessória no Direito Penal, não exercendo o protagonismo que exerce no âmbito sancionador tributário.[598] A comparação correta, portanto, deve ser procedida entre os regimes aplicáveis às penas/sanções centrais de um e de outro ramo, pois com essas se preocupa de maneira mais detida o legislador e para elas é que se estabeleceu todo um regime atinente ao concurso de delitos.

Por derradeiro (e não menos importante), certo é que a determinação do CTN é no sentido de que se busque apoio na analogia para o efeito de emprestar solução *mais favorável* ao acusado, o que obviamente redundaria frustrado caso se admitisse a possibilidade ilimitada de cumulação de sanções pecuniárias. A proibição de *bis in idem*, portanto, deve tomar do Direito Penal aquelas noções que lhe confiram um maior grau eficacial, possibilitando um sistema mais objetivo de controle do exercício do *jus puniendi* e uma maior garantia dos direitos individuais.

Evidentemente que não seria admissível, por absoluta incompatibilidade com a Carta, concluir-se que inexistem limites às multas pecuniárias e sua cumulação, em qualquer esfera ou circunstância.[599] A violação aos dispositivos lá abroquelados seria

---

598. Não por outra razão, o próprio Código Penal prevê, em seu art. 60, § 2º que a pena privativa de liberdade só pode ser substituída pela de multa quando não superior a seis meses.
599. "El concepto de ley propio del Estado de Derecho, que transforma la Democracia en una Democracia constitucional, es el que hace posibles aquí garantías contra injusticias y desigualdades. También hace posible la distinción entre leyes y otros actos estatales, pues en la Democracia absoluta la voluntad del pueblo es soberana, y no sólo ley suprema, sino también

múltipla, a começar pela proibição de confisco, seguindo pela proporcionalidade e legalidade, como, aliás, já reiteradamente decidiu o STF, conforme os diversos julgados acima citados. Nesse sentido, o art. 72 do Código Penal somente pode ser compreendido como uma daquelas disposições intrasladáveis precisamente por sua especificidade, somente podendo ser compreendido se contextualizado naquele sistema, em que o foco da punição está centrado nas sanções privativas de liberdade e a multa aparece apenas como uma figura secundária, complementar, inferior.

Seção II
Aspectos Adjetivos/Processuais da Proibição de *Bis in Idem* no Direito Sancionador Tributário: a Duplicidade (Simultânea ou Sucessiva) de Processos Punitivos

1. O (início do) fim do mito da independência das esferas no ordenamento jurídico brasileiro[600]

Em dezembro de 2003, o Supremo Tribunal Federal proferiu importante decisão que alterou o seu posicionamento sobre tormentoso tema envolvendo os chamados delitos tributários. Por maioria, no julgamento do *Habeas Corpus* n. 81.611, decidiu o plenário da Suprema Corte pela concessão do *writ*, determinando o trancamento da ação penal proposta contra acusado da prática do delito previsto no artigo 1º da Lei n. 8.137/90,[601] em

---

suprema decisión judicial, acto de la suprema autoridad administrativa, etc." (SCHIMITT, Carl. *Teoría de la Constitución*. Madrid: Alianza, 1982, p. 252).
600. Partes desse tópico foram extraídas do artigo que publicamos em co-autoria com Felipe MOREIRA DE OLIVEIRA. PEIXOTO, Marcelo Magalhães (Coord.). *Direito Penal Tributário*. São Paulo: MP Editora, 2005, p. 119 e segs.
601. Art. 1º – Constitui crime contra a ordem tributária suprimir ou reduzir tributo, ou contribuição social e qualquer acessório, mediante as seguintes condutas: I – omitir fiscalização, ou prestar declaração falsa às autoridades fazendárias; II – fraudar a fiscalização tributária, inserindo elementos

virtude da pendência – quando do início da ação penal – de decisão na esfera administrativa sobre o mérito do tributo em torno do qual se haveria praticado o crime contra a ordem tributária. A decisão do Supremo Tribunal Federal possui consequência concreta: a necessidade da constituição definitiva do crédito tributário como condição para a propositura da ação penal. Muito além disso, contudo, possui outro aspecto de extremo relevo para o presente trabalho: a ruptura e desconstrução do mito da "independência das esferas".

O Direito, como ciência cultural que é, elabora, organiza e estabelece conceitos que, muitas vezes, com o passar do tempo, atingem o *status* de *"entidades sacras"* cuja simples evocação constitui afirmação inconteste da "verdade". Tais conceitos, sem qualquer questionamento acerca de seu significado ou de sua correção, adquirem caráter mítico, travestindo-se em verdades absolutas, inatacáveis, sob o discurso de ameaça da desestruturação do próprio Direito.

Uma destas "verdades míticas" era o referido argumento da *independência das esferas administrativa-tributária e penal*. Tal independência, tida como absoluta, petrificou-se no julgamento do pedido cautelar da Ação Direta de Inconstitucionalidade n. 1571/DF,[602] que postulava a suspensão do disposto no artigo 83 da Lei n. 9.430/96. No mérito, a referida ação

---

inexatos, ou omitindo operação de qualquer natureza, em documento ou livro exigido pela lei fiscal; III – falsificar ou alterar nota fiscal, fatura, duplicata, nota de venda, ou qualquer outro documento relativo à operação tributável; IV – elaborar, distribuir, fornecer, emitir ou utilizar documento que saiba ou deva saber falso ou inexato; V – negar ou deixar de fornecer, quando obrigatório, nota fiscal ou documento equivalente, relativa a venda de mercadoria ou prestação de serviço, efetivamente realizada, ou fornecê-la em desacordo com a legislação. Pena – reclusão de 2 (dois) a 5 (cinco) anos, e multa. Parágrafo Único. A falta de atendimento da exigência da autoridade, no prazo de 10 (dez) dias, que poderá ser convertido em horas em razão da maior ou menor complexidade da matéria ou da dificuldade quanto ao atendimento da exigência, caracteriza a infração prevista no inciso V.

602. Informativo do Supremo Tribunal Federal n. 64, 17-28 de março de 1997, p. 1 a 4.

TEORIA DA PROIBIÇÃO DE *BIS IN IDEM* NO DIREITO TRIBUTÁRIO

discutia a adequação constitucional do referido dispositivo legal, como se passa a expor.

1.1 O julgamento do pedido liminar na ADIN n. 1571

O Procurador-Geral da República propôs Ação Direta de Inconstitucionalidade relativa ao artigo 83 da Lei n. 9.430/96,[603][604]

---

603. Art. 83. A representação fiscal para fins penais relativa aos crimes contra a ordem tributária previstos nos arts. 1º e 2º da Lei no 8.137, de 27 de dezembro de 1990, e aos crimes contra a Previdência Social, previstos nos arts. 168-A e 337-A do Decreto-Lei n. 2.848, de 7 de dezembro de 1940 (Código Penal), será encaminhada ao Ministério Público depois de proferida a decisão final, na esfera administrativa, sobre a exigência fiscal do crédito tributário correspondente. (Redação dada pela Lei n. 12.350, de 2010).

Parágrafo único. As disposições contidas no caput do art. 34 da Lei n. 9.249, de 26 de dezembro de 1995, aplicam-se aos processos administrativos e aos inquéritos e processos em curso, desde que não recebida a denúncia pelo juiz.

§ 1º Na hipótese de concessão de parcelamento do crédito tributário, a representação fiscal para fins penais somente será encaminhada ao Ministério Público após a exclusão da pessoa física ou jurídica do parcelamento. (Incluído pela Lei n. 12.382, de 2011).

§ 2º É suspensa a pretensão punitiva do Estado referente aos crimes previstos no caput, durante o período em que a pessoa física ou a pessoa jurídica relacionada com o agente dos aludidos crimes estiver incluída no parcelamento, desde que o pedido de parcelamento tenha sido formalizado antes do recebimento da denúncia criminal. (Incluído pela Lei n. 12.382, de 2011).

§ 3º A prescrição criminal não corre durante o período de suspensão da pretensão punitiva. (Incluído pela Lei n. 12.382, de 2011).

§ 4º Extingue-se a punibilidade dos crimes referidos no caput quando a pessoa física ou a pessoa jurídica relacionada com o agente efetuar o pagamento integral dos débitos oriundos de tributos, inclusive acessórios, que tiverem sido objeto de concessão de parcelamento. (Incluído pela Lei n. 12.382, de 2011).

§ 5º O disposto nos §§ 1º a 4º não se aplica nas hipóteses de vedação legal de parcelamento. (Incluído pela Lei n. 12.382, de 2011).

§ 6º As disposições contidas no caput do art. 34 da Lei no 9.249, de 26 de dezembro de 1995, aplicam-se aos processos administrativos e aos inquéritos e processos em curso, desde que não recebida a denúncia pelo juiz. (Renumerado do Parágrafo único pela Lei n. 12.382, de 2011).

604. Por violação ao disposto nos artigos 1º; 2º; 3º; 5º, caput, e inciso XXXV; 37; 60, § 4º, III; 192, I e 170 da Constituição Federal.

postulando, em sede liminar a suspensão da norma atacada.

Quando do julgamento do pedido liminar, decidiu o Supremo Tribunal Federal acompanhar, por maioria, o posicionamento do Relator, Min. Nery da SILVEIRA, que concluiu que o referido dispositivo legal não estabelecera condição de procedibilidade ao oferecimento da denúncia, sendo dirigido aos agentes da administração fazendária, não estando o Ministério Público, titular da ação penal, impedido de propô-la antes mesmo do término do procedimento administrativo.[605]

O Ministro Maurício CORRÊA acompanhou o Relator, afirmando: "se se verifica a existência do crime, naquele momento em que se procede a ação fiscal, nada impede a ação do Ministério Público, independentemente da apuração visada em processo administrativo".

No mesmo sentido, o Ministro Celso de MELLO concluiu que "a norma legal ora questionada *não* impede que o Ministério Público, para fazer instaurar, nos delitos contra a ordem tributária, a pertinente *persecutio criminis, dependa* da superveniência de decisão final, *na esfera administrativa*, reconhecendo a exigibilidade fiscal do crédito tributário correspondente." Ressaltou o Ministro, ainda, que os requisitos de procedibilidade da ação penal não poderiam ser presumidos e que, somente se poderia considerar a ação penal pública como condicionada, quando a lei estabelecesse a necessidade de delação postulatória.[606]

---

[605]. Afirmava o acórdão do Ministro Nery da SILVEIRA: "não define o artigo 83, da Lei n. 9.430/1996, desse modo, condição de procedibilidade para a instauração da ação penal pública, que poderá, na forma de direito, mesmo antes de encerrada a instância administrativa, que é autônoma, iniciar a instância penal, com a propositura da ação correspondente".
[606]. Assim referiu o Ministro Celso de MELLO: "convém asseverar, neste ponto, por necessário, que os requisitos de procedibilidade *não se presumem*. Antes, devem resultar, de maneira expressa e inequívoca, do próprio texto legal. A ação penal de iniciativa pública *somente* qualificar-se-á como ação

Já naquele julgamento, apesar de acompanharem a negativa de concessão da liminar na referida ADIN, os Ministros Marco Aurélio MELLO e Carlos VELLOSO explicitaram o seu entendimento no sentido da necessidade do término do processo administrativo para o início da ação penal.

O Ministro Carlos VELLOSO fixou seu ponto de vista, afirmando que "se não se tem lançamento definitivo, decisão final definitiva, não se tem, ainda, crédito fiscal exigível. O Ministério Público não poderá, então, instaurar a ação penal."[607] E concluiu que, tendo em vista a previsão legal de extinção da punibilidade pelo pagamento do tributo antes do recebimento da denúncia, o processo penal somente poderia ser instaurado após realizado o lançamento fiscal, o que somente ocorre com a decisão final do procedimento administrativo.[608]

O Ministro Sepúlveda PERTENCE indeferiu a liminar, deixando em aberto o tema com relação à questão penal ao

---

penal *condicionada*, quando o seu ajuizamento, pelo Ministério Público, *depender* – por efeito de *expressa* determinação legal – da *delação postulatória* manifestada pelo ofendido ou por órgão ou autoridade competente."

607. E prosseguiu: "veja o caput do art. 1º: falsificou ou alterou nota fiscal, para quê? Para suprimir ou reduzir tributo; fraudou a fiscalização tributária, inserindo elementos inexatos, omitindo operação de qualquer natureza, para quê? Para suprimir ou reduzir tributo. Se não houver redução ou supressão de tributo, não há crime. Vale dizer, se não houver sonegação de tributo não há crime".

608. Nas palavras do Ministro: "reitero que o Ministério Público não poderá oferecer denúncia, com base nos artigos 1º e 2º, da Lei 8.137, de 1990, sem antes existir a decisão final no procedimento administrativo fiscal, tendo em vista o que dispõe o art. 34, da lei 9.249, de 26.12.95, retro indicado, que estabelece o pagamento do tributo, inclusive acessórios, antes do recebimento da denúncia, extingue a punibilidade dos crimes definidos na Lei 8.137, de 1990, e na Lei 4.729, de 1965. Ora, somente com a decisão final no procedimento administrativo é que se tem como apurado o crédito fiscal realmente devido; somente com a decisão final do procedimento administrativo é que o crédito fiscal torna-se exigível. É que somente aí é que se tem realizado o lançamento (CTN, artigos 142 e segs.)".

dizer: "não entro na indagação de quando o Ministério Público poderá, ou não, denunciar enquanto corre a ação fiscal – ou mesmo sem que ela corra –, porque continuo entendendo que o problema de o réu poder valer-se da faculdade de extinguir a punibilidade pelo pagamento do crédito há de encontrar alguma solução em Direito."

1.2 O julgamento do *habeas corpus* n. 81.611

Como salientado acima, no último mês de 2003, a Suprema Corte estabeleceu que em relação aos delitos previstos no artigo 1º da Lei n. 8.139/90, é necessária a conclusão do processo administrativo instaurado para a discussão do valor (e da própria existência) do crédito tributário. Trata-se do *Habeas Corpus* n. 81.611-DF, Rel. Min. Sepúlveda PERTENCE. O julgado foi assim ementado:

> I. Crime material contra a ordem tributária (L. 8137/90, art. 1º): lançamento do tributo pendente de decisão definitiva do processo administrativo: falta de justa causa para a ação penal, suspenso, porém, o curso da prescrição enquanto obstada a sua propositura pela falta do lançamento definitivo. 1. Embora não condicionada a denúncia à representação da autoridade fiscal (ADInMC n. 1571), falta justa causa para a ação penal pela prática do crime tipificado no art. 1º da L. 8137/90 – que é material ou de resultado –, enquanto não haja decisão definitiva do processo administrativo de lançamento, quer se considere o lançamento definitivo uma condição objetiva de punibilidade ou um elemento normativo de tipo. 2. Por outro lado, admitida por lei a extinção da punibilidade do crime pela satisfação do tributo devido, antes do recebimento da denúncia (L. 9249/95, art. 34), princípios e garantias constitucionais eminentes não permitem que, pela antecipada propositura da ação penal, se subtraia do cidadão os meios que a lei mesma lhe propicia para questionar, perante o Fisco, a exatidão do lançamento provisório, ao qual se devesse submeter para fugir ao estigma e às agruras de toda sorte do processo criminal. 3. No

entanto, enquanto dure, por iniciativa do contribuinte, o processo administrativo suspende o curso da prescrição da ação penal por crime contra a ordem tributária que dependa do lançamento definitivo.

Após a prolação do referido acórdão, o Supremo Tribunal Federal manteve o seu posicionamento, como se verifica nos seguintes feitos: HC n. 84.105, HC n. 83.717, Relator Ministro Marco Aurélio MELLO; HC n. 83.414, HC n. 83.901, Relator Ministro Joaquim BARBOSA e AI n. 419.578, Relator Ministro Sepúlveda PERTENCE. E o entendimento foi consolidado na súmula vinculante n. 24, de dezembro de 2009, segundo a qual "não se tipifica crime material contra a ordem tributária, previsto no art. 1º, incisos I a IV, da Lei 8.137/90, antes do lançamento definitivo do tributo."

As decisões posteriores ao *leading case* já contêm o posicionamento adotado na referida decisão. Em seu voto no HC n. 84.105, o Ministro Marco Aurélio MELLO, fazendo menção ao HC n. 81.611, bem como ao seu posicionamento quando do julgamento da ADIN n.º 1.571, salientou, dentre outros argumentos, que o término do processo administrativo, como condição ao encaminhamento da representação fiscal, "viabiliza, (...), o exercício amplo do direito de defesa na fase administrativa, evitando-se açodamentos por parte do fisco e até mesmo, na hipótese de sonegação fiscal, pendente recurso administrativo com efeito suspensivo, e não se tendo, portanto, a exigibilidade do valor apontado, venha-se a caminhar, mesmo assim, de forma paradoxal, para a notícia do que seria o crime de sonegação".[609]

---

609. Prosseguiu o Ministro Marco Aurélio MELLO: "o quadro autorizaria a conclusão sobre a inexistência de justa causa. Inexigível, embora momentaneamente, o tributo, a sonegação fica em suspenso e, aí, tem-se o prejuízo do próprio tipo penal, deixando de haver base para a atuação do Estado-acusador, ou seja, do Ministério Público".

Quanto à *"independência das esferas"* concluiu o Relator que "há a independência, não existe a menor dúvida, das esferas civil, administrativa e penal. Mas a ordem jurídica é única, sendo essa independência norteada pela interpretação sistemática das diversas normas".

Veja-se que a discussão, traçada nos referidos julgados, não se refere apenas ao reconhecimento de se tratar o crime em questão de delito formal ou material. O posicionamento do Supremo Tribunal Federal, há muito, é no sentido da necessidade da efetiva supressão ou redução do tributo, v.g. HC n. 75.945/DF – Rel. Min. Sepúlveda PERTENCE. O HC n. 81.611/DF, além de ratificar tal posicionamento, descortinou a visão do Supremo Tribunal Federal, retirando-lhe dos olhos o véu mítico da "independência das esferas".

A visão anterior limitava-se à evocação do dogma da existência da independência das esferas, sem se dar conta de que a razão de tal construção dogmática era a higidez e o funcionamento da ordem jurídica. Essa independência não pode ignorar a harmonia do sistema. Iluminando o assunto em questão, é inadmissível que dentro de um sistema harmônico possa haver o início da ação penal, patrocinada pelo Estado, por supressão ou redução de tributo, se o mesmo Estado informa ao criminalmente acusado que a exigibilidade do crédito tributário, que deu origem à persecução penal, encontra-se suspensa (art. 151, III, do Código Tributário Nacional[610]), e se o mesmo tributo pode ser considerado indevido, sem que se tenha por definitivo o lançamento, na dicção do STF.

Dogmas como o da independência das esferas não podem servir como instrumento de instabilização da ordem jurídica, sob pena de esfacelamento da segurança jurídica necessária ao

---

610. Art. 151. Suspendem a exigibilidade do crédito tributário: III – as reclamações e os recursos, nos termos das leis reguladoras do processo tributário administrativo;

Direito Tributário e ao Direito Penal – ramos do direito público que trazem como princípio matriz o da legalidade, a partir do qual se fundamenta todo o sistema legal, material e processual.

Rogério Gesta LEAL[611] em texto sobre sistema, ordenamento e norma jurídica ensina que "a realização do Direito é unitária, sendo que apenas por meio de uma análise abstrata é possível decompô-la em várias fases, que por sua vez *precisam ser operadas em conjunto*. Nesse sentido, particularmente focada é a unidade entre interpretação e aplicação, de modo que tudo está implicado, desde a localização da fonte até a delimitação dos fatores relevantes, que atuam como parte de um todo vivo. Significa dizer que, perante um problema a resolver, não se aplica, apenas, a norma primacialmente vocacionada para a solução. Todo o direito é chamado a depor. Por isso, há que lidar com os diversos ramos do Direito, em termos articulados, com relevo à Constituição." (grifamos)

Na mesma linha, o Ministro Sepúlveda PERTENCE, no acórdão do AI n. 419.578-5/SP, que não foi conhecido com fundamento na Súmula 288,[612] mas no qual se concedeu *habeas corpus*, de ofício, para declarar a nulidade do processo, desde a denúncia, com fundamento duplo na "ausência de condição objetiva de punibilidade" e na "carência de elemento normativo do tipo, conforme decidido no HC n. 81.611", concluiu que "nos crimes do art. 1º da Lei 8.137/90, que são materiais ou de resultado, a decisão definitiva do processo administrativo consubstancia uma condição objetiva de punibilidade, configurando-se como elemento essencial à exigibilidade da

---

611. LEAL, Rogério Gesta. *Hermenêutica e Direito* – considerações sobre a Teoria do Direito e os Operadores Jurídicos. 3ª Ed. Santa Cruz do Sul: EDUNISC, 2002, p. 104.
612. Súmula 288: "nega-se provimento a agravo para subida de recurso extraordinário, quando faltar no traslado o despacho agravado, a decisão recorrida, a petição de recurso extraordinário ou qualquer peça essencial a compreensão da controvérsia."

obrigação tributária, cuja existência ou montante não se pode afirmar até que haja o efeito preclusivo da decisão final em sede administrativa".

A propositura da ação penal constitui-se no exercício do direito à jurisdição penal. As normas de direito material penal não são auto-aplicáveis, sendo dependentes da prestação jurisdicional. A sanção penal, por maior que seja o interesse do autor do fato na aplicação, contra si próprio, do preceito secundário da norma penal, não prescinde do processo penal. Tal afirmação é óbvia, porém, suas consequências não são tão claras ou ao menos não se têm feito traduzir em muitos posicionamentos doutrinários e jurisprudenciais.

O processo penal, ao contrário do civil, é imprescindível para a concretização do Direito material, com isso, deve se ter em mente que possui dupla função. A primeira, jamais esquecida, é a de dar resposta à pretensão punitiva exercida pelo Estado nos crimes de ação penal pública, ou pelo particular, nos de ação penal privada. A segunda, muitas vezes olvidada, é a de servir como instrumento de tutela às garantias e direitos individuais estabelecidos na Constituição. Somente a partir dessa dupla função é que o processo penal se concretiza e atinge seus fins em uma sociedade democrática.

Segundo James GOLDSCHMIDT,[613] "os princípios da política processual de uma nação não são outra coisa senão os segmentos de sua política estatal em geral. Pode-se dizer que a estrutura do processo penal de uma nação não é mais do que o termômetro dos elementos corporativos ou autoritários de sua constituição." Assim, o processo penal não serve como simples meio para a aplicação de sanções, mas como esteio para o fortalecimento dos princípios democráticos.

---

613. GOLDSCHMIDT, James Paul. *Princípios Gerais do Processo Penal*: conferências proferidas na Universidade de Madrid nos meses de dezembro de 1934 e de janeiro, fevereiro e março de 1935. Belo Horizonte: Líder, 2002.

Em relação ao caso em estudo, a noção de tutela de garantias – estruturante do processo penal – passa pela *justa causa* para a propositura e recebimento da ação penal. Uma sociedade democrática não pode admitir que seus membros tenham a sua liberdade ameaçada por ações penais destituídas de propósitos, justificativas e elementos que demonstrem a materialidade da conduta.

O processo penal não serve como instrumento investigatório. A coleta de provas capazes de apontar a materialidade dá-se em fase pretérita ao seu início. Não se oferece a denúncia para que, durante o processo, se busque apurar a materialidade e a autoria; a ação penal deve ser proposta a partir de um suporte mínimo probatório, capaz de sustentar a existência do fato e demonstrar indícios que apontam para a sua autoria pelo denunciado. Nunca se pode olvidar que o processo penal destina-se a *proteger os indivíduos contra o abuso do poder estatal.*[614]

1.3 O lançamento e a constituição do crédito tributário na visão do STF – a linguagem como veículo de expressão jurídica

Aqui procuramos demonstrar que, antes de finda a esfera tributária administrativa, não há como ser estabelecida, validamente, a ação penal e mesmo o inquérito policial.[615] Assume máxima relevância, portanto, a compreensão da sistemática do que se quer dizer por "constituição do crédito tributário", que nada mais é do que o relato em linguagem competente dos eventos necessários e imprescindíveis ao surgimento

---

614. Ibid., p. 11.
615. Com efeito, no entendimento do STF, nem mesmo o inquérito policial pode prosseguir enquanto não esgotada o processo administrativo tributário. Veja-se os termos do seguinte julgado: "Provejo o recurso ordinário para conceder a ordem e trancar o inquérito policial, observada a necessidade de ter-se o encerramento do processo administrativo fiscal. (RE 83.717)".

do direito creditício no mundo jurídico, e à emanação dos efeitos daí decorrentes.

Com efeito, como já ensinou Paulo de Barros CARVALHO, "não vejo como é possível dizer existente um fato jurídico, relacional ou não, sem a manifestação adequada em linguagem competente".[616] "A natureza da norma individual e concreta, veiculada pelo ato de lançamento tributário, ou pelo ato produzido pelo sujeito passivo para apurar seu débito, nos casos estabelecidos em lei, assumirá a feição significativa de providência constitutiva de direitos e deveres subjetivos".[617]

De fato, é somente por meio da manifestação de linguagem competente, entendida como tal aquela capaz de obrigar o sujeito passivo, que se pode considerar provada a existência do direito ao crédito fiscal. O lançamento, assim, apresenta-se como o mecanismo juridicamente apto a comprovar a existência deste direito do Fisco. Sem ele, ou mesmo estando ele despido de todos os seus elementos estruturais, o crédito, juridicamente, não existe. Como tudo o que é jurídico, o direito ao crédito só existe se for capaz de ser provado, ou seja, reproduzido na forma positivamente imposta, de modo a emanar os efeitos próprios, no caso, através do lançamento.[618]

O lançamento, no entanto, é um daqueles termos empregados pelo Direito em relação ao qual a insegurança e a

---

616. CARVALHO, Paulo de Barros. *Direito Tributário:* fundamentos jurídicos da incidência. São Paulo: Saraiva, 1998, p. 227.

617. Idem, p. 226.

618. Sempre pertinentes, a esse respeito, as palavras de Alberto XAVIER: "Temos sustentado a tese de que, no exercício da sua atividade de lançamento, o Fisco é um órgão de justiça, inobstante ser parte na relação jurídica tributária, cuja função consiste na aplicação objetiva da lei. E ainda que o Fisco é uma parte imparcial, pois – apesar de ser parte em sentido substancial de relação jurídica tributária – no procedimento administrativo de lançamento o 'interesse formal' do Estado é irrelevante, devendo sempre prevalecer o 'interesse substancial' de justiça, ou seja, de aplicação objetiva da lei." (XAVIER, Alberto. *Princípios do Processo Administrativo e Judicial Tributário*. Rio de Janeiro: Forense, 2005, p. 44).

dúvida estão estabelecidas, ante a plurivocidade de sentidos possíveis, o que dificulta, sobremaneira, a tarefa do intérprete. Como bem relatou Eurico Marcos Diniz de SANTI: "Assim, no uso técnico-comercial-contábil temos o emprego da expressão 'lançamento' como: (i) ação ou (ii) efeito de escriturar uma verba em livros de escrituração comercial; (iii) a própria verba que se escritura; e (iv) efetuar o cálculo, conferir liquidez a um crédito ou débito. Em seu desenvolvimento, a legislação e a técnica dogmática incorporaram aos textos legais e à doutrina o termo 'lançamento', acrescentando, com estas novas aplicações, novo matiz de significados à plurivocidade de sentidos de que já gozava o vocábulo, empregando-o, assim, (v) como procedimento administrativo da autoridade competente (art. 142 do CTN), processo, com o fim de constituir o crédito tributário mediante a postura de (vi) um ato-norma administrativo, norma individual e concreta (art. 145 do CTN, "caput"), produto daquele processo; (vii) como procedimento administrativo que se integra com o ato-norma administrativo de inscrição da dívida ativa; (viii) lançamento tributário como o ato-fato administrativo derradeiro da série em que se desenvolve um procedimento com o escopo de formalizar o crédito tributário; (ix) como atividade material do sujeito passivo de calcular o montante do tributo devido, juridicizada pela legislação tributária, da qual resulta uma (x) norma individual e concreta expedida pelo particular que constitui o crédito tributário no caso dos chamados 'lançamentos por homologação' (art. 150 do CTN e §§)."[619]

1.3.1 Lançamento como ato e como procedimento

Na situação aqui debatida, a rigor, o que o Supremo Tribunal Federal concluiu (ao exigir o término da esfera administrativa tributária para viabilizar a esfera penal) é que somente

---

619. SANTI, Eurico Marcos Diniz de. *Lançamento Tributário*. São Paulo: Max Limonad, 1996, p. 124-126.

se considera existente o crédito, porque definitivamente constituído, no momento da conclusão do contencioso administrativo. Antes disso, o direito creditício do Fisco é incapaz de ser considerado constituído, porque pendente de elementos necessários e imprescindíveis à sua perfeição. Até o término da instância administrativa – pode-se inferir dos julgados da Corte Suprema – o fato não foi relatado em linguagem competente, não existindo juridicamente (de acordo com as premissas acima), ainda, para efeitos penais, por não ser "definitivo".[620] Nesse sentido, o voto do Min. Cezar PELUSO abertamente declara o acolhimento da teoria "constitutivista" em torno da natureza do lançamento, a reforçar nossa explanação de que é pelo relato em linguagem competente – na dialética do processo administrativo que se inicia com o lançamento – que os fatos se constituem juridicamente.[621]

Essa orientação, pode-se dizer, está coerente com o quanto foi positivado no art. 142 do CTN,[622] que concebe o lançamento como um "procedimento". A doutrina, sabe-se, muito já discutiu acerca da classificação do lançamento como um "ato" ou como um "procedimento". Para uns, o lançamento apresenta-se como

---

620. Fujamos aqui da distinção entre os planos da existência e validade, pois, para os efeitos da linha de raciocínio adotada, tais planos se equivalem, na medida em que um ato só existirá no mundo jurídico se satisfizer os pressupostos necessários ao seu ingresso nesse sistema (jurídico), de modo que a validade é condição da própria existência do ato, em sintonia com a escola kelseniana da Teoria Pura.

621. Diz ele: "sem a atividade completa do lançamento, pois, é inoperante, em termos de exigibilidade da obrigação já delineada, a mera aplicação do art. 113, §1º. E isso significa e demonstra, a mim me parece que de maneira irrespondível, que o lançamento tem natureza predominantemente constitutiva da obrigação exigível: sem o lançamento, não se tem obrigação tributária exigível."

622. Art. 142. Compete privativamente à autoridade administrativa constituir o crédito tributário pelo lançamento, assim entendido o procedimento administrativo tendente a verificar a ocorrência do fato gerador da obrigação correspondente, determinar a matéria tributável, calcular o montante do tributo devido, identificar o sujeito passivo e, sendo caso, propor a aplicação da penalidade cabível.(...)

um ato, como se pode ler em Alberto XAVIER, que diz "conforme atrás já se deixou sublinhado, o artigo 142 do Código Tributário Nacional incorre em sério equívoco ao caracterizar o lançamento como procedimento administrativo, quando na realidade este instituto assume o caráter de ato jurídico, mais precisamente o ato administrativo que aquele procedimento visa preparar. Cumpre, porém, salientar que o Código não se manteve coerente com a posição assim adotada, posto que noutros preceitos acolheu a expressão lançamento com o significado de ato jurídico e não de procedimento: é por exemplo, o que se passa com o artigo 149, ao referir-se à revisão do lançamento, de vez que o objeto de revisão só podem ser atos, não procedimentos."[623] Também Misabel Abreu Machado DERZI, que ensina "o lançamento é um ato jurídico-administrativo e é assim definido pela maioria dos doutrinadores. (...) O lançamento poder ser procedido ou sucedido por um procedimento administrativo, entendido esse como 'sucessão ordenada de formalidades tendentes à prática ou à execução de um ato administrativo por parte de uma autoridade ou órgão administrativo'. (...) Portanto, o lançamento é ato administrativo, cujo efeito jurídico é dotar o direito de crédito, que lhe preexiste, de exigibilidade, ou confirmá-lo, extinguindo-o na hipótese de homologação tácita ou expressa do pagamento. Não se confunde, assim, com o procedimento do qual resulta (procedimento que pode assumir diversas modalidades, a saber, de ofício, com base em declaração ou por homologação), nem com aquele que, às vezes o sucede."[624]

O STF, contudo, adotou, em seus julgados, premissas que mais o aproximam da doutrina procedimentalista italiana, que coloca o contencioso administrativo dentro do processo de

---

623. XAVIER, Alberto. *Do Lançamento: teoria geral do ato, do procedimento e do processo tributário*. 2ª Ed. Rio de Janeiro: Forense, 1998, p. 44.
624. NASCIMENTO, Carlos Valder (coord.); Ives Gandra da Silva Martins. et al. *Comentários ao Código Tributário Nacional*. Rio de Janeiro: Forense, 1998, p. 353-355.

gestação do crédito tributário. E nisso, contrapõe-se à doutrina de Sacha Calmon Navarro COÊLHO, segundo a qual "o processo administrativo tributário é processo revisional do lançamento, não tendo, entre nós, nenhum sentido a doutrina procedimentalista, cuja praça forte é a Itália, que atribui ao *procedimento administrativo* a formação do crédito tributário como se fora um útero jurígeno."[625]

Na verdade, como lembra Ives Gandra MARTINS, essa orientação do STF já é mais antiga, tendo sido igualmente agasalhada quando a Corte se posicionou acerca da decadência tributária. Nesta ocasião, como rememora o autor, em artigo que trata especificamente da discussão acerca da natureza de "ato" ou "procedimento" administrativo do lançamento, à luz do art. 142 do CTN (e após revelar a sua posição pessoal contrária àquela da Suprema Corte), o STF incluiu o processo administrativo na gestação do crédito tributário, entendendo-o constituído apenas ao cabo deste procedimento: "Não tem sido esta, todavia, a interpretação hospedada pelo STF, ao tratar de decadência, posto que interpreta ocorrer a constituição definitiva do crédito tributário a partir da conclusão do procedimento administrativo, meramente revisional no Direito brasileiro. Dessa forma, o lançamento seria necessariamente um procedimento, cujo ato final poderia ser privativo de uma autoridade (agente fiscal) ou da última instância administrativa colegiada."[626]

Dentre todos os efeitos que decorrem dessas orientações doutrinárias, notamos que a conclusão a que chegou o Supremo Tribunal Federal demonstra magistralmente que a discussão doutrinária acima rememorada não era estéril, acarretando

---

625. COÊLHO, Sacha Calmon Navarro. *Liminares e Depósitos antes do Lançamento por Homologação*: decadência e prescrição, 2ª Ed. São Paulo: Dialética, 2002, p. 68-69.
626. MARTINS, Ives Gandra da Silva. *Processo Administrativo Fiscal*. Coord. Valdir de Oliveira Rocha. São Paulo: Dialética. 1997, p. 45. Para o autor, no entanto, não é o "lançamento que gera o procedimento, mas este que se encerra no ato de lançamento." (idem, ibidem).

soluções antagônicas diante de um mesmo problema jurídico. Ao entender necessária a conclusão do processo administrativo para o efeito de se considerar constituído o crédito, parece claro que a Corte Maior reforçou a linha doutrinária que considera o lançamento como um procedimento, tanto que exige uma sucessão de atos para sua perfectibilização.

1.3.2 Lançamento provisório e lançamento definitivo

Mais do que isso, é possível ainda afirmar que o STF, ao posicionar-se pela interdependência das esferas penal e administrativo-tributária, alinhou-se à orientação doutrinária dicotômica, que divide os lançamentos em duas categorias chamadas "lançamentos provisórios" e "lançamentos definitivos". Isso porque, à luz desse debate doutrinário, provisório será aquele lançamento que for passível de alteração no seio da Administração, por força do processo administrativo ou mesmo de ofício; enquanto que definitivo será aquele lançamento que já não admite essas hipóteses. Paulo de Barros CARVALHO está entre os autores que critica essa posição defensora da tese da provisoriedade, dizendo que "a susceptibilidade a impugnações é predicado de todos os atos administrativos, judiciais e legislativos, com exceção somente daqueles que se tornaram imutáveis por força de prescrições do próprio sistema do Direito positivo, como é o caso da decisão administrativa irreformável (que adquire definitividade no âmbito meramente administrativo) e da decisão judicial transitada em julgado, não mais podendo ser atacada por ação rescisória."[627]

O STF, contudo, ao decidir que antes de concluída a esfera tributária administrativa não há espaço para o desenrolar da esfera penal, naturalmente, não emprestou força de definitividade, v.g., ao mero ato de lavratura de um auto de infração (que

---

627. CARVALHO, Paulo de Barros. *Direito Tributário*: fundamentos jurídicos da incidência. São Paulo: Saraiva, 1998, p. 231.

impõe sanção e cobra o crédito). Preferiu considerá-lo provisório até que referendado pelas autoridades competentes, ao cabo do processo administrativo desencadeado pela impugnação. Até porque, se fosse possível considerá-lo definitivo, não haveria razão em se obstar o desencadear do processo penal ou da mera instauração do inquérito policial, pois certa seria a existência do fato. Do voto do Min. Carlos VELLOSO na ADIN n. 1.571, repetido no julgamento do HC n. 81.611, extrai-se a confirmação da tese da definitividade, sendo o mesmo claro ao colocar a decisão final administrativa como divisor de águas na questão: "se não se tem lançamento definitivo, decisão final definitiva, não se tem, ainda, crédito fiscal exigível. O Ministério Público não poderá, então, instaurar a ação penal." E vai além, dizendo que "somente aí que se tem realizado o lançamento (CTN, art. 142, e segs.)". E cite-se, igualmente, a seguinte passagem do voto do Min. Joaquim BARBOSA no HC n. 83.414-1: "O delito tipificado no art. 1º da Lei 8.137/1990 é crime material que se consuma apenas com o exaurimento do procedimento administrativo. Isso porque "tributo" é elemento normativo do próprio tipo penal."

Poder-se-ia argumentar, finalmente, não ser possível extrair-se a conclusão acima, dado que um ato pode ser considerado pronto e acabado, mas, apenas, ter sua eficácia suspensa. No entanto, parece-nos que esse raciocínio, no caso, admite uma crítica, pois, de certa forma, redunda em petição de princípio: ora, como se pode se considerar determinado ato pronto e acabado, *definitivamente*, se ele carece de um de seus elementos mais importantes, qual seja a aptidão a produzir e irradiar todos os efeitos dele decorrentes? A eficácia suspensiva do lançamento, desencadeada pelo procedimento administrativo-tributário, assim, apenas reafirma a ausência de definitividade deste lançamento enquanto não esgotada essa via, na visão do STF. Nossa intenção, aqui, no entanto, não é polemizar ou aduzir nossa posição doutrinária, senão que, como operadores do Direito, observar a evolução da práxis, atentando às leituras de seu intérprete

Supremo e confrontando-a com as posições doutrinárias existentes, para, com isso, vislumbrar as consequências do entendimento adotado pelo STF relativamente à proibição de *bis in idem*.

1.4 Considerações em torno da independência das esferas e a proibição de *bis in idem*

A decisão do STF no HC n. 81.611, embora longa, pouco se debruça no tema específico do mito da independência das esferas. Aliás, pode-se dizer até que procura passar ao largo do mesmo, para não ter que enfrentar as várias e importantes consequências que uma posição firme em torno desse tema poderiam desencadear. Independentemente de uma incursão no tema, contudo, é certo que, por esse julgamento Plenário, pode-se considerar superada significativa jurisprudência da Corte e do próprio STJ que, sempre baseados na suposta independência de esferas, costumavam apartar as esferas judicial e administrativa para sempre permitir sua desconexão, ao menos no que toca aos delitos fiscais e à prévia necessidade de constituição do crédito tributário pela Administração.

O fato, contudo, é que a independência das esferas ainda continua a ser afirmada em diversos recentes julgados da Corte que, de forma um tanto paradoxal, convivem com a orientação plenária iniciada no HC n. 81.116.[628] Mesmo assim, a importância histórica da decisão é inegável, e dela se podem extrair trechos que começam a jogar novas luzes sobre o debate, colaborando para a desconstrução do dogma, ainda que de forma tímida, como na passagem do voto do Min. Marco

---

628. A título ilustrativo, citem-se as seguintes decisões do STF tomadas ainda em defesa da independência das esferas: INQUÉRITO – DIREITO DE PERMANECER EM SILÊNCIO – ADVERTÊNCIA. A necessidade de a autoridade policial advertir o envolvido sobre o direito de permanecer em silêncio há de ser considerada no contexto do caso concreto. Sobressaindo o envolvimento de cidadão com razoável escolaridade – 2º Tenente da

Aurélio MELLO que, ao mesmo tempo em que reafirma a premissa, procede à diluição de suas forças, já atento a uma compreensão sistemática do Direito, dizendo que "há a independência, não existe a menor dúvida, das esferas civil, administrativa e penal. Mas a ordem jurídica é única, sendo essa independência norteada pela interpretação sistemática das diversas normas."

Este o ponto nodal da discussão. A Ordem Jurídica, não há dúvida, é instrumento, ferramenta criada pelo homem para a proteção de um fundo substantivo. A proteção dos direitos materiais – ou ainda, dos valores socialmente relevantes, porque

---

Aeronáutica –, que, alertado quanto ao direito à presença de advogado, manifesta, no inquérito, o desejo de seguir com o interrogatório, buscando apenas gravá-lo, sendo o pleito observado, e, na ação penal, oportunidade na qual ressaltada a franquia constitucional do silêncio, confirma o que respondera, inclusive relativamente à negativa de autoria, não cabe concluir por vício, no que a ação penal fora ajuizada a partir do que contido nos autos do inquérito. AÇÃO PENAL – CONSELHO DE JUSTIFICAÇÃO – ESFERAS PENAL E ADMINISTRATIVA – INDEPENDÊNCIA. A independência das esferas penal e administrativa é conducente a ter-se como neutra, no tocante à primeira, concessão de ordem, sujeita ainda a reexame necessário, pelo Juízo Federal, devendo seguir normalmente o processo penal em curso na circunscrição militar (HC 88950 / RS, Rel. Min. Marco Aurélio MELLO).
No mesmo sentido, em outro contexto: HABEAS CORPUS. CRIME CONTRA O SISTEMA FINANCEIRO. ART. 17 DA LEI 7.492/86. TRANCAMENTO DA AÇÃO PENAL. IMPOSSIBILIDADE. EXISTÊNCIA DE JUSTA CAUSA. INDEPENDÊNCIA DAS ESFERAS ADMINISTRATIVA E PENAL. PRECEDENTES. WRIT DENEGADO. 1. A jurisprudência do Supremo Tribunal é firme no sentido de que "o trancamento da ação penal, em habeas corpus, constitui medida excepcional que só deve ser aplicada quando indiscutível a ausência de justa causa ou quando há flagrante ilegalidade demonstrada em inequívoca prova pré-constituída", o que não se verifica na presente hipótese (RHC 95.958/PI, Rel. Min. Ricardo LEWANDOWSKI, DJ 04.09.2009). 2. Considero que, no contexto da narrativa dos fatos, tal como feita pelo Ministério Público Federal, há justa causa para a deflagração e prosseguimento da ação penal contra o paciente, não se tratando de denúncia inepta, seja formal ou materialmente. 3. Ante a independência entre as esferas administrativa e penal, a decisão do Banco Central em procedimento administrativo não impede a atuação do Ministério Público, que é o titular da ação penal (art. 129, I, da CF). 4. Writ denegado (HC 97567 / RJ, Rel. Min. Ellen GRACIE).

estes sim precedem a Ordem Jurídica formal – é que há de ser o pano de fundo de toda a discussão ou criação doutrinária ou pretoriana. Nesse contexto, parece-nos certo que as divisões epistemológicas que, didática e formalmente, foram criadas pelo homem para um melhor manuseio da ordem não podem jamais se sobrepor à unidade do ordenamento e à sua compreensão sistêmica.

A razão pela qual isso há de ser assim é simples. Tais segmentações servem ao homem e, necessariamente, o ordenamento haverá de convergir em um único centro de interesses, *que é o homem*. Dividido em quantas partes se quiser, tal seccionamento será incapaz de converter o Direito em algo fragmentário. Ele será uno, na exata medida em que seu centro de interesses e, principalmente, as consequências de toda normatização desaguarão na vida social e misturar-se-ão a ela com absoluta desconsideração de sua inserção tópica ou formal. As regras jurídicas recairão sempre sobre os homens, e tal se fará de forma cumulativa, indistinta.[629] [630]

---

629. "É preciso não perder de vista que a justiça é una e que a concepção parcelada do fenômeno a prejudica. Devemos tomar como pressuposto fundamental, já registrado por bons juristas, o da unidade do justo (e consequentemente da igualdade) (ver J.J. FERREIRO LAPATZA. Justiça Tributária. In: RDT, 46/7-16, São Paulo, p.12; [...])." (BALEEIRO, Aliomar; DERZI, Misabel de Abreu Machado. *Limitações Constitucionais ao Poder de Tributar*. 8. ed. São Paulo: Forense, 2010, p. 1192).

630. Como já teve a oportunidade de dizer TIPKE "o Direito Tributário é parte do Ordenamento Jurídico global. Elemento essencial de um Ordenamento é a liberdade de contraposição de seus valores fundamentais do Direito e da Justiça: se o legislador fixou esses valores fundamentais em uma parte do Ordenamento Jurídico, então ele deve em outros setores do Ordenamento Jurídico observá-los. Essa liberdade de contraposição valorativa do Ordenamento Jurídico como elemento disciplinador do Direito é evidenciada pelo postulado 'Unidade do Ordenamento Jurídico'. A 'Unidade de Ordenamento Jurídico' é importante nas seguintes hipóteses:

a) Os regramentos dos diferentes setores do Direito são afetados por uma única valoração fundamental eficaz, extensiva ao ramo jurídico, especialmente por uma valoração fundamental constitucional. Em consequência os regramentos afetados são postos entre parênteses em uma assim chamada unidade de valor.

No caso concreto objeto do presente estudo, tal lógica se apresenta com uma força acachapante. Se existe um sentimento humano – extrato axiológico – comum, transnacional e mesmo natural, de rechaço à imposição de um duplo ou múltiplo castigo por um mesmo fato, é absolutamente incoerente que se permita que a segmentação formal do ordenamento possa ignorar tal necessidade e projetar-se sobre o homem de forma irracionalmente cumulativa. A ser assim, cada ramo do Direito, tal qual um diálogo de surdos, poderia outorgar-se o poder de projetar uma reação punitiva frente a um mesmo fato, como se a anterior não existisse, sem que se ponderassem as razões ou a forma pela qual se está procedendo à punição em outra esfera e, principalmente, sem que se considerasse que todas as punições recairão sobre um único e singular indivíduo.

O homem é o único destino do uso desse poder. Se a divisão entre as esferas é artificial, não há dúvida de que as consequências são reais. Supostas construções cerebrinas, que buscam justificar cada punição por advir de uma esfera diferente

---

A 'Unidade de Valor da Ordem Jurídica' impregna especialmente as relações entre Direito Tributário e Direito Social, na medida em que o princípio da necessidade jurídico-social como imagem reflexa toma assento no princípio da capacidade contributiva tributária (s.Rz.26). Tanto está o legislador especialmente obrigado a assegurar a garantia constitucional do mínimo vital no Direito da Assistência Social como no Direito Tributário, no qual um mínimo vital tributário que sobrepaire ao Direito da Assistência Social satisfaz também uma válida valorização fundamental no Direito Social (s.Rz.24).

b) A 'Unidade de Ordenamento Jurídico' é ainda destruída se o Direito Tributário não respeita valores fundamentais de outros setores do Direito, que entretanto, segundo a teleologia própria do Direito Tributário devem ser respeitadas. Assim, p.ex., o civilmente necessário deve ser de alimentos minora a capacidade contributiva tributária. Se eles iniquamente são desconsiderados no Direito Tributário, então é desse modo não somente ofendida valoração fundamental tributária do princípio da liquidez familiar (s.§9 Rz. 74 seg.), mas também negada a 'unidade de ordenamento jurídico'. De consequência sempre corre risco a 'unidade de ordenamento jurídico', se a norma tributária, contra a própria valoração constitucional, negligencia resultados econômicos de regramento de outros setores do Direito (TIPKE, Klaus. *Direito Tributário*. Porto Alegre: S.A. Fabris, 2008, V.1, p. 68-69).

ou para um "fim" distinto, são incapazes de superar esse que é o único fato real da análise: as sanções se somarão na pessoa de um único ser humano. A noção de proporção – que o mais elementar sentimento de Justiça recomenda observar, entre a ofensa e a reação –, então, será esfacelada em nome da proteção do "sistema", como um ato cego e dogmático.

No mundo inteiro, a concepção de unidade do ordenamento jurídico vem ganhando força e projetando seus efeitos nas mais diversas situações, exatamente pelo reconhecimento dessas premissas. Não hesitamos em dizer que a independência das esferas é noção arcaica que, se bem serviu à estruturação dos sistemas jurídicos, hoje cede passo ante a necessidade de afirmação da centralidade do indivíduo e sua proteção contra o aparato estatal onipresente. Quando os Estados firmam Tratados para a proibição de duplo processamento penal, dão a mostra mais evidente dessa lógica: se mesmo um ordenamento soberano reconhece, por razões de Justiça, que haverá de se abster de punir um dado indivíduo por ele já haver sido punido por outro Estado, segundo outras leis, está demonstrando de forma irretorquível a compreensão de que, mais importante que a segmentação e independência dos ordenamentos, são as consequências práticas que suas desinteligências podem acarretar.

Se o Estado abre mão de seu ordenamento para evitar que o fim maior de proteção do homem contra a dupla imposição de um castigo reste comprometido, com muito mais razão internamente haverá de se proceder dessa forma. A comunicação entre esferas internas haverá de ser superada com muito mais facilidade, inclusive porque independe da existência ou superação de um mandamento legal, senão que deriva da pura e simples superação exegética de um dogma que, como visto, não se justifica e se incompatibiliza com objetivos maiores almejados pelo próprio Estado (de proteger o homem contra a punição desmesurada e/ou a segurança jurídica).

Trata-se aqui, apenas, de uma libertação mental da doutrina da glorificação da forma, que empresta às ferramentas maior valor que o objeto de seu labor, a razão para a qual foram concebidas. Ou ainda, que torna superlativo o valor que desempenha, ignorando que é apenas peça na composição de um todo harmônico chamado ordenamento jurídico, que não pode ser enxergado a partir das partes, como se a máquina ganhasse vida própria, senão que, com um passo atrás, a partir do homem.

A fragilidade da doutrina que se empenha em defender a fragmentação do ordenamento pode ser evidenciada ao imaginar-se, hipoteticamente, que em nosso sistema pudéssemos convergir todas as esferas punitivas e toda a apreciação da adequação dessas punições em dois únicos polos (o que acusa e o que julga) e não inúmeras instâncias e ordenamentos. Certamente, ninguém ousaria defender que, ainda assim, as sanções devem ser impostas de forma cumulada, com absoluta desconsideração de tratar-se de um único fato. Eventuais duplicidades/multiplicidades existentes seriam certamente ponderadas, reciprocamente, para o efeito de se evitar o excesso, impedir a sobreposição indevida e garantir o respeito à equação de proporcionalidade entre o ato lesivo e a repressão que se lhe impõe. A nosso sentir, essa reflexão deixa bem evidente que o que muitas vezes leva determinados operadores à aplicação cumulativa de punições (ou à defesa cega da independência das esferas) é a *opção* por ignorar os efeitos nocivos e inconstitucionais que essa prática proporciona, submetendo garantias fundamentais da pessoa humana ao império burocrático da divisão da ciência jurídica em escaninhos.[631] Não se pode, contudo, confundir "independência das esferas" com "isolamento das esferas".[632]

---

631. "Essa doutrina que mitiga e relativiza a independência entre as instâncias vem ganhando corpo no Direito brasileiro" (OSÓRIO, Fabio Medina. *Direito Administrativo Sancionador*. 2ª Ed. São Paulo: Revista dos Tribunais, 2005, p. 343).
632. Recente caso de isolamento de esferas pode ser visto no seguinte julgado do STF, de relatoria do Min. Dias TOFFOLI, que entendeu por desconsiderar decisão do próprio Ministério da Fazenda, que anulou crédito tributário, para o efeito de determinar a retenção de depósito feito nos autos judiciais, por estar

Com essas considerações, afirmamos que a superação do mito da independência das esferas é exigência da proibição de *bis in idem*, para o efeito de garantir que autoridades distintas e – mais importante – Poderes distintos possam coordenar-se, de modo a exercer suas competências de forma harmônica, isto é, cientes do simultâneo ou sucessivo exercício de idênticas competências repressivas por outra(s) autoridade(s), sempre em prol da máxima proteção às garantias individuais que lhes são superiores. A outorga do Poder de punir pela lei a mais de uma autoridade não pode implicar autorização para a dupla punição (simultânea ou sucessiva), para a punição exagerada, ou mesmo para a geração de insegurança (mediante novos processos sobre idênticos fatos já julgados). Em última análise, o ordenamento de *lege ferenda*, deve caminhar para o respeito a um princípio de unicidade de toda a ação punitiva[633] (tal como

---

o "mérito da exação pendente de discussão nesta Corte". Disse o Ministro, na ocasião, que "a decisão proferida pelo Ministério da Fazenda anulando o crédito tributário faz coisa julgada apenas no âmbito administrativo, não irradiando efeitos preclusivos ao debate da questão de direito pendente de apreciação neste Supremo Tribunal Federal. Se o crédito é anulado, o depósito deve ser mantido por cautela em caso de eventual decisão favorável à Fazenda Pública. 3. Independência, no caso, entre as instâncias administrativa e judicial, a refutar a assertiva de que o resultado do agravo regimental seria indiferente no que concerne à obrigatoriedade de restituição do valor depositado." (RE 204.107 AgR-Ag-R, DJe-208, divulg. 22.10.2012). Ora, se à Fazenda cabe privativamente a constituição do crédito tributário, parece certo que quando ela mesma o anula, não se pode trasladar ao Judiciário a tarefa de constituir o crédito. Se o próprio Fisco reconhece tratar-se de crédito nulo, não há o que se revisar no Poder Judiciário. O julgado, portanto, bem ilustra a insegurança e as distorções que a descoordenação de esferas pode gerar, ao cogitar da possibilidade do crédito ser considerado inexistente em uma esfera (ademais, a esfera a quem cabe privativamente sua constituição) e existente em outra (que, aliás, não pode constitui-lo).
633. "Ora, a dignidade humana concretizada no direito a não ser perseguido renovadamente pelos mesmos factos, obriga – para além do trunfo atribuído ao cidadão para defesa contra os 'ataques' àquele direito – a uma organização da acção punitiva estadual, de modo a garantir a sua unicidade. Obriga à configuração dos processos sancionatórios e das regras de competência das autoridades punitivas de forma a serem tratados numa única acção os diferentes aspectos da infracção sob investigação e a impedir a instauração

está evoluindo no âmbito da União Europeia, a partir da premissa albergada no ELSJ[634]), que evite também a dupla persecução sancionadora, o duplo processo sancionador.

Enquanto isso não acontece de forma ordenada (mediante reestruturação legislativa), cumpre ao intérprete garantir o exercício coordenado do *jus puniendi*, em seus aspectos materiais e processuais, valendo-se dos princípios e técnicas do Direito Penal e Processual (projetados também no contraste entre as esferas administrativa e judicial, ou entre esferas administrativas), de modo a impedir que as descoordenações do sistema vigente possam redundar no comprometimento das garantias fundamentais de segurança e proporção na aplicação da punição. O princípio geral *non bis in idem*, que alcança todo o Direito Sancionador e se impõe como exigência de Justiça, requer se coloque o homem como foco único da ação punitiva, a partir do qual se ordenarão os processo punitivos e a própria medida das penas (em sentido amplo), como se verá a seguir.

2. A coordenação das esferas punitivas e a interdição ao cúmulo sancionador na práxis jurisprudencial (notadamente, na práxis espanhola)

Na Espanha, o mito da independência das esferas foi paulatina e seguramente derrubado pela jurisprudência do Tribunal Supremo e do Tribunal Constitucional. Desde a década de 80, reiterados julgados trataram de atestar a comunicação

---

e pendência de várias acções punitivas pelo mesmo facto." (RAMOS, Vânia Costa. *Ne Bis in Idem e União Europeia*. Coimbra: Coimbra Ed., 2009, p. 146).
634. Espaço de Liberdade, Segurança e Justiça (ELSJ), que passa a constituir um dos objetivos da União Europeia e que implicou na redação de um Plano de Ação para tornar eficaz esse propósito, que prevê como prioridade "estabelecer medidas de coordenação das investigações penais e dos processos em curso nos Estados-membros a fim de evitar uma duplicação de esforços e decisões contraditórias, tendo em conta uma melhor utilização do princípio *ne bis in idem*".

entre o que se passa na via administrativa com o que ocorre no âmbito do Poder Judiciário, especialmente para o efeito de atestar a impossibilidade de que, sob o argumento de se tratarem de esferas distintas, se pudesse impor ao cidadão um duplo castigo, uma dupla sanção. A proibição de *bis in idem*, assim, funcionou como motor para o estabelecimento da premissa de intercomunicação.

Na STC 2/1981, o Tribunal deixou claro que não se poderia conceber que um mesmo fato pudesse ser considerado existente em uma esfera e inexistente em outra (tal como ocorreu no STF, no julgamento do HC n. 81.116 e no RE n. 204.107, este último citado em rodapé). Evoluindo no tema, a STC 77/1983, retomou o estudo da proibição de *bis in idem*, para o efeito de determinar a impossibilidade de se absolver na esfera penal e punir na esfera administrativa, mediante a aplicação de multa. Na ocasião, entendeu-se pela absoluta preferência da ordem penal naqueles casos em que os fatos possam também ser considerados crimes.[635] Preconizou-se, também, a necessidade

---

635. FERREIRO LAPATZA assim explica a operacionalização da proibição de *bis in idem* na Lei Geral Tributária: "En cuanto al principio *non bis in idem*, la L.G.T. concreta su aplicación en tres supuestos específicos disponiendo (art.180), en primer lugar, que: «si la Administración tributaria estimase que la infracción pudiera ser constitutiva de delito contra la Hacienda Pública, pasará el tanto de culpa a la jurisdicción competente o remitirá el expediente al Ministerio Fiscal, previa audiencia del interesado y se abstendrá de seguir el procedimiento administrativo». La sentencia condenatoria impide la imposición de sanciones administrativas. Si no se aprecia la existencia de delito podrá seguirse el procedimiento de acuerdo con los hechos que, en su caso, hubiesen considerado probados los tribunales. El principio *non bis in idem*, al que este precepto sirve, «determina una interdicción de la duplicidad de sanciones administrativas y penales respecto de unos mismos hechos» (S.T.C. 77/1983, de 3 de octubre); «no permite por unos mismos hechos, duplicar o multiplicar la sanción sea cualquiera la autoridad que primeramente la haya impuesto, caso que es el de autos, puesto que la Hacienda Pública ya impuso al presunto infractor otra sanción» (S.T.S. de 12 de mayo de 1986); puesto que la «posibilidad de sancionar la misma conducta administrativamente y más tarde penalmente o viceversa se haya proscrita» (S.A.P. Barcelona, 14 de noviembre de 1988, CaT, núm.87).

El principio de no concurrencia determina, en segundo lugar (art. 180.2

de se respeitar a coisa julgada em sua dupla vertente, positiva (para dizer que o declarado em sentença é a verdade jurídica) e negativa (impossibilidade de um novo processo sobre o tema), sendo ambas componentes essenciais da proibição de *bis in idem*.

A orientação consagrada na STC 77/1983 evidencia, ainda, o entendimento da Corte no sentido da prevalência da via judicial sobre a administrativa, dizendo que "la subordinación de los actos de la Administración de imposición de sanciones a la autonomía judicial exige que la colisión entre una actuación jurisdiccional y una actuación administrativa haya de resolverse en favor de la primera (...)". A orientação vigente conduzia à suspensão da tramitação do expediente administrativo, em espera a que se concluísse o penal, como se lê da STS de 17 de novembro de 1999 (3ª, Ar. 6.751, Ledesma), segundo a qual "la circunstancia de que la sentencia penal fuera dictada después de que la resolución administrativa adquiera firmeza no impide la aplicabilidad del principio non bis in idem, inequivocamente contrario...a la duplicidad sancionadora. La Administración, que ha apreciado los hechos con perfecta exactitud, debió sin embargo suspender la tramitación del expediente administrativo en espera de que concluyera el proceso penal dada la simultaneidad temporal entre uno y otro."

Anos depois, contudo, o TC deu prevalência à via administrativa na STC 177/99, anulando sentença penal posterior à sanção administrativa, em importantíssimo julgado que empresta valor

---

L.G.T.) que «una misma acción u omisión que deba aplicarse como criterio de graduación de una sanción o como circunstancia que determina la calificación de una infracción como grave o muy grave, no podrá ser sancionada como infracción independiente». Así, p. ej., si el incumplimiento de la obligación de facturar va acompañado de la falta ingreso y afecta a mas del 20 por 100 de las operaciones, se utilizará como criterio de graduación de la sanción por la dicha falta de ingreso, pero no como infracción independiente (la que existiría si se incumple el deber de facturar sin falta de ingreso)." (FERREIRO LAPATZA, José Juan. *Curso de Derecho Financiero Español*: derecho tributario, parte general (teoría general del tributo, obligaciones, procedimiento, sanciones). 24ª Ed. Madrid: Marcial Pons, Ediciones Jurídicas y Sociales, 2004, v. 2, p. 202-203).

superior à vertente material da proibição de *bis in idem*, para afastar a cumulação independentemente da divisão entre esferas, que não pode, segundo tal aresto, ser oposta em seu prejuízo. O julgado abre novos horizontes ao tratar da interdição de *bis in idem* com uma visão garantista e severamente defensora da segurança jurídica:

> Desde una perspectiva sustancial el principio de non bis in idem, se configura como un derecho fundamental del ciudadano frente a la decisión de un poder público de castigarlo por unos hechos que ya fueron objeto de sanción como consecuencia del anterior ejercicio del jus puniendi del Estado. Por ello... la interdicción del *non bis in idem* no puede depender del orden de preferencia que normativamente se hubiere establecido entre los poderes constitucionales...ni menos aún de la eventual inobservancia por la Administración sancionadora de la legalidad aplicable; lo que significa que la preferencia de la jurisdicción penal sobre la potestad administrativa sancionadora ha de ser entendida como una garantía del ciudadano y nunca como una circunstancia limitativa de la garantía que implica aquel derecho fundamental. La perspectiva que en sus sentencias condenatorias han considerado los órganos judiciales ha sido la meramente procedimental en que cristaliza la vertiente procesal del non bis in idem, desatendientdo a su primordial enfoque sustantivo o material, que es el que cumple la función garantizador que se halla en la base del derecho fundamental en juego. (En definitiva) la dimensión procesal no puede ser interpretada en oposición a la material.

Veja-se o que a histórica decisão supra faz é levar a quebra do mito da independência das esferas às últimas consequências. O Tribunal Constitucional deixou claro, nessa ocasião, que o direito substantivo (no caso, a faceta material da proibição de *bis in idem*), haverá sempre de prevalecer em contraste com o direito adjetivo. E que a vertente procedimental da própria proibição de *bis in idem*, serve à garantia do próprio direito, não havendo razão para se colocar em risco o bem juridicamente relevante em nome do prestígio aos ritos estabelecidos – em última análise – para a própria proteção desse direito. A Corte, assim, procurou fixar premissa que – independente de outras considerações – é de suma importância: o Direito serve ao homem e os ruídos/incoerências na sua aplicação – especificamente a segmentação de sua estrutura em distintas esferas de Poder – não podem dar margem ao comprometimento de sua dignidade.[636]

A decisão supra foi objeto de extenso debate na Espanha, além de dissenso entre os próprios membros do Tribunal Constitucional, vindo a ser contraposta, posteriormente, pela edição das STC 152/2001 e 2/2003, que voltaram a dar ênfase à solução de prevalência da via judicial.

A nosso sentir (especificamente no que diz com o Direito Sancionador Tributário), contudo, a questão não deve passar por dar "prevalência" a uma das ordens (Judiciário ou Administração), especialmente no contexto do sistema brasileiro, em que os Poderes da República são, por expressa dicção da Carta, havidos como harmônicos e independentes uns em relação aos outros, de modo que não se pode – e seria mesmo inconstitucional – considerar a existência de uma relação de primazia. O que há é a circunstância, advinda da forma como está organizado o sistema jurídico brasileiro, de que, normalmente, as questões se sucederão, do ponto de vista cronológico, primeiramente na Administração e, posteriormente, no Judiciário, o que dá a este último a oportunidade de corrigir eventuais infrações constitucionais incorridas no contexto do Direito Sancionador Administrativo. A sobreposição do Judiciário, assim, não é ontológica, como se mais impor-

---

636. "A coerência não é condição de validade, mas é sempre condição para a justiça do ordenamento. É evidente que quando duas normas contraditórias são ambas válidas, e pode haver indiferentemente a aplicação de uma ou de outra, conforme o livre-arbítrio daqueles que são chamados a aplicá-las, são violadas duas exigências fundamentais em que se inspiram ou tendem a inspirar-se os ordenamentos jurídicos: a exigência da certeza (que corresponde ao valor da paz ou da ordem), e a exigência da justiça (que corresponde ao valor da igualdade). Onde existem duas normas antinômicas, ambas válidas, e portanto ambas aplicáveis, o ordenamento jurídico não consegue garantir nem a certeza, entendida como possibilidade, por parte do cidadão, de prever com exatidão as consequências jurídicas da própria conduta, nem a justiça, entendida como o igual tratamento das pessoas que pertencem à mesma categoria." (BOBBIO, Norberto. *Teoria do Ordenamento Jurídico*. 10ª Ed. Brasília: Editora UnB, 1999, p. 113).

tante fosse, senão que cronológica. Ainda assim, essa sobreposição dá-se apenas naquilo que a orientação da Administração colidir com a lei e/ou com a Constituição, na precisa extensão de que cabe ao Judiciário a guarda da Constituição e da Ordem Jurídica. No mais, as decisões do Executivo, bem assim do Legislativo, não estão sujeitas à "revisão" pelo Poder Judiciário, como se sua mera compreensão dos fatos fosse mais relevante que a dos demais Poderes, que a ela se subordinassem, ainda que ausente qualquer ofensa à lei. Especialmente, no que diz respeito à proibição de *bis in idem*, certo é que, independentemente da origem da sanção, o que se quer proibir é o resultado cumulativo, o efeito nocivo que essa sobreposição tem sobre os direitos e garantias individuais.

Coerente com as premissas que aqui defendemos, partilhamos do entendimento de BARJA DE QUIROGA, quando este afirma que "en cuanto derecho de defensa del ciudadano frente a una desproporcionada reacción punitiva, la interdicción del 'ne bis in idem' no puede depender del orden de preferencia que normativamente se hubiese establecido entre los poderes constitucionalmente legitimados para el ejercicio del derecho punitivo y sancionador del Estado". Como diz o autor, "la potestad administrativa sancionadora ha de ser entendida como una garantía del ciudadano, complementaria de su derecho a no ser sancionado dos veces por unos mismo hechos, y nunca como una circunstancia limitativa de la garantía que implica aquel derecho fundamental".[637] Em linha com o que disse TC espanhol, o núcleo essencial da garantia contida na proibição de *bis in idem* reside em impedir o excesso punitivo.[638][639]

---

637. Ob. cit., p. 46.
638. STC 2/2003.
639. Pertinentes, também, as ponderações de Vicente Oscar DÍAZ: "En primer lugar, es necesario recordar a cada momento que el Estado de derecho no es solamente el estado de una Administración absolutista, sino que se lo define como el que reconoce los derechos fundamentales de los individuos, en especial cuando se intenta la punición de delitos no convencionales.

Claus Wilhem Canaris habla en todo momento del necesario equilibrio que debe reinar en el marco del derecho represor, y hace hincapié en la descripción y las tareas de las teorías jurídicas necesarias que se debe indagar para no caer en excesos.

De toda forma, certo é que a operacionalização da proibição de *bis in idem*, seja no ordenamento espanhol, seja no brasileiro, não escapa a complexos problemas de ordem prática, como se viu tanto nos julgados daquele país, quanto na própria apreciação do HC n. 81.611 pelo STF, em que ao longo de mais de cem páginas de votos, os Ministros discutiram acerca de como se daria, na prática, a operacionalização da solução propugnada (de obstaculização da via penal, enquanto não encerrada a via administrativa). No caso brasileiro, é interessante que se veja, a prevalência, nesse específico caso, foi dada à *esfera administrativa*, à medida que se condicionou a própria existência do processo jurisdicional penal à afirmação administrativa de efetiva existência do crédito tributário. Entendeu-se que, tratando-se de providência que compete, com exclusividade, à Administração (a constituição do crédito tributário) e exigindo o tipo penal previsto na legislação então em debate a sonegação de tributo devido, não poderia haver processo penal enquanto não se tivesse, de fato, um crédito tributário devido, constituído de forma definitiva.

Na ocasião, o voto do Min. PERTENCE deixou claro que a punibilidade "pelas razões sistemáticas antes apontadas – estará subordinada à superveniência da decisão definitiva do processo administrativo de revisão do lançamento, instaurado de ofício ou em virtude da impugnação do contribuinte ou responsável: só então o fato – embora, na hipótese considerada, já aperfeiçoada a sua tipicidade – se tornará punível." Ao que foi complementado pelo voto do Min. PELUSO, para quem, tecnicamente, as condições de punibilidade, a rigor, nada mais são do que elementos do tipo, razão pela qual o que se estaria tratando é apenas de exigir que o fato que se pretende processar penalmente seja típico.

Acorde a tan calificado pensamiento científico, resulta necesario, sin duda, tener presente a cada instante que la pena criminal no es ningún bien; por el contrario, es un mal que expresa un reproche ético-jurídico sobre un comportamiento incorrecto acaecido; por tanto, tal consecuencia debe ser considerada en su verdadera dimensión social para no incurrir en excesos punitivos, lo que converge a postular que sólo se debe reprimir una culpabilidad jurídica penalmente relevante. (DÍAZ, Vicente Oscar. *Criminalización de las infracciones tributarias*. [Buenos Aires]: Depalma, imp. 1999, p. 29).

No que diz respeito, especificamente, à constituição do crédito tributário, não temos dúvida em afirmar que a via administrativa há de ser recebida com precedência sobre a penal, pois é de transparência hialina que não se poderia pretender iniciar processo penal pela sonegação de um tributo, quando a própria Administração, a quem compete constituir e cobrar o tributo venha a declarar a inexistência de exação devida.[640] Não nos parece, contudo, que desse julgado possa extrair-se uma afirmativa de caráter geral, que subordinasse, em qualquer circunstância, a solução judicial à Administrativa.

Da forma como entendemos o julgado, o raciocínio não prestigia uma esfera à outra. Baseia-se, isto sim, na constatação da existência de uma *relação de prejudicialidade*. Esta sim, pensamos, constitui critério absolutamente lógico e legítimo para se determinar qual das duas esferas haverá de, circunstancialmente, aguardar a decisão da outra.

Sempre que o julgamento de uma esfera (ou mesmo de um órgão, dentro do próprio seio da Administração),[641] puder

---

640. Igualmente, mesmo no âmbito exclusivamente tributário, à decisão do Ministério da Fazenda de considerar nulo determinado crédito tributário não poderia se contrapor uma decisão judicial que o considerasse devido, no que nos parece extremamente equivocada a decisão do RE 204.107, acima citada, que optou por manter depósito judicial nos autos de processo judicial, ainda que o próprio Fisco tenha afirmado a inexistência da dívida, em nome de uma alegada independência das esferas.

641. É o caso, por exemplo, quando uma determinada Secretaria de Estado é responsável pela outorga ou renovação de um dado benefício, enquanto outra (da Fazenda) decide lançar crédito tributário por entender que o contribuinte não faz jus ao benefício. Ou ainda, quando um Ministério aprova Projetos e contas de uma entidade conducentes à renovação de sua imunidade, e o Fisco, entendendo que a entidade não faz jus a essa condição, procede diretamente ao lançamento do tributo que supõe devido.

Em qualquer dessas situações, caberia ao Fisco intervir no processo administrativo em que foi conferido o direito, antes de passar ao lançamento do tributo. Mas, não o fazendo e, considerando-se a relação de prejudicialidade, o prosseguimento do processo administrativo de constituição do crédito tributário ficará condicionado ao processo ao qual se subordina, junto ao órgão que detém competência específica, especial, para outorgar e renovar o direito à exoneração em debate. O que não se admite é que a fiscalização influir e tornar prejudicada formação de juízo em processo em trâmite junto a outra esfera, haverá de se aplicar a proibição de *bis in idem* para se outorgar prioridade de processamento ao feito em favor do qual estiver estabelecida a relação de prejudicialidade.[642] O outro processo, então, deverá ser suspenso no aguardo da solução do primeiro.

Não se trata de uma questão de preferência, nem tampouco de negar a independência ou as competências específicas de cada ordem, senão que de emprestar-lhes funcionamento coerente, racional, evitando a superposição inútil de demandas, altamente prejudicial ao acusado, além de custosa à Administração. Emprega-se a proibição de *bis in idem* para prestigiar o princípio administrativo da eficiência, evitando que as desinteligências do sistema possam vir em prejuízo da centralidade do indivíduo, gerando insegurança jurídica, risco de decisões contraditórias e de superposição punitiva.[643] Trata-se de aplicar, analogicamente, as regras de litispendência (de mais a mais, expressivas do postulado *non bis in idem*), para o efeito de afastar o dúplice processamento simultâneo, dos quais possa decorrer a imposição de penalidade, em coerência, mais uma vez, com os arts. 108 e 112 do CTN.

---

simplesmente ignore a existência do outro órgão e de sua decisão e processo administrativo, agindo como se não existisse e, propositalmente, superpondo demandas relativas ao mesmo tema.

642. A relevância da prejudicialidade é acatada pela STC 30/1996,onde se disse que "resulta también constitucionalmente legítimo que el ordenamiento jurídico establezca, en algunos supuestos, a través de la prejudicialidad devolutiva, la primacía o la competencia específica de una jurisdicción sobre otra, para evitar que aquel efecto, indeseado desde la perspectiva constitucional, llegue a producirse (STC 158/1985)".

643. "O indivíduo e a necessidade de sua protecção estão na origem da afirmação peremptória do *ne bis in idem*. (...) A consagração de um *ne bis in idem* de valor constitucional faz parte da constituição penal iluminista, correspondendo à adopção de um processo penal liberal concebido para proteger o indivíduo dos abusos da acção punitiva estatal. (...) A legitimidade das restrições à liberdade só pode fundar-se no homem como sujeito, como fim em si. Logo, qualquer restrição terá que ter por fim a salvaguarda do próprio Homem, da sua liberdade e dignidade, ou das condições essenciais para o seu exercício." (RAMOS, Vânia Costa. *Ne Bis in Idem e União Europeia*. Coimbra: Coimbra Ed., 2009, p. 91-2).

TEORIA DA PROIBIÇÃO DE *BIS IN IDEM* NO DIREITO TRIBUTÁRIO

Na STC 159/1985, o Tribunal Constitucional alinhou-se a essa afirmação para dizer que "semejante posibilidad entrañaria, en efecto, una inadmisible reiteración en el ejercicio del 'jus puniendi' del Estado e, inseparablemente, una abierta contradicción con el mismo derecho a la presunción de inocencia, porque la coexistencia de dos procedimientos sancionadores para un determinado ilícito deja abierta la posibilidad, contraria a aquel derecho, de que unos mismos hechos, sucesiva o simultáneamente, existan o dejen de existir para los órganos del Estado". A independência absoluta entre as esferas, seguramente, dá margem à contradição.[644] Contradição cuja evidência é tal que se afigura difícil explicar para um leigo como algo pode ser existente e inexistente a um só tempo. E, se é consenso que a contradição existe, parece ser mais do que razoável que ao intérprete incumba a importante função de superá-la. Quanto mais quando para a superação disso não se exija uma reforma do sistema, senão que, exclusivamente, uma reforma de mentalidade, para que não mais se sobreponha a parte ao todo, com descompromisso das nefastas consequências daí advindas.

Mesmo na França, país em que a proibição de *bis in idem* sempre encontrou tímida recepção, tanto na doutrina quanto na jurisprudência, o Conseil Constitutionnel já teve a oportunidade

---

644. "Tratando agora da eliminação de tais contradições (conflitos), imediatamente verificamos que muitas contradições normativas são apenas aparentes. É o que podemos afirmar todas as vezes que, a uma interpretação correcta das normas que prima facie se contradizem e da sua interrelação, se mostra, logo, que uma delas deve ter precedência sobre a outra. A Jurisprudência, com o decorrer dos séculos, elaborou a este propósito uma serie de regras que servem para harmonizar as normas e, portanto, para evitar os conflitos entre elas. Na base de todas essas regras figura como «postulado» o princípio da unidade e da coerência (ausência de contradições) da ordem jurídica. As regras deste tipo dizem mais ou menos o seguinte: a norma especial tem precedência sobre a geral («lex specialis derogat legi generali»), ou: a norma superior prefere à inferior («lex superior derogat legi inferiori»), ou ainda: a norma posterior tem precedência sobre a norma anterior («lex posterior derogat legi priori»)." (ENGISCH, Karl. *Introdução ao Pensamento Jurídico*. 7ª Ed. Lisboa: Fundação Calouste Gulbenkian, 1996, p. 313-314).

de dizer que "uma sanção administrativa de natureza pecuniária não pode ser cumulada com uma sanção penal."⁶⁴⁵ E, em outra oportunidade, embora tenha admitido inexistir impedimento à cumulação, sustentou que tal possibilidade há de se realizar em obediência à proporcionalidade, ou seja, contanto que o montante global das duas sanções eventualmente pronunciadas não ultrapasse o montante máximo da sanção mais grave.⁶⁴⁶ O Conseil Constitutionnel também ressalta que: "le principe (non bis in idem) ne concerne pas seulement les peine prononcées par les jurisdictions répressives mais s´étend à toute sanction ayant le caractère d´une punition même si le législateur a laissé le soin de la prononcer à une autorité de nature non juridictionnelle."⁶⁴⁷

O Tribunal Europeu de Direitos Humanos, por sua vez, já se pronunciou inúmeras vezes sobre a aplicabilidade do princípio frente ao contraste entre o Direito Penal e o Direito Administrativo Sancionador.⁶⁴⁸

---

645. "En 1996, le Conseil constitutionnel a cepandant semblé opérer un revirement de jurisprudence en enonçant que 'une sanction administrative de nature pécuniaire ne peut se cumuler avec une sanction pénale." (Cons. Const. déc, 23 juill. 1996, n. 97-378 DC, Loi de réglementation des télécommunications: Rec. Cons. const., p. 99)" (LAMARQUE, Jean; NÉGRIN, Olivier; AYRAULT, Ludovic. *Droit Fiscal Général*. Paris: LexisNexis, 2009, p. 986).
646. Décision n. 97-395 DC du décembre 1997: 'lorsqu´une sanction administrative est susceptible de se cumuler avec une sanction pénale, le principe de proportionalité implique qu´en tout état de cause, le montant global des sanctions éventuellement prononcées ne dépasse pas le montant le plus élévé de l´une des sanctions encourues' (Cons. const. déc., 30 déc 1997, n. 97-395 DC, Loi de finances pour 1998: Rec. Const. const., p. 333, consid. 41).
647. Cons. Const., déc., 28 juill. 1989, n. 89-260 DC, préc.
648. O TEDH não questiona a aplicabilidade do princípio entre o ordenamento penal e o ordenamento administrativo sancionatório, conquanto este se enquadre no conceito material de "matéria penal" elaborado por aquele Tribunal (vide, v.g., Gradinger v. Áustria, 23.10.95). Neste ponto, há de se compreender que a razão dessa exigência está no contraste entre decisões proferidas por Estados soberanos no contexto de suas jurisdições internas, de modo que se faz necessário estabelecer quais tipos de processos das ordens envolvidas se comunicarão. Para tanto, no acórdão Engel e outros foram estabelecidos 3 requisitos: (1) quanto à classificação pelo direito nacional – o

Passemos, então, às formas de operacionacionalização da proibição de *bis in idem*, atentando às diversas dificuldades que podem emergir do contraste entre as exigências de sua faceta substantiva e de sua faceta processual, notadamente quando a persecução punitiva pode se dar em distintas ordens e em distintos momentos.

3. Soluções possíveis frente à potencial cumulação simultânea e sucessiva de sanções, pela mesma ou distinta autoridade, dentro de um mesmo ou distinto Poder, e sua operacionalização

No quadro abaixo, procuramos esquematizar os métodos para solucionar as situações de potencial acúmulo de sanções a que aludimos ao longo do presente trabalho, baseados na previsão dos arts. 108 e 112 do CTN, no que autorizam a adoção da interpretação mais favorável ao acusado e o recurso à analogia (no caso, com princípios e técnicas do Direito Penal)[649] no que toca à capitulação legal dos fatos, natureza da penalidade

---

Tribunal não a considera vinculativa, antes analisando as regras substantivas e procedimentais aplicáveis e até a classificação dada por outros Estados àquele tipo de infracção; (2) quanto à natureza da infracção – a natureza criminal é estabelecida quando a sanção pune a violação de uma regra dirigida a todos os cidadãos, em geral, e tem um fim simultaneamente punitivo e preventivo (por contraposição a um fim compensatório, de ressarcimento de danos); (3) quanto à natureza e à severidade da punição – sendo indiciadoras de natureza penal as privações e limitações de liberdade, de carácter punitivo e dissuasor, exceptuando-se aquelas que, pela natureza, duração ou modalidades de execução, não provoquem um prejuízo importante. O segundo e terceiro critério utilizados pelo TEDH são alternativos, não cumulativos." (RAMOS, Vania Costa. *Ne Bis in Idem e União Europeia*. Coimbra: Coimbra Ed., 2009, p. 44).

649. No Brasil, Hugo de Brito MACHADO, questionando a constitucionalidade da cumulação de sanções, defende a incidência da proibição de *bis in idem* no âmbito tributário, dada a aplicabilidade dos princípios de Direito Penal e considerada a nota de que o foco – no âmbito punitivo – reside na proteção do indivíduo contra os abusos da autoridade. (MACHADO, Hugo de Brito. Teoria das sanções tributárias. In: MACHADO, Hugo de Brito (Coord.). *Sanções Administrativas Tributárias*. São Paulo: Dialética, 2004, p. 187).

e sua graduação.[650 651] Como se verá, são múltiplas as variáveis influentes, já que tem em vista o processo administrativo, o processo judicial, a relação entre as esferas punitivas, a sucessão ou simultaneidade temporal das persecuções e a natureza das sanções que se pretende aplicar. Por isso, para efeitos didáticos, dividimos o tema em dois esquemas distintos, conforme se trate de cúmulo simultâneo ou sucessivo de sanções.

3.1 Duplo sancionamento simultâneo

Iniciemos pela situação de cumulação simultânea de penalidades (entendida como tal aquela que se dá relativamente a processo ou processos em curso):

---

650. Dizem os referidos artigos:

Art. 112. A lei tributária que define infrações, ou lhe comina penalidades, interpreta-se da maneira mais favorável ao acusado, em caso de dúvida quanto:

I – à capitulação legal do fato;

(...) IV – à natureza da penalidade aplicável, ou à sua graduação.

Art. 108. Na ausência de disposição expressa, a autoridade competente para aplicar a legislação tributária utilizará sucessivamente, na ordem indicada:

I – a analogia;

II – os princípios gerais de direito tributário;

III – os princípios gerais de direito público;

IV – a equidade.

§ 1º O emprego da analogia não poderá resultar na exigência de tributo não previsto em lei.

§ 2º O emprego da equidade não poderá resultar na dispensa do pagamento de tributo devido.

651. "Em caso de dúvida", diz a lei, embora nos pareça que a dúvida surja da própria dificuldade criada pela necessidade de se respeitar a proibição de *bis in idem*, respeitando o direito constitucional a não ser punido duas vezes pelos mesmos fatos, nem em medida desproporcional/superior à culpabilidade.

Diagrama

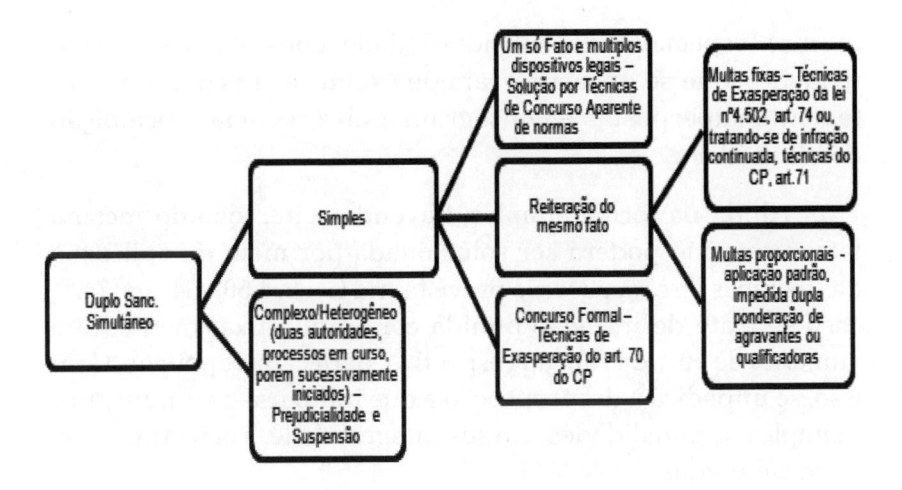

- **Duplo Sanc. Simultâneo**
  - **Simples**
    - **Um só Fato e múltiplos dispositivos legais – Solução por Técnicas de Concurso Aparente de normas**
    - **Reiteração do mesmo fato**
      - Multas fixas – Técnicas de Exasperação da lei nº 4.502, art. 74 ou, tratando-se de infração continuada, técnicas do CP, art. 71
      - Multas proporcionais - aplicação padrão, impedida dupla ponderação de agravantes ou qualificadoras
    - **Concurso Formal – Técnicas de Exasperação do art. 70 do CP**
  - **Complexo/Heterogêneo** (duas autoridades, processos em curso, porém sucessivamente iniciados) – Prejudicialidade e Suspensão

O duplo sancionamento simultâneo, portanto, poderá ser simples ou complexo/heterogêneo, à medida que diga respeito à cumulação de punições por uma única autoridade, ou por autoridades (e processos) distintas. Sendo simples, dirá com o plano substantivo da proibição de *bis in idem* e com o Direito Sancionador material, meramente. Sendo complexo, dirá com o plano adjetivo da proibição de *bis in idem* e com sua aplicação processual (já que será necessário equacionar a questão de superposição no contexto de dois ou mais processos).

3.1.1 Simples

Realizando-se na forma simples, diante de um único fato e da superposição de normas que, à primeira vista, estabeleçam punições repetidas, a questão poderá ser solucionada pela compreensão, baseada na construção penalística, de que, em matéria punitiva, o concurso de normas haverá de ser entendido sempre como meramente aparente, sendo passível de solução pela eleição da norma que melhor se ajuste à conduta que se quer punida. Assim, a acumulação indevida poderá ser solucionada pela aplicação das técnicas atinentes ao concurso ideal de normas (especialidade, subsidiariedade, consunção e alternatividade), que se encarregaram de excluir as normas aparentemente superpostas e consagram a observância à proibição de *bis in idem*.

Ainda na forma simples, havendo reiteração do mesmo fato, a questão poderá ser solucionada por meio da aplicação das técnicas de *exasperação* previstas na Lei n. 4.502/64, art. 74,[652] caso se trate de infração punida com multa fixa, mediante o aumento de 10% da sanção respectiva, para cada repetição. Com isso, se impedirá a desproporção a que induziria o cúmulo puro e simples de penalidades, em sua integralidade, a cada repetição do mesmo fato.

Também em casos de repetição de idênticas infrações, caso esta situação esteja configurada de forma a caracterizar a figura do delito continuado (ou, no caso, da infração administrativa continuada, a partir da concepção penal aplicável), a questão poderá ser solucionada por meio das técnicas de exasperação do art. 71 do Código Penal, com o aumento de um sexto a dois

---

652. Art . 74. Apurando-se, no mesmo processo, a prática de duas ou mais infrações pela mesma pessoa natural ou jurídica, aplicam-se cumulativamente, no grau correspondente, as penas a elas cominadas, se as infrações não forem idênticas ou quando ocorrerem as hipóteses previstas no art. 85 e em seu parágrafo.

§ 1º Se idênticas as infrações e sujeitas à pena de multas fixas, previstas no art. 84, aplica-se, no grau correspondente, a pena cominada a uma delas, aumentada de 10% (dez por cento) para cada repetição da falta, consideradas, em conjunto, as circunstâncias qualificativas e agravantes, como se de uma só infração se tratasse. (Vide Decreto-Lei n. 34, de 1966).

§ 2º Se a pena cominada fôr a de perda da mercadoria ou de multa proporcional ao valor do impôsto ou do produto a que se referirem as infrações, consideradas, em conjunto, as circunstâncias qualificativas e agravantes, como se de uma só infração se tratasse. (Vide Decreto-Lei n. 34, de 1966).

§ 3º Quando se tratar de infração continuada, em relação à qual tenham sido lavrados diversos autos ou representações, serão êles reunidos em um só processo, para imposição da pena.

§ 4º Não se considera infração continuada a repetição de falta já arrolada em processo fiscal de cuja instauração o infrator tenha sido intimado.

terços da sanção do primeiro fato.[653] Nessa hipótese, caberá ao intérprete optar por esta solução ou pela aludida anteriormente (art. 74 da lei n. 4.502/64), em busca daquela que resulte mais favorável ao acusado, conforme arts. 108 e 112 do CTN.

Tratando-se, contudo, de multa proporcional, a questão da cumulação não se colocará, já que, por definição, sua reiteração já será proporcionalmente penalizada à medida do vulto da obrigação tributária descumprida. Haverá de se atentar, contudo, para não se incorrer em dupla ponderação de agravantes ou qualificadoras.

Finalmente, ainda no contexto de cumulação simples, quando o agente, mediante uma só ação ou omissão, praticar duas ou mais infrações, ou seja, quando se estiver diante de situações que possam ser equiparadas a de concurso formal de delitos, a solução será aquela de absorção e exasperação dada pelo art. 70 do CP, que determina a aplicação da mais grave das penas cabíveis, ou, se iguais, somente uma delas, mas aumentada, em qualquer caso, de um sexto até metade.

3.1.2 Complexo

Evoluindo no tema, teremos a situação de duplo sancionamento simultâneo em sua forma complexa, que é a que se verifica relativamente a *mais de um processo* sancionador, em curso perante *autoridades distintas*. Em tal circunstância, a solução para evitar a superposição punitiva passará por duas etapas.

A primeira delas consistente em verificar a eventual existência de *relação de prejudicialidade*, para o fim de suspender

---

653. Art. 71 – Quando o agente, mediante mais de uma ação ou omissão, pratica dois ou mais crimes da mesma espécie e, pelas condições de tempo, lugar, maneira de execução e outras semelhantes, devem os subsequentes ser havidos como continuação do primeiro, aplica-se-lhe a pena de um só dos crimes, se idênticas, ou a mais grave, se diversas, aumentada, em qualquer caso, de um sexto a dois terços. (Redação dada pela Lei n. 7.209, de 11.7.1984).

o andamento de uma das duas demandas (aquela cuja solução for afetada pela solução da demanda prejudicial), até a solução do processo preponderante. Com efeito, se o julgamento de um processo influir no outro, de modo a inutilizá-lo conforme o resultado que se tenha no primeiro, a suspensão do processo potencialmente prejudicado é medida que se impõe como forma de dar coerência ao ordenamento (e observância à proibição de dupla persecução/*bis in idem* processual), prevenindo-se a prolação de decisões contraditórias e afastando-se os óbvios incômodos – para o acusado e para a própria Administração – decorrentes dessa descoordenação altamente aflitiva.

Com a suspensão, portanto, aguardar-se-á a solução do processo preponderante para, sendo o caso, determinar o arquivamento da outra demanda, se a premissa em que se baseava o segundo processo restar, de fato, prejudicada. Ou determinar o prosseguimento, caso a premissa em que se baseava o segundo processo quedar confirmada. Passar-se-á então à segunda etapa, abaixo exposta.[654]

3.2 Duplo sancionamento sucessivo

Tendo, contudo, o processo encerrado, determinado a aplicação de uma sanção, essa terá que, necessariamente, ser observada pelo processo subsequente, de forma a evitar o *bis in idem*. Assim, após encerrado o primeiro processo estar-se-á diante de situação de cumulação de persecuções e sanções em *processos sucessivos* e a forma de compatibilização entre as demandas se dará conforme o esquema abaixo:

---

654. A Lei Geral Tributária (LGT, Ley 58/2003) espanhola, art.180, prevê a paralização do processo administrativo sancionador quando os fatos possam constituir crime contra a Fazenda. E dispõe, ainda, que a sentença condenatória judicial impede a aplicação de sanção pela Administração. No Brasil, no entanto, inexiste lei dispondo sobre o ponto, de modo que as soluções que propomos são aquelas que se nos afiguram mais factíveis dentro do atual contexto legislativo brasileiro.

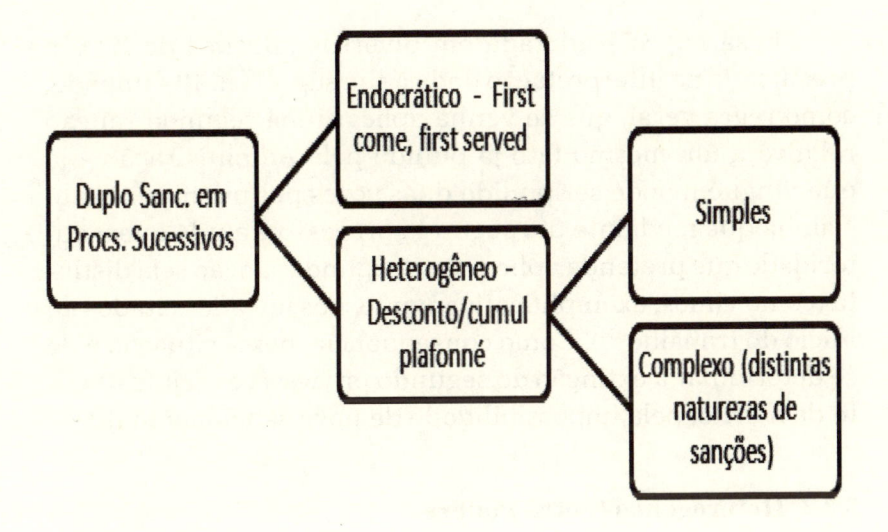

```
┌──────────────┐      ┌──────────────────┐
│              │─────▶│ Endocrático - First│
│ Duplo Sanc. em│      │ come, first served│      ┌──────────┐
│ Procs. Sucessivos│   └──────────────────┘─────▶│ Simples  │
│              │      ┌──────────────────┐      └──────────┘
│              │─────▶│  Heterogêneo -   │      ┌──────────────────┐
└──────────────┘      │ Desconto/cumul   │─────▶│Complexo (distintas│
                      │    plafonné      │      │ naturezas de     │
                      └──────────────────┘      │    sanções)      │
                                                └──────────────────┘
```

3.2.1 Endocrático

Como se lê do esquema, em caso de potencial superposição de sanções, em processos sucessivos relativos a um mesmo fato, dentro de um único Poder (forma endocrática), a questão será solucionada segundo a lógica do *first come, first served*.[655] Isto é, por um princípio preclusivo, segundo o qual, a aplicação de uma determinada sanção a uma específica infração esgota a reação punitiva do Estado (*non bis in idem*). O exercício do *jus puniendi* está limitado por um silogismo inerente à relação das normas primárias e secundárias, segundo o qual, se "x", deve ser "y", em que "y" guarda uma relação de proporção, estabelecida à medida da culpabilidade, e em que conjunto (x+y) induz à (re) estabilização das relações jurídicas, à paz social e ao necessário encerramento da reação punitiva (que seria impossível caso fosse admitida a reedição de sanções).

---

655. "Já o *ne bis in idem* processual obriga à escolha do meio punitivo a utilizar – pois, exercida a punição, não mais haverá lugar àquela mesma acção. Esta escolha pode ser realizada ao acaso, numa lógica de first come, first served, ou de modo orientado." (RAMOS, Vania Costa. *Ne Bis in Idem e União Europeia*. Coimbra: Coimbra Ed., 2009, p. 29).

Essa lógica – adotada em diversos julgados do STF e prestigiada na interpretação dada à sua súmula n. 19 – impede, como regra geral, que se venha aplicar uma segunda sanção relativa a um mesmo fato já punido pela Administração – já que ninguém pode ser punido duas vezes por um mesmo fato – ainda que mediante um segundo processo e ainda que a autoridade que pretenda aplicar essa segunda sanção seja distinta (como vimos, exemplificativamente, nos julgados citados ao início do trabalho[656]). Como consequência, nessa situação é de se determinar a extinção do segundo processo, com julgamento de mérito, pela impossibilidade de novo sancionamento.

3.2.2 Heterogêneo (entre Poderes)

Evoluindo, no que diz respeito à forma heterogênea de aplicação da máxima, concernente ao equacionamento da superposição sancionadora frente à existência de processos em duas esferas distintas (notadamente Administrativa e Judicial, em matéria tributária), a questão é deveras mais polêmica. Isso porque – considerado que apenas por meio do processo penal é que *o juiz* brasileiro aplica penas e que as penalidades impostas ao descumprimento da obrigação tributária são impostas *pela Administração* – estamos diante da hipótese mais complexa e delicada de cúmulo de demandas punitivas: aquela entre o processo administrativo tributário e o processo judicial penal para apuração de crime contra a ordem tributária.

---

[656]. Cite-se, novamente, v.g., o MS 23.382/DF, Rel. Min. MOREIRA ALVES, j. 27.3.03, Plenário, em que se adotou entendimento de que pena de advertência não poderia ser cumulada, ante os mesmos fatos, com pena de demissão, ainda que a autoridade que determinou a aplicação da segunda pena fosse distinta e desconhecesse a primeira: "Portanto, sem a anulação da pena de advertência que, no âmbito ministerial, fora aplicada ao impetrante, não poderia o impetrado, ainda que desconhecesse a aplicação da referida pena, impor-lhe, pelos mesmos fatos, a de demissão, que, aliás, deveria ter sido precedida da cassação da aposentadoria. Caracteriza-se, assim, o 'bis in idem', sendo de aplicar-se a súmula 19 desta Corte: 'É inadmissível segunda punição de servidor público, baseada no mesmo processo em que se fundou a primeira'."

Note-se que, aqui, já não se está tratando de processos simultâneos, penal e administrativo fiscal, em que a questão se resolve pelo reconhecimento da relação de prejudicialidade, a determinar a suspensão da esfera judicial criminal até que se tenha lançamento definitivo e, consequentemente, justa causa para a ação penal, como visto nos itens antecedentes. Aqui já se está a tratar da segunda etapa,[657] após encerrado o período de suspensão e após reconhecida a existência do crédito e da infração tributária para o efeito de saber como coordenar a aplicação da punição cronologicamente posterior (no caso, a penal), em obediência à proibição de *bis in idem*.

Nesse contexto e na realidade do Direito brasileiro, pensamos, não haveria margem à adoção da solução preclusiva anteriormente aludida *(first come, first served)*, como já se deu na jurisprudência espanhola retrocitada. E assim nos parece tanto em face da existência de um princípio expresso, em nossa Constituição, de inafastabilidade de acesso ao Poder Judiciário, quanto pela circunstância de que a jurisdição penal é privativa deste último Poder, o que seria incompatível com a possibilidade de a Administração vir a esvaziá-la e, com isso, tornar inócua a garantia constitucional. Ademais, considerado o fato de que no sistema brasileiro a atividade de fiscalização tributária é privativa da Administração, o processo administrativo sempre se iniciaria e, provavelmente, se concluiria antes do processo judicial, a inviabilizar completamente a jurisdição penal.

Sem prejuízo disso, pensamos que, ante as dificuldades impostas por tal situação, não se poderá simplesmente negar aplicação à proibição de *bis in idem* e aos valores que ela encerra, de proporção e segurança, *optando-se* pela não realização da Justiça por razões formais que venham em prejuízo da eficácia de garantias fundamentais. Para tanto, havendo aplicação de punição na

---

657. Referida no esquema acima como de "processos sucessivos" (bem entendido, sucessivos em consequência do trancamento da ação penal pela suspensão antes referida).

esfera administrativa, esta *deverá ser considerada* pelo juiz penal, optando-se por solucionar a questão mediante algum dos métodos retro aludidos em item próprio, encontráveis na jurisprudência europeia (notadamente mais evoluída no trato da proibição de *bis in idem*), capazes de impedir a cumulação pura e simples de sanções frente a um mesmo fato, adequando o cúmulo punitivo ao limite da culpabilidade. Notadamente, as técnicas de desconto e *cumul plafonné* (cumulação com teto) podem ser empregadas pelo juiz da causa para o efeito de ponderar a(s) sanção(ões) anteriormente aplicadas, de modo a evitar o resultado desproporcional.[658] [659]

Tais métodos são aplicados pela jurisprudência espanhola, francesa e europeia[660] independentemente da existência de uma previsão normativa concreta, senão que como decorrência do processo hermenêutico tendente a outorgar eficácia à proibição de *bis in idem* (já que de outra forma ela queda simplesmente ignorada/inobservada). Podem, portanto, perfeitamente, ser aplicados pelo juiz brasileiro quando da fixação da pena, inclusive por decorrerem de um princípio de *status* constitucional, que prescinde de lei para sua aplicação (como se viu em reiterados julgados do próprio STF que empregam a proibição de *bis in idem* sem necessidade de recurso a um suporte legal).

---

658. Não vemos espaço, aqui, para a aplicação da técnica de absorção, por ser de difícil (ou impossível) operacionalização prática, já que o montante da infração tributária seria sempre cobrado pela Fisco, não tendo como ser absorvido pela sanção penal. Também não vemos espaço para a utilização de técnicas de exasperação, já que se trata do cúmulo de penalidades ante uma única e mesma falta (e não de situação de concurso, ponderação de agravante/qualificadora ou infração continuada), além de inexistir critério para sua operacionalização em uma tal situação.
659. Na linha jurisprudencial iniciada com a STC 2/2003, o Tribunal Constitucional espanhol, ao mesmo tempo em que valorizou a posição do Judiciário, dizendo que a aplicação de sanção pela Administração não poderia lhe subtrair a competência, teceu consideração convergente com a acima exposta, no sentido de que o Judiciário, ao aplicar a pena, deverá compensar a sanção anteriormente imposta pela Administração, de modo a obter o resultado equivalente à aplicação de uma única pena.
660. V.g., o TEDH.

TEORIA DA PROIBIÇÃO DE *BIS IN IDEM* NO DIREITO TRIBUTÁRIO

3.2.2.1 Simples

Essa solução é denominada simples, quando tenha por conta o contraste entre penalidades de idêntica natureza, notadamente entre multas pecuniárias. Em tal hipótese, no caso do desconto, bastará ao juiz penal deduzir do montante da multa que aplicar o montante da sanção já imposta pela Fazenda em face da mesma falta. Ou, no caso do cúmulo com teto, somar-se-ão as penas de multa até o limite do teto existente na lei penal (limitando a imposição da pena ao *quantum* faltante para se alcançar o teto).

3.2.2.2 Complexa

Tratando-se, contudo, de penalidades de natureza distinta (forma complexa, como, v.g., a cumulação de multa administrativa com pena privativa de liberdade), a aplicação do princípio de desconto poderia ser considerada inviável. Contudo, temos a convicção de que as dificuldades impostas pelo sistema não podem constituir óbices ao desempenho da regra interditiva de *bis in idem*, já que, como reiteradamente expressamos ao longo do presente trabalho, o processo punitivo não poderá perder de vista jamais a centralidade do indivíduo, empregando todos os recursos hermenêuticos capazes de obstar o comprometimento de seus direitos fundamentais (notadamente, a punição além do limite da culpa) em razão das descoordenações do sistema conducentes à superposição punitiva.[661] Cumpre ao intérprete, assim, criar mecanismos que emprestem eficácia à proibição de

---

[661] "Em qualquer caso, o estudo do princípio *non bis in idem* exige não esquecer em momento algum a máxima conceptual do princípio e confrontar toda a solução (em jeito de teste) com a dita máxima para determinar se essa solução respeita o princípio. Se a solução não coincide com a máxima, não se pode recorrer aos 'sim, mas', devendo sim reconhecer-se o erro argumentativo e desfazer o caminho para voltar a reiniciá-lo, até encontrar uma solução para o problema que cumpra com a referida máxima" (BARJA DE QUIROGA, El Principio *non bis in idem*, p. 13, apud RAMOS, Vania Costa. *Ne Bis in Idem e União Europeia*. Coimbra: Coimbra Ed., 2009, p. 4).

bis in idem independentemente do contexto,[662] já que, do contrário, ter-se-á sua pura e simples inobservância.

Nesse sentido, cremos que a solução que melhor se adequa às exigências da proibição de *bis in idem* passa pela adoção de um dos seguintes mecanismos: i) nos casos em que for dado ao juiz penal aplicar pena (privativa de liberdade) "ou" multa, ele poderá aplicar multa, para, com isso, possibilitar o desconto da sanção pecuniária já aplicada no âmbito administrativo, ou a cumulação com teto; ii) nos casos em que for possível a substituição de pena privativa de liberdade por pena restritiva de direito,[663] ele poderá aplicar a pena de prestação pecuniária, descontando, igualmente o montante de multa já aplicado na

---

662. Mesmo na França – sistema em que a proibição de *bis in idem* possui uma percepção bastante restrita – encontramos na doutrina lição segundo a qual, apesar de estabelecer a independência da esfera penal e fiscal administrativa, aduz que essa afirmação não pode conduzir à aplicação de uma punição desproporcional, entendida como tal aquela que supera o máximo da pena prevista para a infração mais grave: "Infliger une sanction administrative fiscales ne prive en rien les juridictions répréssives de sanctioner pénalement le comportement fautif. Si, depuis la décision du Conseil constitutionnel n. 82-155 DC du 30 décembre 1982, les sanctions administratives sont assimilées aux sanctions pénales, c´est effectivement sous réserve de l´application du principe *non bis in idem*. Un même justiciable ne peut normalement poursuivi ou condamné une deuxième fois pour un même manquement après une première décision devenue définitive. Or, selon les jurisdictions, ce principe n´a pas vocation à s´appliquer en matière fiscale partant du constat que les sanctions fiscale et pénale répriment des manquement différents. Ainsi, le cumul de sanctions fiscale et penale est possible mais il ne doit pas conduire à une sanction disproportionée, laquelle est appréciée par rapport au maximum d´une des sanction ecourues. Cette solution ne peut qu´être rapprochée de celle retenue ultérieurement pour le cumul de sanctions fiscales." (LAMARQUE, Jean; NÉGRIN, Olivier; AYRAULT, Ludovic. *Droit Fiscal Général*. Paris: LexisNexis, 2009, p. 985).

663. Nos termos do art. 44 do CP, que diz: Art. 44. As penas restritivas de direitos são autônomas e substituem as privativas de liberdade, quando: (Redação dada pela Lei n. 9.714, de 1998), I – aplicada pena privativa de liberdade não superior a quatro anos e o crime não for cometido com violência ou grave ameaça à pessoa ou, qualquer que seja a pena aplicada, se o crime for culposo; (Redação dada pela Lei n. 9.714, de 1998), II – o réu não for reincidente em crime doloso; (Redação dada pela Lei n. 9.714, de 1998), III – a culpabilidade, os antecedentes, a conduta social e a personalidade do condenado, bem como

esfera administrativa; iii) finalmente, no caso em que não puder cogitar das soluções anteriores (ou preferir não cogitar), o juiz poderá considerar o valor da multa administrativa já paga como circunstância atenuante[664] para o efeito de reduzir a pena privativa de liberdade.

---

os motivos e as circunstâncias indicarem que essa substituição seja suficiente. (Redação dada pela Lei n. 9.714, de 1998), § 1º (VETADO) (Incluído e vetado pela Lei n. 9.714, de 1998), § 2º Na condenação igual ou inferior a um ano, a substituição pode ser feita por multa ou por uma pena restritiva de direitos; se superior a um ano, a pena privativa de liberdade pode ser substituída por uma pena restritiva de direitos e multa ou por duas restritivas de direitos. (Incluído pela Lei n. 9.714, de 1998) § 3º Se o condenado for reincidente, o juiz poderá aplicar a substituição, desde que, em face de condenação anterior, a medida seja socialmente recomendável e a reincidência não se tenha operado em virtude da prática do mesmo crime. (Incluído pela Lei n. 9.714, de 1998), § 4º A pena restritiva de direitos converte-se em privativa de liberdade quando ocorrer o descumprimento injustificado da restrição imposta. No cálculo da pena privativa de liberdade a executar será deduzido o tempo cumprido da pena restritiva de direitos, respeitado o saldo mínimo de trinta dias de detenção ou reclusão. (Incluído pela Lei n. 9.714, de 1998) §5o Sobrevindo condenação a pena privativa de liberdade, por outro crime, o juiz da execução penal decidirá sobre a conversão, podendo deixar de aplicá-la se for possível ao condenado cumprir a pena substitutiva anterior. (Incluído pela Lei n. 9.714, de 1998).

664. Art. 66 – A pena poderá ser ainda atenuada em razão de circunstância relevante, anterior ou posterior ao crime, embora não prevista expressamente em lei. (Redação dada pela Lei n. 7.209, de 11.7.1984).

SÍNTESE E CONCLUSÕES

1. A doutrina do Direito Tributário e Sancionador Tributário brasileiros praticamente ignora a proibição de *bis in idem*. Não obstante, há uma grande quantidade de acórdãos na jurisprudência brasileira que fazem alusão ao *non bis in idem* nas mais diversas áreas do direito (civil, comercial, trabalhista, comercial, penal, processual, administrativo e tributário), sem, contudo, aprofundar-se na análise do seu conceito, estrutura e alcance.

2. Na Espanha, ao contrário, há farto material doutrinário e jurisprudencial sobre o tema nos âmbitos do Direito Penal e Administrativo Sancionador, embora não se cogite da aplicação da máxima aos casos de dupla tributação.

3. O presente trabalho objetivou suprir a lacuna identificada, desenvolvendo a proibição de *bis in idem* no Direito sancionador tributário brasileiro a partir das conquistas jurisprudenciais e doutrinárias do Direito Punitivo espanhol (e europeu, secundariamente). Buscou, ainda, traçar as primeiras linhas de uma teoria para a proibição de *bis in idem* no Direito Tributário brasileiro.

4. O aforismo latino *bis de eadem re ne sit actio* (não há ação repetida sobre a mesma coisa) denota que as primeiras noções da máxima estavam ligadas a uma eficácia preclusiva

de natureza processual civil, com foco na outorga de segurança jurídica. A integração ao Direito Penal foi posterior e passou por relativizações ao longo de períodos de exceção.

5. No fim do século XVIII, com a busca pela afirmação de um direito processual penal, a busca pela verdade material passou a encontrar limites na dignidade humana e na segurança jurídica. A previsibilidade e estabilidade, então, passaram a informar a ação punitiva estatal e o processo penal passou a ser presidido pelo conceito de centralidade do indivíduo.

6. No século XX, a mundial resposta aos abusos do nacional-socialismo levou à maturidade da concepção de direitos fundamentais, o que deu também impulso novo à proibição de *bis in idem*, que passou a se voltar, a par da proibição de duplo processo, à proibição de dupla punição (do que são exemplos o Pacto Internacional de Direitos Civis e Políticos da ONU, de 1966 e a Convenção Europeia de proteção dos Direitos do Homem e de Liberdades Fundamentais). A interdição de dupla persecução atende a um objetivo de paz social, derivada da estabilidade jurídica. Já a interdição à dupla penalização diz respeito ao limite da culpabilidade, como forma de respeito à garantia de proporcionalidade.

7. Em consequência do reconhecimento da interdição ao cúmulo de sanções surgiu a necessidade de se criar mecanismos aptos a tornar eficaz esse propósito. E, para tanto, foram concebidas as teorias do concurso aparente de normas e do concurso formal de crimes, ambos mecanismos a serviço da proibição de *bis in idem* e paulatinamente integrados ao Direito Penal interno de diversos países. O concurso de normas, voltado a resolver a questão da múltipla tipificação e sancionamento de uma única ação, mediante o emprego de técnicas hermenêuticas (de especialidade, subsidiariedade, consunção e alternatividade) excludentes da superposição; o concurso de crimes voltado à proporcionalização

do cúmulo de punições aplicáveis nos casos em que uma única ação resulte em vários resultados delituosos, de forma a evitar o excesso punitivo.

8. A importância histórica das teorias do concurso aparente de normas e do concurso formal de crimes está em assentar – positivamente – a noção de que o sistema jurídico é ordenado, coordenado e harmônico. Ordenado, porque disposto de forma organizada; coordenado, porque concatenado e interligado; e harmônico, porque combina seus elementos de forma a produzir a concórdia e a ausência de conflitos. Por isso se entende que o conflito de normas é sempre aparente (com o afastamento de uma das normas em conflito) e que nenhuma ação será punida em montante irrazoável (ainda que tenha redundado em diversos resultados criminosos independentes). Assim, não se admite que as desinteligências do sistema possam resultar consequências prejudiciais ao indivíduo, firmando-se a consciência da necessidade de outorga de coerência interna.

9. Com o Acordo de Schengen, em 1985, a proibição de *bis in idem* assumiu um novo patamar de maturidade: passou a constituir um dos objetivos da União Europeia "estabelecer medidas de coordenação das investigações penais e dos processos em curso para evitar uma duplicação de esforços e decisões contraditórias, tendo em conta uma melhor utilização do princípio *non bis in idem*".

10. Com isso, a máxima evoluiu para a busca de *unicidade da ação punitiva*. Já não se preocupa mais em frisar tão somente a impossibilidade de dupla sanção, ou mesmo em reafirmar a noção impeditiva de um segundo processo sobre o mesmo fato já julgado. O que se quer é evitar a descoordenação dos sistemas e os danos ao indivíduo que isso pode acarretar, com o desencadeamento paralelo de processos e investigações independentes por diferentes agentes punitivos.

11. De um modo geral, pode-se dizer que o STF, em matéria tributária, sempre enxergou, na proibição de *bis in idem*, uma interdição pontual, aplicável de acordo com a conformação das regras de competência tributária. Segundo o entendimento prevalecente na Corte, inexiste um direito geral ao *non bis in idem* no contexto constitucional tributário brasileiro. A questão se resume ao exame do esquema de distribuição de competências no contexto da Constituição.

12. Os julgados da Corte deixam claro que identificam, em diversos dispositivos da Carta, pontuais regras expressivas da proibição de *bis in idem*, mediante as quais o constituinte decidiu interditar determinadas formas de superposição tributária. Nesse sentido, teve menor importância a questão de se definir requisitos gerais à configuração do *bis in idem* proibido, já que, como consequência da postura legalista/positivista adotada, estes se encontravam especificamente delineados em cada dispositivo constitucional interditivo do *bis*.

13. A linha jurisprudencial, genericamente adotada pelo STF, em muito se aproxima daquela que defendemos no presente trabalho. A diferença está no número de dispositivos nos quais identificamos uma interdição ao *bis*, bem como no alcance que atribuímos a cada uma das proibições existentes. Ou ainda – não menos importante – na circunstância de identificarmos a existência de um vetor hermenêutico – decorrente de princípios de política fiscal – apto a afastar as possibilidades do que chamamos *coincidência* sempre que essas não estejam inequivocamente expressas na Carta.

14. A Suprema Corte brasileira também já teve a oportunidade de invocar e efetivamente aplicar a máxima no plano fático e concreto, para obstar situações de dupla exigência de uma dada exação, frente a um único fato gerador. Com isso, igualmente em linha com o que defendemos, admitiu

a existência de uma dupla dimensão de análise da proibição de *bis in idem*: a) no campo hipotético-abstrato, a partir do exame do esquema de distribuição de competências e das hipóteses tributárias legalmente descritas; e b) no campo exegético-concreto, de aplicação das leis tributárias.

15. A proibição de *bis in idem* pode assumir tanto a característica de regra quanto de princípio, de acordo com a forma com que estiver inserida e desenvolvida em um dado sistema.

16. Em sua vertente processual, adjetiva, enquanto efeito preclusivo e fundamento de coisa julgada, a proibição de *bis in idem* aparece como um limite objetivo, que serve à consecução do valor segurança jurídica.

17. Em sua vertente substantiva, a interdição de *bis in idem* pode se apresentar tanto como um princípio, quanto como uma regra.

18. É regra, no âmbito sancionador substantivo, no que outorga o poder de objetivamente impedir a imposição de duas sanções ante um mesmo fato.

19. É regra também, no âmbito tributário substantivo, no que, positivamente, estiver prevista para impedir a criação de dupla imposição tributária idêntica, como se verifica, por exemplo, no art. 154, I da Carta brasileira, de forma expressa, relativamente aos impostos.

20. De um modo geral, contudo, a proibição de *bis in idem*, no contexto tributário substantivo/material, apresenta-se meramente como valor/princípio, expressivo de anseios de política fiscal para a consecução dos fins de transparência, simplicidade, comodidade e modicidade. Nesse sentido, embora não seja vinculante e comporte respeito em variados graus, possui inegável função normogenética, orientando a atividade legislativa de modo a evitar, na medida do possível, a superposição tributária.

21. A enunciação das competências impositivas já implica, *per se*, regra proibitiva de *bis in idem*, ressalvada expressa – jamais implícita – previsão em sentido contrário, estabelecida pela própria Constituição. Ao outorgar o poder de instituir uma dada exação a determinado ente, o constituinte delimita o uso desse poder pelo próprio destinatário dessa competência, ao mesmo tempo em que veda, implicitamente, o uso de idêntica faculdade pelos demais entes federados, do que se depreende que, no contexto dos sistemas rígidos de discriminação de competências, o próprio silêncio constitui regra interditiva de *bis in idem*.

22. A partir da análise da origem e evolução da proibição de *bis in idem*, concebemos a seguinte estrutura do axioma (cujo conteúdo está detalhadamente exposto nos tópicos pertinentes), consideradas suas múltiplas perspectivas de análise no âmbito do Direito interno, dentro das áreas técnicas aqui tratadas (Direito Tributário, Processual Tributário e Sancionador Tributário):

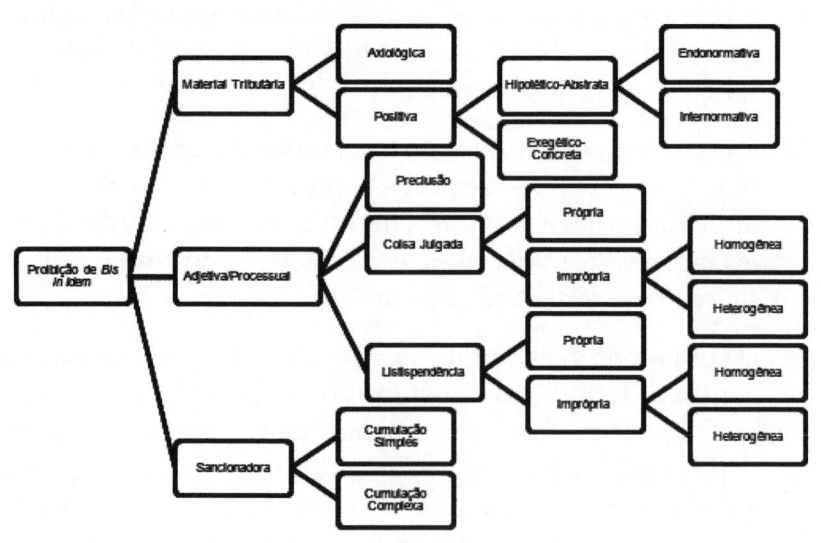

23. A partir da classificação procedida, podemos verificar que, em cada uma das perspectivas de análise, a proibição de *bis in idem* cumpre uma função distinta. Assim:

- *Non bis in idem* material tributário (enquanto valor) – função (preponderante) de transparência, simplicidade, modicidade e racionalidade;[665]

- *Non bis in idem* adjetivo (processual) – função de segurança;

- *Non bis in idem* sancionador – função de proporcionalidade.

24. No que denominamos perspectiva concreta, a proibição de *bis in idem* é de inconteste aplicação no contexto do Direito Tributário, impedindo que um fato gerador possa dar margem a um duplo/múltiplo lançamento.

25. No plano normativo/abstrato (que denominamos *perspectiva abstrata* da proibição de *bis in idem*), inexiste, na Constituição brasileira, uma vedação ampla à instituição de dois ou mais tributos idênticos. Há proibições pontuais, mas não uma regra geral.

26. Se o Poder Constituinte outorga competência tributária a determinado ente e este a exerce nos precisos termos da outorga, desimportante será o fato de tal exação possuir par idêntico, sendo simultaneamente cobrada por outro ou o mesmo ente igualmente autorizado. A incidência dupla ou múltipla, que chamamos *coincidência*, não é vedada por regra geral, *nem – veja-se – admitida por regra geral*.

27. Se, por um lado, é verdade que inexistem poderes implícitos dos entes tributantes no que concerne às competências tributárias, por outro lado, as garantias do contribuinte que importem limitações ao exercício desse Poder de Tributar *constituem um rol aberto* ("sem prejuízo de outras garantias asseguradas ao contribuinte, é vedado à União, aos Estados, ao Distrito Federal e aos Municípios", diz a Constituição em seu art. 150, inserido em Seção justamente denominada "Das Limitações ao Poder de Tributar").

---

665. Embora também possa apresentar função de proporcionalidade.

28. Tal contraste entre o elenco *numerus clausus* (das competências impositivas) e o elenco *numerus apertus* (das garantias do contribuinte para a limitação desse Poder) induz à afirmação de regras exegéticas segundo as quais: i) ante duas soluções hermenêuticas possíveis, o intérprete deverá optar pela que importe o rechaço à nova incidência (*non bis in idem*), à limitação do Poder Tributário e à preservação da estrita legalidade; e ii) o silêncio, em matéria impositiva, importa vedação ao *bis*, já que o Poder Tributário é confinado ao quanto positiva, legal e formalmente estiver expresso pela Carta.

29. A distinção comumente empregada no Brasil entre "bitributação" e "bis in idem" merece ser reavaliada. Do termo bitributação não deflui uma vedação. Há bitributações permitidas e bitributações proibidas. Ele não designa um valor, nem um princípio; não orienta, nem encerra norma de conduta, regra ou limite objetivo. Apenas expressa um fato, dependente de outros elementos integrativos para se verificar se é juridicamente aceito ou não.

30. O postulado *non bis in idem* – ao contrário – expressa sempre uma proibição, proibição esta que pode ser introduzida ou afastada pelo Poder Constituinte no desenho das competências tributárias. Nesse sentido, é desimportante a origem da exigência, se proveniente de um único ente ou de vários. O que cabe ao intérprete é verificar quando tal máxima se aplica e em quais fatos o postulado se subsume, sempre à luz das diretrizes constitucionais de cada sistema.

31. Não é possível afirmar, assim, que toda bitributação (adotado o conceito em comento) é vedada. Da mesma forma, é inadequado aduzir-se que "o bis in idem pode ser por vezes permitido e por vezes proibido". Não faz sentido, falar-se em "bis in idem permitido".

32. Para falar-se em proibição de *bis in idem*, no âmbito tributário abstrato, deve haver o que denominamos *coincidência*,

isto é, incidência simultânea sobre uma mesma materialidade e correspondente base de cálculo, que resulte em sobreposição tributária. Isso porque elas é que definem a natureza da exação, sendo, portanto, os únicos elementos capazes de espelhar o "bis" e o "idem" imprescindíveis à incidência da regra interditiva. Não há como se falar em *bis in idem* sem que se esteja diante de exigências ontologicamente idênticas.

33. Os demais aspectos da hipótese de incidência (notadamente a identidade de sujeito ativo) não definem a proibição de *bis in idem*; constituem circunstâncias que podem ou não estar presentes de acordo com o caso e a conformação do sistema.

34. A incidência da proibição de *bis in idem* não depende, necessariamente, da existência de duas exações. É perfeitamente possível que, no seio de uma única exação – notadamente daquelas não-cumulativas – dê-se a ocorrência de duplicidade capaz de atrair a incidência do axioma.

35. O art. 149 da Carta de 1988 é exemplo de dispositivo delimitador de competências tributárias, ora para o efeito de introduzir expressa proibição de *bis in idem*, ora para o efeito de afastar pontualmente a regra proibitiva.

36. O acréscimo do parágrafo 2º ao art. 149, efetuado pela EC n. 33, trouxe radicais consequências tributárias, eliminando a linha interpretativa que via no *caput* do dispositivo uma categoria aberta e despida de qualquer regramento ou delimitação para o exercício do poder impositivo (a par de garantias formais e rituais).

37. O parágrafo 2º do art. 149 definiu as bases de cálculo possíveis para a legitimação das exações que refere. E, assim o fazendo: a) revogou todas aquelas contribuições, novas e antigas (diga-se, anteriores e posteriores à introdução da Constituição de 1988) que não se ajustam aos moldes materiais impostos pelo

poder constituinte derivado em 2001; e b) restringiu a ilimitada margem de liberdade antes existente para criação de novas contribuições sob essas rubricas, cessou o que era de grande insegurança para os contribuintes (e que tornava perigosamente aberto um sistema que, rigorosamente, foi concebido fechado).

38. Referido dispositivo instituiu ainda expressa proibição de *bis in idem*, com duplo alcance: a) tanto para o efeito de interditar a exigência e instituição de contribuições que adotem bases de cálculo nele não autorizadas (assegurando a impossibilidade de sobreposição das contribuições do art. 149 com bases constitucionalmente já alcançadas por outras contribuições, como o lucro e a folha de salários); b) quanto para o efeito de introduzir princípio de unicidade e consequente proibição de superposição contributiva – para as contribuições sociais e de intervenção – relativamente às bases elencadas no art. 149, § 2º, III.

39. Disso decorrem importantes efeitos, como, exemplificativamente, a revogação da contribuição para o SEBRAE, recebida pela jurisprudência do STF como contribuição de intervenção no domínio econômico, mas que adota, em sua base de cálculo, a base "folha de salários", agora vedada pelo constituinte derivado. Da mesma forma, a contribuição para o INCRA – tida como recebida, pelo STJ, na categoria das contribuições de intervenção no domínio econômico – torna-se materialmente incompatível com a regra da EC n. 33, sendo pura e simplesmente revogada pelo advento de regra superveniente de superior hierarquia, com ela incompatível.

40. Pela letra do parágrafo 2º, as contribuições sociais e de intervenção somente se compatibilizam com a Carta se adotarem uma das seguintes bases de cálculo: faturamento, receita bruta ou valor da operação (alínea "a" do inciso III, do § 2º, valendo dizer que nesse caso, o conector "ou" é empregado pela Carta de forma alternativa e, assim, excludente, já que receita bruta e valor da operação não

são sinônimos), unidade de medida adotada (no caso de alíquota específica, alínea "b" do inciso III do § 2º) e valor aduaneiro (no caso de importação).

41. O art. 149, §2º, III da CF introduziu também uma proibição de *bis in idem* atinente ao número de exações passíveis de criação e exigência, instituindo, em linha com a interpretação jurisprudencial consagrada do art. 195, um princípio de unicidade e vedação à superposição contributiva. E assim o fez para somente autorizar a criação de uma contribuição social e uma interventiva para cada uma das três bases que elenca, para cada grupo a que se refira, ressalvado o caso de exação sujeita à alíquota específica a que alude o inciso III, "b". Isso sem prejuízo das contribuições que tenham fundamento constitucional próprio.

42. A inclusão de um tributo em sua própria base de cálculo conflita com a proibição de *bis in idem*. O limite do critério quantitativo (base de cálculo) de uma dada exação é conferido pela própria enunciação da materialidade (que dá a dimensão do ato/fato que se autoriza tributar). Extravasando-o padece de suporte constitucional a exigência, fazendo com que o tributo incida de forma sobreposta (*bis*), sobre seu próprio critério quantitativo (*idem*).

43. Mesmo quando introduzida pelo próprio constituinte derivado, a determinação de inserção do tributo em sua própria base de cálculo é ofensiva à Carta. Todo o tributo, toda a exação, há de incidir, necessária e exclusivamente, sobre signos presuntivos de riqueza, expressivos de capacidade contributiva. Tributa-se o *plus*, não o *minus*. Do contrário, todo o sistema de financiamento dos gastos públicos entraria em colapso, já que, por óbvias razões de sustentabilidade, só é possível tributar-se aquilo que se tem, não aquilo que se deve.

44. Ao permitir-se a incidência de "tributo" sobre algo que representa um ônus, rigorosamente, de tributo não mais se tratará (e aí incluímos um importante elemento para a

definição de tributo, frequentemente olvidado pela doutrina e jurisprudência), já que a tributação, ontologicamente, constitui-se em uma forma de participação do Estado na propriedade privada (entendida essa em toda sua amplitude semântica, como instituição e como valor econômico), prestando-se à limitação desse direito, sem jamais chegar a consumi-lo (porque carece de autorização/legitimação constitucional para tanto).

45. Embora a Constituição de 1988 não tenha contemplado um princípio de anualidade no sentido tradicional, enquanto princípio de autorização orçamentária prévia às leis tributárias (no que foi substituído pela anterioridade), parece-nos que ainda vige no Brasil um princípio que pode ser referido pelo mesmo nome ou, alternativamente, pode ser substituído por uma adequada compreensão da proibição de *bis in idem* no que se refere aos efeitos que o axioma projeta relativamente aos impostos sobre o patrimônio.

46. O art. 165 da Carta, que fixa o período anual como parâmetro orçamentário, inclusive para alterações na legislação tributária (§ 2º) e para o orçamento fiscal (§ 5º), traduz regra interditiva de *bis* que proíbe os entes tributantes de reduzir o período de vencimento das exações incidentes sobre o patrimônio para interregno inferior ao exercício financeiro.

47. A família é agrupamento prestigiado pelo constituinte de 1988 que, em diversos dispositivos da Carta, assenta-a como base da sociedade, estimulando sua formação e determinando sua proteção. Haverá ofensa à Carta sempre que a formação da família ou a sua simples manutenção der ensejo ao *bis,* pela dupla ou múltipla tributação/oneração que implique desconsiderá-la enquanto corpo único.

48. Dentre os diversos regimes possíveis de tributação da família pelo imposto de renda, é possível identificar aqueles que outorgam à unidade familiar tratamento mais ou menos protetivo e, portanto, mais ou menos aproximado do

norte constitucional referido. Apenas os sistemas de acumulação consubstanciam propriamente sistemas de tributação da unidade familiar, porquanto os sistemas de separação não a consideram como tal.

49. A contribuição para a previdência possui uma ontologia jurídica própria, conformada pela circunstância de que o servidor deve contribuir por um período "x" para, a partir daí, de um dado marco legalmente estabelecido, fazer jus a um benefício. Esse período não está aleatoriamente estabelecido, senão que evidencia a conformação de um ciclo completo, correspondente à própria expectativa de vida útil (do ponto de vista profissional) do contribuinte (e, nesse sentido, a contribuição previdenciária da pessoa física é inteiramente diferente daquela devida pela empresa). O direito à percepção da contraprestação é consequência lógica e indissociável de se haver exaurido a etapa de prestação. Contribui-se "para", "com vistas à" aquisição do direito ao benefício. Ao perfazer os requisitos à aposentadoria, *o servidor adquire o direito de exoneração que está implícito à circunstância de fazer jus ao benefício*. Exigir nova contraprestação é negar, em maior ou maior medida, o direito ao benefício já inteiramente adquirido.

50. Exigindo-se nova contribuição, haverá *bis in idem* com a própria contribuição já paga em montante e tempo suficientes a exonerar o contribuinte à época própria, na forma da equação atuarial então vigente e à luz da lei e período até então exigidos para tanto (dentro de um ciclo completo que teve seu desfecho na data da aposentadoria). O ato de aposentadoria delimita o momento em que se encerra o tempo de contribuição, invocando a noção de que toda exigência posterior implicará *nova satisfação de dever já cumprido*, porque todas as condições exigíveis para a percepção do benefício foram satisfeitas.

51. Ao prever que a lei não prejudicará a coisa julgada, o constituinte não se contentou em valorizar a coisa julgada, mas

foi além para dizer que sua força normativa – e a proibição de *bis in idem* que encerra – é superior, hierarquicamente, à ação do Poder Legislativo.

52. Nas relações continuativas, a legislação ordinária utiliza o critério de "modificação no estado de fato ou de direito" como parâmetro para afastar a coisa julgada. Assim procedendo, deixou claro que a modificação do estado de direito não se identifica, automática e necessariamente, com a alteração legislativa. É necessário mais do que a mera introdução de um novo diploma legal para se quebrar o império da coisa julgada e, por conseguinte, superar-se a interdição de *bis in idem*.

53. A superação de uma norma individual e concreta por outra, geral e abstrata, dá-se, quando: i) se puder identificar uma incompatibilidade entre o comando novo (geral e abstrato) e o antigo (individual e concreto); ii) frente à essa incompatibilidade, o novo comando prevalecer por ostentar hierarquia suficiente para produzir a revogação da norma individual e concreta anterior.

54. A circunstância de o Direito Tributário dizer com "relações continuativas", dentro desse contexto, só tem relevância quando o comando da norma individual e concreta verbalizado pela coisa julgada for circunscrito no tempo. A natureza continuativa de uma relação não constitui obstáculo algum ao prestígio da coisa julgada, salvo naquilo que, efetivamente, disser respeito aos aspectos temporais que se superam a cada nova exigência da obrigação tributária.

55. A soberania (das decisões) do Poder Judiciário somente existe no controle de legalidade e constitucionalidade. Jamais fora desse âmbito. No mais, os Poderes da República são independentes e harmônicos entre si, encontrando-se em posição de paridade. O Poder Judiciário não se presta à rediscussão de inconformismos da Administração relativamente às decisões que lhe sejam desfavoráveis,

quanto mais quando, no caso, emanam da própria Administração. Sua competência para interferir na esfera do Poder Executivo se restringe a quando seus atos forem eivados de vícios que os contaminem. Vícios de ilegalidade e inconstitucionalidade; fatos relevantes como, v.g., a ocorrência de fraude na prolação da decisão administrativa. No mais, falece competência ao órgão judicante para se sobrepor ao Poder Executivo. Se a questão é de mera interpretação, de meras divergências exegéticas na compreensão dos enunciados prescritivos, a discussão se esgota ali, no seio da Administração, sendo a *sua* decisão soberana, porque não se poderá falar em lesão ou ameaça de lesão a direito, mas de *aplicação* do Direito, na forma da Constituição.

56. A inafastabilidade de controle do Judiciário é garantia constitucionalmente outorgada *ao particular*, em seu benefício e proteção, frente a lesões ou ameaça de lesões a direito seu (art. 5º, XXXV), inclusive para se proteger dos abusos perpetrados pelo Estado. Consta, aliás, no rol de direitos fundamentais do cidadão. Não se refere, portanto, à Administração, a quem não cabe invocá-la, na exata medida em que constitui justamente um dos freios e contrapesos ínsitos à concepção da tripartição de Poderes.

57. No Direito Penal, diferentemente do que se dá no Direito Tributário, a proibição de *bis in idem* é universalmente aceita como verdadeiro princípio proibitivo tanto da dupla imposição de sanção, quanto do duplo processamento, encontrando guarida em diversos Tratados e Declarações de Direito, além do Direito interno de diversos países. Seu fundamento reside na dignidade da pessoa humana, na segurança jurídica e na proporcionalidade.

58. Nessa condição, sua invocação independe de previsão constitucional específica, sendo que, na ausência de um dispositivo constitucional pontual, doutrina e jurisprudência costumam fundamentar o emprego do axioma na

legalidade e/ou no devido processo legal (formal ou mesmo substantivo).

59. No Brasil, a inexistência de uma previsão constitucional específica de proibição de *bis in idem* na Constituição jamais inibiu o STF de aplicar em larga escala o princípio, tanto em matéria penal, quanto no contexto do Direito Administrativo Sancionador. Para a Corte, a proibição de *bis in idem* apresenta-se como direito e garantia individual que se extrai da interpretação sistemática da Carta e, por isso mesmo, independe de previsão constitucional pontual, na medida em que traduz a prevalência do direito à liberdade em detrimento do dever de acusar.

60. No sistema brasileiro, contudo, a cumulação de uma, duas ou várias sanções, no contexto do Direito Administrativo e Tributário Sancionador, é comum, normalmente "justificada" pela existência de fundamentos legais diversos. O âmbito de aplicação atual da proibição de *bis in idem* no Direito Sancionador é praticamente restrito aos casos em que uma mesma autoridade aplica, no plano dos fatos, uma segunda sanção com base no mesmo fato, em um segundo processo instaurado com suporte em um mesmo dispositivo legal. De um modo geral, vige a convicção de que a legitimação da superposição de sanções depende, pura e simplesmente, da mera existência de previsão legal específica para cada uma delas.

61. Tal problemática, contudo, não se verifica no contexto do Direito Penal – seja no Brasil, seja alhures – em que a doutrina, jurisprudência e legislação se desenvolveram ao ponto de consagrar institutos capazes de equacionar a problemática do concurso de normas e do concurso de delitos, superando os efeitos nefastos da cumulação descoordenada de comandos normativos.

62. Tais conquistas merecem ser transpostas para o âmbito do Direito Administrativo (e Tributário) Sancionador, como

já vem ocorrendo em outros ordenamentos, notadamente no Direito espanhol, naquilo que não forem incompatíveis.

63. É hoje amplamente aceito na doutrina moderna que inexiste diferença ontológica entre o ilícito penal e o ilícito administrativo e a consequência mais relevante da admissão da identidade ontológica entre os ilícitos penal e tributário, consiste no reconhecimento do influxo dos princípios (e técnicas deles decorrentes) do Direito Penal no âmbito do Direito Sancionador Tributário. Ressalvados, portanto, os casos de absoluta especificidade, em que determinado princípio está estabelecido ou configurado para operar exclusivamente naquele ramo do Direito – por circunstâncias ou características que lhe são próprias e singulares – parece certo que se haverá de reconhecer que, sempre que as premissas epistemológicas ou axiológicas de um dado princípio forem aplicáveis ao Direito Sancionador como um todo, razão alguma haverá de impedir essa comunicação.

64. O Direito Penal dedicou todo um capítulo a não punir duas vezes o mesmo fato, na hipótese em que duas (ou mais) leis, tipificam e sancionam uma única ação. Disso trata o concurso de normas. Dedicou, também, todo um capítulo à técnica de superposição de penas, quando de uma mesma ação resulte dois ou mais crimes. Disso trata o concurso formal de crimes.

65. O Direito Sancionador Tributário brasileiro, todavia, desconhece por inteiro tais técnicas, encontrando-se, no estágio atual de desenvolvimento da doutrina e jurisprudência, desprovido de qualquer sistema eficaz de controle/regramento no que diz com a (comum) prática de superposição de sanções. Tanto as soluções hermenêuticas dadas para o concurso de normas pelos princípios da especialidade, subsidiariedade, consunção e alternatividade, quanto as respostas dadas ao concurso formal de crimes pelas técnicas

de exasperação, absorção, desconto, *cumul plafonné* (cumulação com teto) e *first come, first served* lhes são ilustres desconhecidas, diferentemente do que ocorre na Espanha, onde a doutrina já tratou de levar tais conquistas do Direito Penal para o seio do Direito Administrativo Sancionador, como forma de outorgar eficácia à proibição de *bis in idem*.

66. O Direito Sancionador Tributário brasileiro ignora, ainda: i) que existam diferenças conceituais entre ato e ação; ii) que a realização da conduta-meio seja imprescindível à realização da conduta-fim; iii) que condições espaço-temporais possam revelar unidade a uma sucessão aparentemente incomunicável de ilícitos; e finalmente iv) que não se possam considerar agravantes as circunstâncias que qualificam/definem o crime. Todos esses conceitos, contudo, são de extrema relevância para a correta aplicação da proibição de *bis in idem* e a maximização de sua eficácia.

67. A teoria do crime continuado, por sua vez, apresenta-se como uma forma de contornar os excessos que decorreriam da acumulação de sanções em determinados casos de prática de crimes idênticos e que receberiam punições isoladas. Apresenta-se, assim, também como expressão da proibição de *bis in idem*, a partir da consideração da unidade delitiva, que enxerga na sucessão de atos uma conduta única, capaz de congregá-los em torno de uma única pena exasperada, outorgando-lhes tratamento semelhante ao que ocorre no concurso ideal de crimes.

68. O emprego dessas técnicas e noções exegéticas no contexto do Direito Sancionador Tributário encontra amparo no Código Tributário, art. 108, que permite o uso da analogia e o recurso aos princípios de Direito Público, na ausência de disposição expressa sobre o tema na legislação tributária. Da mesma forma, tratando-se de princípios que objetivam garantir observância à proibição de *bis in idem* e, assim, tem por escopo proteger o acusado, relativamente à capitulação legal da infração, a natureza da penalidade aplicável e sua

graduação, a observância dos mesmos é até mesmo imperativa em face do que preceitua o art. 112 do CTN.

69. O art. 74 da lei n. 4.502/64 pode ser adotado como regra geral, no contexto do Direito Sancionador Tributário, para o estabelecimento de critério de exasperação à reiteração punitiva no caso de multas fixas e para a proibição de dupla ponderação de agravantes e qualificadoras.

70. Antes de finda a esfera tributária administrativa, não há como ser estabelecida, validamente, a ação penal e mesmo o inquérito policial.

71. A Ordem Jurídica é ferramenta criada pelo homem para a proteção de um fundo substantivo. Divisões epistemológicas que, didática e formalmente, foram criadas pelo homem para um melhor manuseio da ordem não podem jamais se sobrepor à unidade do ordenamento e à sua compreensão sistêmica, devendo servir *ao homem,* seu único centro de interesses e razão de ser.

72. Se o rechaço à imposição de um duplo ou múltiplo castigo por um mesmo fato, ou de um duplo ou múltiplo processo, é um valor universalmente aceito como princípio, é absolutamente incoerente que se permita que a segmentação formal do ordenamento possa ignorar tal necessidade e projetar-se sobre o homem de forma irracionalmente cumulativa. Se a divisão entre as esferas é artificial, não há dúvida de que as consequências são reais. A noção de proporção – que o mais elementar sentimento de Justiça recomenda observar, entre a ofensa e a reação –, então, será esfacelada em nome da proteção do "sistema", como um ato cego e dogmático.

73. No mundo inteiro, a concepção de unidade do ordenamento jurídico vem ganhando força e projetando seus efeitos nas mais diversas situações, exatamente pelo reconhecimento dessas premissas. Não hesitamos em dizer que a independência das esferas é noção arcaica que, se bem serviu à estruturação dos sistemas jurídicos, hoje cede passo ante a necessidade

de afirmação da centralidade do indivíduo e sua proteção contra o aparato estatal onipresente.

74. A superação do mito da independência das esferas é exigência da proibição de *bis in idem*, para o efeito de garantir que autoridades distintas e – mais importante – Poderes distintos possam coordenar-se, de forma a exercer suas competências de modo harmônico, isto é, cientes do simultâneo ou sucessivo exercício de idênticas competências repressivas por outra(s) autoridade(s), sempre em prol da máxima proteção às garantias individuais que lhes são superiores. A outorga do Poder de punir pela lei a mais de uma autoridade não pode implicar autorização para a dupla punição (simultânea ou sucessiva), para a punição exagerada, ou mesmo para a geração de insegurança (mediante novos processos sobre idênticos fatos já julgados).

75. Em última análise, o ordenamento deve caminhar para o respeito a um princípio de unicidade de toda a ação punitiva (tal como está evoluindo no âmbito da União Europeia, a partir da premissa albergada no ELSJ), que evite também a dupla persecução sancionadora, o duplo processo sancionador.

76. Enquanto isso não acontece de forma ordenada (mediante reestruturação legislativa), cumpre ao intérprete garantir o exercício coordenado do *jus puniendi*, em seus aspectos materiais e processuais, valendo-se dos princípios e técnicas do Direito Penal e Processual (projetados também no contraste entre as esferas administrativa e judicial, ou entre esferas administrativas), de modo a impedir que as descoordenações do sistema vigente possam redundar no comprometimento das garantias fundamentais de segurança e proporção na aplicação da punição. O princípio geral *non bis in idem*, que alcança todo o Direito Sancionador e se impõe como exigência de Justiça, requer se coloque o homem como foco único da ação punitiva, a partir do qual se ordenarão os processos punitivos e a própria medida das penas (em sentido amplo).

77. Na Espanha, o mito da independência das esferas foi paulatina e seguramente derrubado pela jurisprudência do Tribunal Supremo e do Tribunal Constitucional. Desde a década de 80, reiterados julgados trataram de atestar a comunicação entre o que se passa na via administrativa com o que ocorre no âmbito do Poder Judiciário, especialmente para o efeito de atestar a impossibilidade de que, sob o argumento de se tratarem de esferas distintas, se pudesse impor ao cidadão um duplo castigo, uma dupla sanção. A proibição de *bis in idem*, assim, funcionou como motor para o estabelecimento da premissa de intercomunicação.

78. Nos dois quadros abaixo (cujo conteúdo está detalhadamente exposto nos tópicos pertinentes), procuramos esquematizar os métodos que estruturamos para solucionar as situações de potencial acúmulo de sanções a que aludimos ao longo do presente trabalho. Para efeitos didáticos, dividimos o tema em dois esquemas distintos, conforme se trate de "duplo sancionamento simultâneo" e "duplo sancionamento em processos sucessivos".

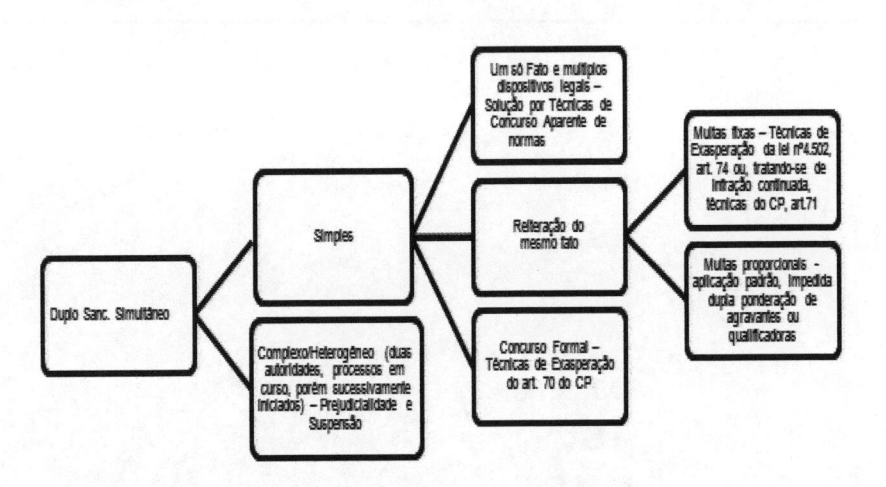

```
Duplo Sanc. Simultâneo
├── Simples
│   ├── Reiteração do mesmo fato
│   │   ├── Um só Fato e múltiplos dispositivos legais – Solução por Técnicas de Concurso Aparente de normas
│   │   ├── Multas fixas – Técnicas de Exasperação da lei nº 4.502, art. 74 ou, tratando-se de infração continuada, técnicas do CP, art. 71
│   │   └── Multas proporcionais – aplicação padrão, impedida dupla ponderação de agravantes ou qualificadoras
│   └── Concurso Formal – Técnicas de Exasperação do art. 70 do CP
└── Complexo/Heterogêneo (duas autoridades, processos em curso, porém sucessivamente iniciados) – Prejudicialidade e Suspensão
```

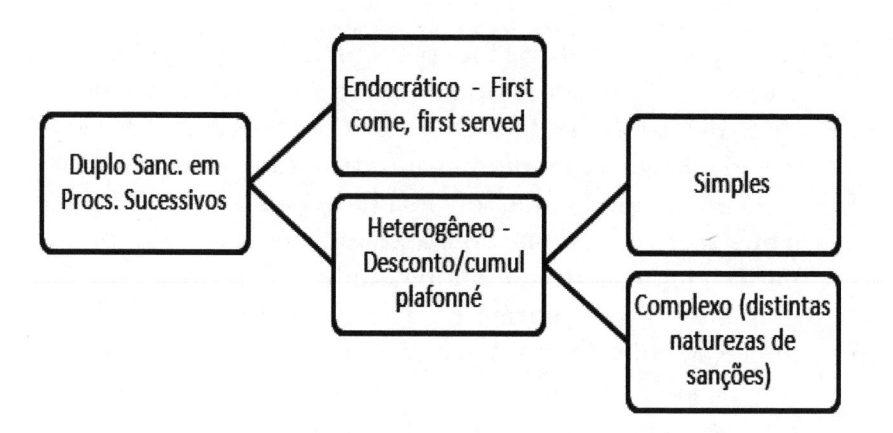

```
┌─────────────────┐      ┌─────────────────┐
│                 │─────▶│ Endocrático - First │
│                 │      │ come, first served │
│ Duplo Sanc. em  │      └─────────────────┘                ┌──────────┐
│ Procs. Sucessivos│                                 ┌────▶│ Simples  │
│                 │      ┌─────────────────┐         │     └──────────┘
│                 │─────▶│ Heterogêneo -   │─────────┤
└─────────────────┘      │ Desconto/cumul  │         │     ┌──────────────────┐
                         │ plafonné        │         └────▶│ Complexo (distintas│
                         └─────────────────┘               │ naturezas de     │
                                                           │ sanções)         │
                                                           └──────────────────┘
```

BIBLIOGRAFIA

ABEL SOUTO, Miguel. *Teorías de la Pena y Límites al Jus Puniendi desde el Estado Democrático*. Madrid: Editorial Dilex, S.L, 2006.

AGUADO CORREA, Teresa. *El Principio de Proporcionalidad en Derecho Penal*. Madrid: Edersa, 1999.

ALESSI, Renato. *Instituciones de Derecho Administrativo*. 3ª Ed. Barcelona: Bosch, 1970.

ALEXY, Robert. *El Concepto y la Validez del Derecho*. Barcelona: Gerdisa, 1994.

ALEXY, Robert. *Teoria de los Derecho Fundamentales*. Madrid: Centro de Estudios Constitucionales, 1993.

ALVIM, Arruda. Anotações sobre a coisa julgada tributária. *Revista de Processo*. São Paulo, n. 92, 1998.

AMARO, Luciano. *Direito Tributário brasileiro*.16º Ed. São Paulo: Saraiva, 2010.

ANDRADE FILHO, Edemar Oliveira. *Infrações e Sanções Tributárias*. São Paulo: Dialética, 2003.

ANEIROS PEREIRA, Jaime. *La Sanciones Tributarias*. Madrid: Marcial Pons, 2005.

AQUINO, Tomás de. *Suma Teológica:* justiça, religião, virtudes sociais. São Paulo: Loyola, 2005, v. 4.

AQUINO, Tomás de. *Suma Teológica:* justiça, religião, virtudes sociais. São Paulo: Loyola, 2005, v.6.

ARISTÓTELES. *A Política.* 2ª Ed. São Paulo: Martins Fontes, 1998.

ÁVILA, Humberto. *Sistema Constitucional Tributário.* São Paulo: Saraiva, 3ª Ed., 2008.

ÁVILA, Humberto. *Teoria dos Princípios.* 4ª Ed. São Paulo: Malheiros, 2004.

BALEEIRO. Aliomar. *Alguns Andaimes da Constituição.* Rio de Janeiro: Aloísio Maria de Oliveira Ed., 1950.

BALEEIRO, Aliomar. *Introdução à Ciência das Finanças.* Rio de Janeiro: Forense, 15ª Ed., 1997.

BALEEIRO, Aliomar; DERZI, Misabel de Abreu Machado. *Limitações Constitucionais ao Poder de Tributar.* 8ª Ed. São Paulo: Forense, 2010.

BARBEY, Alec. *De L´Application Internationale de la Règle Non Bis in Idem en Matière Répressive.* Lausanne: Imprimerie la Concorde, 1930.

BARBOSA, Ruy. *Commentários à Constituição Federal Brasileira.* São Paulo: Saraiva, 1932, v.1.

BARBOSA, Ruy. *Relatório do Ministro da Fazenda.* Rio de Janeiro: Ministério da Educação e Saúde, 1949. (Obras completas de Rui Barbosa; v. 18, t. 3).

BARJA DE QUIROGA, Jacobo López. *El Principio Non Bis in Idem.* Madrid: Dickinson, 2004.

BECKER, Alfredo Augusto. *Teoria Geral do Direito Tributário,* 3ª Ed., São Paulo: Lejus, 1998.

BERLIRI, Antonio. *Principios de Derecho Tributario*. Madrid: Editorial de Derecho Financiero, 1964, v.1.

BERNAL PULIDO, Carlos. *El Principio de Proporcionalidad y los Derechos Fundamentales*: el principio de proporcionalidad como criterio para determinar el contenido de los derechos fundamentales vinculantes para el legislador. 3ª Ed. Madrid: Centro de Estudios Políticos e Constitucionales, 2007.

BEVILÁQUA, Clóvis. *Código Civil Comentado*, 2ª Ed., Rio de Janeiro: Francisco Alves, v.1, 1956.

BLACK, Henry Campbell. Confiscation. In: *Law Dictionary*. 6ª Ed. St. Paul: West Publishing, 1990.

BLUMENSTEIN, Ernst. *Sistema di Diritto delle Imposte*. Milano: Dott. A. Giuffrè, 1954.

BOBBIO, Norberto. *Teoria do Ordenamento Jurídico*. 10ª Ed. Brasília: Editora UnB, 1999.

BONAVIDES, Paulo. *Curso de Direito Constitucional*. São Paulo: Malheiros, 11ª Ed., 2001.

BONAVIDES, Paulo. *Curso de Direito Constitucional*. 22ª Ed. São Paulo: Malheiros, 2008.

BÜHLER, Ottmar. *Principios de Derecho Internacional Tributario*. Madrid: Editorial de Derecho Financiero, 1968.

CAMPOS, Antonio J.; MARTINS, Ives Granda da Silva (Coord.). *Comentários ao Código Tributário Nacional*. São Paulo: Saraiva, [19--?.], v.2.

CAMPOS, Diogo Leite de; CAMPOS, Mônica Horta Neves Leite de. *Direito Tributário*. 2ª Ed. Coimbra: Almedina, 2000.

CANOTILHO, Joaquim José Gomes. *Direito Constitucional*. 5ª Ed. Coimbra: Almedina, 1991.

CANOTILHO, J.J. Gomes; MOREIRA, Vital. *Fundamentos da Constituição*. Coimbra: Coimbra Ed., 1991.

CARRAZZA, Roque Antonio. *Curso de Direito Constitucional Tributário*. 18ª Ed. São Paulo: Malheiros, 2002.

CARVALHO, Paulo de Barros. *Direito Tributário*: fundamentos jurídicos da incidência. São Paulo: Saraiva, 1998.

CARVALHO, Paulo de Barros. *Curso de Direito Tributário*. São Paulo: Saraiva, 10ª Ed., 1998.

CARVALHO, Paulo de Barros. *Curso de Direito Tributário*. São Paulo: Saraiva, 13ª Ed., 2000.

CARVALHO, Paulo de Barros. Isenções tributárias do IPI, em face do princípio da não-cumulatividade. *Revista Dialética de Direito Tributário* n. 33, São Paulo: Dialética, 1998.

CARVALHO, Paulo de Barros. *Teoria da Norma Tributária*. São Paulo: Max Limonad, 1998.

CARVALHO PINTO, Carlos Alberto. *Discriminação de Rendas*. São Paulo: Prefeitura do Município de São Paulo, 1941.

CHEMERINSKY, Erwin. *Constitutional Law:* principles and policies. New York: Aspen Law & Business, 1997.

COELHO, Fabio Ulhôa. *Roteiro de Lógica Jurídica*. 3ª Ed. São Paulo: Max Limonad, 1997.

COÊLHO, Sacha Calmon Navarro. *Liminares e Depósitos antes do Lançamento por Homologação:* decadência e prescrição, 2ª Ed., Dialética, 2002.

COÊLHO, Sacha Calmon Navarro. *Teoria e Prática das Multas Tributárias*. 2ª Ed. Rio de Janeiro: Forense, 1995.

CONFISCAR. In: AULETE. Caldas. *Dicionário Contemporâneo da Língua Portuguesa*. 2ª Ed. Rio de Janeiro: Delta, 1970.

CORTS GRAU, José. *Filosofia del Derecho*. Madrid: Escorial, 1941.

COSTA, Regina Helena. *Princípio da Capacidade Contributiva*. São Paulo: Malheiros, 1993.

DEL VECCHIO, Giorgio. *A Justiça*. São Paulo: Saraiva, 1960.

DÍAZ, Vicente Oscar. *Criminalización de las Infracciones Tributarias*. [Buenos Aires]: Depalma,1999.

DINAMARCO, Cândido Rangel. Relativizar a coisa julgada material. *Revista de Processo*. São Paulo, v. 109, p.23, jan-mar 2003.

DUIGUIT, L. *La Separación de Poderes y la Asamblea Nacional de 1789*. Madrid: Centro de Estudios Constitucionales, 1996.

DUGUIT, Léon. *Traité de Droit Constitutionnel*. Paris: Fontemoing & Cie Éditeures, 1911, v.2.

DUVERGER, Maurice. *Hacienda Pública*. Barcelona: Bosch, D.L. 1968.

ENGISCH, Karl. *Introdução ao Pensamento Jurídico*. 7ª Ed. Lisboa: Fundação Calouste Gulbenkian, 1996.

FALCÃO, Amilcar de Araújo. *Sistema Tributário Brasileiro*. Rio de Janeiro: Financeiras, 1965.

FALCON Y TELLA, Maria José e Fernando. *Fundamento y Finalidad de la Sanción:* un derecho a castigar? Madrid: Marcial Pons, 2005.

FANTOZZI, Augusto. *Diritto tributario*. Torino: UTET, 1991.

FERRAZ JR, Tercio Sampaio. *Introdução ao Estudo do Direito*. São Paulo: Atlas, 2001.

FERREIRO LAPATZA. J.J. Justiça tributária. *RDT*, São Paulo, n. 46, p. 7-16, [19--?.].

FERREIRO LAPATZA, José Juan. *Curso de Derecho Financiero Español:* Derecho Tributario: parte general (teoría general del tributo, obligaciones, procedimiento, sanciones). 24ª Ed. Madrid: Marcial Pons, Ediciones Jurídicas y Sociales, 2004.

FILHO, Ives Gandra Martins da Silva. Consolidação e Redação das Leis – Lei Complementar n. 95/98 e Decreto n. 2.954/99

– Aplicação à Lei n. 9.756/98 sobre processamento de Recursos nos Tribunais in *Revista Jurídica Virtual*, v.1., n. 1, maio, 1999.http://www.planalto.gov.br/ccivil_03/revista/Rev_01/red_leis.htm. Acessado em 27 de novembro de 2012.

GAMA, Tácio Lacerda. *Contribuição de Intervenção no Domínio Econômico*. São Paulo: Quartier Latin, 2003.

GARCÍA ALBERO, Ramón. *Non Bis in Idem Material y Concurso de Leyes Penales*. Barcelona: Cedecs, 1995.

GARCÍA DE ENTERRÍA, Eduardo; FERNANDEZ, Tomás-Ramón. *Curso de Direito Administrativo*. São Paulo: Revista dos Tribunais, 1990.

GARCÍA GOMEZ, Antonio. *La Simple Negligencia en la Comisión de Infracciones Tributarias*. Madrid: Marcial Pons, Ediciones Jurídicas y Sociales, 2002.

GARCIA MAYNEZ, Eduardo. *Filosofia del Derecho*. México: Editorial Porrúa, 1974.

GAUDEMET, Paul Marie. *Précis de Finances Publique:* les ressources publiques emprunt et impôt. Paris: Éditions Montchrestien, 1970.

GIANNINI, A. D. *Instituciones de Derecho Tributario*. Madrid: Editorial de Derecho Financiero, 1957.

GOLDSCHMIDT, Fabio Brun. *O Princípio do Não-Confisco no Direito Tributário*. São Paulo: Revista dos Tribunais, 2004.

GOLDSCHMIDT, Fabio Brun. Críticas à Discriminação de Rendas Tributárias e à Federação Brasileira. *Revista Tributária e de Finanças Públicas*, São Paulo, n. 35, p. 66, 2000.

GOLDSCHMIDT, Fabio Brun. O Princípio do Não-Confisco como Valor e como Limite Objetivo. *Revista do Direito Tributário*, São Paulo, n. 77, p. 170, fev. 2000.

GOLDSCHMIDT, Fabio Brun e Paulo BROSSARD. A inconstitucionalidade do depósito de 30% da MP 1863 após o julgamento das ADINs 1922 9 a 1976 7 pelo STF: considerações sobre o devido processo substantivo. *Revista Dialética de Direito Tributário*, n. 54. São Paulo: Dialética, 2000.

GOLDSCHMIDT, Fabio Brun e VELLOSO, Andrei Pitten. Tributação e Incentivos à Família. In: MARTINS, Ives Gandra da Silva (coord.). *Direito Tributário: tributação e incentivos à família).* São Paulo: Thomson-IOB, 2006.

GOLDSCHMIDT, Fabio Brun e FERRAZZO, Cristiano. Coisa Julgada, Modificação Legislativa e Regra Matriz de Incidência – Critérios para verificação de prevalência. In MARTINS, Ives Gandra da Silva (Coord.). *Coisa Julgada Tributária*. São Paulo: MP Editora, 2005.

GOLDSCHMIDT, Fabio Brun; MOREIRA DE OLIVEIRA, Felipe; PEIXOTO, Marcelo Magalhães (Coord.). *Direito Penal Tributário*. São Paulo: MP Editora, 2005.

GOLDSCHMIDT, James Paul. *Princípios Gerais do Processo Penal:* conferências proferidas na Universidade de Madrid nos meses de dezembro de 1934 e de janeiro, fevereiro e março de 1935. Belo Horizonte: Líder, 2002.

GOLDSCHMIDT, Werner. *Introducción Filosófica al Derecho:* la teoría trialista del mundo jurídico y sus horizontes. 3.ed. Buenos Aires: Depalma, 1967.

GONZAGA, Tomás Antônio. *Tratado de Direito Natural*. São Paulo: Martins Fontes, 2004.

GONZÁLEZ BEILFUSS, Markus. *El Principio de Proporcionalidad en la Jurisprudencia del Tribunal Constitucional*. Cizur Menor (Navarra): Thomson Aranzadi, 2003.

GONZÁLEZ GARCIA, Eusebio. *Tributación Individual frente a Tributación Conjunta en el IRPF.* Madrid: Tecnos, 1991.

GONZÁLEZ GARCIA, Eusebio; GONZÁLEZ, Teresa. *Derecho Tributario I*. Salamanca: Plaza Universitaria Ediciones, 2004.

GONZÁLEZ MÉNDEZ, Amelia. *Buena fe y Derecho Tributario*. Madrid: Marcial Pons, 2001.

GRECO, Rogério. *Curso de Direito Penal*. Niterói: Impetus, 2007.

GRECO, Marco Aurélio. Multa Agravada e em Duplicidade. *Revista Dialética de Direito Tributário*, São Paulo, n. 76, p. 148-161, jan. 2002.

GROSCLAUDE, Jacques. MARCHESSOU, Philippe. *Droit Fiscal General*. 5ª Ed. Paris: Dalloz, 2005.

GUTMANN, Daniel. Globalisation et Justice Fiscale. *Revista Internacional de Direito Tributário da Associação Brasileira de Direito Tributário – ABRADT*. Belo Horizonte, v.1, n. 1, p. 27-45, jan/jun. 2004.

GUTMANN, Daniel. La Fonction Sociale de la Doctrine Juridique: brèves reflexions à partir d´un ouvrage collectif sur méthode d´interpretation et sources en droit privé positif. eEssai critique. *Revue Trimestrale de Droit Civil*. Paris, n. 3, p. 455-461, julliet/septembre, 2002.

GUTMANN, Daniel. L´Évasion Fiscale des Sociétés. *Revue Internationale de Droit Comparé*, Paris, n. 2, p. 533-551, avril/juin 2010.

GUTMANN, Daniel. Do Direito à Filosofia do Tributo in *Princípios e Limites da Tributação*. Coord. Roberta Ferraz. São Paulo: Quartier Latin, 2005, p. 29-39.

HALLER, Heinz. *Política Financiera*. Madrid: Editorial de derecho financiero, 1963.

HAMILTON. *Federalista*. Rio de Janeiro: Editora Nacional de Direito, 1959.

HENSEL, Albert. *Derecho Tributario*. Madrid: Marcial Pons, 2005.

HERRERA MOLINA, Pedro Manuel. *Capacidad Económica y Fiscal*: análisis del ordenamiento español a la luz del derecho alemán. Madrid: Fundación Oriol-Urquijo/ Marcial Pons, 1998.

HERRERA MOLINA, Pedro M. El principio de igualdad financiera y tributaria en la jurisprudencia constitucional. In: JORNADAS DE ESTUDIO DE LA DIRECION GENERAL DEL SERVICIO JURÍDICO DEL ESTADO. *El Principio de Igualdad en la Constitución Española*. Madrid: Ministerio de Justicia, 1991, v. I.

HESSE, Konrad. *Elementos de Direito Constitucional da República Federal da Alemanha*. 20ª Ed. Porto Alegre: S.A. Fabris, 1998.

HESSE, Konrad. *Temas Fundamentais do Direito Constitucional*. São Paulo: Saraiva, 2009.

HONDERICH, Ted (edt.). *Oxford Companion to Philosophy*. New York: Oxford University, 1995.

JARACH, Dino. *Curso Superior de Derecho Tributario*. Buenos Aires: Liceo Profesional Cima, 1969.

JESUS, Damasio de. *Direito Penal*. São Paulo: Saraiva, 19ª Ed., 1995.

KELSEN, Hans. *Que és justicia?* Barcelona, Ariel, 1992.

KELSEN, Hans. *Teoria Pura do Direito*. 2ª Ed. São Paulo: Martins Fontes, 1987.

KRUSE, Heinrich Wilhelm. *Derecho Tributario*: parte general. 3ª Ed. Madrid: Editoriales de Derecho Reunidas, 1978.

LAFERRIÈRE, M. F. *Cours de droit administratif*: mis en rapport avec les lois nouvelles. 5ª Ed. Paris: Cotillon, Éditeur, Libraire du Conseil D'État, 1860.

LAGO MONTERO, José María. *La Sujeción a los Diversos Deberes y Obligaciones Tributarios*. Madrid: Marcial Pons, 1998.

LANES, Júlio César Goulart. *Audiências*: conciliação, saneamento, prova e julgamento. Rio de Janeiro: Forense, 2009.

LAUBADÈRE, André de. *Traité Élémentaire de Droit Administratif*. 2ª Ed. Paris: Librarie générale de droit et de jurisprudence, 1971, v.1.

LEAL, Rogério Gesta. *Hermenêutica e Direito*: considerações sobre a teoria do direito e os operadores jurídicos. 3ª Ed. Santa Cruz do Sul: EDUNISC, 2002.

LEGAZ LACAMBRA, Luis. *Filosofia del Derecho*. Barcelona: Bosch, 1953.

LEÓN VILLALBA, Francisco Javier de. *Acumulación de Sanciones Penales y Administrativas*. Barcelona: Bosch, 1998.

LORENTE, José Muñoz. *La Nueva Configuración del Principio Non Bis in Idem*. Ecoiuris, Madrid, 2001.

MACHADO, Hugo de Brito. Teoria das sanções tributárias. In: MACHADO, Hugo de Brito (Coord.). *Sanções Administrativas Tributárias*. São Paulo: Dialética, 2004.

MACHADO SEGUNDO, Hugo de Brito. Contribuições sociais "gerais" e a integridade do sistema tributário brasileiro. In: ROCHA, Valdir de Oliveira (Coord.). *Grandes Questões Atuais do Direito Tributário*. São Paulo: Dialética, 2002, v. 6.

MAIA, Rodolfo Tigre. *Boletim Científico da Escola Superior do Ministério Público da União*. Brasília: ESMPU, ano 4, n. 16, jul/set. 2005.

MARIZ DE OLIVEIRA, Ricardo. Aspectos Relacionados à "não-cumulatividade" da Cofins e da Contribuição ao PIS. In: PEIXOTO, Marcelo Magalhães et al. *PIS – COFINS*. São Paulo: Quartier Latin, 2005.

MARQUES, José Frederico. *Instituições de Direito Processual Civil*. 3ª Ed. Rio de Janeiro: Forense, 1966, v. 4.

MARQUES, José Frederico. *Tratado de Direito Penal*. São Paulo: Millenium, 1999.

MARTÍN QUERALT, Juan. et al. *Curso de Derecho Financiero y Tributario*. 16ª Ed., Madrid: Tecnos, 2005.

MARTÍNEZ, Pedro Soares. *Manual de Direito Fiscal*. Coimbra: Livraria Almedina, 1983.

MARTINS, Ives Gandra da Silva. *Da Sanção Tributária*. 2ª Ed. São Paulo: Saraiva, 1998.

MARTINS, Ives Gandra da Silva. As contribuições e o artigo 149 da Constituição Federal. In: Rocha, Valdir de Oliveira (Coord.). *Grandes Questões Atuais do Direito Tributário*. São Paulo: Dialética, 2002, v.6.

MARTINS, Ives Gandra da Silva; ROCHA, Valdir de Oliveira (Coord.). *Processo Administrativo Fiscal*. São Paulo: Dialética, 1997.

MARTINS, Ives Gandra da Silva. Sanções tributárias. In: MACHADO, Hugo de Brito (Coord.). *Sanções administrativas tributárias*. São Paulo: Dialética, 2004.

MATTOS, Aroldo Gomes de. PIS/Cofins: a não-cumulatividade e os tratados internacionais. *Revista Dialética de Direito Tributário*, São Paulo, n. 104, p. 7, maio 2004.

MAURER, Hartmut. *Elementos de Direito Administrativo Alemão*. Porto Alegre: S. A. Fabris, 2001.

MAYER, Otto. *Derecho Administrativo Alemán*: parte especial, poder de policía y poder tributario. Buenos Aires: Depalma, 1950, v. 2.

MAXIMILIANO, Carlos. *Hermenêutica e Aplicação do Direito*. 16ª Ed. Rio de Janeiro: Forense, 1996.

MENDES, Gilmar Ferreira. A proporcionalidade na jurisprudência do Supremo Tribunal Federal, *Repertório IOB de jurisprudência*, 1/8175, 1994.

MIRANDA, Jorge. *Manual de Direito Constitucional*. 2ª Ed. Coimbra: Coimbra Ed. Ltda., 1988, tomo III.

MIRANDA, Jorge. *Manual de Direito Constitucional:* direitos fundamentais. 2ª Ed. Coimbra: Coimbra, 1993.

MOSCHETTI, Francesco. Profili generali. In: MOSCHETTI, Francesco et al. *La Capacità Contributiva*. Milani: Cedam, 1993.

NABAIS, José Casalta. *O Dever Fundamental de Pagar Impostos*. Coimbra: Almedina, 1998.

NAVEIRA DE CASANOVA, Gustavo J. *El Principio de No Confiscatoriedad en España y Argentina*. Madrid: McGraw Hill, 1997.

NASCIMENTO, Carlos Valder do Nascimento (Coord.). *Comentários ao Código Tributário Nacional*. Rio de Janeiro: Forense, 1998.

NEUMARK, Fritz. *Principios de la Imposición*. Madrid: Instituto de Estudios Fiscales, 2.ed., 1994.

NIETO, Alejandro. *Derecho Administrativo Sancionador*, 2ª Ed., Madrid: Tecnos, 1994.

NIETO, Alejandro. *Derecho Administrativo Sancionador*. 4ª Ed Madrid: Tecnos, 2005.

OSÓRIO, Fabio Medina. *Direito Administrativo Sancionador*. 2ª Ed. São Paulo: Revista dos Tribunais, 2005.

PANDOLFO, Rafael; FERREIRA NETO, Arthur (Coord.). *Curso Avançado de Contribuição Tributária*. São Paulo: IOB, 2010.

PAULSEN, Leandro e VELLOSO, Andrei Pitten. *Contribuições: Teoria Geral e Contribuições em Espécie*. Porto Alegre: Livraria do Advogado, 2010.

PAULSEN, Leandro. *Direito Tributário:* Constituição e Código Tributário à luz da doutrina e da jurisprudência. 12ª ed. Porto Alegre: Livraria do Advogado, 2010.

PERELMAN, Chaïm. *Ética e Direito*. São Paulo: Martins Fontes, 1996.

PEREZ DE AYALA, Jose Luis; GONZALEZ, Eusebio. *Curso de Derecho Tributario*. Madrid: EDERSA, 1975.

PÉREZ MANZANO, Mercedes. *La Prohibición Constitucional de Bis in Idem*. Valencia: Tirant lo Blanch, 2002.

PÉREZ ROYO, Fernando. *Infracciones y Sanciones Tributarias*. [Madrid]: Fabrica Nacional de Moneda y Timbre, D.L., 1972.

PINTO, Bilac. *Estudos de Direito Público*. Rio de Janeiro: Forense, 1953.

PONTES DE MIRANDA, Francisco Cavalcanti. *Comentários à Constituição de 1946*. São Paulo: Max Limonad, 1953, v. II.

PONTES DE MIRANDA, Francisco Cavalcanti. *Comentários ao Código de Processo Civil*. São Paulo: Forense, 1974.

PONTES DE MIRANDA, Francisco Cavalcante. *Sciência positiva do direito*. Rio de Janeiro: Jacinto Ribeiro dos Santos, 1922, v. 1.

POSNER, Richard A. *The Economic Structure of the Law:* the collected economic essays of Richard A. Posner. Cheltenham: Edward Elgar, 2000.

PRINCÍPIO. In: *Corpus juris secundum*. Nova Iorque: The American Law Book, 1930.

RADBRUCH. Gustav. *Filosofia do direito*. São Paulo: Saraiva, 1934.

RAWLS, John. *Uma Teoria da Justiça*. São Paulo: Martins Fontes, 2002.

REALE, Miguel. *Filosofia do Direito*. 2ª Ed. São Paulo: Saraiva, 1969, v. 1.

REALE, Miguel. *Lições Preliminares de Direito*. 20ª Ed. São Paulo: Saraiva, 1993.

RIGAUX, François. *Introduction a la Science du Droit*. Bruxelas: Editions vie ouvriere, 1974.

RIVERO, Jean. *Curso de Direito Administrativo Comparado*. 2ª Ed. São Paulo: Revista dos Tribunais, 2004.

RIVERO, Jean. *Droit Administratif.* 3ª Ed. Paris: Dalloz, 1965.

RODRÍGUEZ PANIAGUA, José María. *Historia del Pensamiento Jurídico*. 6ª Ed. Madrid: Universidad Complutense, 1988.

ROSS, Alf. *Sobre el Derecho y la Justicia*. Tradução Genaro Carrió. Buenos Aires: EUDEBA, 1974.

SAINZ DE BUJANDA, Fernando. *Hacienda y Derecho:* estudios de derecho financiero. Madrid: Instituto de Estudios Politicos, 1962, v.2.

SAINZ DE BUJANDA, Fernando. *Lecciones de Derecho Financiero*. 10ª Ed. Madrid: Universidad Complutense de Madrid, Facultad de Derecho, 1993.

SAMPAIO DÓRIA, Antônio de. *Comentários à Constituição de 1946*. São Paulo: Max Limonad, 1960, V. II.

SAMPAIO DÓRIA. *Discriminação das Rendas Tributárias*. São Paulo: José Bushatsky Ed., 1972.

SANTI, Eurico Marcos Diniz de. *Lançamento Tributário*. São Paulo: Max Limonad, 1996.

SCHMITT, Carl. *Teoría de la Constitución*. Madrid: Alianza, 1982.

SCHMÖLDERS, Günter; DUBERGE, Jean. *Problemas de Psicología Financiera*. Madrid: Editorial de Derecho Financiero, D.L., 1965.

SCHWARTZ, Bernard. *O Federalismo Norte-americano Atual*. Rio de Janeiro: Forense Universitária, 1984.

SILVA, José Afonso da. *Curso de Direito Constitucional*. 14ª Ed. São Paulo: Malheiros, 1997.

SILVA, Paulo Roberto Coimbra. O Princípio Ne Bis in Idem e sua Vertente Substancial na Repressão ao Ilícito Fiscal. *Revista Interesse Público*, n. 44, v. IX, 2007.

SMITH, Adam. *Wealth of Nations*. West Sussex: Capstone Publishing, 2010.

STIGLITZ, Joseph. *La Economía del Sector Público*. 3ª Ed. Barcelona: Antoni Bosch, 2003.

STRECK, Lênio. *Hermenêutica Jurídica e(m) crise*. Porto Alegre: Livraria do Advogado, 1999.

TELLES JUNIOR, Goffredo. *Filosofia do Direito*. São Paulo: Max Limonad, [19--?.], v.1.

TIPKE, Klaus. *Direito Tributário*. Porto Alegre: S.A. Fabris, 2008, v.1.

TIPKE, Klaus. *Moral Tributaria del Estado y de los Contribuyentes*. Madrid: Marcial Pons, 2002.

TORRES, Heleno. *Direito Tributário e Direito Privado* – autonomia privada: simulação: elusão tributária. São Paulo: Revista dos Tribunais, 2003.

TORRES, Ricardo Lobo. *Direitos Fundamentais do Contribuinte*. São Paulo: RT, 2000.

TORRES, Ricardo Lobo. PEIXOTO, Marcelo Magalhães et al. *PIS-COFINS*. São Paulo: Quartier Latin, 2005.

TROTABAS, Louis. *Élèments de Droit Public et Administratif*. 17. Éd. Paris: Librairie générale de droit et de jurisprudence, 1972.

TROTABAS, Louis. *Finances Publiques*. 4ª Ed. [Paris]: Dalloz, 1970.

VALVERDE, Gustavo Sampaio. *Coisa Julgada em Matéria Tributária*. São Paulo: Quartier Latin, 2004.

VAN BOCKEL, Bas. *The Ne Bis in Idem in EU Law*. The Netherlands: Kluwer Law International BV, 2010.

VELLOSO, Andrei Pitten. *Constituição Tributária Interpretada*. São Paulo: Atlas, 2007.

VELLOSO, Andrei Pitten e PAULSEN, Leandro. Controle das contribuições interventivas e sociais pela sua base econômica: a descurada especificação do seu objeto pela EC 33/01 e os seus reflexos tributários. *In Revista Dialética de Direito Tributário*, n. 149. São Paulo: Dialética, 2008.

VERGOTTINI, Giuseppe de. *Federal and Regional State*, Conferência realizada na Mesa Redonda de Direito Constitucional do Instituto Pimenta Bueno em São Paulo abril/1998.

VILANOVA, Lourival. *As Estruturas Lógicas e o Sistema do Direito Positivo*. São Paulo: Max Limonad, 1997.

VILLEGAS, Hector. *Curso de Direito Tributário*. São Paulo: Revista dos Tribunais, 1980.

XAVIER, Alberto. *Do Lançamento:* teoria geral do ato, do procedimento e do processo tributário. 2. ed. Rio de Janeiro: Forense, 1998.

XAVIER, Alberto. *Princípios do Processo Administrativo e Judicial Tributário*. Rio de Janeiro: Forense, 2005.

ZAVASCKI, Teori Albino. *Eficácia das Sentenças na Jurisdição Constitucional*, São Paulo: Revista dos Tribunais, 2001.

ZAVASCKI, Teori Albino. Coisa julgada em materia constitucional: eficacia das sentenças nas relações jurídicas de trato continuado. *Doutrina Superior Tribunal de Justiça – Edição Comemorativa – 15 anos*, Brasília: Brasília Jurídica, 2005.

ZAVASCKI, Teori Albino. Parcelamento de Precatórios Judiciários (art. 78 do ADCT): abuso do Poder Constituinte

Derivado? *Revista Interesse Público*, Porto Alegre: Nota Dez, ano 6, n. 31, maio/junho de 2005.

ZORNOZA PEREZ, Juan J. *El Sistema de Infracciones y Sanciones Tributarias* (Los Principios Constitucionales del Derecho Sancionador). Madrid: Civitas, 1992.

markpress
BRASIL

Tel.: (11) 2225-8383
WWW.MARKPRESS.COM.BR